Ivar Niederberger

«Tun»

Glück schreibt man mit drei Buchstaben

W0392022

münsterverlag®

Alle Rechte vorbehalten
Copyright © 2010
Münsterverlag GmbH, Basel
2. Auflage

Lektorat Manuel Dinkel
Umschlagfoto Barbara Sorg
Einbandgestaltung Robert M. Schmid
Gesamtproduktion Imagovista GmbH, Basel
www.muensterverlag.ch
ISBN 978-3-905896-05-3

«Es gibt nichts Gutes, außer man tut es.»

Erich Kästner

Inhalt

Teil Eins

Teil Zwei

Teil Drei

Teil Eins

Prolog

Mein Name ist Ivar Niederberger, ich bin Legastheniker, leide unter dem Tourette-Syndrom und ich bin Millionär. Nun könntest du sagen, dass Geld allein nicht glücklich macht. Stimmt, Geld allein macht nicht glücklich. Aber es beruhigt ungemein, und das ist ja auch schon was, nicht wahr?

Der Inhalt dieses Buches betrifft eigentlich nicht das Geld, es ist vielmehr dem Glück gewidmet. Der erste Satz hätte genauso gut lauten können: Mein Name ist Ivar Niederberger, ich bin Legastheniker, leide unter dem Tourette-Syndrom und ich bin glücklich. Dann aber hättest du das Buch höchstwahrscheinlich sofort wieder weggelegt. Denn, lass uns ehrlich sein, wen interessiert es schon, ob ich glücklich bin oder nicht? Wenn du trotzdem weitergelesen hättest, so wärst du doch zumindest misstrauisch geworden. Millionäre kennst du sicherlich einige, aber wirklich glückliche Menschen, wie viele kennst du da? Zehn, drei oder etwa keinen einzigen?

Vielleicht gehört das Drama zum Leben wie das Salz in die Suppe. So gesehen war mein bisheriges Leben besonders «würzig». Ein wichtiger Bestandteil dieser «Würze» sind auch meine dunkelsten Tage. Auch von diesen werde ich dir berichten. Von Tagen, an denen ich der Verzweiflung nahe stand. Von Tagen, an denen ich nicht mehr weiter wusste. Doch genau an diesen stellten sich die wichtigsten Weichen, da ich niemals den Kopf in den Sand gesteckt habe. So kann ich heute, wenn mich jemand fragt, was ich denn anders machen würde, wenn ich noch einmal von vorne anfangen könnte, aus vollster Überzeugung antworten: Ich würde alles genau so noch einmal machen.

Meine Geschichte ist, trotz oder gerade wegen der vielen Rückschläge, von denen du lesen wirst, eine durch und durch positive. Darum ist es mir sehr wichtig, dass du dieses Buch nicht in Hetze liest, zwischen Tür und Angel, sondern dass du mit einer positiven Grundeinstellung an das «Projekt» herangehst. Nimm dir Zeit! Denn du willst ja schließlich etwas verändern, oder nicht?

Setz dich an einen Platz, an dem du dich wohlfühlst, zu Hause oder auf die Bank unter deinem Lieblingsbaum oder an irgendeinen anderen Ort. Mach es dir gemütlich!

Keine Angst, ich werde dich nicht mit hochgestochenen philosophischen Abhandlungen zumüllen. Ganz im Gegenteil, ich werde dir ganz einfach aus meinem Leben erzählen.

Meine Geschichte ist im Grunde simpel. Sieh dich trotzdem nicht als außenstehender Beobachter! Versuche teilzunehmen! Versuche, dieses Buch als einen Spiegel zu sehen und dir anhand dieses Spiegels Fragen über dein eigenes Leben zu stellen!

Kritiker werden sagen: «Dieser Ivar Niederberger hat einfach nur Glück gehabt. Diese Biographie ist nichts als die pure Aneinanderreihung glücklicher Zufälle.» Dem widerspreche ich schon jetzt, im Vorwort, energisch. Natürlich kann ich mich «glücklich» schätzen, wenn ich in einem Land aufwachsen darf, das keinen Hunger und keine Kriege kennt; wenn ich Eltern habe, die mich hegen und pflegen, lieben und fördern; wenn ich gesund bin; wenn ich zur Schule gehen und einen anständigen Beruf erlernen oder gar studieren kann; wenn ich eine schöne Frau fürs Leben finde und liebe und gesunde Kinder in die Welt setze. Mit Glück meine ich jedoch nicht das «gegebene» Glück, die Vorteile, in die ich hineingeboren werde oder die mir in den Schoß fallen, ohne dass ich auch nur den kleinsten Finger dafür rühre. Ich spreche, wie es so schön heißt, vom «Glück des Tüchtigen». Vom Glück nämlich, das man sich erarbeiten muss. Diese Art von Glück anzustreben ist für viele Menschen zu anstrengend, die nicht mittel- oder langfristig an ihrem Glück arbeiten wollen. Ich meine: Der Weg zum Glück ist das Glück selbst! Je stärker du dein Ziel liebst, desto unbändiger wird dein Wille. Wenn du wirklich willst, werden deine dreckigen Hände und die Müdigkeit am Abend dich glücklich machen. Diese Erkenntnis: «Tun – Glück schreibt man mit drei Buchstaben» begleitete mich mein ganzes Leben.

Ich will dir nicht vorschreiben, wie du zu leben hast. Vielleicht lebst du schon erfüllt und glücklich unter diesem oder irgendeinem anderen Motto. Wie ich aber unsere Gesellschaft, vor allem die jungen Menschen unter uns einschätze, glaube ich, dass meine Botschaft vielen weiterhelfen und auch sie zu glücklichen Menschen machen wird.

Ich habe dieses Buch in drei Teile gegliedert. In diesem ersten Teil möchte ich dir einen Einblick in mein Leben geben, dir von meiner Kindheit erzählen, von meiner Krankheit, meiner Schulzeit, meinen Lehrjahren. So wirst du verstehen, wie ich wurde wie ich bin und wie ich es schaffte, mein Leben selber zu gestalten. Im zweiten Teil dieses Buches möchte ich meine Aussagen kritisch überprüfen und hinterfragen lassen. Dabei wird die fiktive Person Ivan Zweifel, der ewige Pessimist und notorische Spielverderber, unser aller «innerer Schweinehund» versuchen, meine Behauptungen in der Luft zu zerreißen und zu widerlegen. Natürlich werde ich dies nicht zulassen! Gegen unseren Ivan Zweifel zu kämpfen und ihn zu besiegen ist nämlich der wichtigste Schritt auf dem Weg ins Glück.

Meine Zeit

Es war einmal... – so beginnen normalerweise Märchen. Was du nun aber lesen wirst, ist absolut kein Märchen, sondern die Wahrheit über die Geschichte meines Lebens. Manches wird dir banal erscheinen, nicht erwähnenswert, aber dein Einblick in mein Leben wird tiefer und tiefer werden, und du wirst mich verstehen. Nun gut, erlaube mir, geradewegs einzusteigen. Wie es viele Biographien eben so an sich haben, so beginnt auch die meine – natürlich – mit meinen Eltern.

Silvia, meine Mutter, und mein Vater Joseph – wir nannten ihn Johnny – arbeiteten im «Milchhüsli» in Binningen, das heute leider nicht mehr existiert. Damals führte mein Vater die Milchzentrale, während meine Mutter als Verkäuferin im Milchlädeli die Kundschaft bediente und sich – so ganz nebenbei – zu Hause um Haushalt und Familie kümmerte. Als mein Bruder Herbert – wir nannten ihn Mike – bereits seinen siebzehnten Geburtstag hinter sich hatte, wurde meine Mutter noch einmal schwanger.

Bereits der Beginn meines Lebens war alles andere als gewöhnlich. Als erster von zweieiigen Zwillingen wurde ich nämlich genau zu Beginn der Narrenzeit am elften November des Jahres 1969 geboren. Der Chirurg schien ein Scherzkeks gewesen zu sein, denn als wäre mein ohnehin spezieller Geburtstag nicht schon verrückt genug, holte er mich exakt elf Minuten nach elf Uhr per Kaiserschnitt auf die Welt. Zwar bin ich deswegen kein begeisterter Fasnächtler geworden, doch wer weiß, vielleicht hat dieser Arzt mir damit den Grundstein für meine Fröhlichkeit und meinen eigenen Humor in die Wiege gelegt.

Und wie es bei zweieiigen Zwillingen so üblich ist, waren auch wir von Geburt an verschieden. Mein Bruder blieb rothaarig und klein, während ich schwarzhaarig und groß wurde.

Wie uns die Familie prägt, genauso können auch die Ereignisse unserer Zeit unsere Entwicklung beeinflussen. So ist beispielsweise schon mein Geburtsjahr 1969 voller Symbole und Gleichnisse, die in der Welt tiefe Spuren hinterließen und vielleicht auch meinen Charakter färbten.

Da war beispielsweise die Aufmerksamkeit um die Oskar-prämierte Verfilmung des Musicals «Oliver!», das die Geschichte von Oliver Twist erzählt. Du fragst, warum das für mein Leben wichtig war? Nun, wie Oliver Twist, der sich zeit seines Lebens mit schwierigen Situationen konfrontiert sah, so war auch ich stets fleißig und versuchte anständig und ehrlich zu bleiben. Ein weiteres, noch etwas höher gestochenes Beispiel ist Neil Armstrong, der am einundzwanzigsten Juli 1969 als erster Mensch den Mond betrat und der ganzen Welt verkündete: «Das ist ein kleiner Schritt für einen Menschen, aber ein großer Sprung für die Menschheit!» Im unerschütterlich positiven Glauben an die eigene

Vision bewiesen die Amerikaner der Welt erfolgreich die Möglichkeit eines solch gewaltigen «Sprungs». Auch ich entwickelte große Visionen und glaubte stets an meinen Erfolg! «Naiv», könntest du sagen. Ich sage: Du hast recht! In meinem Fall bedeutet Naivität nämlich Stärke!

Zurück zur Geschichte: Am Woodstock Music and Art Festival im August 1969 war der noch junge und damals unbekannte Sänger Joe Cocker einer der Höhepunkte. Seine zappelnde und zuckende Bühnengestik wurde von da an sein Markenzeichen. Wie Joe Cocker in Woodstock mit seiner unverwechselbaren Interpretation von «With a Little Help from My Friends» die Massen in Hysterie versetzte, so lernte auch ich – als grottenschlechter Sänger wohlgemerkt – mit meiner ungeschminkten Art und so wie ich eben war, die Menschen für mich zu gewinnen.

Selbstverständlich gab es in diesem Jahr noch viele andere Ereignisse, die wichtig waren, wie zum Beispiel die Vereidigung von Präsident Nixon. Doch die drei erstgenannten Ereignisse sollten meinem Leben von Anfang an Pate stehen. Ich glaube, jedem tut es gut, sich für das eigene Leben große Symbole zu schaffen und zu erhalten.

Die Voraussetzungen, in die du «hineingeboren» wirst wie auch die Geschichten und Begebenheiten, die dich begleiten – seien sie positiv oder negativ –, prägen dich auf eine unglaublich intensive Art und Weise. Für den einen sind die Bedingungen von Anfang an prächtig, für den anderen weniger gut. Es ist jedoch wichtig, dass du verstehst, dass nichts auf Dauer gut oder schlecht ist. Alles Gute kann sich zum Schlechten wenden, und genauso bieten sich in jedem noch so tiefen Tal Möglichkeiten, wieder ganz nach oben auf den Gipfel zu kommen. Ich kann es dir nicht verübeln, wenn du nun denkst: «Pah! Dieser Ivar wird in geordnete Verhältnisse geboren, lässt sich von Mondflügen und Joe Cocker leiten und will mir dann erzählen, ich solle Schlechtes in Gutes verwandeln.» Bitte lass mich dir entgegnen: Ja, auch ich durfte eine gehörige Portion der Art Glück genießen, für die ich nichts tun musste. Aber auch ich hatte, wie du zweifelsohne noch lesen wirst, mit einem Haufen Widrigkeiten zu kämpfen, für deren Existenz ich selber ebenfalls nichts konnte. Bitte verzeih meine Radikalität, wenn ich sage, dass es nichts auf der Welt gibt, das komplette Resignation rechtfertigt.

So schwer die Startbedingungen auch sind – wenn du einmal erkannt hast, was falsch läuft, wirkt das unglaublich befreiend, denn nun kannst du beginnen zu kämpfen. Zunächst gegen deinen inneren Schweinehund, dann für dein Ziel! Schau dir beispielsweise Deutschland kurz nach dem Zweiten Weltkrieg an – total zerstört! Hier musste eine ganze Nation neuen Mut fassen, um an eine Zukunft glauben und wieder auf die Beine kommen zu können. Welchen Weg Deutschland im Anschluss ging, wissen wir alle. Oder Lance Armstrong, der nach seiner schweren Krebserkrankung wieder aufstand und dann sechsmal in Folge die Tour de France gewann. Du wirst endlos viele Beispiele dieser Art finden. Es gibt einfach verdammt noch mal keinen vernünftigen Grund, seine Zweifel nicht zu bekämpfen! «Nutze dieses Buch wie einen Spiegel!», habe ich dir vorhin gesagt. Gelegenheiten wie diese meinte ich damit.

Ich hoffe, ich erschrecke dich nicht mit meiner direkten Art. Ich möchte nicht den Moralapostel spielen und erhebe keinen Anspruch auf Allgemeingültigkeit. Aber ich glaube, dass viel zu oft der Arsch eben nicht aus dem Sessel gehoben wird.

Lass uns wieder zurückkommen zu meiner Biographie. Kurz vor Weihnachten, ich war damals gerade vier Jahre alt, rief meine Mutter mich und meinen Zwillingsbruder Benno zu sich. Es war ein Sonntag, und zwar ein besonders düsterer, das weiß ich noch genau, als wärs erst gestern gewesen. Ehrfürchtig und gespannt lauschten wir am warmen Kamin den Worten unserer Mutter: Es sei nun an der Zeit, die Liste mit unseren Weihnachtswünschen fürs Christkindlein zu erstellen. So saßen wir also zusammen und überlegten uns lange, welche Wünsche wir uns vom Weihnachtskind erfüllen lassen wollten. Geduldig schrieb meine Mutter alle unsere Wünsche auf ein großes Blatt Papier. Dann bemalten wir die Wunschliste noch mit bunten Sternchen, falteten und legten sie schließlich in einem Kuvert auf den Fenstersims.

Mein Herz schlug höher und in meinen Gedanken ging ich alle Wünsche noch einmal der Reihe nach durch: ein roter Ball mit weißen Punkten, ein neues

Fahrrad, blau musste es sein, eine elektrische Eisenbahn mit Berglandschaft und Tunnel, ein Spielzeugzoo mit indischen und afrikanischen Elefanten und vieles andere mehr. Ach ja, und der allergrößte Wunsch war ein Schlagzeug mit allem was dazugehört.

Mein Bruder und ich konnten es kaum erwarten. Viele Türchen im Adventskalender mussten noch geöffnet werden, noch viele Tage bis Weihnachten. Und obwohl die Tage stetig kürzer wurden, schienen sie mir doch endlos länger als üblich.

Doch dann war es endlich so weit, Heiligabend stand vor der Tür. Unter Anleitung und Hilfe unseres Vaters durften wir den knorrigen Weihnachtsbaum mit den reichverzierten Kugeln und den selbst gebastelten Papiersternen schmücken, dazu kamen noch weiße Kerzen, Girlanden und kleine rote Äpfel. Alles sah so wunderschön aus. Als auch Mutter damit zufrieden war, mussten wir wieder zurück in unser Zimmer. Wie du dir selber vorstellen kannst, war dieser Moment kaum auszuhalten, dennoch blieben wir artig im Zimmer, damit das Christkindlein, das leise durchs angelehnte Fenster in die warme Stube schwebte, nicht gestört wurde, wenn es uns all die Geschenke unter den Weihnachtsbaum legte.

Endlich! Endlich erklang leise das Glöckchen und mein Bruder und ich stürmten fröhlich und voller Erwartung aus dem Zimmer hinein in die Stube. Mutter und Vater saßen mit feuchten Augen auf dem Sofa. Der bunte Weihnachtsbaum, die brennenden Kerzen, überall kleine Lichter, es war einfach traumhaft. Doch vom Christkindlein war nichts zu sehen, keine Spur, nicht einmal ein Hauch davon. Natürlich reagierten wir enttäuscht, schließlich hatten wir uns so darauf gefreut und geduldig ausgeharrt, um das heilige Wesen wenigstens einmal zu Gesicht zu bekommen. Wir seien nicht die einzigen Kinder, welche das Christkind besuchen müsse, und die Zeit sei nun mal knapp, so dass es mächtig pressieren müsse, um alle Kinder glücklich machen zu können, wurden wir von unserer Mutter getröstet. Aber es hatte uns ja Geschenke gebracht, allein der Gedanke daran brachte uns über unsere Enttäuschung hinweg. Als wir die vielen bunten Pakete unter dem prächtigen Weihnachtsbaum entdeckten, große und kleine, lange und schmale, war das Christkind endgültig zur Nebensache geworden.

Bevor wir uns aber ans Auspacken machen durften, mussten mein Bruder und ich noch dem obligaten Weihnachtsessen beiwohnen. Obwohl uns Mutter mit ihrer exzellenten Kochkunst immer wieder in Staunen versetzte und wir ihre Küche schon damals über alles liebten, verspürten wir an diesem Abend verständlicherweise nicht den kleinsten Hunger. Nachdem wir den kulinarischen Teil endlich hinter uns hatten, kam das leidige Pflichtprogramm, das mir wiederum endlos lang und sinnlos erschien. Mein Vater spielte DJ und legte einen Weihnachtshit nach dem anderen auf. Später las unsere Mutter aus einem dicken goldenen Weihnachtsbuch die heilige Geschichte. Nach «Oh du Fröhliche» und «Oh Tannenbaum» war es dann endlich so weit. Bescherung! Die Geschenke wurden verteilt und ich machte mich sogleich daran die Weihnachtslieferung zu überprüfen.

Ach du liebe Scheiße! Nicht einmal die Hälfte von dem, was ich bestellt hatte, war geliefert worden, stattdessen erhielt ich lauter nutzloses Zeugs. Statt einer elektrischen Eisenbahn bekam ich eine aus Holz, dazu gestrickte Socken, einen Pyjama, einen neuen Geiferlatz und ein Puzzle, bestehend aus fünftausend Teilen. Das war die ganze Ausbeute.

Mannomann, was für ein Reinfall! Wie hättest du auf diese Pleite reagiert? Ich auf jeden Fall war stocksauer, auf das bescheuerte Christkind und auf die ganze Welt!

Im nächsten Jahr war ich fest entschlossen, mir das nicht noch mal gefallen zu lassen. Ich würde das Ganze professioneller angehen. Aus den zahlreichen, von den Spielzeughändlern jeweils kurz vor der Adventszeit verschickten Katalogen suchte ich mir nun meine Geschenkwünsche zusammen. Diese schnitt ich mit der Schere vorsichtig aus und klebte sie der Reihe nach auf ein Blatt Papier. Penibel genau übertrug ich neben den Bildchen Artikelnamen, Artikelnummer, den Preis und die Seitenzahl, geduldig überwacht von meiner Mutter, da ich noch nicht schreiben konnte und eigentlich auch nicht wusste, was die einzelnen Zahlen und Buchstaben zu bedeuten hatten. Diesmal würde nichts mehr schiefgehen und ich war der festen Überzeugung, dem Christkindlein auf diese Weise viel Zeit eingespart zu haben.

So hatte ich alles bestens eingefädelt und war stolz auf meine Arbeit. Wieder gingen die Adventstage nur langsam vorbei. Türchen um Türchen wurde geöffnet und dann, nach beinahe endlosem Warten, war es endlich wieder so weit, Heiligabend. Wieder mussten wir im Kinderzimmer warten, bis das Glöcklein erklang. Ab ins Wohnzimmer! Und wieder keine Spur vom Christkind, einzig das halb geöffnete Fenster als Indiz, dass es wirklich da gewesen war. Eigentlich war mir das nun egal. Hauptsache, es hatte die richtigen Geschenke mitgebracht. Was jetzt kommt, kennst du ja schon: Beinschinken, Weihnachtsgeschichte, falsch gesungene Weihnachtshits und so weiter. Endlich wurden die Geschenke verteilt. Mein Herz pochte und meine Erwartungen waren riesig.

Gab es denn sowas?! Trotz all meiner Bemühungen war die Lieferung schon wieder vollkommen falsch. Taschentücher, gestrickte Socken (diesmal in Rot), eine Strickjacke, zwei Bücher (dabei konnte ich noch nicht einmal lesen) und ein Teddybär, obwohl ich auf der Wunschliste klipp und klar unter anderem das Schlagzeug und das blaue Fahrrad vermerkt hatte.

Schwer enttäuscht, stocksauer und gekränkt wurde mir damals bewusst, dass ich mich auf absolut niemanden verlassen konnte, noch nicht einmal auf das Christkind. Sollten meine Wünsche also in Erfüllung gehen, so musste ich selbst dafür sorgen. Eine harte Erkenntnis für einen fünfjährigen Jungen, aber eine wegweisende für meine Zukunft.

Was ich dir mit dieser Geschichte eigentlich sagen möchte: Je mehr Erwartungen du «auslagerst» und in andere steckst, desto größer wird die Gefahr, enttäuscht zu werden. Wenn du in der Scheiße steckst, dann suche einen Weg, dich alleine daraus zu befreien. Warte nicht, bis dir jemand hilft, sondern hilf dir selbst. Das kannst du nämlich besser als du glaubst.

Tics und Jobs

Mit der Zeit wurde Mutter die Arbeit im «Milchhüsli» zu viel. Um uns Kindern mehr Zeit widmen zu können, gab sie die Stelle schließlich auf und blieb fortan bei uns zu Hause. Das hieß, dass mein Vater nun alleine das Geld für die Familie heranschaffen musste. Notgedrungen wechselte er daraufhin den Arbeitsplatz. In der Markthalle, in der Obst und Gemüse en gros gehandelt wurden, arbeitete er zunächst als Chauffeur. Kurze Zeit später hätte er das Geschäft übernehmen können, dazu fehlte aber leider das nötige Startkapital. Glücklicherweise übernahm der neue Besitzer der Firma meinen Vater gleich mit.

Die Wochentage liefen stets nach demselben Muster ab. Morgens um halb fünf verließ mein Vater die Wohnung, damit er pünktlich um fünf mit der Arbeit beginnen konnte. Als Angestellter belieferte er morgens Gastrobetriebe und Kantinen mit frischem Obst und Gemüse. Über den Mittag kam er jeweils nach Hause. Das Essen, welches unsere Mutter jeden Tag aufs Neue liebevoll zubereitete – sie ist noch heute eine tolle Köchin –, stand dann bereits auf dem Tisch. Gemeinsam saßen wir dann beisammen und jeder erzählte, was er so erlebt hatte. Während sich Mutter danach um den Abwasch kümmerte, legte sich Vater zufrieden für eine halbe Stunde auf das Sofa, döste ein wenig vor sich hin und lauschte mit einem Ohr den DRS 1-Nachrichten im Radio. Kurz darauf stand er schon wieder auf den Beinen, um pünktlich um ein Uhr seinen klapprigen VW-Bus wiederum mit frischer Ware zu beladen, welche er nachmittags als eigener Chef seiner privaten Kundschaft lieferte.

Nach einem langen, harten Arbeitstag, so gegen sieben, kam Vater dann meist müde und abgekämpft nach Hause. Nach dem Abendessen musste er noch den Lieferwagen ausräumen, um für den darauffolgenden Tag startklar zu sein. Meinen Vater, einen gutmütigen und liebenswerten Mann so schuften zu sehen beeindruckte mich schon damals als kleinen Jungen.

Mit fünf Jahren kam ich dann zusammen mit meinem Bruder Benno in den Kindergarten. Damals war für mich die Welt noch in Ordnung. Doch allmählich zeichnete sich etwas Merkwürdiges in mir ab. Ich bekam immer häufiger komische Zuckungen und gab vermehrt unkontrollierte Laute und Bewegungen von mir – die ersten Anzeichen meiner sonderbaren Krankheit. Ich verstand damals nicht, was diese Dinge auslöst. Ich, aber auch meine Eltern und Brüder reagierten mit Befremden auf meine unkontrollierten Ausbrüche. Du kannst dir überhaupt kein Bild davon machen, wie schlimm dies alles für mich war. Obwohl ich es nicht wollte, kamen Laute aus meinem Mund und ich schleuderte die Arme hoch, es war schrecklich. Ich versuchte all dies zu unterdrücken, doch so sehr ich mich auch bemühte, es gelang mir einfach nicht, mich auch nur ein kleines bisschen zu beherrschen. Es ist schwierig, dir zu beschreiben, was da genau in mir ablief und bis heute abläuft. Das furchtbare Gefühl zu wissen, nicht Herr seiner selbst zu sein, ist vielleicht am ehesten mit einem Schluckauf vergleichbar. Je mehr du versuchst, ihn zu unterdrücken, desto mehr nimmt er dich ein, desto mehr beschäftigt er dich, desto mehr macht er dir zu schaffen.

Mit dem Eintritt in die Primarschule begann dann meine Odyssee der Schwierigkeiten. Als der Schularzt mich untersuchte, meinte er salopp, die Zuckungen würden spätestens mit der Pubertät wieder verschwinden. So überließ er mich meinem weiteren Schicksal. Er sollte sich täuschen. Später brachten mich meine Eltern zur genaueren Abklärung zum Kinderarzt, schließlich wollten sie diesen Absonderlichkeiten endlich auf den Grund gehen. Darauf wurde mir das Tourette-Syndrom diagnostiziert, benannt nach dem französischen Arzt Georges Gilles de la Tourette, der die Symptomatik bereits um 1885 erstmals auf wissenschaftlicher Basis beschrieb. De la Tourettes Arbeit geriet im Laufe der Zeit jedoch wieder in Vergessenheit, so dass in der Folge meist falsche Diagnosen gestellt wurden. Erst in den 1990er Jahren trat die Krankheit vor allem in Deutschland wieder verstärkt in das öffentliche Interesse.

Der zweite schwere Schlag ließ nicht lange auf sich warten. Schon bald wurde neben meinem Tourette-Syndrom auch noch eine schwere Legasthenie festgestellt, der Grund, warum ich bis heute mit Buchstaben auf Kriegsfuß stehe. Es war schlimm zu sehen, wie meine Mitschüler um mich herum Fortschritte machten, während ich auf ein und derselben Stelle verharrte. Toll, das war genau das, was zu meinem Glück noch gefehlt hatte. Natürlich hatten beide Diagnosen nicht gerade eine positive Wirkung auf mein Lernverhalten und so kam es, wie es zwangsläufig kommen musste: Ich gehörte bald zum Kreis derjenigen Schüler, welche die Schule und die damit verbundenen Aufgaben nicht sonderlich schätzten. Ganz im Gegenteil, ich war eine richtige Niete, ein Versager, eine Null. Im Sprachgebrauch meiner Mitschüler war ich ein «Spasti», dabei haben Spastiker mit anderen Problemen zu kämpfen, spastische Ausbrüche haben mit dem Tourette-Syndrom fast nichts gemeinsam. Der Schule konnte ich bald nichts Positives mehr abgewinnen, ja, ich begann sogar sie zu hassen.

Schon bald war ich für die ordentliche Schule nicht mehr tragbar, und so waren sich auch alle schnell einig, mich in diejenige erste Klasse zu schicken, die doppelt so lange dauerte wie die normale. Brachte natürlich nichts! Genauso wenig wie der nächste Wechsel in die Sprachheilschule in Riehen, wo man mich mit intensivem Einzel- und Therapieunterricht eindeckte. «Schwätzi» nannten wir Schüler diesen Einzelunterricht, da wir vor allem viel reden und spielen durften anstelle des mühsamen Paukens. Erfolglos! Desillusioniert schob man mich nach zwei Jahren wieder weiter, und zwar zurück nach Binningen in eine Kleinklasse, obwohl (und das ist das Perfide daran) sowohl Tourette als auch Legasthenie mit Intelligenz nichts im

Geringsten zu tun haben. Heute nimmt man an, dass auch Wolfgang Amadeus Mozart am Tourette-Syndrom litt.

Da war ich nun also, in der Deppenklasse. Hier waren punktuell schwächelnde Schüler wie ich in der Minderheit, die meisten waren tatsächlich ein bisschen doof. Und so war es nicht weiter verwunderlich, wenn die Fragen der Lehrer nur ahnungsloses Schulterzucken ernteten oder, wenn überhaupt, komplett dämliche Antworten. Wie beispielsweise Hansli auf die Aufforderung des Lehrers, das Zweimalzwei aufzuzählen, aus voller Überzeugung antwortete, das Einmaleins könne er besser. Wie frustrierend! Schulmüdigkeit, Motivations- und Interessenslosigkeit waren an der Tagesordnung. Doch wie eine Münze zwei unterschiedliche Seiten hat, so konnte ich auch diesem Schlamassel noch Positives abgewinnen.

Meine persönliche Erfahrung hat mir gezeigt, dass im Grunde alle Dinge im Leben zwei Seiten besitzen: eine gute und eine schlechte. Verlierst du deine Stelle, ist das negativ, also schlecht. Aber es gibt eben auch Positives: In der Schweiz zum Beispiel bist du in der Regel durch die Arbeitslosenversicherung zumindest für eine gewisse Zeit relativ gut abgesichert. So hast du plötzlich Zeit, über deine berufliche Situation nachzudenken: Was würdest du bei der nächsten Anstellung anders machen? Gefällt dir deine Arbeit überhaupt? Könntest du dich vielleicht weiterbilden? Vielleicht kannst du die Gelegenheit nutzen dich selbständig zu machen oder dich auf sonst eine Weise zu verwirklichen, zu der du vorher keine Möglichkeit hattest.

Verlässt dich nach Jahren dein Partner, wirst du dies zunächst kaum als positiv empfinden. Doch kannst du dir auch hier einige Fragen stellen: Wie war die Beziehung eigentlich? Fühltest du dich uneingeschränkt wohl? Die neue Freiheit, tun und lassen zu können was du willst, ist ja auch nicht ohne, oder?

Ich jedenfalls hatte durch meinen «Sonderweg» vom einen auf den anderen Tag plötzlich keinen Schulstress mehr. Es gab keine Paukerei und auch sonst keine besonderen schulischen Anstrengungen, so dass ich mehr Zeit hatte, mich auf anderen Ebenen weiterzuentwickeln.

Obwohl ich damals am Samstag noch in die Schule musste und auch mein Vater morgens zur Arbeit fuhr, freute ich mich die ganze Woche hindurch wie ein kleines Kind auf das bevorstehende Wochenende. Den Mittag konnte ich kaum abwarten, denn dann durften mein Bruder Benno und ich unserem Vater helfen den Lieferwagen abzuladen. Für diese Arbeit erhielt jeder von uns zehn Franken pro Woche. So verdienten wir unser erstes Taschengeld – ziemlich viel sogar für die damalige Zeit. Durch diese ersten Früchte meines Schaffens kam ich erstmals in Kontakt mit der Freude, die mir das Arbeiten mein Leben lang bereiten sollte.

Das große Vorbild meiner Kindheit war – neben meinem geschäftigen Vater – mein großer Bruder Mike, den ich erst so richtig kennenlernen durfte, als meine Eltern abseits des städtischen Treibens mitten auf einem Zeltplatz in Mumpf am Rhein ein mobiles Heim kauften. In diesem kleinen Paradies roch die Luft nach Freiheit und Unabhängigkeit, hier verbrachten wir vom Frühling bis tief in den Herbst jedes Wochenende und auch all unsere Ferientage. In fantastischer Geselligkeit wurde gefestet und gefeiert, getrunken, gegessen, geschwatzt und gespielt. Und wir waren mittendrin. Davon fühlte sich auch Mike angezogen. Immer sonntags aß er mit uns zu Mittag. Ich bewunderte ihn sehr. Mein großer Bruder war für mich der Größte, denn er hatte eine eigene Wohnung, einen Job, eine Freundin und war unabhängig. Und er war so cool. Zuhause und auf dem Campingplatz fühlte ich mich wohl und geborgen. Vielleicht ist dies einer der Gründe, weshalb es mich bis heute nie wirklich in die Ferne gezogen hat.

Etwa zu dieser Zeit – es war im Dezember – kam ich zu meinem ersten richtigen Job: Eines Tages stand ich mit der Taufpatin meines Bruders Benno in einem Blumengeschäft, in dem ein Lieferjunge mit fahrbarem Untersatz gesucht wurde. Zwar hatte ich noch keine Mofaprüfung in der Tasche, trotzdem bewarb ich mich mit der Begründung, dass ich gesund sei, ein Fahrrad besäße und zwei starke Beine hätte, das müsse doch reichen. Und es reichte! Zuhause erzählte ich meiner Mutter voller Stolz von meiner Errungenschaft. Mein Vater, ebenfalls begeistert, montierte mir einen umfunktionierten Bierkasten für den Transport der Blumen hinten auf mein Fahrrad.

Je nach Distanz erhielt ich für meine Fahrten mehr oder weniger an Lohn. Für einen Blumenstrauß im Umkreis von zwei Kilometern gab es einen Franken fünfzig. Für die zwölf Kilometer nach Riehen und zurück gab es dann schon sechs Franken. Brutal war die Fahrt nach St. Chrischona, allein der Hinweg betrug zwölf Kilometer den Berg hinauf. So arbeitete ich zwei Jahre, bei Sonne, Regen, Schnee und Sturm – komplett ohne Spezialkleidung, wie sie die Fahrradkuriere heute tragen.

Einmal stand ich vor der Eingangstüre eines etwas edleren Hauses. Ich läutete, einmal, zweimal. Ich hörte Schritte und Hundeknurren. Schwungvoll öffnete sich die Tür, und vor mir stand, flankiert von zwei Dobermännern, eine Frau, Mitte vierzig und splitterfasernackt! Sie sei gerade unter der Dusche gewesen, meinte sie trocken und hielt mir eine Zehnfrankennote entgegen. Damals, ich war ja gerade erst vierzehn Jahre alt, stieg mir die Schamesröte ins Gesicht. Schnell hielt ich den Blumenstrauß vor meine Augen und angelte blind nach dem Trinkgeld.

Eine andere Begegnung hatte ich, als mich eine ältere Frau anbrüllte und mir zu verstehen gab, dass sie meine Lieferung nicht annehmen werde. Sie stand offensichtlich im Streit mit einer anderen Dame, die sich mit diesem Blumenstrauß für irgendetwas entschuldigen wollte. So fuhr ich also mit dem Strauß zurück zum Blumengeschäft. Doch so einfach gab sich meine Chefin nicht geschlagen. Die Blumen seien schon bezahlt, so meine Arbeitgeberin. Also schwang ich mich wieder auf meinen Sattel, radelte zu der Alten und klingelte.

Die Türe öffnete sich. Der Blumenstrauß sei bereits bezahlt, rief ich schnell, um dem drohenden Donnerwetter zuvorzukommen. Sie wurde zu einer wahren Furie: Sie werde sich nichts schenken lassen und wolle selber zahlen, habe jedoch nur eine Hunderternote. Na toll, ich hatte natürlich kein Wechselgeld dabei. Also wieder zurück zum Blumenladen.

Meine Chefin war ganz und gar nicht einverstanden mit der ganzen Situation, der Blumenstrauß sei bezahlt und zweimal abkassieren für die gleiche Leistung, das gehe einfach nicht – basta! Mir blieb nichts anderes übrig, als die alte Dame noch ein weiteres Mal aufzusuchen.

Breitbeinig, die Hände in die Seiten gestemmt und mit zusammengekniffenen Augen stand das furchtbare Weibsbild vor mir. Ich versuchte ihr zu erklären, warum sie kein Wechselgeld bekäme und dass sie den Hunderter zurücknehmen müsse. Die Alte knallte mir unverwandt die Tür vor der Nase zu, jedoch nicht ohne vorher noch anzumerken, ich solle mir den Hunderter gefälligst in meinen Allerwertesten schieben – was ich natürlich nicht tat. Stattdessen steckte ich mir die Note genüsslich in die Tasche.

So waren sie, meine ersten Erfahrungen in der Arbeitswelt. Hart, oftmals skurril, aber immer mit großem Spaß verbunden. Doch die Freude hatte auch ihren Gegenpol, schließlich ging ich ja auch noch in die Schule und musste mich mit einigen Dingen herumschlagen, die ich einfach nicht hinbekam.

Kurz vor Ende der regulären Schulzeit, ich war damals gerade fünfzehn geworden, stellte mir mein Vater eine einfache Aufgabe. Er nahm Papier und Bleistift zur Hand und schrieb mit großen Lettern ein unfassbar langes Wort, das ich ihm vorlesen sollte. Mit Vater wurde nicht diskutiert, und so starrte ich pflichtbewusst auf das Blatt Papier. Buchstabe für Buchstabe versuchte ich zu entziffern und zusammenzusetzen, doch ich musste immer wieder von neuem beginnen, da mir die ersten Buchstaben schon wieder entfallen waren. Entnervt und innerlich zerknirscht gab ich es nach zehn Minuten schließlich auf. Es wollte mir einfach nicht gelingen, die aneinandergereihten Buchstaben zu verbinden.

Das Wort, das ich nicht lesen konnte, hieß «Niederberger». Verdammt, kannst du dir vorstellen, wie sich das anfühlt? Total scheiße! Ich konnte nicht einmal meinen eigenen Namen lesen, geschweige denn schreiben. Während diese Tatsache meinem Vater, der sich um meine Zukunft große Sorgen machte, verständlicherweise schwer zu schaffen machte, nahm ich das Ganze, nachdem ich den ersten Schock überwunden hatte, dann doch eher locker, ja beinahe unbeschwert zur Kenntnis.

Während mein Vater vergeblich an meinen Schreib- und Lesefähigkeiten feilte, war meine Mutter in ihren etwas allgemeineren Bemühungen um einiges erfolgreicher. Sie war es, die mir so wichtige Werte wie Anstand und Pünktlichkeit beibrachte und die mich immer wieder an die Konsequenzen meines Tuns erinnerte. Und so verpasste ich, trotz aller Schwierigkeiten, in meinen ganzen neun Schuljahren keine einzige Stunde.

Geld und Geiz

So wie ich in der Schule eine Niete war, so war ich schon damals umso erfolgreicher, sobald es ums Anpacken ging, ums Arbeiten mit den Händen, ums Schwitzen. Als mich eines Tages ein Schulkollege fragte, ob ich Lust hätte beim Auf- und Abbau einer Wanderdisko behilflich zu sein, musste ich nicht lange überlegen. Ich machte sofort mit. Dem Chef der Wanderdisko blieb es nicht verborgen, wie ich mich jedes Mal ins Zeug legte und welch ehrliche Freude mir das bereitete. Als mein Schulkollege plötzlich keine Lust mehr verspürte mit anzupacken und aus heiterem Himmel kündigte, teilte ich meinem Chef mit, dass ich zwar durchaus gewillt war, die anstehende Mehrarbeit auf mich zu nehmen, jedoch nur unter der Voraussetzung des vollen Lohnausgleichs. Ich forderte für die Zukunft das Dreifache des bisherigen Lohns, also hundertfünfzig Franken – ein Betrag, den ich für die ganze Plackerei durchaus angemessen fand. Natürlich winkte mein Boss zuerst ab und lachte mich sogar aus. Ich hätte einen Vogel und überhaupt sei ich nicht ganz dicht im Kopf, sagte er. Als er jedoch sah, dass ich es ernst meinte und er auf niemanden sonst mehr zählen konnte, ging er zwar widerwillig, aber schließlich dann doch auf meine Forderung ein.

Das erfolgreiche Durchsetzen meines Willens stimmte mich glücklich und zufrieden. Hochmotiviert verrichtete ich meine Arbeit noch besser als zuvor, was auch mein Arbeitgeber schnell merkte. Die Diskothek war ein voller Erfolg und so wuchs sie von Woche zu Woche.

Irgendwann schaffte ich die Arbeit nicht mehr alleine. Es mangelte an allen Ecken und Enden. Es fehlte an geeigneten Helfern, die mit anpackten, um die stets wachsende Infrastruktur auf- und abzubauen. Wieder ging ich zu meinem Chef und erklärte ihm aus vollster Überzeugung, ich könne ihm so viele Leute organisieren wie er brauchte. Wir einigten uns auf hundertfünfzig Franken für jeden einzelnen von mir angeschleppten arbeitswilligen Mitarbeiter. Ich brachte ihm fünf meiner Kollegen, die bereit waren, für fünfzig Franken zu arbeiten. So kassierte ich an einem Wochenende mit meinem Lohn zusammen rund siebenhundertfünfzig Franken. In einem Monat kam so ein nettes Sümmchen zusammen. Ohne es zu planen, vermittelte ich also plötzlich Temporärarbeiter. Es war ein erhabenes Gefühl, zum ersten Mal die Luft der Selbständigkeit zu schnuppern.

Nach ein paar Monaten fragte mich mein Chef, ob ich ihm nicht eine größere Summe, das heißt mehrere tausend Franken, für einen Monat borgen könne, denn er brauche dringend Geld. Da ich ihm vertraute, gab ich ihm ohne zu zögern die gewünschte Summe. Zur Sicherheit ließ ich mir jedoch einen großen Teil der mobilen Diskoinfrastruktur verpfänden. Als ich nach mehreren Monaten meinen Chef fragte, wann ich denn mit meinem Geld rechnen könne, lachte er nur und meinte, ich könne mir das Geld in den Hintern stecken und vergessen, schließlich hätte ich ja genug an ihm verdient. Da haben wir es: Traue niemandem, selbst dein Chef könnte ein schamloser Gauner sein.

Von da an war ich, ohne es zu wollen, stolzer Besitzer einer Wanderdisko. Natürlich verdiente ich nun einiges mehr als vorher mit dem Auf- und Abbau. Mit meinen siebzehn Jahren besaß ich schon ein kleines Unternehmen, das gutes Geld abwarf und erst noch einen Riesenspaß machte.

Glücklicherweise war die lästige Schulzeit nun endlich zu Ende gegangen. Ich hatte es Gott sei Dank geschafft, die neun Jahre einigermaßen unbeschadet zu überstehen. Damals freute ich mich wie ein kleines Kind, endlich konnte ich richtig arbeiten gehen, mit den Händen anpacken und mit einer Berufsausbildung beginnen. Mit meinen schwachen Schulkenntnissen kam selbstverständlich nur eine Lehre im handwerklichen Bereich in Frage – eine große Einschränkung, wie du dir vorstellen kannst.

Schon damals besaß ich eine große Leidenschaft für schöne Autos. So musste ich mir nicht erst lange Gedanken machen, welchen Beruf ich erlernen wollte. Doch diesen Traum durfte ich bald begraben, für eine vierjährige Lehre als Automechaniker schien ich mit meiner Behinderung einfach zu blöd. So begann ich also eine Schnupperlehre, wo man mir prompt einen

Pinsel in die Hand drückte und mich die Wände streichen ließ. So hatte ich mir das nicht vorgestellt!

Trotz dieser bitteren Niederlage fand ich dank meines Lieblingslehrers dann doch noch einen Betrieb, der mich für eine zweijährige Anlehre als Autospengler aufnahm, eine Tätigkeit, für die ich wohl gerade noch tragbar war. Freudig und voller Erwartungen trat ich in den Betrieb ein – schon bald würde ich wirklich Hand anlegen dürfen. Durfte ich auch – aber nicht etwa an Autos. Nein, wie schon als Schnupperlehrling zuvor erhielt ich erstmal den Auftrag, die ganze Garage neu zu streichen. Irgendwo musste eine Verwechslung vorliegen, schließlich wollte ich Autos reparieren und nicht mit Pinseln und Farbkesseln hantieren. Nun gut, ich tat wie mir befohlen, die Werkstatt erstrahlte in neuem Glanz und mein Chef war zufrieden. Na also! Bald würde man mich an die Schlitten heranlassen und ich würde lernen, wie man Autos ausbeult. Doch weit gefehlt! Nun wurde ich erst einmal in das Geheimnis des Teekochens eingeweiht: Wasser aufsetzen, warten bis es kocht, das heiße Wasser in einen alten roten Krug gießen, zwei gestrichene Teelöffel dazu und fertig war die Brühe. Nachdem ich das Teekochen perfekt beherrschte, war ich natürlich sicher, nun endlich meine erhoffte «Beförderung» zu bekommen. Von wegen! Statt der Karriereleiter kletterte ich erstmal reale Sprossen hoch und putzte Fenster. Immerhin habe ich damals gelernt, wie Fenster wirklich sauber werden: mit Sprit und alten Zeitungen.

Zwischen Teekochen, Malen und Putzen besuchte ich auch ab und zu die Berufsschule. Fachunterricht gab es keinen, dafür Deutsch und Mathematik. Wenigstens verbesserte ich hier meine Rechenkenntnisse, denn rechnen muss ich auch heute noch jeden Tag.

Mein Chef Albin Hecht besaß ursprünglich ein Basler Taxiunternehmen. Als er die Karosseriespenglerei übernahm, durfte er keine Lehrlinge ausbilden, da er keine dementsprechende Fachausbildung hatte. Entweder stellte er sehr junge Fachleute ein oder noch billigere unqualifizierte Arbeiter aus dem Elsass, um bei den Löhnen zu sparen. So war mein damaliger Lehrmeister Thomas Kalteisen selber gerade mal dreiundzwanzig Jahre alt.

Er sagte oft zu mir: «Ivar, schaue mit den Augen, fühle mit den Händen und höre mit den Ohren.» Eine banale Aussage, und doch ist sie wahr.

«Ivar, ist die Spritzkabine angestellt?», fragte Thomas Kalteisen.

«Ich glaube», antwortete ich.

«Glauben kannst du in der Kirche. Geh und kontrolliere, ob die Kabine angestellt ist oder nicht.»

Dasselbe wiederholte sich am Abend: «Ivar, hast du die Spritzkabine abgestellt?»

«Ich glaube.»

«Glauben ...» Den Rest kennst du ja bereits.

Thomas Kalteisen war intelligent und in seinem Beruf als Karosseriespengler sehr begabt. Später wechselte er aber den Job und arbeitete fortan als Versteigerer im kantonalen Auktionshaus der Stadt Basel.

Damals verstand ich in vielen Dingen nicht, was er mir eigentlich sagen wollte. In so vielen Situationen im Leben erkennst du den wahren Wert solcher Aussagen erst viel später.

Neben all dem Praktischen, das ich erlernen durfte, waren wohl die wichtigsten Erfahrungen in jenen zwei Jahren meine Beobachtungen, wie mein Chef Albin Hecht mit Geld umging. Heute kann ich darüber nur schmunzeln, doch damals hat es mich sehr geärgert. Der Geiz meines damaligen Chefs war unglaublich. Es war unerträglich, wie er versuchte, jeden Rappen zweimal umzudrehen. Einerseits lernte ich von ihm die Achtung vor dem Geld und die Umsicht im Umgang damit, andererseits lieferte mir die Person Albin Hecht das beste Beispiel, wie ich niemals werden wollte: ein Geizhals par excellence.

Dennoch war meine Arbeitsmoral prächtig: Vielfach war ich bereits um sechs Uhr morgens in der Werkstatt, um mir die Möglichkeit freizuhalten, am Abend früher Feierabend machen und so mehr Zeit in meine Disko investieren zu können. Es gab auch Abende, an denen ich länger arbeitete, als es meine Pflicht gewesen wäre. Schnell summierte sich eine stattliche Anzahl Überstunden.

Neben so aufregenden Aufgaben wie Bodenwischen durfte ich tatsächlich auch ab und zu wirklich freuden- und abwechslungsreiche Dinge tun: beispielsweise unseren Lieferanten an der Farbrampe besuchen, um dort mittels Rezept genaue Farbzusammensetzungen mischen zu lassen. Im Laufe der Zeit lernte ich dadurch viele Mitarbeiter kennen, mit denen sich freundschaftliche Verhältnisse entwickelten.

Eines Tages besuchte uns ein Vertreter des besagten Farblieferanten in der Werkstatt. Zu meiner Überraschung schenkte er mir einen schönen roten Trainingsanzug, auf dessen Rücken das Logo der Firma aufgedruckt war. Selbstverständlich freute ich mich riesig, probierte ihn gleich an und präsentierte ihn stolz meinem Chef.

Kurz vor Monatsende rief mich Albin Hecht zu sich ins Büro. Wie immer steckte eine Tabakspfeife in seinem Mund, an der er genüsslich sog. Die Zeit sei reif, um wieder einmal abzurechnen, immerhin seien mehr als dreißig Überstunden zusammengekommen. In aller Ruhe rechnete er mir vor: Mit einem Monatslohn von dreihundert Franken käme ich auf einen Stundenlohn von rund einem Franken fünfundsechzig. Interessant, dachte ich, und jetzt? Genüsslich zeigte er mir eine zweite Rechnung auf: Da ich ja schließlich in seinem Betrieb arbeite und nur deshalb unverhofft zu einem so schönen Trainingsanzug im Wert von sicherlich gut fünfzig Franken gekommen sei, wären die Überstunden somit beglichen. Selbstgefällig stopfte er seine Pfeife – ich dagegen stand da wie ein begossener Pudel und verstand die Welt nicht mehr.

Unerhört, findest du? Absolut! Aber es kommt noch dicker: Immer wieder erhielten wir von unseren zufriedenen Kunden Trinkgeld. Hier und da steckte mir ein Kunde einen Zehner in die Hosentasche. Natürlich beobachtete Albin Hecht uns Angestellte stets mit Argusaugen, so blieb ihm in den meisten Fällen nichts verborgen. Mir blieb dann nichts anderes übrig, als das erhaltene Trinkgeld in einer fetten Sparsau verschwinden zu lassen, die mir mein Chef grinsend entgegenstreckte. Mit dem Inhalt des Sparschweins bezahlte er in jedem Jahr das gemeinsame Weihnachtsessen. Eigentlich wäre dem nichts weiter entgegenzusetzen, hätte mein Chef an jenen Abenden nicht den teuersten Wein beinahe alleine getrunken und anstatt des billigen Pfeifentabaks eine teure Zigarre geraucht. Dann war Albin Hecht in Hochstimmung. Kein Wunder, verprasste er doch frisch-fröhlich unser aller Trinkgeld.

Jeden Tag musste ich für den Chef und für alle anderen Mitarbeiter das «Znüni» einkaufen und danach, wie zuvor erwähnt, den Tee kochen. Als ich bei Albin Hecht wieder einmal einen Franken fünfzig für das Päckchen Schwarztee einkassieren wollte, meinte er nur lakonisch, dass ich nun mit dem Bezahlen an der Reihe sei. Schließlich sei ich viel zu verschwenderisch. Ich würde generell zuviel Tee in den Thermoskrug einfüllen und ohnehin sei es vollkommen unverantwortlich von mir, dauernd gehäufte Löffel zu benutzen, anstatt sie mit dem Finger abzustreifen.

An einem Freitag erhielt ich von Albin Hecht den Auftrag, für ihn und seinen Schwiegervater Brennholz für den Kamin zu transportieren. Da ich noch keinen Fahrausweis besaß und deshalb den Citroën HY, einen Wellblechkastenwagen, nicht fahren durfte, sollte mich unser französischer Hilfsarbeiter Françoise begleiten und die Kiste fahren. Die Aufgabe war denkbar einfach: Wir sollten im Wald des Schwiegervaters so viel Holz wie möglich besorgen und die Ladung zu zwei gleichen Teilen bei Hecht und seinem Schwiegervater abladen. Wir fuhren also in den Wald und befüllten den Wagen mit so viel Holz, dass die Karre Gefahr drohte zusammenzubrechen. Mein Chef, inzwischen mit seinem eigenen Auto zur Kontrolle vorgefahren, befahl uns, gefälligst bis unters Dach zu stapeln – alles andere sei ja schließlich Verschwendung. Außerdem sei die Hälfte-Hälfte-Abmachung mit seinem Schwiegervater mittlerweile hinfällig. Diesem stünde jetzt nur noch ein Ster zu. Jetzt wollte Albin Hecht also auch noch seinen Schwiegervater übers Ohr hauen. Trotzdem taten Françoise und ich wie befohlen, denn Boss ist Boss, und so steuerten wir schnurstracks dem Schwiegervater zu. Der Wagen ächzte in jeder Kurve. Beinahe im Schritttempo brachte Françoise, dem der Angstschweiß nur so von der Stirn tropfte, den völlig überfüllten Transporter am Ende tatsächlich glücklich ans Ziel.

Um zur Eingangstüre von Albin Hechts Schwiegervater zu gelangen, marschierten wir zu Fuß ums Haus herum zur Rückseite. Wir klingelten, Schwiegervater Hecht öffnete. Im Augenblick der Frage nach dem gewünschten Abladeort krachte es fürchterlich. Das Haus erzitterte und eine Staubwolke trat um die Ecke zum Vorschein. Mir fiel beinahe das Herz in die Hose, alle drei zuckten wir wie vom Blitz getroffen zusammen. Was war passiert? In der Hast hatte Françoise die Handbremse zu wenig angezogen. So hatte sich der überfüllte Wagen gelöst, war die Böschung hinuntergerollt und ungebremst in die Hauswand gedonnert. Da es damals noch keine Handys gab, telefonierte Françoise übers Festnetz im Haus von Hechts Schwiegervater mit meinem Chef und versuchte im breitesten Elsässerdeutsch den Vorfall zu schildern, an welchem Louis de Funès seine helle Freude gehabt hätte. Das Ergebnis der ganzen Geschichte war ein Sachschaden am Haus von über viereinhalbtausend Franken sowie ein total demolierter Transporter, wunderschön vorzerlegt für seine Verschrottung. Meinem Chef war die ganze Angelegenheit natürlich mehr als peinlich, was ich ihm durchaus auch gönnte.

Geiz pur – so war mein damaliger Chef Albin Hecht. Sein Beispiel half mir dabei, kein knausriger Sack zu werden. Fairness ist das Wichtigste. Wer mit seinen Angestellten auch in finanziellen Dingen anständig umgeht, bekommt dies mit barer Münze zurückbezahlt. Gute und motivierte Leute schaffen eine angenehme Atmosphäre, was sich wiederum positiv auf das Geschäft auswirkt.

Wanderjahre

Die zwei Jahre unter Albin Hecht vergingen wie im Flug. Eines Tages flatterte mir per Post der Termin für die anstehende Abschlussprüfung ins Haus. Da es sich ja nicht um eine eigentliche Lehre handelte, war die Hürde, die Prüfung zu bestehen, relativ niedrig. Eigentlich würde ich ja nur aufs Papier bringen müssen, was ich in dieser Zeit alles gelernt habe. Kein Problem, dachte ich mir, schließlich hat es ja bis anhin noch niemand geschafft, diesen Test nicht zu bestehen.

Am Morgen der Prüfung jedoch war ich endlos nervös. Ich hüpfte, zuckte und konnte mich nicht mehr beruhigen. Es war schrecklich. Und tatsächlich versagte ich auf der ganzen Linie. Ich hätte kotzen können. Scheiß Katastrophentag! Noch heute wird mir übel, wenn ich mich daran zurück erinnere.

Nach meiner zweijährigen Anlehre als Karosseriespengler hatte ich also rein gar nichts in den Händen, das ich hätte vorzeigen können. Ich besaß keinen Berufsabschluss, kein Diplom, nichts! Schon bitter in einer Gesellschaft, in der die Menschen mehr oder weniger nur nach ihren Diplomen beurteilt werden.

Trotzdem waren diese zwei Jahre nicht für die Katz'! Zwar lernte ich nicht, wie man Autos repariert, dafür viele andere nützliche Dinge. Ich bin vielen Menschen begegnet, habe ihre Stärken, ihre Schwächen erfahren, Großzügigkeit, Geiz, Ehrlichkeit, Verschlagenheit und viele andere Eigenschaften des menschlichen Wesens am eigenen Leib zu spüren bekommen. Aus positiven, aber auch aus negativen Erlebnissen habe ich meine Lehren gezogen. Und ich wurde immer begieriger nach neuen Erfahrungen. Ich wollte praktische Dinge erlernen, mit den Händen arbeiten, schwitzen, Dreck fressen und das Geschaffene am Abend begutachten. Das machte mich glücklich. Meine Erfolge als Diskobetreiber zeigen dies in aller Deutlichkeit.

Nach Ende meiner Anlehre war ich gewissermaßen frei. Um mich auch frei bewegen zu können, wollte ich nun unbedingt die Fahrprüfung absolvieren – schließlich war ich ja mittlerweile über achtzehn Jahre alt. Und siehe da, ich bestand auf Anhieb. Wow, was für ein Gefühl, die erste bestandene Prüfung mit Ausweis, Unterschrift und amtlichem Stempel – neben dem Bootsschein übrigens die einzige bis heute.

Über diesen Erfolg freute sich natürlich auch mein Vater, und so schenkte er mir seinen klapprigen VW-Lieferwagen, in den ich mich sofort verliebte. Nun konnte ich wunderbar das ganze Material meiner Wanderdiskothek transportieren oder einfach mal mit Freunden ins Tessin fahren. Der VW-Transporter wurde mein treuster Begleiter, an manchen Tagen auch zu meinem Zuhause. Das Innere wurde nach und nach zu Kochnische, Ess- und Schlafzimmer umfunktioniert. Eine wahre Lovestory! Bis zu jenem bitteren Tag, als der Motorraum mitten auf der Autobahn zwischen Bern und Basel Feuer fing. Funken flogen über den Asphalt und dicker, schwarzer Rauch vernebelte hinter mir die Fahrbahn. Wider Erwarten brachte mich die halb verreckte Karre dann doch noch nach Hause bis vor die Haustüre, wo sie mir dann im wahrsten Sinne des Wortes unter dem Hintern wegbrannte und einen überaus traurigen Autotod erlitt.

Nun begann eine Zeit, in der ich hier und da mal einen Job annahm und allerhand ausprobierte. Die erste regulär bezahlte Arbeit war die eines Chauffeurs. Dabei handelte es sich mehr um einen Aushilfsjob, ich sprang eigentlich nur für jemanden ein, dem für drei Monate der Fahrausweis entzogen worden war. Mitten in der Nacht durfte ich Kioske mit Zeitungen beliefern. Die Stadt im Schlaf zu erleben war ebenfalls eine interessante Erfahrung, und doch war ich froh, als mein Vorgänger wieder im Besitz seines Fahrausweises war.

Daraufhin stieg ich in die Höhe und arbeitete als Dachdecker. Wie zufrieden mein Chef dort tatsächlich mit meiner Arbeit war, erfuhr ich erst einundzwanzig Jahre später, als ich von seiner Firma zwei Dachfenster in mein Haus einbauen ließ. Als ich auch nach Wochen noch immer keine Rechnung für den Fenstereinbau erhalten hatte – es ging immerhin um viereinhalbtausend Franken –, stattete ich meinem ehemaligen Boss einen Besuch ab.

«Ich werde dir keine Rechnung schreiben, Ivar», sagte der alte Mann. «Ich freue mich sehr und bin stolz auf dich, wenn ich sehe, was du aus dir gemacht hast. Verstehe dieses Geschenk als ein Zeichen meines Respekts dir gegenüber.» Dies war ein derartiger Glücksmoment für mich, stell dir das mal vor: Nach so vielen Jahren schenkte mir mein alter Arbeitgeber die zwei Fenster, obwohl ich damals bei ihm nur ein paar Monate gearbeitet hatte. Das Verrückte daran ist, dass ich problemlos zehn Dachfenster hätte kaufen können, es ging mir überhaupt nicht ums Geld.

Entschuldige diesen abrupten Zeitsprung, ich möchte dir nur sagen, dass es auch solche Gefühle und Momente sind, für die ich lebe und arbeite. Anerkennung für die eigene Leistung zu erhalten, sei sie finanziell oder auf der Gefühlsebene, das ist doch das Schönste auf der Welt.

Nach dem Abenteuer auf dem Dach versuchte ich mich eine Zeit lang als Pneu-Monteur und installierte bis zum Umfallen Reifen im Akkord. Als Hilfselektriker überstand ich dann so manche Stromschläge.

Später kam ich zu einem Messestandbauer. Hier wurden Waren optimal präsentiert. Eines Tages beschwerten sich beim Chef ein paar Arbeiter, weshalb ich es mir ungestraft erlauben könne, erst um zehn Uhr morgens in der Werkstatt aufzutauchen, während sie bereits bei fünf Minuten Verspätung einen gewaltigen Rüffel kassierten. Die Lösung der Geschichte: Mir machte meine Arbeit dermaßen Spaß, dass ich meist bis zwei Uhr morgens durchkrampfte und oft genug auch direkt am Arbeitsplatz übernachtete. Diesen Einsatz würdigte mein Chef mit entsprechender Nachsicht.

In den 1980er Jahren gab es viel Arbeit, die Konjunktur blühte. Gefiel mir eine Arbeit nicht oder kam ich mit einem Vorgesetzten nicht klar, konnte ich besten Gewissens gehen und fand problemlos einen anderen Job. Ich nahm jede Gelegenheit wahr und jede Arbeit an, die mir in die Hände fiel. Neuer Job, neue Leute, neue Erfahrung, neue Erkenntnisse. Ich wechselte meine Arbeitgeber fast so oft wie meine Unterwäsche.

Mit zwanzig Jahren verkaufte ich mein gesamtes Disko-Material. Damals schloss eine der größten Diskotheken in Basel, das «Xenon», für immer seine Tore. Wie der Phönix aus der Asche sollte daraus ein neues, größeres und noch schöneres Tanzlokal entstehen. Wie der Name schon sagt, sollte nun das «Only One» in Basel und Umgebung die Nummer Eins unter den Diskotheken werden. Der neue Geschäftsführer Peter Hummel, ein ehemaliger Radiomoderator, den ich noch aus meiner Jugendzeit kannte, erteilte mir im Zuge seiner Neueröffnung einen lukrativen Auftrag: Ich sollte mit meinen Leuten alle großen Städte der Deutschschweiz mit insgesamt dreißigtausend Kleinplakaten bepflastern. Begeistert nahm ich diese Herausforderung an, denn pro Plakat erhielt ich einen Franken. Das erste Drittel war schnell platziert, das zweite schon schwieriger. Für die letzten zehntausend Plakate einen geeigneten Platz zu finden, war dann richtig mörderisch. Eine Baustellenabschrankung tapezierten wir mit hunderten von Plakaten und schufen damit gar etwas Künstlerisches. Pop-Art! Andy Warhol hätte bestimmt seine Freude daran gehabt. Doch irgendwann war

Schluss. Es gab einfach keine freien Plätze mehr, um die Dinger loszuwerden. Aber Auftrag ist Auftrag, und so beklebten wir in Luzern sämtliche Bäume entlang des Seeufers. Diese bekamen Probleme mit ihrer Fotosynthese, was wiederum den verantwortlichen Beamten überhaupt nicht gefiel. Schon bald flatterte dicke Post ins Büro meines Auftraggebers. Doch statt einen Zusammenschiss zu kassieren, erhielt ich von Peter Hummel ein dickes Lob. Die Bußen waren sozusagen der Beweis dafür, dass ich meine Arbeit gewissenhaft und gründlich ausgeführt hatte.

Meine Karriere schien nun endlich ins Rollen zu kommen. Als das «Only One» eröffnet wurde, verhalf mir Peter Hummel nämlich zu einem Job an der Kasse. Bis dato setzte ich bei meinen Tätigkeiten vor allem Hände und Muskelkraft ein, nun waren plötzlich auch Köpfchen und Organisationstalent gefragt. Zwar hatte ich schon während der Zeit meiner eigenen Disko erfolgreich organisiert, doch das hier war eine viel größere Kiste.

Zwischen einundzwanzig und drei Uhr verkaufte ich jeweils etwa tausend Tickets à zwanzig Franken. Bei der Abrechnung nach der Türschließung ergab dies die gewaltige Summe von etwa zwanzigtausend Franken.

Eines Abends hatte ich plötzlich mehr Geld in der Kasse als abgerissene Tickets. Deshalb fragte ich den Geschäftsführer Peter Hummel, ob es recht sei, in der Höhe des überschüssigen Betrages die entsprechende

Anzahl Tickets abzureißen, um so die Rechnung wieder auszugleichen.

«Quatsch, das gleicht sich dann schon von alleine wieder aus, sollte einmal zu wenig Geld in der Kasse sein», korrigierte der barsche Peter Hummel mein Ansinnen.

«So ein Blödsinn, Ivar hat absolut richtig gedacht. Geh mir aus den Augen und mach dich nützlich», donnerte plötzlich eine tiefe Stimme. Kurt Thalmann, der große Geldgeber und gewichtige Mitbesitzer des «Only One», war hinter uns getreten. Mit einer unmissverständlichen Kopfbewegung gab er dem Geschäftsführer zu verstehen, er solle schleunigst einen Abgang machen. Kurt Thalmann genoss den Respekt und den absoluten Gehorsam all seiner Mitarbeiter, Freunde und Bekannten. Dies war meine erste eindrückliche Begegnung mit einem Patron der alten Schule, und dann erst noch eine positive. Kurt Thalmann, ein Mann mit harter Schale und weichem Kern, ein Mann mit Prinzipien und klaren Vorstellungen, zog mich sogleich in seinen Bann.

Es kam der Tag, als ich zum Big Boss zitiert wurde. Kurt Thalmann, groß und stämmig, erklärte mir kurz und bündig, ich würde ihm für die nächsten zwei Monate rund um die Uhr als Chauffeur zur Verfügung stehen, man habe ihm den Fahrausweis für diese Zeit entzogen. Ich nickte nur verlegen, wer wollte ihm denn schon widersprechen? Selbstverständlich hatte Peter Hummel an diesem Entscheid keine Freude, doch ihm blieb nur die Faust in der Hosentasche. Ich dagegen war stolz, dem alten Herrn dienen zu dürfen. Ich fühlte mich geschmeichelt, Kurt Thalmann so nah zu sein.

Tatsächlich entwickelte sich in den zwei Monaten eine Art Vater-Sohn-Beziehung. Es war eine interessante, überaus lehrreiche Zeit. Den teuren Jaguar fahren zu dürfen war einfach geil, besser noch als Sex. Ich begleitete den Patron überall hin, selbst zu heiklen Besprechungen, lernte, Verhandlungen auch mit schwierigen Partnern zum Erfolg zu führen. Zwei Monate lang stand ich Kurt Thalmann Tag und Nacht zur Verfügung und genoss sein uneingeschränktes Vertrauen.

Einstieg in die Modebranche

In meiner Diskozeit habe ich mit vielen Menschen Bekanntschaft geschlossen – mit sympathischen und unsympathischen, mit liebenswerten und bösartigen, mit Schwätzern und Halsabschneidern, mit Huren und Zuhältern. Mit der Zeit entwickelte ich ein sicheres Gespür dafür, wie die Menschen ticken und wie man mit ihnen am besten umgeht. So war es auch nicht weiter verwunderlich, als mir eines Tages angeboten wurde, für eine kleine Wochenzeitung im Inseratemarkt als Telefonverkäufer mein Glück zu versuchen. Ebenfalls neu war neben der Art der Tätigkeit auch das System der Entlöhnung. Als freier Mitarbeiter basierte der Verdienst zu hundert Prozent auf Provisionsbasis. Damit hatte ich keine Probleme, denn als Gegenleistung war ich tatsächlich vollkommen frei. Die Freiheit, selber bestimmen zu können, wann und wo ich arbeiten wollte und dabei erst noch gutes Geld zu verdienen, war genial. Selbstverständlich brauchte es trotz aller Freiheiten eine große Portion Disziplin und Eigeninitiative. Glücklicherweise hatte ich davon mehr als genug. Nun zeigte sich plötzlich, dass Arbeitswille, Disziplin und Eigeninitiative durchaus mehr Gewicht auf die Waage bringen können als irgendwelche Diplome.

Beim Barte des Propheten! Endlich hatte ich mein Talent gefunden, ich war der geborene Verkäufer. Markus Adler, Zeitungsverleger und mein neuer Boss, hatte die größte Freude an mir, denn die Menge der Inserate nahm durch meine getätigten Abschlüsse laufend zu. Mein Chef war ein hervorragender Verkäufer, von dem ich viel lernen konnte. Menschlich jedoch war er eine Niete. Mit jeder und jedem legte er sich an, andauernd hatte er Stress an der Backe. Das hinderte ihn oft daran, bei seinen vielen Projekten wirklich erfolgreich zu sein.

Nach einigen Monaten in dieser neuen Welt der Redaktoren, Journalisten und Pressekonferenzen versuchte ich, einen Versicherungsmakler von einem Jahresabschluss zu überzeugen. Er jedoch drehte den Spieß kurzerhand um und machte mir ein lukratives Angebot: Im Außendienst sollte ich als Versicherungsberater bei einer Rechtsschutzversicherung arbeiten, mit den gleichen Bedingungen wie bei der Zeitung, nur mit höheren Verdienstmöglichkeiten. Da Markus Adler mit seiner menschlichen Unfähigkeit auch seiner eigenen Zeitung schadete, kündigte ich ihm ohne den Hauch eines schlechten Gewissens. Die im Vertrag festgelegte Wochenfrist hielt ich aber ein und verkaufte bis zum Schluss noch eine ganze Menge Zeitungsanzeigen.

Wissbegierig nahm ich die neue Herausforderung bei der Versicherung an. Jeden Tag kontaktierte ich fünf bis zehn Kunden. Bald schon verstand ich, was die Leute hören wollten. Die so gewonnenen Erkenntnisse bezog ich immer gezielter in meine Verkaufsgespräche mit ein. Täglich schloss ich zwei bis drei Verträge ab und erzielte so ein Einkommen von etwa tausend Franken pro Tag. Der Rubel rollte und ich arbeitete selbständig, was wollte ich mehr?

Inzwischen hatte ich mir einen schwarzen VW Golf Cabriolet gekauft. Damit fuhr ich des Öfteren durch das «Gundeli». In diesem Quartier, das im Westen von Basel liegt, herrscht Tag und Nacht viel Betrieb. Mit meinem offenen VW war ich dort bald bekannter als ein bunter Hund. Es war also nicht weiter erstaunlich, dass ich immer wieder alten Bekannten aus meiner Diskothekenzeit begegnete.

So kam es, dass ich an einem schönen Sommertag Peter Hummel über den Weg fuhr, für den ich über ein Jahr lang im «Only One» gearbeitet hatte. Wild gestikulierend zeigte er mir an, mich sprechen zu wollen. Der Mann war eine richtige Pfeife, trotzdem parkierte ich meinen Wagen, um zu hören, was er zu sagen hatte.

Hummel erzählte, er habe in der Diskothek das Feld räumen müssen, da sie im Vergleich zu den anderen Investitionen, die Kurt Thalmann getätigt hatte, zu wenig Geld abwarf. Als ihm kurz darauf jemand einen Liquidationsposten mit hunderttausend Teilen für hunderttausend Franken zum Kauf anbot, habe er nicht widerstehen können. Er glaube fest daran, in kurzer Zeit einen großen Gewinn zu erzielen. Er wolle zusätzlich noch weitere Restposten erwerben und Läden anmieten, zu diesem Zweck brauche er dringendst Verkäufer. Und da sei ich genau sein Mann.

Die Idee, günstig leerstehende Läden kurzzeitig anzumieten, um darin Restposten, hauptsächlich Kleider zu verkaufen, leuchtete mir ein. Spontan nahm ich seinen Vorschlag an, versuchsweise einen solchen Laden zu übernehmen. Parallel dazu würde ich weiterhin in Ruhe meine Versicherungspolicen verkaufen können. Für mich bestand keinerlei Risiko, ich musste weder Geld investieren noch ging ich dabei irgendwelche Verpflichtungen ein. Einzig die Mehrarbeit hätte mich abschrecken können. Doch vor der Arbeit habe ich mich nie gedrückt. Genau das Gegenteil war ja der Fall, von klein auf, seit ich meinem Vater samstags bei der Arbeit geholfen habe. Ich konnte also nur gewinnen. Frohen Mutes stürzte ich mich auf dieses weitere Abenteuer.

Wie immer bei solchen Weichenstellungen weißt du im Vorfeld nie, wohin dich der Weg führen wird, in eine Sackgasse oder ins gelobte Land. Doch wie sich später herausstellen sollte, war dieser Entscheid einer der grundlegendsten und weitreichendsten meines gesamten Lebens.

Als Geschäftsführer führte ich nun also einen Kleiderladen. Zu Schleuderpreisen verhökerte ich die angelieferten Restposten, was mir gewaltigen Spaß bereitete. Statt imaginäre Dinge wie Policen für Rechtsschutzversicherungen zu verkaufen, brachte ich nun Waren an den Mann und an die Frau, die man in den Händen halten, sehen und riechen konnte. Mit meiner offenen und unkomplizierten Art sorgte ich im Laden schon bald für eine ausgezeichnete Marktatmosphäre und eine positive Stimmung, die den Leuten sehr gefiel. Zeitweise hatte man gar den Eindruck, als befände man sich auf einem orientalischen Markt. Es wurde gefeilscht und gehandelt, die Leute kauften wie verrückt. Nebenbei vertickte ich ohne größeren Aufwand noch immer Versicherungspolicen. Mir ging es blendend und die Zeit verging wie im Flug. Und wäre da nicht Peter Hummel gewesen, der mir ja schon im «Only One» kräftig auf die Nerven gegangen war, hätte es noch lange so weitergehen können. Als sich aber die erste Woche dem Ende näherte, fragte mich Hummel nach meinen Tagesumsätzen.

«Im Schnitt so um die zweitausend Franken», antwortete ich brav und voller Stolz.

«Zweitausend Franken nur? Sag ehrlich, Ivar, wieviel Umsatz hast du gemacht?»

Ich konnte nicht anders, als ihm die Zahl «Zweitausend» noch einmal anzubieten, denn es war die Wahrheit. Mit enttäuschter Miene erklärte er mir, in einem anderen Laden würden an einem einzigen Tag mehr als zehntausend Franken umgesetzt. Ich dagegen wolle ihn mit meinen lausigen zweitausend Franken abspeisen. Ich würde ihn bestehlen, warf er mir vor, was ich natürlich energisch bestritt. Darauf ließ er mich einfach stehen und verließ verärgert die Filiale.

Eine ohnmächtige Wut beschlich mich. Einerseits gefiel mir die Arbeit sehr, andererseits hätte ich meinen Chef auf den Mond schießen können. Ich war wirklich überzeugt, gute Arbeit geleistet zu haben und befand mich nun in einem gewaltigen Dilemma.

Bei der nächsten Gelegenheit fragte ich einen von Hummels anderen Filialleitern, wieviel er denn so umgesetzt hätte. Dieser antwortete mir offen und ohne Umschweife, es seien jeweils nur zwischen fünf- und sechshundert Franken gewesen. Der Laden laufe nicht gut, denn es kämen zu wenig Kunden. Ich traute meinen Ohren nicht und war stinksauer. Was war dieser Hummel nur für ein verlogener Hund. Obwohl ich ihm schon von Anfang an nicht über den Weg getraut hatte, wollte ich diese Frechheit nicht glauben. Doch das Beste kommt noch. Denn auch an den folgenden Samstagen spielte dieser Drecksack sein Schmierentheater. Ich hatte die Schnauze gestrichen voll. Zwar bereitete mir die Arbeit im Laden weiterhin große Freude, doch wollte ich diesen Menschen nicht mehr ertragen müssen.

Und wie der Zufall manchmal so spielt, wurde in der Stadt zur selben Zeit ein weiterer Lagerverkauf eröffnet, diesmal unter dem Namen «Kleidi». In einer Gratiswochenzeitung wurde diesbezüglich mit ganzseitigen Inseraten hauptsächlich für Herrenbekleidung zu sensationellen Preisen geworben. Eigentlich stammte die Ware aus der DDR, doch das wusste ja keiner. Die Leute gingen hin, erzählten es weiter und der Laden entwickelte sich zu einem profitablen Selbstläufer. Neugierig wie ich war, stattete ich diesem Geschäft einen Besuch ab. Als Geschäftsführer musste ich ja schließlich informiert sein, welche Waren die Konkurrenz zu welchem Preis auf den Markt warf.

Welch eine Überraschung, als mir mitten im Inspizieren der Ware Markus Adler, der Zeitungsverleger, plötzlich auf die Schulter klopfte und mich herzlich in «seinem Laden» begrüßte. Sichtlich überrascht mich zu sehen, fragte er mich nach meinem Befinden. Natülich wollte er auch wissen, welcher Arbeit ich im Moment denn so nachging. Mit einem breiten Grinsen im Gesicht erklärte ich ihm stolz, wir seien nun sozusagen Konkurrenten. Ich sei ebenfalls im Lagerverkauf tätig, als Geschäftsführer in einer eigenen Filiale. Er lachte herzhaft, gratulierte mir zu meiner steilen Karriere und erklärte gut gelaunt, dass er noch immer im Zeitungsgeschäft tätig sei und im Grunde keinen Gedanken daran verschwende, voll ins Kleidergeschäft zu wechseln. Trotzdem habe er diesen Laden eröffnet, «aber nur aus einem einzigen Grund». Ich wurde hellhörig, hatte ich doch noch in bester Erinnerung, wie Adler seinen Namen und sein Gratisblatt immer wieder mit provokanten Aktionen der Öffentlichkeit in Erinnerung rief. Diesmal wollte er der gesamten Modebranche der Stadt ans Bein pissen, die in seiner Zeitung nicht ein einziges Inserat schaltete. Nun begann auch ich herzhaft zu lachen. Was für eine geniale Idee! Mir gefiel diese einfallsreiche Racheaktion, die alleine auf reiner Wut auf die Modefritzen gründete, die unverschämterweise sein Blatt ignorierten.

Trotz großem Erfolg und persönlicher Genugtuung habe er ein Problem, erklärte Markus Adler. Bis spätestens in einer Woche müsse er nämlich den Laden und das gesamte Lager geräumt haben. Vielleicht könne ich ihm dabei helfen das Problem zu lösen, schlug er vor, und eröffnete mir sogleich ein interessantes Angebot: Ich solle die gesamte Ware übernehmen, auf Provisionsbasis verkaufen, dann wieder neu einkaufen und so weiter und so fort. Danach sei ich der «Kleidi»-Mann und endlich ganz und gar selbständig. Natürlich würde er dafür weiterhin in seiner Zeitung Werbung machen und mir so helfen einen guten Start zu finden. Super! Natürlich sagte ich zu, wir waren uns einig. Das war mein Ding!

Ohne Zeit zu verlieren, besuchte ich meinen Chef Peter Hummel. Ich freute mich wie ein kleines Kind, ihm direkt in die Augen blicken zu können und ihm geradeaus und aus allertiefstem Herzen mitzuteilen, dass er mich am Arsch lecken könne. Ich weiß schon, das war vielleicht nicht die vornehmste Art. Aber es hat mir unglaublich gut getan! Endlich war ich selbständig und mein eigener Herr und Meister!

Meine erste Immobilie

Nun hatte ich also einen Berg voller Waren und auch jemanden, der mich mit Werbung aktiv unterstützte, aber keinen Laden. Zufall oder auch nicht, ich lief Kurt Thalmann über den Weg, dem großen, charismatischen Patron, für den ich einmal über zwei Monate «Mädchen für alles» gespielt hatte. Ich erzählte ihm von meinem Vorhaben; er war begeistert und signalisierte mir seine volle Unterstützung. So könne er ganz wunderbar diesem Schwachkopf Peter Hummel eins auswischen, der sein «Only One» zugrunde gerichtet habe.

Tags darauf übergab mir Kurt Thalmann einen seiner Läden, der zufällig leerstand. Wieviel mich der Laden denn kosten würde, wollte ich wissen.

«Eigentlich müsste ich im Monat zweieinhalbtausend Franken dafür haben», antwortete er, «dir gebe ich den Laden aber gerne für tausendfünfhundert. Die Idee gefällt mir und auch du gefällst mir, Ivar, denn du warst stets ehrlich und loyal. Es bereitet mir eine große Freude, dir helfen zu können. Und wenn der Laden dann läuft, kannst du mir von dir aus zweieinhalbtausend Franken geben, da habe ich vollstes Vertrauen.»

Schon verrückt das Ganze, nun war ich tatsächlich selbständiger Ladenbesitzer. Die vielen Leute, die ich kannte, wollten nun natürlich wissen, wie ich denn dies schon wieder angestellt hätte, doch das hielt ich absolut geheim.

Doppelt motiviert brachte ich die Waren unter die Leute wie ein Weltmeister. Noch verkaufte ich vor allem Kleider für den Mann, doch bald schon begriff ich, dass Frauen grundsätzlich mehr Interesse an Kleidung zeigen als die männliche Kundschaft. Die Rechnung war schnell gemacht: Während ein Mann pro Saison durchschnittlich vier bis acht Teile erwirbt, kauft eine Frau dieselbe Menge in einem einzigen und erst noch schwächeren Monat. Während Männer das Kleiderkaufen tendenziell eher als Last empfinden, gehen Frauen aus purer Lust shoppen, sind regelrecht süchtig danach. Eine wichtige Erkenntnis auf meinem Weg zum Erfolg!

So schnell wie möglich wollte ich in meinem Laden gute Damenmode anbieten. Nach kurzem Suchen fand ich dann tatsächlich die Adresse eines Textilhändler-Knotenpunktes in Zürich. Damals waren dort etwa fünfundzwanzig Firmen ansässig, die ihre Produkte auf der «Pronto-Basis» verkauften. Ich konnte also meine Ware anschauen und direkt mitnehmen. Es gab alles im Überfluss und natürlich auch Restposten, die keinen Käufer fanden.

Dann kam ich, Ivar der Grünschnabel. So naiv und unwissend wie ich damals war, bezahlte ich für ein Teil zwischen fünfzehn und fünfundzwanzig Franken, während ein geübter Restpostenhändler höchstens fünf bis zehn Franken dafür auf den Tisch blätterte. Natürlich merkten die Händler rasch, dass sie es mit einem Neuling zu tun hatten und nahmen mich schamlos aus. Doch das Tagesgeschäft blühte, Tag für Tag wuchs meine Stammkundschaft. Meine Kundinnen waren zufrieden, war ich doch stets darauf bedacht, Qualitätsware zu absoluten Tiefstpreisen anzubieten. In fairer Marktstrategie sah ich von Anfang an mehr Potential als in Wucher und Abzocke.

Je besser die Geschäfte liefen, desto mehr Ware konnte ich einkaufen. Durch meine anfängliche Naivität entstand ein Kreislauf: Die Händler scharten sich um mich, automatisch fielen die Preise. Immer öfter war ich der Erste, der gute Ware angeboten bekam.

Ein paar Monate später parkierte Kurt Thalmann vor meinem Laden, um mir mit einem breiten Grinsen seinen nigelnagelneuen Buick zu präsentieren. Ein neuer Wagen ist immer schön, dieser gefiel mir aber trotzdem nicht. Als ich Thalmann auf ein kaputtes Glas am Scheinwerfer aufmerksam machte, reagierte er sichtlich genervt. Es ärgerte ihn, denn die Scheißreparatur würde ihm wieder einen Teil seiner kostbaren Zeit stehlen. Trotzdem nahm er sich noch die Zeit, sich nach meinem Befinden zu erkundigen. Stolz berichtete ich ihm von meinem Erfolg in der Modebranche, bald würde ich ihm die volle Ladenmiete überweisen können. Dies stimmte Kurt Thalmann wieder ein bisschen heiterer.

Ich werde diese Begegnung bis an mein Lebensende nicht vergessen. Zur besagten Reparatur am Scheinwerferlicht kam es nämlich nicht mehr. Am folgenden

Tag erlosch Thalmanns Lebenslicht für immer, plötzlich und völlig unerwartet verstarb mein großer Förderer an einer Herzschwäche. Ich heulte wie ein Schlosshund. In tiefster Trauer kam es mir vor, als wäre mein eigener Vater gestorben.

Doch so schwer dieser furchtbare Verlust für mich persönlich wog, so sicher war ich mir, dass das Leben nun erst recht weitergehen musste.

Eines Tages entdeckte ich die Messen für mich, die schon damals in schöner Regelmäßigkeit in der ganzen Schweiz stattfanden. Dort stimmten Frequenz und Umsatz. Ob du es glaubst oder nicht: An so einer Messe war es durchaus möglich, zwischen fünfzig- und hunderttausend Franken zu verdienen. Auch knüpfte ich hier viele neue Kontakte, aus welchen wiederum neue Möglichkeiten entstanden. Plötzlich kam ich an Insiderinformationen, mein Beziehungsnetz wurde von Tag zu Tag feinmaschiger.

Ich begann, in der ganzen Schweiz allerlei Restposten aufzukaufen, auch Liquidationsbestände von Boutiquen, die schließen mussten. Dabei blieb ich stets meinen eigenen Vorgaben treu: Ehrlichkeit, Fairness, Seriosität. Die Folge war, dass ich mir als Geschäftsmann einen Namen machte, mit dem man gerne Geschäfte tätigt.

Als mein eigener Chef hob ich nicht ab, blieb bescheiden und gab mir selbst nur einen kleinen Lohn. Auf teure Anzüge und sonstigen Schnickschnack verzichtete ich gänzlich. Schulden hatte ich nur bei meinem Chef, also bei mir selbst. Ferien brauchte ich keine und mit meinem VW-Bus, den ich nach meiner ersten Ladeneröffnung bei einem Occasionhändler günstig erworben hatte – hässlich grau, doch lief er wie eine Rakete –, war ich vollkommen zufrieden.

Mein Barvermögen wuchs wie verrückt. Damit dies auch so blieb, verwaltete ich meine Finanzen nach einem festen System: Auf der Bank besaß ich zwei Konten, bei der Post eines. Auf dem einen Bankkonto gingen alle Bareinnahmen ein. Damit bezahlte ich die Mieten und Löhne, Versicherungen, Treuhänder und alle anderen administrativen Rechnungen. Auf das zweite Bankkonto flossen alle Beträge aus Visa- und Mastercardzahlungen. Damit tätigte ich alle Wareneinkäufe. Auf das Postkonto schließlich flossen alle Zahlungen von Kunden, die ihre Einkäufe mit einer Postcard bezahlten. Dieses Konto ließ ich absolut unangetastet. Es immer weiter wachsen zu sehen gab mir die tägliche Kraft und Motivation, weiterzumachen und stetig am Ball zu bleiben.

Wie sollte ich nun mein ganzes Geld sinnvoll und sicher anlegen? Eine durchaus wichtige Frage, die einer gut überlegten Antwort bedurfte. Spekulieren wollte ich nicht. Zu hart verdient war jeder einzelne Franken, um ihn leichtsinnig zu verlieren.

Hatte ich nicht schon immer von einem eigenen Gebäude geträumt? Genau, das wars! Eine Immobilie galt seit jeher als sichere Investition. Auf Papier skizzierte ich die Rahmenbedingungen. Da ich bis zu diesem Zeitpunkt meine Ware in einem angemieteten Keller ohne Lift gelagert und vom Hoch- und Runterschleppen längst genug hatte, wünschte ich mir für mein neues Gebäude eine große und vor allem ebenerdige Lagerfläche. Zudem brauchte ich, trotz meiner noch bescheidenen Firmenverwaltung, mehrere Büroräumlichkeiten.

Für diesen Traum war mein Vermögen dann doch noch zu klein. Doch die Lösung lag auf der Hand: Das Gebäude musste einfach groß genug sein, um davon einen Teil an Fremdfirmen vermieten zu können. Die richtige Größe war also matchentscheidend.

Die Idee ließ mich nicht mehr los. Vor meinem geistigen Auge sah ich deutlich, wie das Gebäude auszusehen hatte. Ein kleines Gewerbezentrum sollte es sein, auf dessen Dach ich, einem Loft ähnlich, sogar würde wohnen können.

Von der Finanzierung hatte ich klare Vorstellungen: Mit dem Geld auf meinem Postkonto würde ich die Eigenmittel für die Immobilie bestreiten, mit den Mieteinnahmen der Fremdfirmen könnte ich die laufenden Hypothekarzinsen bezahlen und mit dem Geld, das weiterhin auf das Postkonto floss, hätte ich die Möglichkeit, Stück für Stück die aufgenommene Hypothek abzutragen. Nach wenigen Jahren wäre ich dann frei von Schulden. Zudem entschloss ich mich, mir selbst für die Räumlichkeiten meiner Firma ebenfalls Miete zu bezahlen, das würde mir zusätzlich eine Rente für meine alten Tage einbringen. Sollte es mir gelingen, diesen Plan umzusetzen, so wurde mir plötzlich klar, müsste ich eigentlich nicht mehr arbeiten gehen. Die Arbeit würde zu meinem Hobby. Was für ein schönes Gefühl, was für eine Idee! Mehr und mehr verbiss ich mich in den Gedanken. Ich hatte keine andere Wahl, das Projekt musste umgesetzt werden.

Siegessicher und mit den nötigen Unterlagen in der Tasche ging ich zur Bank. Auch ohne komplizierten Businessplan zeigte sich der Banker von meinem Vorhaben hellauf begeistert, zumal die Höhe des Eigenkapitals stimmte. Von meiner Begeisterung angesteckt und von den Zahlen überzeugt, sicherte er mir die nötige Hypothek zu fantastischen Konditionen zu. Die Bank würde mir eine Hypothek gewähren, genauso groß wie mein Eigenkapital. Überglücklich verließ ich die Bank, ich hatte eine konkrete Zusage in der Tasche.

Trotz meines Eifers nahm ich mir Zeit, was den positiven Nebeneffekt hatte, dass sich mein Postkonto schön weiter mit Bargeld füllte. Dies konnte ja meinem Vorhaben nur dienlich sein. In meine Suche nach geeigneten Objekten investierte ich vier bis sechs Stunden pro Woche. Nun konnte sich zeigen, ob mein Netzwerk, das ich über Jahre aufgebaut hatte, etwas taugte. Ich kontaktierte Banker, Notare, Anwälte und Betreibungsämter, fragte nach interessanten Objekten und bat um Insiderinformationen über Geschäftsverkäufe, Insolvenzen und Liegenschaften, die noch nicht auf dem freien Markt zu haben waren.

Mein Netzwerk funktionierte wunderbar. Schneller als erwartet erhielt ich von einem pensionierten

Banker den entscheidenden Hinweis auf eine wahre Perle, die für meine Bedürfnisse nahezu perfekt war und genau meinen Vorstellungen entsprach. Beim näheren Betrachten musste ich aber feststellen, dass das Gebäude nur im Baurecht zu kaufen war, was mir gar nicht gefiel. Ich wollte etwas erwerben, das mir dann auch wirklich gehörte, also auch das Land, auf dem das Haus steht.

Plötzlich fiel mir ein Schild wieder ein, das ich ein paar Tage zuvor gesehen hatte: «Lagerfläche zu vermieten!» So stieß ich in Aesch, einem Basler Vorort, auf eine Immobilie, in der es geeignete Lagerhallen zu vermieten gab.

Neugierig wie ich nun mal bin, wollte ich mir das Gebäude etwas näher ansehen. Doch einer der damaligen und mein heutiger Mieter erklärte mir barsch, dass dies nicht möglich sei. Das ganze Gewerbezentrum werde am nächsten Tag wegen Illiquidität des Besitzers an einer Versteigerung unter den Hammer kommen. Hellhörig geworden, erschien also auch ich am nächsten Tag. Außer mir waren nur noch der Versteigerer, ein interessierter Bordellbesitzer und ein Vertreter einer noch heute existierenden Großbank anwesend. Bei anderthalb Millionen boten nur noch der Banker und ich, der Bordellbesitzer hatte das Handtuch geworfen. Tatsächlich war das ziemlich naiv von mir, zumal ich das Objekt bislang nur von Außen gesehen hatte. Bei der Zwei-Millionen-Grenze überließ ich das Feld enttäuscht dem Banker, der Hammer fiel schlussendlich zum dritten Mal und die Immobilie ging mitsamt dem

Land für zwei Millionen und fünfzigtausend Franken in den Besitz der Bank über. So ein Mist! So nah vor dem Ziel zerrann mir der Traum von einem eigenen Gebäude zwischen den Fingern. Zu meiner Verwunderung kam jedoch der Banker auf mich zu: Wenn ich das Gebäude kaufen wolle, könne ich es haben. Ich stutzte und fragte, wieviel ich denn nun zahlen müsse. Zwei Millionen und fünfzigtausend Franken, so der Banker. Ich begriff die Welt nicht mehr, was sollte das denn? Der Mann von der Bank erklärte mir, dass er natürlich nur mitgeboten habe, um für seinen Mandanten, einen Gläubiger, einen möglichst guten Preis zu erzielen.

Zwei Tage später kam der für die Verkaufsabwicklung zuständige Banker extra von Zürich angereist, um das Geschäft mit mir abzuschließen. In seiner Eile habe er doch glatt den vorbereiteten Kaufvertrag auf seinem Schreibtisch vergessen, entschuldigte er sich. Dies sei aber weiter kein Problem, er werde den Vertrag ganz einfach hier und jetzt von Hand aufsetzen. Er nahm Papier und Schreibzeug und begann, den Vertragstext zu formulieren. Ich traute meinen Augen nicht, was schrieb dieser Idiot da? Der Preis war nun tatsächlich plötzlich um einhunderttausend Franken höher als ausgemacht. Mir wurde schlagartig klar, warum dieser falsche Scheißkerl den Vertrag «auf dem Schreibtisch hatte liegen lassen». Ich fühlte mich komplett angeschmiert, doch ich hatte keine Wahl. Ich verzichtete auf einen Rückzieher und stimmte dem Kauf mit der Faust in der Tasche dann trotzdem zu.

Nun hatte ich also eine Liegenschaft gekauft, die zu achtzig Prozent leer stand, zwanzig Prozent waren an eine Fremdfirma vermietet. Da ich selbst nur dreißig Prozent von der Gesamtfläche in Anspruch zu nehmen gedachte, blieben noch fünfzig Prozent übrig, für die ich einen Mieter suchen musste. Also schaltete ich ein entsprechendes Inserat in der Zeitung. Der Preis war fair, und so ließ die Reaktion nicht lange auf sich warten. Schon bald fand sich ein Interessent. Kurze Zeit später waren wir uns einig, gemeinsam unterschrieben wir einen Vorvertrag.

Meinem Bankberater erklärte ich mit einem etwas mulmigen Gefühl im Bauch, hunderttausend Franken mehr bezahlt zu haben als ursprünglich geplant. Der schaute mich völlig entgeistert an und fragte mich, ob ich nun von allen guten Geistern verlassen sei. Etwas eingeschüchtert rutschte ich nervös auf dem Stuhl umher. Mein Berater schaute mir tief in die Augen, bis er mir nach einer Weile zurief: «Herr Niederberger, Sie haben soeben eine Immobilie im Wert von über sieben Millionen Franken gekauft. Gratuliere!» Ich brauchte eine Weile, um zu begreifen, was er mir da eben gesagt hatte. Es war tatsächlich alles glatt gelaufen. Der Deal war spitze, ich war stolzer Besitzer eines Gewerbezentrums. Das Glücksgefühl, das damals in mir aufstieg, ist unbeschreiblich.

Doch das Leben ist kein Wunschkonzert, auf gute folgen schlechte Tage. Jetzt, wo es um den definitiven Vertrag ging, wollte der Mieter, mit dem ich den Vorvertrag abgeschlossen hatte, auf einmal den vereinbarten Zins nicht mehr bezahlen. Mir wurde schlagartig klar, dass es einerseits sicherer, andererseits auch lukrativer war, die zu vermietende Fläche in drei kleinere Parzellen zu unterteilen. Mit dieser Maßnahme war ich in der Lage, einen drohenden Mietausfall möglichst klein zu halten, zudem konnte ich die drei einzelnen Flächen zu höheren Konditionen vermieten. Über die neue Ausgangslage informierte ich meinen Banker. Von der veränderten Situation und dem neuen Vermietungskonzept begeistert, gab er mir grünes Licht. In nur zwei Monaten war alles unter Dach und Fach, die nötigen Mieter gefunden, die Büros eingerichtet, das Warenlager gezügelt. Es lief einfach großartig.

Als ich kurze Zeit später der Bank meine Bilanz präsentierte, waren die Banker sehr erstaunt. Mit dem ausgezeichneten Ergebnis derart zufrieden, boten sie mir ein halbes Jahr später eine weitere Immobilie an, die ich im gleichen Stil wie das erste Projekt realisierte.

So stieg ich in die Immobilienwelt ein. Seither investiere ich etwa zwanzig Prozent meiner Zeit in Immobilien und die restlichen achtzig Prozent in meine Firma «Kleidi».

Ivar, der Modeschöpfer

Zu dieser Zeit besaß ich bereits sechs eigene «Kleidi»-Läden. Alles lief gut, die Waren gingen ein und aus. Wie schon viele Male zuvor fuhr ich nach Zürich, um für Kleidernachschub zu sorgen. Einer meiner Händler bot mir vierhundert sehr schöne Pullover an. Gesehen und gekauft, teilte ich die Pullover auf meine Läden auf. Und siehe da, die Pullover gingen weg wie warme Semmeln. Im Nu waren zweihundert Stück verkauft, doch dann war plötzlich Schluss. Ohne einen ersichtlichen Grund blieb ich auf den restlichen zweihundert Pullovern sitzen. Was sollte ich anfangen mit dem ganzen Zeugs, das niemand mehr wollte? Kurzerhand packte ich die verbleibenden Pullis in den Lieferwagen und fuhr direkt zu meiner Konkurrenz. Es waren etwa zwanzig Boutiquen, die ich besuchte. Mehr als erstaunt war ich darüber, wie die zweihundert Pullover innerhalb kürzester Zeit bei meinen Mitbewerbern über den Ladentisch gingen. Es lief bedeutend einfacher als gedacht.

Ich war noch nicht einmal zu Hause angekommen, da klingelte mein Handy. Der Lieferant, der mir die schönen Pullover verkauft hatte, saß am anderen Ende der Leitung und brüllte ins Telefon. Er sei stocksauer, schrie er mich an. Wie ich nur so dermaßen bescheuert sein könne, meine zweihundert Pullover praktisch zum Einstandspreis einfach weiterzuverkaufen, nur um sie so schnell als möglich los zu sein. Ich sei ein Vollidiot, in Zukunft wolle er mit mir nichts mehr zu tun haben, ich solle mich verdammt noch mal zum Teufel scheren. Nun stand ich also da wie der Esel am Berg. Ich war echt ratlos, schließlich hatte ich soeben meinen besten Lieferanten verloren.

Nachdem ich den Schock etwas verdaut hatte und wieder klarer denken konnte, wurde mir bewusst, dass mein Lieferant eigentlich nichts anderes war als ein Händler auch, nicht mehr und nicht weniger. Der eigentliche Unterschied lag lediglich in der Menge und im Kundensegment. Während ich die Ware vom Großhändler im kleineren Stil erwarb und an viele Endkunden weiterverkaufte, bestellte mein Lieferant, eben ein Großhändler, die Waren direkt beim Hersteller in riesigen Mengen, containerweise, um seine Kunden, sprich Laden- und Boutiquebesitzer wie mich, damit zu beliefern. Bis zu diesem Zeitpunkt hatte ich nicht einen einzigen Gedanken daran verschwendet, zu hinterfragen, von woher die Waren denn eigentlich stammten. Irgendwo in dieser Welt mussten sie ja schließlich fabriziert werden. So wurde ich gezwungen mir darüber endlich Gedanken zu machen.

Bald brachte ich in Erfahrung, dass Paris für Mode die richtige Adresse sei. So entschloss ich mich, den nächsten Schritt zu tun und in der Stadt an der Seine mein Glück zu suchen. Tatsächlich fuhr ich nach Paris und fand erstaunlich schnell die gesuchten Lieferanten. Mein albernes Pseudofranzösisch war ein Jammer, mit Händen und Füßen schlug ich mich schließlich durch. Mein sprachliches Defizit kompensierte ich mit Seriosität und Fairness. Nachdem ich es mir mit meinem Zürcher Hauptlieferanten verscherzt hatte, war ich nun erleichtert, meine Geschäfte weiterführen zu können, als wäre nichts passiert.

Von da an fuhr ich einmal im Monat nach Paris. Hier brachte mich etwas, das ich bis zu jenem Zeitpunkt nie und nimmer für möglich gehalten hätte, auf eine komplett neue Schiene: Ich verhandelte gerade mit einem meiner Lieferanten. Besser gesagt, ich versuchte es, denn die enormen Verständigungsprobleme waren auf dem besten Weg, mir einen Strich durch die Rechnung zu machen – ein Umstand, der mich mehr als nur frustrierte. Doch dann kam plötzlich und völlig unerwartet Hilfe von einer anderen Seite. Ein deutscher Händler, der ebenfalls anwesend war und fließend Französisch sprach, klinkte sich in die Verhandlung mit ein. Er half entscheidend mit, dass ich den Deal zu meiner Zufriedenheit abschließen konnte. Erleichtert bedankte ich mich bei ihm und wir verabschiedeten uns.

Müde, aber zufrieden und mit einem riesigen Hunger im Bauch steuerte ich den erstbesten McDonalds an. Ich staunte nicht schlecht. Plötzlich stand ich direkt neben dem deutschen Händler inmitten einer Meute hungrig wartender Burger-Fans. Man sieht sich halt immer zweimal im Leben, dachte ich mir und lud den Händler zum Dank für seine Hilfe spontan zum Essen ein. So saßen wir zusammen und tauschten uns aus. Es war spannend, einmal auf persönlicher Ebene die

Sicht eines Großhändlers zu hören. Nachdem er mir von seinen Geschäften in Berlin erzählt hatte, berichtete ich ihm meine Geschichte, die ja schließlich auch nicht ganz uninteressant ist. Der Händler konnte nicht verstehen, wie ich bislang in Paris überhaupt hatte bestehen können mit meinen lächerlichen Sprachkenntnissen. Ich antwortete ehrlich und ohne Umschweife, dass meine schulischen Leistungen, und dazu gehörten leider auch die Fremdsprachen, miserabel ausgefallen waren. Verwundert schüttelte er den Kopf. Dann überlegte er kurz, erhob sich vom Stuhl und wies mich an, ihm zu folgen. Der Deutsche führte mich durch das halbe Quartier «Entrepôt» in einen Hinterhof. Um ehrlich zu sein, war mir zunächst schon ein wenig mulmig zumute. Man weiß ja nie, was einen erwartet. Trotzdem folgte ich ihm weiter. Wir betraten ein Haus und fuhren mit einem klapprigen Lift hoch in den siebten Stock. Kurze Zeit später fand ich mich im Büro einer kleinen Agentur wieder. Dort wurden wir von einer netten Frau begrüßt, und zwar, was war das für eine schöne Überraschung, in fließendem Deutsch. Ich verstand mich auf Anhieb prächtig mit der Dame. Doch anstatt sprachlicher Barrieren stand nun ein neues Problem im Vordergrund. Die Kleider, die sie mir anbot, stellte sie leider nur in Übergrößen her. Sie bot mir an, doch einen Probelauf mit hundert Blusen zu versuchen. Ich willigte ein, denn Probieren geht bekanntlich über Studieren. Nach meiner Rückkehr in die Schweiz verteilte ich die Lieferung auf die einzelnen Läden. Ich staunte nicht schlecht, als nach nur zwei Tagen sämtliche Blusen verkauft waren. Ich klopfte mir auf die Schulter und bestellte gleich nach.

Die Frau in Paris machte ihre Arbeit mehr als gut. Trotzdem gab es neue Probleme: Meine Lieferantin produzierte gerade mal zwei Modelle, das war mir zu wenig. Zurück in Paris, fragte ich die Frau, ob es denn auch möglich wäre, Kleider nach meinen eigenen Vorstellungen und mit meinem eigenen Logo herzustellen. Meine Marke sollte meinen Namen, also «Niederberger» tragen. Sie stimmte zu. War es nicht verrückt, wie die Dinge liefen? Bald würden so viele Frauen meinen Namen auf ihrem Körper tragen. Einen Namen, den ich als vierzehnjähriger Knabe nicht einmal imstande war zu lesen, geschweige denn zu schreiben.

Bereits auf dem Rückflug machte ich mich an die Arbeit und entwarf verschiedene Modelle. Als ich schließlich in Basel landete, war meine erste eigene Kollektion so gut wie fertig. Kaum vorstellbar, nicht? Die Zeichnungen schickte ich sofort per Fax nach Paris. Und dann, nach fünfzehn Tagen, war sie da, meine erste eigene Kollektion unter dem Label «Niederberger». Meinem Label. Es war fantastisch, es war gigantisch. Vor Freude strahlte ich über alle vier Backen!

Noch größer war die Freude über den prompten Erfolg meiner neuen Marke. Die Geschäfte florierten, ich musste gleich mehrmals nachbestellen. Nach vier Monaten erhielt ich von meiner Agentin in Paris die Anfrage, ob sie meine Kollektion auch anderen Interessenten vorstellen dürfe. Natürlich stimmte ich zu. Die Bedingungen waren einfach: Die Kollektion durfte nur unter dem Label «Niederberger» und nur außerhalb der Schweiz verkauft werden. Zudem erhielt ich zehn Prozent Provision aus dem Verkaufserlös.

In der Schweiz eröffnete ich an verschiedenen Orten weitere Geschäfte, insgesamt zweiundzwanzig sollten es bis heute werden. Das Geschäft lief rund und ich hatte meine helle Freude daran.

Dann passierte die nächste Unglaublichkeit: Auf meinem Schreibtisch lag ein Scheck. Dabei handelte es sich um die Provision aus dem Verkauf meiner Kollektion nach Deutschland. Es war das erste Mal, dass ich für etwas Geld erhielt, ohne speziell etwas dafür zu tun. Ohne große Anstrengung Geld verdienen – ein geniales Gefühl.

Da ich bald mehr Arbeit hatte, als ich bewältigen konnte, beschloss ich jemanden einzustellen, der sich ausschließlich der Bedürfnisse, Wünsche und Sorgen meiner Angestellten annehmen sollte. Eine gute Entscheidung, wie sich später herausstellte! So hatte ich mehr Zeit, mich um meine Kollektionen zu kümmern, die mehr und mehr zu meinem Kerngeschäft wurden. Um weiterhin erfolgreich auf dem Markt bestehen zu können, musste ich meinen Stil unbedingt weiterentwickeln.

Ich befasste mich eingehender mit den Frauen, die in meinen Boutiquen ein- und ausgingen. Was habe ich eigentlich für eine Stammkundschaft? Wer sind diese Frauen und woher kommen sie? Was sind ihre Bedürfnisse, ihre Wünsche? Die Antwort war einfacher, als ich dachte. Frauen suchen ganz allgemein das Einzigartige, das Spezielle, und trotzdem wollen sie sich darin wohlfühlen können.

Ich begann meine Kollektionen noch spezieller und ideenreicher zu gestalten. Es gibt ja genügend Elemente, um den gleichen Schnitt zu variieren: verschiedene Stoffe, Farben, Knöpfe und Reißverschlüsse, diverse Formen für Taschen, Kragen und Ausschnitte. Der Erfolg blieb nicht aus. Meine Stammkundinnen bestätigten die Richtigkeit meines Handelns.

Die richtige Kollektion auf den Markt zu bringen nahm allmählich Dimensionen an, die ich alleine nicht mehr bewältigen konnte. Also holte ich mir einige begabte und kreative Leute mit ins Boot. Leute, die anpacken können. Leute mit Ideen, die sich Tag für Tag neu motivieren können. Leute, die sich für meine Kollektion einsetzen und bereit sind mehr zu tun, als von ihnen verlangt wird.

Um in Zukunft neben den ganzen Frauen auch wieder Männer glücklich zu machen, werde ich, diesmal mit zwei Partnern, eine neue Marke unter dem Label «Tom Bergstein» auf den Markt bringen. Ob auch «Tom Bergstein» zu einer Erfolgsgeschichte wird, steht noch in den Sternen. Doch ich glaube an mich und ich glaube an den Erfolg von «Tom Bergstein», denn eigentlich mache ich ja, wie auch mit diesem Buch, nichts anderes als bisher: Tun!

Epilog

Auf meinem Weg bin ich immer wieder Menschen begegnet, die schon in ihrer Jugend betreffend Intelligenz und Leistung von den Eltern und Lehrern abgeschrieben wurden, hoffnungslose Fälle also. Doch viele von ihnen lernten mit ihrem Handicap von klein auf zu leben und es zu meistern. Vermeintliche Schwächen wurden plötzlich zu ihren Stärken. In ihrem Denken ersetzten sie Negatives durch Positives, Wissen durch Fleiß, Angst durch Selbstvertrauen, Zweifel durch Mut und übermäßige Vorsicht durch eine gesunde Portion Naivität. Vielleicht gehörst auch du zu den Benachteiligten, zu den Schulmüden, zu den vermeintlichen Versagern. Ich rufe dir zu: Lass dich nicht unterkriegen und von niemandem in Grund und Boden reden! Auch wenn du deine Ausbildung mit Abschluss und Diplom, deine Matur, dein Studium, deinen Doktortitel bereits in der Tasche hast: Mach etwas daraus! Mach mehr daraus! Nutze deine Intelligenz und dein Talent! Bewege etwas in der Welt!

Glaube an dich, benenne dein Ziel und pack es endlich an! Denke positiv und vor allem: Tu! Und solltest du auch der Einzige sein, der sich aufgrund meines Buches auf den Weg macht, sein Ziel zu erreichen, dann bin ich mehr als zufrieden.

Leider gibt es Menschen auf dieser Welt, die an einer schweren Krankheit leiden oder in einem Land geboren werden, in dem bitterste Armut herrscht. Menschen, die, von Dürre, Unruhen und Kriegen geprägt, ein armseliges Leben fristen. Dies zu ändern liegt nicht in meiner Macht, dafür bin ich zu klein und zu unbedeutend. Dort aber, wo ich dennoch einen kleinen Beitrag zu einer besseren Welt beitragen kann, indem ich zum Beispiel anständige Löhne bezahle und für die Waren, die ich einkaufe, faire und angemessene Preise aushandle, nehme ich meine Verantwortung gerne wahr. Die großen Steine aus dem Weg zu räumen ist eine Aufgabe, die ich leider den Mächtigen dieser Welt überlassen muss, wobei die Politiker und Staatsmänner meist mehr auf ihre eigene Macht fixiert sind als auf das wirkliche Wohl der Menschheit, aber das ist eine andere Geschichte. Deshalb richte ich meine Gedanken an die Menschen, die im Grunde gesund sind, mit beiden Füßen mitten im Leben stehen und eigentlich allen Grund dazu hätten, glücklich zu sein.

Viel zu oft werden Gründe gesucht, die eigene Unzufriedenheit zu rechtfertigen. Viel zu oft geben wir anderen die Schuld an der eigenen Misere. Oftmals habe ich sogar das Gefühl, als würden wir uns über neue Krisen wie die derzeitige Wirtschaftskrise freuen, hinter denen wir uns verstecken und uns selbst bemitleiden können. Sollten wir nicht endlich lernen, unser Glück selbst in die Hände zu nehmen, indem wir etwas dafür tun? Jeder ist seines eigenen Glückes Schmied!

So banal dieses alte Sprichwort auch scheinen mag, so einfach und wahr ist seine Aussage.

Du könntest mir vorwerfen, auch meine Ratschläge seien zu banal. Ich kann dir nur beipflichten, du hast absolut recht. Trotzdem muss ich hier eine kleine Ergänzung anbringen: Die Wahrheit ist nicht zu banal, um sie befolgen zu können, sondern sie ist für viele zu banal, um sie zu erkennen. Im Einfachen liegt die Stärke!

So einfach das Rezept auch ist, so schwierig ist seine Umsetzung. Diese braucht unglaublich viel Energie und einen eisernen Willen. Nur wenn du dir Ziele steckst, die du unbedingt erreichen willst, setzt deine Motivation genügend Energie frei, um bis zum Ende durchhalten zu können.

Alle meine Behauptungen widerspiegeln meine feste innere Überzeugung und zeugen aus meiner gelebten Realität. Keinesfalls möchte ich überheblich erscheinen, wenn ich dir am Beispiel meiner eigenen Geschichte aufzeige, wie du dein Leben und dein Schicksal selbst in die Hand nehmen und etwas für dein eigenes Glück tun kannst. Ich möchte dir Mut zusprechen, meinem Beispiel zu folgen und endlich die Verantwortung für dich selbst zu übernehmen.

Für mich gehören Erfolg und Glück untrennbar zusammen. Erfolg steht unter anderem für Unabhängigkeit, Freiheit und Zufriedenheit. Mit Glück verhält es sich nicht anders. Gönne dir ein Stück weit Unabhängigkeit. Diese ermöglicht es dir, eine Idee von der

Skizze bis zum Ergebnis erfolgreich umzusetzen, was dich zufrieden stimmen wird. Wirft die realisierte Idee dann auch noch einen Gewinn ab, Geld, Anerkennung, Respekt, so macht dich das glücklich – und nebenbei noch unabhängiger als zuvor. Dieser Kreislauf des Glücks, diese Glücksspirale, wird dich höher und höher tragen und dir keine Gelegenheit mehr geben, dich über dein Leben zu beschweren.

Die komplizierte philosophische Frage, ob denn nun das Huhn oder das Ei zuerst da war, ist in unserem Fall ganz einfach zu beantworten: Am Anfang steht allein die Vision, die in uns steckt und das Rad in Bewegung setzt, der Funke, der das Feuer des Glücks entfacht.

Teil Zwei

Kampf dem Zweifel

Wie schon im Vorwort erwähnt, wird mir Ivan Zweifel in diesem Teil die Hölle heiß machen. Bevor wir jedoch mit dem Zwiegespräch beginnen, möchte ich diesen Herrn kurz vorstellen. Wir alle kennen diese Person bestens. Sie trägt verschiedene Namen, je nach Situation kann sie männlich oder auch weiblich sein. In diesem Fall gehört Ivan Zweifel zu meiner eigenen Person. Er lebt tief in mir drin und ist Teil meiner Seele. Er steht aber auch stellvertretend für einen Teil der Menschen in meiner unmittelbaren Umgebung, denen ich tagtäglich begegne. Ganz im Gegensatz zu mir, also Ivar Niederberger, ist Ivan Zweifel, wie der Name schon sagt, ein ewiger Zweifler und Pessimist. Er ist träge, skeptisch und von ständiger Angst geprägt. Alles hinterfragt er mehrfach von vorn bis hinten, von oben bis unten, sucht dauernd nach Ausflüchten, neuen Hürden und Barrieren, die er sich in den Weg legen kann, nur um nicht aktiv werden zu müssen. Ivan ist ideenlos und glaubt grundsätzlich nicht an Visionen. Er ist also schlichtweg das pure Gegenteil meiner positiven Seite.

Ivar Niederberger: Der Weg ist das Ziel, Ivan. Bist du am Ziel deiner Wünsche angekommen, wirst du den Weg vermissen. Die Aussage dieses Satzes verfolgte mich lange Zeit. Erst als ich das Ziel erreicht habe, ist mir ein Licht aufgegangen und ich habe den Satz endlich verstanden.

Ivan Zweifel: *Aha! Ich habe nicht die geringste Ahnung, wovon du redest!*
Das Ziel ist nur dazu da, um den Weg endlich in Angriff zu nehmen, ihn konsequent abzulaufen und die Hindernisse aus dem Weg zu räumen. Dabei ist das Interessante der Weg selbst. Den richtigen Weg zu finden ist spannend und macht Spaß. Du kannst dich vom Weg führen lassen, Abenteuer erleben, Neues dazulernen. Am Ziel angekommen zu sein heißt, den Erfolg genießen und zufrieden auf die geleistete Arbeit zurückblicken zu können. Am Ziel zu sein bedeutet aber gleichzeitig auch Stillstand.

Na und? Wenn ich am Ziel bin, habe ich doch alles erreicht, was will ich mehr?
Mit dem Genuss ist das so eine Sache. Anfangs genießt du das Erreichte in vollen Zügen. Dies ist auch gut so. Doch Genuss kann auch zur Last werden. Spätestens dann musst du dir ein oder mehrere neue Ziele setzen und neue Herausforderungen annehmen. Das ist doch viel spannender, oder nicht?

Und wo bitte soll das hinführen?
Immer weiter aufwärts!

Um all meine Wünsche zu erreichen, brauche ich doch auch eine gehörige Portion Glück?
Quatsch! Es ist absolut naiv, wenn du glaubst, du würdest vom Glück ausgesucht. Noch schlimmer ist es zu glauben, dass dein Schicksal fremdbestimmt und von Anfang bis zum Ende vorgegeben ist. Nein, Glück musst du erzwingen! Wenn du darauf wartest, dass dir vielleicht im Traum eine höhere Macht eine tolle Idee zukommen lässt oder dass dir irgendjemand einfach so aus heiterem Himmel ein Geschenk macht, verschwendest du nur deine Zeit. Ich möchte dir einen Witz erzählen: Seit dreißig Jahren betet Hans zweimal am Tag zu Gott, er möge ihm doch auch einmal einen großen Lottogewinn bescheren. Eines Tages verdüstert sich nach dem Gebet der Himmel, und aus einem göttlichen Lichtstrahl ertönt eine tiefe Stimme: «Hans, ich würde dir so gerne helfen und deinem Wunsche entsprechen. Aber bring doch jetzt endlich mal diesen verdammten Lottoschein zur Annahmestelle!» Verstehst du, was ich dir mit diesem kleinen Späßchen sagen will?

Ha Ha! Wenn ich nicht einmal mehr auf das Glück hoffen kann, dann kann ich doch gleich zusammenpacken!
Im Gegenteil, dann wirst du vielleicht endlich aktiv und suchst dir den Weg selbst, um glücklich zu werden. Doch dazu musst du erst ein konkretes Ziel vor Augen haben.

Ich habe keine Ziele!
Das ist sehr schade, denn dann irrst du ziellos in der Welt umher.

Und wie bitte finde ich das richtige Ziel für mich?
Du könntest dich vielleicht einmal fragen, was dir große Freude bereiten würde? Was machst du am liebsten? Gibt es irgendwelche Vorbilder? Beantworte diese Fragen und du wirst dein Ziel finden.

Gut, ich habe ein Ziel. Ich wollte schon immer Raumfahrer werden.
Okay, dies könnte ein höheres Ziel sein. Natürlich ist es unrealistisch zu glauben, du würdest Raumfahrer in einem einzigen Weg, sozusagen direkt vom Start zum Ziel. Doch ich sage: Dein Ziel ist nicht unerreichbar. Teile dein großes Ziel in einzelne kleinere Ziele auf, ich nenne sie mal Etappenziele. Dein Ziel muss aber in nützlicher Frist erreichbar sein, sonst wirst du auf dem Weg dorthin verhungern. Auch mein eigenes Leben bestand vom Anfang bis zum heutigen Tag aus vielen kleineren Etappen. Jede davon gibt dir neuen Mut und Kraft, die nächste anzugehen.

Ich bleibe dabei: Ich werde Raumfahrer! Meine erste Etappe soll sein, mein Gewicht zu reduzieren. Ich werde abnehmen!
Die Idee ist spitze. «Ich werde abnehmen» ist aber leider kein klar definiertes Ziel, sondern nur eine vage Aussage, die du einfach mal in den Raum stellst. Versuche, konkreter zu werden!

Ach komm, lassen wir das. Ich hab keinen Bock mehr!
Du gibst schon auf? Das Ziel in diesem Falle könnte doch lauten: In den nächsten zwei Monaten nehme ich zehn Kilo an Körpergewicht ab.

Ich glaube, das Ganze ist mir zu anstrengend! Was läuft heute Abend im Fernsehen?
Klar ist dir das zu anstrengend, deshalb kommst du auch nirgends weiter. Öffne endlich deine Augen! Wenn du etwas erreichen willst, dann musst du auch etwas dafür tun.

Na gut. Also: Wie soll es weitergehen?
Als ersten Schritt solltest du dir eine klare Ausgangsposition schaffen. Sei spontan und offen für alles, wenn es um Ideen und Visionen geht. Sobald du dein Ziel gefunden hast, brauchst du einen Plan, wie du es Schritt für Schritt erreichen kannst. Bring deinen Plan zu Papier, um dir jederzeit und immer wieder deinen Weg zum Ziel vor Augen führen zu können. Kauf dir eine Agenda, strukturiere deine Tage, die Woche und den Monat. Schreib auf, was du wie bis wann erledigt haben willst. Setz dir klare Fristen und Prioritäten. Sei streng mit dir selbst und halte dich an deine Vorsätze. Alleine dadurch, dass du einen Plan hast, sind deine Chancen, dein Ziel zu erreichen, schon hundertmal so groß wie zuvor. Deine erste Etappe auf dem Weg ins Weltall ist nun also glasklar formuliert – ein unglaublich wichtiger Schritt. Der nächste könnte vielleicht schon sein, topfit zu werden.

Muss das sein?
Eine gute Fitness hat noch niemandem geschadet. Du brauchst es ja nicht gleich zu übertreiben. Doch hier lernst du an deine Grenzen zu kommen und diese zu überwinden. Eine sehr gute Übung für den Anfang.

Und wenn ich fit bin, wie geht es weiter? Ist es für mich überhaupt noch möglich Raumfahrer zu werden? Schließlich habe ich nur eine Lehre als Flachmaler hinter mir.
Nun, das ist tatsächlich ein Problem. Du warst es, der sich als Ziel gesetzt hat Raumfahrer zu werden. Aber glaube mir, deine Chancen sind immer noch absolut in Takt, dein hochgestecktes Ziel zu erreichen. Dafür musst du dich nun aber gewaltig anstrengen. Wenn du also abgenommen hast und topfit bist, musst du als nächstes die Abendmatur absolvieren, um anschließend an der Uni Luft- und Raumfahrttechnik sowie Ingenieurwissenschaften studieren zu können.

Und das sagt mir jemand, der als Schüler die größte Pflaume war.
Natürlich habe ich meine Ziel auch ohne gute Schulzeugnisse und ohne abgeschlossene Lehre verwirklicht. In diesem Zusammenhang möchte ich aber ganz klar festhalten: Wer meint, er könne die Schulzeit im Schlafwagen verbringen, täuscht sich gewaltig. Eine gute und solide Ausbildung ist noch immer die beste Grundlage und somit das A und O für den späteren Erfolg.

So ein Schwachsinn. Das steht doch im totalen Widerspruch zu deinem Leben!
Mit meiner Behinderung und der schweren Legasthenie hatte ich in der Schule keine Chance. Doch diese Schwächen habe ich durch meinen eisernen Arbeitswillen wieder wettgemacht. Verwechsle niemals Faulheit mit Lernschwäche! Kommen beide Eigenschaften zusammen, kommt es zur menschlichen Katastrophe mit vorprogrammiertem, knallhartem Absturz.

Ich habe keine Handicaps und war trotzdem in der Schule eine Flachpfeife. Aus mir wird doch eh nichts mehr!
Doch, natürlich. Viele quälen sich durch die Schulzeit, machen aber später ihren «Knopf» dann doch noch auf. Irgendwann entdeckst du «dein» Gebiet für dich. Noch eine Prise Kreativität dazu, und plötzlich bist du spitzenmäßig und lernst mit links.

Du kannst mir viel erzählen. Dir ist das Glück doch immer schon zugeflogen!
Ja, ich hatte Glück. Aber nicht nur! Es war meine Familie, die mir die wichtigste Grundlage für meinen jetzigen Erfolg geschaffen hat. Ich hatte das Riesenglück, mit viel Liebe und einer großen Portion an Geborgenheit aufzuwachsen, ohne die ich meine Lernschwächen und meine Behinderung vielleicht nicht so einfach hätte wegstecken können. Meine Familie war es, die mir vieles beigebracht hat wie Fleiß, Anstand und Ehrlichkeit. Sie war es, die mich in meinem Selbstwertgefühl und in meiner positiven, fröhlichen Haltung dem Le-

ben gegenüber aktiv förderte. Ja, da habe ich Glück gehabt, und was für eins.

Eben! Ich hatte es nicht so gut wie du.
Ach, du armer Mensch. Hör endlich auf zu jammern! Nimm dein Leben selbst in die Hand! Du bist erwachsen und kannst selbständig denken und handeln.

Eben nicht. Ich habe nicht einmal einen Job. Das mit dem Raumfahrer lassen wir am besten sein.
Gut, lassen wir das mit dem Raumfahrer sein. Auf jeden Fall hast du bereits zehn Kilo abgenommen und körperlich bist du auch fitter geworden. Ist doch was. Umsonst war die Mühe also nicht, das versichere ich dir. Jetzt steckst du dir eben ein neues Ziel. Dieses Mal vielleicht eines, das du ganz sicher erreichen kannst und willst. Du hast doch Maler gelernt, weshalb machst du nicht auf diesem Gebiet etwas Gescheites? Du wirst sehen, in Zukunft wird die Arbeit eines guten Handwerkers mit Gold aufgewogen werden. Darauf müsstest du eigentlich selber kommen.

Ich habe nur Maler gelernt, weil ich damals nichts Besseres gefunden habe.
Blödsinn! Pack die Gelegenheit, werde selbständig. Wie wärs mit einem eigenen Malergeschäft?

Selbständig arbeiten, mein eigenes Malergeschäft. Und wie bitte soll ich das anstellen?
Du bist doch noch jung! Deine Unerfahrenheit ist vollkommen zweitrangig, du genießt noch den Bonus der Jugend. Deine Schulbildung ist mäßig, aber mit Fleiß machst du das schon wieder wett. Immerhin hast du, im Gegensatz zu mir, einen Beruf gelernt und einen Abschluss im Sack. Als Maler siehst du abends, was du den ganzen Tag über geschaffen hast, das ist doch toll, oder nicht?

Ein eigenes Malergeschäft? Ja, vielleicht.
Da hast du dein Ziel: Du willst ein eigenes Malergeschäft besitzen und darin erfolgreich sein.

Gut, ich höre!
Jetzt, wo du fit bist und anständig daherkommst, findest du auch bald einen neuen Job. Du arbeitest exakt und sauber, die Arbeit bereitet dir Freude. Die Kunden und dein Chef sind mit deiner Leistung sehr zufrieden, noch können sie nicht ahnen, dass du nicht nur um des Geldes wegen jobben gehst. Dein Ziel hast du vor Augen und verfolgst es tagtäglich hartnäckig aufs Neue. Bald wirst du im Berufsleben als vollwertiger Mitarbeiter geschätzt und respektiert. Schnell sind zwei Jahre vergangen. Sei ehrlich, im Grunde magst du doch die Arbeit und die Stelle, oder nicht?

Schon, aber mit meinem Chef habe ich mehr und mehr Mühe. Er gehört halt noch zum alten Schlag und will nichts von neuen Malergepflogenheiten wissen. Ich entwickle gute Ideen, doch sobald ich mal versuche, eine neue Technik anzuwenden, werde ich sofort wieder gebremst und zurückgepfiffen. Das frustriert mich allmählich gewaltig. Langsam habe ich das Gefühl, ich stecke fest auf meinem Weg zum Ziel.
Das kann ich gut nachvollziehen, doch frustrieren sollte dich das nicht. Bedenke, was du alles in diesen zwei Jahren dazugelernt hast. Viele Aufträge durftest du selbständig ausführen. Nebenbei hattest du Gelegenheit, viele neue Leute, vor allem Kunden kennenzulernen, die mit deiner Arbeit im höchsten Maße zufrieden waren. Vielleicht solltest du dir eine Auszeit nehmen, mit deiner Freundin nach Mallorca fliegen und dort ein paar Wochen Ferien genießen. Du hast es dir schließlich redlich verdient.

Die Idee gefällt mir!
Oh Wunder, für einmal ein positives Statement von dir, mein Lieber. Schön, dass du dich freust. Nutze die Zeit am Strand, deine Gedanken zu ordnen und über deine Zukunft in aller Ruhe nachzudenken. Vielleicht ist die Zeit ja schon reif, dich in die berufliche Selbständigkeit zu begeben. Dann kannst du frei nach deinen Vorstellungen handeln, Abläufe optimieren, Kunden noch besser beraten und vollumfänglich bedienen. Du kannst neue Leistungen anbieten und all das machen, was du bei deinem jetzigen Chef nicht umsetzen kannst.

Mallorca war super! Das Blöde ist nur, dass ich dort mein ganzes Geld auf den Putz gehauen habe. Die Selbständigkeit ist nun wohl gestorben. Was soll ich denn jetzt machen? Mein Alltag kotzt mich schon wieder dermaßen an!
Und schon wieder bist du im Jammertal angekommen. Oh, wie herzzerreißend. Wach auf, Ivan! Tu es endlich!

Einfacher gesagt als getan.
Du bist zwar ohne Geld, dafür mit einem Kopf voller Ideen nach Hause zurückgekehrt. Nimm Papier und Bleistift und halte deine Gedanken in Worten fest. Ordne sie! Das ist doch wohl nicht schwer, oder?

Gesagt, getan. Hier ist meine Liste.
Zeig mal her! Farbe, Abdeckband, Farbrollen und Pinsel in verschiedenen Formen und Größen, Leiter, Arbeitskleidung, Geschäftswagen, Visitenkarten, Lösungsmittel und vieles mehr. Etwas Wesentliches hast du aber vergessen, mein lieber Freund. Das Startkapital fehlt.

Eben, das hab ich doch gesagt! Ich hätte nicht auf dich hören und mein ganzes Erspartes für Sonne, Meer und Strand ausgeben sollen. Hätte ich doch nur mit der Kohle sofort losgelegt! Mal schauen, vielleicht kann ich ja jemanden anpumpen.
Gleich von Anfang an Schulden machen ist keine gute Idee, auch wenn dies von unseren schlauen Wirtschaftsexperten und listigen Bankern immer wieder behauptet wird. Ihr System ist so ausgelegt, um von

unserem wohlverdienten Lohn möglichst ein großes Stück abzuringen. Nein, unseren Kuchen essen wir erstmal alleine. Nun musst du ranklotzen, noch mehr Geld ranschaffen.

Und wie soll das gehen?
Nichts einfacher als das: indem du deine Hände doppelt schmutzig machst. Arbeite fleißig weiter. Schnapp dir jeden Nebenauftrag, den du kriegen kannst. Mach Überstunden. Verwandte und Bekannte verschaffen dir sicher ein paar Aufträge, die du an den Abenden oder an den Wochenenden erledigen kannst. Vergiss aber nicht, alles ordentlich abzurechnen, sonst steht ratzfatz das Finanzamt auf deiner Matte.

Da mutest du mir aber viel zu. Das klingt verdammt anstrengend.
Klar, aber du bist noch jung und kräftig. Keine Angst, so schnell wirst du nicht zusammenbrechen. Du wirst sehen, die Schufterei wird sich auszahlen. Nach sechs Monaten wird sich schon ein stattliches Sümmchen angehäuft haben, und das wird dir wieder neue Motivation geben. Allmählich wird sich herumsprechen, dass du deine Arbeit sorgfältig und gewissenhaft erledigst und dass du ein innovativer und kreativer Maler bist. Die Nachfrage nach deinen Diensten wird größer und größer werden, jeder einzelne zufriedene Kunde wird dich weiterempfehlen.

Ich weiß nicht recht. Scheint mir alles ein wenig einfach zu sein.

Nicht ablenken, weitermachen! Tun! Nun lässt du dir Visitenkarten drucken, gleich ein paar tausend, denn die wirst du brauchen. Mach hier aber nicht den gleichen Fehler wie so manch anderer vor dir, indem du am Computer irgendetwas selbst zusammenbastelst. Überlass die Gestaltung deines Signets oder deines Logos einem Profi, einem Grafiker oder einer Grafikerin. Leiste dir diesen Luxus, denn dein Geschäftsauftritt begleitet dich von nun an jeden Tag. Du willst dich schließlich nicht jedes Mal ärgern oder dich für die selbst gebastelte Visitenkarte entschuldigen müssen, oder? Denke stets daran: Deine Visitenkarte ist das Erste, das von deinem Geschäft oder deiner Dienstleistung sichtbar wird. Mit deiner Visitenkarte hinterlässt du eine Spur, die zu dir führen soll, entsprechend professionell muss deine Präsentation aussehen.

Ich schmeiße doch mein Geld nicht für solchen Firlefanz zum Fenster raus!

Zugegeben: Gute Gestalter haben ihren Preis. In deinem Bekanntenkreis oder in einer Fachhochschule für Gestaltung wirst du aber sicherlich jemanden finden, der dir weiterhelfen kann. Ja, vielleicht gelingt es dir sogar einen Gestaltungswettbewerb zu organisieren. Nutze auch die Rückseite deiner Visitenkarten als eine Art Miniflyer. Liste deine Dienstleistungen und deine Stärken auf. Hast du deinen Auftritt einmal definiert, solltest du es dir zur Gewohnheit machen, bei Fachgeschäften, Großhändlern und natürlich bei deinen Kunden immer gleich mehrere Karten zu hinterlassen. So kommst du möglicherweise auch zu guten Angeboten für deine eigene Maler-Ausrüstung. Deinem Chef kannst du vielleicht sogar den alten Firmenwagen günstig abkaufen.

Und wie viel Geld soll ich für meine Arbeit verlangen?
Hole bei verschiedenen Konkurrenzfirmen Offerten ein, um zu sehen, auf welcher Preisbasis du rechnen kannst. Das Preis-Leistungs-Verhältnis muss unbedingt stimmen, sonst fühlt sich der Kunde betrogen. Die Kundschaft, die dir einen Auftrag erteilt, erwartet von dir eine professionelle Ausführung, und diese darf ruhig auch etwas kosten. Wie sagt man so schön: «Was nichts kostet, ist nichts wert!» Also berechne keine Dumpingpreise, rechne real. Wenn ein Kunde versucht dich im Preis zu drücken, erkläre ihm diplomatisch, aber bestimmt, dass deine Arbeit schlicht und ergreifend diesem Preis entspricht. Schließlich arbeitest du professionell und bist ganz bewusst kein Low-Budget-Unternehmer. Wenn du einmal nach Beendigung eines Auftrages merkst, dass der Endpreis deutlich unter der kalkulierten Offerte liegt, darfst du dem Kunden ruhig einen Nachlass geben. Er wird sich riesig darüber freuen und dich mit Feuereifer weiterempfehlen. Gerade in unserer Zeit hinterlässt eine solche Geste stets einen überaus positiven Eindruck. Sei freundlich, ehrlich und direkt zu deinen Kunden, aber mit einer gesunden Portion an Humor und Selbstvertrauen.

Und wenn sie nicht gestorben sind, dann leben sie noch heute. Das klingt ja wie im Märchen.
Klar klingt das wie ein Märchen. Doch die Wahrheit des Erfolgs klingt eben so. Bleib bei der Sache, es geht weiter. Du bist mittlerweile so weit, dass du aktiv für dich und deine Dienstleistung Werbung machen solltest. Gestalte einen Flyer und hebe darin deine Fähigkeiten, deinen Stolz und deine Freude an deiner Arbeit als Maler hervor.

Du hast doch keine Ahnung. Werbung ist teuer und die kann ich mir beim besten Willen nicht leisten.
Es gibt natürlich mehrere Möglichkeiten, um zu werben. Die beste Werbung ist selbstverständlich die Mund-zu-Mund-Propaganda. Doch du möchtest in kurzer Zeit noch mehr Kunden gewinnen. Die bereits angesprochene Werbung mittels Flyer ist sicherlich wirksam, muss aber sehr breit gestreut werden und ist im Anfangsstadium einer Firma vielleicht doch noch zu kostenaufwendig. Es gibt aber noch andere Möglichkeiten. Eine Idee möchte ich dir gerne auf den Weg geben: Suche dir in deiner Region gleichgesinnte Werbepartner aus anderen Branchen. Das können Blumengeschäfte sein, Gärtner, Elektriker und viele andere mehr. Hast du genügend Partner beisammen, füllst du beidseitig ein DIN-A4-Blatt mit Inseraten, lässt dieses drucken und verteilen. So kannst du die Kosten elegant auf ein Minimum reduzieren, weil viele daran teilhaben. Wenn du dich aber dazu entscheidest, die Werbung gemeinsam mit anderen Firmen zu ma-

chen, musst du sicher sein, dass es mit diesen Firmen auch wirklich klappt und du ein gutes Verhältnis zu ihnen aufbauen kannst, ansonsten kannst du diese Idee gleich wieder begraben.

Das tönt alles sehr einfach.
Ist es auch, du musst es nur tun. Klar, eine solche Werbung muss gut durchdacht sein, deshalb ist es wichtig, dass du dir dafür etwas mehr Zeit reservierst. Die Werbung muss kurz und knackig sein, vielleicht sogar mit einem Schuss Humor. Halte die Texte kurz, lege dafür mehr Wert auf die Gestaltung, so wie schon vorher bei den Visitenkarten. Aus eigener Erfahrung weiß ich, dass Werbung gar nicht so opulent sein muss. Es braucht nicht immer vier Farben und eine riesige Aufmachung. Ich wiederhole mich: Halte deine Werbung einfach, aber eindrücklich. Dein Firmenwagen sollte selbstverständlich auch beschriftet sein, er ist die billigste mobile Plakatwand, die es gibt. Neben der Werbung ist natürlich auch ein gutes Marketing sehr wichtig.

Marketing? Das ist mir zu hoch.
Ich weiß, das klingt schrecklich hochgestochen und kompliziert, ist in Wirklichkeit aber ziemlich einfach. Ein bekannter Schweizer Hotelier hat einmal gesagt: «Will man auf Erfolg zählen, darf man beim ‹Butterrölleli› nicht sparen. Jeden einzelnen Kunden musst du so zufrieden stellen, dass er dich weiterempfiehlt.» Streng dich an, biete auch einmal mehr, als der Kunde von

dir erwartet. Zögere nicht nachzufragen, ob vielleicht Freunde und Bekannte ebenfalls einen Auftrag zu vergeben hätten. Ruf bei den Leuten an. Erzähle ihnen, dass du ihre Nummer von einem zufriedenen Kunden erhalten hättest und frage nach, ob auch sie an einer qualitativ hochwertigen und dennoch preislich fairen Arbeit interessiert wären und ob du ihnen eine unverbindliche Offerte zukommen lassen dürftest. Sag den Leuten ganz offen, dass du dich stets über neue Aufträge freust, locke sie mit Provisionen so um die fünf bis zehn Prozent auf erfolgreiche Auftragsvermittlungen. Sei kreativ! Immer wieder gibt es Möglichkeiten, neue Kunden zu gewinnen. Arbeitest du an einem Haus, dann besuche die Nachbarn, informiere sie über deine Arbeit und hinterlasse deine Visitenkarte. Sollte es eventuell zu unangenehmen Gerüchen kommen oder sollte ihnen der Firmenwagen im Wege stehen, wärst du jederzeit unter der Handynummer erreichbar. Da du Dienstleister bist, musst du überhaupt andauernd für deine Kunden erreichbar sein, auch an Sonn- und Feiertagen, was ja im Handyzeitalter kein Problem ist. Damit bist du deiner Konkurrenz einen ganz großen Schritt voraus, das kann ich dir garantieren.

Binde deine Kunden an dich. Lege deinen Rechnungen ab und zu einen Gutschein bei, zum Beispiel über hundert Franken, einlösbar beim nächsten Auftrag ab einem Auftragswert von tausend Franken. Name, Adresse, Telefonnummer, Mailadresse, Ablaufdatum und den Hinweis auf Nichtkumulierbarkeit nicht vergessen! Oder such dir kommunikative Personen, zum Beispiel Hausfrauen, Frühpensionierte oder rüstige Rentner. Gib ihnen für jeden vermittelten Auftrag eine Provision, und sie werden gerne für dich tätig sein. Geh auf die Hausmeister zu, lass dir die Adressen der Hausverwaltungen geben! Unterbreite laufend Offerten!

Das riecht nach verdammt viel Arbeit.
Das ist alles relativ. Bist du mit einer Arbeit glücklich und zufrieden, kannst du sie problemlos und mit einem Lächeln erledigen. Die Zeit vergeht dabei wie im Flug. Der Erfolg beflügelt deinen Geist. Du bist kreativ, neue Ideen bringen dich weiter, sei es bei deiner Arbeit, beim Verkauf oder in der Werbung. Widert dich die Arbeit an, dann bist du definitiv am falschen Platz. Sei ehrlich mit dir selbst, hör auf dein Bauchgefühl, damit tust du dir den größten Gefallen.

Selbständigkeit, auf meinen eigenen zwei Füßen stehen, das würde mir schon gefallen. Doch ich weiß nicht, ob ich das schaffe. Um ehrlich zu sein: Es macht mir Angst.
Du unterschätzt, wie sehr eine positive Einstellung dein Tun und Handeln beeinflusst. Eine positive Lebensphilosophie lässt dich deine Arbeit und deine Aufgaben mit ganz anderen Augen sehen und ermöglicht es dir, besser auf die Menschen zuzugehen. Mit offenen Augen und Ohren und mit einem ausgeglichenen Seelenleben wirst du alle heiklen Situationen in der abgebrühten Geschäftswelt meistern. Mach dir eine solche

Philosophie zu eigen und lebe sie, mach sie zu deinem Gesetz.

Um nochmal zu deiner Firmenpräsentation zurückzukommen: Am besten erstellst du eine Präsentationsmappe über dein Geschäft und deine Dienstleistungen. Nimm dir dafür genügend Zeit. Trage alle wichtigen Fakten und Daten zusammen, strukturiere sie und gestalte sie ansprechend. Ergänze sie mit ausdrucksstarken Bildern, doch soll es keine unendliche Geschichte geben. Ganz im Gegenteil: Kurz, repräsentativ, klar und ansprechend sollte sie sein. So bist du jederzeit gewappnet und kannst auch auf die unmöglichsten Fragen von Kunden, Investoren und Bankern eine schnelle und kompetente Antwort geben.

Oftmals ist es im Geschäftsleben wie bei einem Poker- oder Schachspiel. Dabei geht es hauptsächlich um die Kunst, strategisch vorausdenken zu können. Manchmal muss man dem anderen vorgaukeln, ein Megablatt in den Händen zu halten, obwohl man gar nichts hat. Damit meine ich nicht, dass du deine Mitmenschen über den Tisch ziehen oder gar bescheißen sollst, solche Schüsse gehen langfristig nach hinten los. Nein, ein guter Bluff kann zum Beispiel sein, mit jemand Großem ins Geschäft zu kommen, für den man vielleicht eine Nummer zu klein ist. Auch wenn es mal nicht so gut läuft, die Karten werden immer wieder neu gemischt. So ist das Leben. Wirf also nicht gleich bei der ersten Pleite die Flinte ins Korn.

Nicht alle Menschen denken so wie du – zum Beispiel ich!
Das weiß ich auch. Die meisten Menschen, denen ich jeden Tag begegne, sind mit ihrer Situation nicht glücklich, tragen eine stetige Angst mit sich herum, fühlen sich deprimiert und sind mit ihrer Arbeit ganz und gar nicht zufrieden. Lass dich von diesen Menschen nicht beeinflussen. Geh deinen Weg, denn du hast ein klares Ziel! Gib deinem Unterbewusstsein nicht die Möglichkeit, negative Gefühle zu produzieren, lerne ihnen aus dem Weg zu gehen. Befasse dich stattdessen mit positiven Ideen!

Deine Aussagen sind mir viel zu theoretisch.
Ich verstehe. Hierzu möchte ich dir eine kleine Geschichte erzählen, die sich tatsächlich so abgespielt hat: Ein Franzose wanderte nach dem Zweiten Weltkrieg nach Amerika aus, in das Land der unbegrenzten Möglichkeiten. Mit wenig Geld in der Tasche in der neuen Welt angekommen, wusste er natürlich zunächst nicht, von was er leben sollte. Darüber berichtete er seinen zurückgebliebenen Verwandten. Er ließ sich von ihnen französischen Champagner schicken, den er kurz darauf zu verkaufen begann. Das prickelnde Getränk fand bald viele Freunde, die Nachfrage wuchs von Tag zu Tag. Der Umsatz stieg auf stets neue Rekorde. Bald expandierte der Franzose und eröffnete ein Geschäft nach dem anderen. Nach fünfundvierzig Jahren war er Amerikas größter Sekthändler, dabei verdiente er bis heute mehrere Milliarden. Erstaunlich finde ich bei die-

ser Geschichte, dass aus einer Idee, die zum Überleben gedacht war, ein solches Imperium entstehen konnte.

Verrücktes ereignete sich ein paar Jahre später: Auf die Frage eines Journalisten, woher er eigentlich den Mut genommen habe, in der Nachkriegszeit, also mitten in einer Krisensituation, eine solch gigantische Firma aufzubauen, antwortete der Franzose: «Mir war nie bewusst, dass es auch in Amerika eine Krise gab. Da ich damals kein Englisch sprach, habe ich von der angeblichen Krise gar nichts wahrgenommen.» Ein schönes Beispiel dafür, zu was du fähig bist, wenn du dich nicht durch negative Schlagzeilen beeinflussen lässt.

Zugegeben, das ist eine nette Geschichte. Aber nicht alle Menschen denken so positiv. Es gibt auch eine dunkle Seite des Lebens. Ich glaube, das Glas ist eher halbleer als halbvoll.
Hör auf, so dämlich daherzureden! Es ist scheißegal, ob das Glas halbleer oder halbvoll ist! Es gibt ganz einfach fünfzig Prozent zu viel Glas, Schluss! Verschwende nicht deine Zeit mit solch überflüssigem Mist! Diskutiere nicht, handle! Aus jedem dunklen Moment, aus jeder schwierigen Situation können wir Menschen Positives schöpfen, wenn wir es nur wollen. Glück und Unglück sind relative Begriffe und lassen sich aus unterschiedlichen Perspektiven betrachten.

Dazu möchte ich dir ebenfalls ein kleines Beispiel geben, das auf einer wahren Geschichte beruht: Gustav Buchmeyer, ein gelernter Elektriker, arbeitete über zwanzig Jahre bei der gleichen Firma, in der er schon seine Lehre absolviert hatte. Eines Tages erfuhr er, dass der Firmeninhaber sein Geschäft abgeben und sich zur Ruhe setzen wollte. Gustav, der sich in der Zwischenzeit zum Gruppenchef hinaufgearbeitet hatte, sah nun seine Chance gekommen, als Nachfolger die Firma zu übernehmen. Leider hatten andere langjährige Mitarbeiter dieselben Ambitionen wie er, und es kam zum Streit, in dem Gustav Buchmeyer den Kürzeren zog. Schon bald darauf wurde er gefeuert. Für Gustavs Ego war dies ein harter Schlag. Hatten andere einfach die besseren Karten? Vielleicht. Gustav Buchmeyer gestand sich schließlich ein, dass er seinen Beruf als Elektriker nie wirklich gemocht hatte. Während er Steckdosen montierte, schweiften seine Gedanken andauernd um allerlei kulinarische Köstlichkeiten, mit denen er am Abend zu Hause seine Gäste beeindrucken könnte. Gustav merkte, dass seine eigentliche Liebe schon seit jeher das Kochen war. Als Arbeitsloser hatte er nun zwar keine Arbeit mehr, dafür umso mehr Zeit, und so packte Gustav die Chance, aus der Not eine Tugend zu machen. Er kaufte sich einen VW-Bus, mietete eine leer stehende Bäckerei und gründete aus dem Nichts sein eigenes Cateringgeschäft, mit dem er nun seit über zehn Jahren erfolgreich tätig ist. Heute ist er unabhängig, verdient gut und lebt ein glückliches, erfülltes Leben.

Ich bin ja eher der Skeptiker und Pessimist.
Positives Denken fällt dir zugegebenermaßen nicht einfach in den Schoß. Man muss es erst lernen, auch du kannst das. Das Wichtigste dabei ist, jeden Tag positiv

zu beginnen. Erstelle dir dein eigenes Handbuch für eine positive Lebenshaltung. Schreibe dir Dinge auf, die dir wichtig sind. Sie helfen dir auf der richtigen Spur, auf dem richtigen Weg zu bleiben. Positives Denken musst du trainieren und tagtäglich üben. Es gibt jeden Tag sicherlich mindestens eine Sache, auf die du dich freuen kannst. Vielleicht freust du dich auf einen speziellen Auftrag, den du erledigen darfst. Oder du freust dich auf ein Mittagessen mit einem speziellen Menschen. Oder auch nur auf den Film am Abend im Fernsehen. Oder auf sonst irgendetwas Positives. Bislang rückst du tendenziell eher die unangenehmen, die negativen Dinge in den Vordergrund. Die Angst zum Beispiel, das zu verlieren, was du dir aufgebaut hast, oder an einer schlimmen Krankheit zu sterben. Das Schlechte darf jedoch nicht Überhand nehmen in deinem Leben. Stell das Positive in den Vordergrund! So lösen sich deine Probleme zwar nicht in Luft auf, aber du schaffst dir damit eine positive Energie, mit der du deine Probleme leichter lösen kannst. Freue dich jeden Tag über das, was du dir aufgebaut hast. Genieße es, dass du gesund bist. Je mehr du das Instrument des positiven Denkens beherrschst, desto mehr wirst du auch positiv handeln. Tu es!

Vielfach ist es mein Umfeld, das mich nach unten zieht.
Ich glaube, von allen Maßnahmen ist der Umgang mit deinem Umfeld die schwierigste. Schwierig wird es, wenn du in deiner unmittelbaren Umgebung, vielleicht sogar in deiner Familie mit Menschen zu tun hast, die

nur von negativen Gedanken getrieben werden und dich dadurch negativ beeinflussen, was ich natürlich nicht hoffe. Meide solche Menschen unter allen Umständen! Ich weiß, das tönt kalt und knallhart, aber für deine eigene Weiterentwicklung ist dieser Schritt unerlässlich. Halte dich dafür an die Menschen, die deine Schritte auf dem Weg zum Ziel interessiert mitverfolgen und positiv zu dir stehen, dich dabei unterstützen, möglicherweise sogar daran teilhaben. Sortiere dein Umfeld und du wirst einen großen Schritt nach vorne machen. Negativ denkende Menschen gibt es überall, sie sind es aber nicht wert, weiter beachtet zu werden.

Das klingt tatsächlich ziemlich böse.
Nun, da musst du ein bisschen egoistisch sein, schließlich geht es um dein Leben. Soviel dazu. Jedenfalls: Glaube an deine Fähigkeiten, sei kreativ! Jede Idee ist eine Chance für die Zukunft. Und gute Ideen entstehen vielfach aus Naivität. Es sind die Luftschlösser, die Träume und Visionen, verbunden mit unerschütterlichem Glauben und großer Begeisterung. Erst hatte ich die Idee dieses Buch zu schreiben, dann kam die Umsetzung. Das hat mich einige schlaflose Nächte gekostet, ein Knochenjob! Für einen schweren Legastheniker wie mich der absolute Horror. Immer wieder musste ich mich aufrütteln. Komm, Ivar, du schaffst das, mach weiter, motivierte ich mich selbst immer wieder. Und irgendwann war ich plötzlich am Ziel. Ich habe tatsächlich ein Buch geschrieben, kein literarisches Meisterwerk, dafür ein ehrliches Buch, das jeder versteht.

Trotz meiner Erfolge habe ich noch immer Visionen. Zum Beispiel, von diesem Buch mindestens eine Million Exemplare zu verkaufen und mindestens eine Million Leserinnen und Leser zu erreichen. Wir brauchen Visionäre, die an den Erfolg glauben. Neue Unternehmer, die mit neuen Ideen gutes Geld verdienen, Arbeitsplätze schaffen und reinvestieren. Aus einem werden zwei, aus zwei vier und so weiter. Mir ist bewusst, ich wiederhole mich, aber ich lass nicht locker. Ich möchte dir ebenfalls Mut machen, damit du deine Träume und deine Luftschlösser endlich verwirklichen kannst. Tu es!

Ja, ja. Tritt mir in den Hintern. Wie geht es nun eigentlich weiter mit meinem Malergeschäft?
Du hast recht. Kommen wir zurück auf die Gründung deines eigenen Geschäftes. In der Zwischenzeit hast du eine Menge Leute kennengelernt. Zufriedene Kunden, die dich und deine Arbeit schätzen. Auf deinem Bankkonto hast du dir ein schönes Sparkapital zusammengespart. Du hast einen Lieferwagen und die richtige Ausrüstung. Du besitzt die richtige Einstellung zu deiner Arbeit, bist hochmotiviert und freust dich darauf, endlich frei in deinem Handeln und Denken zu sein. So wie du begonnen und alles für deine Selbständigkeit vorbereitet hast, so kann eigentlich jeder anfangen – egal in welcher Branche. Dafür gibt es kein Zaubermittel, nur der eigene Fleiß zählt. Nur wenn du Dreck gefressen, ganz unten angefangen hast, weißt du, wozu du fähig bist. Nur dann hast du den nötigen

Biss, deine Ziele zu erreichen. Und nur dann bist du auch fähig, den Lohn für deine Plackerei in Empfang nehmen, schätzen und genießen zu können.

Denk darüber nach, was du alles erreichen kannst, dir stehen unendlich viele Möglichkeiten offen. Sichere dich ab, indem du dich mit Leuten umgibst, die positiv leben, professionell arbeiten und sich dir gegenüber loyal und zuverlässig zeigen. Achte auf Ausgeglichenheit, eine innere Ruhe und einen guten Schlaf. Hab keine Angst vor großen Aufgaben! Ich zum Beispiel habe keine Verkaufsausbildung, und dennoch liegt mir das Verkaufen im Blut. Intuition und Freude zählen! Die Arche Noah wurde von Bauern gebaut, die Titanic von Ingenieuren.

Dazu ein kleiner Witz von meiner Seite: Bei einem Klassentreffen erscheint der ehemalige Klassenprimus mit den Fahrrad. Er staunt nicht schlecht, als der größte Depp der Klasse mit einem Bentley vorfährt. Ungläubig fragt der Klassenprimus den Deppen: «Wie hast du es nur geschafft, so viel Geld zu verdienen und ein solch schönes Auto fahren zu können?»

«Nun», antwortet der Depp, «ich kaufe mehrere hunderttausend Kugelschreiber im Jahr zu einem Franken das Stück, verkaufen tu ich sie aber zu je fünf Franken, und von diesen vier Prozent lebe ich.»

Der Klassendepp ist erfolgreich, weil er gerne arbeitet! In Dingen, von denen du jedoch nichts verstehst und die dir wirklich keinen Spaß bereiten, solltest du dich von Spezialisten beraten lassen. Ein guter Treuhänder und ein seriöser Broker mit großer Erfahrung sowie guten Referenzen, auf die du hundert Prozent zählen kannst, werden dir eine wesentliche Hilfe und eine finanzielle Sicherheit sein.

Mit dem lieben Geld hatte ich schon immer meine Mühe.
Gewöhne dich von Anfang an daran, mit Geld richtig umzugehen. Eine gute Strategie ist es, vom gesamten Umsatz, den du und deine Mitarbeiter erwirtschaften, gleich zwanzig Prozent auf die Seite zu legen. Zehn Prozent als Sicherheit für schlechtere Zeiten und zehn Prozent zum Sparen. Das Spargeld überweist du auf ein eigenes Konto, am besten bei einer anderen Bank, mit der du geschäftlich nichts zu tun hast. Das ist das Konto, das dir den Sinn deiner Arbeit offenbart, nämlich immer dann, wenn du den Kontoauszug erhältst. Dieses Geld kannst du natürlich anlegen, gewinnträchtig, aber bitte ohne Risiko. Mit den restlichen achtzig Prozent musst du arbeiten. Damit werden auch Miete, Löhne, Sozialleistungen und Versicherungen, Büroeinrichtung, Telekommunikation, Leasings und Material bezahlt.

Ich soll also das Spargeld «gewinnträchtig, aber bitte ohne Risiko» anlegen. Was ist denn das schon wieder für eine Floskel?
Das ist überhaupt keine Floskel. Sehen wir uns die Investitionsmöglichkeiten einmal näher an. Beispielsweise ein Mietshaus, etwas, das physisch existiert. Eine Immobilie stellt eine sichere Größe dar, gut angelegtes Kapital, das dir ein festes Standbein bietet. Jede

gut gepflegte und bewirtschaftete Liegenschaft hat in den letzten Jahren enorm an Wert gewonnen. Als mein Großvater vor fünfzig Jahren sein Haus für mickrige zehntausend Franken erwarb, hätte er sich im Traum nicht einfallen lassen, dass es heute einen Wert von drei Millionen darstellen könnte. Für mich sind Immobilien immer noch die sicherste und effektivste Geldanlage.

Wenn du das so sagst, tönt es so, als wäre alles ganz einfach.
Es ist mir durchaus bewusst, dass ich große Ansprüche an dich stelle. Ich möchte dich antreiben, Dinge zu tun, auf eine Art, die du so sicherlich nicht erwartet hast. Dennoch habe ich dir in keinem Moment falsche Tatsachen vorgegaukelt oder leere Versprechungen gemacht. Ich wiederhole mich schon wieder: Der Weg ist hart und mit viel Arbeit gepflastert. Darum beiß die Zähne zusammen und mach weiter. Tu es!

Wäre es nicht leichter, sich mit jemandem zusammenzutun? Zu zweit geht alles doch viel einfacher!
Weshalb nicht, wenn du meinst, dass du nur so zu deinem Ziel gelangen kannst? Wenn beide das gleiche Ziel anstreben, ist das legitim. Gehe aber keine Kompromisse ein, lass dich nicht verbiegen. Das Schwierigste ist natürlich die richtige Partnerwahl. Stell dir schon am Anfang die Frage: Hat der Typ überhaupt Eier? Ihr dürft ruhig unterschiedlich sein, im Denken wie auch im Handeln, bei den Stärken wie auch bei den Talenten. Auf die richtige Ergänzung kommt es an. Die Partnerbeziehung funktioniert aber nur dann, wenn sich jeder

in seinen Fähigkeiten austoben kann und vom Partner dabei respektiert wird, und dennoch beide stets das gemeinsame Ziel vor Augen behalten.

Wie gesagt, ihr dürft unterschiedlich sein, wenigstens solltet ihr aber das «Heu auf der gleichen Bühne» haben. Ihr könnt auch durchaus mal die Meinung eines Dritten einholen. Eine gute Partnerschaft im Leben wie auch in der Geschäftswelt ist ein wahrer Segen. Geht die Beziehung auseinander, kann sie aber auch zum Fluch werden. Hole dir über deinen zukünftigen Partner im Vorfeld Erkundigungen ein. Überprüfe seine Referenzen, sei nicht zu vertrauensselig. Vertrauen ist gut, Kontrolle ist besser! Auch über dich werden sich die Leute informieren. Verkaufe dich stets gut. Jeder Mensch ist ein Verkäufer. Ob Mann oder Frau, ob selbständig oder angestellt: Jeder ist ein Verkäufer. Jedem sollte klar sein, was diese Aussage bedeutet, denn sie ist geradezu existenziell.

Du tust irgendwie so, als wolle sich jeder selbständig machen. Ist eine gute Anstellung nicht weniger beschwerlich?
Ich habe nie behauptet, man könne nur in der Selbständigkeit das Glück finden. Und trotzdem ist jeder ein Verkäufer. Jemand, der sich um eine Stelle bewirbt, ist schlussendlich auch ein Verkäufer. Mit «sich verkaufen» meine ich natürlich nicht, die eigene Seele zu verkaufen. Aber jeder muss seine Person, seine Fähigkeiten und Erfahrungen zum bestmöglichen Preis auf den Markt bringen. Die Bewerbung sollte ehrlich und sympathisch rüberkommen. Wer meint, er müsse die Leute

täuschen, steht bald wieder auf der Straße. Doch unter Wert solltest du dich auch nicht verkaufen. Was du auch für eine Tätigkeit ausübst, egal ob im Handwerk, im Einzelhandel oder als Dienstleister, hat schlussendlich mit Verkauf zu tun. Dein Ziel muss es sein, deinen Chef respektive deine Kunden an dich zu binden. Erst dienen, dann verdienen!

Das musst du mir näher erklären.
Führe eine Kundenkartei! Notiere dir alles, was du für einen Kunden erledigt hast; was ihm gefällt und was nicht. Je mehr du von einem Kunden weißt und ihn dementsprechend bedienst, desto mehr fühlt er sich von dir wahr- und ernstgenommen. Eine gute Beratung ist das A und O! Ein Kunde von dir hat beispielsweise irgendwo ein rotes Zimmer gesehen, und nun hat er den sehnlichen Wunsch, ebenfalls ein solches Zimmer zu besitzen. Natürlich ist dies kein alltäglicher Wunsch, trotzdem solltest du nicht versuchen, deinen Kunden von dieser Idee abzubringen. Stattdessen solltest du ihn ausführlich und kompetent beraten, wenn möglich sogar vor Ort. Besprich mit ihm die Vor- und Nachteile, zeige ihm die Auswirkungen auf den Rest der Einrichtung, auf Boden und Möbel auf. Weise ihn darauf hin, dass mit dieser Entscheidung weitere finanzielle Ausgaben auf ihn zukommen könnten. Zeige dich kreativ, nimm Anteil an seinen Ideen und Vorstellungen. Greife auf deine Berufserfahrung zurück. Dein Kunde wird es als ein Zeichen deiner Professionalität ansehen, wenn du ihm, sollte seine Idee wirklich nicht

zu seinem Vorteil sein, im Hinblick auf sein Wohl einen Gegenvorschlag präsentierst.

Trau dich, ihm einen Rat zu geben. Biete ihm Alternativen. Vielleicht, das Zimmer in der alten Farbe neu zu streichen oder eine andere trendige, aber vorteilhaftere Farbe zu wählen. Guter Rat ist diesem Fall nicht teuer, der Kunde wird damit mehr als zufrieden sein, diese Geste gerne annehmen und schätzen. Das ist wahre Kundenbindung! Aus einem einzigen zufriedenen Kunden entsteht positive Werbung, aus dieser entstehen Nachfolgeaufträge. Was willst du mehr?

So ein Aufwand für einen einzigen Kunden? Für sowas fehlen mir die geistigen Ressourcen.
Schwachsinn! Stell dir vor, du verzichtest auf eine intensive Beratung, erfüllst unhinterfragt alle Wünsche deines Kunden und streichst das Zimmer schrecklich rot. Ich kann dir sagen, dieser Schuss wird nach hinten losgehen. Dein Kunde wird das fertige Zimmer natürlich gleich seinen Freunden präsentieren. Die sind von der Farbe geschockt, finden sie schrecklich und lachen ihn aus. Dein Kunde hat sich nun natürlich der Lächerlichkeit preisgegeben und wird dich ganz sicher nicht weiterempfehlen, ganz im Gegenteil, er wird dich schlecht machen, wo immer es ihm möglich ist.

Das gilt für alle Branchen, der Kunde ist König. Dort, wo der Kunde gut bedient wird, bleibt er als Stammkunde erhalten. Denk ruhig einmal nach. Wie steht es mit dir? Weshalb gehst du stets zum gleichen Zahnarzt, Friseur, Italiener, Chinesen? Oder zum gleichen Kiosk einen Kilometer weiter, obwohl es bei dir in Nähe auch einen gibt? Wenn du über deinen Alltag nachdenkst, wirst du sehen, dass sich dieser stets aus positiven und negativen Erfahrungen zusammensetzt. Nimm dir Zeit und analysiere deine Erfahrungen. Notiere sie, ein Blatt für die positiven, eines für die negativen Punkte. Beginne vielleicht mit dem Friseur. Weshalb gehst du ausgerechnet zu ihm? Vielleicht weil du mit ihm so gut über alles sprechen kannst? Weil er so lustig ist und stets die neusten Witze kennt? Weil alle deine Freunde zu ihm gehen? Weil sein Haarschnitt der beste ist? Weil du bei ihm immer einen wunderbaren Espresso serviert bekommst? Notiere dir auch die negativen Punkte. Passt dir nicht, dass kein Parkplatz vor dem Geschäft zur Verfügung steht? Dass er keine Klimaanlage besitzt? Mach noch ein bisschen so weiter und dann frage dich, weshalb die negativen Punkte nicht beseitigt werden. Vielleicht hat es deinem Friseur nie jemand gesagt?

Eigentlich ist es schade, dass unzufriedene Kunden mehrheitlich nicht über ihre Unzufriedenheit sprechen und stattdessen gleich zur Konkurrenz wechseln. Achte darauf, deinen Kunden das Gefühl zu geben, offen mit dir reden zu können. Du kannst natürlich nicht erwarten, dass die Kunden einfach auf dich zugehen und dich kritisieren. Versuche immer wieder mit ihnen ins Gespräch zu kommen, baue mit der Zeit ein Vertrauensverhältnis auf, in dem der Kunde genau weiß, dass er dich durchaus auch einmal kritisieren darf, ohne dass du gleich explodierst.

Wie soll es weitergehen, wenn ich plötzlich mehr Aufträge an Land ziehe, als ich alleine bewältigen kann?
Hast du es geschafft, dein eigenes Geschäft erfolgreich auf die Beine zu stellen, dann wäre ein neues Ziel, daraus ein Schwungrad zu bauen.

Ein Schwungrad? Was soll jetzt dieser Blödsinn?
Das ist ganz und gar kein Blödsinn. Du wirst sehen: Ein Schwungrad, das rund läuft, macht dein Leben um einiges angenehmer. Nachdem du eine stabile Ausgangslage mit deinem Geschäft geschaffen hast, kannst du allmählich expandieren. Wenn du zuviel Arbeit hast, sodass du sie alleine nicht mehr bewältigen kannst, brauchst du logischerweise Mitarbeiter.

Gute Mitarbeiter zu finden ist aber ein schwieriges Unterfangen.
Da gebe ich dir zu hundert Prozent recht. Vielleicht gehört dies zu den schwierigsten Aufgaben überhaupt, die ein Unternehmer bei einer Expansion zu bewältigen hat. Deine Mitarbeiter müssen top sein. Neben der fachlichen Qualität müssen sie vor allem motiviert und kundenorientiert an die Arbeit gehen. Lebe es ihnen vor! Gib vielleicht einer hochmotivierten, lernwilligen und tüchtigen Person den Vorzug und damit eine Chance, auch wenn deren fachliche Qualitäten nicht unbedingt dem Stellenprofil entsprechen. Diese Person wird es dir mit Loyalität danken.

Sei streng, aber gerecht. Gib deinen Mitarbeitern einen anständigen Lohn, nicht zu wenig, aber auch nicht zu viel. Betrachte sie als Partner und gönne ihnen einen Bonus, wenn sie die gesetzten Ziele erreichen. Spare nicht mit Lob, doch übertreibe es auch nicht, sonst werden sie übermütig. Haben sie ihr Monatsziel erreicht, darfst du ihnen auch mal auf die Schulter klopfen, das macht sie stolz und gibt ihnen Kraft, neue Ziele anzugehen. Halte regen Kontakt zu deinen Mitarbeitern, damit zeigst du Interesse an dem, was sie den Tag über so treiben. Frage sie, ob eine weitere Steigerung möglich sei, ohne dass die Qualität der Arbeit darunter leidet und stelle ihnen dafür weitere Boni in Aussicht.

Schau dich immer wieder nach talentierten Mitarbeitern um, auch wenn vielleicht noch kein Bedarf besteht, denn du musst stets mit Abgängen rechnen, sei es aufgrund von Heirat, Schwangerschaft, Weiterbildung, Reiselust oder irgendetwas anderem. Erstelle eine Liste mit Leuten, von denen du dir sicher bist, dass sie in ihrem Metier deinen Anforderungen entsprechen. Lade die Leute zu einem unverbindlichen Gespräch zu dir ein. Erzähle ihnen von deinen Ideen und dass du dir gut vorstellen kannst mit ihnen ins Geschäft zu kommen. Gib ihnen zu verstehen, dass du ständig auf der Suche nach guten Leuten bist. Gib nicht gleich auf, wenn man dir einen Korb gibt, sondern bleib hartnäckig und zeige Durchhaltevermögen, auch das gehört zum Geschäft.

Geht nicht, gibts nicht! Es gibt auch keine Probleme, nur Lösungen! Überzeuge die Kandidaten, die du in deinem Team haben möchtest, indem du sie mit deiner eigenen Überzeugung ansteckst. Versetze dich in die Lage deines Gegenübers. Wie soll er sich auf dich einlassen, wenn du selber von der Sache nicht hundert Prozent überzeugt bist? Überhaupt ist die Gabe, dich in andere Personen hineinzuversetzen, ein weiterer wichtiger Baustein zu deinem Erfolg. Sie erlaubt dir Weitblick und vorausschauendes Wirken.

Das mit dem Talent ist aber so eine Sache, auch hierzu habe ich eine kleine Geschichte für dich: Es gab einmal einen Vater, der war der festen Überzeugung, sein vierjähriger Sohn sei ein großes Fußballtalent, und so suchte er für ihn einen passenden Verein. Bald erkannte auch der Jugendtrainer das Talent seines Schützlings, und so ließ er ihn mehrmals pro Woche trainieren. Aus dem Bub wurde ein junger Mann, der tatsächlich den Durchbruch zum Profifußballer schaffte. Heute ist er vierundzwanzig, verdient über eine Million pro Jahr und hat doch sein Potenzial noch lange nicht voll ausgenutzt. Obwohl er schon seit zwanzig Jahren Fußball spielt und das Geschäft mittlerweile aus dem Effeff kennt, wird er noch immer jeden Tag von einem Trainer gecoacht, der ihm Tipps gibt, ihn führt, motiviert und immer wieder zu Höchstleistungen antreibt.

Schöne Geschichte, was möchtest du mir damit sagen?

Die Quintessenz dieser Geschichte, es hätte genauso gut auch die Geschichte einer Primaballerina sein können, ist eben die, dass auch der talentierteste Fußballprofi immer wieder Hilfestellungen und vor allem einen Tritt in den Arsch braucht. Genauso verhält es sich mit deinen besten Mitarbeitern, ein regelmäßiger Tritt in den Hintern wirkt Wunder. Das gilt im Übrigen auch für dich selbst! Motiviere deine Mitarbeiter und auch dich immer wieder von neuem. Motivation ist der Motor des Schwungrades. Lass es drehen, tu es!

Ach! Fußball und Leben, das sind zwei völlig unterschiedliche Bereiche. Das lässt sich doch ganz und gar nicht miteinander vergleichen.

Da bin ich ganz anderer Meinung, ein Vergleich lohnt sich. Ich werde es dir gerne erklären. Zu einem Fußballspiel gehören ein Spielfeld, ein Ball und zwei Mannschaften, Trainer, Sponsoren, Schiedsrichter, Linienrichter, Masseure, Ärzte und Zuschauer. Stell dir einen Spieler einer der beiden Mannschaften vor. Sein Club spielt in der dritten Liga, das klar gesteckte mittelfristige Ziel ist der Aufstieg in die höchste Spielklasse. Also muss er sich gesund und abwechslungsreich ernähren und viel trainieren, um jeweils zweimal fünfundvierzig Minuten durchzustehen. Dabei hilft ihm sein Trainer. Auch du musst auf deinem Weg in die Selbständigkeit auf Profis hören, um zu deinem Erfolg zu kommen.

In der Fußballmannschaft ist unser Spieler der Kapitän. Er muss seine Mitspieler andauernd neu motivieren, noch mehr zu trainieren, um in einem Jahr von der dritten in die zweite Liga aufzusteigen. Er muss ihnen verdeutlichen, dass dieser Aufstieg Freude bringt wie auch eine finanzielle Verbesserung für jeden

Einzelnen. Genauso verhält es sich bei dir und deiner Selbständigkeit. Motiviere deine Mitarbeiter zur Aktivität, indem du ihnen deine Freude vorlebst. Zeig ihnen auf, weshalb sie sich für die Firma einsetzen sollen. Aus einem guten Arbeitsklima resultieren bessere Arbeitsbedingungen, neuere und bessere Arbeitsgeräte, angenehmere Büros und so weiter. Fordere deine Mitarbeiter zum Mitdenken und zur Kreativität auf. Du musst ihre Stärken und Schwächen kennen, natürlich auch die deiner Gegner. Setze deine Mitarbeiter dort ein, wo sie ihre Stärken ganz einbringen können. Beobachte deine Konkurrenz, was macht diese besser und weshalb ist sie erfolgreicher?

Wenn unser Fußball-Spielführer ein Spiel nach dem anderen gewinnt, wird der Erfolg ihn und seine Mitspieler noch mehr motivieren. Die erhöhte Aufmerksamkeit um den Club bringt mehr Zuschauer. Dies gibt mehr Einnahmen. Mehr Einnahmen bedeuten eine bessere Ausrüstung. Mehr Zuschauer im Stadion bringen eine bessere Stimmung und geile Atmosphäre. Die Motivation zu gewinnen wächst. Nun kommen allmählich größere Sponsoren auf den Verein zu, schließlich wollen sie vorsichtshalber einen Schuh in der Türe haben bei all dem Potenzial. Genauso ist es auch mit deiner Firma. Du kannst zeigen was du kannst, was deine ganze Firma kann. Jeder einzelne Mitarbeiter soll sich dafür einsetzen. Mit der Zeit wird man auf euch aufmerksam und plötzlich möchten auch größere Player mit euch zusammenarbeiten. Mehr Umsatz, mehr Gewinn, mehr Lohn für alle!

Beim Fußball wird jeder, der nicht in die Mannschaft hineinpasst oder zu wenig leistet, sofort ausgewechselt. Handle auch du danach! Wer keine Freude an seiner Arbeit zeigt und nur minimale Leistung bringt, muss weg!

Du musst jederzeit bereit sein einen Pass eines anderen Spielers anzunehmen, um den Ball darauf erfolgreich im gegnerischen Tor zu platzieren. Du musst aber auch bereit seit, einen Ball abzugeben, wenn jemand deiner Mitspieler in einer besseren Position steht. Sei wach, aufmerksam, um jederzeit schnell und richtig handeln zu können. Gib jungen Talenten ebenfalls eine Chance zu zeigen, wie gut sie sind. Siehst du jetzt, wie die Parallelen quasi eins werden?

Lass die Arbeiten, von denen du zu wenig verstehst, von Spezialisten erledigen, begnüge dich mit der Überwachung der Arbeit. Nimm junge Cracks und Talente in die Firma und gib ihnen eine Möglichkeit, sich zu beweisen. Spiele hart aber fair, halte dich an die Spielregeln, so wirst du dich über die verhängten Strafen nicht aufregen müssen. Wickle deine Geschäfte von Anfang an sauber, fair und ehrlich ab. Führe die Buchhaltung sauber, deklariere deinen Gewinn und bezahle deine Steuern fristgerecht und wahrheitsgetreu. So wirst du stets gut schlafen können. Es sind so unglaublich viele Faktoren, die zum Erfolg führen, doch wenn alle gemeinsam am gleichen Strick ziehen, dann ist der Erfolg gewiss. Wie im Fußball, so auch im richtigen Leben.

Wenn man dir so zuhört, könnte man meinen, du hättest das alles studiert, in Wirklichkeit hast du nicht einmal einen Beruf gelernt.
Da gebe ich dir recht, für Wirtschafts- und Marketingfachleute tönt das vielleicht alles etwas zu einfach und abgedroschen. Ich bin mir sogar ziemlich sicher, dass ich mit dem, was ich hier so zusammenschreibe, einen Haufen Hohn und Spott ernten werde. Doch ich bleibe dabei, auch wenn ich kein guter Schüler war, keine Diplome und Abschlüsse besitze. Mein Erfolg gibt mir das Recht, allen die Wahrheit ins Gesicht zu schmettern. Ich bin Realist und Pragmatiker, kein Theoretiker. Ich bin felsenfest überzeugt, dass auch du erfolgreich sein kannst. Mit Wille, Biss und Eigeninitiative wirst auch du deine Ziele erreichen. Pack sie endlich an. Tu es!

Ich wäre ja gerne erfolgreich, aber dieser Biss, von dem du sprichst, den habe ich einfach nicht!
Stell dir selber Regeln auf und befolge sie ohne Wenn und Aber. Setze dir zum Beispiel für jeden Tag ein Ziel. Sei dabei realistisch, es sollte nicht zu einfach sein, aber auch nicht zu schwer. Es sollte erreichbar sein und dich dennoch fordern. Jeder Tageserfolg wird dich wieder von neuem antreiben und dich für den folgenden Tag motivieren. Jeder Tag, an dem du dein Ziel erreichst, ist ein glücklicher Tag! Sprich über deine Ziele! Mit deinen Eltern, Freunden und Bekannten, aber auch mit denen, die dich nicht mögen. Du hast richtig gehört, sprich auch mit deinen Kontrahenten und Widersa-

chern. Auf diese Weise machst du dir selber Druck. Dir bleibt dann nichts anderes mehr übrig, als deinen Weg zu gehen und dein Ziel zu erreichen, sofern du nicht als Großmaul und Versager dastehen willst.

Sei kommunikativ und offen im Umgang mit anderen Menschen, auch wenn sie eine andere Meinung vertreten, damit bist du ihnen nämlich bereits einen Schritt voraus. Fördere deinen Geist, bleib aktiv und informiere dich immer wieder über Neuigkeiten und Trends in deiner Branche, sie könnten dir schließlich neue Wege eröffnen. Sei wachsam und kreativ, zwei Eigenschaften, die deinen Pioniergeist stets aufs Neue entfachen. Neue Ideen und frischer Wind in deinem Geschäft ziehen deine Kunden an.

Zeit ist dein kostbarstes Gut, teile sie deshalb sorgfältig ein. Wäge ab, welche Dinge es wirklich wert sind, dafür Zeit zu opfern. Verschenkte Zeit wirst du nicht mehr zurückholen können. Wenn auf dem Boden neunundneunzig Zehner- und eine Tausendernote rumliegen, was hebst du dann zuerst auf? Den Tausender natürlich! So soll es auch in deinem Leben ablaufen: Befasse dich nicht andauernd nur mit Zehnernoten, welche dir die Luft zum Atmen stehlen. Nimm endlich die Tausender in Angriff!

Stell dir vor, du hättest unendlich viel Zeit zur Verfügung. Du könntest fünfhundert Jahre mit deinen Freunden rumsitzen, Kaffee trinken, schwatzen und herumalbern. Du könntest dir zweihundert Jahre Zeit lassen, um wichtige Projekte in die Hand zu nehmen. Leider funktioniert das Ganze so aber nicht. Heute muss etwas passieren! Wir müssen uns beeilen, unsere Visionen ans Ziel zu bringen, sie zu verwirklichen. Den Erfolg brauchen wir heute, nicht morgen. Die Geschichte beginnt jetzt, nicht später. Sag noch heute ja zu deinen Träumen, so verspürst du schon heute das besondere Gefühl, für dich etwas Gutes getan zu haben.

Wie kann es dir gut gehen, wenn du unzufrieden bist und ständig das ungute Gefühl mit dir herumträgst, etwas verpasst zu haben? Es gibt kein mieseres Gefühl, als wenn dein Leben an dir vorbeizieht und du den Eindruck haben musst, nicht daran teilzuhaben. Dieses Scheißgefühl blockiert dich und du bleibst gefangen in einer Negativspirale, die dich allmählich und unaufhörlich nach unten zieht. Deine persönliche Geschichte ist stinklangweilig und du fällst in ein Loch, aus dem du nicht wieder herausfindest.

Das muss nicht sein! Reiß das Ruder rum, beginne mit dem Leben. Räume dein Umfeld auf. Bringe Ordnung in Büro, Lager, Werkstatt und dein Leben. Beobachte deine Erfolge in einer Statistik. Verfolge über Wochen, Monate und Quartale deinen Umsatzverlauf, so erkennst du bald eventuelle Rückläufigkeiten oder Trends, worauf du entsprechend reagieren kannst, indem du die Strategie änderst oder verbesserst.

Meine Güte, jetzt mach aber mal einen Punkt!

Ich bin noch nicht fertig! Heute meinen so viele Menschen, all die nützlichen Dinge habe es schon immer gegeben, sie seien einfach da. Falsch! Das Toilettenpapier zum Beispiel gibt es erst seit rund achtzig Jahren.

Seit seiner Erfindung hat es sich stets weiterentwickelt. Oder das Sandwich: Das wurde erst nach dem Zweiten Weltkrieg erfunden! Brot aufschneiden, Käse oder Wurst dazwischenlegen und reinbeißen. Wie simpel ist das denn? Meistens sind die simplen Ideen die besten. Deshalb bin ich der festen Überzeugung: Noch immer gibt es viele nützliche Dinge, die erst noch erfunden werden müssen. Also schau dich um! Was braucht der Mensch? Gibt es ein schöneres Gefühl, als Menschen zum Staunen zu bringen?

Ich kriege langsam Kopfweh von deinem Rumgetöne! Das Leben besteht also nur aus Regeln, Arbeiten und der Suche nach dem perfekten Klopapier.
Natürlich nicht! Gönne dir dazwischen immer wieder etwas Gutes. Etwas, das dir Freude bereitet. Mit einem Lächeln geht alles viel leichter.

Kann ich mir nicht auch ein bisschen öfter was Gutes tun?
Du musst dir die guten Dinge erst verdienen, Ivan! Auch durch das strikte Einhalten von Werten. In deinem privaten Umfeld sind das zum Beispiel: Freundschaft und Liebe, Gerechtigkeit, Wohlbehagen, Glück und Harmonie. Für die Geschäftswelt: Geradlinigkeit, Pflichtbewusstsein, Verhandlungshärte, Disziplin, Pünktlichkeit, Ehrlichkeit und Verantwortungsbewusstsein. Leider sind gerade die letzten zwei Begriffe auf vielen Teppichetagen in den letzten Jahren flöten gegangen. Allzu oft in den letzten zwanzig Jahren konnte ich Geschäftsleute beobachten, die keinen Deut

auf solche Werte legten. Diese sogenannten Geschäftsleute verschwanden aber meist so schnell wieder von der Bildoberfläche, wie sie gekommen sind.

Das sind viel zu viele Dinge, die ich im Hinterkopf behalten soll. Ich bin kein solcher Krampfer wie du, Ivar, das liegt einfach nicht in meiner Natur. Das macht mich kaputt!
Natürlich hat Arbeit manchmal auch unangenehme Nebenerscheinungen: schmutzige Hände, unangenehme Ausdünstung und so weiter. Nichts zu tun ist aber meist viel anstrengender als richtig zu krampfen! Es ist viel schöner, mit der zufriedenen Müdigkeit abends ins Bett zu fallen, wenn du wirklich etwas geleistet hast. Natürlich nur dann, wenn du wirklich Freude daran hast, deinem Ziel immer näher zu kommen.

Aus eigener Erfahrung kann ich dazu einfach nur sagen: Es lohnt sich wirklich Dreck zu fressen. Es gibt kein schöneres Gefühl, als nach einem langen Marsch das Ziel endlich erreicht zu haben. Auf dem Hügel des Erfolgs zu stehen und nach unten auf das Geleistete zu schauen. Dann kannst du dir in berauschender Glückseligkeit auf die Schulter klopfen und dich auch mal gebührend mit Eigenlob eindecken. Aber erst dann, und nicht vorher! Auf dem Hügel, im Schein der Sonne, darfst du deine Ernte einfahren, die Früchte deiner Arbeit. Von dort oben schaust du dann zufrieden auf das Schwungrad, das du dir erschaffen hast, wie es sich dreht, schneller und immer schneller.

Du bist zu beneiden! Gerne hätte ich nur einen Bruchteil deines Mutes und deiner Energie.

Jeder Mensch besitzt diese Energie. Auch du hast sie in dir! Jetzt ist die Zeit, endlich daraus zu schöpfen. Argumente und Anregungen habe ich dir genug gegeben. Tu es einfach! Tu es! Tu es! Tu es!

Teil Drei

Das «Kleidi»-Geheimnis. Interview mit Ivar Niederberger

Es gibt unzählige Modemarken und noch mehr Kleiderläden und Boutiquen. Welches Geheimnis steckt hinter deiner Erfolgsgeschichte von «Kleidi» wirklich?

Ivar Niederberger: Das verrate ich dir gerne. Natürlich gibt es, wie bei anderen Erfolgsgeschichten auch, stets mehrere Gründe für den Erfolg. Die Damen-Mode, die ich unter der eigenen Marke «Niederberger» vertreibe, beinhaltet ein spezielles Angebot für spezielle und bodenständige Frauen, die ein besonderes Flair für extravagante Mode besitzen. Alle meine Modelle gibt es in den Größen von S bis XXL. Wir arbeiten mit drei sogenannten Einheitsgrößen, welche die ganze Größenpalette abdecken, dafür bieten wir eine breitere Modellpalette in Sachen Schnitt, Farbe und Accessoires. Zu meinen Kundinnen gehören vor allem Frauen, die zu ihrer weiblichen Figur stehen und meine etwas besondere Mode im Lagenlook aus fließend fallenden Stoffen besonders schätzen. Zum besonderen Merkmal von «Kleidi» gehört sicherlich auch die Möglichkeit, die einzelnen Teile wunderbar miteinander zu kombinieren. Fünf- bis sechsmal im Jahr werden alle meine Kundinnen persönlich angeschrieben und erhalten auch vielfach Vergünstigungen für spezielle Angebote, so bleiben wir bei unserer Stammkundschaft stets im

Geiste präsent. Meine Kundinnen können sich zu hundert Prozent darauf verlassen, dass sie bei «Kleidi.ch» absolute Topwaren bekommen, die in Europa in kleinen Mengen produziert werden. In so kleinen Mengen, dass man sie fast schon als «Einzelstücke» bezeichnen kann. Mit diesem Konzept konnte ich von Beginn an steigende Wachstumsraten verzeichnen.

Natürlich genieße ich das Erreichte auch, aber wie ich schon ein paarmal sagte: Der Weg ist das Ziel! Meine zweiundzwanzig «Kleidi»-Filialen (allesamt zu finden unter www.kleidi.ch) laufen gut, doch auch hier lassen sich immer wieder Verbesserungen anbringen. Auch wenn das Schwungrad rund und schnell läuft, braucht es zwischendurch einen kleinen «Zwick». Ansonsten erlahmt auch das beste Schwungrad und es kommt zum Stillstand.

Nun hast du es ja geschafft, Ivar, du besitzt alles, was du dir je gewünscht hast. Auf wann hast du deinen Ruhestand angesetzt?

Nichts tun ist mir einfach zu anstrengend. Zudem fühle ich mich noch viel zu jung, um mich bereits zur Ruhe zu setzen. Noch habe ich einige neue Ideen im Kopf, die ich unbedingt verwirklichen möchte. Eine dieser Ideen habe ich nun bereits in Angriff genommen. Lass mich dir die Geschichte dieses neusten meiner Projekte kurz erzählen: Es war an einem Sonntagnachmittag, ich war einer von dreißigtausend Zuschauern im voll besetzten Fußballstadion St. Jakob in Basel. Das Spiel hatte noch nicht begonnen, als plötzlich eine Frage in mir aufstieg: Wie viele der Zuschauer wären mögliche Kunden von «Kleidi»? Ein, zwei Prozent? Was wäre, wenn ich eine neue Marke kreieren könnte, bei der das Kundenpotenzial bei achtundneunzig Prozent liegt? Das war die Ausgangslage meiner neuen Vision, die ich jetzt, inmitten der großen «Wirtschaftskrise», taufrisch in die Tat umgesetzt habe. Es handelt sich um die neue Outdoor-Modelinie «Tom Bergstein», die ich zusammen mit zwei Partnern aus dem Boden gestampft habe (www.tombergstein.com). Zu den Kunden von «Tom Bergstein» gehören unter anderem Menschen, die schon lange mit einer Weltreise liebäugeln, und, mit unseren Kleidern ausgerüstet, stets dafür bereit sind. Mit «Tom Bergstein» bieten wir unseren Kunden im Bereich Outdoor Kleider in Topqualität und, verglichen mit unseren Mitbewerbern, zu unschlagbaren Preisen. Das Wohlfühlerlebnis, das man beim Tragen spürt, ist eines der Geheimnisse unserer Marke.

Mit «Tom Bergstein» gehen wir auch neue Wege, indem wir zum Beispiel mit Konzertagenturen zusammenarbeiten und unseren Kunden, die wir allesamt als VIP-Kunden behandeln, verbilligte Konzert-Tickets anbieten. Eine Win-Win-Situation, denn die Nachfrage unserer Kunden ist so groß, dass wir alleine mit ihnen ganze Hallen füllen könnten. Für die Veranstalter und Künstler eine gute Sache, da sie mit ausverkauften Hallen rechnen können, für uns eine gute Sache, da wir so neue Kunden für «Tom Bergstein» gewinnen. Ein Konzept also, bei dem alle glücklich sind: die Kunden, die

Konzertveranstalter, die Künstler und natürlich auch wir von «Tom Bergstein».

Trotz des erfreulichen Erfolgs in der Startphase bin ich bei diesem Projekt ein großes Risiko eingegangen, denn ich habe einen immensen Teil meines «Kleidi»-Gewinns in «Tom Bergstein» reinvestiert, mit sieben Läden neue Arbeitsplätze und neue Chancen geschaffen. Dabei konnte ich natürlich auch auf mein bestehendes Wissen zurückgreifen, doch habe ich auch völlig neue Erfahrungen gemacht und auch Rückschläge eingesteckt.

Jedes Mal, wenn ein neues Wagnis zum Erfolg führt, macht mich das aufs Neue stolz. Vielleicht kann ich dir irgendwann in einem zweiten Buch von weiteren Erlebnissen berichten. Wer weiß?

Wenn du so von dir und deinem Buchprojekt überzeugt bist, weshalb lässt du dein Buch dann von einem noch kleinen und jungen Verlag verlegen und vermarkten?
Weil ich beim Münsterverlag auf echten Pioniergeist gestoßen bin und für dieses Buchprojekt die nötige Freiheit und Unterstützung vorfand.

Saat und Ernte

Zum Schluss möchte ich noch eine kleine Geschichte anfügen. Damals, als ich noch ein kleiner Junge war und mein Vater so hart schuften musste, habe ich gelernt, dass mit selbst angepflanztem Gemüse stets die höhere Marge zu erzielen war. Schnell tat ich es meinem Vater gleich. Voller Stolz verkaufte ich das in unserem eigenen Schrebergarten gepflanzte Gemüse meinem Vater zu einem symbolischen Preis. Klar, es war mehr ein Spiel als ein Geschäft, doch dabei lernte ich, meine Hände schmutzig zu machen. Den Boden lockern, die Saat einbringen, die Pflanzen vor Schädlingen schützen, vor Sonne und Trockenheit bewahren. Kurz gesagt: Ich lernte, meine Pflanzen zu hegen und zu pflegen. Genauso ist es mit der Selbständigkeit, es braucht harte Arbeit, viel Geduld und Ausdauer, viel Kraft und Elan. Dafür wird die Ernte, die Freiheit, überschwänglich sein.

In unseren Breitengraden besitzen wir die optimalen Voraussetzungen, einen spitzenmäßigen «Nährboden». Dazu braucht es aber viele «Bauern», die fleißig ihre Felder bestellen und ihre Ideen aussäen. Uns allen sollte endlich bewusst werden: Wenn wir unsere Gärten nicht bewirtschaften, wird unser Land mit Wildwuchs und Eintönigkeit überzogen werden, derer wir früher oder später nicht mehr Herr sein werden.

Ivar Niederberger aus astrologischer Sicht

Heutzutage gehören astrologische Gutachten und graphologische Analysen dazu, das Bild einer Person abzurunden. Einige Menschen sehen ihr Leben in den Händen einer höheren Macht. Sie glauben, ihr ganzes Tun und Handeln sei vorbestimmt. Diese Vorstellung finde ich furchtbar! Wie eine Marionette an den Fäden einer höheren Macht zu baumeln, das wäre doch mehr vegetieren als wirklich leben. Ohne diesen Menschen etwas Übles unterstellen zu wollen, frage ich mich, ob solche Theorien nicht eher dazu da sind, um die eigene Verantwortung nicht wahrnehmen zu müssen. Ich mache nichts, da ich meinem Schicksal eh nicht entfliehen kann. He, wach auf! Natürlich sind wir immer wieder Zufällen unterworfen oder es passieren manchmal Dinge, die tatsächlich ein wenig überirdisch anmuten, dies möchte ich auch gar nicht bestreiten. Doch wir bestimmen den größten Teil unseres Lebens immer noch selbst.

Obwohl ich grundsätzlich nichts davon halte, habe ich es in meiner Neugier dennoch nicht lassen können, von mir ein solches astrologisches Gutachten erstellen zu lassen. Trotz meiner Skepsis muss ich doch anerkennen, dass etwa sechzig Prozent der Aussagen auf meine Person tatsächlich zutreffen. Vielmehr als einen gewissen Unterhaltungswert messe ich diesem Gutachten aber trotzdem nicht zu.

Horoskop von Ivar Niederberger
geboren 11.11.1969 um 11.11 Uhr in Basel

von Irène Bachmann

Die Verteilung der Planeten im Horoskop weist darauf hin, wie Ivar der Welt begegnet und seine Erfahrungen macht. Das Aspektbild zeigt seine Neigungen und seine Lebensmotivation, seine Talente und Fähigkeiten. Die meisten Planeten liegen über dem Horizont und zeigen eine bewusste und willensorientierte Lebenshaltung. Die Betonung der Ich-Seite, (linke Horoskophälfte von IC zu MC) gibt Auskunft darüber, wo die Interessen und Aktivitäten liegen. Die starke Betonung des vierten Quadranten zeigt, dass sich Ivar mit folgenden Fragen auseinandersetzt: Wer bin ich? Woher komme ich? Was ist meine Aufgabe? Was ist der Sinn meines Lebens? Was will ich erreichen? Diese Fragen nach der eigenen Identität, der eigenen Person, mag für Außenstehende oft egoistisch erscheinen, ihm ist es aber ein Anliegen herauszufinden, wer und was er wirklich ist. Die Besonderheit dieses Horoskopes besteht darin, dass es nicht kohärent respektive zusammenhängend ist. Es besteht aus vier verschiedenen

Themenbereichen oder vier verschiedenen Persönlichkeitsanteilen, die autonom funktionieren können:

Jupiter

Jupiter losgelöst in der Waage im neunten Haus interessiert sich für die größeren Zusammenhänge und möchte Fragen nach dem Sinn der Dinge beantwortet haben. Er möchte jederzeit und überall seinen Horizont durch innere und äußere Reisen erweitern. Eine Faszination für alles Fremdländische ist denkbar. Er ist empfänglich für Philosophie, Religion und unterschiedliche Weltanschauungen. Als Freidenker empfindet er dogmatische Glaubenssätze als einengend. Seine Vorstellungskraft ist ausgeprägt und er setzt sich für seine eigenen Überzeugungen ein. Er liebt Klarheit und Gerechtigkeit, bewundert Menschen, die sagen, was sie meinen und versucht es ihnen gleichzutun. Mit Jupiter in der Waage hat er einen guten Sinn für Farben, Formen und Ästhetik und das gibt ihm die Möglichkeit, eine optimistische und freudige Grundhaltung zu entwickeln, als Gegengewicht zu den tiefgründigen Skorpionqualitäten.

Sonne

Bei Sonne/Merkur Trigon Mondknoten erkennen wir Ivars Wissensdurst und seinen Forscherdrang. Er hat viele Fragen, möchte wissen, was sich unter der Oberfläche verbirgt und schätzt es nicht, wenn man ihn mit banalen Antworten abspeist. Im Gespräch grübelt und bohrt er so lange, bis er erfährt, was er wissen will. Er lässt sich aber nicht gerne ausfragen und gibt nur so viel preis, wie es ihm nötig erscheint. Wenn er sich unter Druck fühlt, erleben ihn andere als abweisend und verschlossen. Alles Geheimnisvolle, Nicht-Offensichtliche fasziniert ihn: die Hintergründe des Lebens, Geburt, Tod, Sexualität. Sein forschendes Wesen möchte alles durchleuchten, wobei die dunkelsten Seiten den größten Reiz haben. Er zeigt sich intensiv, kämpferisch und leidenschaftlich und hat großes Durchhaltevermögen. Mit der Sonne im veränderlichen Bereich des zehnten Hauses möchte er etwas bewirken, Einfluss nehmen auf das öffentliche Leben und auf die gesellschaftliche Entwicklung; zu tiefen Wahrheiten vordringen, Geheimnisse und Tabus lüften, die eigenen Grenzen ausloten, die Führung übernehmen.

Neptun

Neptun Sextil Pluto zeigt seine feine sensitive Seite, die sehr genau spürt und der man nichts vormachen kann. Echte Freundschaft und bedingungslose Liebe sind für ihn Idealvorstellungen, für die er sich stark macht. Missbraucht man sein Vertrauen, wird er dies wohl kaum verzeihen können und nicht vergessen.

Saturn

Saturn steht in der Trapezform mit den restlichen Planeten. Mit Saturn im vierten Haus ist Familie, Tradition und Geborgenheit eine wichtige Voraussetzung, um sich sicher zu fühlen. «My home is my castle» könnte als Wahlspruch gelten. Wenn er fähig ist, für sich und das Wohl anderer zu sorgen, wachsen sein Selbstvertrauen und seine Sicherheit. In einem vertrauten Kreis fühlt er sich wohl und kann emotionale Nähe zulassen, obwohl dies eine Herausforderung für ihn bedeutet. Dies zeigt sich auch im Aspekt zu Venus am MC, die Mühe hat, sich einzulassen und das Leben einfach zu genießen, da sie das Gefühl hat, dass man sich Liebe und Zuneigung verdienen muss. Ivar hat ein ausgeprägtes Pflichtbewusstsein und verfolgt seine Ziele mit Disziplin und Ausdauer.

Mond

Der Mond im Tierkreiszeichen Schütze im zwölften Haus sagt etwas aus über den Gefühlsbereich und die Art und Weise, wie Ivar sich im Kontakt zu anderen Menschen verhält. Von der Feuerkraft her hat er eine optimistische Grundhaltung und lässt sich schnell begeistern. Er ist offen, lebhaft und interessiert, freut sich, wenn sein Horizont erweitert wird durch anregende Gespräche und Diskussionen. Spontan und originell könnte er von seinen Vorstellungen und Träumen erzählen. Es kann aber auch sein, dass er das Gefühl hat, übergangen oder nicht gehört zu werden. Er stellt hohe Erwartungen ans Leben und an seine Mitmenschen, ist enttäuscht, wenn sie nicht erfüllt werden. Dann zieht er sich zurück in die eigene Traumwelt, die interessant und vielfältig ist. Das Bedürfnis nach Liebe und Verständnis ist «grenzenlos», wie es den Themen des Fische-Hauses entspricht. Der Wunsch nach All-Eins-

Sein endet oft in Einsamkeit und Alleinsein, was frustrierend und verletzend sein kann.

Aszendent
Aszendent im Tierkreiszeichen Steinbock zeigt, wie Ivar sich gegenüber seiner Umwelt durchsetzt und auf welche Weise er seine Wünsche und Bedürfnisse zum Ausdruck bringen und verwirklichen will. Es ist in einem gewissen Sinne seine «Visitenkarte», so tritt er auf, so zeigt er sich. Seine ernste, vernünftige und pflichtbewusste Seite kommt mit diesem Zeichen voll zur Geltung. In seiner kühlen, sachlichen Distanz wirkt er eher zurückhaltend und erzählt nicht alles, was er wahrnimmt und was in seinem Inneren vorgeht. Er schätzt Ordnung und Struktur, ist sehr diszipliniert und macht oft einen überlegenen Eindruck. Er schätzt es, wenn sein Tagesablauf nach bestimmten Regeln verläuft. Zuviel Abwechslung und Aufregung verunsichern ihn. In seiner Ernsthaftigkeit und mit seinem Verantwortungsgefühl kann und möchte er Vorbild sein. Fleiß ist für ihn eine echte Tugend. Die Leistungsansprüche, die er an sich stellt, sind hoch und deshalb ist es wichtig, dass auch die feinen, sensitiven Anteile seines Wesens ihren Platz haben.

Mondknoten
Der Mondknoten in den Fischen gibt ihm praktische Hinweise für seinen Entwicklungsweg. In seinen Verhaltensmustern begegnet er der Welt in einer pragmatischen, sich an der Realität orientierenden Haltung.

Er hat die Begabung, aus jeder Situation das Beste herauszuholen. Vernunft, Achtsamkeit und Sorgfalt sind wichtige Instrumente in seinem Leben und geben Sicherheit. Mit Themen und Dingen, die keinen Bezug zur Realität haben, tut er sich schwer. Er interessiert sich für das, was praktischen Nutzen hat, kann sich mit Details, kleinsten Fehlern und Schwachstellen beschäftigen und dabei den Blick für Zusammenhänge und das große Ganze aus den Augen verlieren. Nun muss er lernen, dass es eine Welt jenseits der realen Wirklichkeit gibt, eine höhere Ordnung, die dem Verstand nicht zugänglich ist. Das Vertrauen in seine Intuition kann neue Wege öffnen. Er kann lernen, dass auch scheinbar Unperfektes seine Berechtigung hat, da es schlicht und einfach zum Alltag und zum Menschsein gehört. Im dritten Haus ist er aufgefordert, die «Leichtigkeit des Seins» in seinem Leben willkommen zu heißen, sich unters Volk zu mischen und den Menschen von seinen Träumen und Visionen zu berichten.

Begriffe

Legasthenie bezeichnet eine massive und lang andauernde Störung im Umgang mit Sprache. Die betroffenen Personen (Legastheniker) haben Probleme mit der Umsetzung der gesprochenen zur geschriebenen Sprache und umgekehrt. Als Ursache werden eine genetische Disposition, Probleme bei der auditiven und visuellen Wahrnehmungsverarbeitung, der Verarbeitung der Sprache und vor allem bei der phonologischen Bewusstheit angenommen. Die Störung tritt isoliert und erwartungswidrig auf, das heißt die schriftsprachlichen Probleme entstehen, ohne dass es eine plausible Erklärung wie eine generelle Minderbegabung oder schlechte Beschulung gibt.

Naivität bezeichnet eine spezielle Eigenart des Menschen. Vornehmlich ist der Begriff negativ konnotiert und steht im allgemeinen Sprachgebrauch meist als Synonym für Leichtgläubigkeit, Einfältigkeit, Unwissenheit und einen begrenzten geistigen Horizont. Jedoch kann «Naivität» auch positiv sein: So werden auch Menschen als «naiv» bezeichnet, die Neuem unvoreingenommen und frei von Beschränkungen durch übermäßige Vorsicht gegenübertreten und so erst den Weg freimachen, Undenkbares zu erreichen und Bahnbrechendes zu erfinden.

Tourette-Syndrom (eigtl.: Gilles-de-la-Tourette-Syndrom) bezeichnet eine neurologisch-psychiatrische Erkrankung, die durch das Auftreten von Tics charakterisiert ist. Bei den Tics handelt es sich um unwillkürliche, rasche, meist plötzlich einschießende und mitunter sehr heftige Bewegungen, die immer wieder in gleicher Weise einzeln oder serienartig auftreten können. Verbale, ungewollte Äußerungen zählen mit dazu sowie Ausrufe oder eigenartige Geräusche. Was dieses Syndrom auslöst, ist bis heute noch nicht eindeutig geklärt.

Meine Vision, mein Ziel, mein Weg

Nachdem du einiges über mich erfahren hast, über mein Leben, über mein Denken und Handeln, bitte ich dich, hier deine eigenen Gedanken zu notieren. Am besten du platzierst dieses Buch auf deinem Nachttischchen neben deinem Bett, so wird dir jeden Tag in Erinnerung gerufen werden, deinen eigenen Weg zu deinem persönlichen Glück konsequent zu beschreiten, um deinem persönlichen Ziel einige Schritte näher zu kommen. Nimm das Büchlein von Zeit zu Zeit zur Hand, lies und ergänze deine Notizen, so werden deine Wünsche und dein Ziel in dir immer wieder wach. So tankst du die Energie, die du für die Verwirklichung deines Glücks auch brauchst. Als Starthilfe habe ich mir erlaubt dir bereits einige Fragen zu stellen.

Was kann ich tun?

Was hätte ich schon immer einmal gerne getan?

Was würde mich richtig glücklich machen?

Fünfzig Prozent meiner Lebenszeit bin ich mit Arbeiten beschäftigt. Liebe ich meine Arbeit, bereichert sie mein Leben, macht sie mich glücklich?

Habe auch ich eine Vision?

Was für ein Ziel habe ich mir für mein Leben gesetzt?

Welcher Weg führt mich über welche Etappen zu meinem Ziel?

Eigene Gedanken

Nachdem du nun das Buch gelesen hast, freue ich mich auf deinen Besuch. Auf deine Erfahrungen und deinen Erfolg bin ich echt gespannt!
Auf **www.ivarniederberger.ch** gibt es weitere interessante Informationen über mich, einen Blog, ein Gästebuch und Videoclips.

Danksagung

Zum Schluss möchte ich noch zwei Menschen Dank sagen, ohne die ich meine Gedanken niemals auf diese Art zu Papier gebracht hätte: Mit viel Anstrengung und Einsatz haben Robert Schmid und Manuel Dinkel kompetent dafür gesorgt, dass aus meiner Geschichte ein Buch wurde.

M0392025

La scène des souvenirs

DE LA MÊME AUTRICE

Les Heures lointaines, Presses de la Cité, 2011 ; J'ai lu, 2023.

Les Ombres d'Adelaide Hills, Charleston, 2023.

KATE MORTON

La scène des souvenirs

ROMAN

Traduit de l'anglais (Australie)
par Anne-Sylvie Homassel

J'AI LU

TITRE ORIGINAL
The Secret Keeper

© Kate Morton, 2012

POUR LA TRADUCTION FRANÇAISE
© Presses de la Cité, un département de Place des Éditeurs, 2013

Le Code de la propriété intellectuelle interdit les copies ou reproductions destinées à une utilisation collective. Toute représentation ou reproduction intégrale ou partielle faite par quelque procédé que ce soit, sans le consentement de l'auteur ou de ses ayants droit ou ayants cause, est illicite et constitue une contrefaçon sanctionnée par les articles L335-2 et suivants du Code de la propriété intellectuelle.

Pour Selwa,
l'amie, l'agent, l'éternelle avocate

PREMIÈRE PARTIE

Laurel

1

La campagne anglaise, une ferme au milieu de nulle part, une journée d'été au début des années 1960. La bâtisse est discrète : des colombages dont la peinture blanche s'écaille tranquillement sur la façade ouest, une clématite qui grimpe sur les murs. Des cheminées, une fumée s'échappe ; et rien qu'à voir ces volutes on sait qu'un bon plat mijote sur la cuisinière. Mais aussi, le potager tout simple derrière la maison, les fières lueurs que lancent les fenêtres ornées de vitraux, le soigneux enchevêtrement des tuiles sur le toit.

La ferme est ceinte d'une clôture rustique ; un portail de bois sépare le sage jardin des prairies et du bosquet, au-delà du potager. Sous les branches tordues, un mince ruisseau bruisse sur son lit de galets, entre ombre et lumière, depuis des siècles. On ne l'entend pas de la ferme, il est trop loin. Greenacres s'élève, solitaire, au bout d'un long chemin poussiéreux. De la route de campagne dont elle porte le nom, on ne la voit pas.

Hormis quelques bouffées de vent, rien ne bouge, tout dort. Deux cerceaux blancs – l'an passé, on ne jurait que par le hula-hoop – sont remisés contre la tonnelle où s'épanouit une glycine. Un ours en peluche à l'œil recouvert d'un bandeau noir monte la garde, sentinelle pleine de mansuétude, dans le panier à pinces à linge d'un chariot vert. Près de l'établi, une brouette chargée de pots attend son heure.

En dépit de sa parfaite tranquillité, ou peut-être à cause d'elle, ce paysage est lourd de promesses, comme la scène d'un théâtre quelques secondes avant l'entrée des comédiens. Tout est possible, tout peut arriver ; les événements n'ont pas encore marqué le destin de leur sceau. Et soudain...

— Laurel !

Une voix d'enfant, impatiente, au loin.

— Lau-rel ! Où es-tu ?

Alors l'enchantement semble se rompre. Dans la salle, les lumières s'éteignent peu à peu. Le rideau se lève.

Une petite troupe de poules surgit d'on ne sait où, s'égaille dans l'allée de briques du jardin, picore. L'ombre d'un geai survole les massifs de fleurs ; dans la prairie toute proche, un tracteur se met en branle en vrombissant. Et là-haut, couchée face au ciel sur le plancher d'une cabane dans les arbres, une gamine de seize ans colle contre son palais la pastille au citron qu'elle suçait avec force et soupire.

Sans doute, songeait-elle, était-ce cruel de sa part de ne pas leur révéler sa cachette, mais par cette chaleur, et avec le secret qui palpitait dans son cœur, elle n'avait pas le courage de se livrer à leurs jeux – des jeux d'enfants, qui plus est. Et puis n'était-ce pas l'intérêt d'une partie de cache-cache ? Comme papa le disait, on ne triche pas. Si on n'y met pas un peu du sien, on n'apprend jamais. D'ailleurs, était-ce sa faute si elle trouvait toujours les meilleures cachettes ? Bien sûr, elle était plus âgée qu'elles. Et alors ? Pour autant, elles n'étaient plus des bébés, tout de même.

Quoi qu'il en soit, elle n'avait pas envie de redescendre sur terre. Pas ce jour-là. Pas tout de suite. Ce qu'elle voulait, c'était rester couchée dans la cabane, les jambes nues caressées par le fin tissu de sa robe, l'esprit plein de lui.

Billy.

Elle ferma les yeux et ces cinq lettres s'inscrivirent, vives, penchées, sur l'écran obscur de ses paupières. Fluorescentes, rose vif. Elle eut la chair de poule et retourna la pastille dans sa bouche, la pointe de sa langue contre le trou qui en perçait le centre.

Billy Baxter.

La façon dont il l'épiait par-dessus ses lunettes de soleil, le sourire en coin, ébréché, les mèches sombres coiffées à la Teddy Boy…

Il avait suffi d'une seconde : l'amour, le vrai, se manifestait ainsi, elle l'avait toujours su. Cinq semaines plus tôt, un samedi, en descendant du bus avec Shirley… Billy et ses amis fumaient sur le perron de la salle de bal. Leurs regards s'étaient croisés ; Dieu merci, avait songé Laurel, elle venait d'investir son argent de la semaine dans une paire de bas, décision avisée.

— Allez, Laurel !

C'était la voix d'Iris, que la chaleur rendait traînante.

— Ce n'est pas juste, montre-toi !

Laurel plissa les paupières.

Billy et elle n'avaient manqué aucune danse. L'orchestre avait égrené les standards, de plus en plus vite ; le chignon banane qu'elle avait copié avec tant de soin sur la couverture de *Bunty* s'était dénoué, elle avait mal aux pieds – mais elle n'avait pas cessé de danser. Il avait fallu l'arrivée de Shirley, mécontente d'avoir dû faire tapisserie, pour qu'elle s'arrête enfin. Le dernier bus allait bientôt partir, l'avait réprimandée Shirley ; Laurel allait peut-être songer à rentrer, non ? (Oh, elle faisait ce qu'elle voulait, bien sûr : parce que pour elle, Shirley, c'était du pareil au même.) Et tandis que son chaperon improvisé s'impatientait et que Laurel, le rouge aux joues, prenait congé, Billy, l'attrapant par la main, l'avait attirée à lui ; et dans les profondeurs de son âme, Laurel avait compris, avec une aveuglante évidence, que ce moment – sublime, criblé d'étoiles – l'attendait depuis toujours.

— Bon, si c'est comme ça, tant pis.

La voix d'Iris était sèche à présent, coléreuse.

— Mais s'il ne te reste plus de gâteau d'anniversaire, ce ne sera pas de ma faute !

Le soleil avait passé son zénith ; un rayon brûlant filtrait par la fenêtre de la cabane, colorant les paupières fermées de Laurel d'un feu rouge sombre. Elle se redressa sur son séant puis s'immobilisa. Pas question de quitter sa cachette. La menace était bien réelle – la faiblesse de Laurel pour la génoise maternelle était légendaire. Ce jour-là, pourtant, elle resta sans effet. Laurel savait très bien que le couteau à gâteau avait été oublié sur la table de la cuisine, dans le grand désordre des préparatifs, tandis que la famille rassemblait les paniers à pique-nique, les couvertures, la limonade, les serviettes de bain, le transistor, tout neuf, et courait à la rivière. Oui, lorsque Laurel, saisissant l'occasion de la partie de cache-cache, avait retrouvé la fraîche pénombre de la maison et pris le paquet, elle avait vu le couteau près de la coupe de fruits, un ruban rouge ornant son manche.

Le couteau faisait partie des traditions. Il servait pour tous les gâteaux d'anniversaire, tous les gâteaux de Noël, tous les gâteaux Remontons-le-Moral-de-... jamais sortis du four des Nicolson. Et Mme Nicolson était très à cheval sur les traditions. Conclusion : tant que personne n'était parti récupérer le couteau, Laurel était libre de faire ce qu'elle voulait. Une bonne chose, du reste. Dans une maison telle que la leur, où les minutes de tranquillité étaient aussi rares que les chameaux au pôle Nord, où les uns et les autres se succédaient pour franchir les portes ou les claquer, le sacrifice d'une seconde de solitude aurait eu quelque chose de sacrilège.

En ce jour plus qu'en aucun autre, Laurel avait besoin de cette intimité.

Le colis destiné à Laurel était arrivé le jeudi d'avant, dans la sacoche du facteur. Par bonheur, c'était Rose qui l'avait récupéré, et non pas Iris ou Daphne ni – pire encore – maman.

Laurel avait immédiatement compris d'où provenait l'envoi. Ses joues s'étaient enflammées ; elle avait réussi à bredouiller quelques explications concernant Shirley, un groupe de musique et un quarante-cinq tours prêté. Bel effort de dissimulation, quoique bien inutile dans le cas de Rose, dont les capacités de concentration, qui n'étaient pas des plus fiables, étaient déjà accaparées par le spectacle d'un papillon posé sur la barrière.

Ce soir-là, alors que le reste de la famille campait devant la télévision, à regarder *Juke Box Jury* – Iris et Daphne débattant des mérites respectifs de Cliff Richard et d'Adam Faith, tandis que leur père se désolait du faux accent américain de ce dernier et de la décadence dont souffrait l'Empire britannique en général –, Laurel s'était éclipsée. Elle avait poussé le verrou de la salle de bains et, le dos contre la porte, s'était assise sur le carrelage.

Elle avait ouvert le paquet d'une main tremblante.

Un petit livre emballé dans du papier de soie lui était tombé sur les genoux. Le titre était visible sous le mince emballage – *L'Anniversaire*, de Harold Pinter. Un frisson lui avait parcouru l'échine ; un cri d'aise lui avait échappé.

Depuis, elle dormait toutes les nuits avec le livre glissé dans sa taie d'oreiller. Ce qui n'était pas très confortable, bien sûr, mais elle le voulait près d'elle. Elle en avait besoin. C'était fondamental.

Il y a des moments, se disait-elle non sans solennité, où l'on arrive à la croisée des chemins – où quelque chose se produit soudain qui peut changer le cours d'une vie. C'était ce qu'avait représenté pour elle la première de la pièce de Pinter. Elle avait lu dans le journal un article qui en parlait et avait conçu l'envie inexplicable d'y assister. Elle avait prétexté une visite à Shirley, fait jurer le secret à cette dernière, puis elle avait pris le bus pour Cambridge.

C'était la première fois de sa vie qu'elle voyageait seule. Et dans la salle obscure de l'Arts Theatre, tandis que la soirée d'anniversaire de Stanley virait au cauchemar, Laurel avait éprouvé un ravissement d'une nature inédite. C'était le même genre de révélation que celle qui plongeait les demoiselles Buxton dans l'extase et empourprait leurs visages, tous les dimanches matin à l'église. Laurel se doutait bien que leur exaltation avait plus à voir avec le nouveau pasteur, un tout jeune homme, qu'avec la parole de Dieu ; mais assise sur l'extrême bord de son fauteuil, au fond de la salle, tandis que la sève vitale du drame qui se déroulait sur scène pénétrait dans sa poitrine et se mêlait à son sang, elle avait senti ses joues s'enflammer de bonheur – et elle avait compris. Quoi ? elle n'aurait pu le dire exactement, mais ce quelque chose était une absolue certitude. La vie ne se bornait pas à ce qu'elle en connaissait ; l'inconnu l'attendait.

Son secret, elle l'avait gardé pour elle, ne sachant trop qu'en faire, ignorant jusqu'aux mots avec lesquels elle pouvait le confier à quelqu'un… jusqu'à ce soir où, le bras du garçon lui enserrant les épaules, elle avait tout raconté à Billy, la joue contre son blouson de cuir…

Laurel sortit la lettre du livre, la relut. Elle ne disait pas grand-chose : simplement, qu'il l'attendrait sur sa moto au bout de l'allée, ce samedi, à deux heures et demie – il voulait l'emmener voir ce petit coin au bord de la mer, un de ses lieux favoris.

Laurel regarda sa montre. Moins de deux heures à patienter.

Il l'avait écoutée parler de la première de *L'Anniversaire* et des émotions que la pièce avait suscitées en elle ; il lui avait parlé de Londres, du théâtre, des groupes de musique qu'il avait vus dans des bars sans nom – descriptions qui avaient fait surgir des possibilités scintillantes dans l'esprit de Laurel. Puis il l'avait embrassée : c'était son premier vrai baiser, et l'ampoule électrique qu'elle avait sous le crâne avait explosé, brûlant son âme à blanc.

Elle se dirigea à quatre pattes vers l'endroit de la cabane où Daphne avait installé le petit miroir de sa trousse de toilette et scruta son reflet, jaugeant les traits d'eye-liner noir qu'elle avait dessinés avec un soin minutieux au coin de ses yeux. Ils étaient bien de longueur égale – quel soulagement ! Elle lissa sa frange et s'efforça de lutter contre l'impression vaguement écœurante d'avoir oublié un détail important. Voyons : elle avait pris une serviette de bain, enfilé son maillot sous sa robe et dit à ses parents qu'elle faisait quelques heures de ménage non prévues chez Mme Hodgkins, la coiffeuse.

Elle se détourna de son reflet et se rongea pensivement l'ongle du pouce. Ça ne lui ressemblait pas, cette dissimulation. Laurel était une chic fille, tout le monde était d'accord sur ce point : ses professeurs, les mères de ses amies, Mme Hodgkins. Mais, en l'occurrence, avait-elle le choix ? Comment expliquer tout cela à ses parents ?

Ses parents s'aimaient, on ne pouvait pas dire le contraire. Mais n'était-ce pas d'un amour prudent, celui que partagent les vieilles personnes et qui s'exprime par la proximité tranquille, épaule contre épaule, et les tasses de thé qu'on se prépare l'un pour l'autre jusqu'à la fin des temps ? Laurel laissa échapper un soupir ardent. Avaient-ils connu la passion, la vraie – la passion feu d'artifice, celle qui fait battre le cœur plus vite, celle qui se nourrit d'un désir physique ? Laurel sentit la chaleur lui monter aux joues.

Une brise se leva, qui portait sur son aile le son lointain du rire maternel. L'intuition, pourtant bien vague, qu'elle allait franchir un seuil décisif, dangereux peut-être, rendit Laurel sentimentale. Chère maman. Était-ce de sa faute si la guerre avait gâché sa jeunesse ? Et si elle continuait à consoler les enfants en leur fabriquant des bateaux en papier ? Et si son plus beau jour de la saison avait été celui où elle avait remporté le premier prix du club de jardinage du village, ce qui lui avait valu une photographie dans le journal ? (Et pas seulement la gazette locale, attention : l'article avait été repris dans un quotidien londonien, à l'occasion d'un grand dossier sur les événements en régions. Le père de Shirley, qui était notaire, s'était fait un plaisir de le découper et de le leur apporter.) Maman avait joué les timides et poussé les hauts cris quand papa avait scotché la coupure de presse sur le réfrigérateur tout neuf. Enfin, les hauts cris, si l'on veut. D'ailleurs, l'article n'avait pas quitté sa place de choix. Elle était fière de ses haricots verts extra-longs, ça oui, très fière, même ; et c'est bien cela que Laurel avait à l'esprit. Elle cracha une fine rognure d'ongle. Même si la chose paraissait difficilement explicable, il lui semblait moins affreux de mentir à une brave femme qui se réjouissait de la qualité de ses haricots verts que d'essayer de convaincre ladite femme de l'irrévocable évolution du monde.

Laurel n'avait guère d'expérience en matière de duplicité. Les liens familiaux étaient puissants chez les Nicolson, toutes ses amies l'avaient remarqué. Lui en avaient parlé et en discutaient entre elles, dans son dos. Aux yeux de ceux qui ne faisaient pas partie du clan, les Nicolson se vautraient dans un péché des plus douteux : ils semblaient s'aimer sincèrement les uns les autres. Dernièrement, cependant, les choses avaient changé. Laurel avait eu beau continuer à vivre comme si de rien n'était, elle avait pris conscience d'un curieux éloignement. Tandis que la brise estivale faisait danser ses mèches folles sur ses joues, elle fronça légèrement les sourcils. Le soir, quand ils dînaient ensemble et que son père faisait ses habituelles plaisanteries, touchantes et jamais drôles, tous riaient ; Laurel, elle, se sentait spectatrice. Comme s'ils étaient montés dans un train, emmenant avec eux les rituels familiaux, tandis qu'elle les regardait s'éloigner depuis le quai.

Sauf qu'un jour ou l'autre c'était elle qui les quitterait. Et ce moment approchait. Elle avait mené son enquête. Ce qu'il lui fallait, c'était la Central School of Speech and Drama de Londres. Mais que diraient ses parents quand elle leur annoncerait ses intentions ? Aucun des deux n'était jamais vraiment sorti de sa campagne. Depuis la naissance de Laurel, maman n'avait pas même mis les pieds à Londres. La simple idée que l'aînée de leurs filles veuille s'y installer – sans parler de ses projets théâtraux douteux – suffirait à leur donner une crise d'apoplexie.

Sous la cabane, le linge encore humide frissonnait sur la corde. Une des jambes du jean que mamie Nicolson détestait tant (« Ça te donne des airs de femme de mauvaise vie, Laurel – rien de pire qu'une fille qui ne sait pas se tenir ! ») claquait sur sa jumelle, affolant la poule à une aile qui se mit à caqueter et à tourner en rond. Laurel fit glisser ses lunettes de soleil à monture blanche sur son nez et se pelotonna contre le mur de la cabane.

Le problème, c'était la guerre. Elle était finie depuis seize ans – l'âge de Laurel, exactement – et le monde avait continué à évoluer. Tout avait changé : les masques à gaz, les uniformes, les cartes de rationnement et le reste, ça n'existait plus que dans la grande malle kaki que son père avait remisée au grenier. Malheureusement, il y avait une certaine partie de la population qui ne s'en rendait pas compte : à savoir, tous les plus de vingt-cinq ans.

D'après Billy, on ne pouvait pas trouver les mots pour le leur expliquer. On appelait ça « le fossé des générations », disait-il. Ce n'était même pas la peine d'essayer de leur faire comprendre. D'ailleurs, c'était le sujet du livre d'Alan Sillitoe qu'il gardait toujours sur lui : les adultes n'étaient pas censés approuver le comportement de leurs enfants. Ou alors, quand ça se produisait, c'était plutôt suspect.

Il y avait en Laurel une veine docile et loyale que ces propos avaient heurtée. Elle avait failli contredire Billy, s'était retenue pourtant, préférant repenser à ces soirées récentes où, laissant ses sœurs à la maison, elle se faufilait dans le doux crépuscule, la radio cachée sous son chemisier, et montait le cœur battant dans la cabane. Là, enfin seule, elle se dépêchait de tourner la mollette jusqu'à la fréquence de Radio Luxembourg et se couchait dans la pénombre, la musique la pénétrant peu à peu. Et tandis que les mélodies se répandaient dans l'air tranquille de la campagne, embrumant ce paysage si ancien d'un voile de modernité, Laurel sentait sa peau se hérisser, se laissait envahir par l'ivresse sublime que lui donnait son appartenance à une entité plus vaste – un complot mondial, une société secrète. Une nouvelle génération, dont tous les membres étaient plongés dans la musique en cet instant même, avec la conscience que la vie, le monde, l'avenir étaient à portée de main...

Laurel ouvrit les yeux et le souvenir s'évanouit. Mais pas sa douce chaleur, qui s'attarda alors que la jeune fille s'étirait, heureuse, en suivant des yeux le vol d'une corneille devant les nuages. *Prends ton envol, petit oiseau, prends ton envol.* Elle en ferait autant, le jour où le lycée serait fini. Elle ne s'autorisa à ciller que lorsque l'oiseau ne fut plus qu'une tête d'épingle sur le bleu lointain du ciel. Oui, si elle pouvait prendre son élan, elle aussi, elle arriverait à convaincre ses parents. Et l'avenir serait un long fleuve tranquille.

Des larmes de triomphe lui vinrent aux yeux. Elle courba la tête, le regard fixé sur la maison : la fenêtre de sa chambre, la marguerite de la Saint-Michel que sa mère et elle avaient plantée sur la tombe du pauvre Constable, le chat, et la fissure entre deux briques où, enfant – souvenir embarrassant –, elle déposait des messages pour les fées.

Lui revinrent de vagues scènes de temps plus anciens. Toute petite fille, elle ramassait des bigorneaux dans un trou d'eau, dînait le soir dans la salle à manger de la pension de sa grand-mère, au bord de la mer ; tout cela indistinct à présent comme un rêve. Le seul toit qu'elle ait jamais connu était celui de la ferme. Et bien qu'elle n'ait aucune envie d'y avoir son fauteuil attitré, elle aimait voir ses parents dans les leurs, le soir. Elle savait que, une fois leurs filles endormies, ils continuaient à se parler tout bas, de l'autre côté de la mince cloison. Quant à elle, elle n'avait qu'à tendre le bras pour réveiller une de ses sœurs.

Elles lui manqueraient quand elle serait à Londres.

Elle cligna des yeux. Oui, elles lui manqueraient. Certitude subite et lourde, qui lui pesa sur l'estomac comme une pierre. Et le fait qu'elles lui empruntaient ses vêtements, lui écrasaient ses rouges à lèvres et lui rayaient ses disques n'y changerait rien. Pas plus que leur bruyant désordre, leurs disputes, leurs joies étouffantes. Elles étaient comme une portée de chiots, entassées les unes sur les autres dans la chambre qu'elles partageaient. Leur nombre submergeait les étrangers, et cela les amusait. Les sœurs Nicolson : Laurel, Rose, Iris et Daphne, un vrai jardin de filles, comme le répétait papa quand il avait bu une bière de trop. De vraies diablesses, les sermonnait mamie Nicolson à chacune de leurs visites estivales.

Laurel entendait à présent les clameurs lointaines, les cris de ravissement, les bruits humides de l'été près de la rivière. Il y eut en elle un raidissement, comme si quelqu'un avait tiré sur une corde. Elle ne les imaginait que trop bien, dans cette scène qu'on aurait pu croire tirée d'un tableau ancien. Jupes remontées et coincées dans les culottes, se poursuivant dans le ruisseau ; Rose assise en sécurité sur les rochers, ses minces chevilles pendant dans le vide, tandis qu'elle barbouillait la pierre à l'aide d'un bâton mouillé ; Iris, trempée on ne sait pourquoi de la tête aux pieds, et furieuse en conséquence ; Daphne, avec ses anglaises, convulsée de rire.

La couverture écossaise des pique-niques serait étendue sur l'herbe de la berge ; maman, non loin, se tiendrait dans la rivière, de l'eau jusqu'aux genoux, là où le courant est le plus fort, lui confiant le bateau en papier qu'elle venait de confectionner. Papa la regarderait depuis le bord, le pantalon retroussé, une cigarette en équilibre sur sa lèvre inférieure. Comme d'habitude, se dessinerait sur son visage – l'image était si précise dans l'esprit de Laurel ! – une expression d'aimable surprise, comme s'il ne parvenait pas à croire en ce cadeau qui lui avait été offert de vivre en ce lieu et à cette heure.

Et puis, s'ébrouant aux pieds de leur père, babillant, riant d'aise tandis que ses petites mains potelées se tendaient vers le bateau de maman, le bébé, leur rayon de soleil à tous…

Le bébé. Il avait un prénom, bien sûr, Gerald, mais personne ne l'utilisait jamais. Gerald, c'était un nom de grande personne, et le bébé était encore si… bébé ! On fêtait ses deux ans, ce jour-là, ce qui ne l'empêchait pas d'avoir une petite bouille toute ronde, les joues creusées de multiples fossettes, des yeux de vrai chenapan – et ses petites jambes, mon Dieu ! Si blanches et si délicieusement grassouillettes. Parfois Laurel devait même se retenir de les serrer trop fort. Tous se disputaient les faveurs du bébé, tous se déclaraient vainqueurs, mais Laurel le savait bien : c'était à elle qu'il réservait ses sourires les plus lumineux.

Et elle s'autoriserait à manquer ne serait-ce qu'une seconde du pique-nique d'anniversaire du bébé ? Impensable ! Où avait-elle donc l'esprit, à s'attarder dans la cabane – d'autant qu'elle avait l'intention de filer en douce avec Billy dès deux heures et demie.

Laurel plissa le front, prit une résolution. Elle allait battre sa coulpe, redescendre sur terre, chercher le couteau des anniversaires dans la cuisine et l'apporter à sa mère, près de la rivière. Elle se conduirait en fille modèle, en grande sœur idéale. Qu'elle accomplisse ce plan dans les dix minutes qui venaient, et elle pourrait s'octroyer un bon point (elle tenait les comptes). La brise effleura ses orteils nus et bronzés d'un souffle tiède lorsqu'elle posa le pied sur le premier échelon.

Plus tard, Laurel se poserait des questions sur le tour qu'auraient pris les événements si elle avait fait plus attention. La catastrophe aurait-elle pu être évitée ? Mais elle pécha par excès de précipitation. À son intense désir de solitude avait succédé un besoin tout aussi impérieux de se retrouver parmi les siens. Une hâte qui lui vaudrait d'éternels regrets.

Ces derniers temps, ses revirements étaient fréquents. Elle était comme la girouette sur le pignon de la ferme : ses émotions changeaient au gré du vent. Curieuse sensation qui parfois l'affolait, et parfois, cependant, l'excitait. Comme un bateau qui tangue sur la mer…

La versatilité n'était pas sans danger. Dans sa hâte, elle s'écorcha le genou contre le plancher de la cabane. L'éraflure piquait intensément ; une grimace aux lèvres, elle baissa les yeux et vit que le sang coulait en abondance, incroyablement rouge. Plutôt que de descendre, elle remonta dans la cabane pour examiner sa blessure.

Elle contemplait son genou sanguinolent, maudissant sa maladresse et se demandant si Billy remarquerait cette vilaine écorchure – diable, comment la rendre plus discrète ? – lorsqu'elle entendit du bruit dans le bosquet. Un froissement, rien que de très naturel ; et cependant suffisamment distinct des autres sons du début d'après-midi pour attirer son attention. Par la fenêtre de la cabane, elle aperçut Barnaby trottant dans l'herbe haute, ses oreilles soyeuses battant comme des ailes de velours. Sa mère suivait le chemin tracé par le chien, se dirigeant vers le jardin d'un pas alerte, dans une robe d'été qu'elle avait confectionnée elle-même. Le bébé était confortablement calé sur sa hanche, en barboteuse et les jambes nues, ce que la température ambiante justifiait amplement.

Bien qu'ils soient assez loin, Laurel, par quelque caprice du vent, entendit nettement l'air que chantait sa mère. C'était une chanson à laquelle tous les enfants Nicolson avaient eu droit, les uns après les autres, et le bébé riait de plaisir et criait tandis que maman faisait courir ses doigts sur son petit ventre rond pour lui chatouiller le menton.

— Encore, encore !

Ce qui, dans la bouche de bébé, tenait plutôt du : « 'cor, 'cor ! »

L'attention qu'ils s'accordaient l'un à l'autre était si absolue, leur apparition dans la prairie inondée de soleil si idyllique que Laurel se sentit écartelée entre la joie d'avoir pu admirer ce moment d'intimité et la tristesse d'en être exclue.

Tandis que sa mère ouvrait la barrière et se dirigeait vers la maison, Laurel, abattue, comprit qu'elle était venue chercher le couteau d'anniversaire.

Chaque minute qui passait éloignait un peu plus la jeune fille de sa rédemption. Elle se rembrunit, et cette morosité subite la retint de descendre. Elle prit racine dans la cabane, trouvant un curieux plaisir à se morfondre. Sa mère entra dans la maison.

L'un des cerceaux se détacha de la tonnelle et tomba sans un bruit sur l'allée, ce que Laurel interpréta comme un message de solidarité. Elle décida de rester dans sa cachette. Ils pouvaient bien se passer d'elle encore un moment. Elle descendrait à la rivière quand elle serait prête. En attendant, elle allait relire *L'Anniversaire* et s'imaginer un avenir loin d'ici, une vie où elle serait une femme belle et raffinée, indemne de toute égratignure.

Lorsque l'homme apparut dans son champ de vision, il n'était guère plus qu'une tache indistincte à l'horizon, tout au bout de l'allée. Laurel par la suite ne s'expliqua jamais vraiment ce qui lui avait fait lever les yeux à ce moment précis. Elle le regarda se diriger vers l'arrière de la ferme et, l'espace d'un effroyable instant, crut reconnaître Billy, en avance sur l'heure de leur rendez-vous. Puis la silhouette se fit plus nette et elle vit, à son accoutrement, qu'elle s'était trompée – ce n'était pas Billy, ce pantalon sombre, ces manches de chemise, ce chapeau noir à la forme désuète.

Le soulagement ne tarda pas à faire place à la curiosité. Les visites étaient rares à la ferme Nicolson – et ceux qui venaient étaient en général motorisés. Cependant, tandis qu'elle observait l'homme marcher vers la ferme, Laurel oublia sa bouderie et, jouissant du luxe précieux de sa position, s'abandonna aux douceurs de l'espionnage.

Les coudes sur l'appui de la petite fenêtre, elle posa le menton sur ses mains jointes. Le nouveau venu n'avait pas trop vilaine apparence, pour un homme de son âge ; il y avait dans son attitude quelque chose qui trahissait une certaine assurance. Cet homme-là n'avait pas besoin de se hâter. Elle était certaine de ne pas le connaître : ce n'était pas un des villageois amis de son père, ni un des ouvriers agricoles. Un voyageur égaré cherchant son chemin ? C'était peu probable, étant donné la situation de la ferme, tout au bout du chemin. Ou alors, un Gitan, un vagabond ? L'un de ces individus qui passaient de temps à autre, les poches et le ventre vides, bien contents de travailler quelques jours à la ferme. Ou bien – et cette horrible hypothèse la fit frémir d'excitation – ce sinistre personnage dont le journal local avait parlé et que les adultes mentionnaient d'une voix tremblante, celui qui avait surpris des promeneurs et effrayé de pauvres femmes qui allaient seules le long de la rivière, à l'endroit où la berge était abritée des regards…

Laurel y pensa un bref instant, histoire de se donner la chair de poule, puis étouffa un bâillement. Non, l'homme n'avait rien d'un démon. Il tenait une mallette en cuir. Un représentant venu vendre à Mme Nicolson la dernière encyclopédie du moment, indispensable bien sûr.

Laurel quitta son poste d'observation.

Quelques minutes passèrent, deux ou trois peut-être. Puis, au pied de l'arbre, résonna le grondement de Barnaby. Laurel se précipita à la fenêtre et glissa un œil au-dehors. L'épagneul était en arrêt au beau milieu du sentier de briques, face à l'allée, le regard braqué sur l'homme qui, tout proche maintenant, avait posé la main sur le petit portail qui menait au jardin.

— Chut, Barnaby ! s'exclama Mme Nicolson de l'intérieur de la maison. Un peu de patience, j'arrive.

Elle apparut sur le seuil, se détachant sur la pénombre de la façade. Elle s'arrêta un instant, murmura quelque chose à l'oreille du bébé avant d'embrasser sa joue ronde. Le bébé riait aux éclats.

Derrière la maison, tout près du poulailler, le portail grinça. Les gonds avaient besoin d'être huilés. De nouveau, le chien gronda et le poil se dressa sur son échine.

— Ah, ça suffit, Barnaby, dit maman. Qu'est-ce qui te prend ?

L'homme surgit au coin de la maison. Maman lança un regard vers lui. Son sourire disparut aussitôt.

— Bonjour, dit l'inconnu en se passant un mouchoir sur le front. Quel temps magnifique !

Le visage du bébé se fendit d'un sourire ravi à la vue du visiteur. Il lui tendit ses mains potelées, ouvrant et fermant les poings, tout excité, en signe de salut. C'était une invitation qu'il était impossible de refuser. L'homme fourra son mouchoir dans sa poche et fit un pas en avant, la main levée, comme pour bénir le petit bonhomme.

La réaction de Mme Nicolson fut d'une surprenante vivacité. Elle détacha le bébé de sa hanche et le posa non sans rudesse sur le sol recouvert de gravier. Le choc s'avéra trop fort pour lui, qui n'avait connu qu'amour et douceur jusque-là. Il se mit à pleurer.

Le cœur de Laurel se serra. Mais elle était pétrifiée, incapable de se mouvoir. Elle sentit ses cheveux se dresser sur sa tête : il y avait sur le visage de sa mère une expression qu'elle n'y avait jamais vue. La peur, oui, c'était bien ça. Maman avait peur.

L'effet fut instantané sur Laurel. Des certitudes qu'elle avait crues inébranlables se réduisirent en cendres, s'éparpillèrent au vent, furent remplacées par une glaciale angoisse.

— Bonjour… Dorothy, dit l'homme. Ça faisait longtemps.

L'inconnu connaissait le prénom de maman. Ce n'était pas un étranger.

Il ouvrit de nouveau la bouche, parla trop bas pour que Laurel puisse l'entendre. Sa mère hocha légèrement la tête, puis se pencha sur le côté. Son visage se tourna vers le soleil et elle ferma les yeux, une seule seconde.

La suite se déroula en un éclair.

Un éclair argentin et liquide que Laurel n'oublierait pas. Le soleil se fondit dans la lame d'acier, en un moment d'une brève et intense beauté.

Le couteau s'abattit – le couteau d'anniversaire – droit dans la poitrine de l'homme. Le temps se ralentit puis reprit sa course folle. L'homme cria et son visage se convulsa de surprise, de douleur et d'épouvante ; Laurel, les yeux écarquillés, vit ses mains effleurer le manche d'os du couteau, puis le sang sur sa chemise ; elle vit l'homme s'effondrer à terre et la brise tiède faire rouler son chapeau dans la poussière.

Barnaby aboyait furieusement, le bébé gémissait, assis sur le gravier, les joues rouges et luisantes, terrifié. Ces sons bientôt se brouillèrent, ne parvinrent plus à Laurel qu'à travers le galop effréné et liquide du sang dans ses veines, le halètement rauque de sa propre respiration.

Le nœud rouge du couteau s'était défait ; le ruban traînait sur les pierres qui bordaient le massif de fleurs. Les paupières de Laurel s'emplirent d'une myriade d'étoiles scintillantes. Et tout vira au noir.

2

Suffolk, 2011

Il pleuvait sur le Suffolk. Dans ses souvenirs d'enfance, ce n'était jamais le cas. L'hôpital était à l'autre bout de la ville ; la voiture remonta lentement la Grande Rue parsemée de flaques avant de s'engager dans l'allée et de s'arrêter devant le perron de l'établissement. Laurel sortit son poudrier, l'ouvrit, se regarda dans le petit miroir, le doigt pressé sur sa joue gauche. D'un œil calme, elle considéra ses pattes-d'oie, soudain serrées les unes contre les autres. Elle souleva l'index et sa pommette se détendit. Elle en fit autant avec la joue droite. Les gens adoraient ses rides. C'était ce que son agent disait ; c'était ce que répétaient les directeurs de casting, lyriques, et les maquilleurs aux accents cajoleurs, armés de leurs pinceaux et de leur fabuleuse jeunesse. Un magazine en ligne avait organisé un sondage auprès de ses lecteurs quelques mois plus tôt, pour élire « la personnalité préférée des Britanniques ». Laurel était arrivée en deuxième position. Avec ce commentaire : ses rides rassuraient les gens.

Ils pouvaient toujours penser ce qu'ils voulaient, les gens. En ce qui la concernait, ces rides lui donnaient l'impression d'être vieille.

Et d'ailleurs, elle l'était, songea-t-elle en refermant le poudrier d'un coup sec. Et pas à la manière de la Mrs Robinson du *Lauréat*, dont elle avait joué le rôle vingt-cinq ans plus tôt au National. Que s'était-il passé ? Quelqu'un avait dû faire accélérer les rouages de cette fichue horloge alors qu'elle avait le dos tourné. Elle ne voyait pas d'autre explication.

Le chauffeur ouvrit la porte et déploya un grand parapluie noir, sous la protection duquel elle sortit du véhicule.

— Merci, Mark, lui dit-elle lorsqu'ils furent sous la marquise. Vous savez où venir me chercher vendredi ?

Il posa le petit sac de voyage de Laurel sur le perron et secoua le parapluie.

— Une ferme, de l'autre côté de la ville, une petite route de campagne, et tout au bout une allée. Deux heures, c'est bien cela ?

Elle acquiesça. Avec un hochement de tête, il repartit en courant sous la pluie, s'engouffra dans l'auto côté conducteur. Puis il démarra et elle suivit la voiture des yeux, regrettant soudain avec un serrement de cœur la tiédeur et le plaisant ennui d'un long trajet sur une autoroute battue par la pluie, sans but particulier. Être en chemin pour quelque part – n'importe où, à vrai dire, sauf l'endroit où elle se trouvait maintenant.

Laurel regarda les portes de haut en bas sans s'en approcher. Elle sortit son paquet de cigarettes et en alluma une dont elle inspira la fumée avec un contentement sans doute guère compatible avec sa dignité. Elle avait passé une nuit effroyable, rêvant par intermittence de sa mère, de cet endroit, de ses sœurs enfants, et de Gerry petit garçon. Un gamin sérieux, haut comme trois pommes, qui brandissait un jouet de sa confection – un vaisseau spatial en fer-blanc. Un jour, lui disait-il, il inventerait une machine à remonter le temps, pour pouvoir revenir dans le passé et réparer les choses. Quelles choses ? avait-elle demandé dans le rêve. Celles qui avaient mal tourné, bien sûr, répondait-il. Pourquoi ne pas l'accompagner, dans ce cas ?

Ce n'était pas l'envie qui manquait à Laurel.

Les doubles portes s'ouvrirent avec un chuintement et deux infirmières surgirent sur le perron. L'une d'elles lança un regard à Laurel – la reconnut, écarquilla les yeux. Laurel hocha la tête en guise de vague salut et lâcha son mégot tandis que la femme, tête penchée, murmurait quelque chose à sa collègue.

Rose était installée au bout d'une rangée de chaises dans la salle d'attente ; l'espace d'un instant, Laurel la considéra comme l'aurait fait une parfaite étrangère. Rose était emmitouflée dans un châle de laine violette que fermait sur le devant un nœud rose ; ses mèches folles, à présent argentées, étaient rassemblées en une tresse lâche qui lui pendait sur l'épaule. Le cœur de Laurel se serra à lui faire mal lorsqu'elle se rendit compte que Rose avait utilisé le fermoir d'un sachet de pain de mie en guise d'élastique.

— Rosie, s'exclama-t-elle, dissimulant son émotion sous un entrain factice, cela fait des siècles, non ? Toi et moi, nous sommes comme des navires dans la nuit.

Elles s'étreignirent et Laurel reconnut en frémissant l'odeur de lavande, familière, certes, mais pas vraiment en ces lieux. Ce n'était pas à sa petite sœur qu'elle appartenait : plutôt aux après-midi d'été passés dans le salon de la pension de famille de mamie Nicolson, les Flots bleus.

— Je suis tellement contente de te voir, dit Rose en serrant les mains de Laurel.

Puis elle l'entraîna vers le couloir.

— Je ne pouvais pas ne pas être là.

— Bien sûr.

— Je n'ai pas pu venir plus tôt, à cause de cette interview.

— Je sais.

— Et je ne peux pas rester trop longtemps, à cause des répétitions. On commence le tournage dans quinze jours.

— Je sais.

Les doigts de Rose se refermèrent sur la main de sa sœur, comme pour ajouter du poids à ses mots.

— Maman sera ravie que tu aies pu te libérer. Elle est si fière de toi, Lol. Et elle n'est pas la seule.

Les compliments familiaux avaient quelque chose de déstabilisant ; Laurel préféra les ignorer.

— Et les autres ?

— Ils ne sont pas encore arrivés. Iris est coincée dans un bouchon et Daphne atterrit cet après-midi. Elle filera directement à la maison, de l'aéroport. Elle nous appellera en chemin.

— Et Gerry ? À quelle heure nous rejoint-il ?

C'était une plaisanterie à laquelle Rose elle-même – dans la famille Nicolson, c'était la bonne âme, la seule qui ne se livrât pas systématiquement à la moquerie – ne put que réagir par un gloussement. Leur frère élaborait des calendriers en millions d'années-lumière pour localiser des galaxies distantes, mais quand il s'agissait d'un simple horaire de train, il perdait ses moyens.

Elles se retrouvèrent bientôt devant la porte où s'affichait le nom de Dorothy Nicolson. Rose tendit la main vers la poignée, sans finir son geste.

— J'aime mieux te prévenir, Lol. Depuis ta dernière visite, l'état de maman n'a fait qu'empirer. C'est tout le temps en dents de scie. Parfois, ça va, et la minute d'après…

Les lèvres de Rose tremblèrent et sa main se referma sur son sautoir.

— Il lui arrive d'avoir l'esprit confus, poursuivit-elle d'une voix plus basse. Ou bouleversé. Elle parle du passé, dit des choses que je ne comprends pas toujours. D'après les infirmières, ça n'a pas de signification réelle, cela arrive souvent lorsque les gens… atteignent cette phase de la maladie. Elles lui donnent des comprimés qui la calment, bien sûr, mais qui la font dormir. Ne t'attends à rien de bien fameux aujourd'hui.

Laurel hocha la tête. Lorsqu'elle avait appelé le médecin, la semaine précédente, le son de cloche avait été le même. Le praticien avait déroulé une ennuyeuse litanie d'euphémismes : *la fin d'une belle course, le moment de déposer les armes, l'heure du grand sommeil*… Le tout sur un ton suave que Laurel n'avait pas supporté.

« Docteur, voulez-vous dire par là que ma mère est en train de mourir ? » avait-elle proféré d'une voix majestueuse, pour le seul plaisir d'entendre le docteur bredouiller.

Revanche de courte durée s'il en est, car la réponse était tombée juste après.

« Oui. »

Le plus traître des mots.

Rose ouvrit la porte.

— Maman, regarde qui est là !

Et Laurel se rendit compte qu'elle retenait sa respiration.

Il y avait eu une période dans l'enfance de Laurel que la peur avait dominée. Elle avait peur du noir, des zombies, des individus bizarres contre lesquels mamie Nicolson l'avait mise en garde – cachés dans les coins, prêts à bondir avec leur sale odeur de tabac et de sueur sur les petites filles auxquelles ils faisaient des choses dont on ne pouvait pas parler. (Quelles sortes de choses ? – Impossible d'en parler, vraiment. Mais l'absence de détail n'en rendait la menace que plus inquiétante.) Mamie s'exprimait avec tant de conviction que Laurel ne pouvait douter que le sort dans toute sa cruauté ne tarderait pas à la rattraper.

Parfois, ses peurs les plus tenaces faisaient cause commune. Alors, elle se réveillait, hurlant en pleine nuit ; le zombie caché dans l'armoire ténébreuse la regardait par le trou de la serrure, attendant le bon moment pour passer à l'attaque.

« Chut, ma petite poule, la consolait sa mère. Ce n'est qu'un mauvais rêve. Il faut que tu apprennes à faire la distinction entre la vérité et la fiction. Ce n'est pas facile – il m'a fallu un temps fou pour y arriver. Oui, bien trop longtemps, quand j'y pense. »

Puis elle se couchait près de Laurel et murmurait :

« Veux-tu que je te raconte l'histoire d'une petite fille qui s'est enfuie de chez elle pour aller travailler dans un cirque ? »

Comment croire que cette femme dont la colossale présence faisait rendre les armes aux terreurs nocturnes puisse être devenue cette pauvre créature exsangue, clouée sur un lit d'hôpital ? Laurel s'était crue prête à affronter la réalité. Le deuil ne l'avait pas épargnée ; elle avait perdu des amis ; elle savait à quoi ressemble la mort quand elle approche – n'avait-elle pas reçu son Bafta pour le rôle d'une cancéreuse en phase terminale ? Mais ce n'était pas la même chose. Cette fois-ci, c'était maman. Elle n'avait qu'une envie, tourner les talons, fuir.

Rose, près de l'étagère, lui adressa un signe d'encouragement de la tête et Laurel se drapa aussitôt dans le rôle de la fille dévouée qui rend visite à sa mère. Elle se précipita à son chevet, s'empara de la main décharnée.

— Bonjour, toi ! s'exclama-t-elle. Bonjour, ma chérie.

Dorothy cligna des paupières, puis referma les yeux. Tandis que Laurel déposait sur chacune des deux joues, aussi fragiles que du papier de soie, un léger baiser, la poitrine de la malade continuait de se soulever et de s'abaisser doucement en rythme : inspiration, expiration. Inspiration, expiration.

— Je t'ai apporté quelque chose. Je ne pouvais pas attendre jusqu'à demain.

Laurel posa ses affaires, tira de son sac à main un petit paquet. Elle observa, par pure convention, un instant de silence, puis défit l'emballage.

— Une brosse, maman, dit-elle en faisant tourner le bibelot d'argent dans sa main. Ses poils sont d'une douceur absolue. Du sanglier, je crois. Je l'ai trouvée à Knightsbridge, chez un antiquaire. Et je l'ai fait graver à tes initiales, regarde, juste là. Veux-tu que je te coiffe, maman ?

Elle n'attendait pas de réponse – et, de fait, aucune ne vint. D'un geste léger, Laurel passa la brosse sur les mèches blanches et fines qui formaient une couronne sur l'oreiller, nimbant le visage de sa mère. Ces cheveux autrefois si épais, si sombres, avaient perdu jusqu'à leur substance.

— Voilà, dit-elle en posant la brosse sur l'étagère, de telle manière que la lumière joue sur la courbe du D. Voilà, ma chérie.

Rose dut estimer que sa sœur s'en sortait bien, car elle lui tendit l'album qu'elle avait pris sur l'étagère et lui signifia, d'un geste, qu'elle allait leur préparer du thé dans la salle d'attente.

Il y avait des rôles dans la famille Nicolson. Rose s'y conformait à présent tout comme Laurel avant elle. Laurel s'installa dans le fauteuil vert, au chevet de sa mère, et ouvrit le vieil album non sans précaution. La première photographie était en noir et blanc, sa surface envahie par une collection de taches. Sous ces rousseurs du temps, une jeune femme aux cheveux couverts d'un foulard était figée dans un moment d'interruption. Levant les yeux de la tâche qu'elle était en train d'accomplir, elle levait la main, comme pour éloigner le photographe. Un sourire flottait sur ses lèvres, aussi amusé qu'irrité, et sa bouche entrouverte prononçait des mots à jamais oubliés. Une plaisanterie, aimait à penser Laurel, une remarque spirituelle destinée à celui qui tenait l'appareil photo. Sans doute l'un des pensionnaires de mamie Nicolson : un voyageur de commerce, un vacancier solitaire, un fonctionnaire bien tranquille aux souliers vernis, qui avait passé la guerre derrière un bureau dans un emploi protégé. Dans le dos de la jeune femme, la mer apaisée formait une ligne mince, qui n'apparaissait qu'à ceux qui la savaient là.

Laurel tendit l'album au-dessus du corps inerte de sa mère.

— Regarde, maman, c'est toi, ici, chez mamie Nicolson, dans sa pension de famille. La guerre touche à sa fin, on est en 1944. Son fils, que tu ne connais pas encore, n'est pas rentré du front, mais cela ne va pas tarder. Dans moins d'un mois, mamie va t'envoyer en ville faire les courses avec les cartes de rationnement et, à ton retour, il y aura un soldat attablé dans la cuisine. Tu ne l'as jamais vu, mais tu le reconnaîtras. Son portrait trône sur la cheminée. Son visage a vieilli, il est plus triste, mais il porte le même uniforme kaki ; il te sourira et tu comprendras immédiatement que c'était l'homme que tu attendais.

Laurel tourna la page, pressant le pouce sur le coin en plastique du film de protection, que le temps avait jauni et rendu friable.

— Tu vois, la robe que tu portais à ton mariage, c'est toi qui l'avais faite, dans une paire de rideaux en dentelle qui ornait une des chambres de l'étage, celle qui était réservée aux invités. Mamie Nicolson a bien voulu consentir à ce sacrifice. Bien joué, chère maman. Elle n'a pas dû être facile à convaincre. Elle était drôlement attachée aux bibelots de sa maison, mamie. La nuit précédant ton mariage, la tempête avait soufflé. Tu t'inquiétais : pourvu qu'il ne pleuve pas le jour des noces. Finalement, il a fait beau. Quand le soleil s'est levé, le vent a chassé les nuages. Un heureux présage, t'a-t-on dit. Et pourtant, tu n'as pas voulu prendre de risque : M. Hatch, le ramoneur, est resté debout au bas du perron, parce que ça porte chance. Il n'était que trop heureux de rendre service. Avec ce que papa l'a payé, il a pu acheter des chaussures neuves à son aîné.

Depuis quelques mois déjà, Laurel n'était plus certaine des capacités d'écoute de sa mère, même si la plus aimable des deux infirmières avait tenté de la rassurer sur ce point. De ce fait, Laurel se permettait quelques libertés avec la réalité. Rien d'excessif, non, mais lorsque son imagination l'écartait des sentiers battus de l'action principale, elle se laissait parfois emporter. Ce qui ne plaisait guère à Iris. L'histoire de leur mère, déclarait-elle, avait de l'importance à ses yeux ; Laurel n'avait pas le droit de l'enjoliver. Le docteur, auquel cette transgression avait été rapportée, s'était contenté de hausser les épaules. Ce qui comptait, disait-il, c'était le fait de parler à Dorothy, bien plus que la véracité des propos tenus.

« Et vous êtes sans doute la dernière personne, mademoiselle Nicolson, à qui l'on puisse demander de s'en tenir à la stricte vérité. »

Bien qu'il eût pris sa défense, Laurel n'avait guère apprécié la confusion implicite des genres. Elle avait songé un moment à lui rappeler la différence entre le travail d'un acteur et l'usage du mensonge dans la vraie vie. Oui, pourquoi ne pas dire à cet impertinent aux cheveux trop noirs et aux dents trop blanches que, dans ces deux cas, la vérité comptait. Mais elle avait mieux à faire que discuter de philosophie avec un individu dont la poche de poitrine s'ornait d'un stylo en forme de club de golf.

À la page suivante de l'album, elle retrouva, comme toujours à ce stade de l'histoire, les quelques photos consacrées à sa toute première enfance. Elle se raconta en quelques phrases brèves – le bébé Laurel dans son berceau, sous un ciel décoré d'étoiles et de fées ; puis plissant les yeux d'un air sévère dans les bras de sa mère ; un peu plus grande, trottant, potelée, dans les trous d'eau, sur la plage. Elle tourna la page, libérant le brouhaha et les rires de ses sœurs. Là, la récitation laissait place à la mémoire. N'était-ce qu'une coïncidence si ses premiers souvenirs étaient si étroitement liés à leur arrivée ? Ses sœurs traversant la rivière sur des pierres, faisant des galipettes dans l'herbe, des signes à la fenêtre de la cabane dans l'arbre, ou bien encore alignées en rang d'oignons devant Greenacres – leur maison –, les cheveux bien peignés, bien retenus, les chaussures cirées et les bas reprisés, en vue de quelque sortie oubliée.

Les cauchemars de Laurel avaient cessé sitôt ses sœurs nées. Ou plutôt, ils avaient changé. Finies, les apparitions de zombies, de monstres ou d'individus étranges cachés dans l'armoire. Elle s'était mise à rêver de raz-de-marée, de fins du monde, de guerres durant lesquelles ses petites sœurs étaient confiées à sa seule garde. Parmi les conseils que sa mère avait coutume de lui prodiguer, c'était de celui-ci qu'elle se souvenait le plus clairement : *Prends soin de tes sœurs. Tu es l'aînée, ne les abandonne pas*. Il n'était jamais venu à l'esprit de Laurel, alors, que ces paroles avaient été dictées à sa mère par l'expérience, que l'avertissement était nourri par le chagrin d'avoir perdu un petit frère durant la Seconde Guerre mondiale. Le garçonnet avait été tué par une bombe. Quand on était enfant, souvent, on ne voyait guère plus loin que son petit monde, surtout lorsqu'on était heureux. Et les jeunes filles Nicolson avaient eu plus que leur part de bonheur.

— Ah, là, nous sommes à Pâques. Voici Daphne dans la chaise haute... Ce qui fait que nous devons être en 1956. Oui, c'est cela. Rose a le bras plâtré – le gauche, cette fois. Iris fait l'andouille avec ses grimaces en arrière-plan, mais ça ne va pas durer bien longtemps. Tu te souviens ? C'est l'après-midi où elle a pillé le réfrigérateur et sucé toutes les pinces de crabe que papa avait rapportées de sa pêche de la veille.

Cette fois-là, Laurel avait vu son père se mettre vraiment en colère. Juste après sa sieste, il était allé d'un pas un peu vacillant à la cuisine, rouge d'avoir pris le soleil, et se disant qu'un peu de chair de crabe lui ferait du bien : tout ce qu'il avait trouvé dans le frigo, c'étaient quelques carapaces vides. Elle revoyait encore Iris recroquevillée derrière le canapé – c'était le seul endroit où la petite pensait pouvoir échapper à la menace, fictive certes, mais non moins effrayante, d'une fessée paternelle – et refusant d'en sortir. Puis suppliant qui voulait bien l'écouter – oh, par pitié ! – de lui passer sous le canapé son exemplaire de *Fifi Brindacier*. À ce souvenir, une bouffée de tendresse envahit Laurel. Iris était si drôle, quand elle n'était pas occupée – que le diable l'emporte – à bouder.

Un bout de papier se détacha des dernières pages de l'album et tomba par terre ; Laurel le ramassa. C'était une vieille photo en noir et blanc qu'elle n'avait jamais vue, représentant deux jeunes femmes qui se tenaient par le bras. Elles souriaient largement, debout toutes deux dans une pièce pavoisée de fanions ; le soleil entrait à flots d'une fenêtre invisible. Laurel retourna le cliché et n'y trouva qu'une annotation. La date : mai 1941. Tiens, curieux. Laurel connaissait l'album de famille aussi bien que sa poche ; d'où venait cette photo ?

La porte s'ouvrit sur Rose, avec dans les mains deux tasses dépareillées qui cliquetaient sur leurs soucoupes.

Laurel lui montra le cliché.

— Tu la connaissais, Rosie ?

Rose posa une des tasses sur la table de chevet, considéra la photo en plissant les yeux et sourit.

— Ah, mais oui. Je l'ai trouvée il y a quelques mois, à Greenacres. J'espérais que tu pourrais lui trouver une petite place dans l'album. Elle est adorable, maman, non ? C'est tellement émouvant de découvrir quelque chose de nouveau, surtout en ce moment.

Laurel examina la photo. Les jeunes femmes et leurs cheveux arrangés en rouleaux de victoire, l'ourlet des jupes au genou. Une cigarette pendait aux doigts de l'une d'elles. Oui, c'était bien leur mère. Mais maquillée différemment. Leur mère – et quelqu'un d'autre en même temps.

— Ça me fait drôle, dit Rose, je ne l'avais jamais vue sous cet angle.

— Quel angle ?

— Eh bien, celui d'une jeune femme qui s'amuse avec l'une de ses amies.

— Ah bon, vraiment ?

Mais bien sûr, Laurel n'y avait pas davantage pensé. Pour elle comme pour ses trois sœurs et son frère, leur mère était venue au monde le jour où elle avait répondu à l'annonce de mamie, qui, à cette époque, cherchait une bonne à tout faire pour la pension de famille. De ce qu'elle avait vécu auparavant, elles n'avaient qu'un historique réduit à l'essentiel : Dorothy était née à Coventry, où elle avait grandi ; elle était partie à Londres juste avant le début de la guerre et les siens avaient péri dans les bombardements. Laurel savait que ce deuil terrible avait laissé une marque indélébile sur Dorothy. Mère protectrice, elle profitait de la moindre occasion pour rappeler l'importance primordiale de la famille. Cela avait été le leitmotiv de leur enfance. Un jour – c'était à un moment où Laurel traversait une période particulièrement douloureuse de l'adolescence –, sa mère l'avait prise par les mains et lui avait parlé avec une sévérité inhabituelle.

« Ne sois pas comme moi, Laurel. N'attends pas qu'il soit trop tard pour comprendre ce qui est vraiment important dans l'existence. Il y a des jours où la famille peut te rendre folle, c'est certain ; mais elle compte plus pour toi que tu ne pourras jamais l'imaginer. »

Cependant Dorothy n'avait divulgué aucun détail sur la vie qui avait été la sienne avant son mariage avec Stephen Nicolson, et ses enfants n'avaient pas eu l'idée de la questionner. À cela, se dit Laurel avec un léger sentiment de malaise, rien de bien extraordinaire. Les enfants ne demandent pas à leurs parents d'avoir un passé ; parfois même, ils trouvent vaguement irréaliste et presque embarrassante cette prétention qu'ont leurs père et mère à une existence antérieure au mariage. Cependant, alors qu'elle contemplait la jeune inconnue des années de guerre, Laurel ressentit intensément ce vide d'informations.

Au début de sa carrière, Laurel avait travaillé avec un réalisateur connu qui, un jour, avait plongé le nez dans son scénario, avant d'expliquer à Laurel qu'elle n'avait pas un physique de jeune première. Un verdict blessant, qui l'avait fait gémir et protester ; après quoi, elle avait passé des heures à s'observer à la dérobée dans la glace, pour finir par se couper les cheveux, qu'elle avait fort longs, dans un accès de bravoure alcoolisée. Cela s'était avéré un tournant dans sa carrière. Laurel était une actrice de composition. Le réalisateur lui attribua le rôle de la sœur du premier rôle féminin et elle récolta ses premiers éloges. On admirait sa capacité à construire ses personnages de l'intérieur, à plonger, jusqu'à disparaître, dans la peau d'une autre personne. Ce n'était pas un truc. Elle prenait simplement la peine de percer les secrets desdits personnages. C'est là que se trouvait la vérité d'un individu, dissimulée dans sa part d'ombre. Et Laurel avait, en matière de secrets, une certaine expérience.

— Te rends-tu compte que c'est la photo la plus ancienne que nous ayons d'elle ? dit Rose, assise sur l'accoudoir du fauteuil de Laurel.

Elle récupéra le cliché, son parfum de lavande plus insistant que jamais.

— La plus ancienne, vraiment ?

Laurel tendit la main vers son paquet de cigarettes, puis se souvint qu'elle était dans un hôpital. Elle se contenta d'une gorgée de thé.

— Oui, ce doit être le cas.

Il y avait tant de zones d'ombre dans le passé de sa mère. Pourquoi ne s'en était-elle pas formalisée jusqu'ici ? Elle regarda de nouveau la photo. À présent, les deux jeunes femmes semblaient se moquer de son ignorance.

— Et tu l'as trouvée où, tu disais ? demanda-t-elle d'une voix qu'elle voulait désinvolte.

— Dans un livre.

— Un livre ?

— Oui, une pièce de théâtre, d'ailleurs. *Peter Pan*.

— Maman était dans une pièce de théâtre ?

Leur mère avait toujours excellé dans les jeux où il fallait se déguiser ou se mettre dans la peau de quelqu'un, mais Laurel n'avait aucun souvenir de l'avoir jamais vue jouer dans une vraie pièce.

— Non, je ne suis pas sûre. Le livre était un cadeau. Il y avait une dédicace sur la page de garde – tu sais, comme elle aimait bien que nous fassions quand nous étions gosses.

— Et que disait-elle, cette dédicace ?

— « Pour Dorothy... »

Rose croisa les doigts, les tordit tout en fouillant sa mémoire.

— « ... La véritable amitié est une lumière dans les ténèbres. Vivien. »

Vivien. Le prénom eut un curieux effet sur Laurel. Comme une sensation de chaleur intense, puis de froid ; et le sang lui battait aux tempes. Des images lui traversèrent l'esprit à la vitesse de l'éclair, vertigineuses – une lame scintillante, le visage terrifié de sa mère, un ruban rouge défait. Des souvenirs anciens, des souvenirs hideux, que le nom de l'inconnue avait d'une certaine façon libérés.

— Vivien, répéta-t-elle en écho d'une voix plus sonore qu'elle ne l'aurait souhaité. Qui est-ce, Vivien ?

Rose leva les yeux, surprise, mais ce qu'elle répondit fut noyé par l'arrivée en fanfare d'Iris, qui venait de passer la porte, brandissant son ticket de parking. Personne, donc, ne remarqua la façon dont Dorothy, quelques secondes plus tôt, avait réagi à la mention de ce nom – Vivien. Le bref halètement, l'expression d'angoisse qui s'imprima un instant sur ses traits. Lorsque les trois sœurs Nicolson se furent rassemblées au chevet de leur mère, il leur sembla qu'elle dormait d'un sommeil apaisé. Rien sur son visage ne pouvait leur donner à penser qu'elle avait quitté en esprit l'hôpital, son corps épuisé et ses filles désormais adultes, pour remonter le temps jusqu'aux ténèbres d'une nuit de 1941.

3

Londres, mai 1941

Dorothy Smitham dévala l'escalier, lançant un « Bonsoir » à Mme White tout en finissant, avec force contorsions, d'enfiler son manteau. Sur son passage, la logeuse cligna des paupières derrière ses verres épais, fort désireuse de poursuivre son éternel catalogue des petits défauts du voisinage, mais Dolly ne s'arrêta pas. Elle ralentit quelque peu l'allure devant le miroir de l'entrée, dans le seul but de jeter un coup d'œil à son reflet et de se pincer les joues pour y faire venir un peu de couleur. Le spectacle ne lui déplut pas trop ; elle ouvrit la porte d'entrée et s'enfonça dans les ténèbres du black-out. Elle était pressée ; pas de temps à perdre, ce soir-là, avec le superviseur. Jimmy était sans doute déjà au restaurant et elle ne voulait pas le faire attendre. Ils avaient tant de choses à se dire : qu'emporter, que faire quand ils seraient là-bas – une fois qu'ils se seraient décidés…

Un sourire résolu aux lèvres, Dolly plongea la main dans la poche de son manteau et, du bout des doigts, caressa la figurine de bois sculpté. Elle l'avait repérée quelques jours auparavant dans la vitrine du prêteur sur gages ; une simple babiole, bien sûr, mais qui l'avait fait penser à Jimmy. Et en ces temps où Londres autour d'eux se réduisait en cendres, il était plus important que jamais de faire comprendre aux êtres qui vous étaient chers à quel point ils comptaient pour vous. Dolly brûlait de lui faire ce cadeau – oh, l'expression de son visage lorsqu'il le verrait, la façon dont il lui sourirait, dont il lui tendrait la main, dont il lui dirait combien il l'aimait. Ce n'était pas grand-chose que ce petit Polichinelle en bois, mais il était parfait dans son genre. Et Jimmy depuis toujours adorait le bord de mer. Tout comme elle.

— Excusez-moi ?

La voix, féminine, avait résonné sans avertissement.

— Oui ?

Dolly n'avait pu s'empêcher de marquer sa surprise. L'inconnue avait dû la repérer au moment où la porte s'était ouverte, illuminant le trottoir un bref instant.

— S'il vous plaît, pourriez-vous m'aider ? Je cherche le numéro 24.

Malgré le black-out qui la rendait invisible, Dolly, par automatisme, désigna l'immeuble derrière elle.

— Vous avez de la chance : c'est juste ici. Tout est pris en ce moment, mais ça ne devrait pas durer.

Oui, il y aurait bientôt une chambre à louer au 24 – la sienne, en l'occurrence, si l'on pouvait appeler cela une chambre. Elle porta une cigarette à ses lèvres et gratta une allumette.

— Dolly ?

Dorothy sursauta ; les yeux plissés, elle s'efforça de percer les ténèbres. Puis elle sentit un mouvement, une agitation : la femme se précipitait vers elle.

— Mon Dieu, Dolly, c'est toi ! s'écria-t-elle, à présent toute proche. C'est...

— Vivien ?

Dorothy venait de reconnaître sa voix, même si, ce soir-là, elle lui sembla subtilement changée.

— J'ai eu peur de te rater, d'arriver trop tard.

— Trop tard pour quoi ?

La voix de Dolly trembla.

— Que se passe-t-il ?

— Rien...

Vivien émit un curieux rire métallique et grinçant, à vous pétrifier. Dolly eut la chair de poule.

— Ou plutôt tout.

— Tu as bu ?

Jamais Dolly n'avait vu Vivien se conduire aussi bizarrement : qu'étaient devenus son vernis d'élégance, sa parfaite maîtrise ?

Vivien ne répondit pas – pas directement, du moins. Le chat du voisin se laissa tomber d'un mur proche et atterrit avec un bruit sourd sur le clapier de Mme White. Vivien fit un bond.

— Il faut qu'on se parle, chuchota-t-elle. Tout de suite.

Dolly tira de toutes ses forces sur sa cigarette, pour gagner du temps. Un autre jour, elle aurait adoré s'asseoir un instant avec Vivien. Mais pas ce soir-là. Elle n'avait qu'une hâte : filer.

— Je ne peux pas, dit-elle. J'allais...

— Dolly, je t'en prie.

Dolly enfonça la main dans la poche, fit tourner le petit Polichinelle entre ses doigts. Jimmy devait se demander ce qu'elle faisait, guettant la porte du restaurant et espérant la voir apparaître à chaque instant. Elle ne supportait pas l'idée qu'il puisse attendre, surtout en ce moment. Mais avec Vivien si grave soudain, si inquiète, suppliant et répétant à quel point il était important qu'elles se parlent... Dolly soupira, capitulant à contrecœur. Elle ne pouvait pas abandonner Vivien dans ce triste état.

Jimmy comprendrait, se dit-elle. Lui aussi s'était, d'une curieuse façon, entiché de Vivien. Elle prit donc une décision qui devait se révéler lourde de conséquences pour tous les trois.

— Bon, d'accord, dit-elle en écrasant sa cigarette, avant de glisser son bras sous celui si mince de Vivien. Allons chez moi.

Tandis qu'elles montaient l'escalier, l'idée soudain lui traversa l'esprit que Vivien était venue s'excuser. Difficile de trouver une autre explication à l'agitation de son amie, à la perte soudaine de son calme coutumier. Pourtant, Vivien, de par sa fortune, de par sa classe sociale, n'était guère encline à la contrition. L'hypothèse troubla Dolly. Vivien n'avait pas besoin de demander pardon – pour Dolly, cette malheureuse péripétie appartenait au passé. Il aurait mieux valu ne plus jamais aborder le sujet.

Lorsqu'elles furent parvenues au bout du couloir, Dolly tourna la clef dans la serrure de sa porte. Elle pressa l'interrupteur, et l'ampoule nue s'alluma d'un éclat sourd, révélant le lit étroit, la petite armoire et le lavabo fêlé dont le robinet fuyait. Voyant sa chambre soudain par les yeux de Vivien, Dolly fut brièvement saisie par la honte. Comme l'endroit devait lui paraître fruste, comparé au confort auquel elle était habituée, dans cette magnifique demeure de Campden Grove avec ses lustres de verre et ses peaux de zèbre sur le canapé.

Dolly ôta prestement son vieux manteau et se retourna pour le suspendre derrière la porte.

— Désolée, il fait trop chaud ici, dit-elle d'un ton qu'elle voulait désinvolte. Pas de fenêtre, tu m'excuseras. C'est plus facile pour le black-out, mais ce n'est pas l'idéal pour l'aération.

Cette plaisanterie destinée à égayer l'atmosphère tomba à plat. En outre, elle réalisa que Vivien, derrière elle, devait chercher un siège – oh, zut…

— Et je n'ai pas de chaise non plus.

Cela faisait des semaines qu'elle voulait en acheter une. Mais en ces temps difficiles, et étant donné la décision qu'ils avaient prise, Jimmy et elle, de se montrer aussi économes que possible, elle avait préféré s'en passer.

Elle se retourna vers Vivien ; la vue du visage de cette dernière lui fit oublier la pauvreté de son ameublement.

— Mon Dieu ! s'exclama-t-elle en fixant, les yeux écarquillés, l'hématome sur la joue de son amie. Que t'est-il arrivé ?

— Rien.

Vivien, tout en faisant les cent pas, esquissa un geste d'impatience.

— Un simple accident. En venant ici, j'ai heurté un lampadaire. Comme d'habitude, je courais.

Vivien en effet marchait toujours à toute allure. Une habitude un peu curieuse que Dolly trouvait assez charmante. L'idée qu'une femme aussi élégante, aussi bien vêtue puisse se mouvoir du pas impatient d'une gamine la faisait sourire. Pourtant, ce soir-là, rien ne paraissait à sa place. Les vêtements de Vivien étaient mal assortis, un de ses bas était filé et elle était échevelée.

— Viens, dit Dolly en conduisant son amie vers le lit (qu'elle avait, Dieu merci, soigneusement fait), assieds-toi.

La sirène de la défense antiaérienne se mit à mugir et Dolly marmonna un juron. Elles n'avaient vraiment pas besoin de ça. L'abri de l'immeuble était cauchemardesque : on y était serré comme des sardines ; les matelas étaient humides, la puanteur, insoutenable et Mme White, hystérique. Et avec Vivien dans cet état...

— Peu importe, dit Vivien, comme si elle lisait dans les pensées de Dolly.

Elle avait repris un ton de maîtresse de maison, accoutumée à donner des ordres.

— Restons ici. Ce que j'ai à te dire est plus important.

Plus important que de se mettre à l'abri ? Le cœur de Dolly se souleva.

— C'est l'argent ? dit-elle à voix basse. Tu en as besoin ? Tu veux que je te le rende ?

— Non, ce n'est pas l'argent. Faisons une croix dessus.

Les hurlements modulés de la sirène, assourdissants, avaient levé en Dolly une houle anxieuse qui refusait de s'apaiser. Elle était envahie par la peur, sans trop savoir pourquoi. Elle n'avait aucune envie d'être en ces lieux, serait-ce pour écouter Vivien. Ce qu'elle voulait, c'était courir par les rues sombres à la rencontre de Jimmy, qui l'attendait (car il l'attendait, elle en était certaine).

— Jimmy et moi… commença-t-elle, avant que Vivien ne l'interrompe.

— Oui, fit cette dernière, dont le visage s'illumina comme si elle venait de se souvenir de quelque chose. Oui, Jimmy.

Dolly secoua la tête, interloquée. Quoi, Jimmy ? Vivien ne savait plus ce qu'elle disait. Peut-être fallait-il l'emmener, elle aussi – oui, pourquoi ne pas aller au restaurant pendant que les gens étaient en train de se ruer vers les abris ? Vite, oui, retrouver Jimmy ; il saurait quoi faire.

— Jimmy, répéta Vivien d'une voix forte. Dolly, il est parti…

La sirène s'interrompit à ce moment précis et le dernier mot prononcé par Vivien résonna dans la pièce. Avant qu'elle puisse continuer, un coup retentit à la porte.

— Doll, cria une voix paniquée, tu es là ?

C'était une des locataires, Judith. Elle semblait hors d'haleine ; elle devait avoir couru dans l'escalier.

— On descend à l'abri, Doll.

Dolly resta muette ; ni elle ni Vivien ne firent mine de bouger. Le bruit des pas de Judith retentit dans le couloir et, lorsqu'il eut diminué, Dolly se précipita vers le lit et s'assit près de son amie.

— Tu confonds tout, dit-elle, le souffle bref. Je l'ai vu hier et je le revois ce soir. Nous partons ensemble…

Elle avait tant de choses à dire ; mais elle n'alla pas plus loin. Vivien la regardait avec, dans les yeux, une expression qui fit s'insinuer dans l'assurance de Dolly, déjà ébranlée, une lame de doute profonde. La jeune femme extirpa de son sac une cigarette et l'alluma d'une main tremblante.

Vivien alors se mit à parler et, tandis que le premier bombardier de la nuit vrombissait au-dessus des toits, la panique peu à peu gagna Dolly. C'était impensable, et cependant la voix insistante et fiévreuse de Vivien, son étrange comportement et ce qu'elle disait à présent… Dolly sentit la tête lui tourner ; il faisait si chaud dans la chambre.

Elle tirait avec avidité sur sa cigarette et n'arrivait pas à contrôler sa respiration ; par bribes, le récit de Vivien se mélangeait au tourbillon de ses propres pensées. Une bombe tomba à proximité, provoquant une énorme explosion. Un mugissement sonore remplit la chambre, martelant les tympans de Dolly et faisant courir un terrible frisson sur sa nuque. Naguère, elle avait pris du plaisir à se promener sous les bombes – elle trouvait cela excitant, n'avait pas peur des alertes. Elle n'avait plus rien à voir aujourd'hui avec cette gamine écervelée ; ces temps insouciants lui semblaient bien lointains à présent. Elle jeta un coup d'œil à la porte – ah, si Vivien pouvait se taire… Il fallait descendre à l'abri maintenant, ou alors retrouver Jimmy. Tout plutôt que de rester ici à l'écouter. Elle voulait fuir, se cacher ; elle voulait disparaître.

Tandis que l'épouvante envahissait Dolly, Vivien semblait retrouver son calme. Sa voix était plus posée, articulant d'un ton sourd des phrases que Dolly devait faire un effort pour comprendre. Il était question d'une lettre et d'une photo, d'individus menaçants, dangereux, qui poursuivaient Jimmy. Le plan avait lamentablement échoué, disait Vivien. Il avait été humilié ; il n'avait pas pu se rendre au restaurant ; elle l'avait attendu mais il n'était pas venu ; c'était ainsi qu'elle avait compris qu'il était parti pour de bon.

Subitement la brume se dissipa, les pièces du puzzle s'assemblèrent. Dolly comprit.

— C'est de ma faute, dit-elle, la voix réduite à un faible murmure. Mais... je ne sais pas comment... la photo... nous avions décidé de ne pas le faire, nous n'en avions pas besoin. Plus maintenant.

Vivien savait très bien ce que Dolly voulait dire. C'était de son propre fait que le plan avait été annulé. Dolly tendit la main vers l'épaule de son amie.

— Rien de cela ne devait arriver... Et maintenant, Jimmy...

Vivien hochait la tête, les traits empreints d'une infinie compassion.

— Écoute-moi bien, Dolly. C'est extrêmement important. Ils savent où tu habites. Et ils viendront te chercher, sans hésitation.

Dolly refusait d'y croire. Elle tremblait de peur. Des larmes brûlantes coulaient sur ses joues.

— C'est de ma faute, s'entendit-elle répéter. C'est entièrement de ma faute.

— Dolly, je t'en prie.

Une nouvelle vague de bombardiers déferlait sur la ville et Vivien dut crier pour se faire entendre.

— C'est tout autant de la mienne, mais cela ne compte plus, dorénavant. Ils vont venir. Ils sont déjà en route, probablement. Voilà pourquoi je suis là.

— Mais je...

— Il faut que tu quittes Londres tout de suite, il le faut. Pour de bon. Ils te traqueront, sans relâche...

Une explosion au-dehors et l'immeuble tout entier se mit à frémir sur ses fondations, à pencher ; les bombes tombaient plus près maintenant ; en dépit de l'absence de fenêtre, la chambre fut illuminée par un curieux éclair qui n'eut aucun mal à noyer la lueur de l'ampoule nue.

— Tu n'as pas un parent chez lequel tu pourrais aller vivre ? insista Vivien.

Dolly secoua la tête, tandis que surgissait dans son esprit une image, celle de ses parents et de son pauvre petit frère, celle du monde tel qu'il était autrefois. Une bombe tomba en sifflant et les canons tonnèrent en réponse.

— Des amis ? hurla Vivien, pour surmonter le vacarme de l'explosion.

De nouveau, Dolly fit non de la tête. Il ne lui restait personne sur qui elle pût compter, personne – hormis Vivien et Jimmy.

— Vraiment, il n'y a pas un seul coin où tu puisses te réfugier ?

Encore une bombe – une grosse Molotov, s'il fallait en croire le boucan qu'elle fit. Le souffle fut si assourdissant que Dolly lut les paroles qui suivirent sur les lèvres de Vivien, plus qu'elle ne les entendit.

— Réfléchis, Dolly. Il faut que tu trouves une solution.

Elle ferma les yeux. Ça sentait le feu ; une bombe incendiaire était tombée dans les environs. Les employés de la protection civile devaient être sur place avec leurs pompes à pied. Dolly entendit un hurlement ; elle serra les paupières, essaya de se concentrer. Ses pensées partaient en lambeaux, son esprit n'était plus qu'un ténébreux labyrinthe ; elle n'y voyait plus rien. Le sol était irrégulier sous ses pieds, l'air trop épais pour qu'on puisse respirer.

— Dolly ?

Il y avait des avions de chasse maintenant, non plus uniquement des bombardiers. Dolly se vit sur le toit de Campden Grove, les suivant des yeux tandis qu'ils fonçaient dans les cieux, piquant du nez et descendant sur la ville, les lueurs vertes de la défense antiaérienne filant après eux, les incendies dans le lointain. Naguère, oui, elle avait trouvé cela si drôle !

Elle se souvint de la nuit passée avec Jimmy, celle où ils s'étaient retrouvés au Club 400, avaient dansé et ri, celle où ils étaient rentrés ensemble à la maison, en plein blitz – tous les deux. Elle aurait tout donné pour retrouver cet instant, se coucher contre lui, chuchoter dans le noir tandis que les bombes tombaient, tirant des plans sur la comète – la ferme qu'ils auraient en bord de mer, résonnant de cris d'enfants. Le bord de mer.

— J'ai répondu à une annonce, fit-elle brusquement en relevant la tête. Il y a quelques semaines. C'est Jimmy qui l'avait trouvée.

La lettre de Mme Nicolson, de la pension de famille les Flots bleus, était sur sa petite table de chevet. Dolly s'en empara et la donna d'une main tremblante à Vivien.

— Oui, dit cette dernière en parcourant le texte des yeux. C'est là que tu dois aller.

— Je ne veux pas partir seule. Nous...

— Dolly...

— Nous devions partir *ensemble*, Vivien. Ça n'aurait jamais dû se passer comme ça. Il m'attendait.

Dolly à présent pleurait. Vivien lui tendit la main, mais les deux femmes bougèrent en même temps, si bien que le contact se fit collision.

Vivien ne s'en excusa pas. Son visage était grave. Morte de peur elle aussi, certainement, elle avait cependant décidé de surmonter son inquiétude, comme l'aurait fait une grande sœur. Et dans l'épreuve elle adoptait une voix à la fois sévère et pleine d'amour – exactement ce dont Dolly avait besoin.

— Dorothy Smitham, articula Vivien. Il faut que tu quittes Londres dans les plus brefs délais.

— Je… je ne pourrai pas.

— Mais si, tu en es capable. Tu es une battante.

— Mais, et Jimmy ?

Une bombe, encore, au sifflement bruyant, suivie d'une explosion. Un cri d'effroi franchit les lèvres de Dorothy avant qu'elle puisse le retenir.

— Ça suffit.

Vivien prit le visage de Dorothy entre ses deux mains ; et, cette fois-là, ce fut comme une caresse.

— Dolly, tu aimais Jimmy, je le sais, dit-elle, les yeux emplis de tendresse. Et lui aussi t'aimait ; mon Dieu, ça ne m'a pas davantage échappé. Mais il faut que tu m'écoutes.

Il y avait quelque chose de profondément apaisant dans le regard de Vivien, si bien que Dolly réussit à ne pas percevoir le vacarme des avions en piqué, les réponses saccadées des canons, les terribles images des immeubles s'effondrant et des gens écrabouillés sous les décombres.

Les deux jeunes femmes se penchèrent l'une vers l'autre. Dolly tendit l'oreille.

— Va à la gare, achète-toi un billet. Il faut…

La bombe suivante s'écrasa au sol avec un bruit de tonnerre et Vivien se raidit avant de poursuivre, d'une voix brève :

— Monte dans le train et fais tout le voyage, jusqu'au terminus. Ne te retourne pas. Accepte-la, cette offre, va de l'avant, et sois heureuse.

Le bonheur. Ils en avaient rêvé à haute voix, Jimmy et elle. L'avenir, la ferme, les enfants qui riaient et les poules caquetant… Les larmes coulaient sur les joues de Dolly tandis que Vivien répétait :

— Il faut que tu partes.

Elle aussi pleurait, à présent, parce que Dolly lui manquerait, bien sûr. Et réciproquement.

— Il faut que tu saisisses cette deuxième chance, Dolly. Vois cela comme une opportunité, c'est ce qu'il faut que tu te dises. Après tout ce que tu as subi, tout ce qui t'a été arraché…

Et Dolly comprit que Vivien avait raison. Il fallait qu'elle parte. Même s'il était difficile de l'admettre. Même s'il y avait en elle une petite voix qui hurlait « Non ! », une Dolly qui n'avait qu'une envie, se recroqueviller et pleurer sur les siens disparus, sur ses espoirs perdus.

Mais Dolly était une battante, c'était ce que Vivien disait – et elle savait de quoi elle parlait. Vivien ne s'était-elle pas remise des drames de sa jeunesse pour se recréer un nouveau destin ? Et si son amie avait pu se reconstruire, Dolly en ferait de même. Elle avait tant souffert ! Mais elle avait encore des raisons de vivre – ou bien elle s'en trouverait. C'était le moment ou jamais de se montrer courageuse. De faire preuve de jugement. Elle n'était pas fière de certains de ses faits et gestes. Ses belles idées

– de sottes rêveries de gamine au fond – avaient été réduites à néant. Cependant, tout le monde avait droit à une seconde chance, tout le monde avait droit au pardon, même elle – c'était l'avis de Vivien, en tout cas.

— Oui, dit-elle tandis qu'un chapelet de bombes atterrissait avec fracas, je vais partir.

La lumière de l'ampoule faiblit sans pourtant s'éteindre. Elle se balançait au bout de son fil, projetant des ombres sur les murs. Dolly sortit sa petite valise, se détournant du vacarme assourdissant du dehors, de la fumée des incendies qui s'insinuait dans l'immeuble et lui piquait les yeux.

Elle n'avait pas grand-chose à emporter. Elle n'avait jamais possédé grand-chose, du reste. À l'idée de devoir partir sans Vivien, d'abandonner son amie à Londres, elle s'interrompit un moment dans ses préparatifs, se souvint des quelques mots que celle-ci avait inscrits dans le *Peter Pan* – *Une amitié véritable est une lumière dans les ténèbres*. Les larmes lui montèrent aux yeux.

Cependant, elle n'avait pas le choix : il lui fallait partir. Elle avait l'avenir devant elle : une seconde chance, une nouvelle vie. Elle n'avait qu'à saisir l'occasion, ne pas se retourner. Partir au bord de la mer, comme ils l'avaient prévu, et tout recommencer.

Elle entendait à peine les avions dans le ciel, les bombes qui ne cessaient de tomber, le crépitement des canons de la défense antiaérienne. À chaque explosion, le sol tremblait ; du plafond se détachait une fine poussière de plâtre, la chaîne de la porte crépitait. Elle ne voyait rien de tout cela. Elle boucla sa valise, prête à partir.

Elle se leva, lança un regard à Vivien ; en dépit de ses résolutions, elle se sentit faiblir.

— Et toi ? demanda-t-elle.

L'espace d'un instant, l'idée qu'elles puissent partir ensemble lui traversa l'esprit. D'une curieuse façon, cela semblait *la* solution. Elles avaient chacune joué leur rôle, et rien de tout cela ne se serait produit sans leur rencontre.

L'idée, bien sûr, ne tenait pas debout. Vivien n'avait que faire d'une seconde chance. Tout ce dont elle avait besoin, elle l'avait ici. Une charmante maison, de l'argent, de la beauté à revendre… Du reste, Vivien tendit à son amie la lettre de Mme Nicolson avec un sourire d'adieu qui scintillait de larmes. Elles ne se reverraient plus jamais, elles en étaient toutes deux intimement persuadées.

— Ne t'inquiète pas pour moi, dit Vivien tandis qu'un bombardier passait, tous moteurs vrombissants. Ça ira. Je vais rentrer à la maison.

Dolly serra la lettre dans sa main puis, hochant la tête avec détermination, s'en fut vers sa nouvelle vie sans aucune idée de ce qu'elle lui réservait, mais bien décidée à l'affronter.

4

Suffolk, 2011

Les sœurs Nicolson repartirent de l'hôpital dans la voiture d'Iris. Bien qu'elle fût la plus âgée et bénéficiât d'ordinaire du privilège du siège avant, Laurel s'installa à l'arrière au milieu des poils de chien. Elle estimait que sa célébrité l'obligeait parfois à tempérer son droit d'aînesse : inutile de donner l'impression aux autres qu'elle se prenait pour plus importante qu'elle n'était. D'ailleurs, elle préférait être assise à l'arrière. N'étant pas astreinte à la conversation, elle était libre de jouir de ses propres pensées.

La pluie avait cessé ; à présent, le soleil brillait. Laurel n'avait qu'une envie, questionner Rose au sujet de cette Vivien. C'était un nom qu'elle avait déjà entendu, elle en était certaine – un nom qui de surcroît avait un rapport avec l'horrible journée de l'été 1961. Elle préféra cependant ne rien dire. Lorsque Iris s'attaquait à un problème, son intérêt pouvait s'avérer étouffant : Laurel ne se sentait pas de taille à supporter un interrogatoire. Tandis que ses sœurs bavardaient, elle regarda les champs défiler. Même si les vitres étaient fermées, elle avait l'impression de sentir l'odeur de l'herbe fraîchement coupée, d'entendre le cri du choucas. Le paysage de l'enfance était celui qui vous habitait avec le plus de force. Peu importaient ses caractéristiques réelles, sa beauté ; les visions et les sons qu'il avait gravés dans votre esprit étaient indélébiles. Ils devenaient une partie de soi ; on ne pouvait plus les en détacher.

Les cinquante dernières années de sa vie s'évanouirent ; Laurel vit une version fantomatique d'elle-même pédaler le long des haies sur sa Malvern Star verte, une de ses sœurs juchée sur le guidon. Peau hâlée par le soleil, duvet blond des mollets, genoux couronnés. C'était il y a si longtemps. C'était hier.

— Est-ce pour la télévision ?

Laurel leva les yeux et vit, dans le rétroviseur, Iris qui clignait de l'œil à son intention.

— Excuse-moi ?

— Cette interview qui te prend tellement de temps.

— Ah, en fait, c'est une série d'entretiens. Ils doivent filmer le dernier lundi.

— Oui, Rose me disait que tu rentrerais à Londres tôt le matin. C'est pour la télé ?

Laurel grogna en guise d'acquiescement.

— C'est une sorte de portrait filmé, qui doit faire une bonne heure. On y fera parler d'autres personnes, des réalisateurs et des acteurs avec lesquels j'ai travaillé. Il y aura aussi des images d'archives, des photos d'enfance.

— Tu entends ça, Rose ? fit Iris d'un ton aigre. Des photos d'enfance.

Elle se souleva un bref instant du siège pour jeter à Laurel un regard fulminant dans le rétroviseur.

— Je te serais reconnaissante de bien vouloir éviter celles où je parais plus ou moins dévêtue.

— Dommage, dit Laurel en détachant un poil blanc de son pantalon noir. Je vais devoir faire une croix sur les meilleures anecdotes. De quoi vais-je parler, maintenant ?

— Laisse les caméras braquées sur toi, je suis certaine que tu trouveras quelque chose.

Laurel sourit sous cape. Désormais les gens la traitaient avec un si profond respect qu'il était stimulant de croiser le fer avec une experte.

Rose, cependant, détestait les conflits et commença à s'agiter.

— Regardez, regardez, dit-elle en désignant à grand renfort de moulinets une zone à l'entrée de la ville où l'on avait rasé des maisons. C'est là que va être construit le nouveau supermarché. Vous vous rendez compte ? Comme si trois, ce n'était pas déjà suffisant.

— Alors là, on atteint le comble du ridicule… !

La colère d'Iris ainsi habilement détournée, Laurel put se reculer sur la banquette arrière et reprendre sa contemplation du paysage. La voiture traversa la ville par la Grande Rue, qui se rétrécit bientôt en une simple route de campagne, aux courbes tranquilles. La succession des tableaux était si familière que Laurel eût pu fermer les yeux sans cesser de savoir où elle se trouvait. La route devenant plus étroite, la cime des arbres plus épaisse au-dessus de leurs têtes, la conversation se tarit sur les sièges avant ; enfin Iris enclencha le clignotant et tourna dans l'allée, comme l'y enjoignait le panneau qui portait le nom de Greenacres Farm.

La ferme était restée à sa place habituelle, au sommet de la pente, les fenêtres donnant sur les prairies. En général, et c'est assez heureux, les maisons se satisfont de rester à l'endroit où elles ont été bâties. Iris se gara sur le replat où la vieille Morris Minor de papa avait survécu jusqu'à ce que leur mère consente enfin à la vendre.

— Les corniches ont vraiment l'air minables, dit-elle.

Rose hocha la tête.

— Oui, elles confèrent un aspect un peu triste à la maison. Viens, je vais te montrer les nouvelles fuites.

Laurel referma la portière mais ne suivit pas ses sœurs dans le jardin. Elle plongea les mains dans ses poches et resta là, bien droite, enregistrant l'image dans sa totalité : des massifs de fleurs aux cheminées pleines de fissures, sans rien oublier des détails intermédiaires. Le rebord par-dessus lequel elles avaient coutume de faire descendre Daphne dans son panier, le balcon auquel elles avaient suspendu les vieux rideaux pour former une scène de théâtre, la chambre mansardée où Laurel s'était initiée à la tabagie.

L'idée lui traversa soudain l'esprit que la maison se souvenait d'elle.

Laurel ne s'estimait pas douée d'une imagination particulièrement fertile et, pourtant, elle eut bel et bien le sentiment, pendant quelques instants, que ce qu'elle avait sous les yeux, cet assemblage de planches, de briques et de tuiles, de fenêtres en ogive aux angles étranges, était doué de mémoire. La bâtisse la scrutait à présent de toutes ses fenêtres et se penchait sur le passé pour réconcilier la vision de cette femme mûre en tailleur élégant avec celle de la jeune fille qui rêvassait, des photos de James Dean sous les yeux. Quel était donc le verdict de Greenacres sur son ancienne habitante ? se demanda Laurel.

Question idiote s'il en est. La maison ne pensait rien. Les maisons, en général, ne se souviennent pas des gens. Ni de quoi que ce soit d'autre. C'était elle qui se rappelait la maison, et non l'inverse. Et comment aurait-elle pu l'oublier ? Elle y était entrée à l'âge de deux ans, ne l'avait quittée que quinze ans plus tard. Certes, elle ne l'avait pas revue depuis longtemps : même si elle se rendait plus ou moins régulièrement à l'hôpital, elle n'avait, semblait-il, jamais le temps de faire le détour par Greenacres – son emploi du temps était tellement chargé ! Laurel jeta un coup d'œil vers la cabane dans l'arbre.

— Laurel ! Je sais que ça fait un bail, mais tu n'as quand même pas oublié où se trouve la porte ! s'écria Iris du vestibule.

Puis elle passa dans la pièce suivante et sa voix s'attarda un instant derrière elle.

— Tu ne t'attends quand même pas à ce que le majordome vienne chercher tes bagages !

Laurel leva les yeux au ciel, comme une adolescente, empoigna sa valise et se dirigea vers la maison, suivant le même sentier dallé que sa mère avait emprunté, par un jour d'été ensoleillé, une soixantaine d'années plus tôt.

Dès qu'elle avait vu Greenacres, Dorothy Nicolson avait su que c'était l'endroit où elle élèverait les siens. Elle et Stephen n'étaient pas censés chercher une maison, toutefois. C'était quelques années seulement après la guerre, ils n'avaient pas d'économies à proprement parler et sa belle-mère avait aimablement proposé de leur louer une des chambres de sa pension de famille (en échange de diverses corvées ménagères, bien sûr : il ne fallait quand même pas la prendre pour un organisme de bienfaisance !). En fait, le but de leur expédition était un simple pique-nique.

C'était un de leurs rares jours de liberté en plein juillet. Plus exceptionnel encore, la mère de Stephen avait offert de garder Laurel, alors tout bébé. Stephen et Dorothy s'étaient levés à l'aube, avaient fourré une couverture et un panier sur la banquette arrière. Puis la Morris Minor avait pris la direction de l'ouest, sans destination précise : ils se contentaient de suivre les routes de campagne qui leur semblaient les plus agréables. Ils progressèrent ainsi un moment – la main de Dorothy sur la jambe de Stephen, lequel en retour gardait un bras autour des épaules de sa femme ; l'air tiède entrait à flots par les vitres baissées ; ils auraient pu continuer encore longtemps si l'un des pneus n'avait pas crevé.

Ils se garèrent au bord de la petite route pour inspecter les dégâts. Un vilain clou saillait du caoutchouc : c'était une crevaison en bonne et due forme.

Ils étaient jeunes alors, et amoureux, et n'avaient pas souvent l'occasion de profiter ensemble d'un jour de liberté. L'incident ne tourna donc pas au fiasco. Tandis que Stephen s'occupait du pneu, Dorothy s'aventura sur la colline, à la recherche d'un replat où étendre la couverture. Et ce fut alors que, parvenue au sommet de la colline, elle vit la ferme de Greenacres.

Cette histoire n'était pas née de l'imagination de Laurel. Les enfants Nicolson la connaissaient par cœur. Le vieux fermier sceptique qui s'était gratté la tête quand Dorothy avait frappé à la porte, les oiseaux qui faisaient leur nid dans la cheminée du salon pendant que le fermier servait le thé, les trous dans le parquet que surmontaient, pareilles à d'étroites passerelles, les lattes restantes. L'essentiel étant qu'aucun des Nicolson n'avait jamais douté de la certitude absolue qui avait alors frappé Dorothy : c'était là qu'elle devait vivre, et nulle part ailleurs.

Greenacres, leur avait-elle maintes fois expliqué, lui avait parlé ; Dorothy l'avait écoutée ; il s'était avéré qu'elles se comprenaient parfaitement. La maison était une vieille dame des plus autoritaires, un peu décrépite, c'était certain, et bougonne, à sa manière – mais qui ne l'eût été dans sa situation ? Son déplorable état, Dorothy le sentait, cachait une immense dignité. Bien qu'elle fût momentanément solitaire, Greenacres était de ces demeures qui se nourrissent de rires d'enfants, d'affection familiale et de bonnes odeurs de gigot d'agneau au romarin. Son squelette était solide, sain ; elle voulait aller de l'avant et non pas se complaire dans le passé, accueillir une nouvelle famille et grandir avec elle, se pénétrer de leurs coutumes. Alors qu'elle se rappelait les paroles de sa mère, il vint à Laurel une pensée : cette description que Dorothy dressait de Greenacres était une sorte d'auto-portrait.

Laurel s'essuya les pieds sur le paillasson avant d'entrer. Le plancher émit son craquement familier, les meubles étaient tous à leur place ;

néanmoins, l'endroit n'était plus le même. L'air était lourd d'une odeur inhabituelle. Une odeur de renfermé – ce qui se comprenait aisément. Depuis l'hospitalisation de Dorothy, la maison était fermée. Rose passait en prendre soin lorsque ses petits-enfants, dont elle s'occupait énormément, lui en laissaient le temps ; Phil, son mari, faisait ce qu'il pouvait. Rien cependant, pour une maison, ne peut se comparer avec une présence permanente. Laurel, réprimant un frisson, songea que les traces laissées par les humains dans un lieu s'effaçaient bien rapidement. Et avec quelle facilité la nature reprend le dessus sur la civilisation !

Allons, ajouta-t-elle en son for intérieur, ne sois pas aussi lugubre, nom d'un chien !

Elle ajouta sa valise à la pile de bagages qui s'était formée sous la table du vestibule et se dirigea machinalement vers la cuisine. La scène des devoirs, des sparadraps sur les écorchures, des larmes versées sur les cœurs brisés, la pièce où tout le monde se rendait immédiatement après avoir franchi le seuil de la maison. Ses sœurs s'y trouvaient.

Rose pressa l'interrupteur près du frigo et l'électricité se mit à bourdonner.

— Je nous prépare du thé ? demanda-t-elle en se frottant les mains, un grand sourire aux lèvres.

— Rien ne saurait me faire davantage plaisir, dit Iris.

Elle ôta ses escarpins et remua ses orteils gainés de noir, comme une danseuse impatiente.

— J'ai apporté du vin, dit Laurel.

— Ah, c'est encore mieux. Oublions le thé.

Tandis que Laurel allait récupérer la bouteille dans ses bagages, Iris prit des verres dans le buffet.

— Rose ? fit-elle, un des verres à la main, clignant malicieusement de l'œil par-dessus ses montures rétro.

Ses yeux étaient de la même couleur que ses cheveux gris sombre, coupés court.

— Je ne sais pas, dit Rose. Il est à peine plus de cinq heures.

— Allons, Rosie, ma chérie, reprit Laurel en fouillant dans un tiroir rempli de couverts plus ou moins poisseux, à la recherche d'un tire-bouchon. C'est plein d'antioxydants, tu sais ?

Elle trouva enfin ce qu'elle cherchait, se frotta les doigts.

— C'est quasiment un médicament.

— Bon... puisque tu le dis.

Laurel déboucha le vin et commença à servir, alignant les verres pour être certaine d'y verser la même quantité de liquide. Cela la fit sourire lorsqu'elle s'en rendit compte. Un vrai retour à l'enfance ! Iris, en tout cas, ne pourrait pas se plaindre. L'iniquité était sans doute une pierre d'achoppement pour tous les Nicolson, mais pour les trois enfants du milieu, c'était une véritable obsession. « Arrête donc de compter, poulette », leur disait toujours leur mère.

— Juste un fond, Lol, fit Rose, prudente. Je n'ai aucune envie d'être pompette quand Daphne nous rejoindra.

— Tu as eu de ses nouvelles, alors ?

Laurel tendit le verre le plus rempli à Iris.

— Juste avant de quitter l'hôpital. Je ne vous l'ai pas dit ? Mon Dieu, quelle tête de linotte je fais ! Elle devrait arriver aux alentours de six heures, en fonction de la circulation.

— Ah, il faudrait peut-être que je songe à préparer quelque chose alors, déclara Iris en ouvrant le placard à provisions.

Elle s'agenouilla sur un tabouret pour examiner les dates de péremption.

— Parce que si je vous laisse faire, toutes les deux, ce sera du thé et des tartines.

— Je vais t'aider, proposa Rose.

— Non, non, pas besoin, répondit Iris sans se retourner, avec un vague geste de la main.

Rose lança un regard à Laurel, qui lui tendit son verre et désigna la porte. Inutile de discuter avec Iris. La chose était gravée dans le marbre de la tradition familiale : Iris se chargeait de la cuisine, elle se sentait exploitée et les trois autres la laissaient toujours savourer son martyre. C'est le genre de petits plaisirs que l'on peut s'accorder entre sœurs.

— Bon, si tu insistes, reprit Laurel en se versant une nouvelle rasade de pinot noir.

Pendant que Rose allait à l'étage vérifier que tout était en ordre dans la chambre de Daphne, Laurel ressortit dans le jardin, son verre à la main. La pluie avait purifié l'air ; elle respira profondément. Puis la balancelle attira son regard ; elle s'y installa, se propulsant d'avant en arrière à coups de talons. C'était le cadeau qu'ils avaient offert à leur mère pour ses quatre-vingts ans ; et Dorothy avait décrété sans tarder qu'il fallait l'installer sous le vieux chêne. Il y avait pourtant des endroits dans le jardin d'où la vue était plus plaisante. Du chêne, l'on ne voyait guère qu'un bout de prairie sans caractère particulier. Mais les Nicolson comprirent tous que cette insignifiance n'était qu'apparente. C'était là, parmi les herbes sans cesse frémissantes, que leur père s'était effondré avant de mourir.

Une vraie anguille que la mémoire. Dans le souvenir de Laurel, elle se tenait précisément là, la main levée devant le soleil pour se protéger de son éclat tandis que, de son regard sérieux d'adolescente, elle scrutait la prairie, attendant papa qui rentrait du travail. Dans quelques instants, elle s'élancerait vers lui, passerait son bras sous le sien et remonterait avec lui jusqu'à la maison. Dans son souvenir, oui, elle le voyait marcher à grands pas dans l'herbe, s'arrêter un moment pour regarder le soleil couchant, observer les nuages frangés de rose et prononcer, comme à son habitude, ces mots : « Ciel rouge au soir donne bel espoir », avant de se raidir de tout son corps, de hoqueter, de porter la main à sa poitrine – de trébucher, de tomber.

Mais cela ne s'était pas produit de cette façon. Lorsque la mort l'avait frappé, Laurel était à l'autre bout du monde ; elle n'avait pas seize ans, mais bien quarante de plus, et, habillée pour une cérémonie de remise de prix à Los Angeles, elle était sûrement en train de se demander si elle était la seule dans l'assistance à ne pas avoir des implants sous les pommettes et quelques bonnes doses de Botox dans la peau. Du décès de son père, elle n'avait rien su avant qu'Iris ne laisse un message sur sa boîte vocale.

Non, c'était un autre homme qu'elle avait vu s'effondrer et mourir par un après-midi ensoleillé, l'année de ses seize ans.

Laurel alluma une cigarette et regarda l'horizon, le front plissé, enfonçant non sans difficulté la boîte d'allumettes dans sa poche. La maison et le jardin étaient baignés de soleil ; plus loin, cependant, au-delà de la prairie, les champs près des bois s'assombrissaient. Elle leva les yeux et aperçut, à travers l'auvent de fer forgé de la balancelle et les branches du chêne, la cabane de son enfance. L'échelle constituée de bouts de bois cloués au tronc était encore là, mais certains pendaient lamentablement. Quelqu'un avait accroché un rang de perles scintillantes, roses et violettes, à un échelon : sans doute un des petits-enfants de Rose.

Ce jour-là, Laurel avait mis tant de temps à descendre de la cabane.

Elle tira une profonde bouffée, envahie par le passé. Elle avait perdu conscience dans la cabane. Quand elle avait repris ses esprits, hoquetante, tout lui était revenu immédiatement : l'homme, le couteau, le visage terrifié de sa mère. Elle s'était ruée vers l'échelle.

Après avoir mis le pied à terre, elle était restée un instant le front pressé contre l'écorce grossière, cramponnée des deux mains à l'échelon, ne sachant au juste où aller, ni que faire. L'idée absurde lui était venue de se rendre à la rivière, de rejoindre ses sœurs et leur père, avec sa clarinette et son sourire perplexe…

Était-ce à ce moment-là qu'elle s'était rendu compte qu'elle ne les entendait plus ?

Finalement, c'était vers la maison qu'elle s'était dirigée, les yeux baissés, les pieds nus sautillant sur les dalles brûlantes du chemin. Son regard s'était un instant égaré sur le côté ; elle avait cru voir une forme blanche, massive, près de la grande jardinière de bois, quelque chose qui n'aurait pas dû se trouver là, mais elle avait courbé la tête, détourné les yeux et pressé le pas, pleine d'un fol espoir enfantin : si, sur le chemin de la maison, elle ne regardait rien – ne voyait rien –, alors tout peut-être redeviendrait normal.

Bien sûr, elle était en état de choc, mais elle ne l'avait pas ressenti ainsi. Une étrange sérénité semblait la protéger des coups, comme si elle avait porté un manteau, un manteau magique qui lui permettait de se dérober à la vie réelle, telle la protagoniste d'un conte de fées qui ne réintègre l'histoire que pour trouver le château plongé dans le sommeil. Avant d'entrer dans la maison, elle avait ramassé le cerceau.

Un calme insolite régnait à l'intérieur. Le soleil était passé de l'autre côté du toit ; le vestibule était noyé dans la pénombre. Laurel attendit sur le seuil que ses yeux s'adaptent. Les gouttières de fer commençaient à rafraîchir en crépitant, une douce cacophonie qui disait l'été, les vacances et les longs et tièdes crépuscules, les papillons de nuit dansant autour des ampoules.

Elle leva les yeux vers le haut des marches, le long du tapis de l'escalier, et sentit sans bien savoir comment que ses sœurs n'étaient pas dans leur chambre, à l'étage. L'horloge du vestibule égrenait les secondes. Elle se demanda où ils étaient tous passés – maman, papa, ses sœurs et le bébé L'avaient-ils abandonnée avec ce qui gisait sous le drap blanc, dans le jardin – quoi que ce fût ? Puis elle entendit un bruit sourd dans le salon : son père était là, debout devant l'âtre vide. Il était curieusement figé, une main pendant à son côté, l'autre, doigts repliés, sur le dessus de la cheminée.

— Nom de Dieu, ma femme a bien failli y passer !

Une voix masculine lui répondit de l'intérieur de la pièce, hors du champ de vision de Laurel.

— Je comprends, monsieur Nicolson, je comprends. Tout comme j'espère que vous comprendrez que nous ne faisons que notre travail.

Laurel s'avança sur la pointe des pieds, s'arrêtant juste au bord de la flaque de lumière qui débordait du seuil. Sa mère était assise dans le fauteuil, berçant le bébé dans ses bras. Le petit dormait. Laurel aperçut son profil de chérubin, sa joue dodue aplatie contre l'épaule maternelle.

Il y avait deux inconnus dans le salon, un type chauve sur le canapé et un jeune gars près de la fenêtre qui prenait des notes. Des policiers, comprit-elle. Bien sûr, c'étaient des policiers. Il y avait eu un drame affreux. Le drap blanc dans le jardin baigné de soleil.

— Vous l'avez reconnu, madame Nicolson ? demanda l'homme le plus âgé. L'aviez-vous déjà rencontré ? L'aviez-vous déjà vu quelque part, ne serait-ce que de loin ?

La mère de Laurel ne répondit rien – ou du moins rien que quiconque pût entendre. Un murmure s'échappait de ses lèvres, presque collées contre la tête du bébé. Papa, d'une voix forte, prit la parole à sa place :

— Bien sûr que non. Comme elle vous l'a dit il y a quelques minutes, ma femme n'avait jamais vu cet individu nulle part. Si vous voulez mon avis, vous n'avez qu'à comparer son signalement à celui de ce type dont on parle dans les journaux, celui qui tourmentait les promeneurs.

— Monsieur Nicolson, nous ne négligerons aucune piste, vous pouvez en être certain. Mais pour l'heure, il y a un cadavre dans votre jardin. Et sur les raisons de sa présence, nous n'avons qu'un témoignage, celui de votre épouse.

Papa frémit de colère.

— Cet individu s'est attaqué à ma femme. C'est de la légitime défense.

— Vous l'avez vu faire, monsieur Nicolson ?

Il y avait un soupçon d'impatience dans la voix du policier ; Laurel fut saisie d'effroi. Personne n'avait remarqué sa présence. Inutile qu'elle se manifeste. Elle allait s'éloigner en catimini, remonter l'escalier, se débrouiller pour ne pas faire craquer le plancher à l'étage et se pelotonner dans son lit, à l'abri. Elle allait les abandonner aux machinations mystérieuses du monde des adultes : quand ils auraient fini, ils sauraient bien la retrouver, lui dire que tout était arrangé…

— Je répète : étiez-vous dans le jardin, monsieur Nicolson ? L'avez-vous vu faire ?

… mais Laurel était aimantée par le salon – la vive lueur que les lampes y répandaient tranchant sur la pénombre du vestibule – et par le rayonnement que la voix âpre et la posture de son père dégageaient. Il y avait en Laurel, depuis toujours, un ardent désir de faire partie du cours des choses, de rester éveillée de peur de manquer les événements, d'aider même si personne ne le lui demandait.

Elle avait subi un choc. Elle ne voulait pas être seule. Sans vraiment savoir ce qu'elle faisait, Laurel sortit des coulisses et entra en scène.

— J'y étais, dit-elle. Je l'ai vu.

Papa leva les yeux, surpris, puis lança un bref coup d'œil à sa femme. Lorsqu'il reprit la parole, sa voix avait changé. Elle était enrouée, haletante, presque sifflante.

— Laurel, ça suffit.

Tous les regards se tournèrent vers elle : celui de maman, celui de papa, celui des deux hommes. Les mots qui sortiraient de sa bouche étaient cruciaux, Laurel en était bien consciente.

Papa la fixait toujours. Elle détourna les yeux.

— L'homme est arrivé par l'arrière de la maison. Il a essayé d'attraper bébé.

C'était bien ça, non ? Elle était certaine de l'avoir vu faire.

— Laurel… commença papa, les sourcils froncés.

Le débit de Laurel se fit plus rapide, plus ferme. Pourquoi hésiter ? Elle n'était plus une gamine qui file se coucher en attendant que les adultes réparent les dégâts : elle était à égalité avec eux ; elle avait un rôle à jouer, un rôle important. Le projecteur s'illumina ; la jeune fille croisa le regard du policier chauve.

— Il y a eu une bagarre. J'ai tout vu. L'homme a attaqué ma mère et puis… et puis, il s'est écroulé.

Pendant une bonne minute, pas une parole ne fut prononcée dans la pièce. Laurel regarda sa mère, qui ne chuchotait plus à l'oreille du bébé, mais fixait, par-dessus la tête du petit, un point qui se trouvait derrière Laurel. Quelqu'un avait préparé du thé. Ce détail, Laurel s'en souviendrait toujours. Quelqu'un avait préparé du thé ; personne n'y avait touché cependant. Les tasses demeuraient intactes sur les tables du salon ; il y en avait même une sur le rebord de la fenêtre. L'horloge du vestibule égrenait son tic-tac.

Enfin, l'homme chauve se carra dans le divan et se racla la gorge.

— C'est bien Laurel, ton nom ?

— Oui, monsieur.

Papa laissa échapper un long soupir – un grand souffle d'air, le bruit d'un ballon qu'on dégonfle. Et fit un geste vers Laurel.

— Ma fille.

Il y avait un aveu de défaite dans sa voix.

— Mon aînée.

L'homme assis sur le canapé fixa Laurel ; ses lèvres se distendirent en un sourire auquel ses yeux ne faisaient pas écho.

— Tu ferais mieux d'entrer, Laurel, dit-il. Assieds-toi, raconte-nous tout ce que tu as vu.

5

Laurel ne mentit pas au policier. Elle s'installa prudemment à l'autre bout du canapé et attendit le geste d'encouragement de son père, encore réticent, pour se lancer dans le récit de son après-midi, la description fidèle de ce qui s'était déroulé sous ses yeux. Elle était montée dans la cabane pour lire et s'était interrompue pour observer l'homme qui s'approchait alors de la maison.

— Et pourquoi le regardais-tu ? Il avait quelque chose de particulier ?

L'expression et le ton du policier étaient parfaitement neutres. À quelle réponse s'attendait-il ? Impossible de le savoir.

Laurel fronça les sourcils : elle ne voulait oublier aucun détail, offrir le plus solide des témoignages. Quelque chose de particulier ? Oui, peut-être était-ce le cas. L'homme n'était pas arrivé en courant, il n'avait pas crié, son comportement était resté des plus discrets ; néanmoins, il lui avait paru… Elle leva les yeux au plafond, s'efforçant de trouver le mot juste… *sinistre*, oui, c'était ça. Sinistre, répéta-t-elle ; la parfaite adéquation du mot lui plaisait. Il lui avait paru sinistre, et elle avait eu peur. Non, elle ne pouvait dire réellement pourquoi. Elle avait eu peur, voilà tout.

Le policier fit valoir qu'un individu peut très bien sembler dangereux alors qu'en réalité il n'a rien que de très ordinaire. Ce qui s'était produit ensuite n'avait-il pas pu avoir un effet rétroactif sur sa première impression ?

Non, certainement pas. L'homme avait vraiment quelque chose d'effrayant.

Le jeune policier griffonnait dans son carnet. Laurel respira profondément. Elle n'osait regarder ses parents, par crainte de céder à la panique.

— Et que s'est-il passé quand il est parvenu à hauteur de la maison ?

— Il a contourné la façade sur la pointe des pieds, pas du tout comme un visiteur ordinaire justement – sournoisement, plutôt, et c'est alors que ma mère est sortie avec le bébé.

— Elle le portait ?

— Oui.

— Elle avait autre chose dans les mains ?

— Oui.

— Et qu'était-ce donc ?

Laurel se mordit l'intérieur de la joue, au souvenir de l'éclat argenté de la lame.

— Elle tenait notre couteau d'anniversaire.

— Tu as reconnu le couteau ?

— Nous nous en servons pour les grandes occasions. Il a un ruban rouge autour du manche.

Le policier n'avait toujours pas varié dans son attitude, même s'il marqua un bref silence avant de poursuivre :

— Et alors ? Que s'est-il passé ?

Laurel était prête.

— Il les a attaqués.

Lorsque Laurel décrivit la façon dont l'homme s'était avancé vers le bébé, un doute infime refit surface, comme un éclat de soleil qui vient gommer le détail d'une photographie. Elle hésita, le regard rivé sur ses genoux, tout en s'efforçant de reconstruire la suite des événements dans son esprit. Enfin, elle raconta. L'homme avait tendu les bras vers Gerry, de cela elle se souvenait clairement ; elle avait très bien vu ses deux mains avancer vers le bébé pour l'arracher aux bras de sa mère. C'était alors que maman avait pivoté, Gerry dans les bras, pour le mettre à l'abri. Puis l'homme avait voulu attraper le couteau et maman s'était défendue ; ils s'étaient battus...

— Et puis ?

Le stylo du jeune policier crissait sur la page du carnet ; il avait noté le moindre de ses mots, jusqu'ici. La plume faisait vraiment beaucoup de bruit et Laurel étouffait ; il faisait si chaud dans le salon. Elle se demanda pourquoi papa n'ouvrait pas la fenêtre.

— Et alors ?

Laurel déglutit. Elle avait la bouche sèche.

— Ma mère, qui avait le couteau à la main, a donné un coup vers le bas.

Le silence régnait dans la pièce, troublé seulement par le crissement effréné du stylo. Laurel avait à l'esprit une version si claire de la scène ! Cet horrible individu au visage sombre, aux mains énormes, agrippant maman, essayant de lui faire du mal, avant sans doute de s'attaquer au bébé...

— L'homme s'est-il effondré immédiatement ?

La plume ne grattait plus le papier. Le jeune policier, depuis la fenêtre, la regardait par-dessus son carnet.

— L'homme est-il tombé par terre tout de suite ?

Laurel hocha la tête, le souffle court.

— Je crois.

— Tu crois ?

— Je ne me souviens de rien d'autre. C'est à ce moment-là que j'ai dû m'évanouir. Quand je me suis réveillée, j'étais encore dans la cabane.

— À quand ça remonte ?

— À l'instant. Et puis j'ai décidé de venir.

Le policier le plus âgé inspira lentement, avec un très léger bruit, puis expira.

— Tu as autre chose à nous dire qui pourrait nous être utile ? Quelque chose que tu aurais vu ou entendu ?

Il passa la main sur son crâne chauve. Il avait les yeux d'un bleu très clair, presque gris.

— Prends ton temps. Le détail le plus minuscule peut avoir de l'importance.

Quelque chose qu'elle aurait oublié ? Avait-elle vu ou entendu autre chose ? Laurel réfléchit longuement avant de répondre. Non, elle n'en avait pas l'impression. C'était tout ce qu'elle avait à dire.

— Vraiment ? Rien d'autre ?

Rien d'autre. Papa avait les mains dans les poches et ses yeux brillaient, furibonds, sous ses sourcils froncés.

Les deux policiers échangèrent un regard ; le chauve inclina imperceptiblement la tête et le jeune referma son carnet. L'interrogatoire était fini.

Un peu plus tard, Laurel s'installa sur l'appui de fenêtre de sa chambre. En se mordillant l'ongle du pouce, elle regarda les trois hommes qui discutaient près du portail. Leur conversation n'était guère soutenue. Parfois le policier chauve disait quelque chose et papa répondait, indiquant diverses directions sous l'horizon progressivement envahi par la nuit. Bien sûr, ils auraient pu parler des techniques de fermage, du temps qu'il faisait ou de l'histoire agricole du Suffolk, mais ce n'était certainement pas le cas.

Une camionnette remonta lentement l'allée et le policier alla à sa rencontre, marchant dans les hautes herbes et désignant avec force gestes la maison. Laurel vit un homme descendre, côté conducteur, puis une civière émerger de l'arrière du véhicule, civière qui revint bientôt recouverte du drap blanc qui flottait (oh, pas si blanc finalement, plutôt taché d'un rouge presque noir). Bientôt, la camionnette repartit, suivie des policiers. Papa rentra dans la maison. Elle entendit claquer la porte. Puis un premier soulier qui heurtait le plancher, un second ; enfin le bruit doux – papa avait ôté ses chaussures – d'un pas se dirigeant vers sa mère, restée dans le salon.

Laurel tira les rideaux et tourna le dos à la fenêtre. Les policiers étaient partis. Elle avait dit la vérité, décrit exactement ce qu'elle avait à l'esprit – le déroulement des événements. Alors pourquoi se sentait-elle si bizarre, si indécise ?

Elle se coucha sur le lit, en chien de fusil, les mains serrées entre ses genoux, comme pour quelque prière. Elle ferma les yeux, puis les rouvrit pour ne plus voir l'éclair argenté, le drap blanc, l'expression de sa mère lorsque l'homme avait prononcé son nom…

Laurel se figea. L'homme avait prononcé le nom de maman.

Elle ne l'avait pas dit au policier, cela. Il lui avait pourtant demandé si elle se souvenait d'autres détails, de choses vues ou entendues : elle avait répondu par la négative. Elle avait menti.

La porte s'ouvrit et Laurel se dressa immédiatement sur son séant, s'attendant presque à voir reparaître le policier chauve, revenu la gronder. Ce n'était que son père, qui venait lui dire qu'il allait chercher ses sœurs chez les voisins. Le bébé avait été couché ; maman se reposait. Il resta un moment sur le seuil, pianotant sur le chambranle. Lorsque enfin il parla, sa voix était enrouée.

— Il y a eu un drame cet après-midi, un terrible drame.

Laurel se mordit la lèvre. Au fond de son âme, un sanglot se tenait caché, menaçant de s'échapper de sa poitrine.

— Ta mère est une femme courageuse.

Laurel hocha la tête.

— C'est une battante. Toi aussi, d'ailleurs. Tu t'en es très bien tirée, avec les policiers.

— Merci, papa, marmonna-t-elle tandis que les larmes lui montaient aux yeux.

— La police dit que c'est sans doute ce rôdeur dont parlent les journaux, celui qui a causé des soucis aux promeneurs, près de la rivière. La description correspond et je ne vois pas qui d'autre aurait pu venir embêter ta mère.

C'était bien ce qu'elle pensait. Quand elle avait vu l'individu, tout de suite, elle avait songé à l'homme des journaux. Elle se sentit subitement plus légère.

— Maintenant, Lol, écoute-moi bien.

Papa plongea les mains dans ses poches et y fit gigoter ses doigts un petit moment avant de poursuivre :

— Ta mère et moi, nous en avons discuté et nous pensons qu'il vaut mieux ne pas parler à tes sœurs de ce qui s'est passé. Ça ne servirait pas à grand-chose et c'est tout de même un peu rude à comprendre pour elles. J'aurais préféré que tu n'en saches rien, toi non plus ; mais tu as vu et il faut faire avec.

— Je suis désolée.

— Et pourquoi donc ? Tu n'y es pour rien. Tu as donné un sacré coup de main à la police – et à ta mère par la même occasion, voilà tout. Un homme est venu à la maison avec de mauvaises intentions, un drame s'en est suivi, mais l'affaire est réglée. Ou le sera bientôt.

Ce n'était pas une question et pourtant il y avait comme une nuance d'interrogation dans ses paroles. Si bien que Laurel y répondit.

— Oui, papa, ça va bientôt se régler, tout ça.

Il eut un demi-sourire.

— Tu es une bonne fille, Laurel. Je te reconnais bien là. Bon, je vais chercher les petites. Souviens-toi, hein ? Pas un mot de ce qui s'est passé.

Ils se turent en effet. L'affaire du rôdeur devint le grand non-dit de leur histoire familiale. Pas question d'en parler aux petites ; quant à Gerry, il était sans nul doute trop jeune pour se souvenir de quoi que ce fût – certitude du reste erronée, comme la suite des événements le montra.

Les sœurs de Laurel comprirent qu'il était advenu quelque chose sortant de l'ordinaire, bien sûr : elles avaient été transbahutées sans cérémonie du pique-nique d'anniversaire au salon du voisin, où on les avait installées devant le téléviseur Decca, flambant neuf. De plus, leurs parents ne retrouvèrent pas le sourire avant des semaines et Greenacres accueillit à intervalles réguliers deux policiers, pour des conciliabules derrière des portes fermées, d'où ne filtraient que des chuchotements des plus sérieux. On expliqua aux sœurs de Laurel qu'un malheureux vagabond était mort au bout de la prairie le jour de l'anniversaire de Gerry. Triste incident, mais ce sont des choses qui arrivent.

Laurel, dans l'intervalle, se mit à se ronger les ongles pour de bon. L'enquête avait été bouclée en quelques semaines. L'homme, tant par l'âge que par la physionomie, correspondait au portrait du rôdeur des pique-niques. Les policiers dirent qu'il n'était pas rare dans ces cas-là que l'individu se montre de plus en plus agressif. Enfin, le témoignage de Laurel était catégorique : Mme Nicolson avait agi en état de légitime défense. Un cambriolage qui avait mal tourné, des victimes qui l'avaient échappé belle : pas la peine de se répandre en détails inutiles dans les journaux. Fort heureusement, c'était une époque où la discrétion constituait la norme ; entre personnes de bonne volonté, on pouvait bien s'arranger pour qu'un sujet de une ne soit qu'en page trois. Le rideau retomba, l'incident fut clos.

Et pourtant. Tandis que les autres membres de la famille retrouvaient leurs occupations habituelles, Laurel était aux prises avec un brouillage complet de ses sensations. Non seulement elle avait plus que jamais le sentiment d'être différente des autres, mais elle était désormais en proie à des inquiétudes inexplicables. La scène du crime ne cessait de repasser dans son esprit ;

le rôle qu'elle avait choisi de jouer dans l'enquête, les détails qu'elle avait livrés aux policiers – et pire, ceux qu'elle avait omis – l'envahissaient parfois d'une telle panique qu'elle ne parvenait plus à respirer. Où qu'elle aille dans Greenacres, dans la maison elle-même ou dans le jardin, elle se sentait prisonnière de ce qu'elle avait vu et fait. Pas un coin de la propriété où elle puisse échapper aux souvenirs, rendus plus terribles encore par le caractère totalement inexplicable de l'événement.

Laurel passa une audition pour rentrer à la Central School et décrocha une place. Elle resta sourde aux prières de ses parents, qui voulaient qu'elle reste à Greenacres une année de plus, le temps de finir le lycée. Et qu'elle pense un peu à ses sœurs, et au bébé qui l'aimait plus que tout. Au lieu de quoi, elle fit sa valise, emportant le moins d'affaires possible, et les quitta, tous autant qu'ils étaient. Sa vie prit instantanément une autre direction – comme une girouette lorsque se lève une tempête inattendue.

Laurel vida son verre et suivit des yeux un couple de freux qui survolaient en rase-mottes la prairie de papa. Quelqu'un là-haut avait pressé sur l'interrupteur universel : le monde se dirigeait vers les ténèbres. Toutes les actrices ont leurs mots favoris : « crépuscule » figurait en tête sur la liste de Laurel. Qu'il était agréable d'articuler ces trois syllabes, dont les sonorités exprimaient intimement l'approche de la nuit, cet envahissement contre lequel on ne pouvait rien ; et cependant, il y avait dans ses deux longs *u* quelque chose d'une lumière qui persiste.

C'était le moment de la journée qui, pour elle, évoquait le mieux l'enfance, la vie avant son départ pour Londres : l'heure à laquelle son père rentrait après sa journée de travail aux champs, à laquelle sa mère séchait Gerry près du poêle après son bain, tandis que ses sœurs, à l'étage, riaient aux éclats : Iris devait être en train de dévider son répertoire d'imitations. (Par un ironique retour des choses, Iris avait opté pour une carrière d'institutrice, la plus facile à imiter certainement des figures de l'enfance.) C'était aussi le moment de transition où l'on allumait les lampes, où la maison sentait le savon, où la grande table de chêne était mise pour le dîner. Alors que des dizaines d'années avaient passé, Laurel revivait avec une précision absolue cette transformation naturelle du jour en nuit qu'elle goûtait enfant. Une vague de nostalgie la submergea.

Quelque chose bougea à l'autre bout de la prairie, sur le sentier que papa remontait tous les jours, autrefois ; Laurel se figea. Mais ce n'était qu'une voiture – une voiture blanche, elle la distinguait plus nettement à présent – qui tournait dans l'allée. Laurel se leva et retourna le verre pour le vider de ses dernières gouttes de vin. L'air s'était rafraîchi. Les bras croisés sur la poitrine, elle se dirigea vers le portail. La conductrice lui fit un appel de phares avec un allant qui ne pouvait appartenir qu'à Daphne. Laurel leva la main en guise de réponse.

6

Laurel passa une bonne partie du dîner à scruter le visage de la plus jeune de ses sœurs. Lequel avait bénéficié d'une intervention tout à fait réussie ; le résultat était fascinant.

« Une nouvelle crème de soins, un truc fabuleux », eût répondu Daphne si Laurel l'avait interrogée sur la chose, ce dont elle se priva, n'ayant aucune envie de pousser sa sœur au mensonge.

Daphne secouait ses boucles blondes en les régalant des dernières nouvelles de l'équipe du *LA Breakfast Show*, dont elle était l'animatrice météo. Tous les matins, elle flirtait avec un des présentateurs du journal, un certain Chip. Les pauses étaient rares dans ce flot de paroles et lorsque, enfin, l'une montra le bout de son nez, Rose et Laurel s'en saisirent.

— À toi la parole, dit Laurel en levant son verre – de nouveau vide, ne put-elle s'empêcher de remarquer – vers Rose.

— Eh bien, je voulais juste dire que nous devrions peut-être discuter de l'anniversaire de maman.

— C'est aussi ce que je pense, dit Iris.

— J'ai des idées, ajouta Daphne.

— Sans doute…

— De toute évidence…

— Nous…

— Je…

— Rosie, intervint Laurel, que proposes-tu, toi ?

— Eh bien…

Rose, que les pressions sororales embarrassaient, toussota avant de poursuivre :

— Il faudra l'organiser à l'hôpital, ce qui est dommage, mais nous pourrions essayer d'en faire une occasion vraiment spéciale. Vous connaissez son faible pour les anniversaires.

— C'est exactement ce que j'avais à l'esprit, dit Daphne en étouffant un petit hoquet de sa main aux ongles vernis de rose pâle. D'autant que ce sera sûrement le dernier.

Un silence les enveloppa, souligné par le tic-tac impoli de l'horloge suisse. Ce fut Iris qui le brisa :

— Tu as… perdu ton tact, je trouve, fit-elle en tapotant les pointes de son carré gris fer. Depuis que tu vis aux États-Unis…

— Tout ce que je voulais dire…

— Je crois que nous savons très bien ce que tu voulais dire.

— Mais c'est la stricte vérité !

— Raison de plus, pourrait-on t'objecter, pour ne pas avoir besoin d'en parler.

Laurel regarda ses sœurs. Iris fulminait, Daphne battait des cils, ses yeux bleus tout tristes et Rose triturait sa tresse avec une angoisse qui en viendrait bientôt à bout. En plissant légèrement les yeux, on aurait pu les voir telles qu'elles étaient enfants. Laurel soupira, le nez dans son verre.

— Nous pourrions lui apporter certains de ses objets préférés. Lui faire écouter des disques de la collection de papa. C'est à cela que tu penses, Rosie ?

— Oui, dit Rose avec une gratitude désarmante. Oui, tout à fait. Je pensais aussi que nous pourrions lui raconter quelques-unes des histoires qu'elle inventait pour nous.

— Comme celle de la porte au fond du jardin, qui conduisait au pays des fées.

— Et celle des œufs de dragons qu'elle avait trouvés dans la forêt.

— Et celle du jour où elle s'était sauvée de chez elle pour aller travailler dans un cirque.

— Vous vous souvenez, fit soudain Iris, du cirque de Greenacres ?

— *Mon* cirque, reprit Daphne, souriant d'une oreille à l'autre derrière son verre.

— Oui, si on veut, l'interrompit Iris, mais c'était simplement parce que...

— Parce que j'avais attrapé cette affreuse rougeole et raté les saltimbanques qui s'étaient arrêtés au village.

Daphne eut un rire joyeux au souvenir de l'événement.

— Elle avait demandé à papa de dresser une tente dans la prairie, et vous étiez des clowns, toutes les deux. Laurel faisait le lion et maman, elle, avait un numéro de corde raide.

— Elle était drôlement agile, d'ailleurs, commenta Iris. Elle a bien failli ne pas tomber. Elle avait dû s'exercer pendant des semaines.

— À moins que son histoire ne soit vraie et qu'elle n'ait réellement travaillé dans un cirque, dit Rose. De la part de maman, je pourrais presque y croire.

Daphne eut un soupir de satisfaction.

— Nous avions sacrément de la chance de l'avoir pour mère, vous ne trouvez pas ? Si fantaisiste, comme si elle n'avait pas tout à fait atteint l'âge adulte. Rien à voir avec les mères des autres filles, des vieilles dames pas drôles du tout. Quand je ramenais des amies à la maison, je bombais le torse.

— Bomber le torse, toi ? fit Iris d'un ton faussement surpris. Alors là, c'est bien la dernière des…

— Bon, pour maman, la coupa Rose, ne craignant rien tant qu'une nouvelle prise de bec, je pense que je pourrais préparer une génoise, son dessert favori…

— Et vous vous souvenez, reprit Daphne, le visage subitement illuminé, ce couteau… Il y avait un ruban sur le manche.

— Un ruban rouge, précisa Iris.

— Et un manche en os. Il fallait toujours l'utiliser pour les anniversaires, sans exception.

— Elle prétendait que c'était un ustensile magique, qu'il pouvait exaucer les vœux.

— J'y ai cru pendant si longtemps.

Daphne posa le menton sur le dos de sa main avec un charmant soupir.

— Je me demande ce qui a bien pu arriver à ce drôle de couteau.

— Il a disparu, répondit Iris. On s'en est rendu compte une année, et quand j'en ai parlé à maman, elle m'a dit qu'on l'avait perdu.

— Oui, comme les milliers de stylos et d'épingles à cheveux qui se sont égarés dans cette maison, lâcha Laurel.

Elle se racla la gorge.

— Je meurs de soif. Quelqu'un veut du vin ?

En traversant le vestibule pour aller à la cuisine, elle entendit l'une de ses sœurs s'exclamer :

— Ah, si on pouvait remettre la main dessus, ce serait formidable !

— Ça, c'est une idée ! Et nous pourrions lui apporter, avec le gâteau...

Laurel entra dans la cuisine : lui furent ainsi épargnés les détails de la fouille projetée par ses sœurs, gagnées par l'excitation.

Elle pressa l'interrupteur et la pièce revint lentement à la vie, comme un fidèle et antique serviteur resté à son poste bien après l'âge de la retraite. Faiblement éclairée par un tube de néon et vide de toute autre présence, elle semblait plus désolée que dans le souvenir de Laurel. L'enduit du carrelage était devenu gris, les bocaux étaient recouverts d'un film de poussière graisseuse. N'était-ce pas la preuve que sa mère avait de plus en plus de mal à voir ? Cette pensée troubla Laurel : elle aurait dû lui trouver une femme de ménage. Pourquoi n'y avait-elle pas songé ? Et pourquoi n'était-elle pas venue la voir plus souvent, pourquoi n'avait-elle pas elle-même fait le ménage ?

Le réfrigérateur, cependant, était neuf. Et c'était elle qui s'en était personnellement occupée. Quand le vieux Kelvinator avait passé l'arme à gauche, elle avait commandé un nouveau frigo par téléphone, de Londres – un modèle économe en énergie et pourvu d'un distributeur de glaçons dont sa mère ne se servait jamais.

Laurel sortit du réfrigérateur la bouteille de chablis qu'elle avait apportée et referma la porte.

Un peu brutalement, sans doute : un aimant tomba et avec lui le bout de papier qu'il retenait. Laurel se mit à quatre pattes pour fureter au milieu des moutons. L'article, extrait du *Sudbury Chronicle*, présentait un cliché d'Iris devant son école : avec son tailleur en tweed marron et ses bas noirs, elle était l'institutrice personnifiée. La coupure n'avait pas souffert dans la chute et Laurel chercha un espace vide sur la porte. Ce qui était plus facile à dire qu'à faire. Le frigo des Nicolson avait toujours été un lieu d'exposition prisé, bien avant qu'un inconnu d'on ne sait quel pays ne se mette à vendre des aimants pour ces assemblages créatifs d'un genre particulier. À Greenacres, tout ce qui méritait attention se retrouvait scotché sur l'immense battant blanc, pour le bonheur de la famille. Les photographies, les récompenses, les cartes postales et, bien sûr, la moindre mention dans la presse.

Le souvenir jaillit dans l'esprit de Laurel sans crier gare : un matin de la fin du printemps 1961, un mois avant les deux ans de Gerry et son pique-nique d'anniversaire, ils étaient assis tous les sept à la table du petit déjeuner, se préparant des tartines de beurre et de confiture de fraise tandis que papa découpait une photographie dans la presse locale. On y voyait Dorothy, souriante, exhibant les haricots verts qui lui avaient valu un prix. Papa l'avait scotchée sur le frigo.

— Ça va ?

Laurel fit volte-face. Rose se tenait sur le seuil.

— Oui, pourquoi ?

— Ça fait un bon moment que tu es partie.

Rose, le nez froncé, examina sa sœur.

— Et je dois dire que tu as l'air un peu chose.

— Oh, c'est cette lumière, dit Laurel. Il y a de quoi te donner un très joli teint de phtisique.

Tire-bouchon en main, elle s'attaqua à la bouteille en tournant le dos à Rose.

— J'ai cru comprendre que les préparatifs pour la Quête du couteau d'anniversaire étaient en train ?

— Absolument. Quand on les met ensemble, ces deux-là…

— Ah, si l'on pouvait recycler l'énergie qu'elles dégagent…

— À qui le dis-tu.

Rose ouvrit le four pour vérifier l'état de la tourte aux framboises, la spécialité de leur mère. L'odeur sucrée des fruits cuits emplit l'air ; Laurel ferma les yeux.

Il lui avait fallu des mois avant de trouver le courage de leur parler de l'incident. Ses parents étaient si fermement décidés à continuer de l'avant, à vouer le drame aux oubliettes, qu'elle n'aurait peut-être jamais osé l'en exhumer si elle n'avait pas commencé à rêver du rôdeur. Toutes les nuits, il revenait, de la même façon, contournant la maison, appelant sa mère par son nom…

— Elle a bel aspect, dit Rose en faisant coulisser la grille du four. Pas autant que les siennes, peut-être, mais on ne peut pas faire de miracles.

Rose se tenait exactement au même endroit que sa mère quand Laurel, quelques jours avant son départ pour Londres, avait lâché sa bombe : « Maman, comment se fait-il que l'homme connaissait ton nom ? »

Son estomac s'était retourné tandis qu'elle posait la question. Elle avait compris alors qu'au fond d'elle-même elle n'avait qu'un espoir : que sa mère lui dise qu'elle se trompait. Qu'elle avait mal entendu, que l'homme n'avait rien dit de tel.

Dorothy n'avait pas répondu immédiatement. Elle s'était approchée du frigo, avait ouvert la porte, s'était affairée le dos tourné. Laurel avait eu l'impression que le temps s'étirait indéfiniment. Puis sa mère avait dit :

« Le journal. La police m'a expliqué qu'il avait dû lire l'article sur les haricots. Il l'avait dans sa sacoche. Si bien qu'il savait où nous trouver. »

L'explication tenait parfaitement debout.

Ou plutôt, elle tenait debout parce que Laurel le voulait bien. L'homme avait vu la photo de sa mère dans le journal et avait décidé de lui mettre la main dessus. Et s'il y avait dans l'esprit de Laurel une petite voix qui murmurait « Mais pourquoi ? », elle choisit de ne pas l'entendre. L'homme était fou ; qui pourrait jamais expliquer ses motivations ? Et puis, cela n'avait plus d'importance, de toute façon. L'affaire était close. Tant que Laurel n'essayait pas de tirer sur ses fils délicats, la tapisserie restait intacte.

Et rien ne l'avait altérée – jusqu'à ce jour. Incroyable, cette idée qu'après cinquante ans de silence il avait suffi d'une vieille photo et d'un simple prénom de femme pour que s'effile la trame du roman de Laurel.

La grille réintégra le four avec un claquement sec.

— Cinq minutes de plus, dit Rose.

Laurel se servit un verre de chablis et s'efforça de paraître détendue.

— Rosie ?

— Oui ?

— Cette photo que j'ai vue aujourd'hui à l'hôpital. Cette femme qui avait offert *Peter Pan* à maman…

— Vivien.

— Oui, c'est ça.

Laurel, parcourue d'un léger frisson, reposa la bouteille. Ces deux syllabes avaient sur elle un effet étrange.

— Maman t'en a-t-elle parlé ?

— Un peu, dit Rose. Après que j'ai trouvé la photo. Elles étaient amies.

Laurel se souvint de la date inscrite au dos du cliché. 1941.

— Pendant la guerre.

Rose hocha la tête en repliant soigneusement le torchon.

— Elle ne m'a pas dit grand-chose, hormis le fait que Vivien était australienne.

— Australienne ?

— Oui, mais elle vivait en Angleterre depuis son enfance, pour une raison que j'ignore.

— Comment s'étaient-elles rencontrées ?

— Maman ne me l'a pas dit.

— Et pourquoi ne nous l'a-t-elle jamais présentée ?

— Je n'en ai aucune idée.

— Tu ne trouves pas bizarre qu'elle n'en ait jamais parlé ?

Laurel avala une gorgée de vin.

— Je me demande pourquoi.

Le minuteur du four sonna.

— Elles s'étaient peut-être brouillées. Ou perdues de vue, dit Rose en enfilant les maniques. Pourquoi t'intéresses-tu tant à cette bonne femme ?

— Ce n'est pas ça, mais…

— Très bien. Alors passons à table, poursuivit Rose en sortant le plat du four. Mmm, elle a l'air parf…

— Elle est morte, l'interrompit Laurel, que cette conviction venait d'envahir. Vivien est morte.

— Comment le sais-tu ?

— Je veux dire…

Laurel déglutit et se reprit rapidement.

— Ce n'est pas exclu, en tout cas. Il y avait la guerre. Tu ne crois pas ?

— Mais oui, tout est possible…

Rose testa la croûte du gâteau du bout de la fourchette.

— Tiens, même ce glaçage, qui me paraît des plus respectables. Bon, prête à affronter les deux autres ?

— En fait…

Soudain le besoin de Laurel de monter dans sa chambre pour y explorer ce souvenir revenu de si loin s'était fait impérieux.

— … tu n'avais pas tort, Rosie, tout à l'heure. Je ne me sens pas dans mon assiette.

— Tu ne veux pas de gâteau ?

Laurel se dirigea vers la porte.

— Non, la soirée sera courte, pour ce qui me concerne. Je ne veux pas risquer d'être malade demain.

— Tu as besoin de quelque chose ? Du paracétamol, un thé ?

— Non, merci. Sauf… Rosie ?

— Oui ?

— Je veux bien le livre.

— Quel livre ?

— *Peter Pan*. Le livre dans lequel tu as trouvé la photo. Il est à portée de main ?

— Tu es un sacré numéro, toi, dit Rose avec un sourire de biais. Il va falloir que j'aille t'exhumer ça.

Puis, désignant la tourte du menton :

— Ça peut attendre ?

— Bien sûr, ne t'en fais pas. Je vais m'allonger. Bon appétit. Et puis…

— Oui ?

— Rosie, désolée de te renvoyer toute seule dans la fosse aux lions.

C'était le mot « australienne » qui avait délié sa mémoire. Lorsque Rose l'avait prononcé, une ampoule s'était allumée dans l'esprit de Laurel. Elle se rappelait pourquoi cette Vivien avait tant d'importance. Et de même, elle se souvenait des circonstances dans lesquelles elle avait entendu son nom pour la première fois.

Tandis que ses sœurs mangeaient de la tourte aux framboises et partaient à la recherche d'un couteau qu'elles ne trouveraient jamais, Laurel affronta les ténèbres du grenier, en quête de sa malle. Chaque enfant Nicolson en avait une, Dorothy était très à cheval sur la question. Papa leur avait confié un jour que c'était à cause de la guerre. Lorsque la maison de Coventry où elle avait passé sa jeunesse avait été détruite par une bombe, elle avait perdu tout ce qu'elle aimait. Elle voulait que cette souffrance soit épargnée à ses propres enfants. Certes, elle ne pouvait les protéger de toutes les peines de cœur, mais du moins sauraient-ils toujours où se trouvaient leurs photos de classe, nom d'un petit bonhomme ! La passion de leur mère pour les objets, les bibelots, les choses que l'on pouvait tenir en main et investir d'un sens s'était faite obsession ; elle collectionnait la moindre bricole avec un tel enthousiasme qu'il était difficile de ne pas s'y conformer. Chez les Nicolson, on gardait tout, on ne jetait rien, et on respectait religieusement les traditions. Il n'y avait qu'à voir le couteau d'anniversaire...

La malle de Laurel était calée contre le radiateur que papa ne s'était jamais décidé à réparer. Elle la reconnut avant même d'avoir lu le nom peint au pochoir sur le couvercle. Les lanières de cuir fauve et la boucle cassée étaient des indices amplement suffisants. Son cœur se mit à battre plus vite à l'idée de ce qu'elle allait y trouver. Curieuse, cette façon qu'avait un objet auquel elle n'avait pas pensé depuis si longtemps de se matérialiser avec autant de netteté dans son esprit. Laurel savait exactement ce qu'elle ressentirait lorsqu'elle l'aurait en main, les émotions qu'il susciterait en elle. Lorsqu'elle s'agenouilla pour défaire les lanières, elle éprouva la présence à ses côtés de l'empreinte floue d'elle-même faisant ce même geste des années auparavant.

La malle sentait la poussière et l'humidité, de même qu'une eau de toilette dont elle avait oublié le nom mais qui lui donnait l'impression d'avoir de nouveau seize ans. Sous le couvercle, une masse de papiers : journaux intimes, photos, lettres, bulletins scolaires, deux ou trois patrons pour des corsaires. Tas par tas, elle les sortait de la malle, les balayait du regard, sans prendre le temps de les examiner plus avant.

Ce qu'elle cherchait se trouvait dans le coin gauche, au milieu de la pile. Un mince volume des plus ordinaires, qui, pour Laurel, résonnait de mille souvenirs.

Quelques années plus tôt, on lui avait proposé le rôle de Meg dans *L'Anniversaire*, au Lyttelton Theatre, une salle où elle n'avait jamais joué. Laurel avait refusé, cependant. C'était la première et dernière fois que sa vie privée avait pris le pas sur sa carrière. Elle avait prétexté un calendrier de tournage trop serré. Il lui fallait brouiller les cartes. Elle ne pouvait pas jouer dans *L'Anniversaire*. La pièce était trop intimement liée à l'été 1961. Elle l'avait lue des dizaines de fois après que le garçon la lui avait offerte. Bon Dieu, comment s'appelait-il ? Quelle andouille elle était de ne plus s'en souvenir, elle avait été si follement amoureuse ! Elle connaissait alors la moindre réplique par cœur, y avait insufflé toute la colère qui s'accumulait en elle, toutes ses frustrations. Puis le rôdeur avait surgi sur le sentier et cela s'était mélangé dans sa tête et dans son cœur à un point tel que la seule perspective de devoir relire la pièce lui donnait la nausée.

Du reste ses paumes étaient moites et son cœur battait la chamade. Dieu merci, ce n'était pas le livre lui-même dont elle avait besoin, mais ce qu'elle y avait glissé. Elle sentit sous ses doigts les coins du papier qui dépassaient des pages. Deux coupures de presse : la première, entrefilet des plus vagues extrait du canard local, mentionnait simplement le décès d'un homme, par un beau jour d'été dans le Suffolk. La seconde était une notice nécrologique subrepticement découpée dans le *Times* que rapportait tous les jours de Londres le père d'une de ses amies.

« Tiens, Laurel, avait dit ce dernier, un soir qu'elle rendait visite à Shirley, regarde. On parle de cet homme qui est mort près de chez vous. »

La notice était longue : apparemment, ce rôdeur n'était pas Monsieur Tout-le-Monde. Des années avant de se présenter devant Greenacres, il avait eu l'occasion de faire parler de lui dans les meilleurs termes, de connaître même son moment de gloire. Nul enfant ne lui avait survécu, mais il avait été marié, autrefois.

L'ampoule solitaire qui se balançait doucement au-dessus de la malle ne dispensait qu'une faible lueur, si bien que Laurel referma la malle, emportant *L'Anniversaire* et son contenu au premier étage.

On lui avait attribué la chambre des filles, autre loi tacite dans l'échelle complexe des privilèges échus aux sœurs aînées. Le lit avait été fait, les draps étaient propres. Quelqu'un – Rose, sans doute – avait monté ses bagages. Laurel ouvrit grande la fenêtre et s'installa sur le rebord.

Une cigarette entre majeur et index, elle sortit les deux articles du livre. L'extrait de la presse locale n'avait pas grand intérêt. Elle se concentra sur la notice du *Times*, parcourut rapidement le texte, à la recherche de ce qu'elle savait s'y trouver.

Le nom lui sauta aux yeux à la fin du premier tiers.

Vivien.

Elle remonta de quelques lignes pour lire la phrase en son entier. *En 1938, Henry Jenkins épousa Mlle Vivien Longmeyer. Native de*

Queensland, en Australie, elle avait été élevée par un de ses oncles dans le comté d'Oxford. Elle perdit la vie à Notting Hill en 1941 au cours d'une attaque de l'aviation allemande.

Laurel tira sur sa cigarette, se rendit compte que sa main tremblait.

Il y avait peut-être deux Vivien, toutes deux nées en Australie. Il était possible après tout que l'amie de maman n'eût rien à voir avec la Vivien de Queensland dont le mari était mort à Greenacres. Mais la chose était peu probable, à vrai dire.

Et si Dorothy avait été l'amie de Vivien Jenkins, sans doute avait-elle connu son mari, Henry Jenkins.

« Bonjour… Dorothy. Ça faisait longtemps », avait dit l'homme.

Et Laurel avait vu là peur déformer le visage de sa mère.

La porte s'ouvrit sur Rose.

— Ça va mieux ?

Celle-ci avait froncé le nez : l'odeur du tabac, bien sûr.

— C'est bon pour la santé, répliqua Laurel en esquissant un geste embarrassé avec sa cigarette, avant de la tendre vers l'extérieur. Ne cafte pas aux parents, hein ? Je ne veux pas aller au coin.

— Je suis une tombe !

Rose tendit le livre qu'elle avait à la main à sa sœur.

— Il a un peu souffert, je le crains.

Ce qui était un euphémisme. La couverture ne tenait plus au reste de l'ouvrage que par quelques fils, et le tissu vert de la reliure était constellé de taches – taches de suie, à en juger par la vague odeur de fumée qui s'en dégageait. D'un geste délicat, Laurel tourna les pages, jusqu'au titre. Lequel était surmonté d'une inscription à l'encre noire : *Pour Dorothy. Une amitié véritable est une lumière dans les ténèbres. Vivien.*

— Je crois qu'elle y attache beaucoup d'importance, dit Rose. Le livre n'était pas avec les autres, dans la bibliothèque. Il se trouvait dans sa malle. Elle l'y gardait depuis... des années.

— Tu as fouillé dans sa malle ?

Mme Nicolson avait des idées très arrêtées sur le respect de la vie privée. Rose piqua un fard.

— Ce n'est pas la peine de me regarder comme ça, Lol. Je n'ai pas forcé le cadenas avec une lime à ongles. Juste avant d'être hospitalisée, il y a deux ou trois mois, elle m'a demandé d'aller le chercher.

— Elle t'a donné la clef ?

— Oui, mais à regret. Il faut dire que je l'avais surprise en train d'installer l'échelle.

— Non !

— Je te le jure.

— Quelle tête de mule.

— Vous êtes pareilles, toutes les deux.

C'était un compliment dans la bouche de Rose, mais Laurel ne s'en raidit pas moins. Lui revint en mémoire le soir où elle avait appris à ses parents qu'elle partait à Londres pour suivre les cours de la Central School. Ils avaient réagi avec peine et chagrin, blessés par sa dissimulation (elle ne leur avait pas parlé de l'audition qu'elle avait passée). Ils ne cessaient de répéter qu'elle était trop jeune, inquiets de la décision qu'elle avait prise de quitter le lycée sans attendre l'examen final, l'accablant d'arguments on ne peut plus raisonnables d'un ton exagérément neutre. Laurel avait feint l'ennui.

« Je m'en fiche, j'y vais quand même, avait-elle dit une fois le réquisitoire terminé, avec tout l'emportement boudeur que l'on pouvait attendre d'une adolescente à l'esprit amer et brouillé. Rien ne pourra me faire changer d'avis. C'est ma vie.

— Tu es trop jeune pour savoir ce que tu veux en faire, avait dit sa mère. Les gens changent, ils mûrissent, ils font de meilleurs choix. Je te connais, Laurel...

— C'est ce que tu crois.

— Je sais que tu n'en fais qu'à ta tête. Que tu es têtue, que tu veux sortir des sentiers battus, que tu as des rêves plein l'esprit, tout comme moi...

— Comme toi ? Pas du tout, je n'ai aucune envie de faire ce que tu fais », avait rétorqué Laurel.

Ces mots avaient touché au vif Mme Nicolson, déjà éplorée.

« Ça suffit », avait tonné papa en enlaçant sa femme.

Il avait fait signe à Laurel de filer dans sa chambre, non sans lui faire comprendre que la conversation était loin d'être close.

Laurel était restée couchée dans son lit des heures, à fulminer. Elle ne savait pas où ses sœurs étaient passées, hormis le fait qu'on avait dû leur ordonner de ne pas venir la voir : elle était en quarantaine apparemment. C'était, dans son souvenir, la première fois qu'elle se disputait avec ses parents, ce qui la mettait dans un curieux état, joie et désespoir mêlés. Elle avait l'impression que la vie ne pourrait jamais plus revenir à la normale.

Un peu plus tard, la porte de sa chambre s'ouvrit. Quelqu'un s'avança vers elle sur la pointe des pieds. Laurel sentit le matelas se creuser lorsque l'intrus s'assit. Puis la voix de maman s'éleva. Elle avait dû pleurer, se dit Laurel, et elle n'eut plus qu'une envie : se blottir sans ses bras.

« Cette dispute me désole, murmura Dorothy. C'est curieux, le tour que prennent les choses. Jamais je n'aurais cru que je pourrais avoir des désaccords avec ma propre fille. »

La fenêtre de la chambre laissait entrer un rayon de lune qui illuminait le visage de Dorothy.

« Quand j'étais jeune, reprit-elle, j'avais pas mal de soucis avec mes parents. Je me trouvais très différente. Je les adorais, bien sûr, mais je crois qu'ils ne savaient pas trop par quel bout me prendre. J'avais l'impression de savoir ce que je voulais et je n'ai jamais suivi leurs conseils. »

Laurel eut un vague sourire, ne sachant trop où sa mère souhaitait en venir. Dieu merci, elle n'avait plus le sentiment d'être traversée par un torrent de lave.

« Nous nous ressemblons, toi et moi, poursuivit maman. C'est sans doute la raison pour laquelle je ne veux pas que tu commettes les mêmes erreurs que moi.

— Mais je ne suis pas en train de commettre une erreur, maman, dit Laurel en se redressant fièrement contre ses oreillers. Tu ne comprends pas ? Je veux faire du théâtre. Et ce genre d'école est l'endroit rêvé pour apprendre le métier.

— Laurel...

— Maman, imagine-toi à dix-sept ans, avec la vie devant toi. De quel autre endroit rêver à part Londres ? »

L'argument n'était pas très intelligent. Maman n'avait jamais montré le moindre intérêt pour la capitale.

Il y eut un silence, durant lequel un merle chanta à l'intention de ses congénères.

« De quel autre endroit ? avait fini par murmurer Dorothy d'une voix douce et triste, en caressant le bout des cheveux de Laurel. Oui, je ne sais pas. »

Cinquante ans plus tard, Laurel fut déconcertée par son indifférence d'alors : elle avait été si soucieuse de sa petite personne qu'elle ne s'était même pas demandé à quoi sa mère pouvait bien ressembler à dix-sept ans, à quoi elle rêvait et quelles étaient ces erreurs qu'elle ne voulait pas que sa fille commette.

Laurel referma le *Peter Pan*.

— C'est bizarre de voir une de ses possessions d'avant, tu ne trouves pas ?

— D'avant quoi ?

— D'avant nous. D'avant Greenacres. D'avant l'époque où elle est devenue mère. Tu te rends compte, quand on lui a offert ce livre, quand cette photo avec Vivien a été prise, elle n'avait aucune idée de notre existence en devenir.

— Rien d'étonnant à ce qu'elle sourie sur ladite photo !

Ce qui ne dérida pas Laurel.

— Ça t'arrive de penser à elle, Rose ?

— À maman ? Bien sûr…

— Non, je ne te parle pas de maman, mais de cette jeune femme sur la photo. Quelqu'un de complètement différent, avec une vie dont nous ne savons absolument rien. Tu y penses parfois ?

Tu t'es déjà interrogée sur ce qu'elle voulait, ce qu'elle ressentait ?

Laurel glissa un regard vers sa sœur.

— Sur les secrets qui étaient les siens ?

Rose eut un sourire hésitant et Laurel secoua la tête.

— Ne fais pas attention à ce que je raconte, Rosie. Je me sens un peu sentimentale, ce soir. Ce doit être l'effet du retour. Cette bonne vieille chambre...

Elle affecta une bonne humeur qu'elle était bien loin d'éprouver.

— Tu te souviens des ronflements d'Iris ?

— Oh là là, encore pire que papa, dit Rose en riant. Je me demande si ça s'est arrangé.

— Nous allons sûrement le découvrir cette nuit. Tu vas te coucher ?

— Je vais prendre un bain avant que les autres n'en aient fini et que Daphne ne monopolise le miroir.

Rose tira sur sa paupière droite et baissa la voix :

— Tu crois qu'elle a...

— J'en ai bien peur.

Rose esquissa une grimace en partant. Les gens sont parfois bizarres, devait-elle penser.

Tandis que le bruit des pas de sa sœur s'éloignait dans le couloir, le sourire s'effaça du visage de Laurel. Elle tourna les yeux vers le ciel nocturne, entendit la porte de la salle de bains se fermer, les tuyaux se mettre à siffler de l'autre côté du mur.

— Il y a cinquante ans, chuchota Laurel aux étoiles distantes, ma mère a tué un homme. Elle a plaidé la légitime défense, mais je l'ai vue faire.

Elle a levé le couteau et l'a abattu sur l'homme, qui s'est effondré par terre, là où l'herbe était rare, là où les violettes poussaient. Elle le connaissait, elle avait peur de lui et je ne sais pas pourquoi.

Et soudain Laurel eut le sentiment que toutes les absences de sa propre existence, toutes les pertes, toute la tristesse, tous les cauchemars nés des ténèbres, tous les accès de mélancolie sans fondement prenaient la forme spectrale de cette question sans réponse qui la hantait depuis si longtemps – de ce secret que sa mère gardait pour elle.

— Qui es-tu, Dorothy ? Qui étais-tu avant de devenir notre mère ?

7

Dans le train Coventry-Londres, 1938

Dorothy Smitham avait dix-sept ans lorsqu'elle se persuada du fait qu'elle avait été volée à la naissance. Ça n'était pas possible autrement. La vérité lui apparut avec la clarté de l'éclair un samedi matin, vers onze heures, tandis qu'elle regardait son père tripoter son crayon à papier, se passer lentement la langue sur la lèvre inférieure et inscrire dans son petit carnet de comptes la somme exacte donnée au chauffeur du taxi qui les avait conduits à la gare (trois shillings et cinq pence, plus trois pence pour la malle). La liste des dépenses allait l'occuper pendant la plus grande partie de leur séjour à Bournemouth ; et lorsqu'ils rentreraient à Coventry, il passerait une joyeuse soirée à en analyser le contenu, exercice dont les autres membres de la famille seraient les spectateurs bien malgré eux. Il dresserait des tableaux, établirait des comparaisons avec l'année précédente (et, avec un peu de chance, la décennie entière) et prendrait les décisions qui s'imposaient pour faire encore mieux l'année suivante. Après quoi, ragaillardi par son congé annuel, il retrouverait son bureau de comptable chez H. G. Walker, fabricant de bicyclettes, pour une nouvelle année de labeur.

La mère de Dolly était assise dans un coin du compartiment, se tamponnant les narines d'un mouchoir en coton d'un geste subreptice, ledit mouchoir étant presque entièrement dissimulé dans le creux de sa main. De temps à autre, elle lançait un coup d'œil à son époux pour s'assurer du fait qu'elle ne l'avait pas importuné. Mais non : il était toujours penché sur ses chiffres, le front plissé d'une joie lugubre. Il n'y avait vraiment que Janice Smitham pour s'enrhumer à la veille des vacances d'été avec la même et incroyable régularité. Il y avait quelque chose de quasiment sublime dans cette constance et Dolly eût volontiers salué l'abnégation dont sa mère faisait preuve en la matière. Cependant, ses reniflements si ténus, si humbles, lui donnaient plutôt envie de se percer les tympans au moyen du crayon bien taillé de père. Les quinze jours de mère à Bournemouth se dérouleraient exactement comme les années précédentes : elle ferait en sorte que père se prenne pour le roi des châteaux de sable, s'arracherait les cheveux sur le décolleté du maillot de bain de Dolly et se demanderait si le petit Cuthbert fréquentait vraiment « des garçons comme il faut ».

Pauvre vieux Cuthbert. Il avait été un superbe bébé, dispensant rires joyeux et sourires tout en gencives ; chaque fois que Dolly l'abandonnait, il avait une façon charmante d'éclater en sanglots. Au fil des années, toutefois, son entourage avait compris qu'il se précipitait à bride abattue vers son destin, lequel était de devenir un double de son père, M. Arthur Smitham. Ce qui signifiait, hélas, qu'en dépit de l'amour que se portaient le frère et la sœur il était fort peu probable qu'ils fussent du même sang. D'où la question qui torturait Dolly : comment avait-elle pu atterrir dans cette famille lugubre ? Et qui étaient ses vrais parents ?

Des artistes de cirque ? Un remarquable couple de danseurs de corde ? C'était bien possible. Elle baissa les yeux sur ses jambes, qu'elle avait fines et longues. Elle avait du talent pour les sports : M. Anthony, le professeur qui entraînait les élèves, ne manquait jamais en début d'année de la sélectionner pour l'équipe de hockey sur herbe numéro un. Et lorsqu'elle dansait avec Caitlin dans le salon des parents de cette dernière sur un disque de Louis Armstrong, Dolly était certaine de ne pas être la seule à remarquer qu'elle avait plus de style que son amie. Eh oui – Dolly croisa les jambes et lissa sa jupe du plat de la main. Sa grâce naturelle : c'était quasiment une preuve de ce sang étranger.

— Père, puis-je avoir une friandise à la gare ?

— Une friandise ?

— À la gare, au petit kiosque.

— Je ne pense pas, Cuthbert.

— Mais, père…

— C'est qu'il ne faut pas oublier le budget.

— Mais, mère, tu m'avais dit…

— Allons, allons, Cuthbert. Ton père a raison.

Dolly contempla les champs qui défilaient par la fenêtre. Des artistes de cirque – il y avait quelque chose qui lui allait bien là-dedans. Rubans et paillettes, longues soirées sous le grand chapiteau, vide mais encore tout imprégné de l'admiration, de l'adoration extatique du public du jour. Du charme, de l'excitation, de l'aventure – oui, cela devait être ça.

Ces origines palpitantes expliquaient de surcroît les sévères remontrances parentales qui pleuvaient sur Dolly chaque fois que son comportement menaçait de la faire remarquer.

« Dorothy, les gens vont te regarder, sifflait sa mère lorsqu'elle trouvait la jupe de sa fille trop courte, son rire trop bruyant ou son rouge à lèvres trop éclatant. Évite d'attirer l'attention. Tu sais ce que ton père en pense. »

Dolly en effet le savait très bien. Comme père aimait à le leur répéter, les chiens ne font pas des chats. Sans doute vivait-il dans la crainte constante que le sang des saltimbanques ne s'attaque quelque jour au rempart de bienséance que mère et lui avaient eu soin d'ériger autour de leur enfant volée.

Dolly sortit discrètement une pastille de menthe de sa poche et la fourra dans sa bouche ; puis elle posa le front contre la vitre. Restait une question non résolue pour le moins troublante : comment avait-elle été enlevée aux siens ? Par quelque bout qu'on abordât le problème, une chose était certaine : Arthur et Janice Smitham n'avaient rien d'un couple de voleurs. Elle avait du mal à les imaginer s'approchant sur la pointe des pieds d'un landau laissé sans surveillance, pour en extraire un nourrisson endormi. Les gens qui s'adonnaient au vol le faisaient poussés par un ardent désir, qu'il fût motivé par le besoin ou l'envie. Arthur Smitham, lui, pensait que le mot « passion » n'avait rien à faire dans le dictionnaire. Sans parler de l'âme anglaise. Et tant qu'on y était, on aurait pu tout aussi bien se passer de « désir ». Quant à aller au cirque ! C'était un plaisir des plus inutiles.

Non, ce qui s'était sans doute passé – la pastille se cassa en deux –, c'était que la petite Dorothy avait été abandonnée sur le pas de leur porte. Le devoir, et non l'envie, avait fait d'elle une Smitham.

Elle se recula dans le siège et ferma les yeux. Elle n'avait aucun mal à imaginer le déroulement des événements : la grossesse cachée, les menaces du patron du cirque, les roulottes entrant dans Coventry. Pendant quelques semaines, le jeune couple essaie de s'en sortir par ses propres moyens, nourrissant l'enfant d'amour et d'eau fraîche. Mais, sans travail (il n'est guère facile de trouver un emploi lorsqu'on ne sait que danser sur la corde raide) et sans le sou, le désespoir s'installe. Un soir, alors qu'ils errent dans la ville, avec dans les bras un bébé si affaibli qu'il ne pleure plus, ils remarquent une maison. Le perron est le plus propre, le plus rutilant de la rue. Les fenêtres laissent passer de la lumière. Et de la porte s'élève le fumet appétissant du rôti en cocotte (en effet délicieux) de Janice Smitham. Les danseurs de corde savent ce qu'il leur reste à faire...

— Maman ! je ne peux pas me retenir. Je ne peux pas !

Dolly entrouvrit un œil pour épier son frère qui, campé au milieu du compartiment, sautillait d'un pied sur l'autre.

— Allons, Cuthbert, nous sommes presque...

— J'ai besoin d'aller aux toilettes ! Maintenant !

Dolly referma les yeux. L'histoire tragique des artistes de cirque, elle n'y croyait pas vraiment. En revanche, son sentiment d'avoir quelque chose de spécial était bien réel. Dolly se sentait différente des autres : comme si elle était plus vivante qu'eux, comme si le monde, ou le destin, ou le sort, quel que soit le nom qu'on lui donne, lui réservait de plus grandes heures. D'ailleurs, elle en avait désormais une preuve scientifique. Le père de Caitlin, qui était médecin (il savait de quoi il parlait, par conséquent) le lui avait clairement signifié un jour qu'ils jouaient au Blotto. Il avait montré plusieurs cartes et, lorsque le tour de Dorothy était arrivé, elle avait dit la première chose qui lui était passée par la tête.

« Incroyable », avait-il marmonné, la pipe au bec.

Puis, accompagné d'un petit signe de la tête :

« Fascinant ! »

Et :

« Ça alors ! », avec un petit rire qui le faisait paraître peut-être trop séduisant pour un père d'amie.

Il avait fallu le regard mauvais de Caitlin pour que Dorothy renonce à suivre le Dr Rufus dans son cabinet, une fois qu'il eut déclaré que les réponses de la jeune fille étaient exceptionnelles et qu'elles méritaient – non, qu'elles nécessitaient, même – d'autres tests.

Exceptionnelles. Dolly tourna le mot dans sa tête. Exceptionnelles. Elle n'avait rien à voir avec ces Smitham si communs. Elle se refusait en tout cas à devenir l'une des leurs. La vie qui l'attendait serait éclatante, merveilleuse. Elle bondirait d'un entrechat de l'enclos bien propret dans lequel père et mère voulaient la garder prisonnière. Et cet entrechat la mènerait peut-être jusqu'au cirque, où elle tenterait sa chance.

À l'approche d'Euston, le train ralentit. Les immeubles de Londres surgirent en rangs serrés à la fenêtre du compartiment et Dolly sentit un frisson d'excitation la parcourir. Londres ! Immense tourbillon urbain ! (C'était ce que disait la préface du *Guide de Londres* de chez Ward, Lock & Cie, caché dans un tiroir de la commode de Dolly, sous une pile de culottes.) Les théâtres y abondaient, les gens sortaient le soir et la ville était habitée par des êtres magnifiques aux vies fabuleuses.

Lorsque Dolly était enfant, son père allait parfois à Londres pour son travail. Ces soirs-là, elle épiait son retour du haut de l'escalier, alors que sa mère la croyait couchée. Tout ce que voulait Dolly, c'était apercevoir son père, ne fût-ce qu'une seconde. Quand la clef tournait dans la serrure, elle retenait son souffle. Il entrait, et dans son apparence, il y avait quelque chose de particulier : il était allé Quelque Part, semblait Plus Important que le jour d'avant. Dolly n'eût jamais osé lui poser des questions sur son voyage ; d'ailleurs, même à l'époque, elle se doutait au fond d'elle-même que la réponse ne serait qu'un pauvre reflet de ses rêveries. Pourtant, alors que le train pénétrait plus avant dans la grande ville, elle considéra son père dans l'espoir de croiser son regard et d'y lire la preuve qu'il était, lui aussi, sous le charme de la capitale.

Mais ce n'était pas le cas. Arthur Smitham n'avait d'yeux que pour son carnet de comptes, dont il étudiait à présent la dernière page, couverte des notes qu'il avait soigneusement rédigées : horaires des trains, numéros des quais. Les commissures de ses lèvres se crispèrent et le cœur de Dolly se serra. Elle se prépara à subir la panique qui allait immanquablement s'emparer de la famille quand il faudrait changer de train. Et ce même si le laps de temps dont ils disposaient était très confortable, même s'ils faisaient ce voyage chaque année, et même si tous les autres voyageurs ne semblaient pas partager ce même stress. Dorothy se raidit par anticipation – et le cri de guerre paternel résonna.

— Restons tous groupés pendant que je cherche un taxi.

Courageuse tentative de la part d'Arthur Smitham de paraître calme face à la tempête imminente. Il passa la main sur le porte-bagages, à la recherche de son chapeau.

— Cuthbert, fit mère, donne-moi la main.

— Je ne veux pas...

— Chacun est responsable de son bagage, ajouta père, d'une voix qu'enflait un rare accès de sentiment. Ne lâchez surtout pas vos raquettes, ni vos bâtons de marche. Et évitez de rester coincés derrière quelqu'un qui a du mal à se déplacer. Nous n'avons pas une minute à perdre.

Lorsque l'homme au costume bien coupé qui avait fait le voyage dans leur compartiment lança un regard oblique à M. Smitham, Dolly se demanda, une fois de plus, s'il était possible de se faire disparaître, pour peu que l'on y mette de la volonté.

La famille Smitham avait développé et affiné au cours des étés successifs passés au même endroit une habitude qui consistait à filer droit à la plage dès le petit déjeuner fini. Père se refusait à louer une cabine de bain : luxe inutile, disait-il, et qui en outre incitait à la prétention. Il était par conséquent essentiel de ne pas perdre de temps si l'on voulait se réserver une bonne place sur le sable, avant l'arrivée de la foule. Ce matin-là, Mme Jennings les avait retenus dans la salle à manger du Bellevue plus tard que d'ordinaire, leur servant un thé trop infusé puis prenant tout son temps pour leur fournir un breuvage plus agréable au goût. Père était de plus en plus nerveux – ses chaussures de toile blanche brûlaient de servir, en dépit des pansements dont il avait dû se garnir les talons, conséquence des efforts de la veille. Mais il eût été impensable d'interrompre leur hôtesse ; et jamais Arthur Smitham n'eût commis l'impensable. Ce fut en fin de compte Cuthbert qui les sauva. Il jeta un coup d'œil à l'horloge marine, au-dessus de la photographie sous verre de la digue, avala un œuf poché d'une seule bouchée et s'exclama :

— Flûte ! Il est déjà neuf heures et demie !

Ce que nul, y compris Mme Jennings, ne pouvait contester. Elle battit en retraite vers la cuisine en leur souhaitant une belle matinée.

— Et quel temps vous avez aujourd'hui, mon Dieu, quel temps de rêve !

Un temps de rêve en effet ; l'une de ces divines journées d'été, ciel clair, brise tiède, légère, qui vous donnent à penser que l'aventure vous attend au coin de la rue. Alors qu'ils parvenaient au front de mer, un car de tourisme fit son arrivée ; M. Smitham pressa le pas, désireux de devancer les hordes. Lui et sa femme, qui avaient réservé leur séjour en février et l'avaient payé en mars, considéraient avec une aversion de possédants ces estivants à la journée. C'étaient des imposteurs, des importuns qui infestaient la plage, encombraient la jetée et les contraignaient à faire la queue pour acheter des glaces.

Dorothy resta quelques mètres en arrière tandis que le reste de la petite troupe, entraîné par son chef sans peur ni reproche, contournait le kiosque à musique pour couper la route aux envahisseurs. Ils se dirigèrent vers l'escalier du pas majestueux du vainqueur et repérèrent un emplacement, juste au pied du mur de pierre. Père, après avoir posé le panier du pique-nique, enfonça les pouces dans la ceinture de son pantalon, regarda à droite puis à gauche et proclama que le lieu était « idéal ».

— À cent pas à peine de notre porte, qui plus est. Cent pas à peine, répéta-t-il avec un sourire satisfait.

— On pourrait même faire signe à Mme Jennings, de là où nous sommes, ajouta mère, heureuse de pouvoir abonder dans le sens de son époux.

Dorothy parvint à esquisser un vague sourire, puis se concentra sur sa serviette, l'étendant soigneusement sur le sable. Il était naturellement impossible de voir le Bellevue de la plage. Contrairement à ce que prétendait le nom de la pension (ainsi baptisée, avec une *joie de vivre*[1] qui lui ressemblait peu, par l'austère M. Jennings, lequel avait autrefois passé un mois fort festif

---

1. En français dans le texte original. *(Toutes les notes sont de la traductrice.)*

à Paris), la bâtisse était située en plein milieu de Little Collins Street, autrement dit après le tournant qui cachait le front de mer. Aussi la *vue* n'était-elle pas particulièrement *belle* : les chambres côté rue donnaient sur les tristes toits du centre-ville, celles du côté cour sur les conduites d'évacuation d'un autre immeuble. Mais comme la pension n'avait rien de français, il était inutile, se disait Dorothy, de lui chercher des poux. Mieux valait, comme elle le fit, s'enduire les épaules de crème et plonger le nez dans sa revue, tout en observant du coin de l'œil les belles personnes – plus riches, plus séduisantes – qui se pavanaient, le sourire aux lèvres, sur les balcons des cabines de bain.

Et parmi eux, cette fille. Elle était blonde, la peau joliment hâlée et d'adorables fossettes lorsqu'elle riait, c'est à dire souvent. Dolly ne pouvait s'empêcher de l'épier. Ces gestes félins sous l'auvent, chaleureux, sûrs d'eux, cette main tendue vers le bras d'un ami, puis d'un autre ; le menton penché, le sourire, lèvre mordue, qu'elle réservait au plus séduisant des garçons, le doux frémissement de sa robe de soie argentée lorsque la brise se levait. Ah, la brise. C'était comme si la nature elle-même se pliait à ses désirs. Tandis que Dolly rôtissait sous le soleil, la transpiration gouttant à ses tempes, colonisant peu à peu son maillot de bain, la robe d'argent dansait dans les airs, supplice de Tantale.

— Bon, qui est partant pour une partie de cricket ?

Dolly s'affaissa derrière son magazine.

— Moi, moi ! s'écria Cuthbert, dansant d'un pied sur l'autre (sa peau déjà proche de la couleur de l'écrevisse). Papa, est-ce que je peux servir ? Hein, est-ce que je peux ? S'il te plaît, allez !!

L'ombre de mère soulagea provisoirement Dorothy.

— Dolly, toi qui aimes tant jouer la première…

L'œil de Dorothy trancha dans le vif : la batte que père lui tendait, la bedaine qui dépassait du maillot, le fragment d'œuf brouillé qui lui pendait à la moustache. Et, comme un éblouissement, la belle fille blonde à la robe d'argent, plaisantant, flirtant avec ses amis, sans un seul adulte en vue.

— Merci, papa, mais je vais sans doute passer mon tour, bredouilla-t-elle. Je sens venir le mal de tête.

Laquelle affection n'était jamais exempte d'une association avec les « problèmes féminins » : M. Smitham pinça les lèvres, d'effroi et de dégoût mêlés.

— Repose-toi, alors, hein, fit-il tout en hochant la tête et en battant lentement en retraite. Pas d'efforts inutiles.

— Allez, papa, allez, piaillait Cuthbert. Bob Wyatt monte à la réception. Tu vas lui montrer ce dont tu es capable, hein ?

Il était difficile de résister à pareille injonction. Père fit volte-face et se dirigea d'un pas martial vers la plage, la batte sur l'épaule, comme l'eût fait un gaillard bien plus jeune – et bien plus svelte. La partie s'engagea ; Dolly se colla contre le mur. Le palmarès de père au cricket (lequel consistait en une unique performance) faisait partie de la Légende dorée de la famille Smitham, si bien que la version estivale de ce sport était devenue une institution sacrée.

Au fond d'elle-même, Dolly s'en voulait mortellement de son attitude – après tout, c'était certainement les dernières vacances qu'elle passait en famille. Néanmoins, elle ne parvenait pas à se départir de sa morosité. Ce n'était pas qu'elle ne les aimait plus. Ce n'était pas non plus comme si cette fameuse différence entre elle et eux était nouvelle. Mais le gouffre qui la séparait des siens se creusait un peu plus chaque jour. Tous les trois – y compris le malheureux Cuthbert – avaient le don de la rendre chèvre. Et la situation avait nettement empiré. Père, le soir, à dîner, abordait désormais le délicat sujet de l'avenir de Dolly. Bientôt, elle aurait fini ses études. Après les vacances, l'usine de bicyclettes recrutait une secrétaire débutante. Père travaillait chez Ward depuis trente ans : il pourrait très certainement user de son influence auprès de la responsable administrative afin que le poste revienne à Dolly. Lorsqu'il prononçait ce mot – « influence » –, père ne manquait jamais de sourire et de cligner de l'œil, comme s'il faisait un immense cadeau à Dolly et qu'elle eût dû lui être éternellement reconnaissante. Or, la perspective de travailler chez Ward lui donnait purement et simplement envie de hurler, telle l'héroïne infortunée d'un film d'épouvante. C'était réellement le comble de l'horreur. Et comment se faisait-il qu'au bout de dix-sept ans de vie commune Arthur Smitham pût à ce point se méprendre sur le compte de sa fille !

De la plage monta un cri :

— Six !

Dolly regarda par-dessus son *Woman's Weekly*. Père, la batte à l'épaule, comme s'il s'agissait d'un mousquet, trottait jusqu'au guichet de fortune. Janice Smitham, près de sa fille, multipliait les encouragements, sans trop savoir sur quel pied danser. À de timides « Magnifique ! », « Bien joué ! », succédaient des « Attention » ou des « Pas si vite ! » relativement désespérés, sans compter le « Respire, mon petit Cuthbert, n'oublie pas ton asthme ». Dolly jaugea l'impeccable permanente de sa mère, la coupe pudique de son maillot de bain et le soin extrême qu'elle prenait à laisser sur le monde l'empreinte la plus légère possible. Un soupir perplexe et inondé de sueur lui échappa. Ce qui la navrait le plus, c'était l'absence totale de compréhension dont sa mère faisait preuve la concernant.

Lorsque Dolly avait compris que les plans de son père pour le poste de secrétaire étaient tout ce qu'il y avait de plus sérieux, elle avait espéré que sa mère, après avoir décoché un doux sourire à son époux, lui fasse remarquer que leur fille méritait mieux que cela. En effet, même si Dolly se berçait parfois de l'illusion qu'elle avait été volée à la naissance, elle était loin d'y croire. Lorsqu'on la voyait au côté de sa mère, ces contes absurdes volaient en éclats. Janice et Dorothy avaient la même abondante chevelure brun chocolat, les mêmes pommettes saillantes, la même poitrine sculpturale. Et leur ressemblance, comme Dolly l'avait appris peu de temps auparavant, ne s'arrêtait pas à ces détails physiques.

En fouillant dans le garage, à la recherche de sa crosse de hockey, elle avait fait une singulière découverte : une boîte à chaussures bleu clair, logée tout au fond de l'étagère du haut. Elle l'avait immédiatement reconnue, mais il lui avait fallu quelques secondes pour se souvenir des circonstances dans lesquelles elle l'avait déjà aperçue. Elle revit sa mère assise sur son lit jumeau, dans la chambre conjugale, examinant le contenu de la boîte posée sur ses genoux, le visage empreint d'une expression rêveuse. C'était un moment d'intimité et Dolly, d'instinct, s'était faite toute petite. Par la suite, elle avait repensé à la boîte : que pouvait-elle donc contenir qui donnât à sa mère un air si pensif, si égaré, tout à la fois jeune et chargé d'années ?

Dolly n'avait pas hésité à soulever le couvercle de la boîte, et la vérité lui était apparue : il y avait là les bribes et reliques d'une autre vie. Des programmes de tours de chant, des rubans bleus témoignant d'un premier prix à l'*eisteddfod*[1], un certificat décernant la Palme de la plus belle voix à la chanteuse Janice Williams. Dolly trouva même un article qu'illustrait le portrait d'une radieuse jeune femme au regard étincelant et aux formes charmantes – une jeune femme qui, ayant vu le monde, n'aurait pas dû suivre les autres filles de sa classe sur la route menant à une vie morne et banale.

Et pourtant, elle l'avait prise, cette route. Dolly avait contemplé la photo un long moment. Sa mère avait eu un talent bien réel, une aptitude qui la distinguait des autres, qui en faisait une créature singulière. Et pourtant, en dix-sept ans de vie commune, Dolly n'avait jamais entendu sa

1. En gallois dans le texte original. Festival consacré à la musique et à la littérature.

mère chanter la moindre chanson. Que s'était-il passé qui avait pu la condamner au silence, elle qui s'était confiée à un journaliste en ces termes : « Je n'aime rien tant que chanter. Cela me donne l'impression de voler. Un jour, j'aimerais chanter devant le roi » ?

Dolly avait le sentiment assez clair de connaître la réponse à cette question.

— Garde le rythme, mon garçon ! cria père à Cuthbert, qui courait à l'autre bout de la plage. Un peu de nerf !

Arthur Smitham : prince des comptables, pilier de l'usine de bicyclettes, gardien de la bienséance, pourfendeur de la singularité.

Dolly soupira en le regardant, qui reculait d'un bond devant le guichet et se détendait de tout son long pour envoyer la balle à Cuthbert. Certes, il l'avait emporté sur sa femme, la poussant à supprimer tout ce qui faisait son originalité, mais il était hors de question qu'il récidive avec sa fille. Elle ne le laisserait pas faire.

— Mère, fit-elle soudain en laissant le magazine lui glisser sur les genoux.

— Oui, chérie ? Veux-tu un sandwich ? J'ai apporté du pâté de crevette.

Dolly laissa échapper un peu d'air par la bouche. Elle avait du mal à croire qu'elle allait dire ce qu'elle allait dire, là, maintenant, sur la plage ; mais elle avait le vent dans ses voiles. Elle se lança.

— Mère, je ne veux pas aller travailler dans l'usine de père.

— Vraiment ?

— Vraiment.

— Oh.

— Je ne crois pas que je supporterai de faire la même chose jusqu'à la fin des temps, mère : taper des lettres qui ne parlent que de vélos et de références de commande et qui finissent invariablement par *Sincèrement vôtre*.

Sa mère la regarda en clignant des yeux. Son expression était neutre, son visage indéchiffrable.

— Je vois.

— Oui.

— Et que te proposes-tu de faire, en ce cas ?

Dolly ne sut que répondre à cette question. Elle n'avait pas réfléchi en détail à son destin. Tout ce qu'elle savait, c'était qu'une vie meilleure l'attendait.

— Je ne sais pas. Je… J'ai l'impression que je ne serais pas vraiment à ma place dans une usine de vélos. Tu ne crois pas ?

— Qu'est-ce qui te fait penser cela ?

Dolly aurait voulu ne pas avoir à s'expliquer. Les mots ne lui venaient pas. Ce qu'elle demandait à sa mère, c'était de savoir, d'accepter, d'imaginer la réponse sans aide extérieure. Une sourde déception la gagna.

— Il est temps pour toi d'en trouver une, de place, pourtant, Dorothy, dit doucement mère. Tu es presque une femme maintenant.

— Oui, mais c'est justement pour cela que…

— Sois raisonnable. Ce n'est plus le moment de s'accrocher à des enfantillages. Père voulait t'en parler lui-même, pour te faire la surprise : il a déjà discuté avec Mme Levene, de l'usine ; un entretien est prévu.

— *Quoi ?*

— Je n'étais pas censée te le dire, mais tu devrais rencontrer Mme Levene la première semaine de septembre. Tu as de la chance d'avoir un père si influent.

— Mais je…

— Ton père sait ce qu'il fait. Tu verras, chérie.

Janice tendit la main vers la jambe de Dolly pour la tapoter, mais le contact ne se fit pas. Il y avait de la crainte derrière son sourire artificiel, comme si elle savait quelque part qu'elle trahissait sa fille, sans pourtant vouloir se donner la peine de comprendre.

Dolly bouillait intérieurement. Elle aurait voulu prendre sa mère par les épaules, la secouer, lui rappeler qu'elle avait été exceptionnelle, elle aussi. Elle aurait voulu lui demander pourquoi elle avait changé – voulu lui dire aussi, bien qu'elle sût ce que cet aveu-là avait de cruel, qu'elle, sa fille, vivait dans la peur de devoir partager son destin. Ce fut alors que…

— Attention !

Un hurlement s'était élevé au bout de la plage ; Dolly tourna la tête vers le rivage, ce qui épargna à Janice Smitham une conversation dont elle n'avait nulle envie.

Au bord de l'eau, vêtue d'un maillot de bain qui sortait tout droit des pages de *Vogue*, se tenait la Jeune Fille, autrement dit Mademoiselle Robe d'Argent. Ses lèvres étaient pincées en une jolie moue et elle se frottait le bras. Son bel entourage s'était massé autour d'elle, lui dispensant force soupirs compatissants et autres gestes de sympathie. Dolly fronça les sourcils : que s'était-il passé ? Un garçon qui devait avoir son âge se baissa pour creuser dans le sable. Puis il se redressa, tenant à bout de bras – Dolly porta la main à sa bouche, consternée – une balle de cricket.

— Vraiment navré, jeunes gens, dit père, qui s'était rapproché du groupe.

Dolly écarquilla les yeux : allons, que faisait-il maintenant ? Oh, Dieu tout-puissant, il n'allait pas leur parler, tout de même ? Mais si. Elle sentit ses joues s'empourprer. C'était exactement ce qu'il était en train de faire. Dolly aurait voulu disparaître, s'enfouir dans le sable ; et cependant, elle ne pouvait détourner les yeux. Père s'arrêta devant le petit groupe et mima un mouvement de batte simplifié. Les jeunes gens l'écoutaient en hochant la tête. Le garçon qui avait ramassé la balle répondit quelque chose et la Jeune Fille se toucha le bras, avant de hausser légèrement les épaules et de sourire à père de toutes ses fossettes. Dolly laissa échapper un soupir de soulagement. Apparemment, le pire avait été évité.

Ce fut alors qu'ébloui, peut-être, par l'éclat de ces jeunes en compagnie desquels il s'était involontairement retrouvé père oublia de prendre congé. Pour tout dire, il se retourna, la main tendue vers le haut de la plage, attirant l'attention du groupe vers l'endroit où Dolly et sa mère se tenaient. Janice Smitham, avec une absence de grâce qui fit frémir sa fille, voulut se lever puis, y renonçant bien vite, opta pour une position intermédiaire, genoux pliés. Ainsi accroupie, elle répondit d'un geste aux attentions de son époux.

Quelque chose se recroquevilla dans l'âme de Dolly, puis mourut. Elle s'était réjouie trop prématurément : le pire était arrivé.

Ou plutôt, il était encore à venir.

— Hé, par ici ! Regardez-moi !

Ils regardèrent. Cuthbert, aussi patient qu'une mouche, s'était lassé d'attendre. Il avait oublié la partie en cours et, remontant la plage, s'était acoquiné avec un des ânes qu'on y louait. Un pied dans l'étrier, le garçon tentait désespérément de se hisser sur sa monture. C'était un spectacle pathétique. Auquel tout le monde put assister.

Cette vision de Cuthbert faisant plier le genou au malheureux animal fut la goutte d'eau de trop. Sans doute eût-elle dû venir en aide à son frère. Mais elle s'en sentit incapable. Elle marmonna une vague excuse où il était question de son mal de tête et du soleil, trop accablant, referma son magazine et partit. Elle n'avait qu'une hâte : réintégrer le lugubre refuge de sa minuscule chambre, avec vue sur les colonnes d'évacuation.

Dissimulé derrière le kiosque à musique, un jeune homme – cheveux un peu trop longs, costume élimé – n'avait rien raté de la scène. Il sommeillait, le chapeau sur le nez, lorsque le cri de la Jeune Fille l'avait tiré de ses rêves. Il s'était frotté les yeux, avait scruté la plage pour savoir d'où venait la clameur. Et les avait vus au bas de la plage, ce père et ce fils qui jouaient au cricket.

L'incident était mineur ; le père faisait de grands signes à un petit groupe, près de l'eau. C'était ces jeunes gens qui se pavanaient devant la cabine de plage. Laquelle était désertée pour l'heure. Ne restait plus qu'un pan de tissu argenté, posé sur la balustrade et flottant dans le vent. La robe. Il l'avait remarquée – lui aussi. Ce qui n'était pas bien difficile. D'ailleurs, c'était certainement le but recherché. Ce n'était pas une robe de plage, bien plutôt une robe de bal.

« Hé, par ici ! Regardez-moi ! » avait crié une voix.

Et le jeune homme avait regardé. Le garçon était en train de faire l'âne avec, ô surprise, un âne, un vrai. Les autres assistaient benoîtement au spectacle.

Lui, non. Il avait mieux à faire. La jolie fille à la bouche en forme de cœur, aux formes si voluptueuses qu'elles le remplissaient d'un désir douloureux, venait de se lever, quittant la plage et sa famille. Il se redressa, rajusta son sac à dos sur son épaule et tira sur le bord de son chapeau. C'était l'occasion qu'il attendait depuis un moment : il n'avait pas l'intention de la laisser échapper.

8

Dolly ne le vit pas immédiatement. Elle ne voyait plus grand-chose, du reste. Elle était bien trop occupée à refouler ses larmes d'humiliation et de désespoir tandis qu'elle remontait vers le front de mer. Le monde n'était plus qu'un chaos brûlant et rageur fait de sable, de mouettes et de visages aux sourires haïssables. Oh, ils ne riaient pas d'elle, pas vraiment en tout cas, mais cela n'avait aucune importance. Leur bonne humeur était une insulte à sa détresse. Elle rendait la réalité bien plus intolérable. Jamais elle n'irait travailler à l'usine de vélos. Elle en était incapable. Épouser une version rajeunie de père et, millimètre par millimètre, se transformer en une version rajeunie de sa mère ? C'était tout bonnement impossible. Oh, s'ils étaient heureux de leur sort tous les deux, tant mieux, mais elle ne pouvait pas se contenter de cela… Quant à ce qu'elle voulait vraiment, elle ne savait pas ce que c'était, ni où le trouver.

Elle s'arrêta net. Une bourrasque plus forte que les autres choisit la seconde même de son passage près des cabines pour soulever la robe argentée de la rambarde et la projeter sur le sable. Le vêtement atterrit presque à ses pieds, luxueuse coulée d'argent. Allons bon, se dit Dolly avec un soupir incrédule, la fille aux fossettes n'avait même pas pris soin de l'accrocher à la balustrade. Comment pouvait-on négliger une si belle robe ? Dolly secoua la tête. Quand on traite ses affaires avec aussi peu de considération, c'est qu'on n'en est pas digne. C'était le genre de modèle qu'une princesse eût pu porter, ou bien une star de Hollywood, un mannequin de magazine, une héritière en villégiature sur la Côte d'Azur. Et si Dolly n'était pas arrivée au bon moment, la robe eût pu poursuivre son vol le long des dunes et se perdre à jamais.

Le vent changea de direction et la robe remonta la plage, disparaissant derrière les cabines de bain. Sans plus hésiter, Dolly partit à sa poursuite. Certes, la Jeune Fille avait été imprudente, mais ce n'était pas une raison pour laisser ce chef-d'œuvre de couture courir à sa perte.

La Jeune Fille serait reconnaissante de récupérer sa robe. Dolly lui expliquerait ce qui s'était passé, prenant soin de ne pas l'accabler davantage. Elles se mettraient toutes les deux à rire : eh bien, on l'avait échappé belle. La jeune femme offrirait à Dolly une limonade bien fraîche – une vraie limonade et non l'eau sucrée que Mme Jennings leur servait au Bellevue. Et bavardant, elles se découvriraient tout un tas de points communs. Lorsque finalement le soleil commencerait à décliner, Dolly prendrait congé. La Jeune Fille aurait un sourire déçu, puis, son visage s'illuminant soudain, elle tendrait la main vers le bras de Dolly. « Et pourquoi ne pas venir avec nous demain matin ? demanderait-elle. On doit se retrouver sur la plage à plusieurs, pour jouer au tennis. Ça va être extra. Allez, dis oui. »

Dolly, pressant le pas, contourna la cabine de bain et constata alors que la robe d'argent avait interrompu sa course, enroulée qu'elle était autour des chevilles d'un nouveau venu. L'homme, qui portait un chapeau, s'était baissé pour ramasser le fragile vêtement. Et tandis que ses doigts effleuraient le satin gris, d'où glissaient de minces filets de sable, les châteaux en Espagne de Dolly s'effondrèrent.

L'espace d'un instant, Dolly fut submergée par une envie de meurtre : ah, étriper l'homme au chapeau, le mettre en pièces membre par membre ! Son cœur se mit à battre rageusement, sa peau se hérissa, sa vision se brouilla. Elle se retourna vers la mer. Son père marchait d'un pas d'automate vers son fils pétrifié de honte ; sa mère était figée dans une attitude suppliante ; et les autres, les garçons autour de la fille blonde, se tapaient les cuisses, hilares, devant le spectacle qu'offraient Cuthbert et l'âne.

Lequel laissa échapper un braiment pitoyable et perplexe, qui s'accordait si bien aux sentiments de Dolly que celle-ci, avant même de savoir ce qu'elle faisait, se retourna vers l'homme.

— Vous, là-bas ! éructa-t-elle.

Il était en train de voler la robe, ni plus ni moins. À elle de l'en empêcher.

— Oui, vous. Qu'est-ce que vous êtes en train de faire ?

L'homme leva les yeux, surpris. Dolly aperçut son beau visage et eut un moment de stupéfaction. Haletante, elle se demandait que faire lorsque les lèvres de l'homme se relevèrent en un sourire suggestif. Dolly soudain eut une illumination.

— Je vous parle, monsieur, dit-elle avec une sensation de vertige et d'excitation. Hein ? Qu'est-ce que vous êtes en train de fabriquer, là ? Cette robe ne vous appartient pas.

Le jeune homme allait répliquer, mais surgit à cet instant un agent de police qui, depuis quelque temps déjà, progressait d'un pas lent dans le sable.

L'agent Basil Suckling (tel était malheureusement son nom) avait parcouru le front de mer pendant toute la matinée, gardant l'œil résolument rivé sur sa plage. Il avait remarqué la jeune fille brune depuis son arrivée et ne l'avait pas quittée des yeux. L'incident de l'âne avait un instant détourné son attention et lui avait valu quelques minutes chargées d'angoisse pour lui remettre la main dessus : elle était derrière les cabines de bain, en plein milieu de ce qui sembla à l'agent une conversation animée, par conséquent suspecte. Et son compagnon n'était autre que le jeune homme qui avait passé toute la matinée à traîner derrière le kiosque à musique, le chapeau baissé sur les yeux.

La main sur sa matraque, l'agent Suckling se fraya un chemin sur la plage. Le sable rendait sa progression plus lente qu'il ne l'aurait souhaité, mais il fit de son mieux. « Cette robe ne vous appartient pas », disait la jeune fille lorsqu'il fut arrivé à sa hauteur.

— Eh bien, que se passe-t-il ici ? lâcha-t-il.

Il s'immobilisa, l'estomac légèrement rentré. À la voir de si près, la jeune fille était encore plus jolie qu'il ne l'avait imaginé. Lèvres arquées aux commissures délicieusement retroussées, peau de pêche, douce à l'aspect et sans doute à la caresse, boucles soyeuses encadrant un visage en forme de cœur.

— Cet individu ne vous importune pas, j'espère, mademoiselle ?

— Oh. Non, non, monsieur l'agent, pas du tout.

Elle eut une expression de trouble – rougit, même, au grand plaisir de l'agent Suckling. Ah, ce n'était pas tous les jours, sans doute, qu'elle avait un homme en uniforme devant elle ! Elle était vraiment charmante, cette enfant.

— Ce monsieur était simplement en train de me rendre quelque chose.

— Vraiment ?

L'agent Suckling considéra le jeune homme, sourcils froncés. Ce sourire insolent, ce port de tête insouciant, ces pommettes saillantes, ce regard noir, mordant... Ses yeux lui donnaient l'air d'un étranger, pour tout dire. Irlandais, sans nul doute. L'agent Suckling plissa les paupières. Le jeune homme se balança d'un pied sur l'autre et laissa échapper un petit soupir, dont la tonalité plaintive fit paraître la sévérité du policier plutôt disproportionnée.

— Vraiment ? répéta Suckling d'une voix plus sonore.

La réponse tardant à venir, il serra le poing sur sa matraque à la forme si familière. C'était, pensait-il parfois, le partenaire le plus efficace qu'il eût jamais eu, et certainement le plus durable. Il vint à ses doigts crispés de plaisants souvenirs ; si bien que le hochement de tête apeuré du jeune homme manqua presque le décevoir.

— Eh bien, dit Suckling. Rendez ce vêtement à cette demoiselle. Et que ça saute, jeune homme.

— Merci, monsieur l'agent, dit-elle. C'est si gentil à vous.

Elle sourit de nouveau, ce qui occasionna un mouvement relativement plaisant dans l'entrejambe de l'agent.

— C'est que le vent l'avait emporté, vous voyez ?

L'agent Suckling se racla la gorge et adopta l'expression la plus conforme possible à sa mission.

— Parfait, donc, mademoiselle. Et si je vous raccompagnais à votre domicile ? Histoire de vous soustraire aux dangers du vent et de la plage ?

Dolly réussit à se débarrasser de la scrupuleuse vigilance de l'agent Suckling devant le perron du Bellevue. Elle avait eu un moment de panique, le représentant de l'ordre tenant à la raccompagner jusque chez Mme Jennings et à aller lui chercher un thé bien chaud, « pour lui tranquilliser les nerfs ». Dolly cependant était parvenue, non sans peine, à lui faire comprendre qu'une tâche aussi futile était indigne de ses talents et que sa tournée l'attendait.

— Monsieur l'agent, c'est que tant de gens comptent sur votre protection !

Après avoir remercié son sauveur avec toute la cordialité requise – l'agent en profita pour lui serrer la main plus longuement qu'il n'était nécessaire –, Dolly ouvrit la porte d'un geste démonstratif et s'engagea dans le vestibule. Puis elle ferma la porte – pas complètement, ce qui lui permit d'épier l'agent. Il s'éloignait d'un pas fier. Lorsqu'il ne fut plus qu'une minuscule silhouette sur le front de mer, elle glissa la robe d'argent sous un coussin et ressortit sur la pointe des pieds, reprenant le trajet qu'ils avaient suivi jusqu'à Little Collins Street.

Le jeune homme au chapeau l'attendait, appuyé à l'une des colonnes qui ornaient le perron d'une pension chic. Dolly ne daigna pas lui accorder le moindre coup d'œil, fût-il des plus discrets. Elle poursuivit son chemin, les épaules redressées et le menton haut. Il la suivit le long de la rue – elle était parfaitement consciente de sa présence –, puis dans une petite allée qui remontait en serpentant de la plage. Dolly sentait son cœur battre de plus en plus vite ; et tandis que le doux murmure de la mer était peu à peu réduit au silence entre les froides pierres des immeubles, elle se mit même à l'entendre. Elle pressa le pas. Ses chaussures de toile raclaient le bitume, son souffle se faisait plus court. Et cependant, elle ne se retourna ni ne regarda derrière elle. Il y avait un peu plus loin un croisement qu'elle connaissait bien : enfant, elle s'y était perdue. Tandis que ses parents l'appelaient, imaginant déjà le pire, elle ne retrouvait pas son chemin, coupée du monde.

Dolly s'arrêta là, dos à l'intrus. Elle resta immobile, l'oreille tendue, guettant son approche. Enfin, elle sentit le souffle du jeune homme lui caresser le cou. Sa proximité l'enfiévrait.

Il lui prit la main ; elle poussa un cri étouffé. Elle le laissa la prendre par les épaules, la faire pivoter : ils se faisaient face désormais. Sans un mot, elle attendit. Il leva le poignet de la jeune fille à sa bouche, en effleura l'intérieur d'un baiser qui la submergea d'un immense et profond frisson.

— Que fais-tu ici ? murmura-t-elle.

— Tu me manquais, répondit-il, sans changer de position.

— Mais cela ne fait que trois jours.

Il haussa les épaules et cette mèche qu'il avait, noire et rebelle, retomba sur son front.

— Tu as pris le train ?

Il ne lui répondit que d'un lent signe de tête.

— Pour la journée, seulement ?

Un autre oui de la tête, un demi-sourire.

— Jimmy ! Mais ça fait des kilomètres et des kilomètres !

— J'avais envie de te voir.

— Et si j'étais restée avec mes parents sur la plage ? Si je n'étais pas rentrée seule, qu'aurais-tu fait ?

— J'aurais quand même pu te voir, non ?

Dolly secoua la tête, feignant la sévérité.

— Mon père te tuera s'il te surprend ici.

— Oh, ton père ? Je ne pense pas qu'il aurait le dessus.

Dolly éclata de rire. Jimmy était si drôle ! C'était un de ses côtés les plus attachants.

— Tu es fou.

— De toi.

Voilà, il l'avait dit. Il était fou d'elle. L'estomac de Dolly bondit comme un cabri.

— Viens, dit-elle. Il y a une petite allée qui conduit dans les champs. Personne ne nous verra.

— Tu te rends compte qu'à cause de toi j'ai failli être arrêté ?

— Oh, Jimmy, c'est absurde !

— Tu n'as pas vu la tête que faisait l'agent de police ? Je t'assure, il était à deux doigts de me boucler et de jeter la clef. Et mieux vaut ne pas s'attarder sur la façon dont il te reluquait.

Jimmy se tourna vers Dolly. Elle leva les yeux au ciel. L'herbe était longue et tendre sous leurs corps allongés ; elle fredonnait un air de danse, tout bas, et dessinait des losanges avec ses pouces et ses index. Jimmy observa attentivement le profil de Dolly – la douce courbe de son front, le creux entre ses sourcils qui remontait aussitôt pour former le nez audacieux, la chute vers sa bouche dont la lèvre supérieure était si pleine. Mon Dieu, qu'elle était belle. Elle l'emplissait de désir et de douleur ; il lui fallait toute sa retenue pour ne pas sauter sur elle, lui clouer les mains derrière la tête et l'embrasser comme un sauvage.

Malgré tout, il ne cédait pas à la tentation, ne l'avait jamais fait. Jimmy préférait une relation chaste, même si la frustration le consumait. Elle n'était encore qu'une lycéenne de dix-sept ans et lui un adulte : deux ans les séparaient. Ce n'était pas beaucoup, peut-être, mais ils venaient de mondes si différents. Elle habitait une belle maison bien propre, avec une famille dotée des mêmes qualités. Il avait quitté l'école à treize ans pour s'occuper de son père et gagner leur vie comme il le pouvait, ce qui impliquait toutes sortes de petits boulots mal payés. Il avait été garçon coiffeur pour cinq shillings par semaine, apprenti boulanger pour deux shillings et six pence de plus, puis manœuvre sur des chantiers à l'extérieur de la ville pour ce que le patron voulait bien lui confier. Le soir, il passait chez le boucher récupérer les restes pour le dîner de son père. C'était une vie comme une autre, ils se débrouillaient. Pour se distraire, il avait ses photographies. Et maintenant, pour des raisons qu'il ne comprenait pas et qu'il n'avait pas envie de comprendre par peur de tout gâcher, il avait aussi Dolly. Grâce à elle, le monde était plus doux à vivre. Il ne voulait donc pas se précipiter.

Ça n'était pas facile, pourtant. Dès l'instant où il l'avait vue avec ses amies au café du coin de la rue, il avait plongé. Ce jour-là, il faisait une livraison pour l'épicier. Il avait levé les yeux de son paquet. Elle lui avait souri, comme s'ils étaient de vieux amis, puis elle avait ri et rougi, le nez dans sa tasse. Dût-il vivre cent ans, il ne verrait jamais rien d'aussi ravissant, il en était certain. Ç'avait été un choc électrique, un coup de foudre. Le rire de Dolly avait réveillé en lui la joie pure qu'il ressentait enfant. Oh, son odeur de caramel, de lotion pour nourrisson, le renflement de ses seins sous sa robe de fin coton... Jimmy détourna la tête, rongeant son frein, et suivit des yeux une mouette bruyante qui se dirigeait d'un vol rasant vers la mer.

L'horizon était d'un bleu sans tache, la brise, légère, le parfum de l'été emplissait l'air. Il soupira, et tout s'effilocha : la robe d'argent, l'agent de police, l'injustice qu'il avait ressentie à se voir considéré comme une menace pour Dolly. C'était inutile. Il faisait bien trop beau pour une dispute. D'ailleurs, à quoi bon ? L'aventure n'avait pas mal tourné. Comme d'habitude. Les mascarades de Dolly le troublaient : il ne comprenait pas le besoin qu'elle avait d'inventer des histoires, ne prenait aucun intérêt à ce genre de choses. Mais comme cela la rendait heureuse, il jouait le jeu.

Comme pour lui montrer qu'il avait passé l'éponge, Jimmy sortit de son sac à dos son fidèle Brownie.

— Et si je prenais une photo ? suggéra-t-il en remontant le film. Un souvenir de votre rendez-vous du bord de mer, mademoiselle Smitham ?

Les yeux de Dolly se mirent à briller – elle adorait qu'on la prenne en photo – et Jimmy jeta un coup d'œil au soleil. Il se dirigea vers le bout du petit champ où ils avaient pique-niqué.

Dolly s'était redressée sur son séant ; elle s'étira, féline.

— Comme ceci ? demanda-t-elle.

Le soleil avait rosi ses pommettes ; l'arc de ses lèvres était bombé, et rouge encore des fraises qu'il avait achetées à un marchand des quatre-saisons.

— Parfait, dit Jimmy.

Et parfaite, elle l'était en effet.

— La lumière est très jolie.

— Et que veux-tu exactement que je fasse dans cette jolie lumière ?

Jimmy se frotta le menton, feignant de méditer longuement sa réponse.

— Ce que je veux que tu fasses ? Bon, Jimmy, mon garçon, il faut bien réfléchir à la question. Ne va pas gâcher ta chance en racontant n'importe quoi... Bon Dieu, tourne sept fois ta langue dans ta bouche...

Dolly éclata de rire ; il l'imita.

— Sois toi-même, c'est tout, reprit-il en se grattant la tête. Je veux me rappeler cette journée telle qu'elle a été, tout simplement. Si jamais je ne peux te revoir dans les dix jours qui viennent, je pourrai au moins t'avoir dans ma poche.

Elle sourit – une crispation des lèvres, légère, énigmatique.

— Pour que tu te souviennes de la journée, donc, dit-elle en hochant la tête.

— Exactement. Bon, j'en ai pour deux secondes à régler l'appareil.

Il fit coulisser l'objectif Diway puis, comme la lumière était vive, régla la focale sur une ouverture plus réduite. Mieux valait deux précautions plutôt qu'une. Attitude qui lui fit également donner un coup de chiffon sur l'objectif.

— Bien, dit-il, un œil fermé, l'autre fixé sur le viseur. Je suis p…

La main sur le déclencheur, il n'osa pas relever la tête.

Au milieu du viseur, Dolly le regardait. Ses boucles brunes soulevées par le vent retombaient tendrement sur son cou ; elle avait déboutonné sa robe, avait dégagé ses épaules. Sans quitter l'appareil des yeux, elle passa les doigts sous la bretelle de son maillot de bain et la fit glisser lentement le long de son bras.

Doux Jésus. Jimmy déglutit. Il fallait dire quelque chose. Oui, il fallait vraiment dire quelque chose. Une blague, un jeu de mots, quelque chose d'intelligent. Mais à la vue de Dolly, assise sur l'herbe, menton levé, les yeux brillants de défi, la courbe de son sein dénudé… Ses dix-neuf années d'apprentissage de la parole lui firent défaut. Abandonné par sa gouaille, Jimmy se raccrocha à ce qui l'avait toujours sauvé. Il prit la photo.

— Veille à les développer toi-même, dit Dolly en reboutonnant sa robe, les doigts tremblants.

Son cœur battait à toute allure ; elle se sentait vivante, pleine de sève, étrangement puissante. Sa propre audace, l'expression qu'avait eue Jimmy en la voyant dans le viseur, la rougeur qui lui venait encore lorsque leurs yeux se croisaient – tout cela avait quelque chose d'excitant. Mieux, c'était une vraie preuve. La preuve qu'elle était, comme le Dr Rufus l'avait compris, une créature d'exception. Et qu'on ne lui parle pas de la manufacture de bicyclettes. Un destin hors normes l'attendait.

— Tu crois que je laisserais qui que ce soit te regarder, surtout un homme ? rétorqua Jimmy, exagérément concentré sur les lanières de son appareil photo.

— Pas volontairement, non.

— Il y perdrait la vie, dit le garçon d'une voix douce, qui se fêla imperceptiblement sous le poids de l'appropriation.

Cette emprise qu'elle avait sur lui donna le vertige à Dolly. Commettrait-il vraiment un crime pour elle ? Ce genre de choses, cela ne se faisait plus. En tout cas pas dans les rangées de maisons néo-Tudor des nouvelles banlieues sans âme où Dolly avait grandi. Elle n'imaginait pas Arthur Smitham retrousser ses manches pour défendre l'honneur de sa femme. Mais Jimmy n'avait rien à voir avec père. C'était même tout son contraire : un ouvrier aux bras musclés, au visage franc, au sourire surgi d'on ne sait où – un sourire qui lui faisait danser le cœur. Elle fit semblant de n'avoir rien entendu, s'empara de l'appareil photo et l'examina en feignant la concentration.

Tenant le Brownie d'une main, elle lança un regard moqueur à Jimmy par-dessous ses longs cils.

— Oh-oh, monsieur Metcalfe. C'est un appareil fort dangereux que vous détenez là. Vous vous rendez compte, tout ce que vous pourriez garder dans votre petite boîte, au grand dam d'un certain nombre de personnes ?

— Par exemple ?

— Eh bien, dit-elle en haussant une épaule, des gens qui font des choses qu'ils ne devraient pas, une innocente écolière entraînée dans les champs par un homme plus expérimenté… Vous imaginez, si le pauvre père de cette jeune fille l'apprenait ?

Elle se mordit la lèvre inférieure, inquiète, prenant soin néanmoins de ne rien lui en montrer. Puis elle se pencha vers lui et frôla – sans le toucher tout à fait – le bras hâlé de Jimmy. Un courant électrique palpita entre leurs corps.

— Oui, si on se met ce Brownie et son propriétaire à dos, on risque gros, j'ai l'impression, reprit-elle.

— Mieux vaut pour toi rester dans leurs bonnes grâces, dans ce cas, hein ?

Il lui décocha un sourire sous ses mèches rebelles, puis plongea ses yeux dans les siens. Dolly sentit sa respiration se faire plus légère. L'atmosphère avait changé. Sous le regard brûlant de Jimmy, en cet instant précis, tout avait changé. Elle ne contrôlait plus rien : c'était lui qui tenait les rênes. Elle déglutit, hésitante, et cependant pleine d'excitation. La tête lui tournait. Quelque chose allait se produire. C'était elle qui avait amorcé le processus ; à présent, elle n'en était plus maîtresse, ne pouvait plus l'arrêter – ce qu'elle ne souhaitait pas, du reste.

Un bruit, un petit soupir exhalé par les lèvres de Jimmy, et elle se sentit défaillir.

Il tendit la main, lui lissa les cheveux, au-dessus de l'oreille. Puis ses doigts glissèrent vers sa nuque, lui étreignirent le cou. Elle les sentit trembler. Cette proximité lui donna soudain l'impression d'être une enfant, sans prise sur les événements. Elle ouvrit la bouche pour dire quelque chose (mais quoi ?) ; il secoua la tête, une seule fois, d'un geste vif ; elle se tut. Un muscle tressauta dans la joue de Jimmy. Il inspira profondément puis l'attira à lui.

Ce baiser, elle se l'était figuré un millier de fois. Mais jamais comme cela. Au cinéma, lorsque Katharine Hepburn embrassait Fred MacMurray, la chose avait l'air fort agréable. Dolly et son amie Caitlin s'étaient maintes fois exercées sur leur avant-bras, afin de ne pas être prises au dépourvu le moment venu. Le vrai baiser n'avait rien à voir pourtant. Les lèvres de Jimmy étaient chaudes, denses, insistantes ; elles avaient goût de soleil et de fraise, et la peau de son visage goût de sel ; le corps contre le sien était tendu, ardent. Plus excitants encore que tout cela, la violence de son désir contre lequel lui-même semblait lutter, sa respiration haletante, ses muscles puissants, bandés, sa taille, sa corpulence, tout cela la dominant.

Il s'arracha au baiser, ouvrit les yeux, puis se mit à rire de soulagement et de surprise, un rire enroué, chaleureux.

— Je t'aime, Dorothy Smitham, dit-il en pressant son front contre celui de Dorothy.

Et, tirant doucement sur un bouton de sa robe, il ajouta :

— Je t'aime et, un de ces jours, je t'épouserai.

Dorothy garda le silence tandis qu'ils descendaient la colline ; son esprit bouillonnait. Il allait lui demander sa main : il avait fait le voyage jusqu'à Bournemouth, il l'avait embrassée ; et ce qu'elle avait éprouvé était si puissant… Il ne pouvait pas en être autrement. Elle venait d'en avoir l'éblouissante révélation. Elle n'avait plus qu'un seul désir : l'entendre prononcer les mots – la demande officielle. Elle en frissonnait d'impatience de la tête aux pieds.

C'était parfait. Elle allait épouser Jimmy. Et dire que l'idée ne lui était même pas venue à l'esprit lorsque sa mère lui avait demandé ce qu'elle souhaitait faire de sa vie ! C'était l'unique chose dont elle avait envie. La seule chose qu'il lui fallait accomplir.

Dolly glissa un regard à Jimmy, remarqua son expression de béatitude, son silence peu coutumier. Il avait le même projet à l'esprit, était sans aucun doute en train de chercher la façon de tourner sa proposition. Elle se sentit submergée par la joie. Elle avait envie de sauter en l'air, de virevolter, de danser.

Ce n'était pas la première fois qu'il lui parlait de mariage. Ils avaient déjà tourné autour de ce merveilleux pot, s'étaient chuchoté à l'oreille des « Et si nous pouvions… » au fond de cafés obscurs, dans des quartiers de la ville que M. et Mme Smitham ne fréquentaient pas. Dolly ne manquait pas de trouver ce sujet de conversation très excitant, masqué qu'il était sous les descriptions rieuses de la ferme dans laquelle ils vivraient, de la vie qu'ils auraient ensemble. N'y avait-il pas dans cette maison commune une chambre bien à eux, un lit partagé, une promesse de liberté, physique et morale, irrésistible pour une lycéenne comme Dolly, dont la mère amidonnait et repassait encore les chemisiers d'uniforme.

À s'imaginer leur couple, la tête lui tournait. Tandis qu'ils s'éloignaient des champs inondés de soleil et retournaient dans les petites rues sombres de la ville, elle tendit la main vers le bras de Jimmy. Il s'arrêta, l'attira à lui contre le mur d'un immeuble tout proche.

Il eut un sourire dans l'ombre, qui sembla inquiet à Dolly. Puis il prononça son nom.

— Dolly ?

— Oui.

Voilà, le moment était venu. Elle avait du mal à respirer soudain.

— Je voulais te parler de quelque chose. Quelque chose d'important.

Elle sourit alors, et son visage était si glorieux dans sa candeur et ses attentes que la poitrine de Jimmy s'embrasa. Il ne parvenait pas à croire qu'il l'avait enfin embrassée, comme il le voulait, et que ce moment avait été aussi doux, aussi merveilleux qu'il l'avait imaginé. Le plus beau sans doute était la façon dont elle l'avait embrassé en retour : il y avait un futur radieux dans ce baiser. Ah, bien sûr, ils n'étaient pas du même monde, mais leurs différences étaient, au fond, sans importance. Aucune ne pouvait atteindre les sentiments qu'ils éprouvaient l'un pour l'autre.

Les mains de Dolly étaient douces au creux des siennes. Il parla enfin de ce qu'il avait retourné plus d'une fois dans sa tête depuis le matin.

— Dolly, l'autre jour, j'ai eu un appel de Londres, d'un certain Lorant.

Elle l'encouragea d'un hochement de tête.

— Il lance un nouveau magazine, le *Picture Post*. Il veut y publier des images qui racontent des histoires. Il a vu mes photos dans le *Telegraph*, Doll, et il m'a demandé si je voulais travailler pour lui.

Il s'était attendu à ce qu'elle saute de joie, qu'elle pousse des cris, qu'elle lui prenne les bras, folle d'excitation. Car c'était ce dont il avait toujours rêvé depuis qu'il avait trouvé le vieil appareil photo de son père dans le grenier, avec le trépied et la boîte de clichés sépia. Mais Dolly ne broncha pas. Son sourire s'était figé sur ses lèvres aux commissures affaissées.

— À Londres ?

— Oui.

— Tu vas à Londres ?

— Oui. Tu sais : la ville avec un immense château, une immense horloge et plein de fumée.

Dolly ne réagit pas à la plaisanterie. Elle battit des paupières et, dans un souffle :

— Quand ? demanda-t-elle.

— En septembre.

— Tu vas y habiter ?

— Oui, et y travailler.

Il déglutit. Ses révélations n'avaient pas l'effet escompté.

— Un magazine de photographie, marmonna-t-il.

Puis il fronça les sourcils.

— Doll ?

La lèvre inférieure de Dorothy s'était mise à trembler ; elle semblait au bord des larmes.

— Doll ! s'exclama-t-il, atterré. Que se passe-t-il ?

Pourtant, elle ne pleura pas. Non, elle écarta les bras puis se posa les mains sur les joues.

— Nous étions sur le point de nous marier.

— Quoi ?

— Tu disais que… alors, j'ai pensé… et puis…

Elle lui en voulait, apparemment : mais de quoi ? À présent, elle parlait à toute vitesse, les joues enflammées. Tout ce qu'il put saisir de ce discours débité avec force gestes, ce furent les mots « ferme », « père » et, curieusement, « usine de bicyclettes ».

Il essaya de garder le fil, n'y parvint pas. Que faire, que dire ? Bonté divine, il n'en avait pas la moindre idée. Elle finit par pousser un soupir colossal et prit l'air si furieux et si excédé que Jimmy décida de l'attirer à lui et de lui caresser les cheveux, comme l'on fait avec une enfant coléreuse. La sentant s'apaiser, il eut un sourire sous cape. Jimmy était la plupart du temps d'une humeur plus qu'égale, et la nature passionnée de Dolly le surprenait. Elle préférait le ravissement au plaisir, la colère à la simple irritation.

— Je croyais que tu voulais m'épouser, dit-elle en levant les yeux vers lui. Au lieu de ça, tu vas à Londres.

Jimmy éclata de rire – c'était plus fort que lui.

— Doll, ce n'est pas « au lieu de ça ». M. Lorant va me verser un salaire, et je mettrai de côté le plus que je peux. T'épouser ? Je n'ai pas d'autre désir. Tu plaisantes, j'espère ? Tout ce que je veux, c'est ne pas faire les choses en dépit du bon sens.

— Mais c'est ça, le bon sens, Jimmy : nous nous aimons et nous voulons vivre ensemble. Alors… la ferme, les poules bien grasses, le hamac entre deux arbres et nous qui dansons pieds nus sur la terre…

Jimmy sourit. Il avait raconté à Dolly maintes histoires de l'enfance de son père, à la ferme – ces aventures excitantes qu'il avait entendues enfant, et qui faisaient partie de sa propre jeunesse. Elle s'en était emparée, les avait enjolivées. Il adorait cette manière qu'elle avait de s'approprier un simple fait et d'en faire un récit merveilleux, brodé des fils d'or de sa fabuleuse imagination. Il lui posa la main sur la joue, tendrement.

— Dolly, je n'ai pas encore les moyens de nous offrir une ferme.

— Alors pourquoi pas une roulotte ? Avec des rideaux à fleurs. Et une seule poule… ou deux, peut-être, pour qu'elles se tiennent compagnie.

Comment se retenir ? Il l'embrassa. Elle était jeune, la tête pleine d'idées folles, et elle était sienne.

— Patiente encore un peu, Dolly, et nos rêves se réaliseront. Je vais travailler comme un forçat, tu verras.

Deux mouettes passèrent en ricanant au-dessus de leurs têtes et il fit glisser ses mains sur les bras de Dolly. Sa peau était tiède d'avoir bu le soleil. Elle se laissa prendre la main ; il la serra bien fort et raccompagna sa bien-aimée vers la mer. Il adorait les rêves de Dolly et son enthousiasme contagieux. Jamais il ne s'était senti plus vivant, plus énergique qu'en sa compagnie. À lui, cependant, d'envisager leur avenir commun avec un brin de raison, d'avoir de la prudence pour deux. S'ils se laissaient mener par leur seule fantaisie, leurs seuls rêves, ils iraient droit à la catastrophe. Jimmy était un garçon intelligent, ses professeurs le lui avaient dit, à l'époque où il fréquentait l'école – avant que son père ne tombe vraiment malade. Il apprenait vite. Il avait pratiquement épuisé les ressources de la bibliothèque de prêt des magasins Boots. Jusqu'ici, il ne lui avait guère manqué qu'une opportunité. Avec Lorant, c'était enfin chose faite.

Ils remontèrent l'allée sans rien dire. Le front de mer grouillait de vacanciers – les baigneurs de l'après-midi. Ils avaient fini leurs sandwichs au pâté de crevette et repartaient se baigner. Jimmy fit halte et s'empara de l'autre main de Dolly. Leurs doigts se mêlèrent.

— Bon, dit-il, d'une voix douce.

— Bon.

— Je te vois dans dix jours.

— À moins que je ne te voie avant.

Jimmy, le sourire aux lèvres, se pencha pour l'embrasser. Au même moment, un enfant apparut dans l'allée, à la poursuite d'une balle. Il criait. Le charme de l'instant n'y résista pas. Jimmy recula, curieusement gêné par l'arrivée du petit.

Dolly, d'un mouvement de la hanche, désigna le front de mer.

— Je crois qu'il est temps pour moi de rentrer.

— Évite les ennuis, hein ?

Elle éclata de rire et lui planta un baiser sur les lèvres. Avec un sourire qui tortura Jimmy, elle se précipita vers la lumière, l'ourlet de sa robe caressant ses jambes nues.

— Doll ! lui cria-t-il, juste avant qu'elle ne disparaisse.

Elle se retourna. Le soleil en contre-jour donnait à ses cheveux l'apparence d'une auréole sombre.

— Doll, tu n'as pas besoin de jolies robes. Tu es mille fois plus belle que la fille de tout à l'heure.

Elle lui sourit, du moins en eut-il l'impression – difficile à dire, quand son visage était perdu dans l'ombre –, puis elle fit un geste de la main avant de se volatiliser.

Fut-ce l'effet du soleil, des fraises ou de l'effort qu'il lui avait fallu fournir pour attraper son train à temps ? Toujours est-il que Jimmy passa presque tout le voyage du retour à dormir. Il rêva de sa mère – un rêve qu'il faisait depuis des années. Ils étaient à la fête foraine, tous les deux, au spectacle de magie. Le prestidigitateur venait juste d'enfermer sa jolie partenaire dans la grande boîte (laquelle ressemblait de façon étonnante aux cercueils que son père fabriquait au rez-de-chaussée, chez W. H. Metcalfe et fils, entrepreneurs de pompes funèbres et fabricants de jouets) lorsque sa mère se pencha à son oreille. « Il va essayer de détourner ton attention, mon petit. C'est leur grand truc, faire en sorte que les spectateurs ne remarquent rien. Ne le quitte pas du regard, Jim. »

Jimmy, qui ne devait guère avoir plus de huit ans, hocha vigoureusement la tête, puis écarquilla les yeux, sans même s'autoriser un battement de cils. Et pourtant, les larmes lui coulaient si fort qu'il avait mal. Ce ne fut pas suffisant : le couvercle de la boîte s'ouvrit et, oh merveille, la femme s'était évanouie sans laisser de traces. Jimmy ne s'était rendu compte de rien. Sa mère éclata de rire, ce qui le mit mal à l'aise. Des frissons glacés lui couraient dans les jambes. Quand il tourna les yeux vers sa mère, elle n'était plus là. Elle se trouvait en fait dans la caisse du magicien. « Tu rêvassais », lui dit-elle.

Et son parfum était si fort que…

— Billet, s'il vous plaît.

Jimmy s'éveilla en sursaut et posa immédiatement la main sur son sac à dos. Dieu merci, personne n'y avait touché. Quelle imprudence de s'endormir, laissant le sac – et l'appareil photo – sans surveillance ! Il ne pouvait pas se permettre de se le faire voler. Son destin dépendait du Brownie.

— Billet, vous ai-je demandé, s'impatienta le contrôleur, dont les yeux s'étaient étrécis.

— Ah, désolé. Bien sûr. Tout de suite.

Il repêcha le billet au fond de sa poche et le tendit à l'homme, qui le poinçonna.

— Vous allez jusqu'à Coventry ?

— Oui, monsieur.

Avec un petit soupir exprimant sa déception de ne pas avoir affaire à un resquilleur, le contrôleur rendit son billet à Jimmy et tapota sa visière avant de reprendre son inspection.

Jimmy sortit de son sac à dos le livre qu'il avait emprunté à la bibliothèque – *Des souris et des hommes* –, mais il fut incapable de s'y intéresser. Il était trop perturbé par les souvenirs de Dolly et les événements de la journée, par la perspective de Londres et le futur qui leur serait réservé. Que s'était-il passé entre eux ? Ce qu'il avait voulu, c'était l'impressionner avec l'histoire du magazine, pas la tournebouler – il y avait quelque chose de sacrilège à décevoir quelqu'un d'aussi énergique, d'aussi lumineux que Dolly. Cela dit, Jimmy était convaincu d'avoir agi comme il le devait.

Jamais Dolly ne consentirait à épouser un homme sans le sou. Elle adorait les objets : les babioles, les colifichets, les souvenirs. Il avait bien vu, plus tôt dans la matinée, l'envie avec laquelle elle regardait les jeunes gens près des cabines de bain, la fille à la robe d'argent. Jimmy s'en rendait compte : elle avait beau rêver d'une ferme, c'était de vie mouvementée et d'aventures qu'elle avait besoin. Et des plaisirs que l'argent procurait. Bien sûr : elle était belle, drôle, charmante ; elle avait dix-sept ans. Dolly ne savait pas ce que c'était que de manquer de tout – du reste, mieux valait que ce malheur l'épargnât. Elle avait besoin d'un homme qui puisse lui offrir ce qui se faisait de mieux au monde, et non pas d'une existence rythmée par la récupération des bas morceaux chez le boucher et les giclées de lait concentré dans le thé quand le sucre venait à manquer. Jimmy travaillait dur pour devenir ce mari-là ; dès que possible, il l'épouserait. Et ne la laisserait jamais plus repartir.

Mais pas avant.

Jimmy savait très précisément ce qui advient lorsqu'on fait un mariage sans un sou en poche. Sa propre mère avait désobéi à son riche géniteur pour épouser M. Metcalfe ; le bonheur sans faille n'avait eu qu'un temps. Jimmy se souvenait encore du sentiment de confusion qui l'avait envahi quand, un beau matin, il avait constaté la disparition de sa mère. « Elle s'est levée, et hop, elle a pris la poudre d'escampette », avait-il entendu dire à un voisin dans la rue.

Le petit garçon avait repensé au spectacle de magie qu'il avait vu avec elle, à peine une semaine plus tôt. Médusé, il s'était imaginé la disparition de sa mère, la chair tiède de sa peau se délitant en molécules d'air sous ses yeux. Si quelqu'un pouvait accomplir de tels miracles, s'était-il dit, c'était bien sa mère.

Comme c'est souvent le cas avec les grands drames de l'enfance, ce furent ses condisciples qui firent son éducation, bien avant qu'un adulte compatissant pense à en faire autant. « Petit Jimmy a une drôle de mère / Est partie avec un millionnaire / Et l'a laissé sur le derrière / Avec une vie pleine de misères. » Jimmy avait rapporté la comptine de la cour de récréation. Son père ne s'était pas répandu en commentaires. Il était maigre à cette époque, le visage hâve, et passait le plus clair de son temps à la fenêtre, au prétexte qu'il attendait une lettre de commande des plus importantes. Il s'était contenté de caresser les cheveux de Jimmy en lui disant que tout allait bien, qu'ils s'en tireraient, tous les deux, qu'ils pouvaient compter l'un sur l'autre. Jimmy n'aimait pas l'insistance inquiète avec laquelle son père répétait ces explications, comme s'il cherchait à se convaincre lui-même, bien plus que son fils.

Jimmy posa le front contre la vitre du compartiment et regarda les rails qui défilaient au bas du train. Son père. C'était le seul obstacle à ses plans londoniens. Il ne pouvait pas le laisser seul, surtout pas en ce moment. Malheureusement, il était très attaché à leur maison de Coventry, celle où Jimmy avait grandi. Ces derniers temps, dans les moments d'égarement qui le prenaient parfois, le pauvre vieux mettait le couvert pour sa femme ou, pire encore, s'installait à la fenêtre, comme autrefois, pour guetter son retour.

Le train ralentit en gare de Waterloo et Jimmy empoigna son sac. Il trouverait une solution. Il avait l'avenir devant lui et saurait s'en montrer digne. L'appareil photo à la main, il sauta du wagon et courut prendre le métro pour attraper la correspondance de Coventry.

Pendant ce temps-là, Dolly était devant le miroir de l'armoire de sa chambre, au Bellevue, drapée dans une somptueuse robe de satin argenté. Il n'était pas question de la garder, bien sûr : mais quel mal y avait-il à l'essayer avant de la rendre ? Elle se redressa et s'examina un long moment. Le décolleté était magnifique, le tissu se fronçait sur sa peau, presque vivant, laissant percevoir le mouvement de ses seins qui se soulevaient et s'abaissaient au rythme de sa respiration. Elle n'avait jamais rien porté de semblable. Ni rien vu d'approchant dans la terne garde-robe de sa mère. Même celle de Caitlin ne possédait pas une aussi belle robe. Dolly était métamorphosée.

Elle aurait aimé que Jimmy la voie ainsi. Elle se frôla les lèvres, eut un frisson en repensant à son baiser, au poids de son regard, à l'expression qui lui était venue quand il avait pris la photo. C'était la première fois qu'un garçon l'embrassait vraiment. Elle n'était plus tout à fait la même que ce matin. Ses parents remarqueraient-ils quelque chose ? Le monde se rendrait-il compte qu'elle avait été regardée avec désir par un homme, et que celui-ci – un adulte déjà, les traits marqués, les mains calleuses à force de travail, qui partait à Londres travailler avec un photographe – l'avait embrassée avec passion ?

Dolly lissa la robe sur ses hanches. Adressa un petit geste à une connaissance invisible. Rit d'une plaisanterie muette. Puis, avec une torsion du corps, elle se laissa tomber sur le petit lit, les bras en croix.

— Londres, dit-elle à haute voix à la peinture qui s'écaillait au plafond.

Dolly avait pris une résolution qui la remplissait d'une excitation presque mortelle. Elle irait à Londres, elle l'annoncerait à ses parents dès la fin des vacances, dès le retour à Coventry. Ses parents trouveraient cela terrible, bien sûr, mais c'était sa vie. Elle refusait de se plier à la bienséance. Elle n'avait rien à faire dans une usine de vélos. Elle allait choisir son destin. Le vaste monde l'attendait, avec ses merveilleuses aventures : à elle de sauter sur l'occasion.

9

Londres, 2011

Il faisait froid dehors : un temps lugubre. Laurel n'était pas mécontente d'avoir pris son gros manteau. Les producteurs de l'émission avaient proposé de lui envoyer une voiture, mais elle avait décliné. L'hôtel n'était pas loin, elle préférait y aller à pied. Depuis toujours, elle aimait marcher. Avantage annexe : l'exercice était recommandé par ses médecins. Ce jour-là, elle était particulièrement heureuse de prendre l'air ; cela lui clarifierait peut-être les idées. La perspective de l'entrevue la troublait, ce qui n'était pas dans ses habitudes. Il lui suffit de penser aux projecteurs trop vifs, à l'œil imperturbable de la caméra, aux questions du jeune journaliste, pourtant un garçon affable, pour que sa main plonge immédiatement dans son sac, à la recherche d'une cigarette. Ça, en revanche, ça n'était guère du goût des médecins.

Elle s'arrêta à l'angle de Kensington Church Street pour l'allumer et consulta sa montre en secouant la main pour éteindre l'allumette. La répétition s'était achevée en avance et le journaliste ne l'attendait que pour trois heures. Elle tira pensivement sur sa cigarette. Si elle pressait le pas, elle aurait certainement le temps de faire un petit détour. Elle jeta un coup d'œil vers Notting Hill, tout proche. Pourtant, elle hésitait, se sentant en quelque sorte à la croisée des chemins. Il y avait derrière ce choix tout un monde de conséquences obscures. Non, elle exagérait. Bien sûr, elle allait faire le détour. Ç'aurait été vraiment idiot, vu la proximité. Son sac à main serré contre elle, elle s'écarta à grands pas de l'artère. (« En route, mauvaise troupe, disait toujours leur mère, simplement parce que l'expression l'amusait, on avance en rangs serrés. »)

Laurel s'était surprise à regarder le visage de sa mère pendant la fête d'anniversaire, comme si elle espérait y lire la solution de l'énigme. (« Comment l'avais-tu connu, ce Henry Jenkins, maman ? Si j'ai bien compris, vous n'étiez pas vraiment amis. ») La petite cérémonie avait eu lieu dans le jardin de l'hôpital, le jeudi matin. Il faisait beau et, comme Iris l'avait fait remarquer, il aurait été criminel de ne pas profiter du beau temps, avec l'horrible été qu'ils venaient de subir.

Quel extraordinaire visage que celui de leur mère ! Jeune, elle avait été très belle, bien plus que Laurel, bien plus qu'aucune de ses filles, sauf peut-être Daphne. Aucun metteur en scène ne l'aurait poussée vers les seconds rôles… Mais une chose est certaine : la beauté, celle du moins de la jeunesse, ne dure pas. Maman avait vieilli. Ses traits s'étaient affaissés, sa peau était marquée de taches, de plis mystérieux, de zones de dépigmentation. La chair avait presque disparu, de même que les cheveux. Restait cependant cet éclat malicieux qui irradiait de son visage, encore maintenant. Ses yeux avaient beau être las, ils conservaient l'étincelle d'un esprit qui aspire à la distraction, et les commissures de ses lèvres frémissaient toujours du souvenir d'une plaisanterie. Ces visages-là attirent la sympathie, y compris celle des inconnus. En outre, maman avait une façon de vous signifier, par une légère crispation de la mâchoire, qu'elle avait souffert autant que vous, mais que tout s'arrangerait, maintenant que vous étiez venu à elle. C'était cela, sa vraie beauté : sa présence, sa joie, son magnétisme. Et sa fantastique aptitude à recréer le monde.

« Mon nez est trop grand », avait-elle dit un jour à Laurel, alors que celle-ci, encore toute petite, la regardait s'habiller pour une soirée ou une sortie. Les talents que Dieu m'a donnés, je les ai gâchés. J'aurais fait un excellent parfumeur. »

Elle s'était alors détournée du miroir avec ce sourire mutin qui faisait toujours battre le cœur de Laurel, impatiente d'en savoir plus.

« Je peux te confier un secret ? Tu n'en parleras à personne ? »

Laurel, assise au bord du lit parental, avait hoché la tête et Dorothy s'était penchée sur elle, son nez venant chatouiller celui, minuscule, de sa fille.

« C'est qu'autrefois, avant de devenir une maman, j'étais un crocodile.

— Non ! s'était exclamée Laurel avec un soubresaut.

— Si. Mais c'était devenu fatigant, tous ces claquements de mâchoire et cette vie aquatique. Et les queues, tu sais, ça pèse drôlement lourd, surtout quand c'est mouillé.

— Et c'est pour ça que tu t'es changée en dame ?

— Pas exactement. Certes, ce n'est pas très agréable, tout cela, mais ce n'est pas une raison pour échapper à ses responsabilités. Un jour que je me prélassais au bord d'un fleuve...

— En Afrique ?

— Bien sûr. Tu ne t'imagines tout de même pas qu'il y a des crocodiles en Angleterre, si ? »

Laurel avait secoué la tête.

« Donc, un jour que je prenais le soleil, une petite fille s'approcha de moi, accompagnée de sa maman. Elles se tenaient par la main et je me suis rendu compte que j'avais diablement envie d'en faire autant. Et c'est ce qui s'est passé. Je suis devenue une vraie personne. Ensuite, tu es née. Ça a donc plutôt bien marché, dans l'ensemble. Sauf pour le nez.

— Mais comment ça ? avait demandé Laurel en clignant des yeux, émerveillée. Comment es-tu devenue une vraie personne ?

— Ah, avait répondu Dorothy en se retournant vers la glace pour ajuster les bretelles de sa robe. Je ne vais quand même pas te raconter tous mes secrets. Pas tous en même temps, en tout cas. Repose-moi la question quand tu seras plus grande. »

Maman avait toujours eu une imagination délirante. Laurel et ses sœurs en avaient reparlé lors de la fête. « Il fallait bien ça, avait renâclé Iris. Avec nous tous sur le dos à supporter ! Une femme de moindre stature serait devenue complètement folle. »

Ce qui, dut concéder Laurel, n'était pas faux. Elle, elle aurait craqué. Cinq enfants piaillant, se chamaillant, une ferme qui prenait l'eau à la moindre pluie, des oiseaux qui faisaient leur nid dans la cheminée. Un vrai cauchemar, en somme.

Sauf que non. Elle avait été parfaite, cette vie. L'enfance que décrivent les romanciers à l'eau de rose dans des livres que les critiques jugent trop nostalgiques. Jusqu'à l'affaire du couteau, bien sûr. Ah, nous y voilà, enfin, auraient ricané lesdits critiques. Laurel se rappelait vaguement avoir levé les yeux au ciel, dans ses accès de morosité adolescente, en se demandant comment l'on pouvait se contenter d'une existence si banale. On ne parlait pas encore de retour à la campagne à cette époque – pas Laurel, en tout cas, trop absorbée en cette année 1958 par Kingsley Amis pour se soucier des *Darling Buds of May*[1]. Pourtant elle ne voulait pas que ses parents changent. La jeunesse est un âge arrogant : Laurel se satisfaisait fort bien de penser qu'ils étaient moins aventureux qu'elle. Pas un seul instant, elle n'avait imaginé que Dorothy pût être autre chose qu'une épouse et une mère comblée, qu'elle avait été jeune, elle aussi, et bien déterminée à ne pas suivre le chemin tracé par sa mère – et même qu'elle avait un passé à cacher.

Or ce passé était revenu en force, avait envahi sa vie. Il avait sauté à la gorge de Laurel à l'hôpital, lorsqu'elle avait vu la photo de Vivien, et ne l'avait plus lâchée depuis. Il l'attendait à tous les coins de rue ; au cœur de la nuit, il lui parlait à l'oreille. Jour après jour, il prenait de la force et du poids, s'accompagnait de mauvais rêves, de

1. Littéralement, « les jolies fleurs de mai ». Titre d'un roman de H. E. Bates louant les plaisirs ruraux du Kent, paru en 1958 et traduit en français sous le titre *Au soleil de mai*.

couteaux à la lame luisante, de petits garçons avec leurs fusées en fer-blanc, de promesses de remonter le temps, de réparer ce qui avait été brisé. Laurel était incapable de se concentrer sur quoi que ce soit : pas plus sur le film dont le tournage commençait la semaine suivante que sur le documentaire dans le cadre duquel elle était interviewée. Rien ne semblait plus avoir d'importance, hormis les mystères de Dorothy.

Car il existait bel et bien, ce passé secret. Laurel en était déjà convaincue et le comportement de sa mère l'avait confortée dans ses convictions. Pour ses quatre-vingt-dix ans, tandis que ses trois arrière-petites-filles confectionnaient des colliers de pâquerettes, que son petit-fils pansait d'un mouchoir le genou écorché de son enfant, que ses filles se préoccupaient du bien-être des invités et qu'une voix non identifiée réclamait « Un discours, un discours », Dorothy Nicolson avait eu un sourire extatique. Derrière elle, les roses tardives illuminaient les buissons. Maman avait joint les mains, joué machinalement avec ses bagues, trop grandes désormais pour ses doigts décharnés. Puis elle avait soupiré.

« Quelle bonne fortune est la mienne, avait-elle dit d'une voix lente et chevrotante. Voyez tout ce monde, voyez mes enfants. J'ai tant de gratitude, tant de bonheur d'avoir eu… »

Ses vieilles lèvres avaient tremblé, ses paupières s'étaient closes en frémissant. Les trois sœurs de Laurel s'étaient précipitées vers elle, la couvrant de baisers, s'écriant :

« Oh, maman chérie, notre cœur ! »

Si bien qu'elles avaient manqué la fin de sa phrase.

« … une seconde chance. »

Mais Laurel, elle, l'avait entendue. Elle s'était mise à scruter le visage de sa mère – son adorable visage, si familier, si las désormais. Si secret. Traquant la réponse qui ne pouvait que s'y trouver. Car lorsqu'on a mené une vie banale et sans faute, on n'a nul besoin de seconde chance.

Laurel prit Campden Grove, qu'encombraient des tas de feuilles mortes. Le cantonnier n'était pas encore passé par là et elle en fut heureuse. Alors qu'elle s'amusait à piétiner le plus épais des amas, le temps fit une boucle, l'emmenant dans le bois, derrière Greenacres, lorsqu'elle avait huit ans.

« Les filles, remplissez bien le sac. Il faut que les flammes puissent atteindre la lune ! »

C'était la voix de maman, le soir du 5 novembre[1]. Laurel et Rose, bottes de caoutchouc aux pieds, écharpes au cou, et Iris, tout emmitouflée, clignant des yeux dans sa poussette. Gerry, qui des cinq enfants aurait le plus d'affection pour les bois, n'était encore qu'un murmure, une luciole dans le ciel rosé. Daphne, elle, faisait déjà sentir sa présence, barbotant, virevoltant et sautant dans le ventre de sa mère : « Je suis là ! Je suis là ! Je suis là ! » (Quand ses sœurs, enfants, parlaient d'un événement antérieur à sa naissance, elles lui disaient : « Ça, ça s'est passé quand tu étais morte. » Ce n'était pas tant cette idée de la mort qui la perturbait que celle, autrement cuisante, d'avoir raté le spectacle.)

1. Il s'agit de la *Bonfire Night*, soirée pendant laquelle les Anglais célèbrent avec de grands feux de joie et des pétards la révolte manquée de Guy Fawkes, en 1605.

Laurel fit halte à mi-chemin de la rue, juste après Gordon Place. C'était là que se trouvait le numéro 25, coincé comme il se devait entre le 24 et le 26. La maison ressemblait aux autres, blanche et victorienne, avec des balcons de fer forgé noir au premier étage et un chien-assis ménagé dans le toit d'ardoise à la pente douce. Un landau, de ceux qui ressemblent vaguement à un module d'exploration lunaire, encombrait le carrelage du perron. Une guirlande de petites citrouilles de Halloween, dessinées par une main enfantine, décorait la fenêtre du rez-de-chaussée. Nulle plaque bleue sur la façade, tout juste le numéro de la maison. Personne apparemment n'avait jugé utile de rappeler aux autorités de l'English Heritage l'importance du 25 Campden Grove, où, pourtant, avait vécu jadis Henry Ronald Jenkins. Laurel se demanda si les propriétaires du landau spatial savaient que leur maison avait appartenu à un écrivain réputé. Non, sans doute – et d'ailleurs, à quoi bon ? À Londres, des milliers de gens vivaient sous des toits qui pouvaient s'enorgueillir d'avoir accueilli telle ou telle personnalité. Du reste, la célébrité de Jenkins n'avait guère duré.

Internet cependant ne l'avait pas oublié. Internet n'oubliait rien. Henry Jenkins faisait partie des millions de fantômes qui y erraient en ectoplasmes brumeux, jusqu'à ce qu'un vivant tape sur son clavier les quelques lettres qui les rendaient alors à une vie éphémère. Laurel avait fait à la ferme une timide tentative d'exploration du Web, à partir de son téléphone flambant neuf : la batterie de l'appareil l'avait lâchée au moment même où elle avait fini par comprendre comment lancer une recherche. Il n'était pas question d'emprunter l'ordinateur portable d'Iris pour un projet aussi peu officiel. Si bien qu'elle avait passé ses dernières heures à Greenacres accablée par la frustration, ne trouvant rien de mieux à faire qu'aider Rose à gratter la moisissure qui rongeait les joints du carrelage de la salle de bains.

Lorsque Mark, son chauffeur, se présenta le vendredi, comme convenu, elle bavarda avec lui tout le long du trajet sur le ton le plus aimable du monde : la circulation, la rentrée théâtrale, les travaux sur le réseau routier (seraient-ils finis à temps pour les jeux Olympiques ?). Une fois arrivée à bon port, Laurel s'était même contrainte à rester sur le trottoir, dans le crépuscule, la valise à ses pieds, pour faire des signes à Mark jusqu'à ce que le véhicule disparaisse. Puis elle avait monté les marches de l'escalier, sans impatience, avait ouvert la porte de l'appartement sans le moindre frémissement, l'avait refermée sans bruit. Ensuite, se retirant dans son salon, à l'écart du monde, elle avait laissé tomber le masque… et sa valise. Sans prendre le temps d'allumer la lumière, elle avait démarré son portable et tapé le nom de Jenkins dans Google. Quelques secondes avaient suffi pour que les résultats s'affichent, mais Laurel déjà se rongeait les ongles, renouant avec sa manie d'adolescente.

La page Wikipédia de Jenkins, assez succincte, fournissait une bibliographie et des repères biographiques (né à Londres en 1901, mort dans le Suffolk en 1961, il s'était marié à Oxford en 1938 et avait vécu au 25 Campden Grove, Londres). On trouvait certains de ses ouvrages dans des librairies d'occasion en ligne (Laurel en commanda deux). Son nom apparaissait dans les sites les plus hétéroclites : « Liste des anciens élèves de la Nordstrom School » ou « Quand la réalité dépasse la fiction : petit répertoire des morts étranges dans le monde littéraire ». Laurel parvint tout de même à se faire une idée de son œuvre : des romans semi-autobiographiques, situés dans des décors lugubres et mettant en scène des antihéros issus de la classe ouvrière – du moins jusqu'au roman qui l'avait fait découvrir en 1939, une histoire d'amour d'une tout autre teneur. Pendant la guerre, il avait travaillé pour le ministère de l'Information. De nombreux sites évoquaient son ultime incarnation – le Rôdeur du Suffolk, l'homme qui importunait les familles en pique-nique. Laurel parcourait les pages avec une panique croissante, de peur que lui saute au visage un nom ou une adresse qu'elle ne connaissait que trop.

Ce qui ne se produisit pas. Aucun de ces sites ne faisait mention de Dorothy Nicolson, mère de Laurel Nicolson, oscarisée et (deuxième) personnalité préférée des Britanniques. Rien de plus précis qu'une « prairie des environs de Lavenham, dans le Suffolk », aucune rumeur déplaisante sur les couteaux d'anniversaire ou les bébés en pleurs. Bien sûr. C'était prévisible. L'élégante discrétion des médias de 1961 avait été habilement réinterprétée par les historiens du Web : Henry Jenkins avait eu un bref succès avant la Seconde Guerre mondiale. Puis il avait perdu sa notoriété, son argent, ses réseaux, ses amis et, pour finir, son sens de la bienséance. Il avait sombré dans l'ignominie. Laurel relut une dizaine de fois ces tristes pages : le croquis au crayon se fit de plus en plus précis. Une fiction qu'elle fut même sur le point de prendre pour la réalité.

Puis vint le clic de trop – le lien apparemment innocent qui la conduisit vers un site intitulé « L'imaginarium de Rupert Holdstock ». La photo apparut comme un visage à la fenêtre. C'était Jenkins, impossible de s'y tromper, même s'il était plus jeune que l'homme qu'elle avait vu surgir sur le chemin. Laurel sentit les bouffées de chaleur alterner avec les frissons. Aucun des articles qu'elle avait dénichés autrefois ne comportait de portrait de Jenkins. C'était la première fois qu'elle revoyait son visage depuis l'après-midi dans la cabane.

Elle ne put s'empêcher de lancer une recherche image. Il fallut 0,27 seconde à Google pour lui proposer un écran entier tapissé de la même photographie en dizaines d'exemplaires – ne variaient que les dimensions. Cette accumulation donnait au visage de Jenkins un aspect macabre (ou était-ce les visions et les sons qu'elle y associait ? La grille qui grinçait, le grondement de Barnaby, le drap qui, de blanc, était devenu taché de brun-rouge). Ces rangées interminables du même visage en noir et blanc : costume, moustache sombre, sourcils épais surplombant un regard dangereusement direct.

« Bonjour… Dorothy. »

Ces dizaines de bouches aux lèvres minces semblaient bouger sur l'écran.

« Ça faisait longtemps. »

Laurel rabattit l'écran sur le clavier, plongeant la pièce dans l'obscurité.

Même si elle avait renvoyé le portrait de Jenkins aux oubliettes, Laurel n'en continua pas moins de penser à lui – et à cette maison qu'il avait habitée, à deux pas de la sienne. Lorsque le premier de ses achats en ligne lui fut livré en vingt-quatre heures express, elle le lut d'une traite. Et pensa à sa mère. *Une femme en chambre* était le huitième roman de Jenkins. Paru en 1940, il racontait les amours d'un respectable auteur – un homme à l'esprit tourmenté dont l'épouse était belle mais froide –, et de la téméraire Sally, la jeune dame de compagnie de ladite épouse. Le style était alambiqué, mais l'œuvre n'était pas sans mérite : les personnages étaient bien campés, le dilemme du narrateur vieux comme le monde, d'autant que Sally et sa femme se liaient d'amitié. À la fin du roman, le narrateur, sur le point de rompre, s'inquiétait des conséquences de sa décision. La pauvre fille était folle de lui, vous comprenez. Rien d'étonnant à cela. Comme Jenkins l'écrivait si bien, il était irrésistible (par « il », il faut entendre le narrateur, bien sûr).

Laurel leva les yeux vers la fenêtre mansardée du 25 Campden Grove. Henry Jenkins, s'il fallait en croire Internet, s'inspirait de la réalité pour ses écrits. Maman avait été femme de chambre (c'était ainsi qu'elle avait atterri chez mamie Nicolson). Maman et Vivien étaient amies – quant à la relation entre maman et Jenkins, elle avait mal tourné. Très mal. Et si l'histoire de Sally était celle de sa mère ? N'était-ce pas un peu tiré par les cheveux, pourtant ? Dorothy n'avait-elle pas vécu là-haut, dans la petite chambre sous le toit d'ardoise ? N'était-elle pas tombée amoureuse de son employeur, qui l'avait par la suite abandonnée ? Laurel ne tenait-elle pas là l'explication de la scène dont elle avait été le témoin, un été 1961 – la vengeance d'une femme humiliée ?

Peut-être bien.

Mais comment savoir si une jeune femme prénommée Dorothy avait bien été employée de maison chez les Jenkins, avant la guerre ? Soudain la porte du 25 s'ouvrit – une porte rouge, ce qui en général était un bon signe, se dit Laurel. Un tourbillon de petites jambes potelées dûment gainées de laine se déversa sur le trottoir. Les gens n'apprécient guère de voir leur maison épiée par des passants inconnus : Laurel baissa la tête, feignant d'être absorbée par le contenu de son sac à main et s'efforçant d'apparaître comme une passante des plus normales – et non comme une femme qui avait poursuivi des fantômes tout l'après-midi. Elle n'avait pas oublié ses bons réflexes pour autant et se débrouilla pour garder un œil sur la porte rouge. Une femme apparut, poussant un enfant dans un landau, trois tout-petits accrochés à ses jupes. De l'intérieur de la maison, une autre voix enfantine résonna – bonté divine, un cinquième !

La femme poussa le landau vers le bord de l'escalier à petits pas. Laurel eut un moment d'hésitation. Elle était sur le point de proposer un coup de main lorsque l'enfant invisible sortit sur le perron. Il était plus grand que les autres, mais ne devait guère avoir plus de cinq ou six ans. Il se campa devant le landau et aida sa mère à descendre son fardeau. Mère et enfants se dirigèrent vers Kensington Church Street, les petites filles filant vers l'avant ; le garçonnet resta en arrière, sous le regard observateur de Laurel. Elle aimait la façon dont ses lèvres bougeaient imperceptiblement, comme s'il fredonnait quelque chanson, tout bas. De même, les mouvements de ses mains : il les tenait à plat à hauteur de ses yeux puis penchait la tête et les faisait se rencontrer dans les airs, ses doigts ondulant comme des feuilles dans le vent. Le monde semblait ne pas exister pour lui, et cette concentration avait quelque chose d'ensorcelant pour Laurel. Le petit lui rappelait Gerry enfant.

Cher Gerry. Il n'avait rien fait comme les autres, son frère. Il n'avait pas prononcé un mot avant sa septième année, passant même pour handicapé mental auprès de ceux qui ne le connaissaient pas (quant aux familiers des Nicolson, ils prenaient son silence pour une conséquence nécessaire du vacarme entretenu par ses sœurs). Gerry n'avait aucun retard intellectuel, il était même furieusement intelligent. De cette intelligence qui fait les savants. Il collectionnait les faits, les indices, les vérités, les théorèmes et les réponses à des questions que Laurel ne s'était jamais posées de sa vie – sur des sujets aussi redoutables que le temps, l'espace et la matière qui les peuple. Lorsqu'il se décida à s'exprimer à haute et intelligible voix, ce fut pour demander à ses parents et à ses sœurs s'ils savaient comment les ingénieurs allaient s'y prendre pour empêcher la tour de Pise de tomber (cette question avait été évoquée au journal télévisé quelques soirs plus tôt).

— Julian !

Les souvenirs de Laurel se dissipèrent. Elle lança un regard étonné à la mère du garçon, comme si cette dernière venait d'une autre planète.

— Ju-ju-bouchon !

Le petit fit atterrir sa main gauche sur la droite avant de lever les yeux. Ce faisant, il croisa ceux de Laurel. Ses sourcils se haussèrent. De surprise, d'abord ; puis une autre émotion prit le pas. Ah, il l'avait reconnue. Oui, cela lui arrivait souvent, même si les gens n'associaient pas forcément son nom à son image. (« Je vous connais ? Nous sommes-nous déjà rencontrés ? Vous travaillez à la banque, non ? »)

Laurel hocha la tête et s'apprêtait à poursuivre sa route lorsque le garçonnet lui dit :

— Vous êtes la dame de papa.

— *Ju-lian !*

Laurel observa le curieux petit bonhomme.

— Vous êtes la dame de papa, répéta-t-il.

Mais avant qu'elle puisse lui demander ce qu'il voulait dire, le gamin était reparti d'un pas sautillant vers sa mère, naviguant des deux mains sur les vagues invisibles de Campden Grove.

10

Laurel arrêta un taxi sur Kensington High Street.

— On va où, ma belle dame ? demanda le chauffeur, après qu'elle se fut installée dans l'habitacle, échappant de justesse à l'averse soudaine.

— À Soho, Charlotte Street Hotel, merci.

Un silence suivit, qu'accompagna un regard inquisiteur dans le rétroviseur. Puis, tandis que le véhicule s'engageait dans la circulation :

— Je vous connais, non ? Qu'est-ce que vous faites dans la vie ?

« Vous êtes la dame de papa. » Qu'est-ce que ça pouvait bien vouloir dire ?

— Je travaille dans une banque.

Le chauffeur se lança dans une diatribe sur les banquiers et la crise de la dette, et Laurel feignit de se concentrer sur l'écran de son téléphone portable. Elle fit défiler au hasard les contacts de son carnet d'adresses et s'arrêta sur le nom de Gerry.

Il était arrivé en retard à l'anniversaire de maman, se grattant la nuque et se demandant où diable il avait bien pu fourrer son cadeau. C'était du Gerry pur jus. À cinquante-deux ans, il avait encore tout du garçon adorable et distrait, portant un pantalon trop court et le pull-over marron et informe que Rose lui avait tricoté, trente Noël plus tôt. Les sœurs de Laurel se jetèrent sur lui et se battirent presque pour lui servir du thé et du gâteau. Jusqu'à maman, tirée de son assoupissement, son visage si vieux, si las, illuminé un bref instant par le sourire de joie sans mélange qu'elle réservait à son seul fils.

C'était Gerry qui lui manquait le plus. L'une des infirmières, la plus aimable du lot, l'avait confié à Laurel, l'interceptant dans le couloir tandis que la famille s'affairait aux préparatifs de la fête.

« Il faut que je vous parle, avait-elle dit à Laurel.

— À quel sujet ? avait rétorqué cette dernière, sur ses gardes.

— Pas de panique, ce n'est rien de grave ! Simplement, votre maman a demandé à voir quelqu'un. Un certain Jimmy. C'est un nom qui vous dit quelque chose ? Elle voulait savoir pourquoi il ne venait jamais la voir. »

Laurel avait réfléchi un moment avant de secouer la tête. Mieux valait ne pas mentir. Maman ne connaissait pas de Jimmy. Elle s'était abstenue d'ajouter qu'elle n'était certainement pas la plus à même de répondre – d'autres observaient mieux leurs devoirs filiaux. (Pas Daphne, certes. C'était d'ailleurs un soulagement de l'avoir. C'est toujours une bonne chose de ne pas être la pire.)

« Ne vous inquiétez pas, avait repris l'infirmière, avec un sourire rassurant. Ces derniers temps, elle bat un peu la campagne. Ça leur arrive souvent quand la fin approche. »

Ce « leur » généralisateur avait fait grimacer Laurel, de même que cet horrible couperet : « fin ». Sur ce, Iris avait surgi, une bouilloire défectueuse à la main et une réflexion malséante sur l'avenir de l'Angleterre aux lèvres. Laurel n'avait pas insisté. Ce ne fut que plus tard, alors qu'elle s'était discrètement faufilée sous la marquise de l'entrée pour fumer une cigarette, qu'elle avait compris. L'infirmière avait confondu. Maman avait parlé de Gerry, et non de Jimmy.

Le taxi fit une légère embardée et Laurel s'agrippa à son siège.

— Chantier, expliqua le chauffeur en contournant Harvey Nichols. Des appartements de grand standing. Ça fait bien un an, et cette fichue grue est toujours collée là.

— C'est ennuyeux.

— Ils ont déjà pratiquement tout vendu. À quatre millions de livres le lot.

Il laissa échapper un sifflement.

— Quatre millions ! À ce prix-là, je m'achète une île déserte.

Laurel eut un sourire qu'elle espérait dépourvu de tout encouragement et rapprocha le téléphone de son nez. Elle détestait être mêlée contre son gré à des conversations sur l'argent des autres.

Elle savait très bien pourquoi Gerry lui était revenu à l'esprit, et pourquoi elle était si prompte à détecter des expressions qui avaient pu être siennes sur les visages d'autres petits garçons. Ils avaient été très liés, autrefois – ce qui n'était plus le cas depuis les dix-sept ans de Gerry. À cette époque, il était passé chez elle, à Londres, avant de commencer ses études à Cambridge (où il avait décroché une bourse, comme Laurel le confiait à ses amis, et même aux autres). Ils avaient pris du bon temps, tous les deux. Comme toujours. Ils avaient vu *Monty Python, Sacré Graal* dans l'après-midi, avaient dîné au restaurant indien du coin. Plus tard dans la soirée, inspirés par un délicieux tikka masala, ils étaient montés sur le toit avec couverture et oreillers pour y partager un joint, passant par la fenêtre de la salle de bains.

La nuit était très claire, pleine d'étoiles – encore plus que d'ordinaire, elle en était sûre ; de la rue montait la rumeur chaleureuse et lointaine des fêtards nocturnes. Le haschisch avait rendu Gerry particulièrement causant, ce qui arrangeait bien Laurel, qui, elle, était plutôt songeuse. Il s'était lancé dans de grandes explications sur l'origine de l'univers, désignant constellations et galaxies et faisant des gestes brusques de ses mains délicates et fébriles ; Laurel, les yeux plissés, voyait les étoiles se brouiller et tracer des courbes ; les paroles de Gerry coulaient vers les cieux. Elle s'était perdue dans le courant des nébuleuses, pénombres et autres super-novas, n'avait pas remarqué que le monologue de son frère avait pris fin. Lorsqu'elle l'entendit prononcer son diminutif, Lol, avec une certaine insistance, il devait en être à son deuxième ou troisième essai.

« Hein ? »

Elle ferma un œil puis l'autre ; les étoiles firent un saut dans le ciel.

« J'ai quelque chose à te demander. Ça fait un moment, en fait.

— Quoi ?

— Seigneur, dit-il avec un petit rire. Je me la suis si souvent répétée, cette question… et voilà que les mots ne me viennent plus. »

Il se passa la main dans les cheveux, rageur, et renâcla, comme un animal.

« Hum. Bon, voilà : je voulais te demander, Lol, s'il s'était un jour passé quelque chose quand nous étions gamins. Un événement… »

Sa voix se fit chuchotement.

« … un événement violent ? »

Elle sut immédiatement de quoi il voulait parler. Un sixième sens l'alerta ; les pulsations de son cœur envahirent le moindre recoin de sa peau ; elle se sentit brûler intérieurement. Il se souvenait. Ils avaient toujours pensé qu'il était trop petit – ils s'étaient trompés.

« Un événement violent ? »

Elle se redressa sur son séant et se détourna. Elle eût été incapable de lui mentir, les yeux dans les yeux.

« J'imagine que tu ne veux pas parler des célèbres disputes entre Iris et Daphne pour savoir laquelle des deux utilisera la salle de bains en premier. »

Ce qui ne le dérida pas.

« Je sais, c'est idiot, Lol, mais parfois, j'ai ce sentiment curieux…

— Un sentiment curieux ?

— Lol…

— Si c'est occulte, tu devrais en parler à Rose.

— Zut, Lol.

— Si tu veux, on peut essayer de la joindre à l'ashram. »

Il lui lança un oreiller.

« Lol, je ne plaisante pas. Ça me trotte dans la cervelle depuis longtemps. Et si je t'en parle, c'est que je sais que tu ne me mentiras pas, toi. »

Il consentit à sourire : ils n'étaient pas très doués pour les conversations sérieuses, tous les deux. Pour la millionième fois, sans doute, Laurel songea à l'intensité de son amour pour lui. Elle doutait de pouvoir aimer les enfants qu'elle aurait peut-être un jour avec autant de force.

« C'est comme si je me souvenais de quelque chose dont j'ignore le contenu. Comme si l'événement lui-même avait disparu, et qu'il ne restait que le souvenir des impressions qu'il m'avait faites – la peur, l'horreur. Ou du moins leurs ombres. Tu vois ce que je veux dire ? »

Oui, Laurel voyait exactement ce qu'il voulait dire.

« Alors ? »

Il haussa une épaule en signe de défaite, bien que Laurel n'eût rien dit encore pour la lui signifier.

« Qu'est-ce qui a pu se passer qui me laisse cette sensation ? Tu sais ? »

Que pouvait-elle lui répondre ? La vérité ? Impossible. Il y a des choses dont on ne peut parler à son petit frère, même si l'aveu est tentant. Pas à la veille de son départ pour Cambridge, pas sur le toit d'un immeuble de quatre étages. Même si, soudain, il n'y avait rien au monde qu'elle souhaitât tant partager avec lui que ce souvenir-là.

« Non, je ne vois pas ce qui pourrait correspondre à cette impression d'horreur, G. »

Il n'insista pas, ni ne montra quelque incrédulité que ce fût. Au bout d'un moment, il se lança de nouveau dans ses explications sur le début de l'univers, la naissance des étoiles et les trous noirs. Le cœur de Laurel se serra – d'un sentiment d'amour et de regret mêlés. Elle se garda bien de l'observer de trop près : il y avait quelque chose dans les yeux de son frère qui lui rappelait le bambin potelé que sa mère avait posé brutalement sur les graviers, près de la glycine – insupportable souvenir.

Le lendemain, Gerry se rendit à Cambridge pour ne jamais plus en repartir, étudiant chargé d'honneurs et de découvertes, explorateur des recoins de l'univers. Ils s'étaient revus, écrit – elle lui envoyait les récits rapidement griffonnés de ses méfaits de coulisse, il lui répondait par des réflexions de plus en plus incompréhensibles, rédigées sur des serviettes de cafétéria –, mais ce n'était plus pareil, même s'il était difficile d'expliquer en quoi. Une porte s'était fermée, ou plutôt une fissure était silencieusement apparue dans leur amitié. Était-elle la seule à la sentir, ou s'en était-il rendu compte, lui aussi ? Plus tard, bien plus tard, elle avait regretté son choix de ne rien lui dire. À l'époque, elle avait voulu agir pour le mieux, le protéger – mais elle ne savait plus où était le mieux.

— Ma belle dame, on y est. Charlotte Street Hotel. Ça fera douze livres.

— Merci, monsieur. Voilà.

Laurel rangea son téléphone et donna quinze livres au chauffeur. Une idée venait de lui traverser l'esprit : Gerry était la seule personne, hormis leur mère, avec laquelle elle pouvait discuter de l'événement. Il en avait été témoin, comme elle. Ils étaient liés tous deux, non seulement par le sang, mais par ce qu'ils avaient vécu.

En ouvrant la portière de la voiture, Laurel manqua heurter Claire, son agent, qui faisait les cent pas sur le trottoir armée d'un parapluie.

— Bon Dieu, Claire, tu m'as fait peur !

— C'est compris dans le service, ma chère. Comment vas-tu ? Bien ?

— Bien, pas de souci.

Après s'être fait la bise, elles se précipitèrent dans l'hôtel – au sec, au chaud.

— L'équipe finit les réglages, annonça Claire en secouant le parapluie. Les projecteurs et tout le tralala. Tu veux quelque chose au restaurant pendant qu'ils terminent ? Un thé, un café ?

— Un bon petit gin ?

Claire haussa les sourcils, qu'elle avait minces.

— Allons, tu n'en as pas besoin. C'est un exercice auquel tu as dû te livrer une bonne centaine de fois, et je serai là. Si le journaliste se permet la moindre liberté par rapport à notre préparation, je lui saute dessus comme une maladie de peau.

— Que voilà une perspective plaisante !

— Je ferais une ravissante éruption.

— Je n'en doute pas.

Le thé qu'elles avaient commandé venait juste de leur être servi lorsqu'une jeune fille avec une queue-de-cheval et un tee-shirt qui proclamait « Ça ou autre chose… » s'approcha de leur table. L'équipe n'attendait plus qu'elles. Claire fit venir une serveuse, laquelle proposa de leur monter un plateau. Après quoi, elles prirent l'ascenseur pour la salle de tournage.

— Tout baigne ? s'enquit Claire, tandis que les portes coulissantes se refermaient.

— Absolument, répondit Laurel, en faisant de son mieux pour y croire.

L'équipe avait reloué la même salle : il n'était pas facile de filmer un entretien continu en plusieurs morceaux. Sans parler des problèmes de synchronisation. Laurel avait heureusement pensé à prendre, comme on le lui avait demandé, le chemisier qu'elle portait lors des sessions précédentes.

Le producteur les attendait sur le palier ; l'habilleur accompagna Laurel à la salle de bains, où un fer à repasser était en train de chauffer. Laurel sentit son estomac se contracter – ce dont son visage dut se faire le reflet, car Claire fronça les sourcils.

— Tu veux que je t'accompagne ?

— Hors de question, rétorqua Laurel, en chassant du mieux qu'elle le pouvait ses fantômes – maman, Gerry et les noirs secrets du passé. Quand même, je suis encore capable de m'habiller toute seule !

Le journaliste (« Vous pouvez m'appeler Mitch », avait-il dit) se fendit d'un large sourire lorsque Laurel fit son entrée et lui indiqua le fauteuil, agrémenté d'un authentique mannequin de couturière.

— Je suis ravi que nous puissions reprendre l'entretien, fit-il en enfouissant la main de Laurel dans les siennes.

Après quoi, il la secoua vigoureusement.

— Nous sommes contents de ce que ça donne. J'ai regardé les rushes de la semaine dernière – c'est super. L'épisode qui vous est consacré va être l'un des plus remarquables de la série.

— Enchantée de l'apprendre.

— Aujourd'hui, je vais me contenter de revenir sur certains points. Histoire qu'il n'y ait pas de lacunes dans votre narration. Ça vous va, Laurel ?

— Bien sûr.

Les lacunes ? Elle n'avait aucune envie de les explorer. Plutôt se faire arracher une dent.

Quelques instants plus tard, maquillée et pourvue d'un micro, Laurel prit place dans le fauteuil et attendit la suite des événements. Les projecteurs finirent par s'allumer ; un assistant compara les polaroïds de la journée à ceux de la semaine précédente. Un membre de l'équipe demanda le silence, un autre brandit un clap sous le nez de Laurel. La mâchoire de bois claqua.

Mitch, lui aussi rivé à son fauteuil, se pencha vers son interlocutrice.

— On y va, dit le cameraman.

— Laurel Nicolson, fit Mitch. Nous nous sommes étendus sur votre carrière de comédienne, pour le meilleur et pour le pire. Mais nous avons jusqu'à maintenant omis une dimension qui importe à nos spectateurs. Ils aiment savoir de quel bois leurs héros sont faits. J'aimerais que vous me parliez de votre enfance.

Le scénario était établi. Il avait été mis au point par Laurel, en personne. Autrefois, dans une ferme du fin fond de la campagne, vivait une petite fille, entourée d'une famille de rêve : des tas de sœurs, un petit frère et des parents qui s'aimaient presque autant que leur progéniture. Enfance douce et sans incident notable, riche d'intermèdes ensoleillés et de jeux innocents. Lorsque les ennuyeuses années 1950 laissèrent place à la décennie suivante et à la frénésie du rock, Laurel Nicolson s'installa à Londres, séduite par les lumières de la grande ville et voguant sur la révolution culturelle du moment. Elle avait eu de la chance (c'était une bonne chose que d'avoir des artistes reconnaissants), elle avait travaillé avec acharnement (on ne réussit pas sans efforts : il faut être bien sot pour penser le contraire) – elle n'avait pas connu une seule période de chômage depuis sa sortie des cours de théâtre.

— Votre enfance a quelque chose d'idyllique.

— Oui, certainement.

— Elle frise même la perfection.

— Vous savez comme moi qu'il n'y a pas de famille idéale.

Laurel avait la bouche sèche.

— Pensez-vous que cette enfance vous ait donné envie de monter sur les planches ?

— Oui, je crois. Nous subissons tous les influences de ce qui nous a précédés – en tout cas, c'est qu'on dit. « On »... celui à qui rien n'échappe.

Mitch eut un sourire compréhensif et gribouilla quelques mots sur le carnet qui tenait en équilibre sur son genou. Sa plume grinçait sur le papier. L'esprit de Laurel fut happé par un souvenir : le jeune policier qui notait le moindre de ses mots – elle avait seize ans, et c'était dans le salon de la ferme.

— Vous aviez trois sœurs et un frère. C'était difficile de vous faire remarquer ? Est-ce à cette époque que vous avez décidé d'atteindre ce but ?

Laurel rêvait d'un verre d'eau. Elle chercha Claire du regard.

— Non, l'effet a été bien différent. Naître dans une famille nombreuse, c'est accepter de se fondre dans l'arrière-plan.

Et le faire si habilement, même, qu'il était possible de déserter du bord de la rivière sans que quiconque s'en aperçoive.

— Pourtant, on n'attend pas d'un acteur qu'il se fonde dans l'arrière-plan.

— Jouer la comédie, ce n'est pas se faire remarquer à tout prix. C'est d'abord savoir observer les choses avec finesse.

C'était ce qu'un spectateur lui avait dit devant l'entrée des artistes, un soir qu'elle sortait, encore tout électrisée par l'excitation de la représentation. Il avait tenu à lui dire à quel point il avait joui du moment. « Vous êtes une remarquable observatrice. Vous ouvrez tout en même temps : l'œil, l'oreille et le cœur. »

Expression qu'elle avait déjà entendue, lui semblait-il. Mais dans quelle pièce ? Elle ne s'en souvenait plus.

Mitch pencha la tête.

— Laurel, ce talent, le possédez-vous ?

Curieux, ce souvenir qui lui revenait, l'homme à la sortie des artistes, la citation dont elle avait oublié la source, pourtant si familière. Pendant un temps, elle n'avait pensé qu'à cela. Une véritable obsession. Et voilà que cela la reprenait Elle avait soif. Claire lui apparut dans la pénombre de l'embrasure de la porte.

— Laurel ?

— Oui ?

— Ce talent d'observation, le possédez-vous ?

— Oui, oui, on peut dire ça.

Cachée dans une cabane, discrète comme une souris. Le cœur de Laurel battait à toute allure. La température élevée de la salle, les projecteurs, les regards qui la scrutaient…

— Vous nous avez dit quelques mots de votre mère, Laurel. Une maîtresse femme, qui avait survécu à la guerre et à la perte des siens, lors du blitz. Elle avait su se réinventer. Pensez-vous avoir hérité de sa force de caractère ? Est-ce cela qui vous a permis de surnager dans une profession qui n'est pas tendre, et même d'y prospérer ?

Répondre à ces questions n'avait rien de bien compliqué. Laurel l'avait si souvent fait. Ce jour-là, cependant, les mots ne lui vinrent pas. Elle resta hébétée sous les projecteurs, incapable de s'exprimer avec clarté. Les pensées se bousculaient dans son esprit – la maison de Campden Grove, la vieille photo représentant Vivien et Dorothy, le visage las de sa mère sur son lit d'hôpital... Le temps s'étira, les secondes se firent années. Le cameraman se redressa ; les assistants échangèrent des murmures. Laurel, elle, restait prisonnière des projecteurs aux lumières rageuses, ne parvenant pas à percer leur éclat, ne voyant sur ce rideau de lumière que sa mère, cette jeune femme de la photo, celle qui, en 1941, avait quitté Londres, fuyant on ne savait quel péril, à la recherche d'on ne savait quelle seconde chance.

Quelqu'un lui toucha le genou. C'était Mitch, le jeune homme, le regard inquiet : avait-elle besoin d'une pause, voulait-elle quelque chose à boire, un peu d'air frais ? Il était à son service.

Elle réussit à hocher la tête.

— Oui, oui, de l'eau. Un verre d'eau, s'il vous plaît.

Claire surgit à son côté.

— Ça ne va pas, Laurel ?

— Non, pas de souci. Il fait juste trop chaud, ici.

— Laurel, je te rappelle que je suis ton agent. Et, plus sérieusement, une de tes plus vieilles amies. On recommence la prise, tu veux bien ?

— C'est ma mère, souffla Laurel, la bouche pincée pour dissimuler le tremblement de ses lèvres. Elle ne va pas bien du tout.

— Oh ! Ma chérie…

Claire saisit sa main.

— Elle est à l'article de la mort.

— Mon Dieu… que puis-je faire pour toi ?

Les paupières de Laurel se fermèrent. L'aider à comprendre. À distinguer la vérité du mensonge. Lui prouver que sa merveilleuse enfance, sa merveilleuse famille, n'était pas qu'un leurre.

— Il me faut du temps, finit-elle par répondre. Il lui en reste si peu.

Claire serra sa main.

— On va t'en donner.

— Et le tournage ?

— N'y pense plus. Je m'en occupe.

Mitch réapparut, un verre d'eau à la main. Tandis que Laurel le vidait, il ne cessa de tourner en rond.

— Bon, dit Claire. Mitch, encore une question et nous arrêterons là pour aujourd'hui, malheureusement. Mme Nicolson a un autre rendez-vous.

— Mais naturellement !

Mitch déglutit.

— J'espère que ce n'est pas… Le but n'était pas de vous heurter, madame Nicolson, je…

— Mitch, vous n'y êtes pour rien, rétorqua Claire avec toute la chaleur de l'hiver arctique. Bon, on la refait, cette question ?

Laurel posa le verre et se prépara. Elle venait de se soulager d'un lourd fardeau ; désormais, son esprit était des plus clairs. Pendant la Seconde Guerre mondiale, tandis que les bombes pleuvaient sur Londres, les habitants de la capitale se débrouillaient comme ils le pouvaient, passant les nuits serrés les uns contre les autres dans des abris suintants d'humidité. Ils rêvaient d'oranges, maudissaient Hitler, ne souhaitaient que la fin des raids. Certains s'étonnaient d'avoir autant de cran, d'autres de trembler si fort. Cette histoire, c'était aussi celle de sa mère. Elle avait eu des voisins, des amis sans doute, elle avait échangé des tickets contre des œufs frais, s'était réjouie de mettre la main sur une paire de bas neufs, et dans ce chaos, son destin avait croisé celui des Jenkins – Vivien et Henry. Une amie qu'elle avait perdue, un homme qu'elle avait fini par tuer.

Il s'était passé quelque chose d'effroyable entre ces trois-là. Quelque chose d'horrible. C'était la seule explication au geste incompréhensible de maman. Et maintenant, le temps était compté avant qu'elle ne meure. Mais Laurel avait bien l'intention de tenter de comprendre ce qui s'était passé. La vérité aurait peut-être un goût amer : c'était un risque qu'elle était prête à courir. Qu'elle devait courir, du reste.

— Une dernière question, Laurel Nicolson, prononça Mitch. Vous nous avez déjà dit quelques mots de votre mère, Dorothy. Une femme courageuse, nous disiez-vous. Elle a vécu la guerre, a perdu les siens dans les bombardements de Coventry. Puis elle a épousé votre père et refait sa vie. Cette force qui est la vôtre, est-ce d'elle que vous la tenez ? Est-ce cela qui vous a permis de survivre, et même de réussir dans un milieu pourtant si difficile ?

Cette fois-ci, Laurel répondit du tac au tac.

— Ma mère était une battante – elle l'est toujours, d'ailleurs. Si j'avais ne serait-ce que la moitié de son courage, ce serait déjà un grand bonheur.

DEUXIÈME PARTIE

Dolly

11

Londres, décembre 1940

— Vous avez la main trop lourde, jeune sotte. Trop lourde, nom d'un petit bonhomme !

La vieille femme asséna un vigoureux coup de canne au plancher.

— Combien de fois devrai-je vous rappeler que je suis un être humain et non pas un cheval de trait confié à un maréchal-ferrant ?

Dolly esquissa un doux sourire et s'écarta prudemment de l'irascible dame. Il y avait un certain nombre de tâches liées à son emploi de dame de compagnie chez lady Gwendolyn Caldicott qu'elle n'appréciait que modérément, mais la plus terrible, sans doute – et elle n'aurait pas eu à réfléchir bien longtemps pour l'admettre – était la séance de pédicure. Cette corvée hebdomadaire les poussait toutes deux aux pires extrémités ; c'était néanmoins un mal nécessaire et Dolly s'en acquittait sans rechigner (du moins, sur le moment ; ensuite, lorsqu'elle retrouvait Kitty et les autres au salon, elle se lamentait de façon si circonstanciée que celles-ci la suppliaient de s'arrêter, tant elles étaient pliées en deux de rire).

— Voilà, c'est fini, annonça-t-elle en glissant la lime dans son étui.

Puis elle se frotta les doigts, recouverts d'une fine pellicule de poussière.

— C'est parfait.

— Hum, hum.

Lady Gwendolyn redressa son turban du plat de la main, se débrouillant au passage pour faire tomber la cendre d'une cigarette en voie d'extinction qu'elle avait totalement oubliée. Elle baissa les yeux sur sa vaste personne vêtue de soie violette tandis que Dolly levait ses minuscules pieds pour en faciliter l'inspection.

— Bon, on devra s'en contenter, j'imagine, grommela la vieille dame, qui se lança ensuite dans une tirade sur les aléas de la vie moderne et l'impossibilité désormais de disposer des services d'une vraie femme de chambre obéissant au doigt et à l'œil.

Dolly se fendit d'un sourire patient et alla chercher les journaux. Elle avait quitté Coventry deux ans et quelques jours plus tôt et les choses, à vrai dire, allaient de mieux en mieux. Elle était si naïve lorsqu'elle avait débarqué à Londres ! Jimmy l'avait aidée à dénicher une chambrette (dans un quartier plus chic que le sien, avait-il précisé avec un immense sourire) et un emploi chez John Lewis, magasin de prêt-à-porter. Puis la guerre avait éclaté et il avait disparu.

« Les gens veulent des reportages du front », lui avait-il expliqué juste avant de partir pour la France.

Ils étaient au bord de la Serpentine, ce jour-là. Il faisait flotter des bateaux en papier ; elle fumait, boudeuse.

« Il faut témoigner, tu comprends. »

Il ne s'était rien passé de très excitant cette première année. Tout au plus avait-elle entrevu les élégantes par la vitrine de John Lewis – elles allaient à Bond Street, ces dames. Lorsque Dolly retrouvait les autres locataires de Mme White dans le salon, après dîner, celles-ci la suppliaient de bien vouloir leur raconter, encore une fois, la scène de son départ de Coventry – son père lui ordonnant d'une voix sonore de décamper sur-le-champ et de ne plus jamais remettre les pieds chez lui, et elle qui ne se le faisait pas dire deux fois, rajustait son écharpe sur l'épaule et allait à la gare d'un pas conquérant, sans même se retourner sur la maison de son enfance. Alors Dolly devenait une héroïne courageuse, une fille intéressante. Plus tard, cependant, dans le lit étroit de sa chambre minuscule et sombre, ce souvenir lui donnait froid.

Tout avait changé pour le mieux lorsqu'elle avait perdu son travail chez John Lewis. Un malentendu ridicule, à vrai dire : était-ce de la faute de Dolly si certaines personnes étaient incapables de supporter la vérité ? Il faut le dire, les jupes courtes, cela ne va pas à tout le monde, c'est un fait incontestable. Mais le Dr Rufus, le père de Caitlin, était venu à sa rescousse. Apprenant le licenciement de Dolly, il lui avait parlé d'une de ses connaissances, qui cherchait une dame de compagnie pour sa tante.

« Une vieille dame tout à fait incroyable », avait-il raconté à Dolly, au Savoy.

Tous les mois, lorsqu'il venait à Londres, il invitait Dolly à déjeuner – la plupart du temps pendant que sa femme et sa fille faisaient des courses ensemble.

« Assez excentrique, je crois, et très seule. Elle ne s'est jamais remise d'avoir été quittée par sa sœur lorsque celle-ci s'est mariée. Vous vous entendez bien avec les personnes âgées, Dolly ? »

Elle avait hoché la tête, absorbée dans la contemplation de son cocktail au champagne.

C'était la première fois qu'elle en buvait ; la tête lui tournait légèrement – une impression inattendue et délectable.

« Oui, j'imagine. Pourquoi pas ? »

Ce dont le Dr Rufus, tout sourire, s'était contenté. Il lui écrivit une lettre de recommandation et parla d'elle à son ami Peregrine Wolsey ; il proposa même de l'accompagner au rendez-vous. L'ami en question, neveu de la vieille dame, aurait préféré que sa tante quitte l'ancestrale maison de Londres jusqu'à la fin du conflit, mais elle s'y était opposée. Cette vieille entêtée (« On ne peut qu'admirer son cran, cela dit », commenta le docteur) avait refusé mordicus d'aller dans la famille de Peregrine, à la campagne. Elle avait même menacé d'appeler son notaire s'il persistait dans ses manœuvres d'évacuation.

Cette histoire, Dolly l'avait entendue maintes fois depuis qu'elle était au service de lady Gwendolyn – depuis dix mois, donc. La vieille dame, qui n'aimait rien tant que ressasser les injustices qui lui étaient infligées, expliquait que son neveu, « un vrai foie jaune », avait essayé de la faire déménager « contre son gré ». Et elle avait tenu bon :

« J'y suis, j'y reste. C'est le seul endroit où j'aie jamais été heureuse. C'est là que nous avons grandi, Henny Penny et moi. Je n'en sortirai que les deux pieds devant, je peux vous le garantir. »

Dolly quant à elle ne pouvait que se réjouir de la résistance de lady Gwendolyn grâce à laquelle elle avait le bonheur de vivre dans la maison de Campden Grove.

Cette ancestrale demeure était tout bonnement merveilleuse. De l'extérieur, le numéro 7 était de facture classique : un rez-de-chaussée, deux étages et un sous-sol, une façade en stuc blanc relevé de noir, un petit jardin sur le devant. Mais l'intérieur atteignait au sublime. Du papier peint William Morris sur les murs, un mobilier splendide, divinement patiné par le temps, des étagères qui ployaient sous le poids exquis de pièces d'argenterie, de porcelaine et de cristal toutes plus rares les unes que les autres. Quel contraste avec la pension de Mme White, Rillington Place, où Dorothy avait pendant un an investi la moitié de son salaire de vendeuse pour dormir dans un ancien placard, qui sentait en permanence le ragoût de corned-beef. Du moment où elle avait franchi la porte du 7, Campden Grove, Dolly avait compris qu'il lui fallait vivre sous ce toit, quel qu'en fût le prix – oui, dût-elle même y laisser quelques livres de sa propre chair.

Le rêve s'était réalisé. Lady Gwendolyn était le seul inconvénient dans l'affaire. Une excentrique, avait prévenu le Dr Rufus ; et il n'avait pas menti. Il avait cependant omis de préciser qu'elle marinait dans le vinaigre de l'abandon depuis plus de trente ans. Le résultat était pour le moins désastreux. Durant les six premiers mois, Dolly avait eu l'impression que sa patronne, à chaque instant, était sur le point de l'envoyer chez B. Cannon & Cie pour qu'elle y soit transformée en colle. Elle avait changé d'avis depuis.

Lady Gwendolyn avait ses moments de grande brusquerie, mais ce n'était qu'une question de tempérament. Et cette brusquerie, dans le cas de Dolly (la jeune femme l'avait appris peu de temps auparavant, ce qui l'avait flattée), cachait une affection réelle.

— Voulez-vous une revue de presse ? demanda Dolly avec un vrai sourire, en revenant se poser sur le pied du lit.

— Comme cela vous chante, ma petite.

Lady Gwendolyn haussa ses épaules grassouillettes et croisa ses mains moites sur sa bedaine.

— Tout me va.

Dolly ouvrit le dernier numéro de *The Lady* et parcourut les pages mondaines. Elle se racla la gorge et prit son ton le plus obséquieux pour lire ce que le magazine disait de ces gens qui semblaient vivre dans un monde enchanté. Un monde dont Dolly découvrait tout juste l'existence. Oh, certes, elle avait vu autrefois les grandes propriétés des environs de Coventry. Parfois, père parlait, d'une voix empreinte de fierté, de bicyclettes commandées par de « bonnes familles ». Mais ce que lady Gwendolyn racontait des aventures qu'elle et sa sœur Penelope avaient vécues – les après-midi au Café Royal, l'appartement qu'elles avaient partagé un temps à Bloomsbury, le sculpteur pour lequel elles avaient posé, et qui était tombé amoureux d'elles deux : cela, Dolly n'aurait jamais pu l'imaginer, malgré son esprit si fertile.

Tandis que Dolly lisait les nouvelles de la haute société, lady Gwendolyn, vautrée sur ses oreillers de satin, feignait l'indifférence, sans pour autant rater une seule bribe de la lecture.

— Diable ! Apparemment, les choses sont en train de se gâter entre lady et lord Horsquith.

— Un divorce ?

La vieille dame renifla.

— Si l'on lit entre les lignes… Elle est revenue avec cet autre individu… Le peintre.

— Cela ne me surprend pas du tout. Elle manque absolument de pudeur, cette femme. Elle se laisse guider par ses horribles *passions*…

La lèvre supérieure de lady Gwendolyn se retroussa à ce dernier mot – qu'elle prononçait *pââssions*, avec cet accent adorable de distinction que Dolly aimait à affecter lorsqu'elle était seule.

— … Comme sa mère avant elle.

— Qui était sa mère ?

Lady Gwendolyn leva les yeux vers la rosace en plâtre qui ornait le plafond.

— J'ai beau réfléchir, je ne me souviens pas que Lionel Rufus vous ait jamais décrite comme manquant d'intelligence. Je n'ai pas vraiment d'atomes crochus avec les bas-bleus, mais je ne supporte pas les imbéciles. En êtes-vous, mademoiselle Smitham ?

— J'espère que non, lady Gwendolyn.

— Hum, hum, lâcha la vieille dame d'un ton qui sous-entendait qu'elle réservait son verdict. La mère de lady Horsquith, lady Prudence Dyer, était une raseuse de premier ordre qui n'arrêtait pas de nous empoisonner avec ses gesticulations sur le vote des femmes. Henny Penny en faisait une imitation hilarante. Elle était si incroyablement drôle, ma sœur. Comme on peut s'en douter, lady Prudence nous avait tous si bien épuisés que plus personne ne pouvait en supporter la compagnie, ne serait-ce qu'une minute. Ma chère Dorothy, vous pouvez être égoïste, mesquine, téméraire ou mal intentionnée, mais, je vous le conseille, ne soyez jamais, jamais ennuyeuse. Quoi qu'il en soit, au bout d'un moment, lady Prudence s'éclipsa, du jour au lendemain.

— Elle s'éclipsa ?

Lady Gwendolyn fit un geste las de la main, semant sa cendre de cigarette comme une poudre de perlimpinpin.

— Elle s'embarqua pour les Indes, la Tanzanie ou la Nouvelle-Zélande... Dieu seul sait où.

Sa bouche affecta la grimace ronde du poisson. Elle avait l'air de mâchonner quelque chose. Un reste de petit déjeuner retrouvé entre ses dents ou un fragment d'information confidentielle ? Difficile à dire.

— Voyez-vous, reprit-elle avec un sourire rusé, un petit oiseau m'a rapporté qu'elle s'était mise en ménage avec un indigène dans un horrible endroit du nom de Zanzibar.

— *Vraiment ?*

— Mais tout à fait.

Lady Gwendolyn tira avec tant d'insistance sur sa cigarette que ses yeux se réduisirent à des fentes de la taille d'une pièce de deux pence. Pour une femme qui n'avait pas mis les pieds hors de son boudoir depuis trente ans – autrement dit depuis la désertion de sa sœur –, elle était excessivement bien informée. Elle connaissait pratiquement tous les noms mentionnés dans les pages de *The Lady*, et, surtout, elle excellait dans l'art de faire faire aux individus qui les portaient ce dont elle avait envie. Du reste, Caitlin Rufus n'avait-elle pas choisi son mari sur le conseil de lady Gwendolyn ? Un homme d'un certain âge, plutôt rasoir, il faut bien le dire, mais d'une richesse incommensurable. Caitlin était à son tour devenue la plus rabat-joie des amies, se plaignant pendant des heures et des heures de s'être mariée (« Et pas avec n'importe qui, pourtant, Doll ») et d'avoir acheté sa maison à un moment où on ne trouvait plus un seul papier peint de bonne qualité en magasin. Dolly avait rencontré le fameux mari deux ou trois fois et en était arrivée à la conclusion qu'il y avait sûrement un meilleur moyen d'accéder à la fortune que d'épouser un homme qui trouvait follement distrayants le whist et la compagnie des filles de chambre qu'il tripotait derrière les tentures de la salle à manger.

Lady Gwendolyn fit un geste impatient de la main à Dolly, réclamant la suite de la lecture.

— Ah, voilà qui est plus réjouissant ! s'exclama Dolly aussitôt. Lord Dumphee s'est fiancé à l'honorable Eva Hastings.

— Réjouissant ? Vous trouvez cela réjouissant, des fiançailles ? Allons bon !

— Oh, vous avez raison, lady Gwendolyn.

C'était un sujet qu'il fallait manier avec précaution.

— C'est juste bon pour les filles un peu sottes qui prennent plaisir à se retrouver sous le joug d'un individu du sexe mâle. Mais tenez-le-vous pour dit, Dorothy. Les hommes aiment bien qu'on leur tienne tête, et, avant tout, ils veulent mettre la main sur la pièce de résistance. Ensuite ? C'est la fin, ma petite Dolly. Fin de partie pour les hommes, fin de récréation pour les femmes.

Elle eut un mouvement circulaire du poignet.

— Continuez, lisez. Qu'est-ce que ça dit ?

— Il y a une fête samedi soir pour célébrer l'événement.

— À Dumphee House ? s'écria la vieille dame. C'est une demeure extraordinaire. Autrefois, nous y sommes allées, Penny et moi. Pour un grand bal. À la fin de la soirée, les invités avaient ôté leurs chaussures et dansaient dans la fontaine.

— Apparemment, ce n'est pas à Dumphee House, répondit Dolly. C'est une soirée organisée au 400, sur invitation.

L'information fit exploser lady Gwendoline de rage, qui se lança dans une tirade sur le caractère sordide de ces endroits. « Des boîtes de *nuit* ! » Et tandis qu'elle discourait, l'esprit de Dorothy s'égara. Elle n'avait mis les pieds au 400 qu'une fois, en compagnie de Kitty et de quelques-uns de ses amis en uniforme. C'était tout près du lieu où jadis se dressait le théâtre de l'Alhambra sur Leicester Square. Un lieu en sous-sol, sombre, intime, du rouge le plus profond, où que l'œil portât. Les murs drapés de soie, les banquettes de velours éclairées par une seule bougie à la flamme vacillante, les tentures qui se répandaient comme un torrent de vin jusqu'aux moquettes écarlates.

Dans tous les recoins, de la musique, des rires, des soldats, et des couples qui tournoyaient, rêveurs, sur la petite piste de danse noyée d'ombre. À un moment donné, un soldat, qui avait bu un verre de trop et dont le pantalon lui paraissait un peu renflé, s'était penché sur elle. Tandis qu'il lui susurrait à l'oreille, la lippe humide, tout ce qu'il aurait aimé lui faire s'ils avaient été seuls, Dolly avait repéré, par-dessus son épaule, un groupe de jeunes gens élégants des deux sexes : mieux habillés et plus beaux – plus *tout*, d'ailleurs – que le reste des convives. Ils s'étaient frayé un chemin derrière une épaisse corde rouge tendue entre deux poteaux de cuivre, où les avait accueillis un petit homme à la longue moustache noire. (« Luigi Rossi, lui avait expliqué Kitty du ton de celle qui sait tout. Tu ne le savais pas ? C'est lui qui fait tourner la boutique. »)

— Bon, cela suffit, maintenant, décida lady Gwendolyn en écrasant son mégot avec une telle force que son pot de pommade pour les pieds chut de la table de nuit. Je suis lasse et ne me sens pas très bien. J'aurais grand besoin d'une de mes friandises. Oh, j'ai bien peur d'approcher de la fin, vous savez. La nuit dernière, j'ai à peine fermé l'œil. Avec cet infernal boucan !

— Pauvre lady Gwendolyn, commenta Dolly en reposant le magazine.

Elle se baissa pour attraper le sac à bonbons de sa digne patronne et poursuivit :

— Tout ça, c'est la faute de cet horrible M. Hitler et de ses bombardiers. Ils sont vraiment…

— Je ne vous parle pas des avions, petite sotte. Mais de ces… créatures et de leurs ricanements infernaux, rétorqua lady Gwendolyn avec un frémissement théâtral, sa voix baissant de quelques octaves.

— Oh, fit Dolly. Les *filles*.

— Une troupe redoutable, déclara lady Gwendolyn, qui n'en avait encore rencontré aucune. Des employées de bureau, de surcroît, qui travaillent pour les administrations. Ah, mieux vaut ne pas avoir les yeux dans ses poches, hein ? À quoi pensaient-ils donc, ces gens du ministère de la Guerre ? Naturellement, il faut bien qu'elles habitent quelque part. Mais ici ? Dans *ma* maison ? Peregrine est fou de rage. Oh, les lettres qu'il m'a envoyées ! Il ne peut supporter l'idée de ces créatures évoluant parmi nos meubles de famille.

Dolly imagina sans peine la contrariété de Peregrine et un sourire s'esquissa sur ses lèvres. La vieille dame cependant agrippa son poignet : l'amertume qui rongeait son âme ôta toute envie de rire à Dorothy.

— Dites-moi, elles ne font pas monter des hommes chez moi, tout de même ?

— Ah, certes non, lady Gwendolyn. Elles connaissent parfaitement votre point de vue sur le sujet. Je le leur ai dit et répété.

— C'est hors de question, n'est-ce pas ? Pas de fornication dans cette maison.

Dolly eut un hochement de tête des plus sérieux. C'était, elle le savait, le cœur du problème, la clef du tempérament si âpre de sa patronne. Le Dr Rufus lui avait raconté dans le détail l'histoire de la sœur de lady Gwendolyn, Penelope. Les deux fillettes avaient été inséparables : si semblables de physionomie et de caractère qu'on les croyait souvent jumelles, en dépit de leurs dix-huit mois d'écart. Elles allaient partout ensemble : au bal, chez leurs amies à la campagne, en fin de semaine. Jusqu'à ce que Penelope commette l'impardonnable. « Elle est tombée amoureuse et s'est mariée. Cela a brisé le cœur de Gwendolyn », avait lâché le Dr Rufus en tirant sur son cigare avec la satisfaction qu'éprouve le conteur lorsqu'il arrive à la conclusion de son histoire.

— Allons, allons, lady Gwendolyn, ça n'ira pas à ces extrémités, ne vous en faites pas, la consola

Dolly. La guerre ne va pas tarder à prendre fin et elles repartiront toutes d'où elles sont venues.

Dolly n'avait pas d'idée bien arrêtée sur le conflit. Pour ce qui la concernait, il pouvait bien durer encore un bon moment, de même que la présence des filles. L'immense maison était en effet trop silencieuse, la nuit venue, et Kitty et ses amies y mettaient un peu de gaieté. Mais que lui répondre d'autre, à la pauvre vieille ? D'autant que Dolly éprouvait de l'empathie à son égard : on ne pouvait souhaiter à personne de perdre son âme sœur. Dolly n'aurait pu imaginer la vie sans l'homme qui lui était cher.

Lady Gwendolyn se laissa retomber sur son oreiller. Son discours sur les périls des boîtes de nuit, les idées baroques qu'elle se faisait sur les horreurs babyloniennes qui s'y déroulaient, les souvenirs de sa sœur et la fornication menaçant d'investir sa propre demeure – tout cela l'avait épuisée. Elle se sentait ramollie, vidée, comme le dirigeable qui s'était écrasé sur Notting Hill quelques jours plus tôt.

— Tenez, lady Gwendolyn, fit Dolly. Je vous ai trouvé un ravissant caramel. Avalez-le, et je prépare la chambre pour une petite sieste, cela vous convient-il ?

— Bon, d'accord, si vous voulez, grommela la vieille dame. Mais pas plus d'une heure ou deux, hein, Dorothy ? Ne me laissez surtout pas dormir après trois heures. Je ne veux pas rater notre partie de cartes.

— Oh, lady Gwendolyn, pour rien au monde, en effet ! s'exclama Dolly en fourrant le bonbon entre les lèvres avides de sa patronne.

Puis elle alla à la fenêtre baisser les rideaux de couvre-feu. Tandis qu'elle défaisait les attaches, son œil fut attiré par la maison d'en face. Ce qu'elle y vit lui fit bondir le cœur.

Vivien était revenue. Elle était assise à son bureau, derrière la fenêtre, figée telle une statue, hormis sa main qui tripotait l'extrémité de son long sautoir de perles. Dolly fit un grand geste du bras dans l'espoir que Vivien la voie, qu'elle lui fasse signe, à son tour. Mais, plongée dans ses pensées, celle-ci ne la remarqua pas.

— Dorothy ?

La jeune femme cligna des yeux. Vivien (son prénom s'écrivait comme celui de Vivien Leigh, l'actrice) était sans doute la plus belle femme qu'elle eût jamais rencontrée. Un visage en forme de cœur, une chevelure brune aux rouleaux soyeux, des lèvres dont les courbes pleines étaient soulignées d'un rouge écarlate. Elle avait les yeux bien écartés, surmontés de sourcils aux angles vigoureux, dignes de Rita Hayworth ou de Gene Tierney. Sa beauté toutefois ne tenait pas qu'à ces détails physiques. Ce n'était pas non plus ses vêtements, si élégants soient-ils, mais la façon dont ils tombaient sur elle, avec aisance, sans effort. Et le rang de perles posé comme un souffle sur son cou, la Bentley marron qu'elle avait conduite elle-même, avant d'en faire don au Service des ambulances, comme une paire de chaussures dont on n'a plus besoin. Il y avait aussi cette histoire tragique que Dolly connaissait par bribes : très vite orpheline, Vivien avait été élevée par un de ses oncles avant d'épouser un bel homme fort riche, un écrivain du nom de

Henry Jenkins, haut fonctionnaire au ministère de l'Information.

— Dorothy ? Venez arranger mes draps et me donner mon masque de nuit.

La proximité d'une telle créature aurait dû susciter chez Dolly des pincements d'envie. Pourtant, il en allait différemment avec Vivien. Dolly avait toujours rêvé d'une amie telle que sa belle voisine, une amie qui la comprenait vraiment, pas comme cette pauvre Caitlin, si plan-plan, ou cette sotte et frivole Kitty. Une amie avec qui déambuler sur Bond Street, bras dessus, bras dessous, élégante et sûre d'elle-même ; et l'on se retournait sur leur passage, et l'on échangeait des potins sur ces deux belles brunes aux longues jambes et au charme insouciant. Elle l'avait trouvée en la personne de Vivien, cette complice. Dès leur première rencontre – elles s'étaient croisées dans leur rue, tout simplement ; elles avaient échangé un regard, puis un sourire, cryptique, averti, amusé –, elles avaient compris qu'elles étaient de la même étoffe et destinées à devenir les meilleures amies du monde.

— Dorothy !

La jeune fille sursauta et s'écarta de la fenêtre. Lady Gwendolyn avait réussi à mettre ses oreillers et sa chemise de nuit violette sens dessus dessous ; et au milieu de ce chaos, les joues cramoisies, elle fulminait.

— Je n'arrive pas à mettre la main sur mon masque de nuit.

— Ah, voyons si je peux vous aider à le trouver, lady Gwendolyn, dit Dolly en jetant un ultime regard à Vivien, avant de fermer les rideaux en bonne et due forme.

La recherche fut brève et fructueuse : le masque, aplati et tiédi, se trouvait sous la cuisse gauche de lady Gwendolyn, une masse d'une certaine importance. Dolly ôta le turban rouge vif et en coiffa le buste de marbre qui surmontait la commode, puis enfila prestement le masque de satin sur les yeux de sa patronne.

— Attention ! aboya cette dernière. Vous allez m'empêcher de respirer si vous me le collez sur le nez de cette façon.

— Mon Dieu ! s'exclama Dolly. Loin de moi cette idée.

Avec un grognement, la vieille dame plongea la nuque si profondément dans les oreillers que son visage semblait flotter au-dessus du reste de son corps, petite île dans un océan de chairs ridées.

— Soixante-quinze ans, bonté divine, et pas des plus courts, croyez-moi. Mais que m'en reste-t-il ? Ceux que j'ai aimés, les miens, m'ont désertée ; ma plus proche compagnie est une jeune fille que je paie cher pour qu'elle daigne s'occuper de moi.

— Allons, allons, qu'est-ce que c'est que cette histoire ? fit Dolly, du ton sur lequel elle se serait adressée à une enfant capricieuse. Comment pouvez-vous dire cela, lady Gwendolyn ? Même si je ne touchais pas un sou, je prendrais soin de vous, vous le savez bien.

— Oui, c'est cela, marmonna la vieille dame. Assurément. Bon, parlons d'autre chose.

Dolly remonta les couvertures de sa patronne avec la plus grande application ; cette dernière, après avoir posé le menton sur la ganse de satin, rouvrit la bouche.

— Vous savez ce que je devrais faire, Dorothy ?

— De quoi voulez-vous parler, lady Gwendolyn ?

— Je devrais vous laisser tout ce que j'ai. Voilà qui ferait réfléchir le comploteur qui me sert de neveu. Le portrait craché de son père, ce garçon. Il ne pense qu'à me voler tout ce à quoi je tiens. J'ai bien envie d'appeler mon notaire et d'officialiser la chose.

Comment réagir à un tel discours ? Bien sûr, c'était un grand plaisir pour Dolly de savoir que lady Gwendolyn l'estimait. Mais ç'eût été pour le moins grossier d'afficher la moindre satisfaction. Rayonnante de fierté, Dolly se détourna et redressa le turban posé sur le buste pour se donner une contenance.

C'était le Dr Rufus qui avait mis la puce à l'oreille de Dolly quant aux projets de lady Gwendolyn. Quelques semaines plus tôt, ils s'étaient retrouvés pour leur déjeuner quasi mensuel. Le père de Caitlin l'avait d'abord questionnée sur sa vie sociale : « Bon, Dorothy, et vos affaires de cœur ? Une jeune femme aussi ravissante que vous l'êtes doit avoir des douzaines de garçons à ses basques ? Tout ce que je peux vous conseiller, c'est de chercher un homme plus âgé, avec une profession *respectable*, quelqu'un qui saura vous offrir ce que vous méritez. » Puis il lui demanda comment les choses se passaient à Campden Grove. Bien, lui semblait-il, répondit-elle en substance. Le docteur fit tournoyer son whisky dans son verre ; les glaçons tintèrent.

« Mieux que bien, d'après ce que j'entends dire, remarqua le Dr Rufus avec un clin d'œil. J'ai reçu une lettre de ce bon vieux Peregrine Wolsey la semaine dernière. Il me disait : “Ma tante s'est tellement entichée de votre gamine”... »

Le docteur sembla alors s'égarer dans une profonde rêverie ; puis, revenant à lui, il poursuivit son discours :

« … "que je commence à me faire du souci pour mon héritage". Il m'en veut à mort de vous avoir placée, pour ainsi dire, sur le chemin de sa tante. »

Le docteur avait éclaté de rire, tandis que Dolly se contentait d'un sourire pensif. Elle avait réfléchi aux confidences du docteur tout le reste de la journée… et toute la semaine qui avait suivi.

Le fait est que ce qu'avait dit le Dr Rufus était on ne peut plus exact. Après des débuts difficiles, lady Gwendolyn, qui passait pour n'avoir que mépris pour ses frères et sœurs humains (et elle s'en vantait), s'était bel et bien entichée de sa jeune compagne. Ce qui était préférable pour tout le monde. Quelle honte tout de même pour Dolly d'avoir dû payer le prix fort pour conquérir l'affection de la vieille dame.

C'était en novembre que Dorothy avait reçu le coup de fil. Le souvenir lui en cuisait, à présent : Dorothy avait été si flattée d'être demandée au téléphone dans une maison aussi respectable que celle de lady Gwendolyn qu'elle avait dévalé l'escalier, arraché le combiné des mains de la cuisinière et pris son ton le plus officiel pour annoncer :

« Allô ? Ici Dorothy Smitham. »

La voix qui lui avait répondu était celle de Mme Potter, l'amie de sa mère, la voisine de leur maison de Coventry. Et voici ce qu'elle avait crié à l'autre bout du fil :

« Ils sont tous morts, ma pauvre ! Tous les trois. Une bombe incendiaire. Ils n'ont pas eu le temps de descendre à l'abri. »

À l'intérieur de Dolly, un gouffre s'était ouvert. On eût dit que son estomac avait disparu, laissant place à une immense sphère où tournoyaient l'effroi, le chagrin, l'incompréhension. Elle avait lâché le combiné, était restée debout, hébétée, dans l'immense vestibule du numéro 7, Campden Grove – infiniment petite, infiniment seule, à la merci de la première bourrasque. Ce qui la constituait, les reliques des divers moments de sa vie, tout s'effondra comme un château de cartes. N'en restait plus qu'un tas désordonné, morceaux de carton dont les images s'effaçaient déjà. La fille de cuisine survint à ce moment précis.

« Bonjour, bonjour », fit-elle.

Et Dolly aurait voulu hurler que le jour ne pouvait pas être bon. Tout venait de disparaître ; cette sotte gamine ne le voyait-elle pas ? Dolly cependant murmura un « Bonjour » poli, qu'elle accompagna même d'un sourire. La seconde d'après, elle filait à l'étage, d'où lady Gwendolyn, qui avait bêtement égaré ses lunettes et ne savait où les chercher, la sonnait frénétiquement de sa clochette d'argent.

Les premiers jours, Dolly n'en parla à personne. Jimmy, qui naturellement avait appris la nouvelle, ne souhaitait rien tant que la consoler. Mais elle lui dit qu'elle allait bien, qu'il y avait une guerre et que chacun devait faire avec ses deuils. Il la trouva courageuse. Cependant, ce n'était pas la bravoure qui rendait Dolly muette. Ses sentiments étaient si mélangés, le souvenir de ce qu'elle avait vécu en quittant les siens si vif qu'elle préférait se taire, de peur de ce qu'elle pourrait exprimer et ressentir. Elle n'avait pas revu ses parents depuis son départ pour Londres. Son père lui avait interdit de reprendre contact avec eux, sauf à promettre de se conduire « comme une vraie jeune fille ». Sa mère, de son côté, lui écrivait en secret, régulièrement, même si ses lettres n'étaient pas toujours très cordiales. Dans la dernière, elle annonçait un éventuel voyage à Londres, pour voir de ses yeux « cette belle maison et cette grande dame dont tu parles si souvent ». Mais voilà, c'était trop tard. Mère ne rencontrerait jamais lady Gwendolyn, ne franchirait jamais le seuil du 7 Campden Grove, ne constaterait jamais de visu la réussite de sa fille.

Et le pauvre Cuthbert – oh, quelle douleur de penser ne serait-ce qu'une seconde à lui ! De sa dernière lettre, elle se souvenait à la virgule près. Il lui avait fait une description détaillée de l'abri Anderson qu'ils étaient en train de creuser dans le jardin, derrière la maison, des images de Spitfire et de Hurricane qu'il collectionnait pour décorer ledit abri et de ce qu'il réservait aux pilotes allemands qu'il allait faire prisonniers. Il était si fier, si perdu dans ses rêves, si excité à la pensée du rôle héroïque qu'il pourrait jouer, lui si grassouillet, si maladroit – un si joli bébé, si joyeux ! Il était mort à présent. La tristesse et le sentiment de solitude qui étreignirent Dorothy à l'idée d'être seule au monde étaient si profonds qu'elle ne vit qu'une seule issue à son chagrin : se taire, et s'absorber dans les tâches requises par lady Gwendolyn.

Jusqu'au jour où la vieille dame, plongée dans ses souvenirs, lui parla de la jolie voix qu'elle avait jeune fille : Dolly se rappela soudain sa mère et la boîte bleue cachée dans le garage, pleine de rêves et de reliques à présent réduits en cendres. Alors, sur le bord du lit de lady Gwendolyn, lime à la main, elle éclata en sanglots.

« Mais… mais que se passe-t-il ? » s'exclama sa patronne, dont la mâchoire se décrocha avec autant de stupéfaction que si Dorothy avait dansé nue dans la chambre.

Dorothy raconta tout à lady Gwendolyn. Mère, père et Cuthbert – elle les décrivit par le menu. Le nombre de fois où ils l'avaient rendue folle, sa mère qui voulait toujours lisser ses boucles, Dolly qui résistait mordicus, les vacances au bord de la mer, les parties de cricket, l'âne sur la plage. Et pour finir, son départ de la maison familiale, et sa mère qui avait couru derrière elle en brandissant le livre qu'elle voulait lui offrir – Janice Smitham, qui eût préféré se priver de nourriture plutôt que d'élever la voix : « Mon Dieu, les voisins vont entendre ! »

« Hum, hum, fit lady Gwendolyn une fois ce flot de paroles tari. C'est douloureux, évidemment, mais vous n'êtes pas la première personne à perdre sa famille.

— Je sais. »

Dolly inspira profondément. Les murs semblaient lui renvoyer l'écho de son récit. Lady Gwendolyn n'aimait guère les éclats, hors les siens. N'allait-elle pas être remerciée sur-le-champ ?

« Quand Henny Penny m'a été arrachée, j'ai cru mourir, reprit lady Gwendolyn. Vous êtes encore une gamine, vous allez vous en sortir. Regardez la voisine d'en face. »

Certes, Vivien avait fini par connaître le bonheur, mais leurs cas étaient loin d'être similaires.

« Elle avait un oncle riche, qui a pu la prendre sous son toit, répondit Dolly d'une voix calme. Elle a hérité d'une grande fortune, a épousé un écrivain connu. Moi, je suis... »

Elle se mordit la lèvre, pour ravaler ses larmes.

« ... je suis...

— Allons, petite sotte, vous n'êtes pas complètement seule au monde, quand même. »

Lady Gwendolyn sortit son sac de bonbons. Dolly mit un certain temps à comprendre que la vieille dame lui en offrait un (c'était la première fois) ; elle plongea une main timide dans le sac et en extirpa un berlingot rouge et vert. Elle le garda un instant dans sa main, les doigts serrés, sentant le sucre fondre au contact de sa paume brûlante.

« Je sais, répondit Dolly d'un ton solennel. Je vous ai, vous.

— Et c'est réciproque, il me semble », répondit lady Gwendolyn en reniflant, la voix tirée vers les aigus par une émotion que Dolly n'aurait pu prévoir.

Dolly gagna sa chambre et ajouta le dernier numéro de *The Lady* à la pile déjà constituée. Elle prendrait le temps de le lire plus tard ; en général, elle découpait les photographies les plus remarquables pour les coller dans son Livre d'idées. Pour l'instant, elle avait mieux à faire, plus important surtout.

Elle se mit à quatre pattes et se glissa sous son lit pour retrouver la banane qu'elle y conservait précieusement : M. Hopton, le maraîcher, l'avait

« dénichée » pour elle sous le comptoir de l'épicerie, le mardi précédent. En fredonnant un air qui lui trottait dans la tête, elle ressortit en catimini et traversa le couloir. Cette discrétion était inutile : Kitty et les autres filles étaient en train de taper des kilomètres de rapports au ministère de la Guerre, la cuisinière faisait la queue chez le boucher avec ses tickets de rationnement et sa mauvaise humeur, et lady Gwendolyn ronflait comme une bienheureuse au fond de son lit. Soit, mais il était bien plus amusant de feindre le mystère. Surtout quand on disposait d'une pleine heure de vraie liberté devant soi. Le bonheur !

Elle grimpa à l'étage, tira de sa poche la petite clef qu'elle s'était fait faire et s'introduisit dans le dressing de lady Gwendolyn. Non pas le placard exigu et surchargé d'effets dont Dolly, tous les matins, extrayait un ample caftan pour en revêtir les rondeurs de sa grande dame, diable non ! Ce dressing-là était une vaste et noble pièce où étaient conservés d'innombrables robes de soirée, paires de chaussures, manteaux et chapeaux, du type de ceux que l'on ne voyait que dans les rubriques mondaines des magazines. Brocarts et fourrures se côtoyaient dans d'immenses penderies sans portes ; des escarpins de satin, cousus sur mesure, étaient joliment alignés sur d'imposantes étagères. Les boîtes à chapeau, fièrement estampillées des noms des plus grands modistes de Mayfair – Schiaparelli, Coco Chanel, Rose Valois – s'élançaient vers le plafond en empilements si vertigineux qu'un ravissant petit escabeau blanc avait été mis à la disposition de qui aurait voulu les attraper.

Au creux du bow-window, dont les tentures de velours caressaient le plancher (elles étaient tirées en permanence, ces temps-ci : black-out oblige), se trouvait une table aux pieds incurvés sur laquelle étaient installés un miroir ovale, une collection de brosses en argent massif et toute une série de photographies aux cadres élégants. Y figuraient les mêmes deux jeunes femmes : Penelope et Gwendolyn Caldicott. La plupart étaient des portraits de studio, dont les noms figuraient en belles lettres anglaises au bas des clichés. Quelques-unes, cependant, avaient été prises durant des réceptions, à l'insu de leurs modèles. L'une en particulier attirait immanquablement le regard de Dolly. Les deux sœurs Caldicott, plus âgées – la trentaine bien sonnée – avaient été immortalisées par Cecil Beaton sur les marches d'un imposant escalier en colimaçon. Lady Gwendolyn était debout, la main sur la hanche, dévisageant l'appareil tandis que Penelope observait quelque chose ou quelqu'un hors champ. La photo avait été prise lors de la soirée durant laquelle cette dernière était tombée amoureuse – la soirée où le monde de sa sœur s'était écroulé.

Pauvre lady Gwendolyn, elle ne pouvait pas se douter alors que sa vie allait changer du tout au tout. Et puis – elle était si jolie ! Difficile de croire que la vieille dame qui ronflait dans son lit avait été jeune et charmante autrefois (Dolly, comme tous les jeunes gens peut-être, n'imaginait pas une seconde qu'elle pût subir un jour le même sort). Ce qui montrait bien, songea-t-elle attristée, à quel point le deuil et la trahison pouvaient accabler un être, l'empoisonnant tant de l'intérieur que de l'extérieur. La robe que lady Gwendolyn portait sur la photographie de Beaton était de couleur sombre, mais lumineuse pourtant, et d'une coupe qui caressait joliment ses formes. Dolly avait fouillé les penderies de fond en comble avant de la retrouver, suspendue à un cintre au milieu d'une vingtaine de ses semblables. Et quelle n'avait pas été sa joie lorsqu'elle avait constaté que la robe était d'un rouge exquisément foncé – la plus royale de toutes les teintes.

Cela avait été la première des robes de lady Gwendolyn qu'elle essayait – mais certainement pas la dernière. Avant l'arrivée de Kitty et des dactylos du ministère de la Guerre, lorsque les nuits de Campden Grove lui appartenaient encore, Dolly avait passé des heures dans le vaste dressing, une chaise coincée sous la poignée de la porte. Elle se mettait en sous-vêtements et se déguisait. Parfois même, elle s'installait devant le miroir, semait des nuages de poudre sur son décolleté, essayant les innombrables barrettes incrustées de diamant et caressant ses boucles avec la brosse en sanglier – que n'eût-elle pas donné pour posséder un tel colifichet, avec son prénom à elle gravé le long du manche…

Ce soir-là, cependant, elle n'avait pas le temps de s'amuser ainsi. Elle s'assit, jambes croisées, sur le sofa de velours, sous le lustre, et se consacra à une tout autre tâche – peler la banane. À la première bouchée, elle ferma les yeux et eut un soupir d'extase. En vérité, les fruits défendus (ou du moins strictement rationnés) étaient les plus appétissants. Elle se reput de chacune des bouchées. Puis elle replia délicatement la peau et la posa sur le canapé. Enfin, elle se mit au travail. Elle avait la ferme intention d'honorer la promesse qu'elle avait faite à Vivien.

À genoux près des robes qui se balançaient sur leurs cintres, elle attira à elle la boîte à chapeau dans laquelle elle avait commencé à constituer ses réserves. La veille, elle avait fait le premier pas en retirant le chapeau cloche qui s'y trouvait. Après quoi, elle était passée à la sélection proprement dite. C'était le genre de service qu'elle eût pu rendre à sa propre mère si les événements n'en avaient pas décidé autrement. Le Service volontaire féminin, dont elle avait rejoint les rangs depuis peu, organisait des collectes de vêtements usagés, pour les raccommoder, les rajuster ou les recycler. Dolly tenait à contribuer à cet effort de guerre. D'une manière qui ne manquerait pas de ravir le Service – c'était du moins ce qu'elle espérait. Par la même occasion, elle rendrait service à Vivien, qui s'occupait de la collecte.

Lors de la réunion précédente, les débats avaient fait rage sur la définition des priorités, maintenant que les raids étaient plus fréquents. Bandages, jouets pour les enfants qui n'avaient plus de maison, pyjamas pour les soldats hospitalisés ? Dolly avait proposé de se charger d'un tas de vêtements à découper et transformer en fonction des besoins. De fait, pendant que les bonnes vieilles se disputaient sur leurs talents de couturière respectifs et le patron qu'il fallait utiliser pour les poupées en tissu, Dolly et Vivien (franchement, elles avaient l'impression d'être les seules non centenaires du Service !) avaient échangé des regards complices, s'attelant tranquillement à leur tâche, se donnant des conseils de couture à voix basse et s'efforçant d'ignorer les caquètements excités de leurs compagnes.

Ils étaient si bons, ces moments passés ensemble. C'était l'une des raisons qui avaient poussé Dolly à s'engager auprès du Service volontaire féminin. (L'autre étant qu'elle espérait ainsi échapper aux missions moins faciles que pouvait lui assigner le Labour Exchange – l'usine de munitions, par exemple.) Depuis que lady Gwendolyn s'était attachée à elle – ne lui accordant plus qu'un dimanche de liberté par mois – et au vu de l'emploi du temps bien rempli de Vivien, épouse et volontaire de guerre idéale, le Service était pratiquement leur seule chance de se voir régulièrement.

Dolly ne chôma pas. Elle était en train d'inspecter un chemisier plutôt quelconque, se demandant si son étiquette Dior pouvait le sauver d'une réincarnation en charpie lorsqu'un choc sourd qui provenait du rez-de-chaussée la fit sursauter. La porte d'entrée claqua ; une voix retentit, sonore : c'était la cuisinière qui réclamait à cor et à cri la jeune fille qui venait presque tous les jours faire le ménage. Dolly jeta un œil à l'horloge murale. Il était bientôt trois heures : l'heure, par conséquent, de réveiller l'ourse endormie. Elle referma soigneusement la boîte à chapeau, la dissimula au fond de la penderie, remit de l'ordre dans sa jupe et se prépara mentalement à passer l'après-midi à jouer au pouilleux.

— Une nouvelle lettre de ton Jimmy, dit Kitty en brandissant la missive sous le nez de Dolly lorsque celle-ci débarqua dans le salon, ce soir-là.

Kitty était assise, jambes croisées, sur la chaise longue ; installées à côté d'elle, Betty et Susan feuilletaient un vieux numéro de *Vogue*. Les dactylos avaient expulsé le piano à queue de la pièce des mois plutôt, au grand dam de la cuisinière. La quatrième fille de la bande, Louisa, vêtue de ses seuls sous-vêtements, était en train d'exécuter un curieux enchaînement de mouvements de gymnastique sur le tapis de Bessarabie.

Dolly alluma une cigarette. Elle se lova dans le vieux fauteuil de cuir, les jambes repliées sous elle. Les autres filles lui réservaient toujours ce siège. Par convention tacite, son statut de dame de compagnie lui conférait quelques privilèges dans cette petite communauté. Elle n'avait pourtant vécu au 7 Campden Grove qu'un ou deux mois de plus qu'elles, mais, invariablement, les filles continuaient à se référer à elle pour toutes sortes de questions et lui demandaient la permission avant de s'aventurer dans le reste de la maison. Au début, cette déférence avait paru comique à Dolly, mais elle ne s'en étonnait plus à présent. Elle s'en félicitait plutôt.

Dolly ouvrit l'enveloppe. La lettre n'était pas longue : Jimmy l'avait écrite, expliquait-il, debout dans un train de transport de troupes, où ils étaient serrés comme des sardines. Elle parcourut les lignes griffonnées à la hâte : il avait pris des photos de maisons détruites par les raids, au nord du pays, il allait passer quelques jours à Londres et mourait d'envie de la voir. Était-elle libre samedi soir ? Dolly faillit hurler de bonheur.

— Oh-oh, tu as l'air du chat qui vient de trouver de la crème fraîche dans son écuelle ! s'exclama Kitty. Allez, dis-nous ce qu'il raconte.

Dolly garda les yeux baissés. La lettre n'avait rien de bien coquin, mais pourquoi ne pas le laisser accroire ? De quoi aiguillonner la curiosité de Kitty, qui ne pouvait jamais s'empêcher de leur fournir des détails intimes sur sa dernière conquête.

— C'est personnel, finit par concéder Dolly, avec un sourire mystérieux.

— Bêcheuse ! minauda Kitty. Te garder un beau pilote de la RAF pour toi toute seule, en voilà des manières ! Quand allons-nous faire sa connaissance, d'ailleurs ?

— Oui, fit Louisa en écho, les mains sur les hanches, le buste ployé vers l'avant. Invite-le un soir ici, que nous puissions juger s'il est vraiment le gars qui convient à notre Doll préférée !

Dolly regarda longuement le buste de Louisa, qui respirait en rythme tout en faisant pivoter ses hanches. D'où les filles tenaient-elles cette histoire de pilote ? Elles avaient émis cette supposition pour le moins frappante quelques mois auparavant et Dolly n'avait pas rectifié le tir. Il était un peu tard pour le faire, à présent.

— Désolée, les filles, dit-elle en repliant la lettre. Il a d'autres chats à fouetter – des missions, des survols liés à des opérations de guerre. Je n'ai pas le droit de vous en dire plus. D'ailleurs, même si ce n'était pas le cas, vous connaissez les règles de la maison.

— Oh, allez, rétorqua Kitty. La mère Fouettard n'en saurait rien. Elle n'est pas sortie de sa chambre depuis l'invention de l'automobile. Quant à nous, ce n'est pas notre genre de rapporter.

— Elle sait plus de choses que vous ne l'imaginez, répondit Dolly. Et puis elle me fait confiance. Je lui tiens en quelque sorte lieu de famille. Elle me donnerait mes huit jours si elle avait le moindre soupçon sur mes fréquentations.

— Ça serait si grave que ça ? Tu pourrais travailler avec nous. Il suffit d'un sourire à notre chef de service, et il t'embauche sur-le-champ. Il a tendance à mettre les yeux là où il ne faut pas, mais quand tu sais le manier, il est très amusant.

— Oh oui ! s'écrièrent Betty et Susan, qui avaient la curieuse habitude de parler en chœur. Viens travailler avec nous !

— Pour renoncer à mon châtiment quotidien ? Non merci !

— Tu es folle, Dorothy, fit Kitty en riant. Folle ou téméraire, je ne sais pas trop.

Dolly haussa les épaules. Elle n'allait pas dévoiler ses motivations à une commère du genre de Kitty.

Mieux valait lire. Elle prit sur la petite table le livre qu'elle y avait laissé la veille au soir. C'était le premier livre neuf qu'elle eût jamais eu en sa possession, hormis le manuel d'économie domestique que sa mère lui avait fourré dans les mains avec tant d'enthousiasme le jour de son départ : ouvrage qu'elle n'avait toujours pas ouvert, du reste. Dolly était allée spécialement à Charing Cross Road pour se le procurer, profitant d'un de ses rares dimanches de liberté.

— *La Muse farouche.*

Kitty s'était penchée sur le volume.

— Tu ne l'as pas déjà lu, celui-là ?

— C'est la troisième fois, en fait.

— C'est bien à ce point ?

— Oui.

Kitty fronça son joli petit nez.

— À vrai dire, je ne suis pas une grande lectrice.

— Vraiment ?

Dolly non plus, en temps normal. Mais Kitty n'avait nul besoin de le savoir.

— Henry Jenkins ? Le nom me dit quelque chose… Ah oui, c'est le voisin d'en face, non ?

Dolly fit un geste vague de sa cigarette.

— Il me semble qu'il habite dans le quartier, en effet.

C'était bien sûr la seule raison qui l'avait poussée à acheter *La Muse farouche*. La curiosité s'était emparée d'elle lorsque lady Gwendolyn, au cours d'une conversation, avait mentionné la tendance qu'avait Jenkins à incorporer des doses importantes de réalité à ses fictions, talent bien connu dans les coteries littéraires (« Je pourrais même vous donner le nom d'un individu qui n'a pas supporté de voir son linge sale exposé au public. Il a menacé de porter plainte, mais il est mort avant d'avoir pu le faire – un habitué des accidents, il faut dire, comme son père. Ce qui a bien rendu service à Jenkins… »). Après une prudente manœuvre d'approche auprès du libraire, Dolly avait cru comprendre que *La Muse farouche* racontait une histoire d'amour entre un bel écrivain et sa femme, de plusieurs années sa cadette : cela l'avait convaincue de sacrifier ses précieuses économies à l'acquisition de l'ouvrage. La semaine suivante avait été délectable. Dolly, l'œil rivé sur cette fenêtre de papier, avait appris sur les Jenkins bien plus de détails maritaux qu'elle n'eût jamais osé en demander à Vivien.

— Un très, très bel homme, intervint Louisa. Elle était à présent couchée face contre terre sur le tapis, mais s'était relevée, à la manière d'un cobra, pour adresser un clin d'œil à Dolly.

— Il est marié à cette grande brune, celle qui se promène dans le quartier comme si elle avait un balai dans le…

— Oh ! s'écrièrent Betty et Susan, les yeux écarquillés. Celle-là.

— Elle a bien de la chance, dit Kitty. Je serais capable de commettre un meurtre pour dégoter un homme tel que lui. Vous avez vu la façon dont il la regarde ? Comme si c'était la huitième merveille du monde et qu'il n'était pas certain d'en être le légitime propriétaire.

— Il me regarde quand il veut, moi, reprit Louisa. À votre avis, que faut-il faire pour mettre la main sur un type comme ça ?

Dolly connaissait la réponse à cette question. La rencontre entre Henry et Vivien était racontée là, dans *La Muse farouche*. Hors de question toutefois d'en divulguer davantage. Vivien était son amie. Qu'elle soit devenue un sujet de conversation, que les autres l'aient remarquée, elles aussi, qu'elles passent leur temps en spéculations, en interrogations diverses et en hypothèses variées lui donnait des bouffées de rage. C'était comme si quelque précieux et secret objet qu'elle eût en sa possession était inspecté et déballé comme… comme une boîte à chapeau remplie de vêtements récupérés, par exemple.

— J'ai entendu dire qu'elle n'était pas en très bonne santé, poursuivit Louisa. C'est pour cela qu'il la surveille de si près.

— Tu parles, elle a l'air de se porter comme un charme, ricana Kitty. Quand je rentre, certains soirs, je la vois qui va travailler à la cantine du Service volontaire féminin.

Elle baissa soudain la voix et les autres se penchèrent vers elle.

— Moi, j'ai entendu dire qu'elle avait tendance à... ne pas rester dans le droit chemin.

— Oh-oh ! roucoulèrent Betty et Susan. Un amant !

— Vous avez remarqué comme elle prend soin de son mari ? C'est suspect, continua Kitty devant son auditoire captivé. Toujours sur le perron à l'accueillir quand il rentre du bureau, habillée sur son trente et un, puis lui préparant son whisky avant même qu'il l'ait demandé. Allons ! Ce n'est pas de l'amour, ça. C'est sa conscience qui la torture ! Retenez bien ce que je vous dis. Cette femme cache quelque chose, et je crois que nous savons toutes ce qu'est la chose en question.

Dolly en avait entendu plus qu'elle n'en pouvait supporter. En fin de compte, elle était exactement du même avis que lady Gwendolyn : plus vite les filles décamperaient du 7 Campden Grove, mieux cela vaudrait. Elles n'étaient vraiment pas distinguées.

— C'est l'heure, non, je crois ? dit-elle en refermant brusquement son livre. Je vais aller prendre mon bain.

Dolly attendit que l'eau ait atteint les douze centimètres dans la baignoire pour fermer le robinet du bout du pied. Elle le boucha avec le gros orteil pour l'empêcher de fuir. Certes, elle aurait dû faire venir quelqu'un pour le réparer, mais qui ? Les plombiers étaient trop occupés à éteindre les incendies et à fermer les conduites d'eau endommagées pour perdre du temps avec une petite fuite de rien du tout. Laquelle, du reste, semblait toujours s'atténuer au bout d'un moment. Dolly posa la nuque sur le bord de la baignoire, tout frais, et redressa la tête, pour éviter que ses bigoudis et les épingles à cheveux qui les maintenaient en place n'appuient sur le cuir chevelu. Elle s'était coiffée d'un foulard, de manière que la vapeur n'annule pas l'effet des bigoudis – précaution bien inutile, à dire vrai. Dolly ne se souvenait même plus de la dernière fois qu'elle avait pris un bain brûlant.

Elle considéra le plafond, cillant sous l'effet de la lumière, tandis que la radio dans l'office diffusait un air de danse. Elle était bien jolie, cette salle de bains, avec son carrelage noir et blanc et sa robinetterie scintillante. S'il avait pu voir les cordes à linge chargées de petites culottes, de soutiens-gorge et de bas, Peregrine, l'horrible neveu de lady Gwendolyn, eût eu une attaque, et Dolly n'en aurait pas été mécontente.

Elle se pencha par-dessus le bord de la baignoire, saisit *La Muse farouche* d'une main et une cigarette de l'autre. Prenant soin de ne mouiller ni l'une ni l'autre – ce qui n'était pas bien difficile, avec à peine quinze centimètres d'eau –, elle feuilleta *La Muse* pour retrouver la scène qu'elle avait à l'esprit : Humphrey, l'écrivain talentueux mais tourmenté, est convié par son vieux professeur à parler littérature à ses jeunes élèves, intervention suivie d'un dîner dans l'appartement de son mentor au lycée. Il vient juste de sortir de table et a quitté la maison, traversant le jardin plongé dans l'obscurité pour rejoindre l'endroit où il a garé sa voiture. Songeant au cours qu'a pris son existence, aux regrets qui s'accumulent, au « flot cruel du temps », il atteint la rive de l'étang où quelque chose attire son regard.

Humphrey mit sa lampe torche en veilleuse et s'immobilisa, silencieux, dans l'ombre de la cabane de bain. Dans la clairière toute proche, sur la rive du lac, des lanternes étaient suspendues aux branches ; les flammes des bougies vacillaient dans la brise tiède de la nuit. Une jeune fille se tenait au milieu de ces feux follets, les pieds nus, une robe d'été toute simple lui tombant au genou. Une jeune fille, oui, au seuil de l'âge adulte. Ses cheveux noirs cascadaient sur ses épaules ; le clair de lune nimbait la scène et auréolait son profil d'un halo soyeux. Ses lèvres bougeaient, comme si elle eût récité un poème à voix basse.

Son visage était sublime ; ce furent pourtant ses mains qui ensorcelèrent Humphrey. Le corps de la jeune femme était immobile : seuls ses doigts exécutaient des mouvements infimes et gracieux, tissant, à la hauteur de ses seins, des fils invisibles.

Humphrey en avait rencontré, des femmes, avant celle-ci. Des Vénus qui flattaient les hommes, les séduisaient. Cette jeune fille était d'une autre étoffe. Il y avait de la beauté dans sa concentration, une pureté, une innocence qui étaient celles d'un enfant, quoiqu'elle fût certainement femme déjà. La voir ainsi au milieu des arbres, observer l'élégance et la liberté de ses mouvements, le charme sauvage de son visage, ne put qu'enchanter Humphrey.

Il émergea des ombres. La jeune fille le vit, mais ne sursauta pas. Elle lui sourit, comme si elle l'avait attendu, et lui montra la surface du lac, parcourue de frémissements.

— Il y a quelque chose de magique dans une baignade au clair de lune, vous ne trouvez pas ?

C'était la fin du chapitre et de sa cigarette. Dolly ferma le livre et écrasa le mégot. L'eau était en train de tiédir ; mieux valait se laver avant qu'elle ne devienne vraiment froide. Elle se savonna pensivement les bras, se demandant si Jimmy pensait à elle en ces termes.

Elle s'extirpa de la baignoire et attrapa une serviette. Elle aperçut par inadvertance son reflet dans le miroir et se figea, s'efforçant d'imaginer ce qu'un étranger pouvait ressentir à sa vue. Cheveux bruns, yeux marron – pas trop rapprochés, Dieu merci –, un petit nez assez insolemment retroussé. Elle se savait jolie : cela datait de ses onze ans et de l'étrange attitude que le postier avait alors adoptée lorsqu'il la croisait dans la rue. Cependant, sa beauté était-elle de la même essence que celle de Vivien ? Henry Jenkins se serait-il immobilisé, fasciné, pour la regarder chuchoter au clair de lune ?

Car, naturellement, la Viola de *La Muse* n'était autre que Vivien. Non seulement les similarités biographiques étaient frappantes, mais de surcroît, la description de la jeune fille au bord du lac, nimbée par le clair de lune, ses lèvres arquées, ses yeux de chat, sa manière si particulière de fixer quelque chose qu'elle était seule à voir, tout cela en faisait l'exact portrait de Vivien telle qu'elle apparaissait à Dolly des fenêtres du 7 Campden Grove.

Dolly s'approcha de la glace. Dans le silence de la salle de bains, elle s'entendait respirer. Elle se demanda ce que Vivien avait ressenti quand elle avait compris qu'un homme plus âgé, plus expérimenté qu'elle, ayant déjà ses entrées dans le monde littéraire et dans la haute société, avait succombé à son charme. Quant à la suite des événements – la proposition de mariage, le départ pour Londres, la rupture avec la banalité de la vie provinciale... –, c'était un vrai conte de fées : de la jeune fille farouche à la beauté épanouie, portant rang de perles et Chanel n° 5, rayonnant au bras de son époux dans les restaurants et les clubs les plus prestigieux, où ils tenaient leur cour. C'était cette seconde Vivien que Dolly connaissait, celle aussi, se doutait-elle, à laquelle elle ressemblait le plus.

Toc-toc.

— Tu es morte, ou quoi ?

C'était la voix de Kitty de l'autre côté de la porte. Elle avait fait sursauter Dolly.

— Non, non, une minute, répondit-elle.

— Ah, très bien, me voilà rassurée. Je commençais à me demander si tu ne t'étais pas noyée.

— Non, tu vois.

— Tu en as encore pour longtemps ?

— Non.

— Doll, ma chérie, c'est qu'il est presque neuf heures et demie. Et j'ai rendez-vous avec un aviateur plutôt craquant au Caribbean Club. Il est remonté de Biggin Hill pour la soirée. Je suppose que tu n'as pas envie de m'accompagner ? Il m'a dit qu'il viendrait avec des amis. L'un d'entre eux insistait tout particulièrement pour que tu sois là.

— Pas ce soir.

— Doll, j'ai prononcé le mot aviateur, je te signale ! Des héros sans peur, beaux comme des dieux !

— Je te rappelle que j'en ai déjà un à mon tableau de chasse. Et de toute façon, j'ai ma permanence au Service volontaire.

— Elles peuvent sûrement se passer de toi pour une soirée, les veuves, les vierges et les vieilles filles ?

Dolly resta muette.

— Bon, si tu es sûre, conclut Kitty au bout d'un moment. Louisa brûle d'envie de prendre ta place.

Oh, elle peut toujours essayer, songea Dolly.

— Amusez-vous bien ! s'écria-t-elle en retour.

Elle attendit que les pas de son amie se soient éloignés pour ôter son foulard. Elle devrait certainement se recoiffer plus tard, mais cela n'avait aucune importance. Elle ôta épingles à cheveux et bigoudis, les laissa tomber dans le lavabo. Elle passa les doigts dans ses mèches, les disposa en boucles souples sur ses épaules.

Bon début. Elle tourna lentement la tête de droite à gauche, de gauche à droite, se mit à murmurer dans un souffle (comme elle ne connaissait pas un seul poème, elle récita les paroles de « Chattanooga Choo Choo », ce qui ferait sûrement l'affaire) ; elle tendit les mains, bougea les doigts, comme si elle tissait des fils invisibles. Dolly sourit à son reflet. Il ressemblait comme deux gouttes d'eau à la Viola du roman.

12

Samedi soir, enfin ! Jimmy passait le peigne avec application dans sa chevelure brune, avec une insistance particulière pour la mèche rebelle qui refusait de se laisser coiffer en arrière. Sans Brylcreem, il lui fallait faire avec de l'eau et un peu de persuasion, ce qui ne donnait pas des résultats bien remarquables. La lumière de l'ampoule vacilla au-dessus de sa tête ; il leva les yeux, priant pour qu'elle ne lâche pas. Il avait déjà dû subtiliser les lampes du salon et n'avait aucune envie de prendre ses bains dans le noir. La lumière baissa ; Jimmy resta dans la pénombre. Des bribes de musique montaient de l'appartement du dessous. Finalement, l'ampoule retrouva son intensité coutumière et l'humeur de Jimmy s'améliora en conséquence. Il se mit à siffler sur l'air que diffusait la radio du voisin, « In the Mood », par Glenn Miller.

Le costume du soir appartenait à son père, vestige de l'époque de W. H. Metcalfe et fils. Jimmy n'avait jamais rien eu d'aussi chic dans sa penderie. À dire vrai, il se sentait un peu bêta. C'était la guerre, tout de même. Déjà, ne pas porter l'uniforme, ça le gênait. Alors, cet accoutrement de play-boy ! Mais Dolly avait été sans équivoque : il fallait être sur son trente et un. « Comme un monsieur, Jimmy, lui avait-elle écrit. Un *vrai* monsieur. » Il ne possédait pas grand-chose qui puisse lui permettre d'exaucer ce souhait. Le costume paternel les avait suivis en malle lorsqu'ils avaient quitté Coventry pour Londres, juste avant le début de la guerre. C'était l'une des quelques reliques du passé avec lesquelles Jimmy était incapable de rompre. Excellente idée, en fin de compte : Jimmy savait qu'il n'était guère prudent de se mettre en travers du chemin de Dolly lorsqu'elle poursuivait un but. Surtout ces derniers temps. Depuis la nouvelle du bombardement qui avait tué ses parents, une distance était apparue entre eux. Elle ne disait rien, gardait ses sentiments pour elle. Elle repoussait les tentatives qu'il faisait pour la consoler, se raidissait lorsqu'il voulait l'embrasser. Elle préférait discuter de sa patronne, en termes d'ailleurs beaucoup plus affectueux que naguère. Jimmy était heureux qu'elle ait trouvé quelqu'un qui l'aide à supporter son chagrin, bien sûr – mais pourquoi ne l'avait-elle pas choisi, lui ?

Il secoua la tête. Quel mufle il faisait, quel prétentieux, à se lamenter sur son propre sort, tandis que Doll s'efforçait d'absorber une peine immense. Simplement, cela lui ressemblait si peu, cette réaction d'huître qui se ferme. Jimmy avait peur : comme si le soleil de sa vie s'était dissimulé derrière d'épais nuages, lui donnant une idée de ce que serait l'existence sans Dolly. Cette soirée était donc extrêmement importante pour lui. Il y avait eu la lettre de Dolly, la demande expresse qu'elle lui faisait de s'habiller en monsieur : c'était la première fois depuis le bombardement de Coventry qu'elle semblait avoir retrouvé sa joie de vivre. Il ne voulait rien faire qui puisse mettre cette éclaircie en péril. Jimmy inspecta le costume. Il avait du mal à croire qu'il lui aille si bien. Son père autrefois, lorsqu'il le portait, lui semblait un géant. Peut-être n'était-il qu'un homme, après tout.

Jimmy s'assit sur son lit étroit, recouvert d'une vieille courtepointe en patchwork, et examina ses chaussettes. L'une arborait un trou qu'il avait la ferme intention de raccommoder depuis des semaines. Il replia l'extrémité fautive sous le bout de son pied, de manière à dissimuler les dégâts : ça irait bien comme ça. Puis il fit gigoter ses orteils et considéra ses chaussures, bien cirées et rangées près du lit. Encore une heure à patienter avant le rendez-vous. Il était bien trop en avance dans ses préparatifs. Rien d'étonnant à cela : il était excité comme une puce.

Il alluma une cigarette et s'allongea sur le couvre-lit, le bras replié sous la nuque. Tiens, l'oreiller était curieusement inconfortable. Il passa la main sous la taie et en ressortit *Des souris et des hommes*. Il l'avait emprunté en 1938 à la bibliothèque et avait préféré payer l'amende pour livre perdu plutôt que de le rendre. La raison principale n'était pas l'affection, bien réelle pourtant, qu'il portait à l'ouvrage. Non, Jimmy était un garçon superstitieux. Le jour où il avait retrouvé Dolly à Bournemouth, c'était ce livre qu'il avait dans son sac à dos. Il lui suffisait de regarder la couverture pour que lui reviennent de tendres souvenirs. C'était aussi l'écrin rêvé pour son plus cher trésor. Qui aurait l'idée d'aller chercher entre ces pages la photographie qu'il avait prise de sa bien-aimée dans le champ du bord de mer ? Jimmy sortit le précieux cliché, en lissa l'un des coins, légèrement corné. Il tira sur sa cigarette, exhala un nuage de fumée tout en passant le pouce sur la chevelure de la jeune femme, son épaule, la courbe de son sein…

— Jimmy ?

Son père était en train de fouiller dans le tiroir à couverts, de l'autre côté du mur. Sans doute Jimmy eût-il dû aller l'aider à mettre la main sur ce dont il pensait avoir besoin, le pauvre homme. Cependant… ça lui donnait quelque chose à faire, ces vaines quêtes. Et, de l'avis de Jimmy, mieux valait dans la vie avoir une occupation, quelle qu'elle soit.

Il revint à la photographie. Il l'avait sans doute contemplée un bon million de fois. Il en connaissait le moindre détail par cœur : la mèche enroulée autour de l'index, le menton relevé, le défi dans les yeux – ah, c'était bien Dolly, ça, toujours plus audacieuse en actes qu'en pensées. (« Pour le souvenir, donc », avait-elle dit ; ah, ça, pour s'en souvenir, il s'en souvenait…) Il avait l'impression de sentir le sel et le soleil sur sa peau, le corps de Dorothy se tendant sous le sien tandis qu'il la couchait sur l'herbe et l'embrassait…

— Jimmy ? Mon Jimmy, je n'arrive pas à remettre la main sur le…

Jimmy, un soupir aux lèvres, s'exhorta à la patience.

— Oui, papa, répondit-il. J'arrive dans une seconde.

Il eut un sourire navré pour la jeune fille de Bournemouth. Ce n'était pas très chic de se repaître de la poitrine nue de votre bien-aimée pendant que votre pauvre vieux papa se noyait dans un verre d'eau, de l'autre côté du mur. Jimmy glissa le cliché entre deux pages du livre et se redressa sur son séant.

Il enfila ses chaussures, noua ses lacets, ôta sa cigarette de ses lèvres et parcourut du regard les murs de sa petite chambre. Il n'avait pas cessé de travailler depuis le début de la guerre : le papier peint vert, défraîchi par les ans, était recouvert de ses meilleures photos – du moins, celles qu'il préférait. Celles qu'il avait prises à Dunkerque, par exemple : un groupe de soldats si épuisés qu'ils avaient du mal à tenir debout. L'un avait le bras passé sur l'épaule de son compagnon, un autre, un bandage souillé de sang sur l'œil ; et tous marchaient en traînant les pieds, en silence, les yeux fixés au sol, ne songeant qu'au pas suivant. Un fantassin était endormi sur la plage, pieds nus, serrant contre lui sa gourde sale, comme si c'était son plus grand trésor. Un horrible ballet d'embarcations sur les vagues, bombardées par les avions, et ces hommes, qui avaient marché si longtemps pour échapper à l'enfer, exposés au feu de l'aviation ennemie, massacrés en pleine mer.

Il y avait aussi les photographies qu'il avait prises à Londres depuis le début du blitz. Jimmy considéra une série de portraits, à l'autre bout de la chambre. Il se leva, s'approcha du mur. Une famille de l'East End entassant ce qu'elle avait pu sauver des décombres sur une charrette à main. Une femme en tablier, qui accrochait son linge dans la cuisine dont l'un des murs manquait, révélant à tous un espace naguère intime. Une mère lisant des contes de fées à ses six enfants dans l'abri Anderson. Un panda en peluche qui avait perdu une partie de sa jambe. Une femme assise sur une chaise, une couverture sur les épaules et, derrière elle, sa maison en feu. Un vieil homme qui cherchait son chien dans les décombres.

Ils le hantaient, ces gens. Parfois, il avait la sensation de leur avoir volé une partie de leur âme, s'appropriant un moment intime lorsqu'il appuyait sur le déclencheur. Jimmy ne prenait pas cet échange à la légère. Ils étaient liés, lui et ses modèles. Ils le regardaient des murs de sa chambre ; il avait une dette envers eux, car il avait été le témoin d'un moment crucial de leur existence. Il avait donc le devoir de garder leurs destins vivants. Jimmy entendait régulièrement ces tristes annonces de la BBC : « Trois pompiers, cinq policiers ainsi que cent cinquante-trois civils ont perdu la vie la nuit dernière » (des expressions si neutres, si mesurées pour décrire l'épouvante qu'il avait vécue quelques heures auparavant) ; il retrouvait les mêmes mots dans les journaux – et puis c'était tout. On n'avait pas le temps d'en dire plus, ces jours-ci. À quoi bon dresser des couronnes, composer des épitaphes ? La nuit suivante, tout recommençait. Et celle d'après. La guerre ne laissait plus place aux chagrins individuels, aux obsèques telles qu'on en organisait chez W. H. Metcalfe et fils, lorsque Jimmy était enfant. Ses photos étaient un premier pas vers la mémoire. Un jour, quand tout cela aurait pris fin, ces images, si elles survivaient, montreraient aux hommes du futur le visage du passé.

Lorsque Jimmy parvint à la cuisine, son père avait oublié ce qu'il cherchait dans le tiroir. Assis à table, vêtu d'un pantalon de pyjama et d'un maillot de corps sans manches, il donnait à son canari des morceaux de biscuits que Jimmy lui avait procurés à bas prix.

— Finchie, allez, disait-il, le doigt fourré entre deux barreaux de la cage. Ah, tu es là, Finchie, mon bijou. Brave petit gars.

Puis il entendit son fils et tourna la tête.

— Eh bien ! Te voilà sur ton trente et un, mon garçon !

— Pas vraiment, papa.

Son père le détailla de la tête aux pieds. Pourvu, supplia muettement le jeune homme, que le paternel n'identifie pas la provenance du costume ! Non que son père eût objecté à cet emprunt : il était d'une criminelle générosité. Ce que craignait Jimmy, c'était plutôt le retour de souvenirs susceptibles de le bouleverser.

Mais son père se contenta d'exprimer son approbation d'un hochement de tête.

— Tu as belle apparence, mon garçon, constata-t-il, la lèvre inférieure tremblant d'orgueil paternel. Ah oui, vraiment splendide. Il y a de quoi être fier, tu sais !

— Oh, papa, pas trop à la fois, répondit Jimmy avec douceur. Si tu en rajoutes, mes chevilles vont enfler. Et je deviendrai invivable.

Le vieil homme continua à dodeliner du chef, un vague sourire sur les lèvres.

— Où est ta chemise, papa ? Dans ta chambre ? Je vais aller te la chercher. Il ne faudrait pas que tu attrapes froid à cette époque de l'année, hein.

Son père lui emboîta le pas pour s'arrêter bientôt en plein milieu du couloir. Comme s'il cherchait à comprendre pourquoi il s'était levé. Jimmy lui prit le bras et le guida jusqu'à la cuisine. Puis il l'aida à enfiler sa chemise et l'installa sur la chaise qu'il occupait ordinairement. Lorsqu'on la lui changeait, il ne s'y retrouvait plus.

La bouilloire était à moitié pleine. Jimmy la remit sur le réchaud. Dieu merci, le gaz était revenu. Quelques jours plus tôt, la canalisation avait été éventrée par une bombe incendiaire. Et sans son thé au lait chaud, il était affreusement difficile de faire dormir papa. Jimmy versa quelques feuilles dans la théière, résistant à la tentation de la générosité. Il ne restait plus grand-chose chez Hopwood, et il ne pouvait pas risquer la pénurie.

— Tu rentres pour dîner, Jimmy ?

— Non, p'pa. Je sors ce soir, je rentrerai tard, tu te souviens ? Je t'ai laissé des saucisses dans le four.

— Ah, très bien.

— Bon, ce ne sont que des saucisses de lapin, mais je t'ai trouvé une surprise pour ton dessert. Tu ne devineras jamais – une orange !

— Une orange ?

Le visage du vieil homme s'illumina, ranimé par un souvenir passager.

— Une année, Jimmy, j'ai eu une orange à Noël.

— Vraiment, papa ?

— Eh oui, quand j'étais gamin, à la ferme. Une énorme orange, magnifique. Mon frère Archie l'a mangée dès que j'ai eu le dos tourné.

La bouilloire se mit à siffler et Jimmy remplit la théière. Son père pleurait sans bruit, comme toujours lorsqu'il était question d'Archie, son frère aîné tué dans les tranchées presque vingt-cinq ans auparavant. Jimmy ne s'y arrêta pas. Les larmes que son père versait sur ce chagrin d'autrefois se tarissaient aussi vite qu'elles étaient venues. La meilleure chose à faire était d'aller de l'avant, le plus jovialement possible.

— Cette fois-ci, ça ne sera pas le cas, papa. Personne n'y touchera, sauf toi.

Il versa une bonne rasade de lait dans la tasse de son père, lequel aimait son thé bien délayé. Fort heureusement, grâce à M. Evans et aux deux vaches qu'il gardait dans une étable, près de son magasin, c'était l'une des quelques denrées dont Jimmy et son père ne manquaient pas. Il n'en allait pas de même pour le sucre : pour compenser, Jimmy ajouta un peu de lait concentré ; après quoi, il remua le mélange et posa tasse et soucoupe sur la table.

— Écoute-moi bien, papa. Les saucisses sont bien au chaud dans la cuisinière. Pas la peine de rallumer le gaz, d'accord ?

Le vieil homme était en train de balayer les miettes de l'oiseau.

— D'accord, papa ?

— D'accord pour quoi ?

— Tes saucisses sont cuites. Pas la peine de rallumer la cuisinière, papa.

— Bien, bien, fit M. Metcalfe en portant la tasse à ses lèvres.

— Et ce n'est pas la peine de faire couler l'eau, papa.

— Comment ça, Jim ?

— Je t'aiderai à faire ta toilette en rentrant.

Le vieil homme leva les yeux vers son fils, perplexe. Puis son visage se rasséréna.

— Dis donc, tu as l'air drôlement élégant, mon garçon. Tu sors, ce soir ?

— Oui, papa, soupira le jeune homme.

— Une soirée chic, hein ?

— Non, je vois quelqu'un, c'est tout.

— Une dame de ta connaissance ?

L'expression faussement pudique arracha à Jimmy un sourire, bien malgré lui.

— Oui, papa, une dame de ma connaissance.

— Une dame bien particulière ?

— Exactement, papa.

— Il faudra que tu l'invites chez nous, un de ces jours.

Il passa dans le regard du vieil homme quelque chose de sa malice, de sa lucidité d'antan et le cœur de Jimmy se serra, saisi par le regret du bel autrefois, quand il était enfant et que son père prenait soin de lui. La honte y succéda immédiatement : bon Dieu, il était adulte, maintenant. À vingt-deux ans, on est bien trop vieux pour soupirer après son enfance. Et la honte se fit plus profonde encore lorsque son père eut un sourire tout à la fois sincère et timide.

— Amène-la un de ces soirs à la maison, ta jeune dame, hein, Jimmy ? Que ta mère et moi puissions voir si elle convient bien à notre garçon !

Jimmy, penché, posa un baiser sur le front de son père. Inutile de lui rappeler que sa mère les avait abandonnés dix bonnes années plus tôt pour aller vivre avec un type qui possédait une belle voiture et une grande maison. À quoi bon ? Si ça pouvait rendre son père heureux de penser qu'elle venait juste de sortir pour aller faire la queue chez l'épicier, avec ses tickets de rationnement… De quel droit le détromper ? La vie était bien assez cruelle pour que cette vérité-là y ajoute son fardeau.

— Bon, papa, prends soin de toi. Je fermerai derrière moi, mais Mme Hamblin, la voisine, a la clef. S'il y a une alerte, elle viendra te chercher pour te conduire à l'abri.

— Sait-on jamais, Jimmy. Il est déjà six heures et le Boche n'a toujours pas montré le bout de son nez. Il va peut-être prendre une nuit de repos.

— Je serais toi, je n'y compterais pas trop. La lune est pleine, une vraie lanterne de voleur. Au premier coup de sirène, Mme Hamblin viendra te chercher.

Le vieil homme passait le doigt sur les barreaux de la cage de Finchie.

— D'accord, papa ?

— Oui, oui. D'accord, Jimmy. Passe une bonne soirée et arrête de te faire du mauvais sang. Ton vieux papa restera fidèle au poste. Ils m'ont raté la dernière fois, ils ne m'auront pas plus celle-ci.

Jimmy sourit et ravala la boule qu'il avait dans la gorge. À l'immense affection qu'il portait à son père se mêlait une tristesse indescriptible, que le seul état de ce dernier n'expliquait pas, loin de là.

— Parfait, papa. Bon, dîne tranquillement et écoute la radio. Tu verras, je serai rentré avant même que tu aies le temps de dire au revoir.

Dolly marchait d'un pas vif dans une rue de Bayswater, à la lumière du clair de lune. Une bombe était tombée là deux nuits plus tôt, sur une galerie d'art dont le grenier était rempli de pots de peinture, de vernis divers. Le propriétaire, absent, n'avait pris aucune précaution. Le chaos régnait sur les lieux : des monceaux de briques, des poutres carbonisées, des portes et des fenêtres privées de leur façade, des piles de verre brisé. Du toit du numéro 7, où elle aimait parfois se poster, elle avait vu l'incendie au loin – une vraie fournaise, des flammes colossales et féroces dont s'échappaient, vers le ciel embrasé, des colonnes de fumée.

Elle braqua sa lampe sourde vers le sol, contourna un sac de sable, manqua perdre son talon dans un trou laissé par l'explosion et dut se plaquer contre un mur pour échapper à l'attention d'un surveillant zélé, qui avait soufflé dans son sifflet.

— Jeune fille, soyez raisonnable et rentrez vite à la maison. Vous n'avez pas vu la lune ? Avec cette lumière, il va y avoir du grabuge.

Les raids avaient d'abord inspiré de la crainte à Dolly, comme à tout un chacun. Pourtant, ces derniers temps, elle aimait bien traîner dehors les nuits de bombardement. Lorsqu'elle en avait parlé à Jimmy, il avait soupçonné une réaction morbide au drame qui l'avait rendue orpheline. Ne cherchait-elle pas la mort ? Mais ce n'était pas le cas. Il y avait dans ces nuits de chaos quelque chose de revigorant. Parcourant les rues plongées dans l'obscurité, Dolly se sentait le cœur curieusement léger – une sensation qui n'était pas très éloignée de la joie. Jamais elle n'eût consenti à quitter Londres. Ce blitz, c'était un concentré de vie, un événement qui ne se produirait qu'une fois dans l'histoire. Dolly n'avait plus peur. En tout cas, pas de mourir sous les bombes. Ce n'était pas le sort qui lui était réservé, elle en avait la conviction intime et mystérieuse. Une certitude qu'elle aurait eu du mal à expliquer.

Ne ressentir que témérité face au danger a quelque chose d'excitant. Dolly irradiait : du reste, elle n'était pas la seule. Une étrange atmosphère régnait dans Londres : on eût dit parfois que tout le monde y était amoureux. Cette nuit, cependant, ce n'était pas ce sentiment-là qui lui faisait presser le pas, mais une énergie bien supérieure. Elle n'avait pas besoin de courir, d'ailleurs. Elle était partie exactement à l'heure, après avoir administré à lady Gwendolyn ses trois petits verres de xérès du soir, de quoi l'envoyer dans les bras d'un doux Morphée d'où ne l'aurait pas tirée le plus tonitruant des raids (la chère vieille était à la fois trop consciente de son statut et trop désespérée pour descendre à l'abri). Dolly pourtant était si transportée par ce qu'elle avait osé faire qu'il lui était impossible de marcher au pas. Mue par son audace, elle aurait pu courir cent kilomètres sans se sentir essoufflée.

De courir, toutefois, il n'était pas question. Bien trop dangereux pour ses bas ! C'était la dernière paire intacte qu'il lui restât ; et rien de pire qu'un de ces vilains débris de bombardement pour ruiner ces trésors. Qu'elle abîme ceux-là, et elle en serait réduite à se tracer une couture sur les jambes au crayon à sourcils, comme une vulgaire Kitty. Hors de question ! Si bien que lorsqu'un bus s'arrêta près de Marble Arch, Dolly décida d'en profiter.

Il y avait un peu d'espace à l'arrière du bus et elle s'y faufila ; là, agrippée à la barre, elle s'efforça de ne pas respirer l'haleine chargée d'un crétin pompeux qui discourait sur le rationnement de la viande et la meilleure façon de préparer le foie sauté. Dolly résista à l'envie de lui dire à quel point sa recette, ma foi… (ha ! ha !), et elle descendit dès qu'ils eurent traversé Piccadilly Circus.

— Bonne soirée, ma jolie, lui lança un homme d'âge mûr en uniforme de l'Air Raid Precaution, tandis que le bus s'éloignait.

Dolly lui répondit d'un signe de la main. Deux soldats en permission passablement ivres, qui chantaient « Nellie Dean », la prirent par les bras lorsqu'elle passa à leur hauteur, et l'entraînèrent dans un pas de danse. Puis chacun lui posa un baiser sur la joue avant de lui rendre sa liberté et de poursuivre son joyeux chemin.

Jimmy l'attendait à l'angle de Charing Cross Road et de Long Acre. Dolly le vit de loin sur la place illuminée par le clair de lune. Il se tenait exactement à l'endroit dont ils étaient convenus. Elle s'immobilisa. Pas de doute sur la question, Jimmy Metcalfe avait belle allure. Plus grand encore que dans son souvenir, un peu plus maigre, ses cheveux lissés en arrière toujours du même brun sombre, et ses pommettes ciselées et moqueuses – comme s'il avait en permanence sur le bout de la langue une plaisanterie ou une réflexion spirituelle. Oh, Jimmy n'était pas le seul beau garçon dans Londres, ça non (et dans ces temps difficiles, c'était presque un devoir civique que de lancer des œillades aux militaires en permission). Cependant, il y avait en lui quelque chose – un fluide sombre, animal, indéfinissable, une énergie de corps et d'esprit – qui donnait à Dolly des battements de cœur à nuls autres pareils.

Surtout, il était si profondément bon, si honnête et si franc qu'en sa compagnie Dolly avait toujours l'impression d'avoir gagné une course. Et le voir au clair de lune, revêtu, comme elle le lui avait demandé, d'un smoking noir ! Elle en aurait crié de joie. Il était superbe, vraiment. Très haute société, même si elle savait fort bien d'où il venait. Elle sortit son rouge et son miroir de son sac, se tourna vers la lune et, d'une main experte, souligna l'arc de ses lèvres. Puis adressa un baiser à son reflet avant de refermer le petit boîtier.

Elle jeta un coup d'œil au manteau marron pour lequel elle avait finalement opté. Un vague doute lui traversa l'esprit : le col et les manchettes de fourrure, était-ce du vison ? Non, du renard, très probablement. Sans compter que la coupe n'était pas à la mode, il s'en fallait d'une bonne vingtaine d'années. Mais la guerre rendait ce genre de préoccupations un peu futiles. Et puis, ce qui coûte cher n'est jamais démodé : en tout cas, c'est ce que disait lady Gwendolyn, et elle était experte dans ce domaine-là. Dolly flaira sa manche. Le tissu sentait terriblement la naphtaline lorsqu'elle l'avait délivré du placard ! Elle l'avait suspendu à la fenêtre de la salle de bains pendant qu'elle faisait sa toilette et l'avait aspergé d'une bonne dose de parfum – sans vider le flacon, bien sûr ! Ce qui avait nettement amélioré la situation. Avec l'odeur de brûlé qui régnait sur Londres, il aurait été difficile d'identifier celle de la naphtaline. Elle rajusta la ceinture, prenant soin de dissimuler le trou qu'avaient laissé les mites au niveau de la taille, et s'ébroua. Elle était dans un tel état d'excitation que ses nerfs crépitaient. Ah, quand Jimmy la verrait ! Elle redressa la broche de diamants qu'elle avait épinglée sur le col de fourrure, rejeta les épaules en arrière et tapota les boucles rassemblées au creux de sa nuque. Puis, inspirant profondément, elle sortit de l'ombre – en princesse, en héritière, en femme qui a le monde entier à ses pieds.

Il faisait froid. Jimmy venait juste d'allumer une cigarette lorsqu'il la vit. Il lui fallut regarder à deux fois pour être certain qu'il s'agissait bien de Dolly. Le manteau élégant, les boucles brunes qui scintillaient au clair de lune, le pas volontaire, les talons qui claquaient, fiers, sur le bitume : on eût dit une apparition – si belle, si fraîche, si lisse que le cœur de Jimmy se serra. Elle avait mûri depuis leur dernière rencontre. Et même, comme il le comprit soudain devant tant d'élégance, tant de charme, cette maturité nouvelle l'éloignait de lui. Une secousse électrique traversa Jimmy ; il se sentit mal à l'aise dans le vieux costume de son père.

Elle approcha, sans un mot, dans un nuage de parfum. Jimmy aurait voulu se montrer spirituel, comme un homme du monde ; il aurait voulu lui dire qu'elle était la perfection faite femme, la seule au monde qu'il pût aimer. Il aurait voulu prononcer les mots qui combleraient définitivement ce gouffre horrible apparu entre eux, lui parler des progrès qu'il faisait dans son travail, des soirées de bouclage où son rédacteur en chef se répandait en discours enthousiastes, des opportunités qui s'ouvriraient à lui quand « toute cette histoire de guerre » appartiendrait au passé, de la célébrité que ses photos pourraient lui valoir, de l'argent qu'il pourrait gagner. Mais la beauté de

Dolly, le contraste qu'elle formait avec la guerre et ses cruautés, les nuits innombrables durant lesquelles il avait contemplé, avant de s'endormir, leur futur commun et les souvenirs de leur passé – Coventry, et ce pique-nique au bord de la mer : tout cela lui sauta au visage et le priva de mots. Il parvint à décocher à Dolly un demi-sourire puis, sans plus réfléchir, plongea la main dans les cheveux de la jeune femme et l'embrassa.

Le baiser fit à Dolly l'effet d'un signal de départ. Sa tension nerveuse s'apaisa immédiatement tandis que l'excitation l'envahissait. Quel cours allaient donc prendre les choses ? Depuis qu'elle avait concocté son plan, une semaine auparavant, la perspective de cette soirée la taraudait. Le temps enfin était venu. Dolly n'avait qu'une envie, impressionner son Jimmy, lui montrer à quel point elle avait changé. Elle n'était plus la collégienne rencontrée à Coventry, mais une vraie femme du monde. Elle s'accorda un moment de répit, le temps de mettre la dernière touche à son personnage, avant de reculer d'un pas puis de lever les yeux sur lui.

— Bonsoir, toi, exhala-t-elle d'une voix de gorge à la Scarlett O'Hara.

— Et bonsoir à toi.

— Je me demande ce que tu fais ici.

Elle effleura du bout des doigts les revers de son costume.

— Et sur ton trente et un, de surcroît.

Il haussa les épaules.

— Oh, c'est plutôt du 1929.

Dolly se contenta d'un sourire, prenant soin de ne pas s'esclaffer (difficile, il était si drôle).

— Bon, reprit-elle en le considérant par-dessous ses cils, il va falloir se mettre en route. C'est que nous avons un programme chargé, monsieur Metcalfe.

Elle lui prit le bras, s'efforçant de ne pas le serrer avec trop d'enthousiasme, et ils traversèrent Charing Cross d'un pas vif pour rejoindre la file d'attente qui serpentait devant le Club 400. Tandis qu'ils progressaient lentement vers le sésame, des canons tonnèrent à l'est ; les projecteurs balayèrent les cieux comme autant d'échelles de Jacob. Ils étaient presque à bon port lorsqu'un avion survola la rue. Dolly chassa le danger de son esprit : le pire des raids ne fût pas parvenu à lui faire renoncer à sa place dans la queue ! Enfin, ils franchirent le seuil du 400, accueillis par un brouhaha de musique, de conversations et de rires et par une énergie insomniaque d'une telle intensité que Dolly, prise de vertige, dut se cramponner au bras de son cavalier pour ne pas défaillir.

— Tu vas adorer, souffla-t-elle. Ted Heath et son orchestre sont vraiment sublimes, et M. Rossi, le patron du club, est adorable.

— Tu es déjà venue ?

— Bien sûr, des tas de fois !

Une légère exagération : c'était seulement sa deuxième visite au 400. Mais Jimmy, plus âgé qu'elle, avait un travail qui comptait ; il voyageait, rencontrait des tas de gens. Elle, elle n'était encore qu'elle-même ; et elle avait tellement envie que son bien-aimé prenne conscience de sa nouvelle sophistication, qu'il la désire encore plus. Elle eut un rire de gorge, lui serra le bras.

— Oh, Jimmy, ne fais pas cette tête ! Il faut bien que je tienne compagnie à Kitty de temps en temps ; sinon, elle ne me laisserait jamais tranquille. Je n'aime que toi, tu le sais bien.

Le vestiaire était au bas de l'escalier. Dolly y fit halte pour laisser son manteau. Son cœur battait la chamade : ce moment, elle l'avait tant attendu ! Préparé, même, répété. À présent, il était venu. Elle repensa aux histoires que lui racontait lady Gwendolyn, aux bals auxquels elle s'était rendue avec Penelope, aux aventures qu'elles avaient eues, aux beaux hommes qui les pourchassaient dans tout Londres… Elle tourna le dos à Jimmy et fit glisser le manteau de ses épaules. Tandis qu'il l'attrapait, elle se retourna d'une lente pirouette, comme elle s'y était préparée en imagination, et se figea en une pose gracieuse, révélant (roulement de tambour, mesdames et messieurs) la Robe.

Rouge, moulante, incandescente, épousant la moindre des formes de Dolly, telle elle était, cette robe. Jimmy, lorsqu'il la vit, manqua lâcher le manteau. Il enveloppa Dolly d'un regard stupéfait, de la tête aux pieds, puis en sens inverse. Le manteau lui fut arraché des mains, on lui donna un ticket – qui ? comment ? il n'aurait su le dire.

— Tu… Mon Dieu, bredouilla-t-il. Doll, quelle… Cette robe, quelle splendeur ! Incroyable !

— Quoi ?

Elle haussa les épaules, comme il l'avait fait lui-même dans Charing Cross Road.

— Oh, ce vieux machin de 1929 ?

Elle lui sourit – il la retrouva alors, sa Dolly –, puis susurra :

— Viens, entrons.

Jimmy n'aurait pas échangé son sort pour celui d'un prince.

Dolly parcourut du regard la zone délimitée par le cordon rouge, la piste de danse surpeuplée, la table que Kitty appelait « Table royale », à deux pas de l'orchestre. Vivien s'y trouvait peut-être ce soir-là. Henry Jenkins figurait parmi les fréquentations de lord Dumphee : on les voyait souvent en photo dans la rubrique mondaine de *The Lady*. Dolly cependant ne reconnut aucun visage. Tant pis, la nuit ne faisait que commencer. Il se pouvait encore que les Jenkins passent plus tard. Elle poussa Jimmy vers le fond de la salle, se frayant un chemin entre les tables rondes serrées les unes contre les autres, entre les convives et les danseurs, jusqu'à ce que leur progression les amène au cordon rouge, près duquel veillait M. Rossi.

— Bonsoir, les salua-t-il en joignant les mains, la tête inclinée. Vous venez pour les fiançailles de lord Dumphee, naturellement ?

— Quel endroit merveilleux, roucoula Dolly sans répondre directement à la question. Cela faisait si longtemps – trop longtemps, d'ailleurs. Lord Sandbrook et moi-même nous disions à l'instant même qu'il nous fallait vraiment venir plus souvent à Londres.

Elle décocha un sourire d'encouragement à Jimmy.

— N'est-ce pas, mon chéri ?

Le front de M. Rossi se plissa imperceptiblement tandis qu'il s'efforçait d'identifier les nouveaux venus. Les années passées au gouvernail de son établissement lui avaient appris les arts jumeaux de la navigation dans les eaux de la bonne société et de la satisfaction du client.

— Chère lady Sandbrook, fit-il en s'emparant de la main de Dolly pour l'effleurer d'un baiser, il faisait nuit en votre absence. Mais vous voici revenue, et la lumière avec vous.

Puis, à Jimmy :

— Et ce cher lord Sandbrook ! Vous allez bien, j'espère ?

Jimmy resta muet et Dolly retint son souffle. Elle connaissait son peu de goût pour ses petits « jeux », comme il les appelait ; elle avait senti la main du jeune homme se raidir dans la sienne au moment où elle avait adressé la parole à M. Rossi. Comment allait-il réagir ? Cette incertitude, à dire vrai, ajoutait à l'excitation de Dolly. Dans le silence qui précéda la réponse de Jimmy, tous les sons parvinrent amplifiés à l'oreille de la jeune femme : le battement de son propre cœur, un cri de joie dans la foule, un verre qui se brisait, l'orchestre qui entamait un nouvel air…

Le petit Italien attendait sa réponse, l'oreille dressée. Jimmy soudain eut une vision : son père chez eux, son pyjama à rayures sur le dos. Les murs de l'appartement, le papier peint à la triste figure. Finchie dans sa cage, picorant les morceaux de biscuit. Jimmy sentit le regard de Dolly le vriller : Vas-y, réponds donc ! semblait-elle dire. Il savait bien ce qu'elle attendait de lui. Mais répondre à ce nom qui n'était pas le sien, c'était, pour Jimmy, s'exposer à une curieuse douleur. Oui, c'était trahir son pauvre vieux père, dont l'esprit désormais était si confus qu'il attendait une femme disparue à jamais et pleurait un frère mort depuis vingt-cinq ans, son pauvre vieux père qui, lorsqu'il était entré dans leur appartement de Londres – guère plus qu'un taudis –, avait déclaré : « Jimmy, c'est vraiment bien ici. Tu as fait du bon travail, mon garçon. Ton papa et ta maman sont fiers de toi. »

Jimmy lança un regard en biais à Dolly. Il lut sur son visage un brûlant espoir. Ces jeux le mettaient hors de lui – une des raisons, et non des moindres, étant qu'ils semblaient mettre un accent de plus en plus insistant sur l'écart entre ce qu'elle attendait de la vie et ce qu'il pouvait lui offrir. Et pourtant, elles étaient sans conséquence, ces comédies, n'est-ce pas ? Personne n'allait pâtir du fait que Jimmy Metcalfe et Dorothy Smitham franchissent le cordon rouge. Et puis… elle en avait tellement envie, elle avait déployé de tels efforts, avec la robe, le manteau et tout le reste, le smoking qu'elle lui avait demandé de porter ! Ses yeux avaient beau être noircis par le mascara, leur regard était aussi candide, aussi impatient que celui d'un enfant. Et puis… il l'aimait tant ! Il ne pouvait supporter l'idée de lui gâcher son plaisir, pour une simple histoire d'orgueil chiffonné. Même s'il avait la vague impression qu'il pouvait être fier de cette absence de statut social.

— Monsieur Rossi, dit-il avec un grand sourire, en donnant une vigoureuse poignée de main au petit bonhomme. Ça fait plaisir de vous revoir, cher vieux !

Réplique assenée avec l'accent le plus chic qu'il eût pu improviser en si peu de temps. Plaise à Dieu que l'homme s'en contente !

L'autre côté du cordon rouge fut à la hauteur des espérances de Dolly, jusqu'au moindre détail. Aussi merveilleux, aussi glorieux que dans les histoires que racontait lady Gwendolyn. Non que la différence sautât aux yeux : la moquette rouge, les murs tendus de brocart étaient les mêmes de chaque côté de la frontière, les couples y dansaient pareillement joue contre joue, le ballet des serveurs, chargés de plateaux, d'assiettes et de verres, était identique. Un spectateur moins lucide n'aurait même pas remarqué que le dancing était coupé en deux. Mais Dolly, elle, le savait, et se réjouissait d'être de l'autre côté.

Étant parvenue dans le saint des saints, elle se trouva d'abord quelque peu déconcertée : que faire, à présent ? Faute de mieux, elle s'empara d'une coupe de champagne et attira Jimmy vers une banquette, contre le mur. Il lui suffisait à vrai dire d'admirer le spectacle : la farandole sans cesse changeante de robes de toutes les couleurs et de visages souriants. Un serveur s'approcha, leur demanda ce qu'ils voulaient prendre. « Des œufs et du bacon », dit Dolly. Le champagne quant à lui semblait ne jamais manquer dans sa coupe.

— On se croirait dans un rêve, hein ? dit-elle, rayonnante. Tous ces gens – ils sont... merveilleux !

Ce à quoi Jimmy, une allumette à la main, répondit d'un « Pour sûr » des plus neutres, suspendant son geste, avant d'allumer sa cigarette et de laisser tomber l'allumette en flamme dans un cendrier de bronze.

— Et toi, Doll ? demanda-t-il dans un nuage de fumée. Comment va ta bonne vieille lady

Gwendolyn ? Elle règne toujours sur les neuf cercles de l'enfer ?

— Jimmy, tu ne devrais pas parler d'elle sur ce ton. Je sais bien qu'au début je m'en plaignais, mais quand tu apprends à la connaître, ce n'est pas la même chose. Ces derniers temps, elle m'a beaucoup réclamée. Nous sommes assez proches, d'une certaine façon.

Dolly se pencha vers Jimmy, une cigarette aux lèvres, qu'il alluma.

— Son neveu craint qu'elle puisse me léguer sa maison.

— Comment le sais-tu ?

— C'est le Dr Rufus qui le dit.

Jimmy émit un grognement ambigu. C'était un nom qu'il n'aimait pas entendre dans la bouche de sa bien-aimée. Dolly avait beau eu lui répéter que le médecin était un ami de son père et qu'il était bien trop âgé, en vérité, pour s'intéresser à elle pour des motifs inavouables, Jimmy préféra détourner la conversation, les sourcils froncés. Il prit la main de Dolly.

— Et Kitty ? Comment va-t-elle ?

— Oh, Kitty…

Dolly s'interrompit, se souvenant de la conversation qu'elles avaient eue quelques soirs plus tôt, au sujet de Vivien et de ses éventuelles liaisons.

— Elle est en pleine forme. Toujours, ce genre de filles.

— Ce genre de filles ? fit Jimmy en écho, intrigué.

— Ce que je veux dire, c'est qu'elle ferait mieux de se concentrer sur son travail au lieu de s'occuper de ce qui se passe dans la rue. Ou dans les boîtes de nuit. Mais elle ne peut pas faire autrement, c'est tout. Je crois que tu ne l'apprécierais guère, ajouta-t-elle en lançant un regard au jeune homme.

— Ah bon ?

Dolly secoua la tête et tira sur sa cigarette.

— C'est une vraie commère ; de plus, je dois dire qu'elle a des tendances pour le moins... débauchées.

— Débauchées ?

La perplexité de Jimmy avait fait place à l'amusement. Ses lèvres esquissèrent un sourire.

— Allons bon !

Dolly, elle, ne plaisantait pas. Kitty introduisait régulièrement des connaissances du sexe fort dans la maison, à la nuit tombée. Elle croyait que Dolly ne s'en était pas rendu compte. Mais avec le boucan qu'ils faisaient, il eût fallu être sourd pour ne rien entendre.

— Oui, on peut le dire, répliqua-t-elle.

La table n'était éclairée que par une bougie dans son verre ; elle se mit à jouer avec, machinalement.

Elle n'avait encore jamais parlé de Vivien à Jimmy. Pour quelle raison, elle ne le savait pas exactement. Non qu'elle craignît un jugement défavorable du garçon. C'était plutôt qu'instinctivement elle voulait garder secrète cette amitié naissante. L'avoir pour elle seule. Cependant, ce soir-là, avec Jimmy à ses côtés et sous l'effet du champagne qu'elle buvait à petites gorgées, elle eut envie de tout lui dire.

— En fait, commença-t-elle, presque inquiète, je ne me souviens pas si j'ai abordé le sujet dans mes lettres, mais depuis peu, j'ai une nouvelle amie, tu sais.

— Ah oui ?

— Vivien.

Il lui suffisait de prononcer ce prénom pour qu'un léger frisson de bonheur la parcoure.

— La femme de Henry Jenkins – le romancier. Ils habitent de l'autre côté de la rue, au 25, et nous sommes devenues plutôt bonnes amies, toutes les deux.

— Henry Jenkins, vraiment ? Quelle curieuse coïncidence ! Je viens de finir un de ses livres.

Dolly eût pu lui demander lequel ; mais, à vrai dire, elle ne l'écoutait pas vraiment, mille choses lui tournant dans l'esprit – mille choses ayant trait à Vivien qu'elle voulait lui dire depuis si longtemps.

— C'est une personne très particulière, Jimmy. Très belle, bien sûr, mais pas d'une manière ordinaire, évidente. Et si gentille… elle donne toujours un coup de main au Service volontaire féminin. Je t'ai déjà parlé de la cantine que nous avons organisée pour les soldats, hein ? Ah bon, je croyais. Et puis, elle comprend ce qui s'est passé… la mort de mes parents et de mon frère, à Coventry. Elle aussi, elle est orpheline, tu sais. C'est son oncle qui l'a élevée, dans la maison familiale, près d'une école privée réputée qui fait aussi partie de la propriété… Je t'ai dit qu'elle est très riche ? Le 25 Campden Grove, c'est à elle, pas à son mari…

Dolly reprit son souffle ; elle n'était pas certaine de tous les détails.

— Non qu'elle s'en vante ! Au contraire, ce n'est pas du tout son genre.

— Elle a l'air extraordinaire.

— Elle l'est.

— J'aimerais bien la rencontrer.

— Euh, bien, bredouilla Dolly. Certainement. Un de ces jours.

Elle tira longuement sur sa cigarette tout en se demandant pourquoi cette suggestion l'emplissait d'une vague crainte. Aucun des scénarios qu'elle avait élaborés ne prévoyait une rencontre entre Jimmy et Vivien. Non seulement Vivien était d'une extrême réserve, mais, de surcroît, Jimmy était… Jimmy. Un garçon délicieux, gentil, intelligent, bien sûr, mais certainement pas du goût de Vivien. Ce n'était pas que son amie manquât de bonté : simplement, elle n'était pas du même milieu qu'eux. Dolly, que lady Gwendolyn avait prise sous son aile, en savait assez maintenant pour pouvoir fréquenter quelqu'un comme Vivien, mais… Ah, c'était difficile de mentir à Jimmy, elle l'aimait tant : elle n'avait aucune envie de le blesser en lui expliquant les choses telles qu'elles étaient. Elle posa la main sur le bras du garçon, arracha un petit morceau de bourre à l'ourlet élimé de sa manche de costume.

— Avec la guerre, les gens sont si occupés. Ce n'est pas vraiment le moment de faire des mondanités.

— Oh, je peux toujours…

— Oh, Jimmy ! Écoute, notre chanson préférée ! Allons danser. Tu veux ?

De sa chevelure se dégageait cette fragrance enivrante qu'il avait déjà perçue dans la rue, à son arrivée, presque choquante dans son intensité, dans ses promesses. Jimmy eût pu rester pour le restant de ses jours ainsi, la main sur la courbe des reins de Dolly, sa joue contre la sienne, leurs corps se mouvant lentement de concert. Il fut tenté d'oublier la réticence dont elle avait fait preuve lorsqu'il avait exprimé le désir de rencontrer Vivien – d'oublier cette idée qui lui avait alors traversé l'esprit : la distance qu'il ressentait maintenant entre eux n'était pas seulement liée à la mort tragique des parents de Dolly ; la riche voisine, Vivien, y était peut-être aussi pour quelque chose. Bah, ces cachotteries n'avaient sans doute aucune importance. Dolly avait toujours aimé garder des choses pour elle. Pourquoi se faire du mauvais sang, là, tout de suite, tandis que l'orchestre jouait ?

Tout n'a qu'un temps ; la chanson, frivole mélodie, prit fin. Jimmy et Dolly se séparèrent, applaudirent. Puis le jeune homme remarqua qu'un monsieur à la fine moustache les regardait du bord de la piste de danse. Ce qui en soi n'avait rien d'inquiétant. Sauf que l'individu était en pleine conversation avec M. Rossi, lequel se grattait la tête d'une main et de l'autre brandissait une feuille à laquelle il imprimait des mouvements extravagants.

Une liste d'invités, se dit Jimmy avec un sursaut de panique. Ce ne pouvait être que cela.

Il était temps d'opérer une sortie discrète, côté jardin. Jimmy prit Dolly par la main, prêt à l'entraîner de la façon la plus naturelle du monde vers la porte. En adoptant un pas léger et alerte, ils franchiraient le cordon rouge sans autre obstacle, se fondraient dans la foule et réussiraient à gagner la sortie, indemnes.

Malheureusement, telle n'était pas l'intention de Dolly. Maintenant qu'ils étaient sur la piste de danse, elle n'avait aucune envie de la quitter.

— Attends, Jimmy. Écoute, « Moonlight Serenade » !

Jimmy tenta une explication, l'œil rivé sur l'homme à la moustache. Diable ! Ce dernier venait vers eux, un cigare planté entre les dents, la main tendue.

— Lord Sandbrook, s'exclama-t-il à l'intention de Jimmy, avec le sourire assuré de qui dort sur des centaines de lingots d'or, je suis ravi que vous ayez pu venir, mon vieux !

— Lord Dumphee, risqua Jimmy. Félicitations. Bravo à vous et à... votre fiancée. Magnifique soirée.

— Oui, bon, je ne voulais pas faire les choses en grand, mais vous connaissez Eva.

— Ça, oui, fit Jimmy avec un rire nerveux.

Lord Dumphee tira à petites bouffées sur son cigare, qui fumait comme une locomotive. Ses yeux se plissèrent imperceptiblement. Jimmy comprit que son hôte était dans la plus grande confusion, en train de se torturer la cervelle pour comprendre d'où venaient ces mystérieux invités.

— Vous êtes des amis de ma fiancée, déclara-t-il.

— Mais oui, bien sûr.

Lord Dumphee opinait du chef.

— Bien sûr, bien sûr.

Ce qui fut suivi d'une nouvelle salve de nuages. Jimmy commençait à se sentir hors de danger lorsque lord Dumphee reprit la parole :

— Mais... c'est sûrement ma mémoire... désastreuse, mon vieux, désastreuse, avec cette fichue guerre et ces nuits sans sommeil... je ne me souviens pas qu'Eva m'ait jamais parlé de vous, lord Sandbrook. Vous vous connaissez depuis longtemps ?

— Oui, oui. Ava et moi ? Quasiment depuis l'enfance.

— Eva.

— Oui, Eva.

Jimmy poussa Dolly vers l'avant.

— Vous connaissez ma femme, lord Dumphee, non ? Vous connaissez...

— Viola, fit Dolly avec un sourire faussement candide. Viola Sandbrook.

Elle leva la main ; lord Dumphee ôta son cigare pour l'embrasser. Il recula sans lui lâcher la main, parcourant d'un œil avide la robe rouge et les courbes qu'elle épousait.

— Chéri !

Le mélodieux appel se fit entendre de l'autre bout de la salle :

— Jonathan chéri !

Lord Dumphee libéra sur-le-champ la main de Dolly.

— Ah, fit-il du ton de l'écolier surpris par sa gouvernante à regarder des images de femmes nues, voici Eva !

— C'est l'heure, non ? s'exclama Jimmy en s'emparant de la main de Dolly, la serrant avec force.

Elle comprit le signal et lui répondit de la même façon.

— Vous nous excuserez, lord Dumphee, poursuivit Jimmy. Félicitations, vraiment, mais Viola et moi avons un train à prendre.

Là-dessus, ils prirent la poudre d'escampette. Tandis qu'ils se frayaient un chemin en toute hâte dans la foule du night-club, s'arrêtant au vestiaire pour récupérer le manteau de lady Gwendolyn en échange de son ticket, Dolly avait du mal à se retenir de rire. Finalement, ils montèrent l'escalier quatre à quatre et retrouvèrent la nuit fraîche et sombre de la ville.

Un homme au teint rouge les avait suivis dans les recoins de la boîte de nuit – Dolly le vit en se retournant, qui haletait à petits coups, comme un chien de chasse trop nourri. Ils ne ralentirent pas leur fuite avant d'avoir traversé Litchfield Street, se mêlant à la cohue qui sortait du Théâtre de Saint Martin pour finir par se dissimuler dans la minuscule Tower Lane. Là seulement, à bout de souffle, hilares, ils se laissèrent aller contre les murs de brique.

— Oh là là, la tête qu'il faisait, fit Dolly, pantelante. Jimmy, je ne l'oublierai jamais, même si je devais vivre cent ans. Quand tu as parlé du train, il a eu l'air si… si *ébahi* !

Jimmy rit en écho, un rire qui résonnait, chaleureux, dans l'obscurité. Il faisait noir comme dans un four dans leur coin de rue. La pleine lune n'arrivait pas à franchir le bord des toits pour illuminer l'étroit passage de sa lueur argentée. Dolly avait le vertige, vibrante de vie, de joie et de cette force si spéciale que lui procurait l'emprunt d'une autre personnalité. Rien ne lui faisait tourner la tête comme ce jeu-là, l'invisible transition entre Dolly Smitham et Quelqu'un d'Autre. Peu importaient les détails de cette nouvelle identité : c'était la trépidation dans laquelle la plongeait la représentation, le sublime plaisir du déguisement.

Elle leva les yeux vers le ciel étoilé. Depuis le début du black-out, on voyait tellement d'étoiles !

C'était l'un des plus beaux effets de la guerre. Au loin, on entendait d'immenses froissements, et les canons de la défense antiaérienne qui leur répondaient comme ils pouvaient. Mais au-dessus de sa tête, les étoiles scintillaient de toutes leurs forces. Elles étaient comme Jimmy, songea-t-elle, solides, fidèles au poste, indéfectibles.

— Jim, si je te le demandais, tu me décrocherais la lune ? lui demanda-t-elle en soupirant d'aise.

— Mais oui, tu le sais bien.

Il avait retrouvé son sérieux. Aussi vive que le vent, l'atmosphère dans la ruelle avait changé. *Mais oui, tu le sais bien.* Oui, elle le savait ; ce qui lui procura instantanément un mélange d'excitation et d'effroi. Les paroles prononcées par Jimmy avaient tendu une corde en elle, qui s'était ensuite rompue au creux de son estomac. Sans réfléchir, tremblante, elle saisit la main du garçon.

Elle était grande, douce, tiède ; Dolly la souleva pour lui déposer un baiser sur les phalanges. Elle entendit le souffle de Jimmy, accorda sa respiration à la sienne.

Elle se sentait courageuse, mûre, puissante. Elle se sentait belle et forte. Elle posa la main de Jimmy sur son cœur.

Le jeune homme eut un son de gorge singulier – un soupir.

— Doll…

Elle le fit taire d'un baiser délicat. Il ne fallait pas qu'il parle, pas maintenant. Son audace la quitterait peut-être. Rassemblant tous les souvenirs de ce qu'avaient bien pu dire de la question, le soir, dans la cuisine, Louisa et Kitty, Dolly posa la main sur la ceinture de Jimmy. Puis la laissa glisser plus bas.

Il gémit, tenta de l'embrasser ; elle recula les lèvres, lui murmura à l'oreille :

— Jim, ce que tu disais tout à l'heure… La lune… tu te rappelles ?

Il hocha la tête, le front contre son cou.

— Oui.

— Et si tu me raccompagnais à la maison pour me mettre au lit ?

Jimmy resta éveillé longtemps après que Dolly se fut endormie. La nuit avait été si revigorante. Il n'avait qu'une envie : qu'elle continue encore un peu, que le charme ne se rompe pas dans l'instant. Une énorme bombe tomba dans les environs ; les cadres d'argent tremblèrent sur les murs. Dolly bougea dans son sommeil et Jimmy posa tendrement la main sur son front.

Sur le chemin de Campden Grove, ils étaient restés presque silencieux, trop conscients, l'un comme l'autre, de ce qu'avait voulu dire Dolly. Une ligne avait été franchie ; ils ne pouvaient plus reculer. Jimmy n'était jamais entré dans la maison où Dolly habitait et travaillait. La jeune femme avait un comportement bizarre à ce sujet. Lady Gwendolyn, disait-elle, avait des idées bien arrêtées sur la question, ce à quoi Jimmy s'était toujours plié.

Lorsqu'ils étaient arrivés au numéro 7, elle lui avait fait franchir les sacs de sable jusqu'à la porte d'entrée, qu'elle avait fermée doucement derrière eux. Il faisait noir dans la maison – plus noir même qu'à l'extérieur, à cause des rideaux. Jimmy avait failli trébucher. Dolly avait allumé une lampe placée sur un guéridon et un cercle de lumière vacillante était apparu sur les tapis et le mur. Jimmy s'était rendu compte de la splendeur des lieux : ah, certes, elle était chic, la maison où travaillait Dolly. Ils ne s'étaient pas attardés dans le vestibule, ce dont il avait été heureux. Cette munificence le troublait, lui rappelant tout ce qu'il aurait voulu lui donner, sans le pouvoir. Et l'aisance dont Dolly faisait preuve dans ce décor l'alarmait encore plus.

Elle avait défait les boucles de ses escarpins, les avait saisis en passant l'index sous les brides, avant de prendre Jimmy par la main. Un doigt sur les lèvres, la tête un peu inclinée, elle s'était dirigée vers l'escalier.

« Je prendrai soin de toi, Doll », avait murmuré Jimmy lorsqu'ils étaient parvenus à sa chambre.

Ils s'étaient tus ensuite, se tenant tous deux près du lit, chacun attendant que l'autre prît l'initiative. Elle avait eu un rire, teinté de nervosité ; cette réaction, qui trahissait la candeur de sa jeunesse, la rendait encore plus désirable. Depuis la proposition qu'elle lui avait faite dans la contre-allée, Jimmy s'était senti sur la défensive. Mais, là, percevant l'inquiétude qui pointait dans son rire, il avait repris le contrôle des événements. Le monde retrouvait sa logique.

Il y avait une partie de son être qui eût souhaité lui arracher cette fichue robe rouge – au lieu de quoi il avait passé doucement la main sous l'une des fines bretelles. La peau de Dolly était tiède, en dépit de la fraîcheur de la nuit ; elle avait tremblé sous sa caresse. Ce mouvement infime lui avait coupé le souffle.

« Je prendrai soin de toi, avait-il répété. Toujours. »

Il s'était penché vers elle, l'avait embrassée. Dieu, quel bonheur. Il avait déboutonné la robe, fait glisser les bretelles sur ses épaules ; l'étoffe était retombée en un tas vaporeux sur le plancher. Elle avait plongé les yeux dans les siens, sa poitrine nue s'élevant à chacune de ses courtes respirations. Puis elle avait souri – de l'un de ces demi-sourires moqueurs dont elle était coutumière et qui serraient tant le cœur de Jimmy ; et, avant qu'il se soit rendu compte de ce qu'elle faisait, elle avait saisi sa chemise, l'avait sortie du pantalon…

Une deuxième bombe explosa ; une fine traînée de poussière s'échappa des moulures au-dessus de la porte. Jimmy alluma une cigarette tandis que les canons de la défense antiaérienne répliquaient. Dolly dormait toujours, ses cils noirs étoilant sa joue de pêche. Il lui caressa tendrement le bras. Ah, quel idiot ! Dire qu'il avait refusé de l'épouser alors qu'elle l'en suppliait pratiquement. Vraiment stupide. Il s'était plaint d'une sensation d'éloignement sans se demander une seconde s'il n'avait pas sa part de responsabilité dans l'affaire ! Quelle idée, aussi, de croire qu'on ne pouvait pas se marier si l'on n'avait pas le sou ! De la voir ce soir, de constater, pour la première fois, avec quelle facilité elle aurait pu lui échapper et s'évanouir dans ce monde qu'elle avait adopté lui avait dessillé les yeux. Il l'avait échappé belle : elle aurait pu ne pas l'attendre, ses sentiments auraient pu évoluer. Ce n'était pas le cas, et ce moment exquis en était la preuve.

Un sourire aux lèvres, il passa les doigts dans la chevelure sombre et soyeuse de la jeune femme.

Il leur faudrait emménager chez lui. Ce n'était pas vraiment ce dont il avait rêvé pour elle, mais il fallait penser à papa, qui se trouvait bien dans leur appartement actuel. Et puis, tant que la guerre faisait rage, à quoi bon déménager ? Quand elle serait finie, ils chercheraient une location dans un quartier plus agréable, et peut-être même pourraient-ils demander un prêt à la banque, acheter leur propre maison. Jimmy avait quelques économies – il mettait le maximum de côté depuis des années, le moindre penny atterrissant dans un bocal en verre. Et son rédacteur en chef aimait beaucoup son travail.

Il tira sur sa cigarette, pensif.

Ils devraient se contenter d'un mariage de guerre, ce qui n'avait rien de honteux. C'était même assez romanesque, songea-t-il. De toute façon, Dolly serait superbe. Ses amies seraient ses demoiselles d'honneur – Kitty et la nouvelle, Vivien... Ce nom lui procurait un curieux malaise. Lady Gwendolyn Caldicott, peut-être, lui tiendrait lieu de famille... Pour l'anneau, il avait exactement ce qu'il lui fallait ! Celui de sa mère. Il le gardait dans un écrin de velours noir, dans un tiroir de sa commode. En quittant le domicile conjugal, Mme Metcalfe l'avait abandonné sur l'oreiller de son mari avec un petit mot expliquant les motifs de son geste. Jimmy s'en était alors institué gardien : pour le lui rendre lorsqu'elle reviendrait, tout d'abord, puis en souvenir d'elle. Avec l'âge adulte une autre raison était apparue : la bague accompagnerait son nouveau départ avec la femme qu'il aimait, une femme qui ne l'abandonnerait jamais.

Jimmy, enfant, avait adoré sa mère. Elle avait été son enchanteresse, son premier amour, l'immense lune rayonnante dont les phases fascinaient son âme de petit garçon. Lorsqu'il n'arrivait pas à s'endormir, elle lui racontait l'histoire de l'*Étoile rossignol,* un navire magique, un beau galion aux voiles immenses, au grand mât solide, qui voguait sur les mers du sommeil, nuit après nuit, à la recherche de l'aventure. Elle s'asseyait tout contre lui sur le bord du lit, lui caressait les cheveux en lui narrant les exploits du puissant navire ; et sa voix, tissant ces voyages merveilleux, l'apaisait mieux que toute autre musique. Lorsque, enfin, il flottait à la frontière du sommeil, le navire l'emportant vers la grande étoile à l'orient, elle se penchait et lui murmurait à l'oreille : « Et maintenant, mon chéri, va, vogue. Nous nous retrouverons cette nuit sur l'*Étoile rossignol*. Tu m'y attendras, n'est-ce pas ? Nous vivrons une formidable aventure, toi et moi. » Il y avait cru de si longues années !

Quand elle était partie avec l'autre type, ce richard à la langue bien pendue, à la grosse voiture, il s'était raconté la même histoire, tous les soirs, certain de revoir un jour sa mère en rêve, de s'emparer d'elle, de la faire revenir à la maison.

Il avait pensé ne jamais pouvoir aimer quelqu'un comme il avait aimé sa mère. Puis Dolly était venue.

Jimmy finit sa cigarette et regarda sa montre. Il était presque cinq heures du matin. Mieux valait partir maintenant, s'il voulait rentrer à temps pour s'occuper du petit déjeuner de son père.

Il se leva le plus silencieusement possible, enfila son pantalon et boucla sa ceinture. Il contempla Dolly, puis déposa le plus léger des baisers sur sa joue.

— Nous nous reverrons sur l'*Étoile rossignol*, murmura-t-il.

Elle bougea, sans se réveiller cependant ; Jimmy sourit.

Il descendit l'escalier d'un pas furtif et retrouva l'air glacial et gris du Londres d'avant l'aube. Il y avait de la neige dans l'air, se dit-il. Tout en marchant, il exhalait des nuages de buée. Il n'avait pas froid, toutefois. Dolly Smitham l'aimait, ils allaient se marier, et plus rien n'irait plus jamais de travers.

13

Greenacres, 2011

La pensée lui traversa l'esprit tandis qu'elle s'installait devant ses toasts de haricots. C'était très probablement la première fois qu'elle se trouvait seule à la ferme. Pas de parents occupés dans la pièce d'à côté, pas de sœurs surexcitées faisant craquer le plancher à l'étage, pas de petit frère à langer, pas d'animal familier. Pas même une poule caquetant dans le poulailler, au jardin. À Londres, Laurel vivait plus ou moins seule depuis quarante ans. Pour ne rien cacher, elle appréciait sa propre société. Ce soir-là, cependant, dans le décor visuel et sonore de son enfance, elle fut saisie d'un sentiment de solitude dont l'intensité la surprit.

« Tu es sûre que ça ira ? » lui avait demandé Rose dans l'après-midi, avant de partir.

Elle s'était attardée dans le vestibule, tripotant l'extrémité de son long collier de perles africaines.

« Parce que je peux rester, tu sais. Ça ne me dérange pas du tout. Je vais appeler Sadie pour lui dire que je vois quelqu'un d'autre, finalement, ce soir. »

Étrange retournement de situation ! D'ordinaire, c'était Laurel qui s'inquiétait pour Rose. La sœur aînée avait été prise en traître.

« Mais non, c'est idiot, avait répliqué Laurel avec une sécheresse sans doute excessive. Pas question que tu restes. Ça me va très bien d'être seule. »

Rose n'était pas convaincue.

« Hmm, Lol, je ne sais pas... C'est que... ça ne te ressemble pas d'appeler comme ça, sans crier gare. D'habitude, tu es si occupée, et là... »

Le collier était au bord de la rupture.

« Écoute, pourquoi est-ce que je n'appellerais pas Sadie ? Je me rattraperai demain avec elle. Ça ne pose aucun problème.

— Rose, je t'en prie. »

Laurel jouait l'exaspération avec beaucoup de charme.

« Pour l'amour de Dieu, va voir ta fille. Je te l'ai dit, je suis venue me reposer quelques jours avant le tournage de *Macbeth*. À dire vrai, j'aspire au calme et au silence. »

Ce qui n'était pas un mensonge. Rose l'avait accueillie pour lui remettre les clefs et elle lui en était reconnaissante. Mais elle avait la tête pleine de listes – entre ce qu'elle savait et ce qu'il lui fallait encore découvrir du passé de sa mère. Elle n'avait qu'une envie : mettre ses pensées en ordre. La vue de la voiture de Rose s'éloignant dans l'allée l'avait emplie d'une impatience extraordinaire. C'était le début de quelque chose, elle le pressentait. Elle était fière d'avoir réussi à laisser derrière elle sa vie à Londres, afin d'exhumer et de décrypter le secret de sa mère.

Et pourtant, seule dans le salon de Greenacres, avec pour compagnie une assiette maintenant vide et la perspective d'une longue nuit, elle sentit ses certitudes faiblir. Peut-être aurait-elle dû ne pas faire la sourde oreille aux propositions de Rose. Rien de tel que le doux bavardage d'une sœur pour vous détourner l'esprit de ces recoins trop sombres. Le problème, c'étaient les fantômes : car, en réalité, elle n'était pas seule dans la maison. Les spectres étaient partout : au coin des chambres, errant dans les escaliers, leurs pas légers résonnant sur le carrelage de la salle de bains. Des fillettes aux pieds nus, en petites robes, à tous les stades fluets de l'enfance et de l'adolescence, la haute silhouette efflanquée de papa, sifflant dans l'ombre – mais surtout, maman, en tous lieux simultanément, maman qui était cette maison, qui était Greenacres, maman dont la passion, l'énergie faisaient vibrer le moindre centimètre de bois, la moindre fenêtre, la moindre pierre.

Dorothy était à l'instant même dans le salon : Laurel l'observait qui emballait un cadeau d'anniversaire pour Iris, un ouvrage consacré à l'histoire ancienne – une encyclopédie pour enfants. Laurel se souvenait d'avoir été émue par ses belles illustrations en noir et blanc, par le mystère dans lequel elles enveloppaient des lieux disparus depuis des siècles. Ce livre avait revêtu à ses yeux une importance particulière en tant qu'objet. Le lendemain matin, lorsque Iris l'avait déballé, installée sur le lit de ses parents, lorsqu'elle avait commencé à le feuilleter avec un soin jaloux, rajustant le ruban qui servait de marque-page, Laurel avait frémi d'envie. Les livres vous emplissent d'un dévouement intense, d'un profond désir de possession – cela était vrai surtout de Laurel, qui n'en avait pas beaucoup.

Les Nicolson n'étaient pas de grands lecteurs – révélation surprenante pour qui les connaissait –, mais ils adoraient les histoires. Papa avait des kyrielles d'anecdotes qu'il racontait à table, et maman était ce genre de mère qui préfère inventer ses contes de fées plutôt que d'aller les chercher dans des livres.

« Est-ce que je t'ai déjà parlé de l'*Étoile rossignol* ? » avait-elle demandé un soir à Laurel, alors que la petite avait du mal à trouver le sommeil.

Laurel avait secoué la tête avec vigueur. Elle aimait beaucoup les histoires que racontait maman.

« Ah, vraiment ? Ceci explique cela. Je me demandais pourquoi je ne t'y avais jamais rencontrée.

— Où ça, maman ? C'est quoi, l'étoile du rossignol ?

— Ah, mon petit ange, c'est la façon dont on rentre chez soi. Et la façon dont on en part. »

Laurel n'y comprenait plus rien.

« Pour aller où, maman ?

— Partout… n'importe où. »

Elle eut alors ce sourire qui rendait Laurel si heureuse et se pencha sur sa fille, comme pour lui confier un secret, ses boucles sombres lui retombant sur l'épaule. Laurel adorait les secrets, et savait les garder. Elle se fit donc tout ouïe.

« L'*Étoile rossignol,* c'est un grand navire qui, tous les soirs, lève l'ancre du bord du sommeil. As-tu déjà vu une image de bateau de pirate, avec les voiles blanches gonflées de vent et des échelles de corde qui se balancent dans la brise ? »

Laurel hocha la tête, le cœur gonflé d'espoir.

« Alors tu reconnaîtras l'*Étoile* quand tu la verras, car elle ressemble comme deux gouttes d'eau à ces bateaux-là. Son grand mât est le plus droit qui soit ; tout en haut, il y a un drapeau d'argent orné d'une étoile blanche et d'une paire d'ailes.

— Maman, comment on y monte ? Est-ce qu'il faut nager ? »

(Laurel n'était pas une très bonne nageuse.)

« Ah, comment on y monte ! C'est le meilleur moment, dit maman en riant. Il n'y a pas grand-chose à faire, tout juste un souhait. Et quand tu t'endors, tu te réveilles sur le pont, bien au chaud, et l'*Étoile* t'embarque pour une longue aventure.

— Tu y seras, toi aussi, maman ? »

Dorothy arbora un court instant une expression lointaine et mystérieuse, comme s'il lui était revenu un triste souvenir. Puis un sourire apparut sur son visage et elle ébouriffa les cheveux de Laurel.

« Mais bien sûr, mon petit lapin. Tu ne pensais tout de même pas que j'allais te laisser partir toute seule ? »

Un train de nuit, dans le lointain, signala son entrée en gare par un long sifflement. Laurel soupira et le bruit de son souffle se réverbéra dans le salon. Pourquoi ne pas allumer la télévision, histoire d'avoir un fond sonore ? Maman avait toujours obstinément refusé d'acheter un poste pourvu d'une commande à distance, si bien que Laurel préféra allumer le vieux poste de radio, réglé sur BBC 3, et prendre son livre.

C'était le deuxième ouvrage de Henry Jenkins qu'elle lisait et, pour être tout à fait honnête, Laurel trouvait cette *Muse farouche* assez pénible.

Elle commençait même à se demander si Jenkins n'était pas quelque peu machiste. Humphrey, son héros masculin (tout aussi irrésistible que celui du roman précédent) entretenait des idées assez discutables sur les femmes. L'adoration est un sentiment respectable, certes : mais de là à considérer Viola, son épouse, comme un objet précieux ! Non une femme de chair et d'os, mais une sorte de feu follet qu'il avait fait prisonnier, le sauvant par là même de son sort. Viola était une « créature sauvage », qu'il avait emmenée à Londres dans l'objectif de la civiliser (tâche qu'il accomplissait lui-même, bien sûr), sans pour autant que le contact de la ville la « corrompe ». Laurel leva les yeux au plafond, se prenant à espérer que Viola retrousse ses charmants jupons et s'enfuie à toutes jambes, le plus loin qu'elle pouvait.

Malheureusement, la jeune Viola n'en faisait rien et finissait par épouser le héros – après tout, l'histoire était contée du point de vue de Humphrey. Laurel avait trouvé le personnage de Viola plutôt séduisant au départ : une jeune femme valeureuse et pleine de vie, imprévisible, rafraîchissante. Plus elle avançait dans sa lecture, plus cette Viola se dissipait. D'un autre côté, n'était-ce pas injuste de la part de Laurel ? Viola était une toute jeune fille : pouvait-on lui reprocher de manquer de jugeote ? Et de quel droit Laurel condamnait-elle cette Viola de papier, elle qui n'avait pas été fichue de vivre avec qui que ce soit plus de deux ans ? Cela dit, le mariage de Viola et de Humphrey ne correspondait guère à l'idée qu'elle se faisait d'une belle histoire d'amour. Elle parcourut les deux chapitres suivants. Le couple s'installait à Londres, où Humphrey construisait pour sa femme une jolie cage dorée. C'en était trop ! Laurel referma *La Muse* avec irritation.

Il était à peine neuf heures : bien assez tard, décida-t-elle. Le voyage l'avait fatiguée ; elle voulait se lever tôt le lendemain et aller à l'hôpital dans la matinée pour voir sa mère au meilleur de sa forme, si possible. Phil, le mari de Rose, avait mis à sa disposition l'une des voitures de son garage, une Mini des années 1960, vert sauterelle, ce qui lui permettrait de se rendre en ville dès qu'elle serait prête. *La Muse farouche* sous le bras, elle lava son assiette et alla se coucher, abandonnant aux fantômes le rez-de-chaussée de Greenacres, plongé dans les ténèbres.

— Vous en avez, de la chance, dit la plus désagréable des deux infirmières, réussissant l'exploit de présenter la chose comme un malheur. Votre mère est réveillée, en pleine forme. Votre fête de la semaine dernière l'avait épuisée, vous savez, mais les visites de ses proches lui font toujours du bien. Essayez quand même de ne pas trop l'exciter.

Elle accompagna ce discours d'un sourire miraculeusement dépourvu de chaleur et plongea le nez sur le porte-bloc qu'elle serrait contre son cœur.

Laurel renonça à son idée de se livrer à une joyeuse démonstration de danse irlandaise et s'éloigna dans le vestibule aux murs beiges. Parvenue devant la chambre de sa mère, elle donna un petit coup à la porte. N'entendant pas de réponse, elle entra tout doucement. Dorothy était assise dans le fauteuil, tournant le dos à sa fille, laquelle pensa d'abord qu'elle dormait. Ce ne fut pas avant d'approcher que Laurel se rendit compte que Dorothy, bien réveillée, dévorait des yeux un objet qu'elle avait dans les mains.

— Bonjour, maman, dit Laurel.

La vieille dame sursauta et tourna la tête. Son regard était légèrement embrumé ; elle sourit, cependant, lorsqu'elle reconnut sa fille.

— Laurel, chuchota-t-elle. Je te croyais à Londres.

— Oui, mais je suis revenue quelques jours.

Dorothy Nicolson ne demanda pas pourquoi. Quand on atteint cet âge auquel on vous cache bien des choses, quand les détails de votre existence sont discutés et décidés loin de vous, pas toujours dans le sens que vous auriez espéré, peut-être n'est-on plus déconcerté par la surprise. Laurel connaîtrait-elle, elle aussi, ce moment où la lucidité absolue n'est plus possible, ni même souhaitable ? Quelle horreur. Elle écarta la table roulante et s'installa sur le seul autre siège, une chaise en plastique.

— Qu'est-ce que tu as dans les mains, maman ? demanda-t-elle en désignant l'objet d'un geste du menton. Une photo ?

D'une main tremblante, Dorothy lui tendit un petit cadre d'argent, ancien et bosselé, mais impeccablement poli. Laurel ne se souvenait pas de l'avoir jamais vu dans la maison.

— C'est Gerry qui me l'a offert pour mon anniversaire, expliqua la vieille dame.

Cadeau idéal pour Dorothy Nicolson, sainte patronne des objets délaissés. Et cadeau typique de son fils. Alors que beaucoup le pensaient totalement déconnecté du monde, il faisait montre d'une incroyable intuition. Laurel sentit son cœur se serrer à la pensée de son frère. Elle lui avait laissé un message à l'université, sur sa boîte vocale – ou plutôt trois messages, depuis qu'elle avait décidé de s'installer quelques jours à Greenacres. Le dernier avait été enregistré tard le soir, après une demi-bouteille de vin rouge : il était sans doute, craignait-elle, plus direct que les précédents. Elle lui disait qu'elle se rendait à Greenacres avec la ferme intention de découvrir ce qui s'y était passé « quand nous étions petits », que leurs sœurs n'étaient pas encore au courant et qu'elle avait besoin de son aide. Cela lui avait semblé une bonne idée sur le moment : mais Gerry ne s'était pas manifesté.

Laurel enfila ses lunettes pour inspecter le cliché sépia.

— Une cérémonie de mariage, dit-elle en considérant le petit groupe bien habillé prisonnier du verre taché. Ce sont des gens de la famille ? Non, je ne crois pas…

Sa mère ne répondit pas à la question, du moins pas directement.

— Un si précieux souvenir, dit-elle en hochant lentement la tête, le regard triste. Il l'a trouvé dans… un de ces dépôts-ventes caritatifs… Il devrait orner le mur d'un salon, chez quelqu'un. Pas se retrouver dans un carton de vieilleries dont on ne veut plus… N'est-ce pas affreux, Laurel, la façon dont nous nous débarrassons des gens ?

Laurel acquiesça.

— Elle est belle, cette photo, dit-elle en passant le pouce sur le verre. Une photo du temps de la guerre, visiblement, même si le marié n'est pas en uniforme.

— Tous ne l'étaient pas, souffla la vieille dame.

— Les embusqués, tu veux dire ?

— Il n'y avait pas que cette raison-là.

Dorothy reprit la photo. Elle l'observa longuement avant de la reposer d'une main tremblante près de celle de son propre mariage, marqué, quant à lui, par l'austérité de l'immédiat après-guerre.

La guerre ! En prononçant ce mot, Laurel avait vu l'opportunité se profiler à ses yeux ; le vertige de l'anticipation l'avait saisie. Il ne pouvait certainement pas y avoir de meilleur moment pour parler du passé de sa mère.

— Et toi, maman, que faisais-tu pendant la guerre ? demanda-t-elle avec une nonchalance étudiée.

— J'étais au Service volontaire féminin.

Tout simplement. Il n'y avait dans la voix de Dorothy aucune hésitation, aucune réticence, rien qui pût donner à penser que c'était la première fois qu'elle discutait de ce sujet avec sa fille. Laurel se cramponna à ce mince fil.

— Alors tu tricotais des chaussettes et tu nourrissais les soldats ?

Dorothy opina.

— Nous avions une cantine dans une crypte d'église. Et aussi une cantine ambulante. On servait surtout de la soupe.

— Vous alliez dans la rue ? Et les bombardements ?

Nouveau léger hochement de tête.

— Maman...

Laurel ne savait plus que dire. Elle était si étonnée de parler de tout ça avec sa mère.

— Quel courage tu avais !

— Non, répliqua Dorothy avec une surprenante brutalité.

Ses lèvres frémirent.

— Il y avait des gens bien plus courageux que moi.

— Tu n'en as jamais parlé.

— Non.

Pourquoi, maman ? Dis-moi pourquoi. Pourquoi laisser tout cela dans l'ombre – Henry Jenkins, Vivien, son enfance à Coventry, sa vie avant la rencontre avec Stephen Nicolson… ? Que s'était-il passé qui avait incité sa mère à s'emparer avec tant de force de sa « seconde chance », qui en avait fait la meurtrière d'un homme dont la présence menaçait de faire revenir les fantômes de son passé ?

— J'aurais bien aimé te connaître à cette époque, se contenta de dire Laurel.

— Ça paraît difficile, fit Dorothy avec un faible sourire.

— Tu sais ce que je veux dire, maman.

Mme Nicolson esquissa un mouvement, et une expression de malaise renforça les rides de son front à la peau si fragile.

— Je crois que tu ne m'aurais guère appréciée.

— Que veux-tu dire, maman ? Et pourquoi ça ?

Les lèvres de Dorothy palpitèrent, comme si les mots qu'elle voulait prononcer ne parvenaient pas à sortir.

— Pourquoi, maman ?

Dorothy eut un sourire contraint, que l'ombre qui voilait sa voix et son regard démentait.

— Les gens changent en vieillissant, Laurel… Ils deviennent plus sages, ils font de meilleurs choix… je suis si vieille… Quelqu'un qui a vécu aussi longtemps que moi ne peut qu'être chargé d'un certain nombre de regrets… des choses que l'on a faites autrefois… des choses qu'on voudrait avoir faites différemment…

Le passé, les regrets, les gens qui changent… Laurel eut un frisson d'excitation. Enfin, on y était. Elle s'efforça d'adopter un ton léger, celui d'une fille aimante qui demande à sa vieille maman de raconter ses souvenirs.

— Quelle sorte de souvenirs, maman ? Qu'aurais-tu voulu faire autrement ?

Mais Dorothy n'écoutait plus. Ses yeux avaient pris une expression lointaine ; de ses doigts maigres, elle tiraillait le bord de son couvre-pieds.

— Mon père me disait que j'aurais des ennuis si je ne prenais pas garde…

— Les parents tiennent toujours ce genre de propos, fit Laurel d'une voix douce, prenant soin de ne pas effaroucher sa mère. Tu n'as rien fait de pire que nous autres, j'en suis sûre.

— Il a essayé de me prévenir, mais je ne l'ai pas écouté. Je pensais être assez grande… J'ai été punie de mes choix, Laurel. J'ai tout perdu… tout ce que j'aimais…

— Mais comment ? Que s'est-il passé ?

Les souvenirs étaient sans doute trop douloureux pour Dorothy, qui était épuisée ; le vent mourut dans les voiles de la mémoire ; elle se laissa retomber contre les coussins du fauteuil. Ses lèvres esquissèrent quelques mots, mais aucun son n'en sortit. Elle finit par abandonner le combat, les yeux tournés vers la fenêtre embrumée.

Laurel scruta longuement le profil de sa mère, regrettant, elle aussi, de n'avoir pas été la fille qu'elle aurait pu être, de n'avoir pas consacré plus de temps à sa mère. Ah ! si elle avait pu remonter le passé, tout recommencer – au lieu d'avoir tant tardé, au lieu de se retrouver là, dans ce triste hôpital, avec tant de vides à combler…

— Ah, maman, au fait, fit-elle d'un ton joyeux, tentant une autre approche. Rose m'a montré quelque chose d'assez singulier !

Elle prit l'album de famille sur l'étagère et en tira la photographie qui représentait sa mère et Vivien. Elle avait beau feindre la tranquillité, ses mains tremblaient comme des feuilles.

— Elle l'a trouvée dans une malle, je crois, à Greenacres.

Dorothy prit le cliché que sa fille lui tendait et le regarda.

Dans le vestibule, des portes s'ouvrirent et se refermèrent ; une sonnerie bourdonna ; des voitures au-dehors se garèrent sur le parvis de l'hôpital.

— Vous étiez amies, suggéra Laurel.

Mme Nicolson eut un hochement de tête hésitant.

— Pendant la guerre, n'est-ce pas ?

Même réaction.

— Et elle s'appelait Vivien. C'est écrit derrière.

Dorothy releva la tête. La surprise avait fait frémir son visage ridé. Laurel était sur le point d'expliquer la découverte du livre dédicacé lorsque sa mère ouvrit la bouche.

— Elle est morte, dit-elle d'une voix si basse que Laurel eut du mal à l'entendre. Vivien est morte pendant la guerre.

— Oui, dans un bombardement aérien, fit Laurel, qui se souvenait de la notice nécrologique de Henry Jenkins.

Sa mère ne parut pas avoir entendu cette précision. Elle regardait fixement la photo, les joues mouillées de larmes.

— J'ai peine à me reconnaître, dit-elle d'une voix frêle, infiniment vieille.

— C'était il y a bien longtemps.

— Une autre vie.

Dorothy se tamponna les joues d'un mouchoir roulé en boule, extrait d'on ne sait où.

Les mots continuèrent à couler doucement sous le mouchoir, mais Laurel ne comprit pas tout. Il était question de bombes, de vacarme, de la peur d'avoir à revivre ça. Elle se pencha vers sa mère, un frisson d'excitation lui parcourant la peau – les réponses à ses questions semblaient à portée de main.

— Qu'est-ce que tu veux dire, maman ?

Dorothy leva les yeux vers sa fille avec, sur le visage, l'expression terrible de qui vient de voir un fantôme. Elle tendit la main vers Laurel, s'empara de sa manche.

— J'ai fait quelque chose, Laurel, chuchota-t-elle d'une voix brisée. Pendant la guerre... Je n'avais plus les idées claires, tout se passait si mal... Je ne savais que faire d'autre... le plan semblait sans faille... La meilleure façon de régler les problèmes. Mais il a tout découvert – il était furieux.

Le cœur de Laurel fit un bond. « *Il* a tout découvert. »

— Maman, c'est pour ça que l'homme est venu ? Ce jour-là, le jour de l'anniversaire de Gerry ?

Sa poitrine se contracta. Elle avait de nouveau seize ans.

Dorothy tenait toujours le bras de sa fille. Son visage était blême, sa voix réduite à un filet presque inaudible.

— Il m'a retrouvée, Laurel… Il m'avait cherchée sans relâche…

— À cause de ce que tu avais fait pendant la guerre ?

— Oui.

Sa voix n'était qu'un souffle.

— Mais qu'est-ce que c'était ? Qu'est-ce que tu as fait, maman ?

La porte s'ouvrit sur l'infirmière Ratched et son plateau.

— C'est l'heure du déjeuner, annonça-t-elle d'un ton jovial, remettant la table roulante à sa place.

Elle versa un peu de thé tiède dans un gobelet en plastique et vérifia le niveau d'eau dans la carafe.

— Quand vous aurez fini, ma belle, sonnez-moi, chantonna-t-elle d'une voix trop forte. Je reviendrai pour vous faire aller aux toilettes.

Elle inspecta rapidement la table : tout était en ordre.

— Vous n'avez besoin de rien avant que j'y aille ?

Dorothy était hébétée, lasse. Elle fouillait du regard le visage de sa fille.

L'infirmière eut un grand sourire. Elle se courba en deux, affable, au-dessus de la vieille dame.

— Vous n'avez besoin de rien, ma belle ?

— Oh.

Dorothy cligna des yeux avec un petit sourire effaré qui brisa le cœur de Laurel.

— Oui, oui, s'il vous plaît. Il faudrait que je puisse parler au Dr Rufus.

— Rufus ? Vous voulez dire Cotter, ma belle.

Le pâle visage se voila brièvement d'un nuage de confusion.

— Ah, oui, murmura Dorothy avec un sourire plus incertain encore. Bien sûr. Le Dr Cotter.

— Je vous l'envoie dès que possible, répondit l'infirmière avant de se retourner vers Laurel, de lui décocher un regard lourd de signification et de se tapoter la tempe de l'index.

Laurel dut résister à l'envie d'étrangler la bonne femme avec la lanière de son sac.

D'autant que celle-ci tournicota dans la chambre pendant un temps qui parut infini, ramassant des gobelets usagés, inscrivant des chiffres sur la feuille de température, s'interrompant de temps à autre pour émettre des remarques sans intérêt sur les intempéries et faisant grincer la semelle de ses chaussures médicales. Lorsque la porte enfin se referma sur elle, Laurel était sur des charbons ardents.

— Maman ? reprit-elle, plus sèchement qu'elle ne l'aurait souhaité.

Le visage vide d'expression, Dorothy Nicolson dévisagea sa fille. Laurel comprit avec un sursaut que, quelles qu'aient été les émotions que leur conversation avait réveillées avant l'arrivée de l'infirmière, elles avaient disparu – s'étaient réfugiées dans ce lieu où se cachent les vieux secrets. La frustration la submergea. Bien sûr, elle pourrait peut-être revenir à la charge, lui demander : « Maman, qu'avais-tu donc commis pour que cet homme te pourchasse ? Avait-ce un rapport avec Vivien ? Je t'en prie, dis-le-moi, que je puisse enfin abandonner ma quête. » Mais le visage tant aimé, ce visage las de vieille dame, la considérait à présent, aimablement perplexe, les lèvres esquissant un sourire inquiet.

— Oui, Laurel ?

Avec toute la patience dont elle était capable, Laurel répondit en souriant :

— Tu veux que je t'aide pour ton déjeuner, maman ?

Dorothy ne mangea pas grand-chose. Elle semblait se faner un peu plus d'instant en instant. Laurel fut frappée par son extrême fragilité. Le fauteuil vert n'était guère imposant : il avait été apporté de Greenacres et Laurel y avait vu sa mère des milliers de fois. Or il semblait avoir changé de proportions et ressemblait maintenant à une grande chose voûtée, enserrant le frêle corps de maman comme un ours maussade.

— Voudrais-tu que je te donne un coup de brosse, maman ? suggéra Laurel. Tu aimerais ?

Le spectre d'un sourire passa sur les lèvres de Dorothy, qui hocha légèrement la tête.

— Ma mère me brossait toujours les cheveux.

— Vraiment ?

— Je faisais semblant de ne pas aimer ça, je voulais mon indépendance. Mais c'était bien agréable.

Laurel, souriante, attrapa la jolie brosse d'argent sur l'étagère, derrière le lit. Elle caressa le fin duvet qui couronnait sa mère, essayant de l'imaginer enfant. Elle avait dû être une petite fille téméraire, sans aucun doute, un peu turbulente, mais pleine de cette sorte d'énergie qui séduisait les adultes, plutôt que de les irriter. Elle ne le saurait jamais vraiment, à moins que sa mère ne lui en parle.

Les paupières de Dorothy, fines comme du papier de soie, étaient closes à présent, agitées d'infimes tremblements nerveux. Peut-être des images mystérieuses nées de leurs ténèbres hantaient-elles la vieille dame ? Tandis que Laurel continuait de lui caresser les cheveux, sa respiration se ralentit jusqu'à épouser le rythme du sommeil. Laurel alors posa la brosse aussi silencieusement qu'elle put. Elle tira la couverture sur la poitrine de sa mère et lui déposa un baiser sur la joue.

— Au revoir, maman, murmura-t-elle. Je reviendrai demain.

Elle se dirigeait vers la porte sur la pointe des pieds, prenant soin de ne pas faire cliqueter ses clefs dans son sac, lorsqu'une voix embrumée se fit entendre :

— Ce garçon.

Laurel fit volte-face, surprise. Dorothy n'avait pas ouvert les yeux.

— Ce garçon, Laurel, marmonna-t-elle.

— Quel garçon ?

— Celui que tu fréquentes... Billy.

Ses paupières s'entrouvrirent sur un regard vague ; elle tourna la tête vers sa fille, esquissa un geste de la main. Sa voix était douce, empreinte de tristesse.

— Tu crois que je n'ai pas remarqué ? Tu crois que je n'ai pas été jeune, moi aussi, en mon temps ? Que je ne sais pas ce que cela veut dire, d'être charmée par un joli garçon ?

Laurel comprit que sa mère n'était plus prisonnière d'une chambre d'hôpital, qu'elle était revenue à Greenacres et qu'elle faisait la leçon à sa fille adolescente. La situation avait quelque chose de désarmant.

— Tu m'écoutes, Laurel ?

Celle-ci déglutit et retrouva sa voix.

— Oui, maman, je t'écoute.

Cela faisait bien longtemps qu'elle n'avait pas répondu sur ce ton à sa mère.

— S'il te demande en mariage et que tu l'aimes vraiment, accepte, Laurel... Tu m'entends ? Accepte.

Laurel hocha la tête. Elle se sentait étrangement mal à l'aise, la tête vide, les joues brûlantes. Les infirmières le lui avaient dit : l'esprit de sa mère s'égarait parfois, quittant le temps présent pour y revenir l'instant d'après, comme un modulateur de fréquence qui ne cesse de perdre la station. Mais pourquoi cette période-là ? Pourquoi ce garçon qu'elle avait à peine connu, cet éphémère flirt de Laurel, perdu dans le passé ?

— J'ai commis tant d'erreurs... tant d'erreurs, poursuivit Dorothy.

Ses joues étaient baignées de larmes.

— L'amour, Laurel... il ne faut pas se marier pour une autre raison.

Laurel n'alla pas beaucoup plus loin que les toilettes du couloir. Elle ouvrit le robinet, plongea les mains sous le jet et recueillit un peu d'eau pour s'en asperger le visage. Puis elle posa les paumes à plat sur le bord du lavabo. Les fines fractures qui écaillaient la céramique autour de la bonde fusionnèrent sous son regard hébété. Elle ferma les yeux. Le sang lui battait aux tempes comme un marteau-piqueur. Mon Dieu, quel choc.

Quel choc d'entendre sa mère lui parler comme si elle avait encore seize ans, évoquant son petit ami d'autrefois, le premier amour frémissant aux frontières de son âme, faisant du même coup disparaître cinquante années de sa vie. Surtout, c'étaient les mots eux-mêmes, l'insistance dans la voix de maman, sa sincérité, comme si elle faisait don à sa fille adolescente de toute la richesse de son expérience. Comme si elle voulait absolument convaincre Laurel de faire les bons choix, l'empêcher de commettre les mêmes erreurs qu'elle.

Mais cela n'avait aucun sens. Sa mère avait aimé son père : c'était pour Laurel une certitude inébranlable. À la mort de papa, ils étaient mariés depuis cinquante-cinq ans et n'avaient pas connu la moindre dissension. Si Dorothy s'était mariée sans amour, si elle avait réellement passé tout ce temps à s'en mordre les doigts, alors elle était la plus douée des comédiennes. Pouvait-on garder un tel masque pendant si longtemps ? Non, c'était impossible, bien sûr. Et puis, Laurel avait entendu cent fois l'histoire de la rencontre de ses parents et de leur coup de foudre. Elle avait vu comment sa mère contemplait son père lorsqu'il parlait de la révélation qu'il avait eue de leur amour.

Laurel releva la tête. Mamie Nicolson, elle, avait eu des doutes, cependant. Laurel avait toujours perçu un vague malaise dans la façon dont ces deux femmes se comportaient l'une vis-à-vis de l'autre : cette raideur dans leurs échanges, la grimace sévère avec laquelle la belle-mère considérait Dorothy ; et puis, cette conversation qu'elle avait surprise par inadvertance pendant des vacances chez mamie Nicolson, dans sa pension du bord de mer – Laurel devait avoir quatorze ou quinze ans. Un matin, ayant passé trop de temps au soleil, elle avait dû rentrer, la migraine faisant rage. Couchée dans sa chambre, les persiennes fermées, un linge humide sur le front, une terrible barre sur le plexus, elle avait entendu mamie Nicolson et l'une de ses pensionnaires, la vieille Mlle Perry.

« Votre fils vous fait vraiment honneur, Gertrude, disait Mlle Perry. C'est qu'il a toujours été un bon garçon.

— Ah ça oui, il vaut son pesant d'or, mon Stephen. Un vrai soutien, ce n'est pas comme son père en son temps. »

Mamie Nicolson s'était tue, le temps que l'autre commère émette un grognement affirmatif, puis avait repris :

« Et puis, quel bon cœur ! Toujours à recueillir les égarés. »

Laurel avait dressé l'oreille. Ces mots étaient lourds de souvenirs de conversations antérieures et Mlle Perry avait semblé savoir exactement où mamie voulait en venir.

« Eh oui, avait-elle répliqué. Le pauvre petit, il n'avait pas l'ombre d'une chance, avec une si belle femme.

— Belle ? Ah, peut-être, quand on aime ce genre-là. Parce qu'elle est un peu… »

Mamie avait marqué une pause.

« … un peu mûre à mon goût.

— Ah, c'est sûr, avait fait Mlle Perry, rebroussant chemin avec ardeur. Affreusement mûre. Et pas du genre à se tromper sur une bonne occasion quand elle en voit une, hein ?

— Ça non.

— Ou sur un bon gars quand elle en rencontre un.

— C'est certain.

— Et dire qu'il aurait pu épouser une fille bien de chez nous comme la petite Pauline Simmonds, au bout de la rue. J'ai toujours pensé qu'elle avait un faible pour lui.

— Bien sûr, avait rétorqué sèchement mamie, et je la comprends. Mais c'était compter sans l'autre. Elle n'avait pas l'ombre d'une chance, Pauline. Avec une fille comme Dorothy, vous pensez bien ! Et puis, décidée comme elle l'était…

— Quelle honte. »

Mlle Perry connaissait bien son texte.

« Oui, quelle honte, Gertrude.

— Elle l'a ensorcelé, je vous dis. Mon pauvre petit, il n'a pas su ce qui lui arrivait. Il a cru qu'elle était innocente comme l'agneau qui vient de naître, et qui l'en blâmerait ? Il venait juste de rentrer de France quand ils se sont mariés. Elle lui a tourneboulé les esprits – quand elle veut quelque chose, cette femme, elle l'obtient. Elle est de ce genre-là.

— Et elle le voulait, votre garçon.

— Non, ce qu'elle voulait, c'était une échappatoire et mon fils la lui a fournie. Ils n'étaient pas sitôt mariés qu'elle l'a arraché à tout ce qu'il connaissait, à ses parents, à ses amis, pour tout recommencer dans cette ferme qui ne tient même pas debout. Je m'en veux, voyez-vous.

— Oh, il ne faut pas !

— C'est moi qui l'ai introduite sous ce toit.

— Gertrude, c'était la guerre. Il était pratiquement impossible de trouver de bons domestiques. Vous ne pouviez pas savoir.

— C'est bien là le problème. J'aurais dû m'en douter. J'aurais dû prendre mes renseignements. J'ai été bien trop confiante. Enfin, au début. Par la suite, j'ai fait ma petite enquête. Mais il était trop tard.

— Que voulez-vous dire ? Trop tard pour quoi ? Qu'avez-vous découvert ? »

Laurel ne le sut jamais : les deux femmes s'étaient éloignées et n'étaient plus à portée de voix. À vrai dire, Laurel ne s'était guère émue de cette conversation, à l'époque. Mamie Nicolson était d'une pruderie maladive ; elle rendait la vie de l'aînée de ses petites-filles impossible en signalant à ses parents le moindre coup d'œil jeté à un garçon sur la plage. Même si mamie pensait avoir découvert quelque chose sur sa belle-fille, s'était dit Laurel, cela relevait probablement du domaine de l'exagération, si ce n'est de la fiction pure.

Cinquante et quelques années plus tard, cependant, Laurel songea en se séchant le visage et les mains que ce n'était pas si sûr. Les doutes que mamie avait entretenus sur Dorothy – à savoir qu'elle cherchait une échappatoire, qu'elle n'était pas si innocente qu'il y paraissait, que son mariage hâtif avec Stephen Nicolson ne devait rien à l'amour, etc. – faisaient plus ou moins écho à ce que sa mère lui avait confié quelques instants plus tôt.

Dorothy Smitham venait-elle de rompre avec quelqu'un qu'elle fuyait lorsqu'elle avait répondu à l'annonce de Mme Nicolson ? Était-ce ce que mamie avait découvert ? Possible, mais certainement pas suffisant. La circonstance eût suffi à aigrir mamie – il en fallait peu ; mais, pour faire verser des larmes à maman, soixante ans plus tard, il en fallait plus. Et puis, cette culpabilité qui perçait dans ses propos – « J'ai commis des erreurs, j'ai manqué de jugement... » Et si Dorothy avait abandonné son fiancé sans rien lui dire ? Si elle l'aimait, pourquoi avait-elle fui ? Pourquoi ne l'avait-elle pas épousé, tout simplement ? Et quel était le rapport avec Vivien et Henry Jenkins ?

Il y avait là quelque chose qui échappait à Laurel. Quelque chose ou plutôt des foules de choses. Exaspérée, elle soupira avec bruit. Elle se sentait complètement démunie. Les indices ne manquaient pas, mais on ne parvenait pas à les recoller ensemble, ils ne préfiguraient aucune piste. Laurel prit une feuille de papier-toilette et s'en servit pour retirer le mascara qui avait coulé. Le mystère ressemblait à cet exercice d'enfant où il faut joindre les points pour reconnaître le dessin – ou bien à une constellation dans les cieux nocturnes. Quand Laurel était petite, leur père, un soir, les avait emmenées voir les étoiles. Ils avaient planté les tentes sur la colline au-dessus du bois de l'aveugle. En attendant la tombée de la nuit et la venue des étoiles, papa leur avait raconté comment, enfant, il s'était perdu, puis retrouvé en suivant les étoiles.

« Ce qu'il faut, leur avait-il expliqué en installant le télescope sur son trépied, c'est repérer les images. S'il vous arrive un jour de vous perdre, elles vous indiqueront le chemin du retour.

— Mais je ne vois pas d'images, papa », s'était lamentée Laurel en frottant ses moufles l'une contre l'autre, les yeux tournés vers les étoiles scintillantes, paupières plissées.

Son père l'avait considérée avec affection.

« C'est parce que tu regardes directement les étoiles, Lol, au lieu de fixer les interstices. Il faut tracer des lignes dans ton esprit. Et là, tu verras les images. »

Laurel s'examina dans le miroir de l'hôpital. Elle cligna des yeux et le souvenir de papa – délicieux papa – s'évanouit dans les airs. Il fut remplacé par la douleur vive et subite d'un profond chagrin : son père lui manquait, elle vieillissait et sa mère était à l'agonie.

Et quelle fichue tête elle avait, en plus. Elle se donna un coup de peigne. C'était un début. Elle n'avait jamais été très douée pour reconnaître les formes cachées dans les constellations. C'était le point fort de Gerry, cela : il épatait le reste de la famille en se repérant dans le ciel étoilé. Tout petit, déjà, il pouvait montrer des images et des formes là où Laurel ne voyait que scintillements épars.

Gerry. Où était-il ? Elle avait besoin de son aide dans cette quête, zut ! C'était leur affaire à tous les deux. Elle sortit son téléphone de son sac, vérifia l'écran.

Pas un seul appel en absence.

Elle fit défiler son carnet d'adresses jusqu'au nom de Gerry, l'appela à l'université. Elle patienta en se rongeant l'ongle du pouce, maudissant (une fois de plus) l'obstination de son jeune frère qui refusait de se doter d'un portable. Là-bas, à Cambridge, entre deux piles de livres, un téléphone sonna, sonna… Puis le répondeur s'enclencha.

« Bonjour, vous êtes sur la messagerie de Gerry Nicolson. Je suis en train de filer les étoiles. Vous pouvez laisser vos coordonnées. »

Il se gardait bien de préciser l'usage qu'il en ferait, remarqua Laurel, non sans ironie. Elle raccrocha sans rien dire. Pour l'heure, il lui faudrait continuer seule.

14

Londres, janvier 1941

Dolly servit son énième bol de soupe et sourit à ce qu'avait dit le jeune pompier (même si elle ne l'avait pas écouté). Le bruit des rires, des discussions et du piano était trop fort pour bien entendre ; à en juger par le sourire du garçon, cependant, il devait s'agir d'une proposition coquine. Un sourire ne fait de mal à personne, pas vrai ? Dolly sourit donc. Elle fut d'ailleurs récompensée par un répit dans le flot des bouches à nourrir : elle allait enfin pouvoir s'asseoir et reposer ses pieds douloureux.

Ils la tuaient, tous. Sur le point de quitter Campden Grove, elle avait été retardée par un drame de grande ampleur : les bonbons de lady Gwendolyn avaient disparu ! La vieille dame était plus bas que terre. Heureusement, les friandises furent retrouvées dans le lit, sous l'ample postérieur de leur noble propriétaire. Dolly avait pris tant de retard cependant qu'elle dut courir jusqu'à Church Street – ce n'était pas la porte à côté –, chaussée d'escarpins en satin dont les qualités essentielles étaient d'ordre esthétique. Elle était arrivée à la cantine du Service à bout de souffle et les pieds en compote. Là, l'espoir qu'elle avait eu de pouvoir se faufiler dans la salle entre deux soldats en pleines libations se réduisit à néant. Elle fut prise sur le fait par la chef d'équipe du Service, Mme Waddingham, une femme au nez en pied de marmite souffrant d'un terrible eczéma – affection qui, quel que soit le temps, la contraignait à porter des gants et lui donnait une humeur de dogue.

« Une fois de plus, vous êtes en retard, Dorothy, avait-elle remarqué, la bouche en cul de poule. J'ai besoin de vous à la cuisine pour servir la soupe. Nous avons tellement couru ce soir que nous n'avons plus de pieds. »

Une souffrance à laquelle Dolly pouvait compatir. Mais ce n'était pas tout. Un bref coup d'œil à la salle lui avait appris qu'elle avait eu tort de se hâter. Vivien n'était pas là. Pourtant, Dolly avait vérifié à plusieurs reprises leurs emplois du temps respectifs. Cette permanence du soir, elles devaient l'assurer ensemble. De surcroît, à peine une heure plus tôt, elle avait fait signe à Vivien des fenêtres de lady Gwendolyn en la voyant quitter le 25 dans son uniforme du Service volontaire féminin.

« Allez, vite, vite, avait repris Mme Waddingham avec un geste éloquent de ses mains gantées. À la cuisine, s'il vous plaît. Qu'est-ce que vous croyez ? L'effort de guerre n'est pas à votre service. »

Dolly n'avait eu qu'une envie, lui flanquer un bon coup de pied dans les tibias. Ce qui n'aurait guère été correct, elle en convint. Elle avait ravalé un sourire féroce – il est parfois aussi plaisant d'imaginer les choses que de les faire vraiment – et s'était contentée d'un hochement de tête des plus obséquieux.

La cantine était logée dans la crypte de l'église Saint Mary ; y tenait lieu de cuisine une petite alcôve pleine de courants d'air, devant laquelle avaient été installés, en guise de comptoir, deux tréteaux surmontés d'une planche recouverte d'une bande de tissu et d'une banderole de drapeaux anglais. Complétant cet équipement, un évier dans le coin et un poêle à mazout pour garder la soupe au chaud. Et surtout, aux yeux du moins de Dolly, une chaise d'église posée contre le mur.

Elle fit le tour de la cantine du regard pour s'assurer que son absence derrière le comptoir passerait inaperçue. Il y avait une foule de soldats repus, quelques ambulanciers qui jouaient au ping-pong et le contingent habituel de dames du Service qui tricotaient de l'aiguille et de la langue à l'autre bout de la salle. Mme Waddingham était parmi elles, mais tournait le dos à la cuisine. Dolly se décida à risquer les foudres du dragon. Elle n'avait vraiment pas envie de rester deux longues heures debout. Elle s'assit, ôta ses chaussures ; un soupir de doux soulagement aux lèvres, elle étira lentement ses orteils gainés de soie.

Les membres du Service n'étaient pas censés fumer dans la salle, en vertu des consignes de lutte contre les incendies : cela n'empêcha pas Dolly de plonger la main dans son sac et d'en retirer l'un des paquets tout neufs qu'elle avait obtenus chez M. Hopton, l'épicier. Les soldats quant à eux fumaient toujours – c'eût été cruel de les en empêcher. Si bien qu'un épais nuage de fumée grise embrumait perpétuellement le plafond. Personne ne remarquerait sa modeste addition au phénomène, se dit Dolly. Elle se laissa glisser sur le carrelage et gratta une allumette, se donnant enfin le temps de réfléchir à l'événement qui s'était produit dans l'après-midi.

Tout était parti d'un fait banal. Après déjeuner, Dolly avait été envoyée à l'épicerie, ce qui l'avait mise d'humeur assez maussade, même si elle rougissait maintenant d'y repenser. Il n'était guère facile de mettre la main sur des bonbons, ces temps-ci, mais, comme le disait lady Gwendolyn, à cœur vaillant, rien d'impossible. Dolly avait donc dû parcourir les petites rues de Notting Hill à la recherche de l'ami du concierge de l'oncle de quelqu'un qui, d'après la rumeur, en vendait au marché noir. La course avait duré deux bonnes heures. Dolly rentrait tout juste, en train d'ôter son écharpe et ses gants, lorsqu'on avait sonné à la porte.

Vu la manière dont la journée avait commencé, Dolly s'était attendue à voir paraître sur le seuil une troupe de ces insupportables gamins qui collectaient les bouts de métal pour les Spitfire. Au lieu de quoi, elle s'était trouvée face à face avec un petit homme tiré à quatre épingles, la lèvre ornée d'une fine moustache et la joue d'une envie rouge fraise. Il portait une énorme serviette de crocodile noir, pleine à craquer, dont le poids semblait lui causer un grand inconfort. Un seul coup d'œil aux mèches éparses qui tentaient de cacher sa calvitie avait suffi à Dolly pour comprendre que l'homme devait être plutôt susceptible.

« Pemberly, avait-il dit d'un ton sec. Reginald Pemberly, notaire ; je souhaite voir lady Gwendolyn Caldicott. »

Il s'était penché pour ajouter d'une voix soudain plus basse, comme s'il confiait quelque secret :

« Et l'affaire est plutôt urgente. »

Dolly avait déjà entendu parler de M. Pemberly (« Une vraie souris, pas du tout comme son père. Cela dit, il fait excellemment les comptes, raison pour laquelle je lui conserve ma confiance »). Elle l'avait fait entrer – qu'il faisait froid, dehors ! – et avait filé à l'étage pour prévenir lady Gwendolyn et s'assurer qu'elle était contente de le voir. Contente, c'était beaucoup demander : la vieille dame ne l'était jamais vraiment. En ce qui concernait ses finances, en revanche, elle était toujours sur le qui-vive. Elle avait eu une expression de mépris maussade et avait agité sa main grassouillette pour signifier à Dolly que l'individu pouvait être introduit dans ses appartements.

« Bonjour, lady Gwendolyn, avait-il haleté après avoir monté les volées d'escalier. Désolé de cette visite impromptue, mais c'est à cause des bombardements, voyez-vous ? En décembre dernier, nous avons été sévèrement touchés, et j'ai perdu toutes mes archives. Une situation très pénible, comme vous pouvez l'imaginer. Je suis en train de tout reconstituer. Et désormais, je ne me sépare plus de mes dossiers. »

Il avait tapoté son cartable rebondi.

Dolly avait été renvoyée à ses quartiers et avait passé la demi-heure suivante dans sa chambre, colle et ciseaux à la main, à mettre son Livre d'idées à jour, consultant l'heure avec une angoisse croissante, le moment de sa permanence à la cantine du Service volontaire approchant sans répit. Enfin, la clochette d'argent avait tinté et elle était remontée dans la chambre de l'estimable dame.

« Raccompagnez M. Pemberly, avait dit lady Gwendolyn en étouffant un hoquet repu. Puis revenez me préparer pour le coucher. »

Dolly, le sourire aux lèvres, avait incliné la tête puis attendu que le notaire récupère son fardeau.

« C'est elle, Dorothy, avait ajouté la bonne vieille avec sa désinvolture habituelle. Dorothy Smitham, la jeune personne dont je vous ai parlé. »

Le comportement de M. Pemberly s'était immédiatement modifié à ces mots.

« C'est un plaisir de faire votre connaissance », avait-il dit à Dorothy, avec la plus grande déférence.

Puis il s'était écarté d'un pas et lui avait tenu la porte. En descendant l'escalier, ils avaient échangé quelques banalités. Et tandis qu'ils se saluaient sur le perron de la maison, M. Pemberly s'était tourné vers Dolly.

« Vous avez accompli un remarquable travail, jeune femme, avait-il susurré avec une nuance d'admiration. Jamais je n'avais vu cette chère lady Gwendolyn d'aussi bonne humeur, en tout cas pas depuis cette terrible affaire du mariage de sa sœur. Rendez-vous compte, elle ne m'a menacé ni de la main ni de la canne, de toute notre entrevue ! Extraordinaire ! Rien d'étonnant à ce qu'elle ait une telle affection pour vous. »

Il avait conclu cette tirade par un clin d'œil qui avait grandement surpris Dolly.

« Un remarquable travail… pas depuis cette terrible affaire du mariage de sa sœur… une telle affection pour vous. » Assise sur les dalles de la crypte de Saint Mary, Dolly repensait à la scène, un sourire sur les lèvres. Elle avait du mal à réaliser. Le Dr Rufus avait déjà fait des allusions à une modification de testament incluant Dolly dans les légataires, et la vieille dame ne se privait pas de la taquiner sur le sujet. Mais en discuter directement avec le notaire de lady Gwendolyn, ce n'était pas la même chose. Et quand celui-ci vous disait à quel point la vieille dame s'était entichée de vous, que vous étiez pratiquement de la fam...

— Bonsoir, toi !

Une voix familière tira Dolly de ses pensées.

— Dis-moi, que doit-on faire pour que les gens s'occupent de vous, ici ?

Dolly leva les yeux, en sursaut, et vit Jimmy penché sur le comptoir. Il rit ; une mèche sombre lui retomba sur le front.

— Que fais-tu ici ? s'exclama-t-elle en se redressant en hâte.

Le sang avait reflué de son visage.

— J'étais dans le coin. Je travaillais.

Il tapota la lanière de son appareil photo.

— Et du coup, je me suis dit que j'allais passer prendre ma bien-aimée.

Elle posa l'index sur ses lèvres pour lui signifier de ne pas en dire plus, avant d'écraser sa cigarette sur le mur.

— Nous étions convenus de nous retrouver chez Lyons, chuchota-t-elle en se précipitant vers le comptoir.

Elle rajusta sa jupe.

— Je n'ai pas fini ma permanence, Jimmy.

— Oui, je vois bien à quel point tu es prise, répliqua-t-il avec un sourire.

Auquel Dolly ne répondit pas. Par-dessus l'épaule du jeune homme, elle contempla la salle pleine ; Mme Waddingham n'avait pas cessé de bavarder et de tricoter. De Vivien, toujours pas un signe. Malgré tout, c'était trop risqué.

— Vas-y sans moi, dit-elle à voix basse. Je te retrouve dès que je peux.

— Ça m'est égal d'attendre. Au contraire : comme ça, je vois ma chérie en action.

Il se pencha vers elle pour l'embrasser ; elle esquiva.

— Je travaille, marmonna-t-elle en guise d'explication. Je suis en uniforme, Jimmy. Ce n'est pas correct.

Il n'eut pas l'air convaincu par cette conversion soudaine aux règles de la bienséance. Dolly changea de stratégie.

— Écoute, dit-elle du ton le plus léger qu'elle put. Tiens, prends un bol de soupe et va t'asseoir. Je finis ma permanence, je prends mon manteau et on y va. D'accord ?

— D'accord.

Elle le suivit des yeux et ne retrouva son calme que lorsqu'il eut trouvé une table à l'autre bout de la salle. Elle avait les bouts des doigts parcourus de fourmillements électriques. Que lui était-il passé par la tête ? Elle avait été claire, pourtant : ils devaient se retrouver au restaurant. Si Vivien avait été de permanence à la cantine, comme c'était prévu, Dolly n'aurait eu d'autre choix que de les présenter l'un à l'autre – et ç'aurait été catastrophique pour Jimmy. L'aventure du 400, où il avait joué avec tant d'élégance et de charme le rôle de lord Sandbrook, c'était une chose. Mais tel qu'il venait de surgir dans la crypte, dans ses vêtements de tous les jours, couverts de la poussière du blitz… Dolly frissonna à l'idée de ce que Vivien pourrait penser en apprenant qu'elle avait ce genre de petit ami. Pire encore, que se passerait-il si lady Gwendolyn découvrait le pot aux roses ?

Jusqu'ici – et cela n'avait pas été chose facile – Dolly avait réussi à dissimuler l'existence de Jimmy à son amie et à sa patronne, de même qu'elle avait pris soin de ne pas trop parler au jeune homme de sa vie dans la maison de Campden Grove. Mais comment pourrait-elle maintenir cette fragile imperméabilité si Jimmy se mettait à prendre systématiquement le contre-pied de ses demandes ? Elle réintroduisit ses pieds dans ses jolis escarpins, une manœuvre plutôt pénible. Elle ne s'était pas résolue à lui parler – non qu'il n'eût compris, mais elle ne voulait pas le blesser. Simplement, il n'était pas à sa place à la cantine du Service. Pas plus qu'à Campden Grove, ou derrière le cordon rouge, au 400. Alors qu'elle...

Dolly lança un regard à son bien-aimé, lequel avait le nez dans sa soupe. Ils s'étaient pourtant drôlement amusés la dernière fois, au 400 puis dans sa chambre à elle. Cela, les gens de son autre monde ne devaient pas le savoir. Ni Vivien, ni surtout lady Gwendolyn. Que se passerait-il si la vieille dame apprenait l'existence de Jimmy ? Dolly fut envahie d'une brûlante bouffée d'angoisse à cette pensée. La pauvre vieille, son cœur se briserait une seconde fois si elle s'imaginait perdre sa jeune compagne de la même façon qu'elle avait perdu sa sœur...

Dolly eut un soupir troublé et, quittant le comptoir, alla chercher son manteau. Elle allait devoir parler à Jimmy, lui faire comprendre avec délicatesse qu'il était préférable qu'ils se conduisent avec plus de réserve. Cela ne plairait pas au jeune homme : il détestait jouer la comédie. Il était de ces individus si vertueux qu'ils voient toujours tout en noir et blanc. Mais il se plierait à ses désirs, elle le savait bien.

Dolly décrochait son manteau de la patère lorsque l'arrivée de Mme Waddingham gâcha la bonne humeur qu'elle retrouvait à peine.

— Un départ prématuré, Dorothy ?

Avant même que la jeune femme eût pu répondre, son interlocutrice fronça un nez soupçonneux.

— Mais n'est-ce pas l'odeur du tabac qui me chatouille les narines ?

Jimmy glissa la main dans la poche de son pantalon. Il était bien là, l'écrin de velours noir : cela faisait vingt fois qu'il vérifiait. Plus tôt il aurait passé la bague au doigt de Dolly, mieux il se porterait. Il avait répété la scène des milliers de fois dans sa tête, mais cela ne l'empêchait pas de se sentir nerveux comme une puce. Le problème était le suivant. Ce moment devait être parfait. Même si Jimmy, lui, ne croyait pas à la perfection – du moins pas en général. Et pas après tout ce dont il avait été le témoin – le monde brisé, ravagé par la mort et le chagrin. Dolly cependant y était encore attachée, et il allait faire de son mieux pour lui plaire.

Il avait voulu réserver une table dans l'un de ces restaurants à la mode qui la faisaient soupirer d'envie ces derniers temps, le Ritz ou le Claridge. Impossible, tout était pris. Il avait eu beau supplier, expliquer son affaire, personne n'avait cédé à ses prières. Jimmy avait accusé le coup ; étaient revenues à la surface des frustrations familières : il n'était pas assez riche, pas assez établi. Il avait cependant vite évacué ces idées noires, ce qui valait bien mieux, se disait-il : après tout, il se moquait de ces simagrées à la mode. La soirée était cruciale : il n'avait pas envie de jouer un rôle. De toute manière, comme avait plaisanté son rédacteur en chef, avec le rationnement, on servait certainement au Claridge le même bœuf en croûte que chez Lyons, sauf qu'il était deux fois plus cher.

Jimmy leva les yeux vers le comptoir : Dolly n'y était plus. Elle était sans doute allée chercher son manteau et se remettre un peu de rouge à lèvres, ou quelque autre ajustement cosmétique dont les femmes ont besoin pour se sentir belles. Il aurait préféré qu'elle s'en abstienne. Elle n'avait besoin ni de maquillage ni de robes à falbalas. Pour Jimmy, tout cela était un vernis, un masque, qui dissimulait l'essence d'une personne, ces traits qui la rendaient fragile, réelle et donc plus belle encore. Les zones d'ombre de Dolly, ses imperfections, étaient partie intégrante de ce qu'il aimait en elle.

Il se gratta machinalement le bras et se demanda ce qui avait bien pu se passer pour qu'elle réagisse si curieusement à sa venue. Certes, il l'avait surprise en surgissant devant le comptoir, sans crier gare. Elle se croyait seule, sans doute, à l'abri des importuns, avec sa cigarette et ce sourire distrait et rêveur sur les lèvres. En général, l'imprévu l'excitait. Elle était la personne la plus audacieuse, la plus téméraire qu'il connaisse ; rien ne la prenait au dépourvu d'ordinaire. Mais là, sa présence l'avait rendue nerveuse. Ce n'était plus la jeune fille qui avait dansé avec lui dans les rues de Londres, après la fuite du 400, jusqu'à le mener à sa chambre.

À moins qu'elle n'eût sous le comptoir quelque chose qu'elle voulait lui cacher ? Jimmy se fourra une cigarette entre les lèvres. Un cadeau pour lui, peut-être, quelque chose qu'elle voulait lui montrer au restaurant ? Ou peut-être l'avait-il surprise alors qu'elle se souvenait de leur nuit ensemble. Ce qui pouvait expliquer la stupéfaction – voire l'embarras, en fait – qui l'avait saisie lorsqu'elle l'avait vu. Jimmy gratta une allumette et tira longuement sur sa cigarette, pensif. Impossible à dire. Il espérait simplement que ce comportement ne relevait pas d'une de ses éternelles comédies… Seigneur, par pitié, pas ce soir ! Jimmy avait besoin de rester maître des événements.

Il glissa la main dans sa poche, puis secoua la tête. Bien sûr, l'écrin n'avait pas changé de place en deux minutes. Ridicules, vraiment, ces vérifications incessantes. Il fallait qu'il se change les idées avant que survienne le moment où il pourrait passer cette fichue bague au doigt de sa bien-aimée. Faute de livre, il posa sur la table le dossier noir dans lequel il rangeait ses tirages. D'ordinaire, il ne l'avait pas sur lui lorsqu'il allait prendre des photos sur le terrain ; ce jour-là, cependant, il sortait d'une réunion avec son rédacteur en chef.

Il en tira le plus récent de ses clichés. Il l'avait pris à Cheapside, le samedi précédent : une petite fille de quatre ou cinq ans, dans la cuisine de la maison paroissiale de son quartier. Elle avait perdu toute sa famille au cours d'une attaque aérienne. L'Armée du salut n'avait pas trouvé de vêtements à sa taille, si bien qu'elle était accoutrée de culottes bouffantes, d'une veste d'adulte et de chaussures à claquettes. Des chaussures rouges, qu'elle adorait. Les dames de la paroisse s'affairaient à l'arrière-plan, lui cherchaient des petits gâteaux. Lorsque Jimmy l'avait repérée, elle tapait des pieds, comme Shirley Temple, tandis que la femme qui l'avait prise sous sa protection gardait l'œil rivé sur la porte, dans l'espoir qu'un membre de sa famille réapparaisse par miracle, indemne, et la ramène à la maison.

Des photos de la guerre, Jimmy en avait pris des centaines. Les murs de son appartement étaient, ainsi que les recoins de sa mémoire, envahis par ces inconnus qui refusaient de se laisser abattre par les destructions et les deuils ; cette semaine, il était allé à Bristol, à Portsmouth, à Gosport. Mais cette petite fille dont il ne connaissait même pas le nom avait quelque chose que Jimmy était incapable d'oublier. Qu'il ne voulait pas oublier, du reste. Une babiole lui avait donné le sourire, quelques heures à peine après qu'elle eut subi ce qui devait être le pire des drames pour un enfant – un deuil qui aurait des répercussions sa vie durant, la bouleversant du tout au tout. Il était bien placé pour le savoir, lui qui se surprenait encore à inspecter les visages des victimes des bombardements, à la recherche de sa mère.

Qu'étaient-elles, ces petites tragédies individuelles, au regard du cataclysme de la guerre ? La fillette et ses chaussures rouges seraient balayées comme poussière sous le vaste tapis de l'histoire. Et cependant, la photographie qu'il avait prise était bien réelle. Il avait saisi un instant de vie, le préservant pour le futur comme un insecte dans l'ambre. Ce qu'il faisait – témoigner de la vérité de la guerre – n'était pas sans importance. En des moments comme celui-ci, où la foule des permissionnaires lui faisait ressentir vivement son absence d'uniforme, il avait particulièrement besoin d'en reprendre conscience.

Jimmy écrasa son mégot dans le bol que quelqu'un avant lui avait fort utilement dédié à cet usage. Il jeta un coup d'œil à sa montre – cela faisait un quart d'heure déjà qu'il avait pris place à la table – et se demanda ce que Dolly fabriquait. Fallait-il qu'il range ses photos et parte à sa recherche ? Soudain il sentit une présence derrière lui. Il se retourna, s'attendant à voir Dolly. Ce n'était pas elle, mais une femme qui lui était complètement inconnue.

Dolly, s'étant enfin extirpée des griffes de Mme Waddingham, revenait vers la cuisine en se demandant pourquoi diable des escarpins à l'apparence si mirifique pouvaient lui faire si mal aux pieds lorsqu'un spectacle inattendu lui donna soudain l'impression que le monde s'était arrêté de tourner. Vivien était là.

Près d'une table de la cantine.

En pleine conversation avec l'un des convives.

Jimmy.

Le cœur de Dolly se mit à battre la chamade contre ses côtes. Elle se dissimula derrière un pilier, au bord du comptoir, s'efforçant d'être invisible tout en conservant une vue panoramique sur la salle. Les yeux écarquillés, elle observa la scène et se rendit compte avec effroi que la situation était pire encore que ce qu'elle pensait. Non seulement ils se parlaient, mais de surcroît, à en juger par leurs gestes – Dolly, sur la pointe des pieds, fit la grimace –, le sujet de leurs échanges devait être le travail de Jimmy : elle avait reconnu le dossier noir, dont le contenu était étalé sur la table.

Jimmy les lui avait montrées une fois, ses photos. Dolly avait été horrifiée. Quel effroyable spectacle ! Plus rien à voir avec ses clichés d'autrefois, à Coventry – des couchers de soleil, des arbres, des jolies maisons dans des prairies frémissantes. Cela ne ressemblait pas davantage aux nouvelles de la guerre qu'elle et Kitty voyaient au cinéma : les permissionnaires souriants, fatigués et sales, certes, mais triomphants ; les enfants dans les gares, saluant les trains ; les bonnes grosses femmes tendant des oranges aux bidasses rayonnants. Les photos de Jimmy représentaient des hommes aux corps brisés, aux visages creusés d'ombres, dont les yeux avaient vu des choses qu'ils n'auraient pas dû voir. Dolly n'avait su que dire. Elle aurait préféré ne jamais les voir, ces photos, tout simplement.

Et voilà qu'il les montrait à Vivien ! Était-il devenu fou ? Vivien si jolie, si sophistiquée – la dernière personne sur terre que l'on pût heurter avec de si laides représentations. Si bien que Dolly, dans un instinct protecteur, aurait voulu se précipiter vers eux, fermer ce fichu dossier et mettre fin à cette conversation. C'était impossible, bien sûr. Jimmy ne se priverait certainement pas de l'embrasser ou, pire encore, de faire référence à leur relation, donnant à penser à Vivien qu'ils étaient fiancés. Ce qu'ils n'étaient pas. En tout cas, pas officiellement. Ils en avaient parlé, certes, mais cela datait déjà d'un bon moment. Ils étaient si jeunes alors. La guerre était passée là-dessus, qui changeait les gens. Dolly avala sa salive. Ses pires appréhensions étaient en train de se réaliser. Elle ne pouvait qu'attendre dans ces limbes brûlants la fin de la conversation.

Jimmy enfin referma son dossier, après ce qui parut à Dolly une éternité. Elle laissa échapper un énorme soupir de soulagement, suivi aussitôt d'un accès de panique. Son amie était en train de remonter l'espace entre les tables, droit vers la cuisine, les sourcils légèrement froncés. Dolly avait tellement hâte de la voir, mais pas dans ces circonstances et pas avant de savoir ce que Jimmy lui avait dit. Alors que Vivien n'était qu'à quelques pas de la cuisine, Dolly plongea sous le comptoir et feignit de fouiller dans le carton de décorations de Noël avec la concentration de quelqu'un qui se consacre corps et âme à une mission de guerre de la plus haute importance. Dès qu'elle eut entendu Vivien passer devant les tréteaux, Dolly empoigna son sac à main et se rua vers la table où l'attendait Jimmy. Elle n'avait plus qu'une idée en tête : le faire sortir de là avant que Vivien ne les voie ensemble.

En fin de compte, ils n'allèrent pas chez Lyons. Près de la gare, il y avait un restaurant. La bâtisse était quelconque, les fenêtres obturées par des planches. Un trou dans la façade, souvenir d'un raid, avait été recouvert d'une pancarte qui proclamait fièrement : *Encore plus ouvert que d'habitude*. Parvenue à la hauteur de l'établissement, Dolly annonça qu'elle ne pouvait pas faire un pas de plus.

— J'ai des ampoules, Jimmy, gémit-elle.

Les larmes n'étaient pas très loin.

— Ça t'ennuie si on va là ? Je meurs de froid. Je suis sûre qu'il va neiger cette nuit.

Dieu merci, il faisait meilleur à l'intérieur. Le serveur leur trouva un petit coin pas trop lugubre au fond de la salle, tout près d'un radiateur allumé. Jimmy prit le manteau de Dolly pour aller le suspendre à la patère ; elle ôta son calot du Service volontaire féminin et le posa près de la salière. L'une de ses épingles à cheveux s'était enfoncée dans sa peau ; elle se frotta le cuir chevelu tout en retirant ses misérables escarpins. Jimmy s'arrêta en chemin pour conférer à voix basse avec le garçon ; Dolly était bien trop préoccupée par la conversation qu'il avait eue avec Vivien pour s'intéresser à ses manigances. Elle secoua son paquet de cigarettes, en fit tomber une sur la table et gratta l'allumette d'un geste si brutal qu'elle la cassa. Jimmy lui faisait des cachotteries, cependant. Depuis qu'ils avaient quitté la cantine, il avait un comportement étrange. D'ailleurs, lorsqu'il revint auprès d'elle, il s'avéra incapable de soutenir son regard, détournant les yeux chaque fois qu'il croisait les siens.

Le serveur leur apporta une bouteille de vin. L'ayant débouchée, il remplit leurs verres à ras bord. Le vin coula avec un glouglou si sonore qu'il en était presque inconvenant. Dolly jeta un coup d'œil à la salle. Trois garçons désœuvrés discutaient à voix basse dans un coin, tandis que le barman astiquait un comptoir impeccable. Du gramophone installé sur le bar s'échappait la voix chaleureuse d'Al Jolson. Il n'y avait que deux autres clients, qui échangeaient des murmures.

La femme avait une expression avide, intense, un peu comme Kitty avec son nouveau soupirant – un aviateur, prétendait-elle. Elle caressait le plastron de son compagnon et pouffait de rire à tout instant.

Le serveur reposa la bouteille. D'une voix passablement affectée, il leur annonça qu'il n'y avait pas de carte ce soir-là, en raison du rationnement, mais que le chef pouvait leur préparer le menu du jour.

— Très bien, dit Jimmy sans lui accorder beaucoup d'attention. Parfait, merci.

Le garçon ayant tourné les talons, Jimmy alluma une cigarette et adressa un bref sourire à Dorothy avant de fixer un point qui devait se trouver juste au-dessus de la tête de la jeune fille.

C'était plus qu'elle n'en pouvait supporter. Son estomac faisait des bonds. Il fallait qu'elle sache ce qu'il avait dit à Vivien. L'avait-il mentionnée par son nom ?

— Bon, dit-elle.

— Bon.

— Je me demandais…

— Il y a quelque chose qui…

Ils s'interrompirent, tirèrent sur leur cigarette, se considérant chacun au travers d'une brume tabagique.

— Vas-y, toi, fit Jimmy avec un sourire, les mains tendues, paumes ouvertes.

Il plongea son regard dans le sien d'une manière qu'elle eût trouvée pleine de promesses si elle n'avait pas été rongée par l'angoisse.

Elle parla d'une voix lente, choisissant ses mots.

— Je t'ai vu, dit-elle en secouant sa cigarette au-dessus du cendrier. À la cantine du Service. Tu discutais.

Le visage de Jimmy était indéchiffrable, ses yeux étaient posés, attentifs, sur le visage de sa bien-aimée.

— Avec Vivien.

— Ah, c'est elle, Vivien ?

Les yeux du jeune homme s'écarquillèrent.

— Ton amie ? Je ne savais pas... elle n'a pas dit son nom. Doll, quel dommage ! Si tu étais revenue plus tôt, tu aurais pu nous présenter.

Sa déception semblait sincère. Dolly eut un soupir, vaguement soulagée. Il n'avait pas identifié Vivien. La réciproque était peut-être vraie : Dolly se prit à espérer que Vivien ne savait rien de ce qui la liait au jeune homme.

— Et de quoi avez-vous parlé, tous les deux ? demanda-t-elle d'une voix qu'elle voulait désinvolte.

— De la guerre, fit-il en tirant nerveusement sur sa cigarette. Comme toujours.

Il mentait, elle en était sûre. Jimmy Metcalfe était un piètre menteur. De plus, il avait répondu trop vite – à présent, il évitait son regard. De quoi avait-il parlé avec Vivien qui puisse le rendre à ce point réticent ? D'elle, peut-être ? Mon Dieu, et qu'avait-il dit, en ce cas ?

— La guerre, répéta-t-elle.

Puis elle se tut, l'invitant tacitement à en dire plus, une opportunité qu'il se garda bien de saisir. Elle lui décocha un sourire cassant.

— C'est un sujet bien vague.

Le serveur surgit, posant devant chacun des deux jeunes gens une assiette fumante.

— Fausses coquilles Saint-Jacques, annonça-t-il, pompeux.

— *Fausses ?* protesta Jimmy.

Les lèvres du garçon se tordirent légèrement et son visage s'affaissa.

— Des artichauts, je crois, monsieur, précisa-t-il à voix basse. Notre chef en cultive dans son potager.

Jimmy scrutait Dolly par-dessus la nappe blanche. Rien ne se déroulait selon ses plans. Il n'avait pas prévu ce restaurant minable et presque vide, ces artichauts fripés et ce vin aigre. La demander en mariage alors qu'elle frémissait de colère ! Le silence s'installa entre eux. L'écrin de velours se mit à peser contre sa cuisse. Tout ce qu'il souhaitait pourtant, c'était lui passer la bague au doigt. Non seulement parce que ce geste la liait à lui, mais aussi parce qu'il rendrait ainsi honneur à quelque chose qui lui semblait bon et sincère. Il tripota son artichaut du bout de sa fourchette.

Il avait réussi à tout gâcher : à croire qu'il l'avait fait exprès. Pire encore, il avait beau se creuser la cervelle, il ne voyait aucun moyen de remédier à la situation. Si Dolly était furieuse, c'est qu'elle avait deviné qu'il lui cachait quelque chose. Cette autre femme, Vivien, lui avait demandé de ne répéter à personne ce qu'elle lui avait confié. Oui, elle l'avait même supplié et il y avait dans ses yeux une expression qui avait réduit Jimmy au silence. Il s'était contenté d'opiner du chef. Il poussa le cœur d'artichaut dans une piteuse flaque de sauce blanche.

À personne. Peut-être ne pensait-elle pas à Dolly. C'était une idée, ça. Elles étaient bonnes amies. Qu'il crache le morceau et Dolly, sans doute, se mettrait à rire et ferait un geste de la main : bien sûr, Vivien lui en avait déjà parlé. Jimmy but une gorgée de vin, réfléchit à la situation, se demanda ce que son père aurait fait en de pareilles circonstances. Il aurait respecté la parole donnée, probablement, se dit-il : mais où cela l'avait-il mené ? Il avait perdu la femme qu'il aimait. Jimmy ne voulait pas connaître le même sort.

— Ton amie, dit-il d'un ton naturel, comme s'il n'y avait aucun froid dans la conversation. Vivien. Elle a vu une de mes photos.

Le regard de Dolly se posa sur lui ; elle resta bouche close.

Jimmy déglutit, chassant de son esprit les leçons paternelles, oubliant les discours que son père lui faisait autrefois sur la vertu et le respect d'autrui. Ce soir, il n'avait pas le choix. Il allait dire la vérité – d'ailleurs, il ne voyait pas en quoi cela pouvait blesser quiconque.

— La photo d'une petite fille dont la famille a péri l'autre nuit dans un bombardement vers Cheapside. C'était si triste, Dolly, tu sais ? La petite était tout sourire et portait...

Il s'interrompit. Dolly perdait patience, il le sentait.

— Mais ce n'est pas la question. Le fait est que ton amie connaissait cette enfant. Elle l'a reconnue sur la photo.

— Comment ?

C'était le premier mot qu'elle prononçait depuis que les artichauts avaient été servis et, même s'il n'exprimait pas vraiment un pardon sans réserve, il suffit à soulager le cœur de Jimmy.

— Elle m'a dit qu'elle avait un ami docteur qui avait une petite clinique privée dans Fulham. Il en a converti une partie pour accueillir des orphelins de guerre et elle lui donne parfois un coup de main. C'est là qu'elle a rencontré Nella, la fillette de la photo. Comme personne ne la réclamait, cette gosse, c'est là qu'elle s'est retrouvée.

Dolly le fixait des yeux, attendant qu'il en dise plus. Mais l'histoire s'arrêtait là.

— C'est tout ? fit-elle. Tu ne lui as pas parlé de toi ?

— Non, rien, pas même mon nom. Elle ne m'en a pas laissé l'occasion.

Au loin, dans la ville sombre et froide, retentit une série d'explosions. Jimmy soudain se demanda qui avait été atteint, qui, en cet instant même, hurlait de douleur, de chagrin, d'épouvante…

— Et elle n'en a pas dit plus ?

— Sur la clinique ? Non. Je voulais lui demander si je pouvais l'accompagner un jour, apporter quelque chose à Nella…

— Mais tu ne l'as pas fait.

— Non, je n'ai pas eu le temps.

— Et c'est pour cela que tu avais l'air si évasif ? Simplement parce que Vivien t'a dit qu'elle aidait son ami médecin à s'occuper des enfants ?

L'incrédulité de Dolly donna à Jimmy le sentiment de s'être conduit comme un idiot. Il eut un vague sourire et courba la tête ; il se maudit de cette manie qu'il avait de tout prendre au sérieux. Bien sûr, Vivien avait dramatisé la situation – bien sûr, Dolly était déjà au courant. Il s'était rongé les sangs pour rien.

— Elle m'a supplié de n'en parler à personne, marmonna-t-il, penaud.

— Oh, Jimmy !

Dolly riait ; la main tendue par-dessus la table, elle lui caressa doucement le bras.

— Mais personne, ce n'est pas moi. Elle voulait dire, les autres gens, les inconnus.

Jimmy s'empara de la main de Dolly, sentit la pression de ses doigts lisses.

— Que je suis bête, fit-il. Je ne suis pas dans mon assiette, aujourd'hui.

Il eut soudain l'impression d'être parvenu sur un seuil au-delà duquel commençait le reste de sa vie. De leur vie commune.

— En fait, dit-il d'une voix qui tremblait imperceptiblement, je voudrais te demander quelque chose, Doll.

Pendant que Jimmy lui caressait la main, Dolly souriait, l'esprit ailleurs. Un ami docteur. Un ami, sans doute. Kitty avait raison. Vivien avait un amant. Tout devint clair. Le secret, les permanences que Vivien n'assurait plus à la cantine du Service volontaire féminin, l'expression lointaine de son visage quand elle s'asseyait à la fenêtre, dans sa maison du 25 Campden Grove, rêveuse.

— Je me demande comment ils se sont rencontrés, murmura-t-elle au moment même où Jimmy lui parlait.

C'était la deuxième fois dans la soirée qu'ils se coupaient la parole. Dolly éclata de rire.

— Ça ne peut pas continuer comme ça, dit-elle.

Elle se sentait étonnamment lumineuse, gaie aussi, comme si elle avait ri toute la soirée. Le vin, peut-être. Elle en avait bu plus qu'elle ne le pensait. Et puis le fait d'apprendre que Jimmy n'avait rien révélé de son identité à Vivien la rendait plutôt euphorique.

— J'étais juste en train de dire…

— Non, souffla-t-il en posant les doigts sur les lèvres de sa bien-aimée. Laisse-moi parler, Doll. Il faut que je finisse ce que j'ai à te dire.

Son expression surprit Dolly. Il ne l'avait pas habituée à tant de détermination, voire même d'insistance. Et, bien qu'elle mourût d'envie d'en savoir plus sur Vivien et son ami docteur, elle se tut.

Jimmy fit glisser le bout de ses doigts sur la joue de la jeune femme.

— Dorothy Smitham, dit-il.

La façon dont il prononça son nom lui saisit le cœur ; elle se sentit fondre.

— Je suis tombé amoureux de toi dès notre première rencontre. Tu te rappelles ce café à Coventry ?

— Tu portais un sac de farine.

— Un vrai héros, dit-il en riant. C'est moi tout craché.

Elle repoussa son assiette avec un sourire, puis alluma une cigarette. Il faisait froid, tout à coup : le radiateur n'émettait plus aucun craquement.

— C'était un très gros sac.

— Je te l'ai déjà dit, Dolly. Je ferais tout pour toi.

Elle hocha la tête. Oui, il le lui avait souvent dit. Aveu doux à l'oreille et qu'elle ne se lassait pas d'entendre. Toutefois, les questions qu'elle se posait sur Vivien tournaient dans sa tête et n'allaient pas tarder à remonter à la surface.

— Ce ne sont pas des paroles en l'air, Doll. Je ferais tout ce que tu me demandes.

— Tu pourrais peut-être demander au garçon de vérifier si le radiateur marche, alors.

— Je ne plaisante pas.

— Moi non plus. Je gèle, ici, tout d'un coup.

Elle se croisa les bras sur le ventre.

— Pas toi ?

Jimmy ne répondit pas, occupé qu'il était à fouiller dans sa poche de pantalon. Dolly aperçut le garçon du restaurant et essaya d'attirer son attention. Sans doute la vit-il, mais il rebroussa soudain chemin pour se diriger vers la cuisine. L'autre couple était parti ; ils étaient à présent les seuls clients.

— Je crois qu'on devrait rentrer, Jimmy. Il est tard.

— Attends un peu.

— Mais il fait froid.

— Essaie de ne pas y penser.

— Mais, Jimmy...

— Doll, j'essaie désespérément de te demander ta main.

La réplique avait fusé : il en était le premier surpris, sembla-t-il à Dorothy. Il éclata de rire.

— Et jusqu'ici, je m'y suis vraiment pris comme un manche. Il faut dire que je ne l'ai jamais fait. Je n'ai d'ailleurs aucune envie de le refaire.

Il se leva et s'agenouilla devant elle, le torse bombé.

— Dorothy Smitham, voulez-vous me faire l'honneur de devenir ma femme ?

Sa femme ? Elle ne comprenait pas. Quand allait-il arrêter cette comédie ? Il plaisantait, elle le savait. C'était lui qui, à Bournemouth, lui avait expliqué qu'il était trop tôt, qu'il fallait qu'il mette de l'argent de côté. Dans une minute, il allait se relever et lui demander si elle voulait un dessert. Il n'en fit rien, cependant. Il resta les genoux sur le carrelage, les yeux levés vers elle.

— Jimmy ? Tu vas finir par attraper des engelures. Allez, debout, vite !

Immobile, le regard toujours fixé sur elle, il leva la main gauche. Une bague brillait, coincée entre deux doigts – un anneau d'or jaune serti d'une petite pierre, assez ancienne d'apparence pour ne pas être neuve, trop moderne dans sa forme pour être une antiquité. Il avait même pensé à l'accessoire, se dit Dolly, en plissant les paupières. Elle ne pouvait qu'admirer Jimmy : quel splendide comédien ! Ce qui n'était pas son cas à elle, ce soir-là. Il faut dire qu'il l'avait prise au dépourvu. D'habitude, ce n'était pas lui qui prenait l'initiative de ce genre de numéros : ça, c'était son rôle à elle. Elle n'était pas certaine d'apprécier ce renversement de situation.

— Je vais me laver les cheveux et y réfléchir, plaisanta-t-elle.

La mèche brune de Jimmy lui était tombée sur l'œil ; il rejeta la tête en arrière pour s'en débarrasser et dévisagea Dolly un moment, sans l'ombre d'un sourire, comme s'il mettait de l'ordre dans ses pensées.

— Je te demande si tu veux m'épouser, Doll, répéta-t-il.

Il y avait dans sa voix honnête et contrainte quelque chose de si éloigné du subterfuge et du sous-entendu que Dolly comprit enfin qu'il était d'une totale sincérité.

Alors, comme ça, elle avait cru à une plaisanterie ! Jimmy faillit éclater de rire. Il se souvint alors du soir où elle l'avait fait monter dans sa chambre. Oh, la façon dont elle l'avait défié du regard tandis que sa robe rouge retombait en corolle à ses pieds... Elle avait levé le menton, leurs yeux s'étaient croisés ; il s'était senti jeune et fort, et si heureux d'être en vie en cet instant précis, en ce lieu précis, auprès d'elle. Un peu plus tard, il s'était redressé sur le lit, incapable de trouver le sommeil ; l'en empêchait cette miraculeuse assurance d'être aimé par une femme aussi splendide que Dolly. Il l'avait contemplée qui dormait, plein de la certitude de l'aimer jusqu'à la fin de leurs jours : oui, ils vieilliraient ensemble, assis tranquillement dans leur ferme au soir de leur vie, leurs enfants volant de leurs propres ailes, et ils se lèveraient chacun à leur tour pour préparer le thé.

Tout cela, il voulut le lui dire, le lui rappeler, lui décrire cette belle scène aussi clairement qu'elle lui apparaissait. Jimmy cependant connaissait sa Dolly : elle n'était pas comme lui, elle aimait les surprises, ne voulait pas savoir la fin de l'histoire alors qu'elle s'engageait tout juste sur le chemin. Lorsqu'il eut rassemblé ses pensées, comme autant de feuilles éparpillées, il parla sans détour :

— Je te demande ta main, Doll. Je n'ai pas encore fait fortune, mais je t'aime et ne veux pas passer un jour de plus sans toi.

Puis il scruta le visage de Dolly et le vit changer d'expression. Dolly eut un long et lent soupir. Elle attrapa son calot, plissa légèrement le front en le faisant tourner sur son index. Elle avait un faible pour les pauses théâtrales, si bien qu'il ne s'inquiéta pas et parcourut du regard la ligne parfaite que dessinait son profil, comme en ce jour, sur la colline au bord de la mer.

— Oh, Jimmy, dit-elle alors d'une voix qui n'était pas tout à fait la sienne.

Elle se tourna vers lui ; une larme coulait sur sa joue.

— Jimmy, comment peux-tu me demander ça ? Comment peux-tu me demander une chose pareille en ce moment ?

Avant même que Jimmy ait eu la possibilité de lui demander ce qu'elle voulait dire, elle bondit sur ses pieds, passa devant lui en courant, heurta de la hanche, au passage, une table et disparut dans la ville sombre et froide où pleuvaient les bombes. Au bout de quelques minutes, Jimmy, ne la voyant pas revenir, comprit. Il se vit soudain en contre-plongée, comme s'il était le sujet d'une de ses propres photos : un homme qui, sans savoir comment, avait tout perdu et se retrouvait seul, à genoux sur le sol crasseux d'un restaurant minable, où régnait à présent un froid glacial, en effet.

15

Suffolk, 2011

Laurel s'étonna plus tard de ne pas avoir eu plus tôt l'idée de rechercher sa mère sur Google. À sa décharge, ce qu'elle savait de Dorothy Nicolson ne l'incitait guère à penser que sa mère puisse avoir laissé la moindre trace sur Internet.

Elle n'eut pas la patience d'attendre son retour à Greenacres. Elle s'installa dans la Morris verte, sur le parking de l'hôpital, sortit son téléphone et tapa « Dorothy Smitham » dans la barre de recherche. Dans sa hâte, elle se trompa dans l'ordre des lettres et dut s'y reprendre à deux fois. Après quoi, elle se prépara mentalement à ce que le moteur de recherche allait exhumer et cliqua sur le bouton. Il y avait cent vingt-sept résultats. Un site américain de généalogie, une Thelma Dorothy Smitham qui cherchait des amis sur Facebook, une Dorothy Smitham sur les pages blanches de l'annuaire australien puis, en septième ou huitième rang, un lien mentionnant des archives de la guerre rassemblées par la BBC et sous-titré « Une standardiste londonienne se souvient de la Seconde Guerre mondiale ». Laurel posa un doigt tremblant sur le lien.

La page retraçait les souvenirs de temps de guerre d'une Katherine Frances Barker qui avait travaillé comme standardiste au ministère de la Guerre, à Westminster, pendant le blitz. La contribution, signalait le site, avait été effectuée par Susanna Barker au nom de sa mère. Elle était illustrée d'une photo représentant une vieille dame au regard vif, posant non sans coquetterie dans un canapé de velours framboise agrémenté de repose-tête au crochet. Le cliché était ainsi légendé : *Katherine « Kitty » Barker, chez elle. Lorsque la guerre éclata, Kitty partit pour Londres, où elle fut employée comme standardiste pendant toute la durée du conflit. Kitty aurait préféré rejoindre le Women's Royal Naval Service. Elle n'en eut pas la possibilité, le secteur des communications étant considéré comme crucial.*

Laurel survola l'article, assez long : ce qu'elle cherchait, c'était le nom de sa mère. Elle finit par le trouver, quelques paragraphes plus loin.

J'avais grandi dans les Midlands et n'avais aucune famille à Londres. Mais il faut dire que, pendant la guerre, on allouait aux personnes qui travaillaient dans le secteur militaire un logement. J'ai eu de la chance, puisqu'on m'a attribué une chambre dans une demeure qui appartenait à une dame de la haute société. C'était au 7 Campden Grove, dans Kensington. Même si la chose est difficile à croire, j'ai été plutôt heureuse pendant ces années de guerre. La maison accueillait trois autres employées du ministère et deux ou trois domestiques de lady Gwendolyn Caldicott, restés auprès d'elle malgré le conflit, dont une cuisinière et une jeune femme du nom de Dorothy Smitham, qui tenait lieu de dame de compagnie à lady Caldicott.

Nous sommes devenues amies, Dorothy et moi, mais je l'ai perdue de vue en 1941, après mon mariage avec Tom. Pendant la guerre, il était facile de se faire des amis, ce qui, je crois, ne surprendra personne. Je me suis souvent demandé quel avait été le sort des gens que j'avais connus à cette époque. J'espère qu'ils ont survécu au conflit.

Laurel frétillait. Incroyable, l'impact qu'avait sur elle le nom de sa mère – son nom d'avant – écrit en toutes lettres dans un document. Et pas n'importe quel document, puisqu'il concernait le lieu et l'époque qui suscitaient la curiosité de Laurel.

Elle relut soigneusement le paragraphe ; son excitation ne fit qu'augmenter. Dorothy Smitham avait bel et bien existé. Elle avait travaillé pour une lady Gwendolyn Caldicott, avait vécu au 7 Campden Grove – c'était dans cette même rue qu'avaient habité Vivien et Henry Jenkins, remarqua Laurel avec un frisson prometteur. Et elle avait eu une amie du nom de Kitty. Laurel vérifia la date de l'article : 25 octobre 2008. Qui sait si cette amie n'était pas encore vivante ? Et peut-être accepterait-elle de s'entretenir avec Laurel ? À chaque découverte, une étoile se mettait à scintiller dans le grand ciel noir, formant peu à peu la constellation qui permettrait à Laurel de retrouver le chemin du foyer.

Susanna Barker invita Laurel à passer chez elle prendre le thé l'après-midi même. Il avait été si facile de lui mettre la main dessus que Laurel, qui n'aimait pas les solutions simples, avait été envahie par un doute inhérent à sa nature. Elle s'était contentée de faire une recherche sur ces deux noms, Katherine et Susanna Barker, dans un annuaire en ligne : après quoi, elle avait appelé les numéros ainsi obtenus. Le troisième essai avait été le bon.

« Mère joue au golf tous les jeudis ; les vendredis, elle intervient au collège de notre village, lui avait expliqué Susanna. Mais j'ai un trou dans son emploi du temps à quatre heures. Qu'en dites-vous ? »

Laurel avait accepté avec joie ; au volant de la Morris Mini, elle suivait à présent les instructions détaillées de Susanna, parcourant une route de campagne aux multiples méandres dans la lointaine banlieue de Cambridge, entre des champs verdoyants et gorgés d'eau.

Elle fut accueillie devant la maison des Barker par une dame aux formes rebondies et joviales, à la tignasse rousse et frisottée par la pluie. Elle portait un cardigan de laine jaune vif et une robe marron et tenait son parapluie à deux mains, un sourire inquiet et poli sur le visage. Il est parfois possible, se dit l'actrice qui sommeillait en Laurel (« Vous ouvrez tout en même temps : l'œil, et l'oreille, et le cœur »), de tout comprendre d'une personne à partir d'un seul geste. La femme au parapluie était nerveuse, honnête et pleine de reconnaissance.

— Quel plaisir ! Bonjour ! s'exclama-t-elle d'une voix chantante tandis que Laurel traversait la rue.

Son sourire révélait d'immenses gencives d'un rose superbe et luisant.

— Susanna Barker. Je suis tellement heureuse de vous rencontrer !

— Laurel. Laurel Nicolson.

— Mais bien sûr ! Je vous connais ! Entrez, je vous en prie, entrez. Horrible, cette pluie ! Mère dit que c'est ma faute, parce que j'ai tué une araignée dans la maison. Suis-je bête, je devrais le savoir, depuis le temps. Chaque fois que l'on tue une de ces petites bêtes, il pleut.

Kitty Barker était vive comme une pie et aussi tranchante qu'une épée de pirate.

— Alors, comme ça, vous êtes la fille de Dolly Smitham, s'exclama-t-elle en tapant de son poing minuscule sur la table. Quelle fichue bonne surprise !

Laurel voulut se présenter et expliquer la manière dont elle avait retrouvé la trace de Kitty sur Internet, mais la frêle main esquissa un geste d'impatience.

— Oui, oui, ma fille m'a raconté tout ça, aboya la bonne dame. Vous le lui avez dit quand vous avez appelé.

Laurel, à laquelle on avait fréquemment reproché sa brusquerie, se contraignit à trouver cette efficacité rafraîchissante. Quand vous dépassez les quatre-vingt-dix ans, inutile de mâcher vos mots, ni de perdre votre temps.

— Madame Barker, reprit-elle avec un sourire, ma mère ne m'a jamais dit grand-chose de la guerre lorsque j'étais enfant. Je pense qu'elle n'avait pas envie de se replonger dans cette époque. Mais sa santé est défaillante, hélas, et je me rends compte qu'il est important pour moi d'en savoir le plus possible sur son passé. J'ai pensé que vous pourriez peut-être me parler de la vie à Londres pendant la guerre, et plus particulièrement de celle de ma mère.

Kitty Barker était visiblement très heureuse d'accéder à la demande de Laurel. Ou plutôt, de répondre à la première partie de cette requête : avec une diligence sans pareille, elle se lança dans une conférence sur le blitz pendant que sa fille servait le thé et les scones.

Laurel n'en rata d'abord pas un mot. Puis, lorsqu'elle comprit que Dorothy Smitham était condamnée à ne jouer dans cette histoire qu'un rôle de figurante, sa concentration s'altéra considérablement. Elle se mit à parcourir du regard les souvenirs de guerre qui ornaient les murs du salon, dont ces affiches qui recommandaient à la population de se méfier du virus de la dépense quand venait l'heure des courses et de penser plutôt à faire pousser des légumes !

Kitty décrivit avec force détails les divers périls qui menaçaient les Londoniens pendant le black-out. Tandis que Laurel, du coin de l'œil, voyait la grande aiguille de la pendule dépasser la demi-heure, son attention fut attirée par Susanna Barker. Celle-ci contemplait sa mère d'un air extatique et absorbait la moindre de ses paroles. La fille de Kitty devait connaître ces anecdotes par cœur, songea Laurel, qui, en un éclair intuitif, avait saisi la dynamique qui animait ce couple – la nervosité de Susanna, son besoin de plaire, la révérence avec laquelle elle parlait de sa mère. Kitty était l'opposé de Dorothy Nicolson : de ses années de guerre, elle avait extrait une mythologie dont sa propre fille était l'éternelle captive.

Les enfants sont peut-être tous prisonniers, en partie, du passé de leurs parents. Après tout, que pouvait-elle donc espérer accomplir, la malheureuse Susanna, qui pût se comparer à l'épopée que racontait sa mère, emplie d'actes héroïques et de sacrifices ? Pour la première fois, Laurel fut reconnaissante à ses parents d'avoir épargné un tel fardeau à leurs enfants. C'était cependant de l'histoire lacunaire de sa mère que Laurel se sentait prisonnière. Impossible de ne pas apprécier l'ironie de ce contraste.

Alors que Laurel commençait à douter de pouvoir apprendre quoi que ce fût d'intéressant, Kitty s'interrompit dans son monologue pour reprocher à sa fille d'avoir laissé le thé infuser trop longtemps. Laurel sauta sur l'occasion.

— Quelle incroyable histoire que la vôtre, madame Barker ! s'exclama-t-elle de son ton le plus Grande-Dame-de-la-Scène. C'est fascinant, cet héroïsme de chaque instant. Et qu'en est-il concernant ma mère ? Pourriez-vous m'en dire plus à son sujet ?

Mme Barker n'était apparemment pas habituée à ce qu'on lui coupe la parole. Un silence stupéfait accueillit la sollicitation de Laurel. Kitty inclina la tête comme pour réfléchir à ce qui avait pu causer une telle insolence. Susanna de son côté mit toute son énergie à éviter le regard de Laurel et servit le thé d'une main maladroite.

Laurel ne se laissa pas impressionner. La gamine en elle se réjouissait d'avoir mis fin à la logorrhée de Kitty. Elle éprouvait une certaine affection pour Susanna, dont la mère avait quelque chose du tyran. Laurel avait appris au cours de sa vie à résister à ce type de comportements.

— Est-ce que ma mère participait à l'effort de guerre ? demanda-t-elle d'un ton plein d'entrain.

— Oh, Dolly a posé sa petite pierre, concéda Kitty. Dans la maison, il y avait un roulement. Chacune à notre tour, nous nous installions sur le toit avec un seau de sable et une pompe à eau.

— Et quelle vie menait-elle ?

— Elle aimait prendre du bon temps, comme nous toutes. C'était la guerre. Quand on pouvait se distraire, on ne s'en privait pas.

Susanna fit passer un plateau avec un sucrier et un pot de lait ; Laurel refusa l'offre d'un geste.

— Jolies comme vous l'étiez, maman et vous, j'imagine que vous aviez une foule de soupirants.

— Bien sûr.

— Vous savez si ma mère avait quelqu'un en particulier dans sa vie ?

— Oui, il y avait quelqu'un, en effet, répondit Kitty en avalant une gorgée de thé. Du diable si je me souviens de son nom !

Laurel eut alors une illumination. Le jeudi précédent, lors de la fête d'anniversaire, l'infirmière lui avait rapporté que Dorothy s'était inquiétée d'un visiteur qui ne venait pas – un certain Jimmy. Sur le moment, Laurel avait pensé que l'oreille de la femme l'avait trompée, que c'était Gerry que leur mère réclamait. Mais elle avait constaté depuis à quel point l'esprit de Dorothy flottait entre présent et passé.

— Jimmy, dit-elle. N'était-ce pas Jimmy, le nom de cet homme ?

— Oui, exactement, répondit Kitty. Je m'en souviens à présent. Je la taquinais souvent à ce propos, lui disant qu'elle avait un Jimmy Stewart pour elle toute seule. Non que je l'aie jamais rencontré, remarquez bien. Je m'en étais fait une idée avec ce qu'elle m'en disait, c'est tout.

— Vous ne l'avez jamais rencontré ?

Curieux, ça. Kitty et maman étaient amies, elles vivaient sous le même toit, elles étaient jeunes – il semblait étrange qu'elles n'aient pas connu les flirts l'une de l'autre.

— Pas une seule fois. Elle n'y tenait pas. Apparemment, comme il était dans la RAF, il était trop occupé pour passer nous voir.

Les lèvres de Kitty esquissèrent une moue plutôt équivoque.

— Enfin, c'est ce qu'elle disait.

— Que voulez-vous dire ?

— Mon Tom à moi était dans la RAF et il n'était jamais trop pris pour ne pas passer de temps en temps. Si vous voyez ce que je veux dire.

Elle eut un rictus antipathique et Laurel sourit pour lui signifier qu'en effet elle avait saisi.

— Vous pensez que ma mère avait menti ? insista-t-elle.

— Menti, non, pas vraiment. Mais embelli les faits. Avec Dolly, c'était difficile à dire. Elle avait une sacrée imagination.

Ce que Laurel n'était pas sans savoir. Curieux comportement tout de même que de dissimuler l'homme qu'elle aimait aux yeux de ses camarades. Quand on est amoureuse, en général, on le clame sur les toits, et maman n'avait jamais fait mystère de ses sentiments.

À moins qu'il n'y ait eu une nécessité pour ce Jimmy de garder son identité secrète. C'était la guerre – peut-être était-il un espion ? Ce qui eût expliqué la discrétion de Dorothy, l'impossibilité d'un mariage et sa propre fuite. Quant à Vivien et Henry Jenkins, comment s'inscrivaient-ils dans ce scénario ? Et si Henry, par exemple, avait découvert le secret de Jimmy ? Peut-être cela avait-il posé un grave problème de sécurité ?

— Si vous voulez mon avis, Dolly n'a jamais fait venir Jimmy chez nous parce que la vieille bonne femme chez laquelle nous logions ne voulait pas d'hommes sous son toit, fit Kitty, ruinant au passage la belle théorie de Laurel. Lady Gwendolyn avait eu une sœur dans le temps : quand elles étaient jeunes, elles étaient inséparables. Elles vivaient toutes les deux dans la belle maison de Campden Grove, et tout ce que faisait l'une, l'autre l'imitait. Tout cela a pris fin quand la plus jeune est tombée amoureuse et s'est mariée. Elle est partie vivre chez son mari et lady Gwendolyn ne lui a pas pardonné. Elle s'est enfermée dans sa chambre pendant des dizaines d'années, refusant de voir qui que ce soit. Elle détestait le monde entier, disait-elle : sauf votre mère, c'est certain. Elles étaient très proches ; Dolly avait beaucoup de respect pour elle et n'aurait jamais enfreint son règlement. Pour ce qui était des autres lois en revanche, elle s'en fichait pas mal, croyez-moi. Quand il s'agissait de se procurer des bas ou du rouge à lèvres au marché noir, elle était très forte. Mais cette vieille bonne femme... elle s'y était attachée comme si sa vie en dépendait.

Il y avait dans l'expression de Kitty quelque chose qui rendit Laurel songeuse.

— Quand j'y repense, je me dis que c'était peut-être ça qui explique que...

Le front de Kitty se plissa sous l'effort – ils étaient si anciens, ces souvenirs.

— Qui explique quoi ? souffla Laurel, les doigts fourmillant d'impatience.

— Elle a changé, votre mère. Au début, quand nous sommes arrivées à Campden Grove, on s'amusait tellement avec elle. Et puis soudain, elle est devenue bizarre. Tout ce qui comptait pour elle, c'était de faire plaisir à lady Gwendolyn.

— Elle était sa patronne, tout de même. J'imagine qu'elle...

— Non, ce n'est pas seulement ça. Elle nous disait que lady Gwendolyn la traitait comme si elle était de la famille. Et puis elle s'est mise à prendre des poses, à nous traiter comme si nous n'étions plus assez chics pour elle. Elle s'est mise à fréquenter d'autres personnes.

— Vivien, fit brusquement Laurel. C'est d'elle que vous voulez parler – Vivien Jenkins ?

— Ah, votre mère vous en a parlé, de celle-là, reprit Kitty avec une moue ironique. Nous, elle nous a oubliées, bien sûr, mais pas Vivien Jenkins. Ça n'a rien d'étonnant, évidemment, rien d'étonnant. Son mari était écrivain... elle habitait de l'autre côté de la rue. Oh là là, quelle snob, celle-là ! Une belle femme, ça, on ne peut pas dire le contraire, et d'une froideur avec ça ! Pas du genre à s'arrêter dans la rue pour vous parler. On ne devait pas être assez bien pour elle. Elle a eu une influence déplorable sur Dolly. Pauvre Doll, elle la considérait comme la crème de la crème, cette Vivien.

— Elles se voyaient beaucoup ?

Kitty prit un scone, sur lequel elle déposa une cuillerée de confiture rouge et luisante, avant de l'étaler soigneusement.

— Ça, je n'en sais rien, rétorqua la vieille dame d'un ton pincé. Je n'ai jamais été conviée à leurs agapes. Dolly à cette époque-là ne me racontait plus rien. C'est pour cela que je n'ai su qu'elles avaient rompu qu'après la bataille, bien trop tard.

— Trop tard pour quoi ? Et qu'est-ce qui n'allait plus ?

Kitty ajouta à la confiture une bonne cuillerée de crème fraîche et lança par-dessus le tout un regard perçant à Laurel.

— Il y a eu du grabuge entre votre mère et Vivien Jenkins, j'en suis sûre. Début 1941 ; je m'en souviens, parce que je venais juste de rencontrer mon Tom. Raison pour laquelle ça ne m'a pas trop affectée, je pense. Parce que sinon… Mais ça a mis Dolly dans un de ces états… Affreux. Elle était irascible, ne voulait plus sortir avec nous et évitait son Jimmy. Ce n'était plus notre Dolly. Elle ne mettait même plus les pieds à la cantine.

— La cantine du Service volontaire, c'est cela ?

Kitty hocha la tête, prête à entamer délicatement son scone.

— Elle adorait y travailler, pourtant, échappait à sa vieille lady et filait dans les rues pour aller remplacer les autres dames – elle était très courageuse, votre mère, les bombes ne lui faisaient pas peur – mais du jour au lendemain, elle a tout arrêté. Et elle n'y serait retournée pour rien au monde.

— Pourquoi donc ?

— Elle ne me l'a pas dit. Mais je sais que c'était lié à l'autre, la femme de l'écrivain. Je les ai vues toutes les deux le jour où elles se sont disputées. Je rentrais du bureau, plus tôt que d'habitude – on avait trouvé une bombe encore amorcée près du bâtiment. Votre mère sortait de chez les Jenkins. Oh ! Cette tête qu'elle faisait ! À côté, les bombes, c'était de la rigolade. C'était elle, Dolly, qui était sur le point d'exploser !

Laurel but une gorgée de thé. Il y avait bien un scénario qui pouvait expliquer la brouille simultanée avec Vivien Jenkins et le jeune Jimmy. Ces deux-là avaient-ils eu une liaison ? D'où la rupture des fiançailles, la fuite de Dolly, son désir de recommencer sa vie ? Cela expliquait aussi la colère de Jenkins. Toutefois, pourquoi en aurait-il voulu à Dorothy ? Et pourquoi celle-ci regrettait-elle son passé ? Il n'y avait rien de honteux à se ressaisir, à prendre un nouveau départ. C'était même une preuve de courage.

— À votre avis, que s'est-il passé ? interrogea-t-elle d'une voix douce en reposant sa tasse.

Kitty haussa ses maigres épaules – la mimique avait cependant quelque chose de perfide.

— Dolly ne vous a jamais vraiment raconté quoi que ce soit sur cette histoire, hein ?

L'étonnement qu'exprimait sa voix dissimulait à grand-peine un contentement plus profond. Elle eut un soupir théâtral.

— Ah, elle a toujours eu une tendance à la cachotterie. Il y a des mères qui ne sont pas très proches de leurs filles, contrairement à d'autres.

Susanna eut un sourire béat. Sa mère mordit dans son scone.

Kitty lui cachait quelque chose, Laurel en était quasiment sûre. Étant l'aînée de quatre sœurs, elle savait aussi très bien comment lui tirer les vers du nez. Ils sont rares, ceux que l'indifférence ne met pas en veine de confidence.

— Madame Barker, dit-elle en repliant sa serviette et en modifiant la disposition de sa petite cuiller, j'ai abusé de votre temps. Je vous remercie d'avoir bien voulu me parler de cette époque. Vous m'avez été d'une aide très précieuse. N'hésitez pas à me contacter s'il vous revient quoi que ce soit qui puisse expliquer la brouille survenue entre Vivien et ma mère, n'est-ce pas ?

Elle se leva et repoussa la chaise contre la table. Se dirigea vers la porte.

— Maintenant que j'y pense, fit Kitty en lui emboîtant le pas, il y a quelque chose qui me revient.

Laurel réussit à ravaler son sourire, quoi que ce ne fût pas chose aisée.

— Ah, vraiment ? Et qu'est-ce donc ?

Kitty Barker se mordilla les lèvres, comme si elle s'apprêtait à parler contre son gré, sans trop savoir comment elle avait pu en arriver là. Elle ordonna à Susanna de remettre de l'eau dans la théière et lorsque sa fille eut couru à la cuisine, elle raccompagna Laurel à la table.

— Je vous ai dit que cette histoire avait mis Dolly dans un état épouvantable, commença-t-elle. Elle était devenue d'une humeur terrible, très, très sombre. Cela a duré jusqu'à la fin de notre cohabitation à Campden Grove. Un soir, quelques semaines après mon mariage, Tom avait une permission et j'ai décidé d'organiser une soirée avec quelques filles du bureau. J'ai bien failli ne pas en parler à Dolly – elle était devenue tellement pénible – et puis je me suis ravisée. À ma grande surprise, elle a accepté l'invitation. Doll est arrivée au dancing sur son trente et un, hilare, comme quelqu'un qui s'est accordé quelques whiskys d'avance. Elle était venue avec une de ses amies d'enfance, une fille de Coventry qui s'appelait… Caitlin Je-ne-sais-quoi, plutôt collet monté, mais elle a fini par se dégeler. Avec Dolly dans les parages, c'était difficile de faire autrement. C'était une de ces créatures énergiques, une force vive – quand elle prenait du bon temps, vous aviez envie d'en faire autant.

Laurel esquissa un sourire : elle reconnaissait bien là sa mère.

— Et il faut dire que cette nuit-là, Dolly n'a pas lésiné sur la rigolade. Elle avait une lueur dans les yeux… incontrôlable. Et elle riait, et elle dansait, et elle tenait les propos les plus bizarres. Au moment de partir, elle m'a prise par le bras et m'a dit qu'elle avait un plan.

— Un plan ?

Un frisson courut sur la nuque de Laurel.

— Elle a ajouté que Vivien Jenkins l'avait traitée de la façon la plus ignoble qui soit, mais qu'elle, Dolly, savait comment remettre les pendules à l'heure. Et qu'après cela Jimmy et elle connaîtraient enfin le bonheur. Et que tous recevraient leur dû.

Le cœur de Laurel battait à toute allure ; elle feignit de son mieux l'indifférence. C'était exactement ce que sa mère lui avait dit à l'hôpital… Son plan avait échoué et la colère de Henry Jenkins s'était déchaînée. Et Dorothy n'avait pas épousé Jimmy.

— Et elle vous a dit en quoi consistait ce plan ?

— Non, et à l'époque, pour être honnête, je pensais qu'elle en rajoutait un peu. Pendant la guerre, ça ne se passait pas comme maintenant. Les gens disaient et faisaient des choses surprenantes. On ne savait pas ce que les lendemains pouvaient apporter – on ne savait même pas si on serait encore là pour en profiter. C'est une incertitude qui peut vous faire renoncer à certains scrupules. Mais votre mère avait un talent dramatique. Sur le moment, j'ai cru que ses histoires de vengeance n'étaient que des paroles en l'air. Ce n'est que plus tard que je me suis demandé si je ne m'étais pas trompée.

Laurel se pencha vers Kitty Barker.

— Plus tard, dites-vous ?

— Oui, car Dolly s'est volatilisée. Je ne l'ai plus jamais revue après cette soirée au dancing. Plus une nouvelle, pas un mot – elle n'a jamais répondu à aucune de mes lettres. J'ai même pensé qu'elle avait pu mourir dans un bombardement, jusqu'à ce que je reçoive la visite d'une dame d'un certain âge, juste après la guerre. Très mystérieuse, la dame en question. Elle voulait des renseignements sur Doll. Elle se demandait, en particulier, si Doll avait pu commettre « quelque chose d'inavouable » dans son passé.

Laurel pensa immédiatement à la fraîche pénombre qui régnait dans la chambre d'amis chez mamie Nicolson.

— Une grande bonne femme avec un beau visage, l'air d'avoir mordu dans un citron ?

Kitty haussa un de ses sourcils.

— Une personne de votre connaissance ?

— Ma grand-mère paternelle.

— Ah, fit Kitty avec un sourire carnassier, la belle-mère. Elle n'a pas mentionné ce détail. Elle s'est contentée de me dire qu'elle était la patronne de Dolly et qu'elle se livrait à une enquête de moralité. Ainsi, ils se sont mariés, vos parents… Il devait être diablement amoureux.

— Pourquoi ? Qu'aviez-vous dit à ma grand-mère ?

Kitty eut un clignement d'yeux candide.

— J'étais vexée, vous comprenez. Je m'étais fait du mouron pour elle, sans nouvelles de sa part… et voilà que j'apprenais qu'elle avait tout simplement filé sans se soucier de ses amis.

Elle fit un geste vague de la main.

— J'ai peut-être un peu brodé, oui, attribué à Dolly plus de flirts qu'elle n'en avait vraiment eu, un penchant pour la bouteille… rien de bien grave.

Ce qui suffisait amplement à expliquer l'aigreur de mamie Nicolson. Les garçons, déjà, c'était un crime. Mais l'alcool – cela confinait au sacrilège.

Laurel soudain ressentit le besoin d'échapper au plus vite à cet intérieur confiné, de se retrouver seule avec ses pensées. Elle remercia Kitty Barker et rassembla ses affaires.

— Transmettez mon meilleur souvenir à votre mère, vous voulez bien ? la pria Kitty en la raccompagnant à la porte.

— Je n'y manquerai pas, l'assura Laurel en enfilant son manteau.

— C'est que je ne lui ai jamais dit adieu. J'ai souvent repensé à elle, surtout quand j'ai su qu'elle avait survécu à la guerre. Mais qu'aurais-je pu faire ? Dolly était têtue comme une mule. Le genre de fille qui obtient toujours exactement ce qu'elle veut. Si elle avait décidé de disparaître sans laisser de trace, personne n'aurait pu l'en empêcher. Ni la retrouver.

Sauf Henry Jenkins, songea Laurel tandis que la porte du cottage de Kitty Barker se refermait dans son dos. Sauf Henry Jenkins. Et Dorothy avait veillé à ce que la raison qui l'avait conduit à Greenacres meure en même temps que lui, ce jour-là, devant la maison.

Laurel resta un instant dans la Mini verte, le moteur allumé. Elle avait mis le chauffage au maximum : vite, vite, que l'habitacle se réchauffe sans tarder ! Il était plus de cinq heures et le crépuscule se répandait de l'autre côté des vitres. Les flèches de l'université luisaient dans le ciel obscurci, mais Laurel n'avait pas d'yeux pour elles. Elle était bien trop occupée à imaginer sa mère, telle que la représentait la photographie retrouvée dans le *Peter Pan*, agrippant Kitty Barker par les poignets en plein dancing et lui disant d'une voix aux accents sauvages qu'elle avait « un plan », qu'elle allait « remettre les pendules à l'heure ».

— Et ce plan, Dorothy, qu'est-ce que c'était ? marmonna Laurel en cherchant son paquet de cigarettes. Qu'as-tu donc fait ?

Son téléphone portable se mit à sonner ; elle l'empoigna, pénétrée soudain d'un espoir presque tangible. Et si c'était Gerry, répondant enfin à ses messages ?

— Lol ? C'est Rose. Phil a son atelier de prise de parole, ce soir, et je me suis dit que tu avais peut-être envie de compagnie. Si j'apportais quelque chose à manger, ou un DVD ?

Laurel, abattue, tergiversa, le temps de trouver une bonne excuse. Elle avait honte de mentir, surtout à Rose. Toutefois, sa quête n'était pas de celle qu'elle pouvait encore partager, du moins pas avec ses sœurs. Et elle ne se voyait pas rester assise deux heures devant une comédie dramatique, à bavarder joyeusement pendant que son esprit essayait fébrilement de résoudre le mystère du passé de Dorothy : non, ç'aurait été l'enfer. Quel dommage, en un sens. Elle avait bien envie par moments de faire cadeau de ce panier de crabes à quelqu'un en lui disant : « Vas-y, à toi de voir ce que tu peux en tirer. » Mais c'était sa croix. Et elle se refusait à dire quoi que ce soit à ses sœurs – elle en aurait d'ailleurs été incapable – tant que la vérité ne lui serait pas d'abord révélée à elle dans son ensemble.

Elle se passa la main dans les cheveux : ce dîner improvisé, comment le refuser ? (Bon Dieu, maintenant qu'elle y pensait, elle était morte de faim.) Elle remarqua alors les fières tours de l'université, s'élevant, majestueuses, dans le ciel vespéral.

— Lol ? Tu es toujours là ?

— Oui, oui, ne t'inquiète pas.

— Je ne t'entends pas très bien. J'étais en train de te demander si tu voulais que je te fasse à dîner.

— Non, répondit Laurel, voyant surgir les contours encore brumeux d'une idée prometteuse. C'est gentil, Rosie, mais je préfère dire non. Je peux t'appeler demain ?

— Tout va bien ? Où es-tu ?

Le son était de plus en plus haché. Laurel dut élever la voix.

— Tout va bien ! Seulement…

Elle eut un grand sourire. Le plan se précisait.

— Je ne serai pas à la maison ce soir. Je rentrerai tard dans la nuit.

— Oh ?

— Oui, désolée, Rosie. Ça vient de me revenir. Je dois passer voir quelqu'un.

16

Londres, janvier 1941

Dolly attendait, pensive, au comptoir de la cantine du Service volontaire. Elle venait de passer deux semaines épouvantables, ce dont elle rendait Jimmy responsable. Si seulement il n'avait pas tout gâché, lui et son stupide empressement. Elle était sur le point de lui demander de mettre leur relation en veilleuse, en quelque sorte ; et voilà qu'il voulait l'épouser ! Depuis ce jour, un gouffre séparait son être en deux, qui ne pouvait se refermer. D'un côté, il y avait Dolly Smitham, la naïve gamine de Coventry, dont les désirs les plus merveilleux étaient de se marier avec son amoureux et de vivre avec lui, pour le restant de leurs jours, dans une ferme, près d'une rivière. De l'autre, il y avait Dorothy Smitham, amie de la séduisante et richissime Vivien Jenkins, héritière et compagne de lady Gwendolyn Caldicott, une femme adulte qui n'avait nul besoin de se projeter dans d'absurdes visions, car elle savait que la vie lui réservait un avenir splendide et trépidant.

Ce qui, pour autant, ne l'avait pas empêchée de se sentir fort mal à l'aise lorsqu'elle s'était enfuie du restaurant sous l'œil des serveurs interloqués. Elle avait la conviction intime, cependant, qu'en restant une minute de plus elle aurait fini par céder, dans le seul but de faire se relever Jimmy. Une faiblesse qu'elle aurait payée cher : avait-elle envie de se retrouver coincée dans un minuscule appartement avec Jimmy et M. Metcalfe, à se demander tous les jours où dénicher leur demi-litre de lait ? Et lady Gwendolyn, comment réagirait-elle ? La vieille dame s'était montrée si incroyablement bonne avec Dolly que cette dernière en était venue à la considérer comme sa seule famille : comment lui infliger un second abandon ? Non, elle avait fait le bon choix. C'était ce que lui avait dit le Dr Rufus quand elle avait éclaté en sanglots lors de leur dernier déjeuner.

« Tu as toute la vie devant toi ! Tu es trop jeune pour te passer la corde au cou, Dolly. »

Kitty (bien sûr !) avait remarqué sa détresse et y avait réagi en faisant parader sa propre prise de guerre sur le perron du numéro 7, Campden Grove, sa ridicule bague de fiançailles au doigt. Sans compter ses questions insistantes sur les faits et gestes de Jimmy. En comparaison, les permanences à la cantine paraissaient presque agréables à Dolly. Elles l'auraient pleinement été si Vivien s'y était montrée, histoire de lui remonter le moral. Mais, depuis la visite inopinée de Jimmy à la crypte, elles ne s'étaient croisées qu'une seule fois. Vivien était passée apporter un carton de vêtements ; alors que Dolly s'apprêtait à sortir de la cuisine pour la saluer, Mme Waddingham lui avait ordonné de retourner immédiatement à son poste sous peine d'un châtiment impitoyable. Quelle sorcière ! C'en était à se précipiter au Labour Exchange pour ne plus avoir affaire à cette horrible bonne femme. Ce qui, en fait, était impossible. Dolly avait bel et bien reçu un courrier du ministère du Travail ; mais lorsque lady Gwendolyn en avait eu vent, elle s'était démenée pour que les hautes autorités prennent conscience du rôle essentiel que Dorothy jouait à son côté. Il était hors de question de l'envoyer fabriquer des bombes fumigènes.

Deux pompiers au visage maculé de suie se présentèrent au comptoir et Dolly eut un sourire mécanique qui mettait en valeur ses fossettes.

— Du travail cette nuit, les garçons ? demanda-t-elle en leur servant un bol de soupe.

— Ah ça ! Nos fichus tuyaux sont bourrés de glace, répondit le plus petit des deux. Vous devriez voir ça. On est intervenus sur un incendie, et après notre passage, il y avait des stalactites sur tout l'immeuble d'à côté.

— Affreux, commenta Dolly.

Les deux pompiers opinèrent du chef avant d'aller s'affaler, épuisés, à l'une des tables, laissant la jeune femme seule dans la cuisine.

Le coude sur le comptoir, elle posa le menton sur son poing. Vivien devait passer du bon temps avec son médecin, ces jours-ci. Lorsque Jimmy lui avait rapporté les propos de son amie, elle avait ressenti une certaine déception. Elle aurait préféré que Vivien lui en parle directement. Cependant, elle comprenait sa volonté de discrétion. Henry Jenkins n'était pas le genre d'homme à encourager les escapades extraconjugales : il suffisait de le voir pour s'en douter. Qu'une oreille étrangère surprenne les confidences de Vivien, ou que sa conduite prête à soupçon et qu'une bonne âme en fasse le rapport à son mari et ce serait la catastrophe. Rien d'étonnant à ce que Vivien ait fait promettre à Jimmy de n'en parler à personne.

— Madame Jenkins ? Ou-ouh, madame Jenkins !

Dolly se redressa vivement. Vivien était-elle donc arrivée à son insu ?

— Oh, mademoiselle Smitham, fit la voix, moins radieuse. Ce n'est que vous.

Maud Hoskins, tirée à quatre épingles, avait surgi derrière le comptoir. Le col de son chemisier, aussi rigide qu'une collerette de pasteur, était fermé par un camée. Vivien n'était toujours pas là. Le cœur de Dolly se serra.

— Oui, ce n'est que moi, madame Hoskins.

— Je vois bien, renifla la vieille dame.

Elle tournait la tête en tous sens, comme une poule excitée.

— Ah, hum, mon Dieu, mon Dieu, caquetait-elle, j'imagine que vous ne l'avez pas vue – je veux parler de Mme Jenkins.

— Voyons.

Dolly se tapota les lèvres de l'index en renfilant discrètement ses chaussures sous le comptoir.

— Eh bien, non, je ne crois pas l'avoir vue.

— Quel dommage. C'est que, voyez-vous, j'ai quelque chose à lui rendre. Elle a dû le perdre lors de sa dernière permanence et, depuis, je le garde en espérant la croiser. Cela fait des jours qu'elle n'est pas venue, cela dit.

— Vraiment ? Je n'avais pas fait attention.

— Une bonne semaine. J'espère que tout va bien.

Dolly eut envie de lui dire qu'elle voyait Vivien tous les jours de la fenêtre de la chambre de lady Gwendolyn, et qu'elle avait l'air en parfaite santé.

Puis elle se ravisa. Mme Hoskins risquait de se poser des questions.

— Oui, c'est certain.

— Vous devez avoir raison, mademoiselle Smitham. Elle va certainement aussi bien que nous pouvons l'espérer en ces temps difficiles.

— Oui.

— Tout de même, cela me cause un peu de souci. Je pars en Cornouailles auprès de ma sœur un petit moment et j'aurais bien voulu rendre cette chose à Mme Jenkins avant mon départ, ajouta Mme Hoskins avec un regard hésitant. Bon, je vais devoir…

— … me laisser l'objet ? Mais bien sûr, c'est une excellente idée.

Dolly arbora son sourire le plus charmeur.

— Et je le lui remettrai en mains propres.

— Oh !

Mme Hoskins la considéra de derrière ses lunettes.

— Je n'avais pas pensé à… Je ne sais pas si je puis réellement le laisser…

— Madame Hoskins, voyons. Je ne suis que trop heureuse de vous venir en aide. Je devrais voir Vivien sous peu.

Dolly avait employé à dessein le prénom de Vivien. Cela produisit son petit effet.

— Ah bon, fit la vieille dame, avec une vague nuance d'admiration, si vous en êtes sûre, je…

— J'en suis certaine.

— Alors merci, mademoiselle Smitham. Merci beaucoup. Je cesserai de me faire du mauvais sang. Je crois que c'est un objet d'une certaine valeur.

Mme Hoskins tira de son sac à main un petit paquet emballé dans du papier de soie et le posa dans la main tendue de Dolly.

— Voilà, j'ai mis un papier pour le protéger. Soyez prudente, ma chère. Vous vous rendez compte, s'il tombait entre de mauvaises mains !

Dolly ne déballa pas le précieux objet avant d'être rentrée. Il lui avait fallu convoquer toutes ses réserves de patience pour ne pas déchirer le papier de soie sitôt que Mme Hoskins avait tourné les talons. Elle avait fourré le petit paquet dans son sac, où il demeura sagement jusqu'à la fin de sa permanence, puis lors du trajet jusqu'à Campden Grove, qu'elle effectua au trot.

La curiosité de Dolly était si intense qu'au moment où elle ferma la porte de sa chambre, son corps n'était plus que douleurs impatientes. Elle sauta sur son lit sans ôter ses escarpins et sortit le paquet du sac. Des plis du papier de soie, un objet s'échappa pour atterrir sur ses genoux. Elle le saisit du bout des doigts : c'était un médaillon ovale d'un travail délicat, accompagné de sa fine chaîne d'or rose. L'un des maillons s'était entrouvert, libérant le suivant. Elle réinséra le minuscule arc d'or dans la boucle suivante et le referma d'une pression minutieuse de l'ongle.

Voilà, le mal était réparé. Et de belle façon, qui plus est. Il aurait fallu un œil de lynx pour remarquer son intervention. Dolly, un sourire satisfait aux lèvres, se pencha sur le médaillon. Lequel, au vu de son apparence, devait receler une photographie. Elle caressa du pouce les exquises volutes qui en ornaient la surface, puis l'ouvrit. Le médaillon contenait en effet un cliché que l'on avait découpé en deux parties pour l'insérer dans les cadres jumeaux : quatre enfants, deux garçons et deux filles, assis sur un escalier de bois et plissant les yeux dans la lumière du soleil.

Dolly identifia immédiatement Vivien : c'était la plus jeune des deux fillettes. Elle avait une main sur la rampe et l'autre sur l'épaule d'un des garçons, petit bonhomme au visage innocent. Dolly comprit qu'il s'agissait des frères et sœur de Vivien et que la photo avait été prise en Australie, avant que l'enfant ne soit envoyée en Angleterre chez son oncle, perdu de vue depuis des années. C'était sous son aile qu'elle avait grandi, dans une tour qui faisait partie de la propriété familiale : lieu de sa rencontre, quelques années plus tard, avec le séduisant Henry Jenkins, qu'elle finirait par épouser. Dolly frissonna de plaisir. Un vrai conte de fées – ou un roman. Celui qu'avait écrit Henry Jenkins, bien sûr.

Quel bonheur de voir Vivien enfant !

— J'aurais tant aimé te connaître à cette époque, chuchota Dolly.

Réaction un peu sotte, se dit-elle aussitôt. Mieux valait avoir rencontré Vivien adulte et avoir la chance aujourd'hui de former ce joyeux duo, Dolly et Viv de Campden Grove. Elle scruta longuement le visage de la petite Vivien, retrouvant dans ces traits enfantins ce qu'elle admirait tant chez l'amie adulte. Étrange, tout de même, d'aimer à ce point quelqu'un que l'on connaissait depuis si peu de temps.

Elle referma le médaillon et remarqua le nom gravé en lettres ornementées au dos du bijou.

— Isabel, déchiffra-t-elle à haute voix.

Était-ce le nom de la mère de Vivien ? Dolly ne pensait pas l'avoir jamais entendu, mais l'hypothèse était loin d'être absurde. N'était-ce pas le genre de photographie qu'une mère tenait à garder sur son cœur, sa progéniture rassemblée, souriant au portraitiste ambulant ? Dolly était trop jeune pour songer à avoir des enfants ; mais le jour où elle en aurait, elle ferait faire un portrait d'eux identique à celui-là.

Quoi qu'il en soit, si le médaillon avait appartenu à la mère de Vivien, cette dernière devait y tenir comme à la prunelle de ses yeux. Dolly le défendrait de son corps ! Elle eut un instant de réflexion, bientôt conclu par un sourire. Bien sûr, elle savait où le garder… Personne n'aurait l'idée d'aller l'y chercher. Dolly ouvrit le fermoir et passa les deux extrémités de la chaîne autour de son cou. Voilà ! Elle laissa échapper un soupir de soulagement – et de joie, aussi, tandis que le médaillon disparaissait sous son décolleté, métal froid contre peau tiède.

Elle ôta ses chaussures et lança son calot sur la banquette, avant de s'affaler contre les oreillers, pieds croisés. Elle alluma une cigarette, exhala toute une série de ronds de fumée vers le plafond, tout en pensant à la joie qu'éprouverait Vivien lorsqu'elle lui rendrait le médaillon. Elle la prendrait sûrement dans ses bras, la serrerait contre son cœur en lui donnant du « ma chérie », ses beaux yeux sombres scintillant de larmes. Elle ferait asseoir Dolly sur le canapé, à côté d'elle ; elles causeraient de tout et de rien. Dolly songea même que Vivien lui parlerait peut-être de son ami médecin, pour peu que leur conversation soit sans témoin.

Elle ressortit le médaillon et examina les jolis motifs gravés sur le métal. Pauvre Vivien ! Quel choc ce devait être pour elle de l'avoir perdu. Dolly ne devait-elle pas lui faire savoir immédiatement qu'il avait été retrouvé, aller glisser un message dans la boîte aux lettres ? Non, ce n'était pas une bonne idée. Elle n'avait pas de papier vierge sous la main : toute la papeterie portait les initiales de lady Gwendolyn. Cela aurait manqué de correction. Mieux valait s'y rendre en personne. Mais comment s'habiller ? Là était la question.

Dolly se mit sur le ventre et plongea le bras sous le lit afin d'extraire son Livre d'idées de sa cachette. L'ouvrage de la parfaite ménagère de Mme Beeton offert par sa mère ne lui avait jamais été d'aucune utilité, mais, en temps de guerre, le papier valait de l'or. Dolly s'était servie du livre pour y ranger ses illustrations préférées de *The Lady*. Depuis plus d'un an, elle les découpait et les collait sur les recettes de la brave matrone. Dolly parcourut sa sélection, observant attentivement les tenues des élégantes : n'y avait-il pas dans la penderie de lady Gwendolyn de quoi les imiter ? L'un des clichés représentait Vivien, lors d'une cérémonie de lever de fonds qui s'était tenue au Ritz. La jeune femme, revêtue d'une fragile robe de soie, était splendide. Dolly passa le doigt sur les contours du buste, de la jupe : il y avait pratiquement la même robe à l'étage. Avec quelques retouches, elle conviendrait parfaitement. Quelle belle allure elle aurait quand elle irait prendre le thé avec Vivien Jenkins !

Trois jours plus tard, lady Gwendolyn, avec une rare obligeance, lâcha son sac de bonbons et ordonna à Dolly de tirer les rideaux noirs et de la laisser seule, afin qu'elle puisse se reposer. Il était presque trois heures de l'après-midi. Dolly ne se le fit pas dire deux fois. Elle attendit que la vieille dame soit profondément endormie, puis enfila prestement la robe jaune qui l'attendait depuis deux jours dans sa chambre. Enfin, elle traversa la rue d'un bond.

Campée sur les dalles du perron, la main tendue vers la sonnette, Dolly se représentait le visage de Vivien, la surprise qu'elle aurait en la voyant à sa porte, le soulagement et la reconnaissance qui l'envahiraient lorsque, à la table du thé, Dolly lui rendrait le médaillon. Elle en aurait dansé, tant son impatience était grande !

Elle prit le temps de passer la main dans ses cheveux pour leur donner de l'allant, s'enivrant du moment que rythmait le battement de plus en plus rapide de son cœur. Puis elle tira la sonnette.

De l'autre côté de la porte, des bruissements se firent entendre et la porte s'ouvrit vers l'intérieur.

— Ah, ma chérie, bonj…

Dolly ne put s'empêcher de reculer d'un pas. Henry Jenkins se tenait sur le seuil. De près, il semblait plus grand que lorsqu'on le voyait passer dans la rue ; il dégageait ce charme qui est l'apanage de l'homme de pouvoir. Il y avait, dans sa posture, quelque chose de brutal – impression qui, cependant, ne dura guère, et que Dolly décida d'attribuer à sa propre surprise. Aucun de ses nombreux scénarios n'avait prévu la participation de M. Jenkins. Il avait un poste important au ministère de l'Information et était rarement chez lui dans la journée. Elle ouvrit la bouche puis la referma, intimidée par la présence de l'homme, sa stature, l'expression sombre de son visage.

— Oui ? fit-il.

Ses pommettes étaient rouges ; n'avait-il pas bu ? se demanda Dolly.

— Vous collectez du tissu, peut-être ? Je suis navré, nous avons déjà donné tout ce que nous pouvions.

Dolly retrouva sa voix.

— Non. Non, dit-elle, je suis désolée. Ce n'est pas cela. Je passe voir Vivien… Mme Jenkins.

Finalement, ses bonnes manières ne l'avaient pas désertée. Elle décocha un sourire à Jenkins.

— Je suis une amie de votre femme.

— Je vois, dit-il, visiblement surpris. Une amie de ma femme. Et comment se nomme-t-elle, cette amie de ma femme ?

— Dolly. Enfin… Dorothy. Dorothy Smitham.

— Fort bien, Dorothy Smitham. J'imagine que nous serions mieux à l'intérieur.

Il fit un pas de côté et, d'un geste, lui signifia d'entrer.

C'était la première fois en plus d'un an à Campden Grove qu'elle mettait les pieds au numéro 25. D'après ce qu'elle pouvait en voir, la disposition des pièces était similaire à celle du 7 : un vestibule d'où partait un escalier, une porte qui s'ouvrait sur la gauche. Mais les ressemblances s'arrêtaient là, comme elle le constata en suivant Henry Jenkins dans le salon. La décoration datait de toute évidence du vingtième siècle. Pas de lourds meubles d'acajou aux courbes amples, pas de murs chargés : ici, tout n'était que lumière et angles droits.

Le lieu était splendide, du parquet aux lustres tubulaires en verre dépoli. Des photographies prodigieuses représentant des constructions modernes ornaient les murs ; une peau de zèbre drapait l'accoudoir du canapé vert citron. Dolly prit garde de ne pas rester bouche bée devant ce décor si élégant, si moderne.

— Prenez place. Je vous en prie ! s'exclama Henry Jenkins en désignant un fauteuil en forme de conque, près de la fenêtre.

Dolly s'assit, jambes croisées, non sans avoir rajusté l'ourlet de sa robe. Laquelle, soudain, l'embarrassait. Elle était seyante, certes ; mais dans ce sublime salon, elle avait l'air d'une vieillerie. Lorsque Dolly l'avait essayée dans la penderie, l'examinant sous toutes les coutures dans le grand miroir, elle l'avait trouvée si élégante. À présent, elle n'en remarquait plus que la coupe et les fronces désuètes, bien différentes en vérité (comment cela avait-il pu lui échapper ?) des lignes pures de la robe de Vivien.

— Je vous aurais volontiers proposé du thé, fit Henry Jenkins en triturant les pointes de sa moustache d'un geste à la fois embarrassé et séducteur, mais le fait est que notre femme de chambre a dû nous quitter cette semaine. Une surprise des plus désagréables : la fille volait, et nous l'avons prise sur le fait.

Dolly se rendit compte, non sans excitation ni fierté, que Jenkins regardait ses jambes. Elle eut un sourire un peu gêné – c'était le mari de Vivien, tout de même.

— Je suis désolée, dit-elle.

Lui revint à l'esprit une remarque de lady Gwendolyn.

— C'est si difficile de trouver du personnel de maison à la hauteur, ces temps-ci.

— Très juste.

Henry Jenkins se tenait devant la cheminée – merveilleuse, vraiment, avec ces carreaux noirs et blancs, comme un échiquier. Il scruta Dolly, perplexe.

— Dites-moi, comment avez-vous fait la connaissance de mon épouse ?

— Oh, nous nous sommes rencontrées au Service volontaire féminin et il se trouve que nous avons bien des choses en commun.

— Vous y avez surtout des horaires excessifs.

Il eut un sourire qui tenait plutôt de la grimace ; le silence qu'il marqua ensuite, le regard qu'il lança à Dolly donnèrent à cette dernière l'impression qu'il cherchait à savoir quelque chose – et que c'était de sa bouche qu'il allait l'apprendre. Comme elle n'avait aucune idée de ce qu'il attendait d'elle, elle lui retourna son sourire sans rien dire. Henry Jenkins regarda sa montre.

— Aujourd'hui, par exemple, ma femme m'a dit ce matin qu'elle aurait fini à deux heures. Je suis rentré plus tôt pour lui faire une surprise : mais il est trois heures un quart et elle ne s'est toujours pas montrée. Elle a dû être retardée, bien sûr, mais on ne peut pas s'empêcher de s'inquiéter.

Il y avait dans sa voix une nuance d'irritation, parfaitement compréhensible, songea Dolly. Ce n'était pas n'importe qui, ce Henry Jenkins : il avait négligé des dossiers essentiels pour se retrouver le bec dans l'eau, tandis que sa femme baguenaudait en ville.

— Étiez-vous convenue de cette visite avec mon épouse ? lui demanda-t-il soudain, comme s'il venait de prendre conscience que Dolly pâtissait peut-être, elle aussi, du retard de Vivien.

— Oh, non, s'empressa-t-elle de répondre, rassurante, car cette idée semblait accroître le mécontentement de Jenkins. Vivien n'est pas au courant. Je suis venue lui rapporter quelque chose qu'elle a égaré.

— Vraiment ?

Dolly sortit le médaillon et sa chaînette de son sac et les disposa délicatement sur ses doigts. Elle avait pris soin de se vernir les ongles avec le Coty Écarlate de Kitty, dont elle avait fini le flacon, du reste.

— Son médaillon, murmura Jenkins en tendant la main pour l'attraper. Lorsque nous nous sommes rencontrés, elle le portait.

— C'est un très joli bijou.

— Elle ne s'en est jamais séparée depuis son enfance. Peu lui importe la beauté ou la richesse des colliers que je lui offre, elle ne veut porter que ce médaillon. Elle le garde même avec son rang de perles. Je crois bien que je ne l'ai jamais vue l'ôter. Et cependant, ajouta-t-il en examinant la chaîne, rien n'est cassé. Elle a donc dû l'enlever.

Il darda sur Dolly un regard oblique, intense, qui la fit se rétracter. Était-ce ainsi qu'il regardait Vivien, se demanda-t-elle, lorsqu'il écartait le médaillon pour la couvrir de baisers ?

— On a retrouvé le médaillon, disiez-vous ? Où donc ?

— Je...

Les pensées de Dolly lui avaient fait venir le rouge aux joues.

— Je crains de ne pouvoir vous répondre... Ce n'est pas moi qui l'ai trouvé, vous comprenez ? On me l'a confié pour que je le rende à Vivien. Nous sommes si proches.

Jenkins hocha lentement la tête.

— Je me demande, madame Smitham...

— *Mademoiselle* Smitham.

— Mademoiselle Smitham...

Les lèvres de Jenkins frémirent – esquisse de sourire qui ne fit qu'accroître la rougeur de Dolly.

— Je ne voudrais pas vous paraître inconvenant, mademoiselle, mais pourquoi n'avez-vous pas rendu cette petite chose à ma femme sur votre lieu de travail, à la cantine du Service féminin ? Ç'aurait été plus facile pour une personne aussi occupée que vous l'êtes, assurément.

« Une personne aussi occupée que vous l'êtes. » Cela sonnait si bien.

— Mais cela n'a rien d'inconvenant, monsieur Jenkins. Simplement, je sais à quel point Vivien tient à ce médaillon et je voulais donc le lui rendre le plus vite possible. Nos permanences ne coïncident pas toujours, voyez-vous.

— C'est curieux, fit-il, pensif, en refermant la main sur le médaillon. Ma femme se rend tous les jours à la cantine du Service.

Avant que Dolly puisse lui répondre que personne n'y travaillait sept jours sur sept, qu'il y avait un tableau de présence et une Mme Waddingham qui ne laissait rien au hasard, une clef joua dans la serrure de la porte d'entrée.

Vivien.

Dolly et Henry, d'un même mouvement, tournèrent la tête vers la porte du salon. Des pas résonnèrent sur le parquet du vestibule. Le cœur de Dolly se mit à chanter : quelle n'allait pas être la joie de son amie lorsque Henry lui montrerait le médaillon et qu'il expliquerait le rôle qu'elle avait joué, elle, Dolly. Vivien déborderait de reconnaissance et – il fallait bien le dire – d'amour. Un sourire radieux se répandrait sur ses traits.

« Henry, mon cher, dirait-elle. Je suis si contente que tu aies enfin l'occasion de rencontrer Dorothy. Très chère Dorothy, cela fait longtemps que je meurs d'envie de t'inviter à prendre le thé chez nous. Mais nous sommes tellement pris, les uns et les autres ! »

Et sans doute plaisanterait-elle de la sévère discipline que Mme Waddingham faisait régner à la cantine. Les deux jeunes femmes en pleureraient de rire, et Henry proposerait d'inviter Dorothy à dîner – non, à son club, plutôt.

La porte du salon s'ouvrit. Dolly se redressa sur le bord du fauteuil. Henry en deux pas fut auprès de sa femme et la prit dans ses bras. Une longue et brûlante étreinte, comme s'il s'enivrait de son parfum. Avec un pincement de jalousie, Dolly comprit à quel point il était épris de sa femme. Elle savait qu'il l'aimait – elle avait lu *La Muse farouche*, bien sûr –, mais c'était autre chose d'en être le témoin direct. Comment Vivien pouvait-elle passer du temps avec ce docteur, elle qui était passionnément adulée par un homme tel que Henry Jenkins ?

Le docteur. Dolly regarda le visage de Henry, paupières closes. Il avait plaqué la tête de Vivien contre son torse dans une étreinte qui semblait être la première depuis des mois – la première après une grande inquiétude. Soudain, Dolly comprit que Jenkins savait. Son impatience, la précision des questions qu'il lui avait posées, la frustration qui perçait dans ses propos… Il *savait*. Ou du moins, il avait des doutes. Il avait espéré que Dolly puisse les infirmer. Ou les confirmer. Vivien, Vivien, songea-t-elle en contemplant le dos de son amie, sois prudente !

Henry enfin s'écarta de son épouse et, lui prenant le menton, scruta son visage.

— Qu'as-tu fait de beau aujourd'hui, mon amour ?

Vivien attendit que la pression de sa main se fasse plus légère. Puis elle ôta son calot.

— Oh, je n'ai pas arrêté, dit-elle en lissant ses cheveux.

Elle posa le chapeau sur une petite table, à côté d'une photographie de leur mariage.

— Nous faisons des colis d'écharpes. La demande est colossale. Cela prend bien plus de temps que prévu.

Elle se tut, le regard sagement fixé sur le rebord de son calot.

— Je n'avais pas compris que tu rentrais si tôt. Si j'avais su, je me serais dépêchée.

Il eut un sourire que Dolly trouva triste.

— Je voulais te faire une surprise.

— Je ne savais pas.

— Mais naturellement. C'est l'essence même de la surprise, de fait. Elle prend les gens au dépourvu.

Henry attrapa sa femme par le coude et la fit, d'un léger mouvement, se retourner vers l'intérieur du salon.

— Puisque nous parlons de surprise, en voici une autre. Tu as une invitée, ma chérie. Mlle Smitham est venue te rendre visite.

Dolly se leva, le cœur battant à se rompre.

— Ton amie est venue te voir, poursuivit Henry. Nous avons eu une délicieuse conversation sur toutes les belles choses que vous faites au Service féminin.

Vivien, le visage dépourvu de toute expression, fixa Dolly en battant des paupières.

— Qui est cette femme ? Je ne la connais pas.

Dolly eut un haut-le-corps. Les murs du salon se mirent à vaciller.

— Enfin, chérie, bien sûr que tu la connais. Elle t'a rapporté ceci.

Il sortit le collier de sa poche et le glissa dans les mains de sa femme.

— Tu as dû l'ôter et l'oublier quelque part.

Vivien retourna le médaillon, l'ouvrit, regarda la photographie de famille.

— Comment l'avez-vous eu ? siffla-t-elle d'une voix si glaciale que Dolly trembla.

— Je...

Un terrible vertige avait saisi Dolly. Que se passait-il ? Elle n'y comprenait rien. Pourquoi Vivien réagissait-elle de cette façon ? Après tous les regards qu'elles avaient échangés – brièvement, certes, mais avec quelle amitié, quel sentiment ! Après les heures passées à s'observer à la fenêtre, de l'autre côté de la rue, après les radieux développements que Dolly avait espérés pour leur relation... Était-il possible que Vivien n'ait pas compris, qu'elle n'ait pas pris conscience de ce qu'elles représentaient l'une pour l'autre, qu'elle n'ait pas rêvé de son côté de Dolly et Viv ?

— Vous l'avez perdu à la cantine. C'est Mme Hoskins qui l'a retrouvé, et elle m'a demandé de le rapporter, puisque...

Puisque nous sommes sœurs en pensée, meilleures amies, inséparables de fait.

— Puisque nous sommes voisines.

Les arcs parfaits et jumeaux des sourcils de Vivien se haussèrent. Elle dévisagea longuement Dolly. Sa froideur se tempéra presque imperceptiblement.

— Ah, oui, je vois, maintenant. Cette femme est une des domestiques de lady Gwendolyn Caldicott.

Elle accompagna le mot de *domestique* d'un regard lourd de sens destiné à son mari, dont l'attitude changea du tout au tout. Dolly se souvint de la manière dont il avait parlé de leur femme de chambre, renvoyée pour vol.

— Ce n'est donc pas une amie ? fit-il en considérant le précieux médaillon.

— Certainement pas, répliqua Vivien, comme si l'idée même d'une pareille relation lui était sacrilège. Henry chéri, aucune de mes amies ne t'est inconnue. Tu le sais bien.

Il regarda sa femme, perplexe, puis hocha sèchement la tête.

— Cela m'a paru étrange, en effet. Mais elle a tellement insisté.

Il se retourna vers Dolly, ses doutes et son inquiétude se matérialisant en un pli sombre qui lui barrait le front. Elle comprit qu'elle l'avait déçu - pire, qu'elle l'emplissait d'un certain dégoût.

— Mademoiselle Smitham, articula-t-il. Je vous remercie d'avoir rapporté le médaillon de ma femme. Je dois maintenant vous demander de nous laisser.

Les mots manquaient à Dolly. Elle faisait un mauvais rêve, sans doute. Ce qui venait de se passer était si différent de ce qu'elle avait imaginé – de ce qu'elle méritait, de ce que l'existence lui avait toujours promis. Elle allait se réveiller d'une minute à l'autre ; ils éclateraient de rire et, un verre de whisky à la main, discuteraient des petites et grandes épreuves de la vie. Elle et Vivien se regarderaient en pouffant : ah, cette Mme Waddingham, quel dragon ! Et Henry, du fauteuil, les couverait d'un sourire affectueux. « Vous faites la paire, toutes les deux ! Incorrigibles et si charmantes ! »

— Mademoiselle Smitham ?

Elle parvint à hocher la tête, empoigna son sac à main et se précipita dans le vestibule.

Henry Jenkins la suivit, puis ouvrit la porte d'entrée, lui barrant cependant le chemin de son bras tendu. Dolly n'eut d'autre choix que de s'arrêter sur le seuil. Sans doute voulait-il lui dire quelques mots.

— Mademoiselle Smitham ?

Il lui parlait comme à une enfant un peu sotte – ou plutôt comme à une quelconque domestique qui, outrepassant ses droits, s'était abandonnée à des fantasmes, à des rêves d'une vie qui lui était, de par sa classe, inaccessible. Dolly fut incapable de le regarder dans les yeux. Elle se sentit défaillir.

— Allez, petite, disparaissez. Retournez auprès de lady Gwendolyn et essayez de ne plus vous attirer d'ennuis.

La nuit commençait à tomber ; Dolly vit Kitty et Louisa de l'autre côté de la rue. Elles rentraient du ministère. Kitty leva la tête et l'aperçut.

Dolly n'eut pas le courage de sourire, ni de lui faire signe. Comment aurait-elle pu, alors qu'elle venait de tout perdre ? Que ses souhaits et ses espoirs avaient été anéantis avec une si cruelle désinvolture ?

17

Université de Cambridge, 2011

La pluie avait cessé ; une lune argentée, énorme et ronde, trouait les bancs de nuages. Après avoir visité la bibliothèque universitaire de Cambridge, Laurel s'était installée à la sortie de la chapelle de Clare College dans l'espoir d'être renversée par un cycliste. Pas n'importe lequel, bien sûr. L'office du soir allait prendre fin ; elle l'avait écouté sur le banc, à l'ombre du cerisier, et s'était laissé transporter par les orgues et les voix du chœur. D'un instant à l'autre, cependant, la musique s'arrêterait ; étudiants et professeurs sortiraient en masse de la chapelle et se précipiteraient sur la trentaine de bicyclettes entassées près de la porte dans le garage à vélos, et, sous le nez de Laurel, repartiraient en pédalant dans toutes les directions. Elle espérait tomber sur Gerry. Ils avaient cela en commun, l'amour de la musique – de cette sorte de musique en tout cas qui fait entrevoir des réponses à des questions qu'on s'est toujours posées, sans le savoir. Sitôt qu'elle avait vu dans Cambridge les panneaux indiquant les heures des vêpres, elle s'était dit que c'était la meilleure façon de retrouver son frère.

Et comme par hasard, cinq minutes après le stupéfiant final du *Rejoice in the Lamb* de Britten, et tandis que les fidèles commençaient à sortir par petits groupes de la chapelle, l'un d'eux franchit seul le seuil. Silhouette haute, efflanquée, dont l'apparition en haut des marches fit sourire Laurel : n'était-ce pas l'une des bénédictions les plus simples de l'existence que de si bien connaître certaines personnes qu'on les distinguait immédiatement du reste de la foule, même dans le noir, même à cent mètres. La silhouette se jucha sur un vélo qu'elle propulsa d'un pied ; le véhicule se stabilisa après quelques minutes incertaines.

Laurel alla à sa rencontre, avant de lui faire un signe de la main en criant son nom. Il manqua la renverser, puis, s'étant immobilisé, la scruta, le front plissé, à la lueur de la lune. Le plus désarmant des sourires illumina alors son visage. Mon Dieu, songea Laurel, pourquoi viens-je si rarement à Cambridge ?

— Lol ! Que fais-tu ici ?

— Je voulais te voir. J'ai essayé de t'appeler, je t'ai laissé des messages.

Gerry secoua la tête.

— Figure-toi que cette machine n'arrêtait pas de faire bip-bip, sans parler de cette fichue petite lumière rouge qui me dévisageait en clignotant. Je crois qu'elle est foutue. Je l'ai débranchée.

Explication des plus logiques dans le monde de Gerry. Inutile de repenser à la frustration qu'elle avait ressentie en essayant vainement de le contacter, à son appréhension même – il avait peut-être des choses à lui reprocher. Laurel ne put s'empêcher de sourire.

— Eh bien, cela m'a donné une occasion de te rendre visite. Tu as dîné ?

— Dîné ?

— Oui, tu sais : mettre des aliments dans son estomac. Une habitude des plus irritantes, mais j'essaie de m'y plier deux ou trois fois par jour.

Il passa la main dans ses mèches sombres comme s'il faisait un effort de mémoire.

— Allez, dit Laurel. C'est moi qui régale.

Gerry prit sa bicyclette à la main ; ils discutèrent de musique le temps d'arriver devant une petite pizzeria surplombant l'Arts Theatre. C'était dans cette même salle, se souvint Laurel, qu'elle était allée voir *L'Anniversaire* de Pinter, toute seule.

Le restaurant était chichement éclairé : quelques petites bougies à la flamme vacillante, enfermées dans des photophores, sur des nappes à carreaux blancs et rouges. La salle était bondée. Un serveur leur indiqua une table libre, tout près du four. Laurel ôta son manteau. Un jeune homme, dont l'abondante chevelure blonde lui retombait sur les yeux en une frange soigneusement dégradée, vint prendre leur commande avant de réapparaître presque aussitôt avec une carafe de chianti et deux verres sans pied.

— Eh bien, dit Laurel en servant le vin, puis-je avoir l'audace de te demander sur quoi tu travailles en ce moment ?

— Je viens de finir un article sur le régime alimentaire des galaxies adolescentes.

— Elles mangent, elles ?

— Ah ça, on peut le dire.

— Et quand tu dis adolescentes… elles ont un peu plus de treize ans, j'imagine.

— Bien vu. Trois à cinq milliards d'années après le Big Bang.

Sous le regard attentif de sa sœur, il poursuivit, enthousiaste, évoquant le Très Grand Télescope du Chili (« Il nous est aussi utile que le microscope au biologiste ») et expliquant la nature des vagues taches que l'on voyait dans le ciel (« Des galaxies lointaines, en fait »), dont certaines (« Lol, tu ne vas pas me croire ») n'avaient pas de rotation de leurs gaz (« ce qu'aucune théorie actuelle ne modélise »). Laurel hochait la tête et marmonnait des « Ah ? » plus ou moins coupables – en fait, elle ne l'écoutait pas. Lorsqu'il était excité, les mots de Gerry se bousculaient, songea-t-elle : comme si sa langue avait du mal à suivre les emballements de sa magnifique intelligence. Il ne reprenait souffle que lorsque c'était absolument nécessaire. Et ses longues mains avaient des gestes expressifs, dessinant dans les airs. On eût dit qu'elles jonglaient avec les étoiles. Les mains de papa, se rendit compte Laurel. Gerry avait aussi ses hautes pommettes et son doux regard. Le seul fils de Stephen Nicolson était le portrait de son père, même si son rire lui venait de leur mère.

Il s'était tu à présent, buvait son chianti à longues gorgées. Il y avait dans ces retrouvailles une simplicité qui rendait Laurel nostalgique d'une sensation qu'elle ne pouvait réellement définir. En fait, c'était comme si leur relation d'antan renaissait de ses cendres ; elle voulait en jouir encore un moment avant de le gâcher par l'aveu qu'elle avait à lui faire : la quête de la vérité sur leur mère la plongeait dans l'inquiétude et le malaise.

— Et puis sinon ? Quelque chose d'encore plus extraordinaire que les habitudes alimentaires des jeunes galaxies ?

— Je suis en train de travailler sur une cartographie de l'ensemble des galaxies, jeunes et vieilles.

— Je vois que tu n'as pas perdu l'habitude de te fixer des buts simples à atteindre.

Il eut un grand sourire.

— Oh, ce ne sera pas bien difficile. En fait, ce n'est pas l'univers au complet. Juste ce que montre le ciel. Soit cinq cent soixante millions d'étoiles, de galaxies et autres objets célestes à localiser, c'est tout.

Laurel méditait cette multitude lorsque les pizzas furent servies. L'odeur du basilic et de l'ail lui rappela qu'elle n'avait rien avalé depuis le petit déjeuner. Elle engouffra le contenu de son assiette avec la voracité d'une galaxie adolescente : elle n'avait jamais rien mangé d'aussi bon, elle en était sûre et certaine. Gerry prit des nouvelles de sa carrière : entre deux bouchées, Laurel lui parla du documentaire et de la nouvelle version de *Macbeth* dans laquelle elle jouait.

— Enfin, dans laquelle je vais jouer. Je suis en vacances, pour quelques jours.

Gerry tendit sa longue main.

— Attends... des vacances ?

— Oui.

— Tu vas bien ?

Il avait penché la tête sur le côté.

— Je me demande pourquoi tout le monde me pose cette question.

— Tu ne prends jamais de vacances.

— Ce n'est pas vrai..

— Si c'est vrai. Ou alors, tu te moques de moi ? fit Gerry, les sourcils haussés. Des fois, je ne sais plus.

— Non, je ne me moque pas.

— Alors je tiens à te dire que toutes les preuves matérielles sont contre toi.

— Les preuves matérielles ? Ha ! Tu peux parler. Juste un détail : à quand remontent tes dernières vacances, Gerry ?

— Juin 1985. Le mariage de Max Seerjay, à Bath.

— Tu vois.

— Je n'ai jamais dit que je n'étais pas comme toi. Nous sommes de la même espèce, en l'occurrence. Mariés à notre profession. C'est d'ailleurs cette ressemblance qui me fait dire que quelque chose cloche.

Il s'essuya les lèvres avec sa serviette en papier et se recula contre le mur de briques, d'un gris-noir charbonneux.

— Bizarrerie numéro un, des vacances. Bizarrerie numéro deux, ta venue ici. J'en déduis que les deux sont liées.

Laurel soupira.

— Lente expiration du contenu des poumons, ajouta Gerry. C'est l'indice qui me manquait. Alors ? Tu veux m'en dire un mot, Lol ?

Elle plia sa serviette en deux, puis en quatre. C'était maintenant ou jamais. Depuis le début de son aventure, elle n'avait qu'une envie, embarquer son petit frère. L'occasion lui était enfin offerte.

— Gerry, tu te souviens du soir où tu es passé chez moi, à Londres, juste avant de commencer tes études ici ?

Gerry répondit par l'affirmative en citant *Monty Python, Sacré Graal* :

— « S'il vous plaît ! Nous sommes censés faire la fête. »

— « Pas la peine de se disputer pour savoir qui a tué qui ! » enchaîna Laurel. J'adore ce film.

Elle fit traverser son assiette à un bout d'olive, perdue dans les tergiversations, le choix des mots qui convenaient. Elle n'en trouverait pas – non, pas vraiment. Mieux valait plonger la tête la première.

— Ce soir-là, sur le toit, tu m'as posé une question. Tu m'as demandé s'il s'était passé quelque chose dans la famille, à l'époque où nous étions enfants. Un événement violent.

— Je me souviens.

— Vraiment ?

Gerry hocha la tête sans hésitation.

— Tu te rappelles ma réponse ?

— Oui, tu m'as dit que cela ne t'évoquait rien du tout.

— Oui. C'est ce que j'ai répondu, admit-elle à voix basse. C'était un mensonge, Gerry.

Elle n'ajouta pas qu'elle avait cru, à l'époque, agir pour son bien, qu'elle avait pensé ne faire que son devoir. C'était la stricte vérité, pourtant, mais quelle importance à présent ? Elle ne se cherchait aucune excuse : elle avait menti et, pour cette raison, méritait les reproches qui ne manqueraient pas de lui être adressés. Non seulement parce qu'elle avait dissimulé les faits réels à Gerry. Mais aussi eu égard à ce qu'elle avait raconté aux policiers.

— J'ai menti.

— Je le savais, fit Gerry en finissant la croûte de la pizza.

— Vraiment ? Pourquoi ?

— Tu as détourné la tête et tu m'as appelé « G. ». Ce qui n'arrive que lorsque tu essaies de m'embrouiller.

Il eut un haussement d'épaules désinvolte.

— Tu es peut-être la plus grande actrice du Royaume-Uni, mais il en faut plus pour mettre en échec mes pouvoirs de déduction.

— Et dire que les gens te croient dans la lune.

— Ah bon ? C'est ce qu'on pense de moi ? Je suis anéanti.

Ils échangèrent un sourire prudent.

— Lol, dit Gerry, veux-tu répondre à ma question, ce soir ?

— Oui. Et toi, tu veux toujours savoir ?

— Oui.

— Bien, bien. Dans ce cas...

Laurel reprit l'histoire à ses débuts : une adolescente dans une cabane dans un arbre, un jour de l'été 1961, un inconnu qui remonte l'allée, un tout petit garçon dans les bras de sa mère. Laurel prit soin de décrire l'immense affection de la mère pour cet enfant, la façon dont elle humait l'odeur laiteuse de sa peau, chatouillait les plantes de ses petits pieds dodus. Puis l'homme au chapeau noir entrait en scène : c'était sur lui à présent qu'étaient tournés les projecteurs. Il franchissait le portillon du jardin. Le chien le premier avait deviné l'approche des ténèbres : son jappement alertait leur mère, qui réapparaissait sur le seuil et apercevait l'homme. La crainte s'emparait d'elle. Sa fille, dans la cabane, l'avait vu.

Au moment d'aborder la scène où il était question d'un coup de couteau, d'un flot de sang, d'un bébé en sanglots, assis sur le gravier, Laurel, dont la propre voix lui semblait venir d'une autre source que sa gorge, Laurel, qui n'avait pas quitté des yeux le visage de son frère – l'enfant sur l'allée, devenu adulte –, songea qu'il était bien étrange d'avoir cette conversation des plus secrètes en public. Et cependant, le brouhaha du restaurant était nécessaire à sa confession. Ici même, dans cette pizzeria de Cambridge, où rires et plaisanteries fusaient aux tablées des étudiants ou des jeunes chercheurs pleins de talent et d'espérances, Laurel se sentait entourée, protégée, à son aise – et mieux à même de prononcer ces mots qui n'auraient sans doute pu sortir dans le silence de l'appartement de Gerry. Mots terribles :

— Elle l'a tué, Gerry. Cet homme, Henry Jenkins... Ce jour-là, il est mort sur l'allée qui menait à la maison.

Gerry écoutait, silencieux, attentif, scrutant une tache sur la nappe, son visage ne laissant rien transparaître. Un muscle frémissait dans sa joue maigre ; il hocha légèrement la tête, non pas tant pour réagir à ces révélations, que pour signifier à Laurel qu'il avait bien tout entendu. Cette dernière attendit un moment, finit son verre de vin, se resservit, sans oublier son frère.

— Voilà, dit-elle. Voilà l'histoire. Ce que j'en ai vu, en tout cas.

Gerry leva les yeux vers elle.

— Alors ceci explique cela, je pense.

— Que veux-tu dire ?

— Enfant, répondit-il, ses doigts vibrant d'une énergie nerveuse, il m'arrivait de la voir, cette chose, cette ombre noire, du coin de l'œil. Et j'en avais peur, sans raison précise. Je me retournais, et il n'y avait rien, hormis l'horrible sensation d'avoir vérifié trop tard. Mon cœur se mettait à battre plus vite et je ne savais pas pourquoi. Une fois, j'en ai parlé à maman. Elle m'a emmené chez l'ophtalmo.

— C'est pour cela que tu portes des lunettes ?

— Non, en fait j'étais myope. Les lunettes n'ont pas fait disparaître l'ombre, mais j'ai enfin vu les têtes des gens clairement.

Laurel eut un sourire.

Gerry resta grave. L'homme de science pouvait être soulagé, se dit Laurel, de voir s'éclaircir un mystère qui l'avait tourmenté. Mais le fils d'une mère tant aimée ne pouvait qu'être effondré.

— Il n'y a pas que les mauvaises gens qui commettent de mauvaises choses ! s'exclama-t-il, avant de se saisir les cheveux à pleines mains et d'ajouter : Mon Dieu. C'est tellement banal, tellement bête, ce genre de considérations !

— Elle n'en est pas moins exacte, répliqua Laurel d'une voix consolante. Les gens bien font parfois des choses horribles. Et leurs raisons sont parfois bonnes.

— Mais quelles raisons, dans le cas présent ?

Gerry regarda sa sœur : c'était le désarroi de l'enfant qui brillait dans ses yeux, le désir ardent d'entendre sa grande sœur tout expliquer, tout résoudre. Le cœur de Laurel se serra : quelle chute vertigineuse, des bienheureuses merveilles de l'univers à la révélation du crime commis par leur mère.

— Qui était-il, ce Jenkins, Lol ? Pourquoi l'a-t-elle tué ?

Laurel lui dit sans détour – avec Gerry, il valait mieux en appeler à la logique – ce qu'elle avait appris sur le compte de Henry Jenkins, écrivain et époux de Vivien, l'amie que Dorothy s'était faite pendant le blitz. Elle mentionna également les confidences de Kitty Barker et la dispute féroce qui avait, au début de l'année 1941, séparé les deux femmes.

— Et tu penses que cette brouille a un rapport avec ce qui s'est passé à Greenacres vingt ans plus tard ?

— Oui, c'est mon sentiment.

Laurel avait en tête le récit de Kitty Barker, la soirée avec Dorothy au night-club, le comportement et les déclarations de cette dernière.

— Je crois que maman a été bouleversée par cette dispute et qu'elle a fait quelque chose – mais quoi, je n'en sais rien – pour punir Vivien. Son plan a échoué... Il était trop tard pour y remédier ; elle a dû fuir Londres. Et Henry Jenkins lui en voulait assez pour retrouver sa trace vingt ans plus tard.

Comment pouvait-on énoncer des hypothèses aussi effroyables d'un ton aussi franc, aussi direct ? songea Laurel. Un observateur extérieur l'aurait sans doute jugée froide et lucide, déterminée à comprendre le fond de l'affaire. Pourtant, un trouble intense lui tordait l'estomac.

— Je me demande même, ajouta-t-elle d'une voix sourde, si maman n'est pas responsable, en quelque sorte, de la mort de Vivien.

— Bon Dieu, Lol.

— Et si elle n'a pas traîné toute sa vie cette culpabilité, si la femme que nous connaissons n'est pas le résultat d'un long processus d'expiation.

— Qui a fait d'elle une mère idéale.

— Oui, exactement.

— Cela a très bien fonctionné jusqu'à ce que Henry Jenkins vienne lui demander des comptes.

— Tout juste.

Gerry sombra dans le silence. Une petite ride était apparue entre ses deux sourcils ; il réfléchissait.

— Alors ? insista Laurel en se penchant vers lui. C'est toi, le scientifique. Ma théorie tient-elle debout ?

— Elle est plausible, concéda-t-il en hochant lentement la tête. D'une part, il est certain que le remords peut aider quelqu'un à changer. D'autre part, il n'est pas difficile d'imaginer un mari cherchant à venger sa femme. Et si maman avait vraiment fait du tort à Vivien, je peux comprendre qu'elle ait eu besoin de réduire Henry Jenkins au silence, une bonne fois pour toutes.

Le cœur de Laurel se serra horriblement. Elle avait gardé au fond d'elle-même l'espoir que Gerry puisse rire de ses élucubrations et crever le ballon de sa théorie de la pointe tranchante de son splendide intellect. « Lol, tu devrais faire une bonne sieste et arrêter de lire Shakespeare. »

Mais ces mots, il ne les prononça pas. L'homme de raison avait pris le dessus sur le fils aimant.

— Je me demande ce qu'elle a pu faire à Vivien qui lui ait donné ensuite de tels remords, fit-il.

— Je n'en ai aucune idée.

— Les choses ont sans doute pris une tournure à laquelle elle ne s'attendait pas. Maman n'a pas pu faire de mal à son amie en connaissance de cause.

Laurel se contenta d'une réponse neutre : elle se souvenait de la manière dont Dorothy avait enfoncé le couteau dans la poitrine de Jenkins : sa main n'avait pas hésité un seul instant.

— Je t'assure, Lol. Elle en était incapable.

— Au début, c'est ce que je me disais. Mais ne crois-tu pas que nous cherchons à la dédouaner parce qu'elle est notre mère, que nous l'aimons ?

— Oui, nous l'aimons ; mais nous la connaissons aussi.

— Nous croyons la connaître, Gerry.

Qu'avait dit Kitty Barker, l'autre jour, au sujet de la guerre qui attise les passions ? La menace de l'invasion, la peur, l'obscurité, les nuits sans sommeil ?

— Gerry, et si elle n'était pas celle que nous connaissons aujourd'hui ? Peut-être le blitz l'a-t-il poussée à faire des choses ? Peut-être le mariage avec papa et la maternité l'ont-ils transformée ? Peut-être a-t-elle su saisir cette seconde chance qui lui était accordée ?

— Personne ne change à ce point.

L'histoire du crocodile jaillit dans la mémoire de Laurel. *Et c'est pour cela que tu t'es changée en dame, maman ?* Dorothy avait répondu qu'elle s'était défaite de ses écailles car elle avait eu envie d'avoir un enfant – et c'est là qu'elle, Laurel, était née. L'histoire n'était-elle pas une métaphore ? Sa mère ne lui avait-elle pas avoué à demi-mot avoir subi une métamorphose ? À moins que Laurel ne sur-interprète ce qui n'était qu'une histoire destinée à faire sourire un enfant ? Elle revit Dorothy telle qu'elle lui était apparue en cette fin de journée, tournée vers le miroir, rajustant les bretelles de sa robe, tandis que la petite Laurel lui demandait, les yeux écarquillés, comment une aussi fabuleuse transformation pouvait bien se produire. « Allons, avait dit maman, je ne vais quand même pas te raconter tous mes secrets. Pas tous en même temps, en tout cas. Repose-moi la question quand tu seras plus grande. »

Et c'était exactement ce que Laurel s'apprêtait à faire. Soudain, elle sentit ses joues brûler. La foule du restaurant, les rires aux autres tables, le four à pizza qui laissait échapper d'énormes vagues chaudes de l'odeur de la pâte cuite. Laurel tira quarante-cinq livres de son portefeuille et glissa les trois billets sous la note, tout en faisant signe à Gerry de garder son argent pour lui.

— Je t'avais prévenu, c'est moi qui régale, dit-elle, se gardant d'ajouter que cela lui semblait la moindre des choses.

N'avait-elle pas obscurci le monde étoilé de Gerry de sa sombre quête ?

— Viens, dit-elle en enfilant son manteau. Allons marcher un peu.

Le brouhaha des restaurants s'atténua bientôt jusqu'à disparaître tandis que Gerry et Laurel traversaient le terre-plein de King's College et s'approchaient de la rive paisible de la Cam. Les flancs des barques s'entrechoquaient doucement sur les flots baignés par le clair de lune. Une cloche résonna dans le lointain, sévère, stoïque ; d'une des fenêtres de la cité universitaire, le son d'un violon s'échappa. Musique belle et triste qui fit frémir le cœur de Laurel. Elle comprit soudain qu'elle n'aurait pas dû venir à Cambridge.

Gerry n'avait pratiquement pas ouvert la bouche depuis qu'ils avaient quitté la pizzeria. Il marchait en silence près d'elle, tenant le guidon de son vélo d'une main. Tête penchée, yeux rivés sur le sol. Elle avait cédé à la pression du passé, à ce besoin idiot de le partager avec quelqu'un. Elle s'était convaincue que Gerry devait savoir, qu'il était lié tout comme elle à l'horreur dont elle avait été le témoin. Pourtant, il n'était à l'époque qu'un bébé. Et, aujourd'hui, il était un homme d'une douceur extrême, le préféré de leur mère, incapable de se l'imaginer en criminelle, si ancien soit son méfait.

Laurel était sur le point d'expliquer cela à Gerry, d'implorer son pardon, de parler d'autre chose, si possible, lorsque son frère reprit la parole.

— Bon, et maintenant, que fait-on ? On a des pistes ?

Laurel lui lança un regard.

Il s'était immobilisé au pied d'un réverbère ; dans la lueur jaunâtre, il avait remonté ses lunettes sur l'arête de son nez.

— Hein ? Lol, tu n'allais quand même pas t'arrêter là ? Il faut qu'on éclaircisse cette affaire, c'est une évidence. Elle fait partie de notre histoire.

Avait-elle jamais aimé Gerry plus qu'en cet instant ? Elle en doutait.

— Il y a peut-être une piste, souffla-t-elle, gorge nouée. Ce matin, j'étais à l'hôpital pour voir maman. Elle était un peu dans les brumes…

Elle a demandé à l'infirmière de lui envoyer le Dr Rufus dès qu'elle le pourrait.

— Ah ? Mais dans un hôpital, ça n'a rien de bizarre, non ?

— Oui, sauf que le nom du médecin qui la suit n'est pas Rufus, mais Cotter.

— Un lapsus ?

— Je ne crois pas. Elle a prononcé ce nom sans hésiter. Et puis…

Revint à l'esprit de Laurel l'image ténue d'un jeune homme du nom de Jimmy, que sa mère autrefois avait aimé, et dont elle déplorait maintenant l'absence.

— Ce n'est pas la première fois qu'elle mentionne une connaissance de son passé. J'ai l'impression qu'elle ne cesse d'y penser, en ce moment. Qu'elle nous implore pratiquement de rechercher les réponses aux questions que nous nous posons.

— Tu lui en as posé ?

— Oui, quelques-unes. Pas au sujet de ce Dr Rufus, toutefois. Elle m'a répondu avec une certaine franchise, mais j'ai bien senti que cela la bouleversait. Je lui en reparlerai, naturellement, mais je suis d'avis d'utiliser d'autres sources aussi.

— Tout à fait d'accord.

— Je suis passée à la bibliothèque, histoire de voir si l'on pouvait obtenir des renseignements sur un médecin qui avait un cabinet à Coventry – peut-être même à Londres – dans les années 1930 et 1940. Tout ce que j'avais, c'était son nom de famille. Je n'avais aucune idée de son éventuelle spécialité. Le bibliothécaire m'a conseillé de consulter la base de données du *Lancet*.

— Et alors ?

— Je suis tombée sur un certain Lionel Rufus. Gerry, je suis presque sûre qu'il s'agit de notre homme. Il a vécu à Coventry et a publié quelques articles sur la psychologie de l'individu.

— Tu crois que maman le consultait ? Qu'elle souffrait à l'époque de je ne sais quelle affection mentale ?

— Je ne sais pas. Mais je vais me mettre en quête de la réponse.

— Laisse-moi m'en occuper, fit soudain Gerry. Je sais à qui m'adresser.

— Vraiment ?

Il hocha vigoureusement la tête, répondit d'une voix brève, les mots se précipitant sur ses lèvres :

— Rentre à Greenacres, Lol. Je te tiendrai au courant de ce que j'aurai découvert.

Cela dépassait les espérances de Laurel – ou plutôt non, cela y répondait très exactement. Gerry allait l'aider ; ensemble, ils découvriraient la vérité.

— Gerry, il se peut que tu mettes au jour des choses épouvantables.

Elle ne voulait pas l'effrayer. Mais il fallait bien le prévenir.

— Au point que nous en venions à douter de tout ce que nous savons d'elle.

Gerry eut un sourire.

— Lol, c'est toi, l'actrice, pourtant ? Tu m'as assez souvent répété que les individus ne sont pas une science exacte, qu'ils ont de multiples facettes et qu'une donnée nouvelle ne peut mettre en cause l'ensemble du théorème.

— Oui, c'est ce que je disais. Là, je te dirais plutôt de te préparer au pire, petit frère.

— C'est ce que je fais toujours, grande sœur, rétorqua-t-il sans cesser de sourire. Et maman recueille encore tous mes suffrages.

Laurel haussa les sourcils : comme elle aurait aimé être aussi confiante que lui ! Mais elle avait vu de ses yeux le couteau au ruban rouge s'abattre, elle savait de quoi leur mère était capable.

— Cela manque singulièrement de rigueur scientifique, remarqua-t-elle, sévère. Surtout quand les faits convergent vers une seule explication.

Gerry s'empara de sa main.

— Lol, tu n'as donc pas retenu la leçon des galaxies adolescentes ? murmura-t-il.

Laurel fut envahie par une vague d'affection fraternelle et protectrice. Le regard de Gerry le disait assez : il voulait tellement croire que tout s'arrangerait ! Laurel en son for intérieur en doutait.

— Il arrive, Lol, que la réponse finale ne corresponde en rien à ce que prédisaient les théories en vigueur.

18

Londres, fin janvier 1941

L'avait-on jamais traînée dans la boue avec autant de cruauté ? Dolly en doutait fort. Jusqu'à la fin de ses jours, dût-elle vivre cent ans, elle garderait à l'esprit les visages de ces deux-là, Vivien et Henry Jenkins – leurs hideux et charmants visages déformés par une expression déconcertée et moqueuse. Ah, ils avaient failli réussir à lui donner l'impression qu'elle n'était qu'une domestique du voisinage, venue leur rendre visite accoutrée d'une vieille robe empruntée à sa patronne. Mais ils n'y étaient pas parvenus. Dolly n'était pas faite d'un bois si tendre. Comme le Dr Rufus aimait à le lui répéter, elle était exceptionnelle. « Des comme toi, Dorothy, on n'en trouve qu'une sur un million. »

Deux jours après cette horrible scène, lors de leur déjeuner mensuel, au Savoy, il s'était carré dans son fauteuil et l'avait observée par-dessus son cigare.

« Dis-moi, Dorothy, à ton avis, pourquoi a-t-elle été si désagréable avec toi, cette Vivien Jenkins ? »

Dolly avait secoué la tête, pensive, avant de lui donner l'explication qui lui semblait la plus plausible.

« Eh bien… Lorsqu'elle est arrivée et qu'elle nous a trouvés, M. Jenkins et moi, tous les deux dans le salon… »

Elle avait détourné la tête, se rappelant avec quelque embarras la manière dont Henry Jenkins l'avait regardée.

« À vrai dire, j'avais vraiment pris soin de ma toilette, ce jour-là, vous comprenez ? Il se peut que Vivien ne l'ait pas supporté. »

Le Dr Rufus avait hoché la tête, admiratif ; il s'était caressé le menton, les yeux soudain plissés.

« Et, plus exactement, qu'as-tu ressenti lorsqu'elle t'a rejetée, Dorothy ? »

La question avait manqué lui faire monter les larmes aux yeux. Mais Dolly s'était retenue. Poings serrés, ongles enfoncés dans les paumes, elle avait eu un sourire héroïque, fière de sa maîtrise.

« Je me sentais plus bas que terre, docteur Rufus. J'étais profondément blessée. Jamais je n'avais été traitée avec autant de méchanceté – et par quelqu'un que je prenais pour une amie, qui plus est. C'était vraiment… »

— Il suffit ! Arrêtez immédiatement !

Dolly sursauta. Le pied minuscule de lady Gwendolyn venait de lui échapper.

— Vous allez m'arracher l'orteil si vous continuez comme ça, petite sotte ! piailla la noble dame.

Dolly, honteuse, baissa les yeux sur l'infime triangle blanc qu'avait laissé l'ongle, désormais disparu, du petit doigt de pied de lady Gwendolyn. Voilà ce que c'était que de penser à Vivien. Dolly avait manié la lime avec plus de force qu'elle n'aurait dû.

— Oh, lady Gwendolyn, je suis navrée. Je vais faire plus doucement…

— J'en ai assez pour le moment. Donnez-moi mes bonbons, Dorothy. J'ai eu des aigreurs toute la nuit. Ces maudites recettes de rationnement ! Du cartilage de veau avec du chou rouge bouilli en guise de dîner ! Rien d'étonnant à ce que j'aie passé la nuit à me retourner dans mon lit et à faire des rêves effroyables !

Dolly obtempéra et attendit patiemment que la vieille dame ait fouillé la moitié du sac, à la recherche du plus gros berlingot.

L'humiliation qu'elle avait subie avait promptement mûri, s'était faite honte, sentiment d'injustice, puis colère caractérisée. Ces deux-là, Henry et Vivien Jenkins, ne l'avaient-ils pas traitée de menteuse et de voleuse, alors que sa démarche n'avait eu qu'un seul but, rendre son précieux médaillon à Vivien ? Quelle insupportable ironie du sort ! Cette Vivien, qui traînait on ne sait où à l'insu de son mari, qui mentait à ceux qui l'aimaient et incitait les autres à révéler ses secrets, l'avait condamnée d'un seul et sombre regard – alors qu'elle n'hésitait jamais à prendre sa défense contre ceux qui la vouaient aux gémonies !

Très bien. Dolly rangea la lime dans son étui et remit de l'ordre sur la table de chevet, sourcils froncés, regard déterminé. C'était fini, ce petit jeu. Elle avait un plan. Elle n'en avait pas encore parlé à lady Gwendolyn. Mais quand la vieille dame aurait vent de cette rebuffade – ou plutôt de cette trahison, semblable à celle qu'elle avait autrefois subie –, elle donnerait sans aucun doute sa bénédiction à sa jeune amie. Lorsque la guerre serait finie, elles organiseraient une grande fête, magnifique, splendide : un bal avec déguisements, lanternes et cracheurs de feu. La meilleure société serait conviée ; il y aurait un article dans *The Lady*, avec des photographies, et l'on en parlerait pendant des années. Dolly n'avait aucun mal à imaginer l'arrivée des invités dans Campden Grove, tous sur leur trente et un, se pavanant devant le 25, où Vivien Jenkins, qui n'aurait pas été conviée, serait assise seule à sa fenêtre.

En attendant, Dolly allait faire son possible pour éviter ce maudit couple. Il y a des gens qu'il vaut mieux ne pas fréquenter : voilà ce que Dolly avait retenu de l'histoire. Concernant Henry Jenkins, ce n'était pas bien difficile : Dolly ne le voyait pratiquement jamais. Quant à Vivien, Dolly avait limité les occasions de rencontre en démissionnant du Service féminin. D'ailleurs, c'était un vrai soulagement. D'une pierre deux coups : non seulement elle échappait à la férule de Mme Waddingham, mais, de surcroît, elle avait plus de temps à consacrer au bien-être de lady Gwendolyn. Cela s'avéra être une excellente décision. Quelques jours plus tôt, Dolly était en train de masser les jambes de lady Gwendolyn (la vieille dame souffrait de crampes) lorsque la sonnette de la porte d'entrée avait retenti. Lady Gwendolyn avait désigné la fenêtre d'un geste du poignet.

« Dorothy, allez donc voir qui ose nous déranger à cette heure ? »

Et si c'était Jimmy ? avait songé Dolly avec inquiétude. Il s'était déjà présenté deux ou trois fois au 7 Campden Grove – Dieu merci, dans la journée, quand aucune des filles ne s'y trouvait. Elle avait pu éviter les scènes. Mais ce n'était pas lui. Lorsque Dolly avait mis le nez à la vitre, ornée d'un grand Z en ruban adhésif pour parer à l'effet de souffle des bombardements, c'était Vivien Jenkins qui lui était apparue. Vivien jetait des regards derrière elle, comme si elle avait honte de se présenter au 7 et craignait d'être surprise dans cette position embarrassante. Les joues de Dolly s'étaient embrasées. Elle avait immédiatement compris la raison de la visite de son ancienne amie. C'était le genre de mesquinerie dont Dolly à présent la savait capable : ainsi, elle était venue prévenir lady Gwendolyn des tendances au vol de sa dame de compagnie. Dolly voyait très bien Vivien s'asseoir dans le fauteuil de chintz poussiéreux, au chevet de la vieille dame, croiser ses longues jambes et se pencher pour chuchoter d'une voix de conspiratrice :

« Ah, les domestiques ne sont plus ce qu'ils étaient ! C'est tellement difficile de trouver quelqu'un en qui on puisse se fier, de nos jours, lady Gwendolyn. Figurez-vous que nous avons nous-mêmes eu quelques ennuis à ce sujet… »

Et tandis que Dolly épiait Vivien, sur le perron, jetant derrière elle des regards furtifs, la noble Gwendolyn s'était redressée dans son lit.

« Dorothy, avait-elle aboyé, je ne suis pas éternelle ! Qui est-ce ? »

Dolly avait ravalé sa fébrilité et répondu, d'un ton aussi désinvolte que possible, que ce n'était qu'une femme à l'apparence douteuse, venue récupérer des vêtements pour une organisation caritative.

« Humph ! Hors de question de lui ouvrir ! Elle ne mettra pas ses vilaines pattes sur mes vêtements ! »

Dolly n'avait été que trop heureuse de lui obéir.

Plonk. Dolly sursauta. Sans s'en rendre compte, elle était revenue vers la fenêtre et contemplait la façade du 25 d'un œil vague. *Plonk, plonk*. Elle se retourna et croisa le regard insistant de lady Gwendolyn. Les joues gonflées par son énorme berlingot, la vieille femme tapait de sa canne sur le matelas pour attirer l'attention de Dolly.

— Oui, lady Gwendolyn ?

Cette dernière croisa les bras sur sa poitrine et esquissa un frisson.

— Vous avez froid ?

Hochement de tête redoublé.

Dolly dissimula son irritation sous un sourire obéissant (elle venait tout juste d'ôter la couverture, lady Gwendolyn se plaignant de mourir de chaud).

— Bon, voyons ce que nous pouvons faire pour vous, dit-elle en s'approchant du lit.

Lady Gwendolyn ferma les yeux et Dolly s'attaqua à la couverture, ce qui n'était pas tâche si facile qu'il y paraissait. Les gesticulations de la vieille dame avaient si bien emmêlé les draps que la couverture était coincée sous l'une de ses jambes. Dolly dut contourner le bout du lit et tirer de toutes ses forces sur le plaid pour le dégager.

Plus tard, lorsqu'elle voulut analyser cet épisode, la vérité lui apparut clairement : c'était la poussière qui avait tout déclenché. Sur le moment, elle était bien trop concentrée sur la couverture et la jambe de lady Gwendolyn pour s'en rendre compte. Après avoir secoué le vaste plaid, elle en glissa l'extrémité sous le menton de lady Gwendolyn. Et ce fut en repliant l'ourlet sur le drap que Dolly émit un éternuement d'une puissance peu commune. *Aaaaatchoum !*

Lady Gwendolyn fut tellement surprise qu'elle sursauta de tous ses membres, les yeux exorbités.

Dolly s'excusa en frottant l'appendice coupable, lequel la chatouillait encore. Elle cligna des paupières, la vue brouillée, et vit que son honorable patronne s'était mise à battre des bras. Ses vieilles mains tremblaient comme deux oiseaux craintifs.

— Lady Gwendolyn ? fit Dolly en se penchant vers le lit.

Son visage était devenu rouge betterave.

— Chère lady Gwendolyn, que se passe-t-il ?

Un râle s'échappa de la gorge de la vieille dame ; ses joues à présent étaient violettes ; elle avait porté des mains affolées à sa gorge. Visiblement, elle avait avalé quelque chose qui l'empêchait de parler.

Le berlingot ! Dolly eut un hoquet d'effroi. Le berlingot s'était coincé dans le larynx de lady Gwendolyn ! Dolly ne savait plus que faire. En proie à la panique, elle fourra les doigts dans la bouche de la vieille femme pour en extraire le bonbon.

Impossible de l'atteindre !

Dolly se prit la tête à deux mains. Peut-être qu'en tapant sur le dos de lady Gwendolyn ou en lui appuyant sur le sternum, elle arriverait à quelque chose ?

Elle essaya les deux méthodes, le cœur battant à toute allure, le sang affluant à ses tempes. Elle s'efforça aussi de redresser la vieille dame, mais cette dernière était si lourde, sa chemise de nuit si glissante…

— Ça va aller, s'entendit articuler Dolly, dont les mains tentaient, fébriles, de trouver une prise. Ça va aller !

Elle se le répéta comme une prière, tirant à elle de toutes ses forces lady Gwendolyn, qui gesticulait en tous sens et agitait les bras.

— Ça ira, ça va aller, ça va s'arranger !

Jusqu'à ce que, à bout de souffle, elle se taise : alors, elle se rendit compte que le corps de la vieille dame était plus lourd, qu'elle ne suffoquait plus, ne se débattait plus, que tout dans la chambre était étrangement immobile.

Immobile et silencieux, hormis la respiration de Dolly et le singulier craquement que produisit le lit lorsqu'elle se dégagea de l'étreinte de sa défunte patronne et laissa le corps, encore chaud, retrouver sa position couchée.

Le médecin que Dolly avait appelé déclara, du bout du lit, qu'il s'agissait « très clairement d'un décès dû à des causes naturelles ». Il leva les yeux sur Dolly, laquelle tenait la main froide de lady Gwendolyn dans la sienne tout en se tamponnant les yeux d'un mouchoir.

— Elle souffrait depuis toujours de faiblesse cardiaque, ajouta-t-il. Une séquelle de la scarlatine.

Dolly hocha la tête, les yeux fixés sur le visage de la vieille dame, auquel la mort donnait une expression particulièrement sévère. Elle n'avait parlé ni du berlingot ni de l'éternuement : à quoi bon ? Ces détails n'avaient plus d'importance à présent. Les mentionner l'aurait fait passer pour une imbécile aux idées confuses. De toute façon, le temps que le médecin se fraie un chemin dans les rues détruites par les attaques aériennes de la nuit passée, le berlingot avait certainement fondu.

— Allons, allons, ma chère enfant, fit le médecin en tapotant la main de Dolly. Je sais que vous y étiez très attachée. Affection réciproque, si je puis dire.

Puis il remit son chapeau, ramassa sa sacoche et ajouta qu'il laisserait sur le guéridon du vestibule l'adresse de la société de pompes funèbres dont les Caldicott utilisaient les services.

Le testament de lady Gwendolyn fut lu dans la bibliothèque du 7 Campden Grove au vingt-neuvième jour du mois de janvier 1941. À vrai dire, cette lecture publique n'avait rien d'obligatoire : M. Pemberly, le notaire, aurait préféré écrire à chacun des bénéficiaires, en toute discrétion (le pauvre homme avait le trac). Mais lady Gwendolyn, laissant libre cours à ses instincts théâtraux, avait insisté. Cela n'étonna guère Dolly qui, étant citée dans le testament, fut conviée à la lecture. Lady Gwendolyn n'avait jamais fait mystère de sa haine pour lord Peregrine Wolsey, son unique neveu. Quelle punition posthume plus raffinée que cette double peine : léguer l'héritage tant convoité à quelqu'un d'autre et le contraindre à recevoir cette rebuffade en public.

Dolly prit le plus grand soin de sa toilette, tout comme lady Gwendolyn l'aurait souhaité. Elle voulait avoir l'air d'une héritière méritante sans pour autant forcer la note.

Elle écouta avec une nervosité croissante la lecture des articles préliminaires. Le pauvre M. Pemberly bafouillait, bredouillait, sa marque de naissance devenant de plus en plus rouge tandis qu'il rappelait à l'assistance (constituée de Dolly et de lord Wolsey) que les souhaits de sa cliente, ayant été ratifiés par lui-même, notaire impartial et qualifié de par la loi, étaient irrévocables. Le neveu de lady Gwendolyn était un grand bonhomme qui ressemblait à un bouledogue. Ah, il pouvait les graver dans son esprit, ces mots si conventionnels, se disait Dolly. Quand il aurait compris ce que sa tante avait manigancé, il en serait bien marri.

Dolly n'avait pas tort. La patience n'était pas au nombre des qualités de lord Peregrine Wolsey. Quelques minutes à peine avaient passé que la fumée lui sortait déjà par les oreilles. À chaque phrase qui ne commençait pas par « Je donne et lègue à mon neveu, Peregrine Wolsey... », il soupirait bruyamment. Puis M. Pemberly reprit sa respiration, s'essuya le front de son mouchoir et aborda le cœur du testament.

— « Je, soussignée Gwendolyn Caldicott, révoquant et annulant tous les testaments établis précédemment, donne et lègue à la femme de mon neveu, Peregrine Wolsey, la totalité de ma garde-robe ; à mon neveu, le contenu de la penderie de mon défunt père. »

— Quoi ?

Le bonhomme avait rugi si fort que le bout de son cigare lui tomba des lèvres.

— Bon Dieu de bon Dieu, qu'est-ce que c'est que ces âneries ?

— Je vous en p-prie, lord Wolsey, bégaya M. Pemberly, dont l'envie avait viré au violet furibond. Je v-v-vais de-de-voir v-vous demander de r-r-rester assis jusqu'à la f-f-fin de la lect-t-t-ture.

— Hein ? Mais je vais vous traîner en justice, espèce de ver de terre ! C'est vous qui vous êtes insinué dans les bonnes grâces de ma tante et qui…

— Lord Wolsey, je v-v-vous en supplie !

Encouragé par un aimable signe de tête de Dolly, M. Pemberly continua sa lecture.

— « Je donne et lègue tout le reste de mes biens et propriétés, meubles et immeubles, y compris ma demeure du 7 Campden Grove, et à l'exception des quelques articles dont l'énumération suit, au Refuge canin de Kensington. »

Le notaire leva les yeux.

— Malheureusement, personne ne pouvait assister à la lecture…

Mais Dolly déjà n'entendait plus, ses tympans vibrant du glas assourdissant de la trahison.

Lady Gwendolyn, bien sûr, n'avait pas complètement oublié sa « jeune dame de compagnie, Dorothy Smitham » ; mais Dolly dans sa détresse n'avait pas écouté le détail du legs. Ce ne fut que le soir même, dans l'intimité de sa chambre, qu'elle comprit, en lisant la lettre que M. Pemberly avait glissée dans sa main tremblante tout en esquivant les menaces de lord Wolsey, que la vieille dame lui avait légué quelques manteaux provenant de la fameuse penderie. Dolly reconnut immédiatement les descriptions. Hormis une fourrure blanche passablement élimée, tous faisaient partie de ces chargements de vêtements dont elle avait fait si joyeusement don à la collecte du Service féminin organisée par Vivien Jenkins.

Dolly, blême, bouillante de rage, éructait, les poings serrés. Après tout ce qu'elle avait fait pour cette vieille bonne femme, les humiliations sans nombre qu'elle avait subies – les séances de pédicure, de nettoyage des oreilles, les insultes venimeuses qu'elle recevait à intervalles réguliers… Oh, elle n'avait pas toujours fait contre mauvaise fortune bon cœur, elle en convenait sans hésitation. Restait qu'elle avait souffert et qu'elle avait droit à une contrepartie. Elle avait tout abandonné pour la vieille dame – qu'elle avait fini par considérer comme sa famille. On lui avait donné à espérer un legs magnifique – M. Pemberly, dernièrement, mais aussi lady Gwendolyn elle-même. Que s'était-il donc passé pour que cette dernière change d'avis ?

À moins que… La réponse tomba avec la rapidité, l'irrévocabilité d'une hache. La lettre du notaire glissa de ses mains tremblantes. Bien sûr ! C'était cela ! Vivien Jenkins, cette vipère, s'était débrouillée pour rendre visite à lady Gwendolyn. C'était la seule explication possible. Elle avait dû rester collée à sa fenêtre, patiente, à l'affût de la moindre opportunité – saisissant l'un des rares moments, durant ces deux dernières semaines, où Dolly était sortie faire quelque course. Vivien avait alors bondi sur lady Gwendolyn, dont elle avait bourré le crâne d'horribles mensonges sur Dolly – elle qui n'avait jamais eu à l'esprit que le bien-être de sa noble patronne.

Lorsque le Refuge canin de Kensington prit possession du 7 Campden Grove, son premier geste fut de contacter le ministère de la Guerre pour qu'il reloge les employées de bureau jusque-là hébergées chez lady Gwendolyn. L'immeuble devait être transformé dans les meilleurs délais en clinique vétérinaire, doublée d'un refuge pour animaux. Cette décision ne troubla ni Kitty ni Louisa, qui, au tout début du mois de février, épousèrent toutes deux, à quelques jours d'intervalle, des pilotes de la RAF. Quant aux deux autres dactylos, elles restèrent jumelles dans la mort comme elles l'avaient été, d'une certaine façon, dans la vie. Le 30 janvier au soir, alors qu'elles se rendaient d'un pas joyeux au bal, à Lambeth, elles furent fauchées par une bombe.

Ne restait plus que Dolly. Il n'était guère facile de trouver une chambre à Londres – surtout lorsqu'on avait acquis des goûts de luxe. Dolly visita trois taudis avant de retourner vivre dans la pension de Notting Hill où elle avait vécu deux ans plus tôt, alors qu'elle était une petite vendeuse qui ne connaissait de Campden Grove que le nom sur la carte. Elle était bien loin de se douter alors que la rue deviendrait la scène de ses rêves les plus fous et de ses désillusions les plus amères. Mme White, la vieille veuve propriétaire du 24 Rillington Place, fut ravie de revoir Dolly (encore que le terme soit peut-être excessif : sans ses lunettes, la brave femme était myope comme une taupe) et de lui annoncer que son ancienne chambre était libre – il lui suffisait de remettre son carnet de rationnement.

Rien d'étonnant à ce que ce cagibi soit resté inoccupé. Même en temps de guerre, il y avait peu de Londoniens assez désespérés pour dormir entre ces murs moyennant finance. Ce n'était pas une chambre : non, juste le résultat du partage d'une des pièces de l'immeuble en deux parties inégales, la fenêtre étant restée de l'autre côté de la cloison de plâtre, ne laissant à Dolly qu'un espace exigu. Un placard en somme. Il y avait à peine la place pour un petit lit, une table de chevet et un minuscule lavabo. L'absence de lumière et de ventilation réduisait cependant le prix de la location et Dolly, il est vrai, n'avait pas grand-chose à elle. Ses biens tenaient tous dans la valise qu'elle avait emportée le jour où, trois ans auparavant, elle avait quitté la maison familiale d'un pas triomphant.

L'une des premières choses qu'elle accomplit après avoir repris possession des lieux fut de poser ses deux livres sur l'unique étagère, au-dessus du lavabo. *La Muse farouche* et son Livre d'idées. Certes, elle aurait bien aimé se débarrasser du roman de Jenkins. Mais elle avait si peu de choses à elle et tant de goût, toutefois, pour les objets pour peu qu'ils soient chargés d'histoire, qu'elle ne supportait pas l'idée de s'en séparer. Simplement, elle retourna le volume, de manière à ne voir que sa tranche. Malgré tout, le spectacle qu'offrait l'étagère était piteux, si bien qu'elle y adjoignit le Leica que Jimmy lui avait offert pour l'un de ses anniversaires. La photographie, ce n'était pas sa tasse de thé – la pratique exigeait trop de tranquillité, trop de patience pour la jeune femme. Mais la chambrette était tellement désolée et vide que, si elle avait possédé une chaise percée, elle l'aurait fièrement ajoutée à son maigre mobilier. Pour finir, elle disposa le manteau de fourrure dont elle avait hérité sur un cintre et l'accrocha au dos de la porte. Où qu'elle se trouve dans la microscopique chambre, elle ne pouvait manquer de le voir, ce qui n'était pas une mauvaise chose. Ce vieux manteau blanc était devenu, en quelque sorte, le symbole de tous ses châteaux en Espagne, désormais écroulés. Elle fixa les yeux sur le vêtement ; la colère monta en elle et elle se libéra de toute la rage que lui inspirait Vivien Jenkins au plus profond de la fourrure aux poils emmêlés.

Dolly trouva du travail dans une usine de munitions toute proche. Mme White n'aurait pas hésité une seconde à la mettre à la porte si elle n'avait pas versé son loyer hebdomadaire. C'était le genre de travail que l'on pouvait accomplir sans y accorder beaucoup plus qu'un pour cent de son intelligence. Ce qui laissait largement le temps à Dolly de ruminer les injustices dont elle avait souffert. Le soir, elle rentrait à la pension, se forçait à avaler le hachis au corned-beef de Mme White et abandonnait les autres filles à leurs distractions, lesquelles se limitaient à discuter en riant de leurs petits amis respectifs et conspuer lord Haw-Haw, le speaker anglophone des émissions de propagande nazie qu'on captait à Londres. Dolly remontait dans sa chambre, s'installait sur son lit et épuisait ses stocks de cigarettes en repensant à tout ce qu'elle avait perdu : sa famille, lady Gwendolyn, Jimmy… Et à la manière dont Vivien avait lâché ces quelques mots : « Je ne connais pas cette femme. » Dolly ne pouvait se les sortir de la tête. Et de revoir le geste de Henry Jenkins lui désignant la porte, et de sentir son corps submergé par les vagues si froides et si brûlantes de la honte et de la colère.

Ainsi passaient les jours, gris et semblables, jusqu'à un certain soir de la mi-février. La journée avait commencé comme les autres. Après une double permanence à l'usine, Dolly s'était arrêtée au British Restaurant du quartier pour y dîner : son estomac se soulevait à la seule pensée de l'ignoble cuisine de Mme White. Elle ne quitta pas son coin de table avant la fermeture, épiant les autres clients derrière la fumée de sa cigarette. Et tout particulièrement les couples qui s'embrassaient furtivement par-dessus la table et riaient de concert, comme si le monde était plaisant à vivre. Dolly se souvenait vaguement d'avoir eu ce sentiment, elle aussi, d'avoir autrefois débordé de rire, de bonheur, d'espoir.

Sur le chemin du retour, alors qu'elle prenait un raccourci entre deux immeubles, elle trébucha dans l'obscurité – elle avait dû laisser sa lampe torche à Campden Grove en partant (à cause de Vivien) – et tomba dans un cratère de bombe. Elle pouvait entendre au loin les bombardiers allemands vrombissant. Elle se tordit la cheville, s'écorcha le genou et fila son bas (c'était la plus présentable de ses paires). Mais ce fut surtout son orgueil qui pâtit de l'aventure. Elle dut revenir en traînant la jambe, dans les ténèbres et le froid, jusqu'à la pension White (hors de question d'appeler cet endroit « la maison » : celle qu'elle avait eue lui avait été subtilisée – à cause de Vivien). La porte était fermée à double tour ! Mme White ne plaisantait pas avec le couvre-feu. Il ne s'agissait pas tant de barrer la route à Hitler (même si elle craignait fort qu'il n'ait inscrit le 24 Rillington Place dans les priorités des troupes qu'il rêvait de faire débarquer à Londres) que de châtier celles de ses locataires qui s'attardaient au-dehors pour des motifs louches. Dolly serra les poings et descendit l'allée qui longeait l'immeuble en boitillant. Elle grimpa sur le mur en s'aidant du vieux crochet de fer, grimaçant sous la douleur qui l'élançait. Avec le black-out, la nuit, de surcroît sans lune, était extrêmement noire. Dolly parvint néanmoins à se frayer un chemin dans le capharnaüm qui régnait dans l'arrière-cour pour atteindre la fenêtre du garde-manger. Celle-ci fermait mal, si bien que Dolly, veillant à ne pas faire trop de bruit, put faire sauter le verrou d'un coup d'épaule. Puis elle leva la partie basse et s'introduisit dans la maison.

Le vestibule sentait la graisse rance et la viande de mauvaise qualité ; Dolly retint sa respiration en montant les marches crasseuses. Au premier étage, elle aperçut un fin rai de lumière sous la porte qui menait aux appartements de Mme White. Il était fort rare que la propriétaire procède à l'extinction des feux avant que toutes les filles ne soient rentrées. Peut-être communiquait-elle avec les morts, peut-être envoyait-elle des messages secrets aux Allemands ? Dolly s'en fichait bien, tant que ses manies secrètes détournaient son attention des retours nocturnes de ses locataires désobéissantes. Dolly poursuivit sa route en évitant les lattes qui grinçaient, ouvrit la porte de son cagibi et s'y enferma avec le plus grand soin.

Elle attendit d'avoir le dos plaqué au battant pour céder enfin à la douleur qui n'avait cessé de croître, palpitante, impérieuse, dans sa poitrine, pendant toute la soirée. Sans même se débarrasser de son sac à main, elle éclata en sanglots, comme une enfant, le visage ravagé de larmes d'humiliation, de souffrance, de colère. Elle passa en revue ses vêtements souillés, son genou en lambeaux, le sang qui, mêlé à la poussière, s'était répandu sur sa jambe, sa chaussure ; elle cligna des paupières, sans retenir ses larmes brûlantes, et l'horreur des lieux lui sauta au visage. La pièce étroite, la courtepointe trouée, les taches brunes qui auréolaient la bonde du lavabo. Elle comprit avec une certitude écrasante qu'elle n'avait plus rien dans sa vie de précieux, ni de bon, ni de vrai. Et tout cela, c'était à cause de Vivien Jenkins : tout, sans exception. Le départ de Jimmy, la trahison de lady Gwendolyn, cet affreux travail à l'usine. Jusqu'à la mésaventure de ce soir – son genou écorché, les bas fichus, la porte fermée, la honte d'avoir à s'introduire, comme une voleuse, dans un logement qu'elle payait pourtant le prix fort : rien de tout cela ne se serait produit si Dolly n'avait un jour croisé le regard de Vivien Jenkins, si elle n'avait pas été assez bête pour lui rapporter son médaillon, un service si généreux, pour une femme si indigne.

Le chagrin de Dolly gonflait son cœur à le faire exploser. Son regard éploré se posa sur l'étagère au-dessus du lavabo, sur laquelle trônait son Livre d'idées, lui aussi rangé dos contre le mur. Elle bondit sur le volume. Assise en tailleur sur le plancher, elle en feuilleta un premier tiers d'une main tremblante, cherchant les pages où elle avait avec tant d'amour rassemblé les photographies de Vivien Jenkins, découpées dans les pages mondaines des magazines. Ces portraits, elle les avait étudiés, mémorisés, assimilés dans les moindres détails. Quelle sottise !

Quelle incroyable naïveté ! Comment avait-elle pu se laisser abuser à ce point ?

Elle déchira ces pages de toutes ses forces, réduisant en miettes les images de cette femme haïe ! La tâche absorbait toute la rage qui coulait dans ses veines. Oh, ce regard froid et secret que Vivien Jenkins lançait au photographe – *on déchire !* –, ce sourire qui n'était jamais vraiment franc – *on déchire !* Voilà ce qu'on récoltait à traiter les gens comme des moins que rien !

Dolly était disposée à poursuivre son entreprise de destruction jusqu'au bout de la nuit lorsque son regard fut attiré par un fragment de photo. Elle se figea, plissa les yeux, le souffle lourd : oui, c'était bien ce qu'elle pensait.

L'une des photographies montrait clairement le médaillon de Vivien. Il était sorti de l'échancrure de son chemisier et gisait de travers sur le revers de soie. Dolly effleura le cliché du bout des doigts, hoqueta sous l'impact de la douleur renouvelée, celle-là même qui l'avait transpercée le jour où elle avait rapporté le médaillon.

Elle laissa retomber le morceau de papier, renversa la nuque contre le matelas et ferma les yeux.

La tête lui tournait. Son genou lui faisait un mal de chien. Elle n'avait plus de forces.

Sans rouvrir les yeux, elle sortit ses cigarettes de son sac, en alluma une, inhala une bouffée, accablée.

Il était encore si vif, le souvenir de cette journée. Dolly la revécut en esprit – la surprise de voir Henry Jenkins lui ouvrir la porte, les questions qu'il lui avait posées, les doutes qu'il entretenait quant aux faits et gestes de sa femme.

Et s'ils étaient restés seuls encore un moment, se demanda Dolly, comment les choses auraient-elles tourné ? Elle avait bien failli lui expliquer comment fonctionnaient les permanences à la cantine. Que ce serait-il passé si elle avait eu la possibilité de le détromper ?

« Ah, M. Jenkins, je crains que ce ne soit impossible. Je ne sais pas ce que vous a dit Vivien, mais le fait est qu'on ne la voit guère plus d'une fois par semaine à la cantine. »

Mais Dolly n'avait rien dit. Non, pas un mot. Elle avait raté la seule occasion qui se présenterait jamais à elle de faire comprendre à Henry Jenkins qu'il ne se trompait pas, que sa femme avait des occupations auxquelles il n'aurait certainement pas donné sa bénédiction. Dire qu'elle aurait pu mettre Vivien Jenkins dans le pire des embarras ! Et très franchement, cette dernière n'aurait pu s'en prendre qu'à elle-même. Mais voilà, Dolly avait laissé passer sa chance. Comment retourner lui parler ? Il était peu probable que Henry Jenkins veuille recevoir celle qu'il considérait à présent, à cause de Vivien, comme une servante, une voleuse. Et puis, pauvre comme elle l'était maintenant… Et dépourvue de la moindre preuve…

C'était peine perdue. Dolly exhala un long jet de fumée. À moins qu'elle ne surprenne Vivien bras dessus bras dessous avec un autre homme, à moins qu'elle ne se procure une photographie de ce couple illégitime, confirmant ainsi toutes les craintes de Henry Jenkins, inutile d'y penser. Et Dolly n'avait pas le temps de faire le guet dans des allées sombres, de s'introduire dans des hôpitaux qu'elle ne connaissait pas, de se trouver au bon moment dans le lieu idoine. Il aurait fallu pour cela savoir quand et où Vivien voyait ce fameux médecin : mais comment pouvait-elle se débrouiller pour…

Elle se redressa subitement, le souffle coupé. La solution était si simple que c'en était risible. D'ailleurs, elle ne se priva pas d'éclater de rire. Et dire qu'elle venait de passer deux bonnes semaines à se lamenter sur l'injustice de son sort et l'impossibilité d'y remédier, alors qu'elle avait tous les éléments en main.

19

Greenacres, 2011

— Elle veut rentrer à la maison.

Laurel se frotta les yeux d'une main, l'autre tâtonnant sur la table de nuit, à la recherche de ses lunettes.

— Que dis-tu ?

La voix de Rose résonna à l'autre bout du fil, détachant les mots avec une patience exagérée, comme si elle parlait à quelqu'un dont l'anglais n'était pas la langue maternelle.

— Elle veut rentrer à la maison. À Greenacres. C'est ce qu'elle m'a dit ce matin.

Silence.

— Elle ne veut pas rester à l'hôpital, Lol.

— Ah.

Laurel fit glisser ses lunettes sous le fil du téléphone et tourna la tête, paupières plissées, vers la fenêtre. Seigneur, il faisait déjà grand jour.

— Elle veut rentrer à la maison. Bon. Et que dit le médecin ?

— Je vais essayer de lui en parler une fois qu'il aura fini sa tournée, mais... Lol...

Sa voix se fit murmure.

— ... l'infirmière m'a dit qu'elle pensait que le moment était venu.

Seule dans la chambre qu'elle avait occupée enfant, regardant les rayons du soleil progresser lentement sur le papier peint aux couleurs délavées, Laurel eut un soupir. Le moment était venu. Nul besoin de demander ce que cette expression signifiait.

— Bon.

— Oui, souffla Rose.

— Alors elle rentrera.

— Oui.

— Et nous prendrons soin d'elle, ici, à Greenacres.

Nouveau silence, que Laurel finit par briser.

— Rose ?

— Oui, je suis là. Lol, tu es sérieuse ? Tu ne veux pas rentrer à Londres, tu vas rester ici, toi aussi ?

Laurel avait pris une cigarette entre ses lèvres, qu'elle s'efforçait d'allumer.

— C'est bien mon intention.

— Tu as une drôle de voix. Tu... tu pleures, Lol ?

Laurel éteignit l'allumette d'un geste vif et retira la cigarette.

— Non, je ne pleure pas.

Troisième silence : Laurel avait presque l'impression d'entendre sa sœur faire des nœuds avec son long collier de perles.

— Rose, reprit-elle d'une voix radoucie, ça va, ne t'en fais pas. Ça va aller pour nous. On va tous s'en occuper, de maman, tu verras.

Rose émit un petit son étouffé, qui pouvait exprimer l'assentiment comme le doute, avant de changer de conversation.

— Tu es bien rentrée la nuit dernière ?

— Oui, sans problème. Un peu plus tard que prévu, cependant.

Il était plus de trois heures du matin lorsqu'elle avait introduit la clef dans la serrure. Après dîner, Gerry et elle avaient passé une bonne partie de la soirée à émettre diverses hypothèses sur Dorothy et Henry Jenkins. Pendant que Gerry s'occuperait du Dr Rufus, avaient-ils décidé, Laurel, logiquement, essaierait d'en apprendre davantage sur la fuyante Vivien. Elle était le lien entre leur mère et Jenkins et la raison probable pour laquelle ce dernier s'était présenté à Greenacres un jour d'été 1961.

La tâche lui avait paru facile hier soir. À la lumière du jour, cependant, Laurel avait quelques doutes sur la question. Leurs plans à présent avaient la substance brumeuse du rêve. Elle baissa les yeux vers son poignet nu, se demandant vaguement où elle avait bien pu laisser sa montre.

— Quelle heure est-il, Rosie ? Il fait diablement clair.

— Un peu plus de dix heures.

Dix heures ? Bon Dieu. Elle avait eu une vraie panne d'oreiller.

— Rosie, je vais raccrocher, là, mais le temps de me préparer, j'arrive à l'hôpital. Tu m'attends ?

— J'y serai jusqu'à midi. Après quoi, il faudra que j'aille chercher la petite de Sadie à la crèche.

— D'accord. Je me dépêche. À tout de suite.

Rose était déjà en compagnie du médecin quand Laurel arriva à l'hôpital. L'infirmière à l'accueil lui annonça qu'elle était attendue dans la cafétéria toute proche. Rose devait avoir guetté l'arrivée de la Mini verte : elle avait les mains levées en signe de bienvenue lorsque Laurel entra dans la cafétéria. Cette dernière se fraya un chemin jusqu'à sa sœur, laquelle avait pleuré – abondamment. La banquette était jonchée de mouchoirs en papier roulés en boule et son mascara avait coulé. Laurel s'installa près d'elle et salua le docteur. Celui-ci ne perdit pas de temps :

— J'étais en train de dire à votre sœur, madame Nicolson, que nous avons, je le crains, épuisé tous les traitements à notre disposition. Il s'agit maintenant de lui rendre la douleur supportable et de lui donner la fin de vie la plus confortable possible.

Ceci fut dit sur un ton protecteur et professionnel. Le même qu'aurait employé Laurel si elle avait eu à jouer le rôle du soignant annonçant à la famille les mauvaises nouvelles.

— Notre mère souhaite rentrer chez elle, docteur Cotter. Est-ce chose envisageable ?

— Cela ne devrait pas poser de problème, reprit le médecin avec un sourire. Bien sûr, si elle émettait le désir de rester parmi nous, nous devrions être en mesure de la satisfaire. À dire vrai, la plupart de nos patients demeurent ici jusqu'à la fin...

La fin. Rose glissa sa main dans celle de Laurel, sous la table.

— Mais si vous êtes disposées à vous occuper d'elle sous son propre toit...

— Nous le sommes, oui, répliqua vivement Rose. Naturellement.

— ... eh bien, en ce cas, c'est sans doute le bon moment pour discuter du retour de votre mère chez elle.

Les doigts de Laurel brûlaient d'envie de sortir une cigarette du paquet.

— Notre mère n'en a plus pour longtemps, dit-elle.

Et dans sa bouche, ce n'était pas une question, mais bel et bien une affirmation, le résultat de sa propre réflexion sur l'état de sa mère. Le docteur y répondit néanmoins.

— Il arrive que l'on ait des surprises mais, pour ne rien vous cacher, vous avez raison. Elle n'en a plus pour longtemps.

— Londres ? prononça Rose tandis qu'elles foulaient le linoléum tacheté du couloir de l'hôpital, se dirigeant vers la chambre de leur mère.

Cela faisait un bon quart d'heure qu'elles avaient pris congé du médecin, mais Rose avait encore le poing serré sur un mouchoir en papier humecté de larmes.

— Un rendez-vous professionnel, c'est ça ?

— Professionnel ? Mais non. Rose, je t'ai dit que j'étais en vacances.

— J'aimerais mieux que tu t'abstiennes de ce genre de termes, Lol. Quand tu me dis ça, j'ai la chair de poule.

Rose leva la main pour saluer une infirmière.

— Quand je te dis quoi ?

— Que tu prends des vacances.

Rose s'immobilisa, tremblante. Sa tignasse ébouriffée, laineuse, bougeait à chaque mouvement de sa tête. Elle portait une salopette en jean ornée d'une broche de pacotille en forme d'œuf sur le plat.

— Ce n'est pas habituel. Ce n'est pas normal. Tu sais que je n'aime pas les changements. Ça m'inquiète.

Laurel ne put s'empêcher d'éclater de rire.

— Rosie, arrête de te faire du mauvais sang. Simplement, il faut que j'aille à Euston consulter un livre.

— Un livre ?

— Oui, j'ai une recherche en cours.

— Ah !

Rose reprit sa marche.

— Une recherche en cours. Je savais bien que tu n'étais pas vraiment en vacances, Oh, quel soulagement, Lol ! dit-elle en éventant ses joues striées de larmes de la main. Du coup je me sens mieux, je ne crains pas de l'avouer.

— Ah, parfait, dit Laurel en riant. Je suis contente de te rendre service.

C'était Gerry qui avait eu l'idée de la British Library pour partir sur les traces de Vivien Jenkins. Une session Google tardive les avait menés, après d'improbables contorsions de la Toile, sur des sites de rugby gallois et autres impasses. Mais avec la bibliothèque, prétendait Gerry, on ne pouvait pas s'égarer.

« Trois millions d'ouvrages nouveaux par an, lui avait-il appris en remplissant le formulaire d'inscription. Soit neuf kilomètres d'étagères... Ils ne peuvent pas ne rien avoir. »

L'excitation l'avait saisi tandis qu'il décrivait les services en ligne.

« Et en plus, ils peuvent t'envoyer l'ouvrage que tu cherches chez toi ! »

Laurel, cependant, avait décidé (non sans perversité, prétendit Gerry avec un sourire) qu'il valait mieux se déplacer. Perversité ? Pas du tout. Elle avait incarné suffisamment de femmes flics au petit écran pour savoir qu'il fallait battre le pavé pour trouver des indices. Et si les informations qu'elle allait dénicher lui ouvraient d'autres pistes ? Elle pourrait les vérifier tout de suite, plutôt que de procéder à de nouvelles commandes en ligne et d'attendre. Oui, mieux valait agir que patienter.

Rose poussa la porte de la chambre de leur mère. Dorothy était couchée dans son lit, endormie, encore plus décharnée, plus fragile que la veille. Que son déclin était rapide, à présent ! Laurel en fut secouée. Les deux sœurs s'installèrent près du lit et regardèrent la poitrine de la vieille dame se mouvoir doucement. Puis Rose sortit un chiffon de son sac et se mit à épousseter les cadres des photographies.

— Il va falloir qu'on remballe tout cela, dit-elle à voix basse. Pour préparer son retour.

Laurel hocha la tête.

— Elles ont une telle importance pour elle, ses photos. Ça a toujours été le cas, je crois, hein ?

Laurel acquiesça de nouveau, sans ouvrir la bouche. Elle pensait au portrait de Dorothy et de Vivien, deux amies dans le Londres en guerre. Il était daté de mai 1941, le mois où leur mère avait commencé à travailler chez mamie Nicolson, le mois où Vivien Jenkins avait perdu la vie au cours d'une attaque aérienne. Où avait-elle été prise, cette photo ? Et par qui ? Le photographe était-il un familier des jeunes femmes ? Henry Jenkins, peut-être ? Ou le petit ami de maman, Jimmy ? Laurel fronça les sourcils. Tout semblait si obscur.

La porte s'ouvrit ; les bruits du monde extérieur entrèrent dans la chambre à la suite de l'infirmière : rires, sonnettes, sonneries de téléphone. Sous le regard de Laurel, l'infirmière se démena, efficace, professionnelle, prenant le pouls de Dorothy, sa température, notant les résultats sur la feuille de soins, au pied du lit. Lorsqu'elle eut fini, elle eut un sourire plein de sympathie pour les deux sœurs et leur dit qu'elle gardait le repas de leur mère au chaud.

— Si elle se réveille un peu plus tard et qu'elle a faim...

Laurel la remercia. Après son départ, la chambre, porte close, retrouva son atmosphère immobile et silencieuse de terminus – un lieu où l'on ne pouvait qu'attendre. Et attendre quoi, qui plus est ? Rien d'étonnant à ce que Dorothy veuille rentrer à Greenacres.

— Rose ? fit brusquement Laurel, tandis que sa sœur remettait en place les cadres qu'elle avait dépoussiérés.

— Oui ?

— Lorsque maman t'a demandé d'aller chercher ce livre dans sa malle, celui où tu as trouvé sa photo, ça ne t'a pas fait bizarre de pouvoir regarder à l'intérieur ?

Ou plutôt, n'y avait-il pas quelque indice dans les affaires de Dorothy qui eût pu aider Laurel à résoudre le mystère de leur mère ? Mais comment formuler les choses sans vendre la mèche à Rose ?

— Non, pas vraiment. Pour ne pas te mentir, je n'ai pas pensé à grand-chose. J'y ai passé le moins de temps possible ; j'avais peur qu'elle ne monte me rejoindre si je m'attardais trop. Dieu merci, elle est sagement restée dans son lit, où je l'avais bordée… Ah !

— Quoi ?

Sur le visage de Rose, le soulagement succéda à l'effroi. Elle rejeta ses cheveux en arrière.

— Ce n'est rien, Lol, ne t'inquiète pas, dit-elle en secouant la main. Tout à coup, je n'arrivais plus à me souvenir de ce que j'avais fait de la clef. Maman n'était pas de très bonne humeur, tu sais ; quand elle a vu que j'avais retrouvé le livre, ça l'a mise dans une grande excitation. Elle devait être contente – enfin, je pense –, mais elle était toute tendue, tu sais, prête à se mettre en colère pour un rien, comme ça lui arrive parfois.

— Mais tu sais ce que tu as fait de la clef ?

— Oui, bien sûr. Je l'ai rangée dans le tiroir de sa table de chevet.

Elle secoua la tête, un sourire innocent sur les lèvres.

— Parfois, je me demande où j'ai laissé ma tête.

Laurel lui sourit en retour. Chère Rose, si naïve.

— Désolée, Lol. Que voulais-tu savoir au sujet de cette malle ?

— Oh, rien de spécial. C'était histoire de parler de quelque chose.

Rose jeta un coup d'œil à sa montre. Il fallait qu'elle parte chercher sa petite-fille à la crèche, annonça-t-elle.

— Mais je repasserai en fin de journée. Et Iris viendra certainement demain matin. À nous trois, nous devrions pouvoir tout préparer pour que maman rentre samedi… Tu sais, je suis presque impatiente d'y être.

Son visage aussitôt se rembrunit.

— Même si, dans les circonstances présentes, c'est vraiment affreux d'avoir des impressions de ce genre.

— Tu sais, il n'y a pas de règles en la matière, Rosie.

— Tu n'as peut-être pas tort.

Rose se pencha pour embrasser sa sœur. Puis elle partit, ne laissant derrière elle que son parfum de lavande.

La présence dans la chambre d'un autre corps actif, remuant, vivant, tel que celui de Rose faisait une grande différence. Rose partie, Dorothy avait l'air encore plus recroquevillée et inerte. Le téléphone de Laurel émit un signal : elle se précipita sur le petit appareil, son lien vers le monde du dehors. C'était un mail de la British Library confirmant la disponibilité de l'ouvrage qu'elle avait commandé et lui rappelant qu'elle devait apporter son passeport pour obtenir une carte de lecteur. Laurel lut le message deux fois avant de ranger le portable dans son sac à main. Puis elle retomba dans la paralysante immobilité de la chambre d'hôpital.

Elle n'en pouvait plus. Le médecin les avait prévenues : le médicament antidouleur que Dorothy prenait était susceptible de la faire dormir une bonne partie de l'après-midi. Laurel décida d'en faire abstraction : elle attrapa l'album photo, s'installa au chevet de sa mère et reprit l'histoire au début, au cliché de Dorothy en jeune bonne à tout faire dans la pension de bord de mer de mamie Nicolson. Laurel descendit le fil des années, raconta l'histoire de la famille, se berçant du son rassurant de sa voix – pénétrée du vague sentiment qu'en continuant de s'exprimer de la façon la plus normale possible elle parviendrait à garder quelque vie dans la chambre.

Une photographie avait été prise lors du deuxième anniversaire de Gerry. C'était le matin, dans la cuisine, pendant les préparatifs du pique-nique, juste avant le départ pour la rivière. Laurel adolescente – mon Dieu, cette frange ! – tenait Gerry dans ses bras et Rose lui chatouillait le ventre, ce qui le faisait glousser. L'index d'Iris s'était introduit dans la photo (elle était sans doute en train de protester) ; maman était visible à l'arrière-plan, se tenant le front tout en contemplant le contenu du panier. Sur la table – le cœur de Laurel manqua un battement : c'était la première fois que ce détail lui sautait aux yeux –, tout près du vase de dahlias, le couteau… Maman, ne l'oublie pas, se surprit à supplier Laurel en son for intérieur. Mets le couteau dans le panier et tu n'auras pas besoin de retourner à la maison. Rien ne se produira. Je descendrai de l'arbre avant que l'homme ne remonte l'allée et personne ne saura qu'il est venu nous voir.

Mais cette logique était pour le moins naïve. Si Henry Jenkins avait trouvé la maison déserte, ne serait-il pas revenu ? Et les choses auraient peut-être encore plus mal tourné. La victime aurait bien pu ne pas être Jenkins cette fois-ci.

Laurel ferma l'album. Elle n'avait plus le cœur à la narration de la geste familiale. Elle se pencha sur sa mère, lissa le drap sur sa maigre poitrine.

— Maman, je suis allée voir Gerry hier soir.

Et de nulle part, un écho, comme porté par le vent :

— Gerry…

Laurel scruta les lèvres de sa mère. Elles étaient immobiles, mais entrouvertes ; ses paupières étaient closes.

— Oui, reprit Laurel d'un ton plus ferme, Gerry. Je suis allée le voir à Cambridge. Il était en pleine forme. Il est si doué. Tu sais qu'il est en train de préparer une carte du ciel ? Tu te rends compte : notre tout petit bonhomme, capable de choses aussi incroyables ! Tu t'en serais doutée, toi ? Il m'a dit que l'université allait peut-être l'envoyer faire des recherches aux États-Unis. C'est une superbe opportunité.

— Une opportunité, souffla maman.

Ses lèvres étaient sèches. Laurel attrapa le gobelet d'eau, enfonça délicatement l'épaisse paille dans la bouche de sa mère, qui but quelques gorgées, non sans mal. Ses paupières se soulevèrent faiblement.

— Laurel, chuchota-t-elle.

— Je suis là, maman, ne t'inquiète pas.

Les paupières fines frémissaient sous l'effort qu'il lui fallait consentir pour les ouvrir.

— Cela semblait...

Son souffle était court, rapide.

— ... sans danger, pourtant...

— Quoi, maman ?

Les larmes coulaient ou plutôt suintaient de ses yeux. Les rides de son pâle visage se mirent à luire. Laurel tapota les joues de sa mère d'un mouchoir en papier, aussi tendrement que si la vieille dame avait été un enfant blessé.

— Qu'est-ce qui te paraissait sans danger, maman ?

— C'était... une opportunité. J'ai volé... j'ai volé...

— Quoi, maman ?

Un bijou, une photo – *une vie, celle de Henry Jenkins* ?

Dorothy serra la main de sa fille et écarquilla ses yeux baignés de larmes. Il y avait maintenant une nuance de désespoir dans sa voix – plus assurée, cependant, comme si elle avait dû attendre des années avant de prononcer ces mots. Et même si elle devait y consacrer toutes ses forces, elle allait dire ce qu'elle avait sur le cœur.

— C'était une belle occasion, Laurel. Et je ne pensais pas blesser qui que ce soit. Tout ce que je voulais… Je croyais mériter… rétablir l'équilibre.

Dorothy eut une respiration si proche du râle que Laurel en frémit de tous ses membres. Puis les mots jaillirent, pareils au fil ténu d'une araignée :

— Tu crois en la justice, toi ? Tu crois que lorsqu'on nous a volé quelque chose, cela nous autorise à voler en retour ?

— Je ne sais pas, maman.

À voir sa mère torturée par la culpabilité et la contrition – cette femme chargée d'ans, malade, qui autrefois chassait les monstres et faisait disparaître les chagrins d'un baiser –, Laurel souffrait dans sa chair. Elle brûlait du désir de la réconforter – mais aussi de savoir ce dont sa mère était coupable.

— Tu sais, maman, répondit-elle avec douceur, cela dépend de ce qu'on nous a volé et de ce que nous voulons nous approprier en retour.

La tension disparut du visage de Dorothy ; elle tourna vers la fenêtre des yeux que la lumière faisait pleurer.

— Tout, dit-elle. J'ai eu l'impression d'avoir tout perdu.

L'après-midi du même jour, Laurel s'installa, une cigarette aux lèvres, au beau milieu du grenier de Greenacres, les fesses sur le parquet blanchi, lisse et solide ; les dernières lueurs de la fin de journée filtraient par la minuscule fenêtre à quatre carreaux du toit, éclairant faiblement la malle de leur mère, fermée à clef. Laurel tira lentement sur sa cigarette. Cela faisait une demi-heure qu'elle était assise là, avec, pour toute compagnie, son cendrier, la clef de la malle et sa conscience. Il n'avait pas été bien difficile de mettre la main sur la clef : elle se trouvait exactement là où Rose l'avait indiqué, au fond du tiroir de la table de chevet de Dorothy. Tout ce que Laurel avait à faire, c'était la glisser dans le cadenas, la tourner… et la vérité lui apparaîtrait.

Mais quelle vérité ? Apprendrait-elle quoi que ce soit de nouveau ? Saurait-elle enfin ce que sa mère avait pris ou commis ?

Non qu'elle s'attende à trouver dans la malle une confession rédigée en bonne et due forme : non, rien de tel. Mais l'endroit semblait le réceptacle idéal d'indices précieux sur le mystère de Dorothy Nicolson, née Smitham. Et si Gerry et elle s'apprêtaient à ratisser la campagne pour découvrir des informations, pour combler les lacunes du récit maternel, il semblait bien négligent de ne pas commencer par faire le nécessaire à Greenacres. De plus, était-ce plus irrespectueux de l'intimité de leur mère que d'enquêter à droite et à gauche, comme ils l'avaient déjà fait ? Ce n'était pas pire que d'interroger Kitty Barker, de mettre la main sur les notes du Dr Rufus ou d'aller fouiller sur les rayonnages de la British Library, à la recherche de Vivien Jenkins. Malgré tout, Laurel ne pouvait s'empêcher d'avoir mauvaise conscience.

Elle examina le cadenas. Dorothy avait bien demandé à Rose d'aller lui chercher son livre, après tout ; et elle ne faisait pas de favoritisme (sauf pour Gerry – mais c'était un travers partagé par toutes les femmes de la famille). Par conséquent, maman ne pouvait objecter à ce qu'elle ouvre la malle, elle aussi. Le raisonnement était tiré par les cheveux, mais Laurel n'avait pas d'autre excuse. En outre, elle se savait incapable d'effectuer cette violation d'intimité lorsque sa mère serait revenue sous son toit. C'était maintenant ou jamais.

— Désolée, maman, dit-elle en écrasant sa cigarette d'un geste résolu. Il faut que je sache.

Elle se leva précautionneusement. Sous le toit pentu du grenier, elle avait l'impression d'être une géante. Elle s'agenouilla, introduisit la clef dans le cadenas. La serrure cliqueta. C'était le moment fatal, son cœur le lui confirma. Plus moyen de retourner en arrière, le crime était commis.

Elle se redressa, souleva le couvercle sans oser baisser les yeux, toutefois. Les gonds, si rarement sollicités, grincèrent. Laurel retint sa respiration. Elle était de nouveau une enfant, brisant un des commandements familiaux. La tête lui tournait. Et voilà : la malle était grande ouverte. Elle retira la main. Les gonds gémirent sous le poids du couvercle. Emplissant ses poumons d'air avec résolution, elle franchit le Rubicon – et baissa les yeux.

La première chose qu'elle vit fut une enveloppe, quelque peu jaunie par le temps. Y étaient inscrits ces mots : Dorothy Nicolson, Greenacres Farm. Le timbre, vert olive, représentait la toute jeune reine Elisabeth, dans ses riches atours du couronnement. La mémoire de Laurel fut parcourue d'un long frémissement, comme si cette image avait de l'importance – pourquoi ? elle n'en savait rien. L'expéditeur n'avait pas indiqué son adresse. Laurel se mordit les lèvres, ouvrit l'enveloppe et en sortit un bristol ivoire. Le message à l'encre noire ne comportait qu'un seul mot : *Merci*. Laurel retourna la carte : rien de plus. Elle l'agita comme un éventail, pensive.

Nombreux étaient ceux qui, au fil des années, auraient pu vouloir témoigner leur reconnaissance à Dorothy Nicolson. Mais pourquoi un tel anonymat ? Pas d'adresse d'expéditeur, pas de signature : c'était curieux. Plus curieux encore, le choix de Dorothy de garder cette enveloppe sous clef. Ce qui prouvait deux choses, se dit Laurel : d'une part sa mère savait parfaitement qui lui avait envoyé ce mot, d'autre part ces remerciements se rapportaient à une chose restée secrète entre Dorothy et l'expéditeur.

Tout cela était fort mystérieux – assez en tout cas pour faire battre plus vite le cœur de Laurel. Pour autant, était-ce lié à sa quête ? (À l'inverse, ce pouvait être la pièce à conviction numéro un. Au point où en étaient les choses, il n'était pas possible de le savoir, à moins d'interroger Dorothy, ce à quoi sa fille n'était pas prête – pas encore, du moins.) Elle remit la carte dans l'enveloppe et la glissa à l'intérieur de la malle. Le pli alla se nicher à côté d'une petite figurine de bois

– un Polichinelle, lequel arracha un demi-sourire à Laurel, qui se souvint des vacances au bord de la mer, chez mamie Nicolson.

La malle contenait également un objet si massif qu'il semblait occuper toute la place. Une couverture, peut-être ? Mais quand Laurel l'eut extrait au grand air et qu'elle l'eut déplié, elle se rendit compte qu'il s'agissait d'un manteau – un vieux manteau de fourrure élimée, laquelle autrefois avait dû être blanche. Laurel, qui l'avait saisi par les épaules et le tenait à bout de bras, le détaillait sous toutes ses coutures, comme un vêtement qu'elle se serait apprêtée à essayer en boutique.

La grande armoire à l'autre bout du grenier avait un miroir sur l'une de ses portes. Quand elles étaient petites, les filles jouaient à l'intérieur – enfin, surtout Laurel. Ses sœurs avaient trop peur. C'était donc un refuge idéal lorsqu'elle avait besoin d'un moment de liberté pour s'évader dans les histoires qu'elle aimait à se raconter.

Laurel s'approcha de l'armoire, passa les bras dans les manches et se contempla dans la glace. Le manteau lui tombait juste au-dessous du genou. Il était boutonné tout du long et pourvu d'une ceinture. La coupe était fort élégante, quoi qu'on puisse penser de la fourrure : lignes équilibrées, détails soignés. Le manteau avait dû coûter une petite fortune, Laurel en aurait juré. Qui l'avait acheté ? Dorothy ? Comment une jeune femme qui n'avait eu que des emplois de bonne aurait-elle pu s'offrir une si belle fourrure ?

Tandis qu'elle gardait les yeux fixés sur son reflet, un souvenir oublié lui revint en mémoire. Ce n'était pas la première fois qu'elle portait ce manteau. Elle revit un jour pluvieux de sa jeunesse : ses sœurs et elle avaient rendu Dorothy à moitié folle en se poursuivant dans les escaliers, et celle-ci avait fini par les exiler dans le grenier, pour qu'elles s'y déguisent. Il y avait une immense caisse pleine de tout un fatras de vêtements rassemblés par leur mère – vieux chapeaux, chemises, écharpes et autres accessoires amusants que la magie enfantine pouvait transformer en costumes de princesse.

Tandis que ses sœurs revêtaient leurs oripeaux favoris, Laurel avait remarqué un sac dans un coin du grenier, d'où dépassait quelque chose de blanchâtre et de velu. Elle avait extrait le manteau de sa prison et l'avait enfilé. Puis elle s'était campée devant le miroir, se jaugeant d'un œil admiratif : elle avait belle allure dans ce manteau, qui lui donnait l'air d'une Reine des Neiges, superbe et méchante.

La petite fille qu'elle était n'avait pas remarqué que la fourrure était élimée en plus d'un endroit, que les ourlets étaient tachés de noir. Non, ce qui l'avait frappée, c'était la magnifique autorité que conférait le port d'un tel vêtement. Elle avait passé de longs moments délectables à ordonner à ses sœurs de se réfugier dans des cages, les menaçant de lâcher ses loups si elles osaient se rebeller et lançant des rires diaboliques. Laurel s'était tellement entichée du manteau et de son curieux pouvoir qu'elle n'avait pas pensé à l'ôter avant de descendre.

Lorsqu'elle avait vu arriver l'aînée de ses filles ainsi accoutrée, Dorothy avait arboré une expression presque indéchiffrable. Elle n'était pas contente, à l'évidence, mais n'avait pas pour autant explosé de colère. Non, c'était pire. Le visage exsangue, elle avait, d'une voix tremblante, prononcé ces quelques mots : « Ôte-moi ça, Laurel. Tout de suite. »

Et comme sa fille tardait à réagir, elle avait bondi sur elle et lui avait retiré le manteau. Il faisait bien trop chaud, avait-elle marmonné, le manteau était trop long, l'échelle du grenier trop raide : autant de raisons pour ne pas le porter ! Laurel avait de la chance de ne pas être tombée : elle aurait pu manquer un barreau et se tuer, pas moins. Puis, le manteau dans les bras, elle avait lancé un regard à Laurel : s'y mêlaient l'accusation, le désarroi, la trahison, et même une sorte de peur. Une terrible minute s'était écoulée pendant laquelle Laurel avait craint que sa mère n'éclate en sanglots. Enfin, elle lui avait intimé l'ordre de se mettre à table, puis avait disparu avec le vêtement de fourrure blanche.

Laurel ne l'avait plus jamais revu. Un jour, quelques mois plus tard, elle l'avait réclamé à sa mère. Elle avait besoin d'un costume pour un spectacle de l'école. « Cette vieillerie ? s'était contentée de répondre Dorothy, sans regarder sa fille dans les yeux. Je l'ai jetée. Elle ne servait plus guère qu'à nourrir les rats du grenier. »

Et Laurel cependant l'avait sous les yeux. Le manteau était resté caché, sous clef, dans la malle de maman pendant plusieurs dizaines d'années. Laurel expira pensivement et enfonça les mains dans les poches du vêtement. La doublure de satin était trouée. Les doigts de Laurel passèrent par l'orifice. Et sentirent quelque chose – le coin d'un morceau de carton, sans doute. Elle se débrouilla pour l'extraire de l'interstice. C'était un rectangle de carton blanc, en effet, aux contours nets ; y étaient imprimés quelques mots en lettres si pâlies que Laurel dut l'approcher des rayons de soleil qui pénétraient encore dans le grenier pour les déchiffrer. C'était un billet de train – un aller simple de Londres à la gare la plus proche de la pension de bord de mer tenue par mamie Nicolson. Avec une date : le 23 mai 1941.

20

Londres, février 1941

Jimmy traversait Londres à grands pas, avec une animation peu coutumière. Cela faisait des semaines qu'il n'avait plus de nouvelles de Dolly. Elle avait refusé de le voir lorsqu'il s'était rendu à Campden Grove, n'avait répondu à aucune de ses lettres. Et puis, enfin, ceci. L'enveloppe dont il sentait le poids dans sa poche, là même où il avait transporté la bague, en cette terrible soirée – pourvu que ce ne soit pas de mauvais augure ! Elle était arrivée au local du journal un peu plus tôt dans la semaine : quelques mots par lesquels Dolly le suppliait de bien vouloir la rencontrer sur un des bancs de Kensington Garden, au pied de la statue de Peter Pan. *J'ai quelque chose à te dire. Ça devrait te faire plaisir.*

Elle avait changé d'avis sur leur mariage. Elle allait lui dire oui. Ce ne pouvait être que cela. Jimmy s'exhorta à la méfiance. Surtout, pas de conclusions hâtives ! Le refus de Dolly lui avait fait souffrir l'enfer. Mais comment s'empêcher d'y penser – et même, il fallait bien l'avouer, d'espérer ? Qu'aurait-elle pu avoir à lui dire d'autre ? *Ça devrait te faire plaisir.* Il n'y avait guère qu'une chose qui puisse lui faire plaisir. Et Dieu savait qu'il avait besoin de raisons de se réjouir.

Son immeuble avait été bombardé dix jours plus tôt. L'attaque était venue de nulle part. La ville avait connu une accalmie ces derniers temps. C'était plus étrange, d'une certaine façon, que les pires moments du blitz. Cette tranquillité, cette paix, ça mettait tout le monde sur les nerfs. Le 18 janvier, cependant, une bombe solitaire avait atterri sur le toit de l'immeuble de Jimmy. Ce soir-là, il était rentré tard d'un de ses reportages photo. Le désastre lui était apparu dans toute son horreur du coin de la rue. Seigneur ! Le souffle coupé, il s'était rué vers les flammes. Il avait fouillé les décombres en criant le nom de son père, n'entendant plus que sa propre voix et le fonctionnement sourd de son corps – respiration, flux du sang. Pourquoi n'avait-il pas cherché un logement plus sûr ? Pourquoi avait-il laissé le vieil homme au moment où celui-ci avait le plus besoin de lui ? Lorsque Jimmy avait découvert la cage de Finchie en miettes, un cri lui était sorti de la gorge qui le stupéfia, un cri animal, tout de douleur et de chagrin mêlés. L'expérience était monstrueuse : c'était comme s'il se retrouvait dans le décor de l'une de ses photographies, hormis le fait qu'à présent la maison dévastée était la sienne, les biens éparpillés étaient les siens, l'être aimé enfoui sous les gravats était son père. Il avait songé que, quelle que fût l'admiration que son directeur de publication portait à ses photos, il avait échoué à y capter la vérité profonde d'un moment tel que celui-ci, la peur, la panique, la stupéfiante réalité du sentiment d'avoir tout perdu en un instant.

Il s'était retourné, le corps pris en étau, s'était agenouillé. Alors avait surgi, de l'autre côté de la rue, Mme Hamblin, leur voisine. Elle lui faisait signe, hébétée. Il était allé vers elle, l'avait prise dans ses bras, l'avait laissée s'abandonner au chagrin, contre son épaule. Et lui aussi avait versé des larmes brûlantes d'impuissance, de colère, de désespoir. Elle avait relevé la tête.

« Et ton père ? Tu l'as vu ? avait-elle demandé.

— Je ne l'ai pas retrouvé. »

Elle avait tendu la main.

« Il est parti avec les gens de la Croix-Rouge, il me semble. Un infirmier très gentil, tout jeune, lui a proposé du thé. Tu sais à quel point il aime ça ; il pourrait... »

Jimmy n'avait pas attendu la fin de la phrase. Il s'était précipité dans la rue, comme un fou, avait couru jusqu'à la salle paroissiale, où la Croix-Rouge tenait ses permanences. Il avait poussé la porte à double battant : son père était là, sous ses yeux, attablé devant une tasse de thé, Finchie perché sur le bras. Mme Hamblin l'avait fait descendre à l'abri à temps. Jamais Jimmy n'aurait imaginé pouvoir ressentir autant de gratitude envers quelqu'un. S'il l'avait pu, il lui aurait fait cadeau du monde entier – s'il l'avait pu ! Mais il n'avait même plus rien qui vaille d'être donné. Toutes ses économies avaient disparu dans le bombardement, sans parler du reste. Il ne possédait plus que les vêtements qu'il avait sur le dos, et son appareil photo. Ce qui était une chance : qu'aurait-il fait, sans cela ?

Jimmy tout en marchant chassait les mèches qui lui tombaient devant les yeux. Il lui fallait ne plus penser à son père, à leur logement du moment, si exigu. Le vieil homme le rendait vulnérable ; et, ce jour-là, il ne voulait pas se sentir affaibli. Il lui fallait garder le contrôle de la situation, rester digne, voire un peu distant. Et même si cet orgueil lui paraissait avoir quelque chose de détestable, il voulait que Dolly, à le voir, comprenne à quel point elle s'était trompée. Il ne s'était pas accoutré, comme un singe, du costume de son père (chose désormais impossible), mais il avait fait quelque effort.

Il entra dans le parc, longea la pelouse, transformée désormais en potager de la Victoire. Les allées paraissaient nues sans leurs barrières de fer forgé. Il se prépara mentalement à la revoir. Elle avait toujours eu un certain ascendant sur lui : par son regard, elle le soumettait à sa volonté. Ces yeux que le rire faisait pétiller – ces yeux qui l'avaient épié par-dessus une tasse de thé, dans un café de Coventry –, la courbe de ses lèvres lorsqu'elles souriaient, parfois non sans moquerie – mon Dieu, elle était si excitante, si vibrante. À ce souvenir, il sentit son cœur se réchauffer. Il lui fallut se morigéner, penser aux blessures qu'elle lui avait infligées, au sentiment de honte qui l'avait transpercé : oh, l'expression des serveurs lorsqu'ils avaient vu Jimmy seul dans le restaurant, la bague à la main. Il n'oublierait jamais les regards qu'ils lui avaient lancés. Comme ils avaient dû rire après son départ ! Jimmy manqua trébucher sur le bord de l'allée. Bon Dieu. Il fallait qu'il se maîtrise, qu'il ne cède ni à l'optimisme ni au désir, afin de se garder des déceptions qui pourraient suivre.

Il fit de son mieux, vraiment. Mais il l'aimait depuis trop longtemps, se dit-il (ceci, après qu'il fut rentré chez lui, qu'il eut médité les événements de la journée). Tout le monde le sait : l'amour rend aveugle. Et d'ailleurs, sans qu'il en ait eu la moindre intention, et bien qu'il jugeât la chose totalement stupide, Jimmy Metcalfe, sur le point de parvenir à la statue de Peter Pan, se mit à courir.

Dolly était assise sur le banc, là où elle l'avait promis. Elle n'avait pas vu Jimmy approcher. Il se figea, le souffle court, se passa la main dans les cheveux, rajusta ses boutons de manchette, se redressa, sans la quitter des yeux. Son excitation ne tarda pas à se faire étonnement. Leur séparation n'avait guère duré que trois semaines (qui certes lui avaient paru trois ans), et cependant, elle avait changé. C'était toujours Dolly, elle était toujours aussi belle, mais quelque chose clochait. Cela se voyait même de loin. Jimmy se sentit soudain écartelé. Il n'avait pas exclu de se montrer sévère, voire irritable, si elle l'y contraignait. Mais la voir ainsi, assise près de la statue, les bras croisés sur sa poitrine, les yeux baissés, plus petite, d'une certaine façon, qu'il ne se la rappelait… le spectacle était si surprenant qu'il ne sut que faire.

Ce fut alors qu'elle le vit. Elle lui sourit, et son visage s'illumina vaguement. Jimmy lui sourit en retour, s'avança vers elle. Mais que diable s'était-il passé ? Quelqu'un l'avait-il blessée, lui avait-il volé sa belle vitalité ? Si tel était le cas, il tuerait le coupable.

Elle se leva et ils s'enlacèrent ; il sentit ses os si fragiles sous ses grandes mains – comme des os d'oiseau. Elle n'était pas vêtue assez chaudement. Il y avait eu des averses de neige dans la journée et le vieux manteau de fourrure qu'elle avait sur le dos n'était pas assez chaud. Elle se serra contre lui un long moment et Jimmy – si affligé, si furieux en même temps du traitement qu'elle lui avait fait subir et de son refus de s'expliquer –, Jimmy qui s'était juré de lui faire part de sa colère, se retrouva à lui caresser les cheveux, comme si elle avait été une enfant perdue, vulnérable.

— Jimmy, finit-elle par dire, le visage enfoui dans sa chemise. Oh, Jimmy.

— Chut, murmura-t-il. Allez, allez, ne pleure pas.

Elle poursuivit sur sa lancée cependant : des larmes douces, légères, dont le flot semblait devoir durer indéfiniment. Elle lui empoigna les flancs à deux mains, ce qui emplit Jimmy d'une inquiétude mêlée d'une curieuse excitation. Bon Dieu, que lui arrivait-il donc ?

— Oh, Jimmy, répétait-elle. Je suis désolée, désolée… J'ai tellement honte de ce que j'ai fait.

— Mais de quoi parles-tu, Doll ?

Il la prit par les épaules. Elle leva les yeux, presque intimidée.

— Jimmy, je me suis trompée. Et ce n'est pas la première fois, loin de là. Jamais je n'aurais dû te traiter de cette façon. Tu sais, le soir où tu m'as emmenée au restaurant. Dire que j'ai osé te planter là et ficher le camp. Quelle honte, quelle honte !

Faute de mouchoir, il sortit le chiffon dont il se servait pour nettoyer ses objectifs et essuya d'un geste tendre les joues de la jeune femme.

— Je ne m'attends à aucun pardon de ta part, poursuivit-elle. Et je sais qu'on ne peut pas revenir en arrière. Ça, oui, je le sais… Simplement, il fallait que je te le dise. Je me sens si coupable… Il fallait que je te voie, que je m'excuse. J'aimerais tant que tu me croies.

Elle battit des paupières, les cils ourlés de larmes, ajouta :

— Jimmy, tu me crois, n'est-ce pas ? Je suis si désolée.

Il ne put que hocher la tête. Sans doute aurait-il dû dire quelque chose, mais il était si surpris, si ému qu'il ne put trouver les mots justes. Visiblement, elle se contentait de cette réponse, car elle esquissa un sourire un peu moins confus, où il perçut une étincelle de sa vaillante énergie de naguère. Il eût voulu la figer ainsi, il eût voulu que cette lumière sur son visage ne la quitte plus jamais. Dolly était une personne qu'on devait s'efforcer de garder heureuse, se dit-il. Non qu'elle fût égoïste, mais elle était faite ainsi. Comme un piano, comme une harpe, elle avait été conçue pour n'émettre qu'un certain type d'accords.

— Voilà, fit-elle en laissant échapper un soupir de soulagement, c'est dit.

— Oui, c'est dit en effet, répondit-il d'une voix tremblante.

Puis sans pouvoir s'en empêcher, il caressa, du bout du doigt, le contour de la lèvre supérieure de Dolly.

Elle pressa doucement la bouche contre l'index de Jimmy et ferma les yeux. Ses cils étaient sombres, humides, collés à ses joues.

Elle resta immobile un moment, comme si elle aussi avait voulu arrêter la course du monde.

— Alors, murmura-t-elle enfin, en s'écartant de lui, les yeux timidement levés.

— Alors.

Il sortit un paquet de cigarettes, lui en offrit une qu'elle prit avec reconnaissance.

— Tu lis dans mes pensées. Je n'en peux plus.

— Ce n'est pas ton genre.

— Vraiment ? Bah, c'est que j'ai dû changer.

Elle avait parlé avec une certaine désinvolture ; toutefois, cet aveu correspondait si complètement à l'impression qui avait saisi Jimmy lorsqu'il l'avait aperçue de loin qu'il fronça les sourcils. Il alluma leurs deux cigarettes, et fit un geste de la main vers l'allée.

— On devrait y aller. Nous avons déjà passé trop de temps à parler à voix basse. On va finir par nous prendre pour des espions.

Ils se dirigèrent vers la sortie du parc, désormais privée de ses grilles, bavardant poliment de choses et d'autres. Parvenus à la route, ils s'immobilisèrent, chacun attendant que l'autre prenne la direction des événements. Ce fut Dolly qui s'empara des rênes :

— Jimmy, je suis contente que tu sois venu. Je ne le méritais pas. Et je t'en remercie.

Il y avait dans sa voix un accent définitif qu'il ne comprit pas tout de suite. Mais lorsqu'elle lui tendit la main avec un sourire stoïque, il se rendit compte qu'elle allait repartir. Elle avait fait amende honorable, ce qui, pensait-elle sans doute, lui plaisait : à présent, elle s'apprêtait ni plus ni moins à le laisser.

La vérité apparut à Jimmy, telle une lueur aveuglante. Une seule chose pouvait le combler de bonheur – épouser Dolly, l'emmener, prendre soin d'elle et revenir à la douceur de leur vie d'autrefois.

— Doll, attends.

Elle avait passé le bras dans l'anse de son sac à main, s'était déjà détournée à demi.

— Viens avec moi, Doll. J'ai un moment avant de retourner travailler. Allons manger un morceau, tous les deux.

Il avait été un temps où Jimmy prévoyait tout et visait la perfection. C'était du passé, tout cela. Au diable l'orgueil, la réussite dans les moindres détails. C'était un luxe qu'il ne pouvait plus se permettre. L'expérience de ces derniers jours le lui avait appris : il suffit d'une bombe pour tout anéantir. Aussi se jeta-t-il à l'eau dès qu'il eut passé la commande à la serveuse.

— Doll, ma proposition tient toujours. Je t'aime. Je t'ai toujours aimée. Et je meurs d'envie de t'épouser.

Elle le regarda, les yeux écarquillés par la surprise. Ce qui n'avait rien d'étonnant, étant donné que cette déclaration tombait de manière relativement abrupte après les commentaires qu'elle venait de faire sur les qualités respectives des œufs et du lapin proposés par l'établissement.

— Vraiment ? Même...

— Oui, vraiment.

Il tendit le bras ; elle posa dans sa main puissante les deux siennes, si petites. Ses bras nus, exsangues, amaigris – elle avait ôté le manteau de fourrure – étaient parsemés d'éraflures. Jimmy leva les yeux vers le visage de Dolly. Il était plus que jamais décidé à prendre soin d'elle.

— Doll, je ne peux même pas t'offrir de bague, dit-il en entremêlant ses doigts à ceux de la jeune fille. L'appartement a été bombardé. J'ai tout perdu. J'ai même eu peur d'avoir perdu papa, pendant un moment.

Dolly eut un petit hochement de tête ; elle n'était visiblement pas remise de son étonnement. Jimmy poursuivit son monologue, non sans le vague sentiment de dévier, d'en dire trop, ou peut-être pas ce qu'il fallait…

— Dieu merci, il est toujours vivant. C'est un vrai battant, papa… Quand je l'ai retrouvé, il était à la Croix-Rouge, bien au chaud, devant une tasse de thé brûlante.

Ce souvenir lui fit venir un sourire aux lèvres.

— Enfin, bon, ajouta-t-il en hochant la tête. Ce n'est pas là où je voulais en venir. La bague a disparu. Mais je t'en achèterai une dès que je le pourrai.

Dolly déglutit.

— Oh, Jimmy, murmura-t-elle d'une voix douce et navrée, tu as donc si peu d'estime pour moi ! Tu penses vraiment que je me soucie d'un pareil détail ?

Au tour du jeune homme d'être surpris.

— Ça t'est égal, vraiment ?

— Bien sûr que ça m'est égal. Je n'ai besoin d'aucune bague pour être liée à toi.

Elle lui serra les mains, les yeux brillants de larmes.

— Jimmy, je t'aime. Je t'ai toujours aimé. Que faut-il que je fasse pour que tu en sois convaincu ?

Ils mangèrent en silence, levant les yeux de leur assiette chacun à leur tour, pour regarder l'autre, le sourire aux lèvres. Lorsqu'ils eurent fini, Jimmy alluma une cigarette.

— J'imagine que ta vieille dame ne voudra pas te garder une fois que tu seras mariée ?

Le visage de Dolly s'affaissa à ces mots.

— Doll ? Qu'est-ce que j'ai dit ?

Alors elle raconta tout – la mort de lady Gwendolyn, le retour dans la microscopique chambre de Rillington Place, le legs inexistant, les longues heures qu'elle devait accomplir à l'usine d'armement pour pouvoir payer son loyer.

— Mais je croyais que lady Gwendolyn devait te laisser quelque chose ! Ce n'est pas ce que tu m'avais dit, Doll ?

Elle lança un regard à la fenêtre. L'amertume avait chassé de son visage amaigri la joie qui l'illuminait quelques instants auparavant.

— Oui, elle me l'avait promis. Et puis, tout s'est passé… autrement.

Jimmy comprit que la tristesse et l'apathie qu'il avait senties en Dolly étaient liées à tout cela.

— C'est-à-dire, Doll ? Que s'est-il passé ?

Elle n'avait pas envie d'en parler. Son regard restait obstinément baissé. Pourtant, Jimmy avait besoin de savoir. Réaction probablement égoïste, mais ils allaient se marier, n'est-ce pas ? Alors, hors de question d'abandonner la partie. Il resta muet, les bras croisés, signifiant clairement à Dolly qu'il avait tout le temps devant lui. Sans doute comprit-elle la force de sa détermination, car elle finit par pousser un soupir.

— Ce qui s'est passé, Jimmy ? Une femme s'est insinuée entre nous. Une femme de pouvoir. Elle est devenue mon ennemie, elle a entrepris de faire de ma vie un enfer.

Elle revint à Jimmy.

— Toute seule, je n'avais aucune chance contre Vivien.

— Vivien ? Celle de la cantine ? Mais vous étiez amies, non ?

— C'est ce que je pensais, reprit Dolly avec un pauvre sourire. Et je crois que nous l'étions, au début.

— Qu'est-ce qui a déclenché la brouille entre vous ?

Dolly frissonna sous son fin chemisier blanc et baissa les yeux vers la table. Il y avait dans son maintien quelque chose de contraint – avait-elle honte de lui répondre ?

— Il se trouve que je devais lui rendre un collier qu'elle avait perdu… J'ai sonné chez elle, mais elle n'était pas là. C'est son mari qui m'a accueillie. Le romancier, tu sais, je t'ai déjà parlé de lui, Jimmy. Il m'a proposé d'attendre Vivien au salon, et j'ai accepté.

Elle courba la tête ; ses boucles brunes frémirent.

— Je n'aurais peut-être pas dû… je ne sais pas. Toujours est-il que lorsque Vivien est arrivée et qu'elle m'a vue, elle était furieuse. Je l'ai bien vu à l'expression de son visage, elle nous soupçonnait d'avoir… Tu vois ce que je veux dire. J'ai essayé d'expliquer ce pour quoi j'étais là ; je pensais pouvoir le lui faire comprendre, mais…

Elle regarda par la fenêtre ; un faible rayon de soleil accentua la courbe saillante de sa pommette.

— … mais, visiblement, je me trompais.

Le cœur de Jimmy s'était emballé, tant sous l'effet de l'indignation que de l'appréhension.

— Qu'a-t-elle fait, Doll ?

La gorge de Dolly palpita. Elle va pleurer, songea Jimmy. Elle retint ses larmes, cependant, se retourna vers lui ; son expression était si triste et si blessée qu'il sentit quelque chose se briser en lui.

— Elle s'est mise à colporter d'horribles mensonges sur mon compte, Jimmy, murmura-t-elle dans un souffle. Elle a dit à son mari que je n'étais qu'une menteuse – mais, pire encore, elle est allée raconter à lady Gwendolyn que j'étais une voleuse et que l'on ne pouvait pas se fier à moi.

— Mais c'est... c'est...

Il était si choqué par ces révélations que les mots ne lui venaient plus.

— C'est ignoble !

— Et le plus terrible dans l'affaire, Jimmy, c'est que c'est elle, la menteuse. Elle trompe son mari depuis des mois. Tu te souviens, quand tu as discuté avec elle, à la cantine ? Elle t'a parlé d'un de ses amis docteurs...

— Le type qui dirige cet hôpital pour enfants ?

— C'est un simple prétexte. Bien sûr, l'hôpital existe bel et bien, de même que le médecin – mais ils sont amants. Elle se sert de l'hôpital comme d'une couverture. Personne ne peut penser à mal quand elle lui rend visite.

Elle tremblait de tous ses membres, constata Jimmy. Rien d'étonnant à cela ! Une si cruelle trahison, venant d'une amie – il y avait de quoi ébranler le plus solide des cœurs.

— Doll, j'ai mal pour toi.

— Oh, ce n'est pas la peine, tu sais. Je ne cherche pas à t'apitoyer, répondit-elle avec un tel courage dans l'adversité que le cœur de Jimmy se serra. Le choc a été terrible, mais je me suis juré de ne pas me laisser détruire par elle.

— Ah, je reconnais bien ma Dolly !

— Seulement, tu sais…

La serveuse arriva pour débarrasser la table ; tout en tripotant le couteau de Jimmy, elle leur lança des regards curieux. Elle devait penser qu'ils s'étaient disputés, car ils s'étaient tus à son approche, Dolly avait immédiatement détourné la tête et lui-même avait eu du mal à répondre quoi que ce soit à son bavardage affable et professionnel (« Big Ben n'a pas raté un battement de cloche, vous saviez ça ? », « Aussi longtemps que Saint Paul restera debout… », etc.). À présent, la femme regardait Dolly à la dérobée, laquelle faisait de son mieux pour dissimuler son visage. Peine perdue, puisque Jimmy voyait son fin profil, sa lèvre supérieure toute frémissante.

— Ça ira, dit-il, s'efforçant de se débarrasser de la serveuse. Merci, merci, ça ira.

— Pas de dessert ? Je peux vous dire ce que…

— Non, merci, ça ira comme ça.

— C'est comme vous voulez, fit-elle en reniflant, avant de faire volte-face sur ses semelles en caoutchouc.

— Doll ? reprit Jimmy une fois qu'elle se fut éloignée. Tu disais ?

Dolly avait pressé le bout de ses doigts sur ses lèvres, pour retenir ses larmes.

— Seulement, tu sais, Jimmy, j'aimais tant lady Gwendolyn. Je l'aimais comme une mère. Et quand je pense qu'elle est morte en me prenant pour une menteuse doublée d'une voleuse…

Elle n'y tint plus. Les larmes ruisselèrent sur ses joues.

— Chut, ma chérie. Je t'en prie, ne pleure pas.

Il s'assit près d'elle, chassa d'un baiser chaque larme nouvelle.

— Lady Gwendolyn savait très bien que tu l'aimais. Tu le lui prouvais tous les jours. Et sais-tu ?

— Non ?

— Tu as tout à fait raison. Vivien ne te détruira pas. J'y veillerai.

— Oh, Jimmy !

Elle se mit à jouer avec un bouton de la chemise de Jimmy, le faisant tourner au bout de son fil.

— Tu es si bon… Mais comment vas-tu faire ? Comment puis-je espérer remporter la victoire, face à une personne aussi vile ?

— En vivant ta vie, Doll. Une longue et joyeuse vie.

Dolly le regarda, incertaine.

— Que nous partagerons.

Il lui sourit, lui glissa une mèche de cheveux derrière l'oreille.

— Cette victoire, nous allons la remporter tous les deux. Nous allons nous marier, épargner le moindre sou et quand nous aurons un peu d'argent, nous irons nous installer au bord de la mer ou à la campagne, comme tu veux. C'est ce dont nous rêvons depuis toujours, n'est-ce pas ? Voilà comment nous remporterons la partie : en vivant heureux et le plus longtemps possible. Ensemble.

Il lui embrassa le bout du nez.

— D'accord ?

Elle hocha lentement la tête, avec ce qui ressemblait à un vague doute, se dit Jimmy.

— D'accord, Doll ?

Cette fois-ci, elle eut un sourire. Une ombre, plutôt, et qui ne dura guère. Elle soupira, appuya la joue sur sa main.

— Oh, je t'en sais gré, Jimmy, ne pense pas le contraire. Simplement, si ça pouvait se faire plus tôt… si nous pouvions partir maintenant et recommencer à zéro. Parfois, je me dis que c'est la seule chose qui puisse me guérir.

— Doll, ça ne prendra pas tant de temps que ça. Je travaille comme un fou, tous les jours, à prendre des photos… Mon rédacteur en chef pense vraiment que je peux réussir. En fait, si je…

Dolly poussa un petit cri et s'empara du poignet de Jimmy.

— Des photos ! l'interrompit-elle, le souffle court. Jimmy, Jimmy, tu viens de me donner une idée. Je crois que je sais comment nous pouvons régler tout cela en même temps… la maison au bord de la mer, tout ce dont tu parlais… et Vivien.

Les yeux de Dolly brillaient.

— C'est ce dont tu as envie, Jimmy, hein ? Qu'on parte ensemble, qu'on commence une nouvelle vie, toi et moi ?

— Bien sûr, tu le sais. Mais c'est une question d'argent, Doll. Je n'ai pas…

— Tu n'écoutes pas ce que je dis, Jimmy. Pour l'argent, j'ai une solution, justement. Je sais comment nous pouvons nous le procurer.

Les yeux de Dolly, luisant à présent d'un éclat presque sauvage, étaient fixés sur Jimmy. Et bien qu'elle n'ait rien dit encore de son plan, il vint au jeune homme une douloureuse sensation qu'il ravala de tout son être. Rien ne devait gâcher ce jour béni.

— Tu te souviens, dit-elle en prenant une cigarette dans le paquet qu'il avait laissé sur la table. Un jour, tu m'as dit que tu décrocherais la lune pour moi.

Jimmy la regarda gratter l'allumette. Oui, il se rappelait. Déclaration on ne peut plus sincère, sur le moment. Pourtant, cette lueur soudaine dans les yeux de Dolly, ces doigts qui jouaient, nerveux, avec la boîte d'allumettes – il avait un sombre pressentiment. Il ne savait peut-être pas ce qui allait suivre, mais il savait qu'il n'avait guère envie de l'entendre.

Dolly inhala profondément, puis recracha un abondant nuage de fumée.

— Jimmy, Vivien Jenkins est une richissime héritière. Doublée d'une menteuse et d'une gredine, qui s'est abaissée à me nuire, à me salir aux yeux de ceux qui m'aimaient, à me priver du legs de lady Gwendolyn. Mais je la connais. Et je sais quel est son point faible. Elle est mariée à un homme qui l'adore et dont le cœur se briserait s'il apprenait qu'elle lui est infidèle.

Jimmy hochait la tête comme un automate dont ç'aurait été le seul mouvement.

— Je sais que cela peut sembler bizarre, Jimmy, mais écoute bien ce que j'ai à te dire. Et si… et si quelqu'un obtenait une photographie compromettante, montrant Vivien en compagnie d'un autre homme ?

— Oui, que se passerait-il ?

La voix de Jimmy était si neutre qu'il lui semblait entendre quelqu'un d'autre parler.

Dolly lui jeta un bref regard, avant d'esquisser un sourire nerveux.

— J'ai bien l'impression qu'elle serait prête à payer une somme d'argent non négligeable pour que cette photographie reste en sa possession. Juste assez pour permettre à deux jeunes amoureux qui le méritent bien de filer tous les deux.

Et tandis qu'il essayait de démêler le sens du discours de sa bien-aimée, il vint à Jimmy l'idée qu'il s'agissait, une fois de plus, de l'un de ses petits jeux, qu'elle allait tomber le masque d'une minute à l'autre et lui rire au nez, toute joyeuse. « Jimmy ! Mais je plaisantais, bien sûr ! Tu me prends pour qui ? »

Ce qu'elle ne fit pas. Elle se pencha sur la banquette de cuir, lui prit la main et y mit délicatement les lèvres.

— L'argent, Jimmy, murmura-t-elle en posant la main du jeune homme sur sa propre joue, brûlante. Comme tu disais. Assez d'argent pour que nous puissions nous marier, repartir de zéro et vivre heureux le plus longtemps possible. C'est ce que tu veux, non ?

Mais oui, il n'y avait aucun doute sur la question, elle le savait bien.

— Elle le mérite, Jimmy. Tu l'as dit toi-même, elle mérite de payer, après tout ce qu'elle a fait.

Dolly tira sur sa cigarette, sans cesser de parler dans la fumée qui tremblait.

— C'est elle qui m'a convaincue de rompre avec toi, Jimmy, tu sais. Elle m'a empoisonné l'âme à ton sujet. J'ai fini par penser que nous n'étions pas faits l'un pour l'autre. Tu te rends compte ! Elle nous a fait tant de mal, à tous les deux !

Jimmy ne savait comment réagir. Il trouvait la proposition de Dolly méprisable. Et lui l'était tout autant, qui n'osait pas contredire sa bien-aimée.

— Si je te comprends bien, tu veux que je prenne cette photographie ? s'entendit-il demander.

— Ah, non, pas du tout, Jimmy, répondit-elle en lui souriant. C'est bien trop hasardeux. Nous risquerions gros à attendre la bonne occasion, celle où on la voit faire des choses. Mon idée est beaucoup plus simple. Un jeu d'enfant, en comparaison.

— Ah bon ? Et qu'est-ce que tu suggères, Dolly ? Tu veux me le dire ?

— C'est moi qui vais prendre la photo, lâcha-t-elle, les yeux rieurs.

Le bouton qu'elle tournicotait entre ses doigts se détacha de la chemise de Jimmy.

— Et c'est toi qui tiendras compagnie à Vivien, de l'autre côté de l'objectif.

21

Londres, 2011

Le trajet jusqu'à Londres, par l'autoroute, fut fluide. Dès onze heures, Laurel patrouillait sur Euston Road à la recherche d'une place. Elle en trouva une près de la gare et y inséra aisément la petite Mini verte. Parfait ! La British Library était à deux pas ; de surcroît, elle avait aperçu la marquise bleu et noir d'un Caffè Nero au coin de la rue. Après une matinée sans caféine, son cerveau menaçait ruine.

Vingt minutes plus tard, ce fut une Laurel bien plus lucide qui traversa l'immense vestibule gris et blanc de la bibliothèque pour se présenter à l'accueil des lecteurs. La jeune employée (Bonny, s'il fallait en croire son badge) n'eut pas l'air de la reconnaître, ce dont Laurel, qui avait aperçu son reflet dans la vitre de la porte d'entrée, se réjouit. Elle avait passé la nuit à se retourner sous la couverture et à se triturer les méninges. Bon Dieu, qu'est-ce que maman avait pu faire à Vivien Jenkins ? Résultat, elle s'était réveillée tard et ne s'était accordé que dix minutes pour sauter du lit dans la Mini. Une célérité des plus remarquables, mais qui avait laissé quelques traces.

Elle se passa la main dans les cheveux pour leur redonner un peu de vitalité.

— Puis-je vous venir en aide ? demanda alors Bonny

— Volontiers, mademoiselle, c'est exactement ce que je souhaite !

Laurel tendit à la jeune femme le bout de papier sur lequel Gerry avait inscrit son numéro de lectrice.

— Je dois avoir un ouvrage qui m'attend dans la salle de lecture Sciences humaines.

— On va vérifier cela, si vous le voulez bien, répondit Bonny en pianotant sur son clavier. Il me faut juste une pièce d'identité et un justificatif de domicile pour compléter votre inscription.

— Les voici.

Bonny eut un sourire.

— Laurel Nicolson. Comme l'actrice.

— Eh oui, dit Laurel.

Tout juste.

L'ordinateur cracha la carte de lecteur. Bonny la lui remit et lui indiqua l'escalier à la vaste courbe.

— C'est au deuxième étage. Quand vous y serez, présentez-vous à l'accueil. Le livre vous y attend certainement.

Quelques instants plus tard, en effet, un monsieur charmant, portant un gilet en tricot rouge et une barbe blanche et broussailleuse, attrapa dans les rayons qui s'élevaient derrière lui un petit volume relié de cuir noir et le tendit à Laurel. Celle-ci lut le titre à voix basse – *Henry Jenkins : L'auteur, sa vie, ses amours, ses deuils*. Un frisson d'espoir la parcourut.

Elle trouva une place dans un coin de la salle et s'assit, puis respira le parfum glorieux et poussiéreux de ce potentiel de papier. Laurel ne connaissait pas le nom de la maison d'édition, et le livre, plutôt mince, n'avait certainement pas été fabriqué dans des conditions professionnelles : typographie médiocre tant par la taille que par les choix, marges presque inexistantes, photographies peu nombreuses et mal reproduites. De plus, l'auteur étayait son travail d'extraits des romans de Jenkins. Mais il fallait bien commencer quelque part… Laurel parcourut le sommaire et tomba sur ces quelques mots – *Son mariage*. Elle sentit son cœur s'emballer.

Malgré tout, elle ne se rendit pas directement à la page quatre-vingt-dix-sept. Ces derniers temps, chaque fois qu'elle fermait les yeux, la silhouette sombre de l'inconnu au chapeau noir telle qu'elle l'avait vue dans l'allée baignée de lumière lui revenait, inscrite au fer rouge sur sa rétine. Elle pianota légèrement sur la page de sommaire, en proie à une anxiété croissante. C'était pourtant l'occasion ou jamais d'en apprendre plus sur cet individu, de conférer un peu de couleur, de relief, à cette ombre chinoise qui lui donnait la chair de poule. Et, qui sait, de comprendre le geste de sa mère. En cherchant sur Internet les traces de Henry Jenkins, Laurel avait déjà eu peur. Mais ce petit livre qui ne payait pas de mine lui inspirait une crainte bien différente. Il avait été publié en 1963 – elle avait vérifié la date sur la page de copyright. Ce qui signifiait certainement, si l'on tenait compte d'un taux de déperdition normal, qu'il ne restait que de très rares exemplaires de l'ouvrage ; et ceux-ci se trouvaient sans doute sur des étagères obscures et peu fréquentées. Celui qu'elle avait entre les mains avait sommeillé pendant plus de quarante-cinq ans parmi des millions d'autres livres oubliés. Si Laurel y découvrait quelque détail déplaisant, elle n'aurait qu'à refermer le volume et le rendre au bibliothécaire. Pour ne plus jamais y penser. Elle eut une petite hésitation puis se prépara à franchir le pas. Les doigts parcourus de picotements, elle tourna les pages jusqu'au préambule. Elle respira profondément, saisie par une curieuse et soudaine excitation, et commença à lire.

À l'âge de six ans, Henry Ronald Jenkins fut témoin d'une scène terrible. Sous ses yeux, un homme fut passé à tabac par des policiers, dans la rue principale de son village du Yorkshire. La rumeur courut dans la foule des villageois, rassemblés pour la circonstance, que l'homme venait du bourg de Denaby, tout proche : un « enfer sur terre » situé près des ravins du même nom et que d'aucuns considéraient comme le « pire village d'Angleterre ». Cet incident resta gravé dans la mémoire du jeune Jenkins. Dans son premier roman, La Miséricorde des diamants noirs, *publié en 1928, il s'en servit pour donner vie à l'un des personnages les plus remarquables de la littérature de l'entre-deux-guerres en Grande-Bretagne. Cet homme, d'une dignité et d'une sincérité presque inquiétantes, s'attira par son triste destin la compassion des lecteurs comme des critiques.*

Dans le premier chapitre des Diamants noirs, *des policiers en souliers ferrés se lancent à la poursuite du malheureux Walter Harrison, un ouvrier illettré, qui, toute sa vie, a travaillé dur, mais que ses tourments intimes ont conduit à l'agitation sociale. Un destin qui le mènera à une mort précoce. Dans un entretien diffusé en 1935 à la BBC, Jenkins mentionnait le terrible épisode de son enfance et la profonde influence qu'il avait eue sur sa création littéraire – « et sur mon âme », ajoutait-il. « Ce jour-là, en voyant ces policiers en uniforme réduire un homme en miettes, j'ai compris qu'il y avait deux sortes d'individus dans notre société : les faibles et les puissants. Le fait d'être bon ne détermine que très peu votre appartenance à l'un ou l'autre de ces camps. » Thème que Jenkins aborda dans nombre de ses romans plus tardifs.* La Miséricorde des diamants noirs *fut qualifié de chef-d'œuvre par la critique, et les lecteurs furent présents en masse. Les romans qui suivirent reçurent des éloges pour leur véracité, le portrait lucide qu'ils dressaient de la vie des ouvriers. Jenkins n'hésitait pas à dépeindre la pauvreté et la violence sous leurs vraies couleurs.*

Henry Jenkins était du reste né dans ce milieu. Son père était un petit contremaître, employé des Charbonneries Fitzwilliam. Un homme sévère qui buvait trop – « mais seulement le samedi » – et qui traitait sa femme et ses sept garçons « comme des ouvriers dans la mine ». Le jeune Henry fut le seul des enfants à quitter le village et à ne pas marcher sur les traces de son père. « Ma mère, raconte Jenkins, était une belle femme. Malheureusement, elle était également vaniteuse et mécontente de son sort. Elle ne voyait pas comment améliorer sa situation et ses frustrations l'aigrissaient. Elle ne cessait de provoquer mon père, de lui faire quantité de reproches. Il était fort comme un bœuf, mais bien trop faible sur d'autres points pour une femme telle que ma mère. Leur ménage ne fut pas heureux. » Le journaliste de la BBC lui demandant si ses parents lui avaient inspiré quelques-uns de ses personnages, Jenkins éclata de rire et répondit ceci : « Je leur dois plus encore. Ils m'ont donné un bel exemple de tout ce à quoi je voulais échapper. »

Et cette évasion fut réussie. En dépit de ses origines, Jenkins, fort de son intelligence, de sa précocité, de sa ténacité, réussit à s'extraire de la mine et prit le monde des lettres par surprise. Au Times *qui l'interrogeait sur son ascension éclair, Jenkins évoqua l'instituteur de son école, Herbert Taylor, qui avait décelé ses aptitudes et lui avait conseillé de passer des examens pour décrocher des bourses d'enseignement dans les meilleures écoles privées du pays. À dix ans, Henry Jenkins se vit ainsi ouvrir les portes de la Nordstrom School, dans le comté d'Oxford, établissement prestigieux, quoique de taille modeste. Il quitta le foyer familial en 1911, partit seul en train pour le Sud inconnu. Jamais il ne retourna dans le Yorkshire.*

Il n'est pas rare que les anciens élèves de ces écoles privées fassent état d'expériences désastreuses, surtout lorsqu'ils proviennent de milieux sociaux peu représentés dans ces établissements. Jenkins, quant à lui, ne s'exprima jamais sur ce sujet. On lui doit cette seule remarque : « Mon entrée à Nordstrom a fait prendre à ma vie le meilleur des tournants. » Son tuteur, Jonathan Carlyon, parle en ces termes de son jeune élève : « Il travaillait avec un acharnement exceptionnel, obtenant des résultats excellents qui lui permirent d'entrer à Oxford. » Un autre témoin, Allen Hennessy, lui aussi écrivain – qui avait rencontré Jenkins à Oxford –, fait plaisamment allusion à un talent bien différent, tout en reconnaissant l'intelligence de son ami : « Je ne connais personne d'aussi charismatique que Jenkins. L'envie vous passait assez vite de lui présenter des jeunes filles. Il lui suffisait de leur lancer l'un de ses fameux regards et vous aviez déjà perdu toutes vos chances. » Ce qui ne signifie pas que Jenkins ait jamais abusé de ses « pouvoirs » : « Il était beau, il avait du charme, il appréciait les regards féminins, mais il n'avait rien du play-boy », estimait quant à lui Roy Edwards, l'éditeur de Jenkins chez Macmillan.

Aussi puissants que soient ses charmes, la vie sentimentale de Jenkins fut bien moins glorieuse que sa carrière d'écrivain. En 1930, ses fiançailles avec Mlle Eliza Holdstock furent rompues, un événement qu'il refusa de commenter. Huit ans plus tard, il épousa Vivien Longmeyer, la nièce de son ancien tuteur à Nordstrom. En dépit de leur différence d'âge – Mlle Longmeyer avait vingt ans de moins que lui –, Jenkins considérait ce mariage comme « le couronnement de son existence ». Les Jenkins s'installèrent à Londres l'année précédant le conflit mondial et leur bonheur fut d'abord sans nuages. Après l'entrée en guerre de la Grande-Bretagne, Jenkins fut recruté par le ministère de l'Information. Un poste qu'il occupa avec brio, ce qui ne surprit guère ceux qui le connaissaient. Comme le déclara Allen Hennessy, « Tout ce que [Jenkins] entreprenait était réalisé à la perfection. Il était sportif, intelligent, bourré de charme… Le monde est fait pour ce genre d'hommes. »

Et cependant, le monde n'est pas toujours clément avec les Jenkins. Après la mort de sa jeune femme, victime d'un bombardement dans les dernières semaines du blitz, Jenkins sombra dans un deuil intense et ne publia plus jamais ; nul ne sait s'il continua même à écrire. Du reste, ses dix dernières années sont encore entourées de mystère. Lorsqu'il mourut, en 1961, son étoile avait perdu tant d'éclat que les journaux qui en avaient autrefois fait un « génie » ne consacrèrent qu'une vague mention à l'événement. Peu après, la rumeur courut que Jenkins avait été le « Rôdeur des pique-niques du Suffolk », un individu qui s'exhibait devant les promeneurs, d'où son surnom. Rumeur qui n'a jamais été confirmée. Que Jenkins se soit ou non rendu coupable de tels actes, le fait que cet homme jadis si célèbre ait pu en être suspecté indique assez l'ampleur de sa chute. Lui dont le professeur disait jadis « qu'il était de taille à réussir tout ce qu'il entreprenait » mourut seul et sans le sou. Et ses admirateurs ne cessent de se poser cette question : comment celui qui avait tout possédé put-il connaître une fin si terrible ? Cette fin n'est pas sans rappeler tragiquement celle du héros de son premier roman, Walter Harrison, dont la mort fut silencieuse et solitaire, point final à une existence où amour et deuil avaient été étroitement mêlés.

Laurel se recula dans le fauteuil de la bibliothèque et cessa de retenir sa respiration. Il n'y avait rien dans ce préambule qu'elle n'ait déjà plus ou moins appris sur Google. Quel soulagement ! Elle avait l'impression d'être déchargée d'un lourd fardeau. En dépit de l'allusion à la fin sordide de Jenkins, aucune mention n'était faite d'une Dorothy Nicolson, ni d'une ferme du nom de Greenacres. Dieu merci ! Le plus déconcertant cependant dans ce portrait était le fait que Jenkins était présenté comme un self-made-man dont le succès n'était imputable qu'à son travail et ses immenses talents. Laurel, sans doute, eût préféré découvrir quelque défaut qui aurait expliqué la haine sournoise qu'elle éprouvait encore pour le rôdeur de ce matin de juin.

Le biographe, naturellement, avait pu se tromper du tout au tout. Oui, c'était possible. Tout était possible. Elle sentit l'espoir renaître un bref instant. Puis leva aussitôt les yeux au ciel : décidément, son orgueil était sans bornes ! L'instinct, c'est une chose. De là à s'estimer plus maligne que l'auteur qui avait enquêté sur Henry Jenkins…

Elle revint à la photographie qui ornait le frontispice du livre, bien décidée à se défaire des filtres que ses préjugés imprimaient à son regard et à laisser apparaître l'auteur séduisant et charismatique que décrivait le préambule. Ce portrait montrait un Jenkins plus jeune que celui qu'elle avait trouvé sur Internet. Plus jeune et, il fallait bien l'admettre, fort bel homme. En fait, se rendit-elle compte en contemplant ses traits ciselés, il ressemblait à un ami acteur dont elle avait été assez amoureuse, autrefois. Ils avaient joué ensemble dans une pièce de Tchekhov et s'étaient embarqués dans une aventure sentimentale follement mouvementée. Ça n'avait rien donné – c'est souvent le cas entre collègues de scène – mais quelle intensité, quel éblouissement dans ces moments trop courts !

Laurel referma le livre. Elle avait les pommettes brûlantes et l'esprit plein d'une délicieuse nostalgie. Allons bon. C'était plutôt inattendu. Et embarrassant, compte tenu des circonstances. Laurel ravala la petite boule de gêne qui lui serrait la gorge et se rappela à son devoir, rouvrant le volume à la page quatre-vingt-dix-sept. Elle inspira profondément, un pli résolu sur le front, et s'attaqua au chapitre intitulé « Le mariage ».

Henry Jenkins jusqu'ici n'avait pas eu de chance dans ses relations sentimentales. Le vent tourna au printemps 1938. Son ancien tuteur, Jonathan Carlyon, invita Jenkins à la Nordstrom School pour qu'il y donne une conférence sur les difficultés de la vie d'écrivain, destinée aux élèves de terminale. Alors qu'il traversait le parc de l'école, un soir, Jenkins rencontra Vivien Longmeyer, la nièce et pupille de M. Carlyon. Âgée alors de dix-sept ans, elle était ravissante. Jenkins décrit leur rencontre dans La Muse farouche, *l'un de ses romans les plus connus, dans lequel il s'écarte nettement de la veine sombre et naturaliste des œuvres de sa première période.*

Nul ne sait comment Vivien Jenkins réagit à cette exhibition publique de leur vie privée. Du reste, bien peu de détails ont filtré sur la personnalité de la jeune femme. Lorsqu'elle succomba lors d'une attaque aérienne pendant le blitz, elle avait à peine commencé à imprimer sa marque sur les choses. Ce que l'on sait cependant, grâce à l'adoration que son mari vouait à cette « muse farouche », c'est qu'elle était d'une beauté et d'une élégance extraordinaires, que Jenkins avait remarquées au premier coup d'œil.

Suivait un long extrait de *La Muse farouche*, où Henry Jenkins décrivait avec des accents extatiques la rencontre de son héros avec la jeune Viola-Vivien et la manière dont il l'avait courtisée, puis charmée. Ayant subi la lecture du roman entier quelques jours auparavant, Laurel passa directement au paragraphe où le biographe traitait de l'enfance de Vivien.

Vivien Longmeyer était la fille de l'unique sœur de Jonathan Carlyon, Isabel, laquelle s'était enfuie d'Angleterre après la Première Guerre mondiale en compagnie d'un soldat australien, Neil Longmeyer. Le jeune couple s'installa en Australie, dans le sud-est du Queensland, à Tamborine Mountain, dans une communauté de forestiers qui exploitaient les cèdres. Ils eurent quatre enfants : Vivien était la troisième. Jusqu'à sa huitième année, la petite fille vécut la modeste existence des colons ; puis elle fut envoyée en Angleterre, chez le frère de sa mère, lequel avait ouvert une école privée dans l'immense propriété familiale.

Le témoignage le plus ancien que l'on ait de la future épouse de Henry Jenkins nous est offert par Katy Ellis, célèbre pédagogue de l'époque, à laquelle l'enfant avait été confiée lors du voyage jusqu'en Angleterre, en 1929. Mlle Ellis mentionne Vivien dans ses mémoires, La Passion d'enseigner. *C'est à cette expérience qu'elle doit son intérêt jamais démenti pour les enfants ayant souffert de traumatisme.*

« Lorsqu'elle me demanda d'accompagner l'enfant pendant la traversée, sa tante australienne m'avertit que l'enfant était d'une intelligence limitée et que je ne devais pas être surprise si elle choisissait de ne pas communiquer avec moi durant le voyage. J'étais jeune et manquais encore de repartie, si bien que je n'osai reprocher à cette femme son manque de compassion, qui confinait à la dureté. Pourtant, j'étais assez sûre de mon propre instinct pour ne pas me fier à ses déclarations. Vivien Longmeyer n'était pas une enfant stupide, je l'avais compris en la regardant. Mais je devinai la raison pour laquelle sa tante la décrivait en ces termes. Vivien avait

une capacité parfois inquiétante à rester immobile pendant de très longs moments, le visage non pas inexpressif – ah, non, loin de là – mais comme parcouru d'une pensée électrique et si secrète que l'on ne pouvait pas la partager.

« J'avais moi-même été une enfant pleine d'imagination ; mon père, un pasteur protestant des plus stricts, me reprochait constamment mes rêveries et le temps passé à écrire dans mon journal intime – habitude que je n'ai pas perdue. Il me semblait évident que Vivien avait une vie intérieure très riche, dans laquelle elle aimait à disparaître. En outre, il n'était que très naturel et compréhensible qu'une enfant ayant subi la perte simultanée de sa famille, de sa maison et de son pays tentât de conserver les maigres certitudes qui lui restaient en les intériorisant.

« Lors de la traversée, je gagnai la confiance de la jeune Vivien, au point que nous nouâmes une relation qui dura de longues années. Nous nous écrivîmes avec une chaleureuse régularité jusqu'à sa tragique disparition, pendant la Seconde Guerre mondiale. Je n'ai été ni son professeur ni ne lui ai dispensé aucun conseil officiel : mais j'ai le plaisir de dire que son amitié m'était acquise. Quoiqu'elle fût de celles dont on désire être aimé, elle avait peu d'amies : il ne lui était pas facile de nouer des liens. Avec le recul, le fait qu'elle m'ait parlé de ce monde secret qu'elle s'était construit est une des grandes fiertés de ma carrière. Ce monde était un lieu sûr où elle cherchait refuge lorsqu'elle était seule ou qu'elle avait peur ; je me sentais honorée d'avoir pu voir un instant sous le voile. »

Cette retraite dans un « monde secret » dont parle Katy Ellis correspond aux descriptions de Vivien adulte. « Elle avait du charme, vous donnait envie de la regarder… mais, après la rencontre, vous vous rendiez compte que vous ne la connaissiez toujours pas… » « Elle vous donnait l'impression d'une eau dormante sous laquelle il se passait sans doute bien des choses… » « D'une certaine façon, c'était son autosuffisance qui lui donnait ce magnétisme : elle semblait n'avoir besoin de personne… » Peut-être fut-ce l'apparence « étrange, presque surnaturelle » de Vivien Longmeyer qui attira l'attention de Henry Jenkins, ce soir-là, dans le parc de la Nordstrom School. Ou peut-être était-ce le fait qu'elle avait, comme lui, survécu à une enfance marquée par la tragédie et la violence, et avait ensuite côtoyé des gens dont les origines étaient bien différentes des siennes. « Chacun à notre façon, nous étions des marginaux, confia Henry Jenkins au Times. *Et nous nous ressemblions. Je l'ai compris dès le premier regard. Lorsqu'elle s'est approchée de l'autel près duquel je me tenais, sublime dans sa robe de dentelle blanche, cela a représenté pour moi, d'une certaine manière, la fin d'un voyage qui avait commencé à mon entrée à la Nordstrom School. »*

Le passage était illustré par une photographie mal reproduite du couple, immortalisé le jour de leurs noces. Vivien avait les yeux fixés sur Henry, son voile soulevé par la brise ; lui tenait sa jeune épousée par le bras et souriait à l'appareil. Ceux qui, rassemblés sur les marches de la chapelle, leur jetaient du riz semblaient heureux ; et cependant, ce spectacle plongea Laurel dans la tristesse. C'est souvent le cas avec les vieilles photos ; surtout, il y avait dans le bonheur de ce couple qui ne pouvait se douter du sort qui l'attendait quelque chose qui coupait court à tout optimisme. Laurel ne savait que trop les horreurs qu'ils allaient vivre. Elle avait été témoin de la mort violente de Henry Jenkins. Quant à la jeune Vivien, au sourire si plein d'espoir sur le cliché granuleux, elle était morte trois ans à peine après la photo.

Henry Jenkins avait pour sa femme un amour qui confinait à l'adoration. Il ne faisait pas mystère de cette passion, appelant Vivien « sa grâce » et « son salut ». La vie ne valait pas d'être vécue sans elle, répéta-t-il en plus d'une occasion. Déclaration tristement prophétique : après la mort de Vivien le 23 mai 1941, le monde de Henry Jenkins commença à sombrer. Il avait beau travailler au ministère de l'Information et avoir, de ce fait, connaissance des terribles pertes humaines causées par le blitz, il fut incapable d'attribuer la mort de sa femme à une cause aussi banale. Les accusations extravagantes qu'il proféra alors – la mort de Vivien n'était pas si accidentelle qu'il y paraissait, elle avait été victime de louches escrocs et n'aurait jamais dû se trouver sur les lieux du bombardement – semblent aujourd'hui les premiers symptômes d'une folie qui ne fit qu'empirer par la suite. À ses yeux, la mort de Vivien n'était pas un simple drame de la guerre ; il jura de « mettre la main sur les coupables et de les traîner devant la justice ». Dans les années 1940, Jenkins fut hospitalisé pour dépression. Malheureusement, son obsession le poursuivit jusqu'à la fin de ses jours, le conduisant jusqu'aux marges de la bonne société, puis à sa mort en 1961. Lorsqu'elle le happa, il n'était plus qu'un vagabond solitaire, une âme brisée.

Laurel referma brutalement le volume. Elle n'avait aucune envie d'en savoir plus. La mort de Vivien n'était donc pas un simple accident ? Finirait-il par mettre la main sur celui ou celle qui en était responsable ? Laurel avait le sentiment désagréable et tenace que son but avait été atteint et qu'elle, Laurel, avait été témoin du funeste résultat de la quête de Jenkins. Maman et son « plan sans faille »… n'était-ce pas elle que Henry Jenkins rendait responsable de la mort de sa femme ? N'était-ce pas elle, « le louche escroc » qui l'avait attirée en ce lieu où la mort l'avait frappée ?

Un frisson involontaire parcourut Laurel ; elle se retourna, se sentant soudain observée par des yeux invisibles. Son estomac se liquéfia. La culpabilité – c'était cela, la culpabilité par association… Elle songea à Dorothy sur son lit d'hôpital, aux remords qu'elle avait exprimés, à cette chose qu'elle avait « volée », à la « seconde chance » dont elle était si reconnaissante – ces indices dessinant dans le ciel nocturne des étoiles qui apparaissaient les unes après les autres. Laurel avait beau ne pas apprécier le motif qu'elles étaient en train de former, elle ne pouvait cependant nier leur existence.

Elle baissa les yeux sur le petit volume à la couverture noire si banale. Dorothy connaissait toutes les réponses à ses questions, mais elle n'était pas la seule. Vivien aussi les avait sues. Jusqu'à ce jour, elle n'avait semblé guère plus qu'un chuchotement, un visage souriant sur une photographie, un nom sur la page de garde d'un vieux livre, un être imaginaire tombé dans les oubliettes de l'histoire.

Et cependant, elle avait de l'importance.

Laurel fut saisie d'une ardente conviction. Si le plan de Dorothy avait échoué, ce ne pouvait être qu'à cause de Vivien. Il devait y avoir dans la personnalité de cette femme un élément qui en faisait une terrible ennemie.

Le portrait dressé par Katy Ellis de la petite Vivien ne manquait pas de douceur ; mais Kitty Barker, elle, avait parlé d'une femme hautaine, froide et dédaigneuse, à la mauvaise influence. Les déchirements subis durant l'enfance avaient-ils brisé quelque chose en Vivien, l'avaient-ils durcie, l'avaient-ils transformée en l'une de ces belles et riches créatures dont le pouvoir ne tient qu'à leur nonchalance, leur introversion, leur inaccessibilité ? Jenkins, disait son biographe, avait été incapable d'accepter sa mort et avait cherché pendant de longues années ceux qu'il tenait pour responsables : n'était-ce pas la preuve que la nature même de Vivien exerçait sur les autres une immense séduction ?

Les lèvres de Laurel esquissèrent un sourire. Elle rouvrit le livre, cherchant une référence. Ah ! La voilà. D'un stylo que son excitation faisait trembler, elle nota le nom de Katy Ellis et le titre de ses mémoires, *La Passion d'enseigner*. Vivien n'avait peut-être pas eu beaucoup d'amis, mais elle avait écrit des lettres à Katy Ellis, dans lesquelles (ou était-ce trop en attendre ?) elle lui avait peut-être confié ses secrets les plus sombres, les plus intimes. Ces lettres avaient très certainement été conservées. Nombreux sont les gens qui ne s'embarrassent pas de leur correspondance. Mais Laurel était prête à parier que tel n'était pas le cas de Mlle Katy Ellis, célèbre pédagogue et chantre de sa propre renommée.

Plus Laurel réfléchissait à la question, plus une chose lui paraissait certaine : Vivien détenait la clef. Le seul moyen de reconstituer le plan de Dorothy – et surtout, de comprendre pourquoi il avait échoué – était d'en apprendre plus sur cette personnalité énigmatique.

TROISIÈME PARTIE

Vivien

22

Tamborine Mountain, Australie, 1929

Si Vivien fut punie, ce fut d'abord parce qu'elle avait eu le malheur d'être surprise devant le magasin de M. McVeigh, dans la rue principale. Son père n'avait aucune envie de lui infliger une correction, cela sautait aux yeux. C'était un homme au cœur tendre ; et, si jamais il avait eu quelque méchanceté, la Grande Guerre l'en avait débarrassé. Et puis, pour être franc, il appréciait la surprenante témérité de sa plus jeune fille. Mais la loi, c'est la loi, et avec ce M. McVeigh qui ne cessait de se lamenter sur les coups de baguette que méritait la gamine, et les enfants gâtés, et les punitions jamais appliquées, et les badauds qui s'attroupaient, l'infernale chaleur… Que les choses soient claires cependant : il était hors de question qu'on lève la main sur l'un de ses enfants. Ni lui ni personne d'autre. D'autant que sa fille avait tenu tête à cette petite brute de Jones. Le père de Vivien en était donc arrivé à cette extrémité : décréter publiquement qu'elle était interdite de pique-nique. Le choix du châtiment n'était pas des plus heureux. Il suscita de nombreux regrets de la part de M. Longmeyer et de non moins nombreuses disputes avec son épouse. Reste qu'il était impossible de revenir sur cette condamnation. Trop de témoins. Les mots avaient quitté ses lèvres ; Vivien les avait entendus et elle avait compris, bien qu'elle n'eût que huit ans, qu'elle n'avait plus qu'à redresser le menton, croiser les bras et leur montrer, à tous ces gens, qu'elle s'en fichait complètement. De toute façon, elle n'avait pas envie d'y aller, à ce pique-nique.

Elle se retrouva donc seule à la maison en ce jour d'été 1929, le plus chaud de la saison, tandis que le reste de la famille était parti à Southport pour la fête annuelle des exploitants forestiers du cèdre. Papa avait donné des instructions au petit déjeuner, la liste des choses à faire et celle, bien plus longue, des choses à ne pas faire. Maman se tordait les mains dès que les autres – croyait-elle – ne la regardaient pas et les enfants avaient eu droit à leur ration préventive d'huile de ricin (doublée pour Vivien, qui en aurait besoin deux fois plus que ses frères et sa sœur). Puis, dans le tourbillon excité des préparatifs de dernière minute, papa, maman et les trois enfants s'étaient entassés dans la Ford Lizzie pour s'engager aussitôt sur la piste, guère plus large qu'un sentier à biques.

Sans eux, la maison était bien silencieuse. Et plus sombre. Les grains de poussière flottaient immobiles dans l'air, privés des corps en mouvement autour desquels ils tournaient ordinairement. De la table de la cuisine, autour de laquelle ils s'étaient joyeusement disputés quelques instants auparavant, les assiettes avaient disparu ; y étaient maintenant alignés des bocaux en verre où la confiture de maman finissait de refroidir. Papa y avait également laissé un bloc-notes, destiné aux deux lettres d'excuses que Vivien devait rédiger. Une pour M. McVeigh, une autre pour Paulie Jones. Jusqu'ici elle avait écrit « Cher Monsieur McVeigh », puis avait barré le « Cher » pour le remplacer par « A ». Suivait un grand espace blanc : combien de mots faudrait-il pour le remplir ? Oh, pourvu qu'ils apparaissent par magie avant que papa ne rentre !

Vivien cependant se prit à douter que la magie vienne l'aider. Elle posa le stylo plume sur la table, étira les bras, balança ses pieds nus et fit le tour de la cuisine du regard : les tableaux aux cadres massifs, le mobilier d'acajou sombre, la banquette de rotin avec son jeté au crochet. L'Intérieur, songea-t-elle avec dégoût, le royaume des adultes, des devoirs de classe, des brossages de dents, des « Chut », des « Ne cours pas », des peignes et de la dentelle, de tante Ada qui venait prendre le thé avec maman, des visites du docteur et du pasteur. Lieu morne et mortel, qu'elle faisait de son mieux pour éviter, d'ordinaire. Mais aujourd'hui (et Vivien, qui venait d'avoir une idée, se mordit la joue), cet Intérieur était *sa* chose : l'occasion ne se représenterait sans doute pas.

Vivien commença par lire le journal intime de sa sœur Ivy, puis feuilleta les magazines de Robert et passa en revue la collection de billes de Pippin. Ensuite, elle explora la penderie de sa mère. Elle glissa les pieds dans les escarpins à la fraîche doublure de cuir, que sa mère portait bien avant qu'elle soit née, se frotta la joue sur le plus beau chemisier de soie, se passa au cou des rangs de perles scintillantes qu'elle alla chercher dans le coffret de noyer, sur la coiffeuse. Elle dénicha dans le tiroir les pièces de monnaie égyptiennes que papa avait rapportées de la guerre, son avis de démobilisation, soigneusement plié, un paquet de lettres entouré d'un ruban et un bout de papier intitulé *Certificat de mariage*. Y figuraient les noms de papa et de maman – maman lorsqu'elle était encore *Isabel Carlyon (Oxford, Angleterre)* et non l'une des leurs.

Les rideaux de dentelle frémissaient dans la brise, et le doux et voluptueux parfum du dehors pénétrait par la fenêtre ouverte : s'y mêlaient l'eucalyptus, la myrte citronnée et les mangues trop mûres qui commençaient à pourrir sur l'arbre dont son père était si fier. Vivien rangea les papiers dans le tiroir et se leva, aussi vive qu'un éclair. Le ciel était sans nuages, bleu comme la mer, tendu comme une peau de tambour. Les feuilles des figuiers luisaient dans la lumière du soleil, les frangipaniers étincelaient de leurs fleurs roses et jaunes et les oiseaux bavardaient dans la forêt tropicale, derrière la maison. On allait crever de chaud, songea Vivien avec satisfaction, et puis la tempête balaierait tout ça. Elle adorait les tempêtes : les nuages en furie, les premières gouttes, si lourdes, l'odeur âcre de la poussière rouge, assoiffée, et la pluie fouettant les murs. Et papa qui faisait les cent pas dans la véranda, la pipe à la bouche, une lueur dans les yeux, s'efforçant tant bien que mal de dissimuler son excitation tandis que les palmiers gémissaient, troncs ployés.

Vivien virevolta. C'en était fait de l'exploration de la maison. Il était hors de question qu'elle consacre une seconde de plus à l'Intérieur. Elle fit halte dans la cuisine, le temps de récupérer le déjeuner que sa mère lui avait confectionné et d'y adjoindre deux biscuits militaires. Une colonne de fourmis avait pris l'évier d'assaut et remontait le mur. Elles aussi sentaient l'approche de la pluie. Sans un regard pour le bloc-notes, Vivien s'élança sur la véranda du jardin d'un pas dansant. Elle connaissait à peine le sens du mot « marcher ».

Au-dehors la chaleur était écrasante, l'air immobile, étouffant. Les planches lui brûlèrent immédiatement la plante des pieds. Une journée idéale pour le bord de mer ! Où étaient-ils, à présent, les autres ? Étaient-ils déjà à Southport ? En train de nager, de rire, de préparer les déjeuners ? Ou avaient-ils embarqué sur quelque bateau de plaisance ? D'après Robert, qui avait surpris une conversation entre des copains d'armée de papa, il y avait une nouvelle jetée. Vivien s'était imaginée plonger la tête la première, tout au bout, puis sombrer comme une noix de macadamia, si vite que sa peau aurait été parcourue de picotements, son nez envahi par la froide eau de mer.

Pourquoi ne descendrait-elle pas à Witches Falls pour piquer une tête ? Mais par un temps pareil, la piscine naturelle ne supportait guère la comparaison avec la mer. Et puis, elle n'était pas censée quitter la maison. Il y aurait certainement au village quelqu'un qui la verrait, qui rapporterait. Pire encore, si Paulie Jones était à Witches Falls, à faire bronzer son gros ventre blanc comme une énorme baleine, elle ne pourrait pas se retenir, c'était certain. S'il traitait Pippin de simplet une nouvelle fois, il verrait bien ce qui se passerait. Elle l'attendait d'un pied ferme. Et même des deux.

Elle desserra les poings et jeta un coup d'œil au hangar. Le vieux Mac, leur ouvrier agricole, y était occupé à diverses réparations. En général, aller le voir en valait la peine, mais papa lui avait interdit de l'embêter avec ses questions. Mac avait bien assez de pain sur la planche et papa ne lui donnait pas de l'argent – qu'il n'avait pas toujours, du reste – pour qu'il papote en buvant du thé avec une gamine qui, de son côté, avait ses propres corvées à effectuer. Le vieux Mac était au courant de la punition de Vivien. Il gardait l'œil ouvert, en cas de malheur, bien sûr, mais à moins d'un accès de maladie ou d'une blessure, elle n'avait pas le droit d'aller le voir.

Ce qui ne lui laissait qu'une destination possible.

Vivien dévala l'escalier, traversa la pelouse, contourna les massifs de fleurs – où maman s'obstinait en dépit du bon sens et des rappels affectueux de son époux (« Nous ne sommes pas en Angleterre, Isabel ! ») à planter des rosiers –, puis, ayant exécuté trois roues impeccables, fila vers le ruisseau.

Vivien s'y rendait depuis qu'elle savait marcher, se frayant un chemin entre les eucalyptus, ramassant les fleurs d'acacia et de callistemon et prenant soin de n'écraser ni fourmis sauteuses ni araignées tandis qu'elle fuyait loin des gens, des maisons, des professeurs et des règles. C'était l'endroit qu'elle préférait au monde. Son endroit à elle. Il lui appartenait et l'inverse était également vrai.

Ce jour-là, elle était particulièrement impatiente d'y arriver. Après le premier passage rocheux, la pente devenait plus raide, les fourmilières devenaient plus hautes. Elle serra son déjeuner contre sa poitrine et se mit à courir. Le martèlement de son cœur contre ses côtes la plongeait dans la joie, tout comme les frémissements effroyables de ses jambes dans la course, moulinant sous elle, moulinant, moulinant, parfois au bord de la perte d'équilibre ou de la glissade, tandis qu'elle évitait une branche d'arbre, sautait par-dessus les rochers, dérapait dans un tas de feuilles sèches.

Plus haut, dans les arbres, les psophodes pépiaient, les insectes bourdonnaient, la cascade du canyon de l'Homme mort fredonnait son éternelle chanson. Les couleurs, les lumières jaillissaient de toutes parts, kaléidoscopiques. Le bush était vivant : les arbres se parlaient de leurs vieilles voix altérées, des milliers d'yeux invisibles clignaient entre les branches et les troncs abattus, et Vivien savait que si elle posait l'oreille sur le sol battu elle entendrait l'appel de la terre, les sons chantants qu'elle émettait depuis l'aube des temps. La petite fille n'en prit pas le temps, ce jour-là. Elle avait trop hâte de parvenir au ruisseau qui serpentait dans le canyon.

Les autres ne le savaient pas, mais il avait des pouvoirs magiques. Dans l'un de ses méandres, les berges s'évasaient pour former un cirque rocheux. Le lit du cours d'eau s'était formé des millions d'années plus tôt, lorsque la terre soupirait et bougeait encore, rassemblant et brisant dans son étreinte d'énormes pierres, si bien que le bassin, peu profond en ses bords, s'effondrait en son milieu, où l'eau soudain devenait sombre. C'était là que Vivien avait fait sa découverte.

Un jour, elle pêchait avec des bocaux de verre dérobés dans la cuisine maternelle et stockés désormais sous un tronc pourri, dans les fougères, qui lui servait de coffre à trésors. Il y avait toujours quelque chose dans les eaux de la rivière : des anguilles, des têtards, des vieux seaux rouillés de l'époque de la ruée vers l'or. Elle avait même trouvé un dentier, une fois !

Lorsqu'elle avait découvert les lumières, Vivien était couchée, ventre contre terre, sur un rocher plat, les bras tendus vers l'eau : elle essayait d'attraper le plus gros têtard qu'elle ait jamais vu. Elle plongea le bocal, manqua la bestiole, recommença, la manqua de nouveau, se pencha un peu plus – si près de la surface de l'eau que son visage l'effleurait presque. Ce fut alors qu'elle les vit : lueurs orange, scintillantes, lui clignant de l'œil, aurait-on dit, du fond du bassin. Elle avait tout d'abord pensé au soleil, avait levé les yeux vers le ciel lointain, entre les arbres. Non, ce n'était pas ça. Le bleu du ciel se reflétait bel et bien sur l'eau, mais ces lumières n'étaient pas créées par le soleil – leur origine était profonde, en deçà des herbes glissantes et des mousses qui tapissaient le lit de la rivière. Elles étaient autres. Elles venaient d'*ailleurs*.

Vivien avait beaucoup réfléchi à ces lumières. Elle n'était pas du genre à chercher les réponses dans les livres – ça, c'était plutôt pour Robert ou maman – mais elle posait les bonnes questions. Elle avait sondé le vieux Mac, puis papa, et pour finir Black Jackie, le collègue de papa. Black Jackie en savait plus que quiconque sur le bush. Il s'était interrompu dans sa tâche, avait posé la main sur sa hanche et redressé son torse sec.

« Alors comme ça, t'as vu des petites lumières au fond du bassin ? »

Elle avait hoché la tête ; il l'avait regardée droit dans les yeux, sans ciller. Un petit sourire avait fini par adoucir ses lèvres.

« T'as déjà été au fond de ce bassin ?

— Nan, avait-elle répondu en chassant une mouche de son nez. C'est trop profond.

— Moi non plus. »

Il s'était gratté le front, sous le bord de son grand chapeau, s'était remis à creuser, puis avait tourné la tête.

« Et qu'est-ce qui te fait croire qu'il y a un fond, si tu n'y es pas allée ? »

Alors Vivien avait compris. Il y avait un tunnel qui conduisait de l'autre côté du monde. C'était la seule explication possible. Elle avait entendu papa parler de gens qui creusaient un trou pour aller en Chine : elle l'avait trouvé, ce passage secret qui descendait jusqu'au centre de la terre, jusqu'à la source du tout – la magie, la vie, le temps. Puis, au-delà, vers les étoiles scintillantes d'un ciel lointain. Mais que faire de cette découverte ?

Eh bien, l'explorer, bien sûr.

Vivien exécuta un dérapage contrôlé sur l'énorme rocher plat qui séparait le ruisseau du bush. L'eau était immobile, stagnante et boueuse dans les petites flaques qui cernaient le bassin. Le courant avait déposé à la surface de l'eau un film d'écume qui ressemblait à une peau huileuse. Le soleil surplombait le canyon ; le sol était brûlant. Les feuilles des eucalyptus crissaient dans la chaleur.

Vivien glissa son déjeuner sous les fougères épaisses qui ombraient le rocher ; dans les frais sous-bois, un animal s'en fut en rampant, invisible.

L'eau était froide contre ses chevilles nues. Elle pataugea sur le bord, pieds agrippés aux rochers visqueux – et parfois traîtreusement acérés. Elle avait un plan d'attaque : retrouver les lumières, s'assurer de ce qu'elles étaient bien à leur place, puis plonger et descendre le plus profondément possible pour les examiner de près. Depuis des semaines, elle s'exerçait à retenir sa respiration. Elle avait même pensé à se munir d'une des pinces à linge de maman, Robert ayant décrété que si elle pouvait empêcher l'air de sortir de ses narines, elle pourrait rester plus longtemps sans respirer.

Lorsqu'elle eut atteint l'endroit du bassin où le fond se transformait en à-pic, elle se pencha sur l'eau. Il lui fallut cinq ou six secondes, quelques ajustements oculaires et autres contorsions – et soudain, elles apparurent !

Un sourire de triomphe lui vint ; elle manqua perdre son équilibre. Dans les airs, deux ou trois martins-chasseurs géants pouffèrent.

Elle retourna en courant vers le bord du bassin, non sans trébucher, tant elle était impatiente. Elle traversa le grand rocher plat. Ses pieds mouillés claquèrent sur la pierre. Puis elle chercha sa pince à linge.

Tandis qu'elle méditait sur la meilleure façon de la fixer sur son nez, elle remarqua une tache noire sur son pied. Une sangsue – énorme et bien grasse. Vivien se pencha, l'attrapa entre le pouce et l'index et tira aussi fort qu'elle put. La créature gluante tint bon.

Vivien s'assit, effectua une deuxième tentative : en vain ! Elle avait beau presser et tirer, la sangsue ne lâchait pas prise. Son corps noirâtre était humide, mou et visqueux. Vivien prit son courage à deux mains, ferma les yeux et – vlan, troisième essai.

Des lèvres de Vivien s'échappèrent tous les mots interdits (*Merde ! Chierie ! Saloperie ! Putain !*) qu'elle avait récoltés en huit années d'écoutes clandestines à la porte de l'appentis de papa. La sangsue était partie, mais le sang coulait à flots de la morsure.

Vivien sentit la tête lui tourner. Dieu merci, elle était assise. Elle avait déjà vu maintes fois le vieux Mac couper la tête à un poulet ; quand Pippin s'était tranché le bout du doigt avec une hache, elle l'avait porté jusque chez Doc Farrell ; et quand ils campaient sur le fleuve Nerang, elle vidait les poissons plus vite et plus proprement que Robert. Mais lorsqu'elle voyait couler son propre sang, il n'y avait plus personne.

Elle retourna en boitant au bord de l'eau et rinça son pied en le faisant pivoter dans le courant. Chaque fois qu'elle le retirait, le sang continuait à dégoutter. Une seule solution : il fallait attendre.

Elle s'installa sur le rocher plat et s'attaqua à son déjeuner. Une tranche de viande, reste du rôti de la veille au soir, encore nappée de sauce froide et luisante, des pommes de terre et de la patate douce qu'elle mangea avec les doigts, une part de gâteau de pain perdu tartinée d'une bonne couche de confiture maison, à peine sortie des bassines de maman, deux biscuits militaires et une orange sanguine tout juste cueillie sur l'arbre.

Une bande de corneilles se matérialisèrent dans la pénombre tandis qu'elle mangeait, la fixant de leurs yeux froids qui ne clignaient jamais. Lorsqu'elle eut fini, elle jeta les miettes dans le bush ; un lourd nuage d'ailes s'abattit dessus. Elle épousseta sa robe et bâilla.

La morsure ne saignait plus. Elle aurait bien voulu explorer le trou au fond du bassin, mais se sentait soudain fatiguée – terriblement fatiguée, comme la petite fille dans les histoires que maman leur racontait d'une voix lointaine, de plus en plus singulière à mesure qu'elle parlait. À l'entendre, Vivien se sentait bizarre. C'était pour faire semblant, bien sûr, et même si Vivien admirait ses talents, elle aurait bien aimé connaître cette partie de leur mère qui n'appartenait pas à ses enfants.

Vivien bâilla avec tant d'énergie que ses paupières la piquèrent.

Et pourquoi ne pas s'étendre un petit moment ?

Elle traversa le rocher à quatre pattes et se faufila sous les fougères, si profondément que lorsqu'elle se retourna dos contre terre et se décala sur la gauche, le ciel disparut de son champ de vision. Sous elle, les feuilles mortes étaient douces et fraîches, les crickets stridulaient dans le sous-bois ; un peu plus loin, un crapaud chantait le lent passage de l'après-midi.

Il faisait chaud et Vivien n'était encore qu'une toute petite fille. Rien d'étonnant, donc, à ce qu'elle finisse par céder au sommeil. Elle rêva des lumières dans le bassin, du temps qu'il lui faudrait pour nager jusqu'à la Chine, d'une longue jetée de bois aux planches brûlantes, du bout de laquelle ses frères et sa sœur plongeaient. Elle rêva de la tempête imminente, de papa sur la véranda, de la peau d'Anglaise de maman – il suffisait d'un jour au bord de la mer pour qu'elle se couvre de taches de rousseur –, de la table du dîner autour de laquelle tous ce soir se retrouveraient.

Le soleil ardent traça son arc au-dessus de la terre, ses rayons perçaient l'ombre du bush, parcouraient les sous-bois ; l'humidité croissante tendit la peau du ciel ; de grosses gouttes de sueur perlèrent au front de la petite fille. Les insectes émettaient cliquètements et stridulations ; l'enfant endormie tressaillit lorsqu'une fougère lui chatouilla la joue. Puis :

— *Vivien !*

Son nom, surgi du haut de la colline, avait filé entre les arbres pour atterrir tout contre son oreille.

Elle s'éveilla en sursaut.

— Viv-i-en ?

C'était la voix de tante Ada, la sœur aînée de papa.

Vivien se redressa, chassa les mèches de cheveux qui s'étaient collées à son front moite d'un revers de la main. Des abeilles bourdonnaient dans les fourrés tout proches. Elle bâilla.

— Jeune fille, si tu es dans les environs – je t'en conjure, montre-toi !

Vivien n'avait d'ordinaire aucun respect pour les ordres. Ce jour-là, cependant, la voix de son imperturbable tante témoignait d'une telle perturbation que la curiosité l'emporta sur l'esprit de rébellion. Elle se laissa rouler jusqu'au rocher plat et ramassa ses affaires. Le soleil avait disparu ; les nuages avaient envahi le ciel bleu et plongé le canyon dans l'ombre.

Non sans avoir jeté un regard pensif à la rivière et s'être promis d'y revenir le plus vite possible, elle remonta vers la maison.

Lorsque Vivien sortit du bush, elle vit sa tante Ada assise sur les marches du jardin, se tenant la tête à deux mains. Un sixième sens dut l'avertir de l'arrivée de l'enfant, car elle détourna légèrement le regard et fixa Vivien avec perplexité, comme si elle venait d'apercevoir un esprit du bush.

— Viens ici, petite, finit-elle par dire en faisant signe à sa nièce d'approcher.

Elle se leva. Vivien avança d'un pas lent. Une curieuse sensation s'était emparée de son estomac, qui lui semblait palpiter en tous sens. Une sensation qui n'avait pas de nom pour l'heure mais qui, elle le saurait plus tard, était l'effroi. Les joues de tante Ada étaient rouge vif ; elle semblait avoir perdu son flegme coutumier. Elle sembla même sur le point de hurler, de donner une tape à Vivien au-dessus de l'oreille. Au lieu de quoi elle éclata en larmes.

— Pour l'amour de Dieu, rentre tout de suite et va te débarbouiller. Qu'aurait dit ta pauvre mère si elle pouvait te voir ?

Vivien était à l'Intérieur. Depuis l'accident, il y avait eu abondance d'Intérieur. La première semaine, la semaine noire, avec les caisses de bois – les cercueils, disait tante Ada – alignées dans le salon ; les longues nuits avec les murs de sa chambre qui se fondaient dans l'obscurité ; les journées stagnantes, étouffantes, durant lesquelles les adultes ne faisaient que chuchoter et hocher la tête – ç'avait été si soudain ! –, transpirant dans leurs vêtements déjà trempés par la pluie qui, au-dehors, battait sans cesse sur les fenêtres embrumées.

Elle s'était fait un nid contre le mur, s'était recroquevillée entre le buffet et l'arrière du fauteuil de papa : elle ne voulait plus jamais en bouger. Les mots des adultes bourdonnaient comme des moustiques dans le chaos environnant – *la Ford Lizzie... passée par-dessus bord... carbonisés... à peine reconnaissables* ; Vivien se bouchait les oreilles et ne voyait plus que le tunnel au fond du bassin et l'immense machine en son cœur qui fabriquait le monde.

Elle avait tenu bon pendant cinq jours, refusant de quitter son refuge ; les adultes s'y étaient pliés d'abord, lui avaient apporté de quoi manger, avaient secoué la tête, compatissants. Jusqu'à ce que, sans un signe, sans un avertissement, ils mettent fin à cette période de répit et ramènent de force l'enfant dans le monde.

La saison humide avait bel et bien commencé, désormais ; un jour, pourtant, que le soleil brillait et qu'elle avait retrouvé quelque chose de son ancienne vitalité, Vivien se faufila dans la cour inondée de soleil et trouva Mac dans le hangar. Il ne dit pas grand-chose, se contentant de serrer de sa main noueuse l'épaule de la fillette. Puis il lui passa un marteau pour qu'elle l'aide à consolider la clôture. Elle songea à descendre à la rivière ; n'y alla pas, cependant. La pluie revint et avec elle tante Ada, et des caisses où l'on mit tout ce que la maison contenait. Y compris les chaussures préférées de sa sœur – des bottines en satin qui, de la semaine, n'avaient pas bougé du tapis où la petite les avait envoyées valser d'un coup de pied puisque maman les trouvait trop chics pour le pique-nique. Et les mouchoirs de papa, et sa vieille ceinture. Puis un panneau *À vendre* apparut dans le jardin, devant la maison, et Vivien se retrouva à dormir sur un matelas, dans une chambre qui n'était pas la sienne, tandis que ses cousines la dévisageaient, intriguées, de leurs propres lits.

La maison de tante Ada ne ressemblait pas à celle de ses parents. La peinture n'était pas écaillée, nulle fourmi n'errait sur les bancs, les vases ne débordaient pas de fleurs du jardin. Aucun débordement du reste n'était toléré entre ces murs. « Toute chose a sa place et toute chose est à sa place », aimait à répéter tante Ada d'une voix aussi grinçante qu'une corde de violon trop tendue.

Vivien prit l'habitude de se coucher sous le canapé, dans le salon des invités, tout contre la plinthe. La doublure de jute s'était en partie détachée, ce que l'on ne pouvait voir de la porte. Si bien qu'en se glissant sous les pieds on disparaissait complètement. Ce tissu déchiré avait quelque chose de réconfortant. Il rappelait à Vivien sa propre maison, ses parents, ses frères et sa sœur, leur joyeux désordre. C'était en ces moments-là que les larmes montaient à ses yeux, sans jamais couler cependant. La plupart du temps, elle se concentrait sur sa respiration, s'efforçant de réduire au strict minimum sa ration d'air et l'exhalant si discrètement que sa poitrine bougeait à peine. Elle pouvait passer des heures, des jours entiers à cet exercice, tandis qu'au-dehors l'eau de pluie ruisselait dans les gouttières. Parfois, elle arrivait presque à se persuader qu'elle avait arrêté le temps.

Le salon des invités avait une qualité plus remarquable encore : il était strictement interdit à Vivien d'y pénétrer. Cette règle lui avait été stipulée dès son arrivée dans la maison. Le salon des invités, comme son nom l'indiquait, ne pouvait être utilisé que pour des invités, et uniquement si le statut desdits invités le justifiait. Vivien avait-elle bien compris ? Elle avait hoché la tête avec toute la solennité requise. Oui, elle avait parfaitement compris : le salon des invités ne servait jamais – ce qui signifiait qu'une fois le ménage fait elle pouvait avoir la pièce à elle toute seule.

Ce qui avait été le cas, jusqu'au jour où…

Depuis un bon quart d'heure, le pasteur Fawley était installé dans le fauteuil près de la fenêtre ; tante Ada faisait des manières avec le thé et les petits gâteaux. Vivien, elle, était coincée sous le canapé – plaquée au sol, plus exactement, par la pression exercée par le postérieur de sa tante.

— Il est inutile, je crois, madame Frost, de vous rappeler ce que le Seigneur vous conseillerait, dit le pasteur de cette voix suave qu'il réservait généralement à ses discours sur l'Enfant Jésus. Recevez l'étranger sous votre toit, car il se peut qu'il soit un ange, sans que vous le sachiez.

— Si cette gamine est un ange, je suis la reine d'Angleterre.

— Ah, hum…

Pieux tintement de la cuiller contre la porcelaine.

— ... L'enfant a subi un deuil considérable.

— Encore du sucre, pasteur ?

— Non, je vous remercie, madame Frost.

La tante Ada soupira et les ressorts du canapé s'affaissèrent un peu plus.

— Pasteur, nous avons tous subi un deuil considérable. Quand je pense à mon pauvre cher frère, à cette mort horrible... cette chute dans le ravin, ces malheureux, la Ford Lizzie qui sort de la route... Harvey Watkins, qui les a découverts ; il a dit que l'incendie avait été si terrible qu'il ne savait même pas ce qu'il avait sous les yeux. Une vraie tragédie...

— Une cruelle tragédie.

— Quoi qu'il en soit.

Les chaussures de tante Ada se déplacèrent sur le tapis. Vivien vit le gros orteil du pied droit gratter l'oignon dont le gauche souffrait dans sa prison de cuir.

— Je ne peux pas la garder chez moi. J'en ai déjà six, et avec maman qui vient vivre à la maison... Depuis que le docteur l'a amputée d'une jambe, vous savez bien dans quel état elle est. Pasteur, je suis une bonne chrétienne, je vais à l'église tous les dimanches, je mets la main à la pâte pour la fête et la quête de Pâques, mais ça, je ne peux pas.

— Je vois.

— Vous le savez bien, d'ailleurs, que la petite n'est pas facile.

Suivit un silence pendant lequel quelques gorgées de thé furent avalées et les caractéristiques des vices de Vivien méditées.

— Si seulement ç'avait été l'un des autres, dit tante Ada en reposant sa tasse sur la soucoupe, y compris ce pauvre Pippin, le simplet… Mais là, non, je ne peux pas. Pardonnez-moi, pasteur, je sais bien que c'est péché que de l'admettre, mais je ne peux pas regarder cette gosse sans penser qu'elle est responsable en un sens de ce qui s'est passé. Elle aurait dû aller à Southport avec eux. Si elle ne s'était pas mise dans de beaux draps, si elle n'avait pas été punie… Vous le savez, ils sont repartis plus tôt. Mon frère ne supportait pas l'idée de la laisser seule si longtemps. Il avait trop bon cœur…

Elle s'interrompit d'un hoquet gémissant et sonore. Qu'ils étaient laids, ces adultes, se dit Vivien. Et faibles. Tellement habitués à voir tous leurs vœux exaucés qu'ils étaient incapables de montrer le moindre courage.

— Allons, allons, madame Frost. Allons, allons.

Les sanglots étaient bruyants et laborieux, comme ceux que poussait Pippin lorsqu'il voulait attirer l'attention de maman. Le fauteuil du pasteur craqua. Les pieds du brave homme se rapprochèrent. Il tendit quelque chose à tante Ada – oui, certainement, car elle le remercia à travers ses larmes et se moucha avec un son humide.

— Gardez-le, fit le pasteur en se rasseyant avec un lourd soupir. Je me demande malgré tout ce que va devenir cette enfant.

Tante Ada émit quelques menus reniflements qui dénotaient une amélioration de son état.

— Je me disais, risqua-t-elle. L'école confessionnelle, vers Toowoomba ?

Le pasteur croisa les chevilles.

— Je crois que les sœurs prennent grand soin des élèves, poursuivit tante Ada. Sévères mais justes… et un peu de discipline ne lui nuirait pas. David et Isabel se sont toujours montrés trop tendres.

— Isabel, fit le pasteur en écho, la tête penchée. Avez-vous pensé à sa famille ? Ne peut-on contacter quelqu'un là-bas ?

— C'est qu'Isabel n'a jamais été particulièrement causante à cet égard… Mais maintenant que vous m'en parlez, ça me revient. Il y a un frère, en effet.

— Un frère ?

— Professeur d'école, là-bas, en Angleterre. Près d'Oxford, il me semble.

— Très bien.

— Très bien ?

— Oui, nous allons commencer par là.

— Vous… vous voulez le contacter ?

La voix de tante Ada semblait plus légère.

— Nous ne perdons rien à essayer, madame Frost.

— Par courrier ?

— Je m'en chargerai, madame Frost.

— Oh, pasteur !

— Je verrai bien si l'on peut inciter cet individu à faire preuve de compassion chrétienne.

— Oui, qu'il fasse ce que l'on attend de lui.

— Son devoir de parent.

— Son devoir de parent.

Il y avait dans la voix de tante Ada comme une ivresse.

— Et quel homme ne s'y plierait pas ? Moi-même, si je le pouvais, je la garderais de bon cœur. Mais avec maman et les six enfants, et la maison qui est si petite.

Elle se leva. Le canapé gémit de soulagement.

— Pasteur, voulez-vous encore un peu de gâteau ?

Isabel avait bel et bien un frère en Angleterre, que le pasteur réussit à convaincre de ses responsabilités ; de sorte que l'existence de Vivien prit un nouveau tournant, et ce avec une incroyable rapidité. Tante Ada connaissait une femme qui connaissait un homme dont la sœur devait embarquer pour une ville anglaise du nom de Londres, pour y rencontrer un homme qui cherchait une préceptrice. Elle pouvait se charger de Vivien. Des décisions furent prises, des détails fixés avec soin par des adultes dont les propos semblaient devoir perpétuellement couler par-dessus la tête de Vivien.

On lui dénicha une paire de chaussures presque neuves, on dompta sa chevelure en deux tresses et on casa le reste de sa personne dans une robe amidonnée ceinturée d'un large ruban. L'oncle Frost les accompagna, elle et tante Ada, jusqu'à la gare, au pied des montagnes, où elles prirent le train pour Brisbane. Il pleuvait, la chaleur était écrasante. Vivien dessina du bout de l'index sur la fenêtre embuée.

La place en face de l'hôtel de la Gare était bondée, mais elles trouvèrent Mlle Katy Ellis à l'endroit même dont elles étaient convenues, sous l'horloge, au guichet où l'on vendait les billets.

Jamais de sa vie Vivien n'aurait pu imaginer qu'il y avait autant de monde sur terre. On voyait des gens partout, tous différents les uns des autres, vaquant en hâte à leurs occupations comme les fourmis géantes qui grouillent dans les creux humides des troncs pourrissants. Et puis aussi des centaines de parapluies noirs, des grandes barriques de bois, et des chevaux aux yeux d'un brun profond, aux narines évasées.

La femme toussota. Vivien comprit qu'on lui avait adressé la parole. Elle tria dans ses souvenirs : les mots, quels étaient-ils ? Chevaux, parapluies, fourmis géantes grouillant dans la boue, foule pressée... – ah, oui, son nom. La femme lui avait demandé si elle s'appelait bien Vivien.

Elle hocha la tête.

— Fais donc un peu attention à tes manières, la gronda tante Ada en lui redressant le col de sa robe. Ton père et ta mère n'auraient pas aimé que tu te montres impolie. Quand on te pose une question, il faut répondre : Oui, mademoiselle.

— À moins que tu ne sois pas d'accord, bien sûr, ajouta la femme. Auquel cas tu peux aussi dire : Non, mademoiselle.

Elle eut un sourire franc, signifiant clairement qu'elle avait voulu faire une plaisanterie. Vivien fixa un point intermédiaire entre ces deux visages qui la considéraient avec espérance. Tante Ada fronça les sourcils, impatiente.

— Oui, mademoiselle, dit Vivien.

— Et comment vas-tu ce matin ? Bien ?

Vivien n'avait jamais été de celles qui acquiescent facilement. En d'autres temps, elle aurait exprimé le fond de sa pensée, hurlé : non, elle n'allait pas bien, non, elle ne voulait pas partir à Londres, c'était injuste, personne n'avait le droit de la forcer... Mais pas ce jour-là. Vivien soudain se rendait compte qu'il était bien plus simple de dire ce que les gens avaient envie d'entendre. De toute façon, qu'est-ce que ça changeait ? Les mots étaient si malhabiles ! Aucun d'eux ne pouvait décrire le gouffre obscur et sans fond qui s'était ouvert en elle, la douleur qui lui mordait les entrailles chaque fois qu'elle croyait entendre le pas de son père dans le vestibule, qu'elle respirait l'eau de Cologne de sa mère ou, pire encore, chaque fois qu'elle voyait quelque chose qu'elle aurait voulu montrer à Pippin, là, dans la minute…

— Oui, mademoiselle, répondit-elle à la femme, une rousse aux manières vives, vêtue d'une longue jupe stricte.

Tante Ada confia la valise de Vivien à un porteur, tapota la tête de la fillette et lui recommanda d'être bien sage. Mlle Katy Ellis vérifia minutieusement ses billets et se demanda si le tailleur qu'elle avait prévu de porter pour son entretien à Londres produirait l'effet espéré. La locomotive siffla, signalant le départ imminent du train, et la petite fille aux tresses brunes monta sur le marchepied de fer avec ses chaussures d'emprunt. Le quai fut envahi par la vapeur, les gens sortirent les mouchoirs, se mirent à crier ; un chien errant traversa la foule en aboyant. Personne ne prêta attention à la fillette qui s'engouffrait dans le train noyé d'ombre – pas même tante Ada, dont on aurait pu penser qu'elle regarderait avec compassion sa nièce orpheline partir vers un avenir incertain. De sorte que, lorsque cette étincelle vitale qui avait été Vivien Longmeyer se recroquevilla pour ne pas mourir, disparaissant dans les profondeurs de sa petite âme, personne ne se rendit compte de rien et le monde continua de tourner.

23

Londres, mars 1941

Si Vivien bouscula le passant, c'est qu'elle ne regardait pas où elle allait. Et que, comme d'habitude, elle marchait vite, trop vite. D'où l'inévitable collision, à l'angle de Fulham Road et de Sydney Street, par une froide et grise journée de mars.

— Oh, excusez-moi, dit-elle, cependant que la surprise laissait place à l'embarras. Je ne vous avais pas vu.

Le visage de l'homme exprimait une curieuse hébétude et elle eut peur de lui avoir fait mal.

— Je marche vite, expliqua-t-elle. C'est un de mes défauts.

« Vive comme le vent, vive comme l'éclair », disait son père lorsqu'elle courait, enfant, dans le bush. Elle secoua la tête pour se débarrasser de ce souvenir.

— C'est ma faute, dit l'homme avec un geste de la main. Je ne suis pas facile à voir. Il y a même des moments où je suis pratiquement invisible. Vous ne pouvez pas savoir à quel point c'est gênant.

Cette réplique la prit au dépourvu ; ses lèvres esquissèrent un sourire étonné. Ce dont elles auraient mieux fait de s'abstenir, car l'homme pencha la tête et la scruta, ses yeux sombres légèrement plissés.

— Nous nous sommes déjà croisés.

— Non, dit-elle, le sourire s'effaçant immédiatement de son visage. Je ne crois pas.

— Si, j'en suis sûr.

— Vous faites erreur.

Elle hocha résolument la tête, pour lui signifier – du moins l'espérait-elle – la fin de la conversation.

— Bonne journée, ajouta-t-elle en poursuivant sa route.

Elle était presque parvenue à Cale Street lorsqu'elle l'entendit crier :

— Mais si, à la cantine du Service féminin, à Kensington ! Vous avez vu mes photos, vous m'avez parlé de l'hôpital de votre ami !

Elle se figea.

— L'hôpital pour les petits orphelins. Vous vous souvenez ?

Les joues de Vivien s'empourprèrent ; elle fit volte-face et se rua vers l'homme.

— Chut, siffla-t-elle en levant l'index vers ses lèvres. Plus un mot là-dessus.

Il fronça les sourcils, perplexe, tandis qu'elle jetait un regard par-dessus les épaules du jeune homme puis derrière elle, avant de l'attirer derrière une façade de magasin dévastée par les bombardements, loin des regards indiscrets des passants.

— Je suis certaine de vous avoir prié de ne pas en parler à âme qui vive.

— C'est donc que vous vous souvenez.

— Bien sûr que je me souviens. Vous me prenez pour une idiote ?

Son regard se dirigea de nouveau vers la rue. Une femme passa d'un pas tranquille, un panier à la main.

— Je vous avais dit de ne parler de l'hôpital à personne, martela-t-elle à voix basse, une fois la femme éloignée.

— Je ne savais pas que ce « personne » vous concernait aussi, fit-il sur le même ton.

Vivien ravala la réplique qui lui était venue à l'esprit. L'homme semblait sérieux, mais il y avait dans son ton un soupçon d'ironie. Elle s'abstint d'entrer dans son jeu, n'ayant aucune envie de l'encourager.

— Eh bien, si, finit-elle par répondre. Cela me concernait aussi.

— Je vois. Je comprends, maintenant. Merci d'avoir eu la bonté de m'expliquer.

Un sourire flotta sur les lèvres de l'homme.

— J'espère seulement que je n'ai pas tout gâché en vous confiant votre secret.

Vivien se rendit compte qu'elle n'avait pas lâché le bras de l'inconnu ; elle recula dans les décombres, comme si le contact de cette peau l'avait brûlée, puis rajusta une lourde mèche de cheveux qui venait de glisser sur son front. La barrette incrustée de rubis que Henry lui avait offerte pour leur anniversaire de mariage était magnifique, mais moins efficace qu'une épingle à cheveux.

— Il faut que j'y aille, maintenant, reprit-elle sèchement.

Sans un mot, elle s'éloigna aussi vite que possible.

Elle l'avait reconnu au premier coup d'œil, naturellement. À peine s'étaient-ils bousculés qu'un long frisson électrique l'avait parcourue au souvenir de leur rencontre à la cantine. Elle ne pouvait toujours pas s'expliquer le rêve qu'elle avait fait juste après. Seigneur ! Un rêve dont les sourds échos, le lendemain, lui avaient coupé le souffle. Non qu'il soit érotique : c'était plus enivrant que cela et bien plus dangereux. Ces visions l'avaient emplie d'un désir dont elle pensait qu'il lui était passé depuis bien longtemps, un désir obscur et profond pour un lointain ailleurs, un autre temps – dont l'absence était aussi effroyable pour elle que celle d'un défunt aimé. Elle avait tout essayé pour effacer ce rêve de son esprit, ces ombres affamées qui s'obstinaient à la hanter. Au petit déjeuner, elle n'avait pas osé croiser le regard de Henry, de peur qu'il ne décèle ce qui se dissimulait en elle – elle qui était devenue si experte à lui cacher des choses.

— Un instant, s'il vous plaît.

Seigneur. L'homme revenait à la charge, la suivait. Vivien accéléra le pas, le menton haut. Il ne fallait pas qu'il la rattrape ; cela valait mieux. Et pourtant. Quelque chose en elle – une curiosité, une imprudence qui avait guidé ses pas d'enfant et lui avait valu tant d'ennuis, cette partie d'elle-même que son père avait nourrie, tandis que la tante Ada en désespérait, et qui n'était jamais morte, en dépit des affres qu'elle avait connues – lui dictait d'écouter ce que l'homme de son rêve avait à lui dire.

Vivien maudit cette malheureuse audace. Elle traversa la rue, pressa le pas sur le trottoir, ses talons claquant froidement sur les pavés. Pauvre sotte qu'elle était. S'il avait visité ses rêves, cette nuit-là, c'était tout simplement parce que son cerveau avait transmis son image au chaos inconscient d'où naissent les rêves.

— Attendez, fit-il, à deux pas derrière elle. Bon Dieu, c'est vrai que vous marchez vite. Vous devriez vous inscrire aux jeux Olympiques. Cela redonnerait le moral à la nation. Vous ne croyez pas ?

Elle ralentit légèrement son allure, s'abstenant cependant de regarder l'homme.

— Désolé, la conversation a bien mal commencé. Je ne voulais pas vous taquiner, tout à l'heure. En fait, j'étais très content de vous avoir rencontrée comme ça, par hasard.

— Ah oui ? Et pourquoi ?

Il s'immobilisa ; le sérieux de son expression la fit s'arrêter. Elle parcourut la rue du regard pour s'assurer qu'ils n'avaient pas été suivis.

— Ne vous inquiétez pas. Simplement… Depuis notre rencontre, j'ai pas mal repensé à l'hôpital, à Nella – la petite fille sur la photo.

— Je sais très bien de qui vous parlez, rétorqua sèchement Vivien. Je l'ai vue cette semaine, Nella.

— Elle n'a toujours pas quitté l'hôpital ?

— Non.

Son laconisme fit d'abord tiquer le jeune homme – excellent –, puis il esquissa un sourire. Il semblait évident qu'il voulait l'amadouer.

— J'aimerais bien rendre visite à cette petite fille, c'est tout. Je ne voulais pas vous importuner. Et je me ferai très discret une fois là-bas, je vous le promets. Si vous pouviez m'y emmener de temps en temps, je vous en serais très reconnaissant.

Elle aurait dû lui opposer un refus, elle le savait. S'il était une chose au monde dont elle n'avait ni besoin ni désir, c'était que cet homme l'accompagne chez le Dr Tomalin. L'entreprise était déjà bien assez dangereuse. Henry commençait à avoir des soupçons. Mais le jeune homme la fixait d'un regard si intense, et son expression (mon Dieu !) était si lumineuse, si pleine de bonté, d'espoir – ah, et cette sensation qui l'envahissait à nouveau, ce désir chatoyant du rêve...

— Je vous en prie.

Il lui tendit la main. Dans son rêve, elle l'avait prise.

— Il va falloir suivre le rythme, dit-elle d'une voix abrupte. Et vous n'aurez droit qu'à une visite, une seule.

— Hein ? Vous voulez dire, maintenant ? C'est là que vous allez ?

— Oui. Et je ne suis pas en avance.

Elle n'ajouta pas « grâce à vous », ce qui, espérait-elle cependant, allait sans dire.

— J'ai... un rendez-vous.

— Je vais me faire tout petit. Juré.

Dieu sait qu'elle n'avait pas eu l'intention de lui donner de l'espoir, mais, vu son large sourire, elle avait manqué son coup.

— Je vous y emmène aujourd'hui, reprit-elle, après quoi vous disparaissez.

— Vous n'avez tout de même pas cru que j'étais réellement invisible ?

Elle ne lui fit pas la grâce d'un sourire.

— Et vous oublierez tout ce que je vous ai dit le soir où nous nous sommes rencontrés, à la cantine.

— Vous avez ma parole d'honneur, dit-il en lui tendant de nouveau la main. Je m'appelle...

— Non.

La réponse avait claqué, rapide ; le jeune homme eut l'air surpris.

— Pas de noms. Cela, c'est bon pour les amis. Nous ne le sommes pas.

Il cligna des yeux, puis hocha la tête.

La voix de Vivien était glaciale. Mais ce n'était pas grave : elle s'était déjà montrée bien assez imprudente.

— Je vous le redis une dernière fois, ajouta-t-elle. Une fois que vous aurez rendu visite à Nella, je compte sur vous pour que nos chemins ne se recroisent jamais.

Jimmy n'était pas si loin de la vérité quand il parlait des jeux Olympiques. Vivien Jenkins marchait comme quelqu'un qui porte une cible entre les épaules. Ou plutôt, comme quelqu'un qui s'efforce de garder un mètre d'avance sur le malheureux auquel elle a accordé, bien malgré elle, le droit de l'accompagner à un rendez-vous amoureux. S'il voulait ne pas la perdre dans le dédale des petites rues du bord de la Tamise, il lui fallait aller au trot. Impossible dans ces conditions d'avoir la moindre conversation avec elle. Ce qui n'était pas plus mal. Moins ils se parlaient, mieux cela valait. Comme elle le lui avait dit, ils n'étaient pas amis, ne le seraient jamais. Jimmy était heureux que Vivien ait prononcé ces mots : le rappel était bienvenu. Car il avait du mal à ne pas sympathiser avec les gens. La froideur de leur relation devait être réciproque.

S'il avait fini par donner son accord au plan de Dolly, c'était en partie parce qu'elle l'avait convaincu de son innocuité.

« Tu vois, c'est d'une simplicité biblique, lui avait-elle dit en lui serrant la main bien fort dans le Lyons, près de Marble Arch. Tu la rencontres dans la rue, comme ça, apparemment sans le faire exprès, et tout en brodant sur cette merveilleuse coïncidence, tu lui expliques que tu voudrais rendre visite à la petite fille, celle du bombardement, qui n'a plus ses parents.

— Nella, avait-il soufflé en regardant le soleil effleurer le bord métallique de la table sans en tirer la moindre étincelle.

— Elle te dira oui, certainement. Surtout si tu lui rappelles à quel point tu as été ému par le sort de la petite fille – ce qui n'est pas un mensonge, d'ailleurs. Hein, Jimmy ? Tu m'as dit toi-même que tu voulais la voir, que tu voulais savoir comment elle allait. »

Il avait opiné du chef sans croiser le regard de Dolly.

« Donc, tu l'accompagnes, tu te débrouilles pour organiser une autre rencontre et c'est alors que j'interviens et que je prends une photo de vous sur laquelle vous avez l'air, disons, proches. Nous lui écrirons ensuite une lettre – anonyme, bien sûr – dans laquelle nous lui décrirons le cliché qui est en notre possession. Et là, elle ne sera que trop heureuse de faire le nécessaire. »

Dolly avait éteint sa cigarette en l'enfonçant profondément dans le cendrier.

« Tu vois ? C'est si simple que ça en devient imparable. »

Simple, oui, sans doute, et peut-être imparable, mais moralement répréhensible.

« Doll, c'est de l'extorsion de fonds, avait-il dit d'une voix douce en la regardant dans les yeux. C'est du *vol*.

— Non, avait répliqué Dolly, inébranlable. Ce n'est que justice. Après ce qu'elle m'a fait – après ce qu'elle *nous* a fait, Jimmy –, elle le mérite amplement. Sans compter ses infidélités. Et puis elle est richissime. On ne lui demande presque rien ; ça ne lui manquera pas, tu sais.

— Mais son mari ? Il…

— … n'en saura jamais rien. C'est ça qui est fantastique, Jimmy. Tout appartient à Vivien. La maison de Campden Grove, les rentes… C'est sa grand-mère qui lui a tout légué, à la condition expresse qu'elle en reste seule maîtresse même après son mariage. Tu aurais dû entendre lady Gwendolyn sur la question. Elle trouvait la blague excellente. »

Sans doute Dolly avait-elle senti la réticence de Jimmy, car la panique s'était emparée d'elle. Ses grands yeux s'étaient écarquillés un peu plus, implorants ; elle avait croisé les doigts, comme à la prière.

« Tu ne comprends donc pas ? Elle le sentira à peine passer. Mais nous – toi et moi, Jimmy –, nous pourrons enfin vivre ensemble, mariés. Heureux, Jimmy. »

Ne sachant que répondre, il était resté silencieux, ses doigts tripotant machinalement une allumette tandis que la tension s'accroissait entre eux deux. Ses pensées s'étaient mises à vagabonder, ce qui lui arrivait toujours lorsqu'il était contrarié. Il s'était surpris à songer à son père, à la petite pièce qu'ils partageaient, en attendant mieux ; le vieil homme s'installait à la fenêtre pour regarder la rue et se demandait à voix haute comment sa femme allait les retrouver à présent : c'était peut-être pour cela qu'elle n'était pas rentrée. Et tous les soirs, il demandait à son fils : « Jimmy, s'il te plaît, rentrons chez nous, maintenant. »

Le cœur de Jimmy se brisait presque à entendre les sanglots de son père dans son oreiller et la prière qu'il adressait sans cesse à la cantonade : « Ah, si tout pouvait reprendre comme avant ! » Le jour où il aurait des enfants, Jimmy espérait bien qu'il saurait sécher leurs larmes – ces larmes du désespoir enfantin qui considère que le monde vient de se briser en mille morceaux. Mais quand il vous fallait consoler votre propre père, c'était autrement plus dur. Jimmy avait repensé à toutes ces âmes perdues qu'il avait photographiées depuis le début de la guerre, les endeuillés, les dépossédés, les désespérés, les courageux ; puis il avait contemplé Dolly, qui venait d'allumer une énième cigarette et la fumait, anxieuse : qu'elle était loin, cette Dolly, de la jeune fille du bord de mer, aux yeux rieurs. Sans doute son père n'était-il pas le seul à souhaiter pouvoir remonter le temps.

Ou s'élancer vers le futur. L'allumette s'était cassée net entre ses doigts. On ne pouvait pas retourner dans le passé, bien sûr. Ce n'était qu'un vain désir. Cependant, il y avait une autre façon d'échapper au présent – le saut en avant. Jimmy s'était souvenu des semaines qui s'étaient écoulées après la scène du restaurant, le désert immense qui s'était alors étendu, obscur, sous ses yeux, la solitude qui l'avait tenu éveillé nuit après nuit, à écouter les sanglots de son père et les battements incessants et misérables de son propre cœur. Finalement, était-elle si immorale que cela, la proposition de Dolly ?

En temps normal, la réponse de Jimmy aurait été sans ambiguïté : oui, elle l'était. Mais avec le blitz et les destructions alentour, eh bien – Jimmy avait secoué la tête, hésitant –, rien n'était plus comme avant. Le mal et le bien n'étaient-ils pas devenus des principes trop rigides ?

Tandis qu'il alignait soigneusement les morceaux de l'allumette sur la table, Dolly avait soupiré lourdement. Elle s'était affaissée contre la banquette de cuir, le visage enfoui dans ses mains frêles. De nouveau, il avait remarqué les éraflures sur ses bras si maigres.

« Jimmy, avait-elle dit entre ses doigts, je suis navrée. Je n'aurais pas dû te demander une chose pareille. Ce n'était qu'une idée en l'air. Je voulais… je voulais seulement… »

Sa voix n'était plus qu'un murmure, comme si elle hésitait à lui présenter la vérité dans toute sa nudité, dans toute son horreur.

« Jimmy, elle m'a regardée *comme si je n'existais pas*. »

Dolly aimait jouer à faire semblant ; nul n'était aussi habile qu'elle à se glisser dans la peau d'un personnage imaginaire. Mais celle qu'il avait sous les yeux en cet instant était la vraie Dolly. Sa franchise sans fard l'avait touché au cœur. Ainsi, Vivien Jenkins avait considéré sa Doll, sa magnifique Dolly – Dolly si vive, si étincelante, dont le rire lui donnait l'impression de vivre plus intensément, Dolly qui avait tant à donner au monde –, comme si elle n'existait pas. Jimmy n'avait pas eu besoin d'en savoir plus.

— Vite.

Vivien Jenkins s'était immobilisée devant un immeuble de brique qui ne se distinguait de ses voisins que par une plaque de cuivre fixée sur la porte. Dr M. Tomalin, médecin. Elle jeta un regard à l'élégante montre d'or rose qu'elle portait au poignet, puis scruta la rue ; le soleil fit étinceler sa sombre chevelure.

— Je n'ai pas de temps à perdre, monsieur...

Elle inspira sèchement, se souvenant trop tard de leur accord.

— Peu importe. J'ai déjà bien assez de retard.

Jimmy lui emboîta le pas. La porte s'ouvrit sur ce qui avait dû être autrefois l'immense vestibule d'une demeure de maître, converti depuis en espace d'accueil de l'hôpital. Une femme, dont les cheveux d'un gris métallique étaient coiffés en rouleaux de victoire des plus fermement patriotiques, leva les yeux de son bureau aux pieds ouvragés.

— Ce monsieur vient rendre visite à Nella Brown, annonça Vivien.

La femme tourna la tête vers Jimmy et le regarda sévèrement par-dessus ses lunettes en demi-lune. Il sourit ; elle resta impassible. Une explication semblait requise : plus encore, elle était impatiemment attendue. Jimmy s'approcha du bureau. Il se sentait soudain aussi timide qu'un petit garçon tiré de la forge dans un roman de Dickens, qui, confronté à la grandeur, se trouve réduit à tripoter la mèche qui lui tombe sur les yeux.

— Je connais Nella, marmonna-t-il. Pour ainsi dire. En fait, nous nous sommes croisés le soir où sa famille a été tuée. Je suis photographe. Photographe de presse. Je suis passé lui dire bonjour. Je voulais voir comment elle allait.

Il coupa net à son bavardage, lança un regard plein d'espoir à Vivien. Peut-être allait-elle intervenir, appuyer ses propos ? Elle n'en fit rien.

Une horloge égrenait son tic-tac, un avion survola les toits ; la réceptionniste finit par émettre un lent soupir méditatif.

— Je vois, articula-t-elle, comme si elle se préparait à laisser rentrer Jimmy à son corps défendant. Un photographe de presse. Quel est votre nom, déjà ?

— Jimmy, répondit-il en regardant Vivien à la dérobée.

Elle détourna les yeux.

— Jimmy Metcalfe.

Il aurait pu mentir – sans doute aurait-ce été plus prudent. Mais il avait répondu spontanément. Jimmy n'était pas un menteur expérimenté.

— Je voulais juste savoir comment allait la petite.

La femme le considéra, les lèvres pincées, puis esquissa un hochement de tête.

— Très bien, monsieur Metcalfe, veuillez me suivre. Mais je vous préviens : il est hors de question que quiconque vienne troubler la tranquillité de ce lieu et de ses patients. Au moindre incident, je me verrai dans l'obligation de vous congédier.

Jimmy eut un sourire où la reconnaissance se mêlait à une certaine crainte.

La femme poussa sa chaise sous le bureau, redressa la croix d'or qu'elle portait au cou, accrochée à une fine chaîne. Puis, sans se retourner, elle commença à gravir les marches d'un pas décidé qui exigeait qu'on la suive. Ce que Jimmy fit. À mi-chemin, il se rendit compte que Vivien était restée dans le vestibule. Il se retourna : elle remettait de l'ordre dans sa coiffure devant un miroir ovale.

— Vous ne venez pas ? demanda-t-il d'une voix qu'il aurait voulue basse, mais qui, sous la coupole de l'entrée, résonna avec une force terrible.

Elle secoua la tête.

— J'ai autre chose à faire. Quelqu'un à voir.

Puis elle rougit.

— Allez-y, voyons. En plus, je vous l'ai dit, je suis en retard.

Jimmy resta une heure dans le dortoir à regarder Nella faire des claquettes. Puis une cloche résonna.

— C'est le déjeuner, dit-elle.

Sans doute était-ce le moment de prendre congé, se dit-il. Nella lui prit la main et ils parcoururent le couloir jusqu'au palier.

— Vous reviendrez quand ? lui demanda-t-elle.

Jimmy ne sut tout d'abord que répondre. Ses plans ne l'avaient pas mené si loin. Cependant, lorsqu'il baissa les yeux vers le visage franc et sérieux de la fillette, il lui revint brusquement le souvenir impérieux de sa mère sur le départ, ainsi qu'une prise de conscience lumineuse. Il y était question de l'innocence des enfants, de la facilité avec laquelle ils accordaient leur confiance et glissaient leur petite main douce dans la vôtre, convaincus qu'un adulte ne leur ferait pas défaut.

— Eh bien, dans deux ou trois jours, si cela te va ? répondit-il.

Elle acquiesça, puis lui fit un signe de la main et un immense sourire, avant de partir vers le réfectoire en faisant des claquettes.

— Tu t'es débrouillé comme un chef, le félicita Doll le soir même, quand il lui eut raconté toute l'affaire.

Elle l'avait écouté, avide ; lorsqu'il avait mentionné les efforts cosmétiques de Vivien devant le miroir du vestibule, elle avait ouvert de grands yeux. Vivien avait rougi ? C'était sans doute qu'elle se sentait coupable, avaient-ils conclu (« Je te l'avais bien dit ! Elle fréquente ce docteur dans le dos de son mari ! »). Maintenant Dolly souriait.

— Jimmy, nous ne sommes plus loin du but !

Lui n'en était pas si certain. Il alluma une cigarette.

— Je ne sais pas, Doll. La situation est complexe. J'ai promis à Vivien de ne pas remettre les pieds à l'hôpital…

— Oui, mais tu as juré le contraire à Nella.

— Tu comprends donc mon dilemme.

— Quel dilemme ? Tu ne vas pas revenir sur une promesse faite à une enfant, tout de même ! Une orpheline, qui plus est.

Non, bien sûr, il n'allait pas se rendre coupable d'une telle lâcheté. Mais, visiblement, il n'avait pas réussi à faire comprendre à Dolly à quel point Vivien avait été ferme.

— Jimmy ! Tu ne vas pas laisser tomber Nella, dis ?

— Non, non, répondit-il avec un geste de la main, faisant décrire une volute à la fumée de sa cigarette. Je retournerai la voir. Mais ça ne va pas faire plaisir à Vivien. Elle a été… catégorique.

— Tu trouveras bien un moyen de l'amadouer, dit Dolly en prenant entre ses mains le visage de son ami. Tu ne t'en rends peut-être pas compte, mais tu attires la sympathie, Jimmy.

Elle se pencha vers lui, jusqu'à presser légèrement ses lèvres sur l'oreille du garçon.

— La mienne en tout cas, ajouta-t-elle, taquine.

Tandis qu'elle l'embrassait, Jimmy eut un sourire absent, trop occupé à imaginer le déplaisir de Vivien Jenkins lorsqu'elle le reverrait à l'hôpital, qui avait enfreint ses ordres. Comment lui expliquerait-il sa réapparition ? Suffirait-il de lui dire que Nella lui avait demandé de revenir ? Dolly coupa court à ses ruminations.

— C'est vraiment le meilleur moyen, dit-elle en se rasseyant.

Jimmy fit oui de la tête. Elle avait sûrement raison.

— Va voir Nella, tombe sur Vivien, comme par hasard, conviens avec elle d'un lieu et d'une heure, et je me charge du reste.

Elle inclina la tête et lui décocha un sourire.

— C'est simple comme bonjour, non ?

Il réussit à esquisser un vague rictus en retour.

— Comme bonjour.

Simple en théorie peut-être, sauf que Jimmy ne « tomba » jamais sur Vivien. Dans les quinze jours qui suivirent, il retourna à l'hôpital voir Nella chaque fois qu'il le put. Il aperçut Vivien deux fois de loin, mais rien ne se passa qui eût pu la faire changer d'avis sur son compte ni, bien sûr, lui donner envie de le revoir. La première fois,

Jimmy l'avait vue sortir de l'hôpital au moment où il s'engageait dans Highbury Street. Elle s'était arrêtée un instant sur le perron, avait parcouru la rue du regard tout en dissimulant son visage sous un foulard. Le temps qu'il arrive devant l'immeuble, elle était déjà partie dans la direction opposée, tête baissée, fuyant les regards curieux.

La seconde fois, elle s'était montrée moins prudente. Jimmy, qui venait juste d'arriver à l'hôpital, patientait devant le bureau de Myra (la femme aux cheveux gris – ils s'entendaient à merveille, dorénavant). Il avait alors remarqué que la porte du cabinet du Dr Tomalin était entrouverte. Il s'était approché et, là, il avait aperçu Vivien, riant tout bas avec une personne cachée derrière l'embrasure. Et tandis qu'il plissait les yeux, une main d'homme s'était posée sur l'avant-bras nu de la jeune femme. Jimmy avait senti son estomac se nouer.

Ah, s'il avait eu son appareil photo ! Il distinguait mal le docteur, mais Vivien, elle, était bien visible. La main de l'homme sur son poignet, l'expression détendue du visage de la jeune femme…

L'occasion aurait été parfaite. Jimmy était encore en train de se reprocher sa négligence lorsque Myra surgit de nulle part, ferma la porte et lui demanda de ses nouvelles.

Une semaine après cet épisode, tandis que Jimmy franchissait les dernières marches du premier étage et se dirigeait vers le dortoir de Nella, il aperçut devant lui une silhouette familière. Il s'arrêta, feignant d'admirer avec ardeur une affiche qui vous enjoignait de « Creuser pour la victoire ! », sur laquelle on pouvait voir un gamin armé d'une binette et d'une bêche. Il tendit l'oreille, suivit le bruit des pas de Vivien. Dès qu'elle eut disparu, il se lança à sa poursuite, le cœur battant, épiant sa progression à distance. Parvenue devant une petite porte que Jimmy n'avait pas remarquée auparavant, elle l'ouvrit. Derrière se trouvait un escalier étroit qu'il entreprit de gravir rapidement, sur la pointe des pieds. Un fin rai de lumière sous une porte lui indiqua que Vivien était certainement passée par là. Il poussa le battant : l'étage auquel il se trouvait à présent était plus bas de plafond ; l'atmosphère de l'hôpital n'y était pas aussi manifeste. Il entendit le bruit des pas de Vivien, sans savoir dans quelle direction elle était partie. Puis, jetant un regard à sa gauche, il la vit passer en ombre chinoise sur un papier peint bleu et or aux couleurs défraîchies. Un sourire se dessina sur ses lèvres ; cette filature amusait le petit garçon en lui. Il continua.

Jimmy était presque certain que Vivien allait retrouver le Dr Tomalin en secret, tout là-haut, dans les lointaines mansardes de la vieille maison : qui aurait eu l'idée d'aller les y chercher ? Personne, sauf lui. Il tendit le cou et vit Vivien s'immobiliser. Cette fois-ci, il n'avait pas oublié son appareil photo. Mieux valait prendre un cliché réellement compromettant, plutôt que de se livrer à cette ridicule comédie de la fausse rencontre imaginée par Dolly. Vivien apparaîtrait ainsi sous son vrai jour – un jour malhonnête –, ce qui, d'une certaine façon, le soulageait. Resterait à envoyer la lettre. Ça, tout de même, c'était du chantage. Autant appeler un chat un chat. Jimmy continuait à trouver l'idée horrible.

Vivien ouvrit la porte. Il se faufila à sa suite en retirant le bouchon de son objectif, coinça la porte du bout du pied avant qu'elle ne se referme, puis leva l'appareil, prêt à presser sur le déclencheur.

Ce qu'il aperçut dans le viseur, cependant, le fit renoncer à son geste.

24

Greenacres, 2011

Les sœurs Nicolson (moins Daphne, qui tournait une publicité pour sa chaîne mais qui promit de venir dès qu'ils pourraient se passer d'elle) ramenèrent Dorothy à la maison le samedi matin. Rose était inquiète : elle n'avait pu joindre Gerry ; Iris, qui n'aimait rien tant que prendre les rênes, annonça qu'elle avait eu des nouvelles par la faculté : Gerry était en déplacement pour une affaire « des plus importantes ». Le message lui serait transmis, avait promis la secrétaire. Pendant qu'Iris parlait, Laurel avait machinalement tendu la main vers son téléphone, puis jeté un coup d'œil à l'écran. Pourquoi Gerry tardait-il à lui donner des nouvelles du Dr Rufus ? Elle résista cependant à la tentation de l'appeler. Gerry avait ses méthodes de travail, son rythme. Et elle savait par expérience que son téléphone au bureau sonnerait dans le vide.

À l'heure du déjeuner, Dorothy avait réintégré sa chambre et dormait d'un profond sommeil, ses cheveux étalés en halo blanc sur la taie d'oreiller bordeaux. Les trois sœurs échangèrent des regards, puis convinrent muettement de laisser leur mère se reposer. Le ciel s'était dégagé ;

il faisait une chaleur inhabituelle pour la saison. Elles s'installèrent dans la balancelle sous l'arbre et dégustèrent les petits pains qu'Iris avait tenu à préparer seule, profitant de ce qui serait sans doute la dernière apparition de la chaleur cette année.

Le week-end se passa tranquillement. Les sœurs se tenaient le plus souvent autour du lit de Dorothy, parfois lisant, parfois discutant à voix basse. Elles jouèrent même au Scrabble. Une seule fois cependant : la connaissance prodigieuse que Rose avait des mots à deux lettres, tous plus improbables les uns que les autres, fit exploser Iris. Surtout, elles veillèrent en silence sur leur mère endormie. C'était une bonne chose, songeait Laurel, que d'avoir ramené maman à Greenacres. C'était son foyer, son point d'attache, cette drôle de vieille maison au grand cœur, découverte par hasard et immédiatement adoptée par Dorothy comme son unique et véritable foyer.

« J'avais toujours rêvé d'une maison comme Greenacres, disait-elle autrefois à ses filles. Pendant un long moment, j'ai cru que je n'aurais jamais cette chance. Puis tout s'est arrangé. Et dès que je l'ai vue, j'ai su que ce serait celle-là et pas une autre. »

Laurel se demandait si leur mère avait pensé à ce jour lointain en ce samedi, lorsqu'elles l'avaient ramenée de l'hôpital, si elle s'était souvenue du vieux fermier qui leur avait préparé du thé, à elle et à papa, des oiseaux qui les observaient derrière les planches clouées de la cheminée. Si elle avait pensé à la jeune femme qu'elle était alors, sa deuxième chance bien en main, les yeux tournés vers l'avenir, s'efforçant d'oublier un passé douteux. Ou Dorothy avait-elle plutôt songé aux événements terribles de ce jour de juin 1961, à l'impossibilité d'échapper à son histoire ? Mais, après tout, peut-être Laurel était-elle par trop sentimentale, peut-être que les larmes que sa mère avait versées sans un bruit, installée sur la banquette avant de la voiture de Rose, n'étaient-elles dues qu'au grand âge et à la maladie ?

Quoi qu'il en soit, ce retour avait fatigué Dorothy : elle dormit la plupart du week-end, s'alimenta peu et parla moins encore. Laurel, lorsqu'elle se trouvait seule à ses côtés, aurait voulu qu'elle sorte de sa torpeur, soulève ses paupières lasses et reconnaisse sa fille aînée, afin qu'elles puissent reprendre leur conversation. Elle avait besoin de savoir ce que sa mère avait dérobé à Vivien Jenkins : c'était la clef du mystère. Henry Jenkins ne se trompait pas lorsqu'il disait que la mort de sa femme n'était pas qu'un accident, qu'elle avait été la victime d'escrocs. Ce pluriel intriguait Laurel : était-ce simplement une façon de s'exprimer, ou Dorothy avait-elle eu un complice ? Jimmy, peut-être, l'homme qu'elle avait aimé et perdu. Était-ce la raison de leur séparation, du reste ? Mais Dorothy restait muette. D'ailleurs, à la regarder si paisiblement endormie, Laurel avait l'impression que sa mère avait déjà franchi un seuil invisible au-delà duquel les fantômes du passé ne pouvaient plus la hanter.

Le lundi, cependant, aux premières heures du jour, elle fut visitée par les peurs qui l'avaient taraudée ces derniers temps. Rose et Iris étaient rentrées chez elles pour la nuit, si bien que ce fut Laurel qui se réveilla en sursaut dans le noir et s'en fut, le pas vacillant, dans le couloir, la main sur le mur, cherchant à tâtons l'interrupteur. Le souvenir lui revint des innombrables nuits où sa mère avait dû en faire autant pour elle-même, chassant les monstres qui peuplaient ses cauchemars d'enfant, caressant ses cheveux en lui murmurant à l'oreille : « Chut, ma petite poule... allons, chut. »

Quels que soient les sentiments contrastés que lui inspirait sa mère ces jours-ci, Laurel vivait comme un privilège cette consolation en retour, de l'enfant à la mère. Elle dont le départ de la maison avait causé une telle angoisse à ses parents, elle qui n'était pas présente lorsque son père était mort, elle qui n'avait jamais eu de responsabilité qu'envers elle-même ou son art...

Laurel s'assit sur le lit, près de sa mère, qu'elle serra contre elle d'un geste ferme et doux. La longue chemise de nuit de coton blanc était trempée – résultat du cauchemar ; la vieille dame tremblait de tout son maigre corps, sanglotant.

— C'était de ma faute, Laurel.

— Chut, chut. Allons, tout va s'arranger.

— Elle est morte par ma faute.

— Je sais, je sais.

Henry Jenkins n'avait-il pas dit que si Vivien était morte, c'était qu'elle se trouvait en un lieu dont elle se serait tenue écartée si elle n'y avait été conduite par quelqu'un ?

— Allons, maman. Voilà, c'est fini.

La respiration de Dolly retrouva un rythme lent et régulier ; Laurel se mit à songer à la nature de l'amour. Qu'elle aime encore si fort sa mère en dépit de ce qu'elle apprenait sur elle ne laissait pas d'être remarquable. Les mauvaises actions ne vous font pas détester ceux qui les commettent. Mais quelle désillusion ! Si Laurel s'y était abandonnée, elle en aurait terriblement souffert. Désillusion : un mot bien ordinaire, en apparence. Mais la honte et l'impuissance qui l'accompagnaient avaient de quoi vous ôter le souffle. Non que Laurel eût espéré la perfection. Elle n'était plus une enfant. Et elle ne partageait pas la foi aveugle de son frère, pour qui Dorothy ne pouvait avoir commis aucune vilenie et était forcément innocente. Non, ça non. Laurel avait les pieds sur terre. Leur mère était un être humain comme les autres : elle n'avait probablement pas toujours eu une conduite irréprochable. Elle avait haï, convoité, erré, tout comme Laurel. Et puis, il y avait eu ce geste qu'elle l'avait vue faire...

— Il est revenu me chercher.

La voix chevrotante de sa mère fit sursauter Laurel.

— Pardon, maman ?

— Je m'étais cachée, mais il m'a retrouvée.

Laurel comprit qu'elle parlait de Henry Jenkins. Elles s'approchaient inexorablement de ce qui s'était produit en ce jour de juin 1961.

— Il est parti, maman, il ne reviendra pas.

Ce murmure :

— Je l'ai tué.

Laurel retint son souffle.

— Je sais, maman, chuchota-t-elle en retour.

— Tu me pardonnes, ma fille ?

Question que Laurel ne s'était pas encore posée. Prise au dépourvu, elle ne put répliquer que ceci :

— Chut, maman. Tout va bien se passer. Je t'aime.

Quelques heures plus tard, alors que le soleil apparaissait au-dessus de la cime des arbres, Laurel passa le témoin à Rose et se dirigea vers le garage.

— Tu retournes à Londres ? lui demanda sa sœur, qui l'avait accompagnée dans le jardin.

— Non, Rosie, je vais à Oxford aujourd'hui.

— Ah, Oxford.

Rose tripotait ses perles.

— Toujours tes recherches ?

— Exactement.

— Tu approches du but ?

— Eh bien, répondit Laurel qui s'était faufilée derrière le volant et tendait le bras pour claquer la portière, je crois bien que oui.

Elle sourit et engagea la marche arrière, contente de pouvoir s'échapper avant que Rose ne lui pose des questions auxquelles elle ne pourrait répondre que par de vilains mensonges.

Le vendredi de la semaine précédente, le bibliothécaire de la salle de lecture de la British Library avait semblé plutôt ravi de traiter ses demandes. D'abord l'obscure biographie de Jenkins, puis cette question : y avait-il un moyen de retrouver la correspondance de Mlle Katy Ellis ? Il avait fixé son écran d'ordinateur avec détermination, les sourcils froncés, prenant des notes de temps à autre ; les espérances de Laurel avaient varié avec les mouvements de sourcils de l'employé, jusqu'à ce que sa concentration extatique finisse par troubler ce dernier. La recherche allait prendre un moment, avait-il alors précisé. Il serait enchanté de poursuivre ses investigations pendant que Mme Nicolson vaquerait à ses occupations. L'invite n'avait pas échappé à Laurel, qui était allée prendre l'air et fumer une cigarette (bon, d'accord : trois, en fait) en faisant les cent pas, remontée comme un ressort, avant de revenir en courant dans la salle de lecture.

Le bibliothécaire n'avait pas chômé. Il avait tendu à Laurel un bout de papier avec le sourire épuisé et heureux d'un marathonien en bout de course. « Je l'ai retrouvée. »

Et si ce n'était la vraie Katy Ellis, du moins étaient-ce ses archives. Elles étaient conservées à la bibliothèque de New College, à Oxford. Katy Ellis y avait préparé son doctorat ; ses légataires avaient fait don de ses journaux et de sa correspondance à l'établissement après sa mort, survenue en septembre 1983. New College détenait également un exemplaire de son autobiographie : Laurel cependant estima qu'elle avait plus de chance de trouver ce qu'elle cherchait dans les documents originaux.

Elle gara la Mini verte à Thornhill et prit le bus pour le centre-ville d'Oxford. Le chauffeur lui conseilla de descendre dans High Street, juste en face de Queen's College – ce qu'elle fit. Elle dépassa la Bodleian Library, remonta Holywell Street et se retrouva enfin devant New College. Elle ne se lassait pas de l'extraordinaire beauté des bâtiments universitaires – la moindre pierre, la moindre tourelle, la moindre flèche s'élevant vers les cieux, gainée du poids du passé. Ce jour-là, cependant, Laurel n'était pas venue en touriste ; elle n'avait pas le temps de s'attarder. Elle glissa les mains dans les poches de son pantalon, baissa la tête pour se protéger du froid et traversa à la hâte la pelouse, jusqu'aux portes de la bibliothèque.

Elle y fut accueillie par un jeune homme à la tignasse bleu-noir. Laurel se présenta et précisa les raisons de sa venue. Le bibliothécaire de la British Library avait dû appeler le vendredi précédent pour prendre rendez-vous en son nom.

— Mais oui, oui, fit le jeune homme.

Il s'avéra qu'il s'appelait Ben et qu'il effectuait, avec un enthousiasme manifeste, une formation d'un an à la bibliothèque.

— Je l'ai eu au téléphone. Vous venez consulter les archives d'une de nos anciennes élèves.

— Katy Ellis.

— Oui. Je vous ai sorti les dossiers de notre chambre forte.

— Extra. Merci beaucoup.

— Oh, de rien. Dès que je peux faire des recherches là-haut…

Un sourire de conspirateur aux lèvres, il se pencha vers Laurel.

— C'est dans une tour. Il faut prendre un escalier en colimaçon, auquel vous accédez par une porte dissimulée dans les boiseries de la grande salle. On se croirait à Poudlard.

Laurel avait lu *Harry Potter*, bien sûr, et, comme tout un chacun, elle appréciait à leur juste valeur les charmes de l'architecture ancienne. Mais les heures d'ouverture de la bibliothèque n'étaient pas très généreuses et les lettres de Katy Ellis étaient pratiquement à portée de main : la conjonction de ces deux faits l'emplissait d'une terreur certaine à l'idée de passer une minute de plus à bavarder d'architecture ou de littérature avec Ben. Elle feignit l'ignorance avec un grand sourire (« Poudlard ? »), auquel il répondit tout en n'en pensant pas moins « pauvre Moldue, va ») et la conversation reprit un cours plus sérieux.

— Les archives vous attendent dans la salle de lecture. Je vais vous y conduire, si vous voulez bien. C'est un vrai labyrinthe.

Laurel lui emboîta le pas le long d'un couloir de pierres nues ; Ben la régala d'un exposé sur l'histoire de New College jusqu'à ce qu'ils atteignent, après maints détours, une salle de lecture dont les fenêtres donnaient sur un splendide mur médiéval couvert de lierre.

— Nous y voilà, annonça Ben en s'arrêtant devant une table sur laquelle avaient été empilées une vingtaine de boîtes d'archives. Les conditions de travail vous conviennent-elles ?

— Ça ira très bien, merci infiniment.

— Parfait. Je vous ai mis une paire de gants. Vous devez les enfiler lorsque vous manipulez les documents. Je ne suis pas loin – si vous avez besoin de moi…

Il désigna un bureau couvert de paperasse, à l'autre bout de la salle.

— Je transcris, ajouta-t-il en guise d'explication.

Laurel s'abstint soigneusement de lui demander quels textes, de crainte que la conversation ne s'éternise. Il s'éloigna avec un signe de la tête.

Elle s'accorda une pause, puis se mit à siffler tout bas dans le silence de pierre de la bibliothèque. Enfin seule avec les lettres de Katy Ellis ! Elle se campa devant la table et fit craquer ses phalanges – et ce n'était pas une façon de parler. Ce geste lui semblait approprié. Après quoi, elle enfila ses lunettes et les gants blancs.

Les boîtes étaient toutes sur le même modèle : carton marron garanti sans acide, de la taille d'une encyclopédie. Chacune portait un nom et un code ésotérique qui renvoyait sans doute au catalogue de la bibliothèque. Laurel aurait pu demander des explications à Ben, mais serait-elle de taille à supporter le cours enthousiaste sur les méthodes d'archivage qui s'ensuivrait selon toute probabilité ? Apparemment, les boîtes avaient été classées par ordre chronologique... Elle était prête à parier que le mystère s'éclaircirait dès qu'elle se serait jetée à l'eau.

Elle souleva le couvercle de la boîte numéro 1 et y trouva quelques enveloppes. La première contenait une vingtaine de lettres enserrées d'un ruban blanc ; un morceau de carton était glissé dans la liasse pour lui donner de la tenue. Laurel jeta un coup d'œil à la pile. Katy Ellis, apparemment, avait été une correspondante assidue. Les lettres semblaient classées par date de réception, mais comment allait-elle trouver l'expéditeur qui l'intéressait ? N'y avait-il pas une méthode plus rapide que la fouille exhaustive ?

Laurel pianota sur la table, songeuse, puis regarda les cartons par-dessus ses lunettes. Ah ! Bien sûr. Elle sourit. L'index. Elle le ramassa et le parcourut, espérant du fond du cœur qu'une liste des expéditeurs et des destinataires avait été constituée. C'était le cas. Retenant son souffle, Laurel consulta la colonne des expéditeurs. Voyons, à quelle lettre ? J pour Jenkins, L pour Longmeyer, V pour Vivien ?

Elle essaya les trois. Aucune trace de ces noms.

Elle recommença avec une attention redoublée. L'index ne mentionnait aucune lettre d'une

Vivien Longmeyer ou d'une Vivien Jenkins. Et cependant, Katy Ellis y faisait référence dans le bref extrait de *La Passion d'enseigner* reproduit dans la biographie de Henry Jenkins. Laurel ressortit la photocopie qu'elle avait faite à la British Library. *Lors de notre longue traversée, je pus gagner la confiance de la jeune Vivien, au point que nous nouâmes une relation qui dura de longues années. Nous nous écrivîmes avec une chaleureuse régularité jusqu'à sa tragique disparition, pendant la Seconde Guerre mondiale.* Laurel serra les dents et vérifia la liste une dernière fois.

Rien. Néant.

Mais cela n'avait pas de sens ! Katy Ellis en avait parlé, de cette correspondance qui avait duré une vie. *Régulière et chaleureuse.* Où étaient passées les lettres ? Laurel jeta un coup d'œil au dos voûté du jeune Ben. Il fallait bien en passer par lui.

— C'est tout ce qui nous a été confié, lui répondit-il lorsqu'elle eut expliqué son problème.

Laurel montra sa photocopie. Le jeune homme plissa le nez. Hum, curieux, en effet. Puis son visage s'illumina.

— Katy Ellis a peut-être détruit ces lettres avant de mourir ?

Sans le savoir, il était en train de réduire en poussière les espérances de Laurel comme une feuille morte entre ses doigts.

— Ça arrive parfois, surtout avec des personnes qui prévoient de léguer leur correspondance. Ils font le ménage, s'assurent que leurs archives ne sont constituées que de pièces transmissibles. À votre avis, la théorie peut s'appliquer à Mlle Ellis ?

Laurel réfléchit un moment. Oui, pourquoi pas ? Les lettres de Vivien comprenaient peut-être des éléments indiscrets ou compromettants. Tout était possible… Le cerveau de Laurel bouillonnait.

— Ne pourraient-elles pas être classées ailleurs ? demanda-t-elle.

— Non, New College est le seul légataire des archives de Katy Ellis. Tout ce qu'elle a laissé se trouve ici.

Laurel aurait bien balancé les jolies boîtes de carton aux quatre coins de la pièce, au grand effroi du pauvre Ben. Approcher si près du but et tomber sur un tel obstacle – c'était déprimant. Elle allait retourner la tête basse à sa table lorsqu'une idée lui traversa l'esprit.

— Un journal, prononça-t-elle d'une voix basse.

— Pardon ?

— Un journal. Katy Ellis en tenait un : elle en parle dans son autobiographie. Savez-vous s'il fait partie du legs ?

— Eh bien, figurez-vous que oui ! D'ailleurs, je vous l'ai sorti. Il est là.

Il montra une pile de livres, près de la table. Laurel l'aurait volontiers embrassé. Elle s'en abstint cependant, et se rassit pour procéder à l'exploration du journal. Le premier des volumes, relié de cuir, portait la date de 1929. C'était l'année où Katy Ellis avait accompagné Vivien Longmeyer dans la longue traversée vers l'Angleterre. En frontispice, une photographie tavelée par les ans. Le cliché représentait une jeune femme portant une longue jupe et un corsage sévère, des cheveux – Laurel eut le sentiment qu'ils étaient roux, bien que la photo fût en noir et blanc – séparés par une raie de côté et coiffés en boucles régulières. Son vêtement était modeste et discret, à l'image d'une personne vivant principalement dans la compagnie des livres, mais son regard était vif et déterminé. Elle toisait l'objectif, menton levé, sourire assuré. Cette jeune dame ne semblait pas douter d'elle-même. La légende de la photo apportait quelques éléments explicatifs : *On excusera ce petit accès de vanité, mais l'auteur souhaite inclure ici cette photographie du studio Hunter & Gould de Brisbane, portrait d'une jeune femme sur le point de s'embarquer pour l'aventure de sa vie, en l'an de grâce mille neuf cent vingt-neuf*. Laurel déjà concevait une certaine affection pour Katy Ellis.

« Semaine Une – Nouveau départ, 18 mai 1929 ». C'était ainsi que débutait le journal. L'écriture était soigneuse, le ton quelque peu pompeux, ce qui fit sourire Laurel. Katy Ellis décrivait les cabines, les autres passagers et les repas – un sujet sur lequel elle s'attardait longuement. Puis Laurel retint son souffle. Le nom de Vivien venait de lui sauter au visage.

Je suis accompagnée pour ce périple par une petite fille de huit ans, qui se nomme Vivien Longmeyer. Ce n'est pas une enfant ordinaire – elle est même très déconcertante. Pas vilaine – des cheveux brun sombre, la raie au milieu, coiffés en tresses (par mes soins), de très grands yeux marron et des lèvres pleines, d'un rouge cerise sombre, qu'elle serre d'ordinaire avec une fermeté qui peut signifier la mauvaise humeur comme la force de caractère – je serais bien en peine de trancher la question. Elle est fière et volontaire, cela se voit à la manière dont son regard sombre me transperce ;

de surcroît, sa tante m'a régalée de toutes sortes d'anecdotes démontrant amplement que l'enfant avait la langue bien pendue et qu'elle ne savait que trop bien se servir de ses poings. Jusqu'ici, cependant, je n'ai pas eu à me plaindre de cette supposée violence ; quant à sa langue, je n'ai rien pu déduire des cinq mots qu'elle a prononcés devant moi. Qu'elle soit désobéissante, je n'en doute pas, non plus que de son incivilité ; malgré tout, par l'une de ces particularités inexplicables de la personnalité, l'enfant attire la sympathie. Elle me charme, même lorsqu'elle ne fait rien que regarder la mer du pont ; ce n'est pas par sa seule beauté physique c'est bien davantage une force qui émane du plus profond de son être et se communique à autrui sans qu'elle en soit consciente, de sorte que l'on ne peut s'empêcher de l'observer.

J'ajouterai qu'elle est d'un calme inquiétant. Quand d'autres enfants s'égailleraient sur les ponts, elle préfère se dissimuler aux regards et demeurer presque entièrement immobile. Attitude guère naturelle, à laquelle rien ne m'avait préparée dans les discours de ses proches.

Visiblement, la fascination que Vivien Longmeyer exerçait sur Katy Ellis avait perduré : si cette dernière avait couché dans son journal d'autres commentaires sur la traversée et quelques notes sur des cours dont elle aurait l'utilité une fois parvenue en Angleterre, elle y mentionnait encore à plusieurs reprises sa jeune protégée en des termes similaires. Katy Ellis avait étudié Vivien de loin, n'intervenant auprès de l'enfant que lorsque c'était absolument nécessaire. Puis, le

5 juillet 1929 – « Semaine Sept » –, une évolution remarquable apparaissait.

Il faisait chaud ce matin, et la brise, douce, soufflait du nord. Nous nous étions installées toutes les deux sur le pont avant après le petit déjeuner lorsqu'un épisode des plus singuliers s'est produit. J'avais prié Vivien d'aller chercher son cahier d'exercices dans la cabine pour que nous puissions réviser quelques leçons – j'avais promis à sa tante de ne pas négliger l'éducation de l'enfant durant la traversée (elle craint à mon avis que l'enfant ne soit renvoyée en Australie si son niveau scolaire est jugé insuffisant en Angleterre). Ces leçons ont tout d'une intéressante mascarade : je dessine, je montre le livre, j'explique jusqu'à ce que mon crâne soit au bord d'exploser, si vif est mon désir de clarté pédagogique ; Vivien se contente de considérer avec un ennui morose mes efforts.

Cependant, j'ai donné ma parole et m'y tiens. Ce matin – et ce n'est pas la première fois –, Vivien m'a désobéi. Elle n'a pas même daigné croiser mon regard et j'ai dû réitérer mon ordre, non pas une fois mais deux, et d'un ton de plus en plus sévère. L'enfant ne s'est nullement départie de son indifférence jusqu'à ce que (l'envie de pleurer me saisissant à la gorge) je la supplie de m'expliquer pourquoi elle se comportait si souvent comme si mes paroles lui étaient inaudibles.

Mon émoi l'a peut-être touchée, car elle a consenti à me répondre, avec un lourd soupir. Elle m'a regardé droit dans les yeux. Je n'étais, disait-elle, qu'un fragment de son rêve, le produit de sa propre imagination ; aussi ne voyait-elle guère l'intérêt de m'écouter, à moins que le sujet de mes

« bavardages » (c'est le mot qu'elle a employé) ne retienne son attention.

Une telle réponse chez un autre enfant aurait été considérée comme insolente et lui aurait valu une gifle, mais Vivien n'est pas n'importe quel enfant. En premier lieu, elle ne ment pas – sa tante, qui n'a pas été avare de reproches à son égard, me l'avait d'ailleurs dit (« Si franche qu'elle en devient grossière, cette petite »). Les paroles de Vivien m'ont donc profondément intriguée. Tout en m'efforçant de maîtriser les tremblements de ma voix, je lui ai demandé, du ton dégagé dont je me serais enquise de l'heure, ce qu'elle entendait par cette histoire de rêve. Ses grands yeux sombres ont cillé et elle m'a répondu ceci : « Je me suis endormie près du ruisseau, chez nous, et ne me suis pas encore réveillée. » Tout ce qui s'est produit par la suite – la mort de sa famille dans un accident de voiture, son expédition en Angleterre, comme si elle n'était qu'un paquet dont personne ne veut, ce long voyage en mer avec pour seule compagnie une préceptrice – n'était, selon elle, qu'un interminable cauchemar.

Je lui ai demandé comment l'on pouvait dormir pendant si longtemps : elle m'a dit que c'était sans doute un sortilège du bush. Car elle s'était endormie sous des fougères, au bord de la rivière enchantée (celle au fond de laquelle des petites lumières signalent l'entrée d'un tunnel qui traverse une immense salle des machines et mène de l'autre côté de la terre). Je lui ai alors demandé à quel signe elle comprendrait, le moment venu, qu'elle avait retrouvé le monde réel. Elle a penché la tête, comme si elle me trouvait un peu sotte. « Eh bien, j'ouvrirai les yeux et je verrai que je suis de retour à la maison », a-t-elle répondu.

« C'est évident », ajoutait l'expression assurée de son petit visage.

Laurel parcourut les pages suivantes. Deux semaines plus tard, Katy Ellis revenait sur la question.

J'ai interrogé Vivien sur son monde imaginaire : je trouve en effet fort intéressant qu'un enfant puisse décider d'interpréter un traumatisme en ces termes. J'ai cru comprendre, au peu qu'elle a bien voulu me confier, qu'elle a élaboré tout un pays d'ombre, une terre obscure qu'elle doit explorer pour retrouver son moi endormi dans le monde réel, au bord du ruisseau. Elle pense parfois qu'elle n'est pas loin de se réveiller. Lorsqu'elle arrête complètement de bouger, me dit-elle, elle arrive à voir des choses au-delà du voile : elle voit ses parents, ses frères, sa sœur vaquant à leurs occupations, et elle oublie un instant qu'elle n'est pas avec eux, qu'elle dort encore. Je comprends à présent la raison pour laquelle elle est capable d'un calme si extraordinaire.

Cette théorie du rêve éveillé est une chose. Que l'on choisisse de se réfugier dans un monde imaginaire pour échapper à un traumatisme ne me surprend pas. Ce qui m'inquiète bien davantage est la joie que Vivien manifeste lorsqu'elle est punie ou réprimandée. Ah, le mot de joie n'est probablement pas adéquat. Il s'agit plutôt d'une résignation qui confine au soulagement. L'autre jour, elle était soupçonnée, à tort, d'avoir volé le couvre-chef d'une vieille dame, sur le pont principal. Crime dont elle était parfaitement innocente : j'avais vu de mes yeux l'horrible cloche, soulevée par le vent, passer par-dessus bord. Et cependant, tandis que j'assistais, muette de surprise, à sa mise en accusation, Vivien s'est offerte à la punition, verbale, certes, mais sévère. Le châtiment corporel étant évoqué, l'enfant a semblé tout à fait prête à le subir. Il y avait dans son regard une expression proche du soulagement. J'ai heureusement retrouvé ma langue et me suis interposée pour mettre fin à cette injustice, prenant mon ton le plus glacial pour informer la petite assemblée du sort du couvre-chef. Mais l'expression que j'avais lue dans les grands yeux de Vivien m'a longtemps poursuivie. Comment un enfant peut-il accepter de bon cœur d'être puni – pour un crime qu'il n'a pas commis, qui plus est ?

Quelques pages plus loin, Laurel lut encore ceci :

Je crois avoir trouvé la réponse à l'une de mes questions les plus pressantes. J'entends parfois Vivien crier dans son sommeil : ces crises sont de courte durée et prennent en général fin lorsqu'elle se met à bouger. La nuit dernière, cependant, elle ne s'est pas apaisée. J'ai tenté de la calmer. Les mots se précipitaient à ses lèvres tandis qu'elle se serrait contre moi – c'était la première fois qu'elle se montrait aussi volubile. Ce qui ressort de ce flot de paroles, c'est qu'elle en est venue à se croire responsable de la mort des siens. Idée des plus incongrues quand on la mesure à l'aune de la perception adulte, car j'ai cru comprendre qu'ils avaient perdu la vie dans un accident de voiture, à des dizaines de kilomètres du lieu où elle se trouvait. Mais l'enfance n'a que faire de la logique et des chiffres ; et l'idée à présent l'obsède (je ne puis m'empêcher de penser que la tante de la petite n'est pas pour rien dans ce malheureux développement).

Laurel leva les yeux. Ben était en train de ranger son bureau et elle jeta un coup d'œil horrifié à sa montre. Une heure moins dix – zut ! La bibliothèque fermait pour la pause méridienne, jusqu'à deux heures. Laurel avait l'impression d'approcher d'un de ses buts. Mais le temps lui manquait. Elle parcourut les pages consacrées à la fin de la traversée, parvint enfin à ces quelques phrases, rédigées d'une écriture tremblante : Katy Ellis se rendait à York pour y prendre son poste de préceptrice.

Le contrôleur arrive ; je vais coucher sur le papier avant de les oublier les détails de la curieuse attitude dont a fait montre ma jeune protégée lorsque nous sommes arrivées à Londres, hier. À peine étions-nous descendues de la passerelle – je regardais de tous côtés pour m'orienter et décider de nos mouvements à venir – lorsque Vivien s'est jetée à quatre pattes sur le sol, l'oreille contre terre, sans aucun égard pour la robe que j'avais spécialement nettoyée pour son oncle. Je ne suis pas de celles qui s'offusquent d'un rien : ce n'était donc pas l'embarras qui m'a fait hurler, mais plutôt l'inquiétude de la voir exposée aux piétinements de la foule ou d'un cheval excité.

Bien malgré moi, j'ai crié, affolée :

« Que fais-tu ! Allons, debout, vite ! »

Vivien, ce qui n'a rien de surprenant, ne m'a pas répondu.

« Allons, fillette, que fais-tu ?

— Je n'entends rien.

— De quoi parles-tu ?

— Des roues qui tournent. »

Je me suis rappelé alors ce qu'elle m'avait raconté de son monde enchanté et de la salle des machines au cœur du monde.

« Je ne les entends plus. »

Elle prenait lentement conscience, bien sûr, du caractère définitif de sa situation. Tout comme moi, elle ne reverra pas son pays natal avant des années – si elle y retourne jamais. Et encore n'aura-t-il qu'une ressemblance lointaine avec celui dans lequel elle aspire si fort à revenir. Mon cœur s'est serré à la voir si obstinée. Et cependant, je ne lui ai pas prodigué d'absurdes encouragements. Il est préférable, je crois, qu'elle parvienne d'elle-même et lorsqu'elle le souhaitera à échapper aux griffes de son imagination. Mieux valait pour moi la prendre par la main et la guider, avec toute la douceur requise, vers l'endroit où la tante australienne et l'oncle anglais étaient convenus que nous retrouverions ce dernier. La prise de conscience de Vivien me perturbait, cependant, car je savais quelle émotion elle devait susciter en elle – et je savais aussi que le moment approchait où il me faudrait prendre congé d'elle et la laisser suivre sa route.

Sans doute mon cœur serait-il moins serré aujourd'hui si l'oncle avait manifesté plus de cordialité. Le nouveau tuteur de l'enfant est directeur de la Nordstrom School dans le comté d'Oxford. Il n'est pas impossible que son orgueil professionnel (et masculin ?) l'ait incité à dresser une barrière entre nous, car il a paru fermement décidé à ignorer ma présence, se contentant d'examiner brièvement l'enfant avant de la prier de le suivre, car ils n'avaient « pas une minute à perdre ».

Je crains vraiment qu'il ne soit pas de ceux qui peuvent offrir leur hospitalité avec la chaleur et la compassion dont une enfant sensible a besoin, surtout quand elle vient de vivre une tragédie telle que celle qui a frappé Vivien.

J'ai fait part par écrit de mes inquiétudes à la tante de la petite, mais je doute fort que cette femme se précipite au secours de sa nièce. J'ai promis à Vivien de lui écrire régulièrement et compte bien ne pas me dédire. Si mon nouvel emploi ne me conduisait à l'autre bout du pays, j'aurais volontiers pris la petite sous ma protection. Bien malgré moi, et en dépit de ce que préconisent les plus grands théoriciens de la profession que j'ai choisie, j'ai conçu pour cette enfant une affection profonde. J'espère du fond du cœur que le temps et les événements – peut-être la présence d'une amie fidèle et proche ? – parviendront à cicatriser la profonde blessure de Vivien. L'émotion me pousse-t-elle à envisager l'avenir de cette enfant sous des couleurs trop noires, suis-je victime de ma propre imagination ? Je crains que non. Le risque est grand pour Vivien de chercher refuge au cœur de son monde imaginaire, de rester étrangère au monde qui l'entoure et de devenir, une fois adulte, une proie facile pour ceux qui chercheront à profiter de son infortune. Je me demande (non sans arrière-pensées) quelles raisons ont poussé l'oncle à la recueillir. Le devoir ? Peut-être. L'amour des enfants ? J'en doute. Vivien sera belle, c'est certain ; et je sais qu'elle héritera à sa majorité d'une immense fortune. Aussi redouté-je qu'elle n'excite un jour les convoitises.

Laurel recula contre le dossier de la chaise, contemplant sans le voir le mur chargé de lierre, de l'autre côté de la fenêtre. *Aussi redouté-je qu'elle n'excite un jour les convoitises.* Ces mots lui dansaient devant les yeux. Elle mordillait pensivement son pouce. Vivien Jenkins était une héritière. Cela changeait beaucoup de choses. Elle était une femme riche dont le passé – c'était du moins ce que craignait sa confidente – la rendait particulièrement vulnérable aux prédateurs.

Laurel ôta ses lunettes, ferma les yeux et massa les ailes de son nez. L'argent. Un pousse-au-crime vieux comme le monde, ou presque ! Elle soupira. Si vil, si banal… Mais sans doute était-ce la bonne explication. Sa mère n'avait rien d'une personne avide ou envieuse, en apparence, sans parler d'une éventuelle aptitude à l'extorsion. Mais c'était la Dorothy de maintenant. Entre la femme que Laurel connaissait et la gamine affamée des temps de guerre, il y avait un gouffre de plusieurs dizaines d'années. La Dorothy de dix-neuf ans avait perdu les siens dans les bombardements de Coventry ; livrée à elle-même dans le Londres du blitz, il lui avait fallu survivre.

Assurément, les regrets que sa mère exprimait à présent – ses discours flous sur ses erreurs de jeunesse, sa seconde chance, le pardon qu'elle réclamait – ne contredisaient pas cette théorie. Et qu'était-ce donc qu'elle disait souvent à Iris ? Les enfants qui réclament toujours n'attirent pas la sympathie. Cette leçon, l'avait-elle apprise à ses dépens ? Plus Laurel y pensait, plus la conclusion lui paraissait inévitable. Sa mère avait eu besoin d'argent. Elle avait essayé d'en obtenir auprès de Vivien Jenkins – avec un résultat catastrophique. Jimmy avait-il été impliqué dans l'affaire ? Était-ce l'échec de leur plan qui avait provoqué leur rupture ? Et quel rôle avait joué leur machination dans la mort de Vivien ? Henry en rendait Dorothy responsable. Cette dernière, peut-être, avait cherché à expier ses erreurs, mais Jenkins, inconsolable, n'avait eu de cesse de la retrouver. En avait résulté le drame dont Laurel avait été le témoin.

Ben s'était avancé à hauteur de sa chaise, émettant de discrets toussotements : la grande aiguille de l'horloge murale avait dépassé l'heure. Laurel feignit l'extrême concentration. Pourquoi le plan de sa mère avait-il échoué ? Vivien avait-elle déjoué la machination ? Ou s'était-il produit quelque chose de plus grave, réduisant les efforts de Dorothy à néant. Son regard se posa sur les journaux intimes de Katy Ellis. Y avait-il un 1941 dans la pile ?

— Je vous aurais bien volontiers laissée lire, fit Ben. Mais le chef archiviste va me pendre par les doigts de pied s'il l'apprend. Ou pire, ajouta-t-il en déglutissant.

Et merde. Foutue hiérarchie. Laurel avait le cœur serré et l'estomac noué, proche de la nausée. Dire qu'il allait lui falloir ronger son frein cinquante-sept minutes, tandis que le volume qui contenait peut-être les réponses à ses questions languissait dans une bibliothèque fermée à double tour.

25

Londres, avril 1941

Jimmy, le pied dans l'embrasure de la porte du grenier de l'hôpital, était déconcerté. La vision qui s'offrait à lui n'avait pas le parfum illicite d'un rendez-vous adultérin, comme il s'y était attendu. La mansarde était pleine d'enfants, assemblant des puzzles, dansant une ronde… Une petite fille faisait même le poirier. Jimmy comprit qu'il était sur le seuil de l'ancienne nursery. Ces enfants étaient sans doute les petits orphelins dont le Dr Tomalin prenait soin. Sans qu'un seul mot soit échangé, l'attention du groupe fut soudain attirée par la présence de la jeune femme. La seconde d'après, tous se ruaient sur Vivien, les bras en croix, comme des avions. Un immense et radieux sourire sur les lèvres, elle se mit à genoux pour étreindre autant d'enfants qu'elle le pouvait.

Ils se mirent à parler en même temps, très excités. Il était question d'ailes, de navires, de cordes, de fées ; apparemment, la conversation prenait sa source dans un événement plus ancien. Vivien semblait savoir exactement de quoi ils parlaient, car elle hochait la tête à intervalles réguliers, pensive, sans rien de cette compréhension feinte à laquelle les adultes ont souvent recours lorsqu'ils discutent avec des enfants. Elle écoutait, réfléchissait, ses sourcils froncés signifiant de toute évidence qu'elle essayait de remédier à leurs problèmes. Elle n'était plus la froide créature que Jimmy avait croisée dans la rue : elle était bien plus à l'aise ici, plus détendue. La rumeur des gamins s'éteignit tout à coup, comme cela arrive parfois, et elle leva les bras.

— Bon, si on se mettait au travail, les enfants ? Nous réglerons les problèmes les uns après les autres, quand ils se présenteront.

Sans doute tombèrent-ils d'accord avec elle, car, sans une récrimination, ils s'égaillèrent dans la pièce et se mirent à rassembler en son centre, lequel avait été dégagé, toutes sortes d'objets : des couvertures, des manches à balai, des poupées borgnes. De cet amoncellement hétéroclite naquit peu à peu une structure soigneusement réfléchie. Jimmy soudain en reconnut la forme, ce qui le fit rire sous cape, avec une joie inattendue. Sous ses yeux, les enfants avaient bâti un navire avec la proue, le mât, les ponts posés d'un côté sur un tabouret et de l'autre sur un banc. Une voile fut levée : un drap que les enfants avaient plié en triangle et dont chaque angle était fièrement tendu par de fines cordelettes.

Vivien avait pris place sur une caisse et avait sorti un livre – de son sac à main, sans doute, songea Jimmy. Elle l'ouvrit, pressa du doigt la pliure intérieure de manière à le faire tenir à plat sur ses genoux.

— Bon. On reprend avec le capitaine Crochet et les Garçons perdus. Où est passée Wendy ?

— Je suis là, dit une fillette de dix ou onze ans, le bras en écharpe.

— Très bien, reprit Vivien. Prépare-toi à entrer en scène. Ça va arriver très vite.

Un garçonnet, muni d'un perroquet de confection enfantine sur l'épaule et d'un crochet de manchot en carton rutilant s'avança vers Vivien d'un pas chaloupé qui la fit éclater de rire.

Ils étaient en pleine répétition, comprit Jimmy. Ils jouaient *Peter Pan*. Sa mère l'avait emmené au théâtre voir la pièce, quand il était petit, à Londres ; après le spectacle, ils avaient pris le thé chez Liberty. Un endroit très chic : Jimmy, se sentant un peu déplacé, n'avait pipé mot tandis que sa mère regardait les vêtements sur les cintres, lèvres pincées, regard lointain. Il y avait eu une dispute entre ses parents après leur retour, pour une question d'argent (bien sûr...). De sa chambre, Jimmy les avait entendus. Un objet s'était brisé. Il avait fermé les yeux et repensé à son moment préféré de la pièce, lorsque Peter ouvre les bras en grand et s'adresse à ceux qui, dans le public, rêvent du Pays imaginaire : « Dites-moi, les enfants, vous y croyez, aux fées ? Si la réponse est oui, frappez dans vos mains. Il ne faut pas que Clochette meure ! »

Jimmy avait été si ému qu'il s'était levé, ses jambes maigres tremblant d'espérance. Il avait frappé dans ses mains, il avait crié : « Oui, oui ! », sans douter une seconde de ce que, ce faisant, il rendait vie à la fée Clochette et à cette part invisible et magique du monde.

— Nathan, tu as bien la lampe torche ?

Jimmy plissa les yeux et secoua la tête, rappelé au présent.

— Nathan ? insista Vivien. C'est maintenant que nous en avons besoin.

— Mais elle est allumée, dit un petit rouquin dont le pied était pris dans une attelle.

Du plancher où il était assis, il braquait le faisceau de sa torche sur la voile.

— Ah, d'accord, dit Vivien. Elle est allumée. Bon, bon...

— On ne voit rien, protesta un autre garçon, les mains sur les hanches, menton tendu, clignant des paupières derrière ses lunettes.

— Ça ne marchera pas si on ne peut pas voir Clochette, reprit le minuscule capitaine Crochet.

— Mais si, répliqua Vivien avec détermination. Bien sûr que si, ça va marcher. Quand on fait semblant, ça donne des résultats extraordinaires. Il faut faire semblant de voir la fée, pour le public. Si nous sommes tous convaincus, les gens dans la salle nous croiront.

— Oui, mais si on ne peut pas la voir.

— Il faut faire comme si...

— C'est un mensonge !

Vivien leva les yeux au ciel à la recherche d'une stratégie plus efficace, tandis que les enfants se disputaient sur la question.

— Excusez-moi, fit Jimmy.

Nul ne sembla l'avoir entendu.

— S'il vous plaît, reprit-il d'une voix plus forte.

Ils se retournèrent comme un seul homme. Vivien eut un haut-le-corps et son visage se rembrunit. Jimmy ne put s'empêcher de ressentir un vague plaisir à cette marque d'irritation. Eh oui, madame Jenkins, le monde ne se plie pas toujours à votre volonté.

— J'étais simplement en train de me demander si vous ne devriez pas vous servir d'un projecteur de prise de vue. C'est comme une lampe torche, mais bien plus puissant.

Les enfants étant ce qu'ils sont, aucun des petits acteurs ne sembla se formaliser ni même s'étonner de l'arrivée d'un étranger dans la nursery, lequel, de surcroît, s'autorisait à donner un avis sur une question technique. Ils méditèrent un instant sa proposition, débattant entre eux à voix basse. Puis :

— Très bien ! cria un des garçons en se redressant d'un bond.

— Parfait ! fit un autre en écho.

— Sauf que nous n'en avons pas, dit le petit ronchon à lunettes.

— Je peux vous en prêter un, dit Jimmy. Je travaille pour un journal ; nous en avons plusieurs dans le studio.

Cris de joie, débats excités parmi les enfants.

— Mais comment on pourrait faire pour que ça ait l'air d'être une fée qui vole dans les airs ? lança un gamin dont la voix aiguë portait plus haut que celle des autres.

Jimmy se détacha de l'embrasure de la porte et s'avança dans le grenier. Les enfants avaient les yeux braqués sur lui. Vivien fulminait, son *Peter Pan* serré sur la poitrine. Jimmy ne lui accorda aucune attention.

— Je pense qu'il faut l'installer en hauteur. Oui, cela devrait donner de bons résultats... Et il faudrait faire en sorte que le rai de lumière soit concentré, moins diffus, si l'on veut. Peut-être faudrait-il une sorte d'entonnoir...

— Mais nous sommes trop petits pour l'actionner d'en haut !

Le garçon à lunettes, encore lui : orphelin ou pas, Jimmy commençait à le trouver franchement énervant.

Vivien assistait à ces échanges le visage fermé. Jimmy en connaissait la signification ; sa proposition faite, il lui faudrait disparaître. Il en fut cependant incapable. Il se prit au jeu, voyant déjà le projecteur à l'œuvre sur la scène, sachant exactement comment faire fonctionner le dispositif. Une échelle dans un coin, ou un manche à balai que l'on pouvait manier comme une canne à pêche, ou bien…

— Je m'en occuperai, annonça-t-il soudain. Je serai votre éclairagiste.

— Non ! s'écria Vivien en bondissant sur ses pieds.

— Oui ! fit le chœur des enfants.

— Impossible.

Elle lança au jeune homme un regard assassin.

— C'est hors de question.

— Si, c'est possible ! Il va le faire ! Il doit le faire ! reprit la petite troupe.

Ce fut alors que Jimmy aperçut Nella, assise sur le plancher. Elle lui fit un geste de la main, puis considéra ses camarades avec, dans les yeux, une expression de fierté et d'appropriation sur laquelle on ne pouvait guère se tromper. Comment pouvait-il résister à ces enfants ? Jimmy tendit les mains à Vivien, ses paumes ouvertes exprimant une contrition qui n'était pas complètement sincère.

— Vous venez de vous trouver une nouvelle fée Clochette, lui dit-il.

Pour extraordinaire que cela puisse paraître, Jimmy, lorsqu'il avait offert ses services aux enfants, avait totalement perdu de vue le rendez-vous qu'il était censé proposer à Vivien. Il s'était laissé entraîner par la vision magnifique qu'il avait eue de la fée, matérialisée par son projecteur de photographe. Dolly n'en avait cure.

— Oh, Jimmy, tu es sacrément futé. Je savais que tu trouverais un moyen.

Ils étaient couchés tous les deux sur son pauvre lit au matelas défoncé. Elle l'avait fait entrer en catimini par le garde-manger de Mme White. Jimmy accepta sans mot dire le compliment et ne lui ôta pas ses illusions. Elle avait retrouvé son joyeux caractère, ces derniers temps : quel bonheur c'était, de renouer avec la Dolly d'antan !

— J'ai pensé à notre petit nid au bord de la mer, reprit-elle.

Elle tira sur sa cigarette, tout excitée.

— Tu nous y vois, Jimmy ? C'est là que nous vieillirons, avec nos enfants, puis nos petits-enfants autour de nous – ils viendront nous voir avec leurs voitures volantes. Nous nous achèterons une balancelle pour deux, tu veux bien ? Hein, qu'est-ce que tu en dis, beau gosse ?

— Je dis oui, mille fois oui, lâcha Jimmy en l'embrassant une énième fois dans le cou.

Cela la fit rire ; le garçon remercia Dieu de cette intimité, de cette affection de nouveau partagée.

Oui, il en avait envie, de cette maison au bord de la mer, de ces enfants, et son désir était si fort qu'il en devenait douloureux. S'il plaisait à Dolly de croire que Vivien et lui travaillaient ensemble et commençaient même à bien s'entendre, pourquoi ne pas l'encourager dans cette voie ? La réalité, comme il ne le savait que trop, était bien différente.

Les deux semaines qui suivirent, Jimmy se présenta à toutes les répétitions auxquelles il pouvait assister. À chaque fois, l'hostilité de Vivien à son égard le stupéfia. Était-elle vraiment cette même jeune femme qu'il avait rencontrée un soir à la cantine, qui avait reconnu la petite Nella sur sa photo et lui avait parlé de ce qu'elle faisait à l'hôpital ? Elle paraissait trouver dégradant le moindre échange avec lui. Certes, il s'était attendu à une certaine indifférence : Doll le lui avait assez dit, Vivien Jenkins pouvait être odieuse avec les gens qui ne lui revenaient pas. En fait, ce qui avait pris Jimmy au dépourvu, c'était le caractère personnel de cette détestation. Difficile à expliquer étant donné qu'ils se connaissaient à peine. Et elle n'avait aucun moyen de savoir qu'il était lié à Dolly.

Un jour qu'ils avaient éclaté de rire simultanément à quelque clownerie d'un enfant, Jimmy lui avait jeté un coup d'œil complice, comme l'aurait fait n'importe quel adulte simplement désireux de partager un bel instant. Dès qu'elle avait perçu son regard, elle avait muselé sur-le-champ sa joie.

L'animosité de la jeune femme plaçait Jimmy devant un curieux dilemme. D'une certaine façon, il préférait qu'elle ne lui oppose que mépris : il n'avait aucun penchant pour le chantage, certes, mais comploter contre quelqu'un qui le traitait avec autant d'arrogance ne lui paraissait plus si répréhensible. Et cependant, s'il ne réussissait pas à gagner sa confiance, voire son affection, comment pourrait-il mettre le plan de Dolly à exécution ?

Jimmy ne baissa donc pas les bras. Il s'efforça d'oublier le ressentiment que l'hostilité de Vivien suscitait en lui, la méchanceté dont elle avait fait preuve avec Dolly, la manière dont elle avait humilié sa princesse, et se concentra sur le merveilleux travail qu'elle accomplissait avec les petits orphelins de l'hôpital. La nursery était pour eux un monde à part, où ils parvenaient à oublier leurs soucis, qu'ils laissaient aux dortoirs et aux couloirs de l'hôpital. Les regards qu'ils lui jetaient, éblouis, ensorcelés, lorsque, la répétition finie, elle leur racontait des histoires de tunnels qui conduisaient au centre du monde, de ruisseaux sombres, magiques, de bassins sans fond, de lumières minuscules qui scintillaient sous les eaux, faisant signe aux enfants d'approcher...

Avec le temps, l'antipathie de Vivien commença à faiblir. Elle ne le haïssait plus aussi farouchement. Certes, elle continuait d'éviter toute conversation avec lui, se contentant d'accueillir ses contributions avec d'imperceptibles hochements de tête. Parfois, pourtant, Jimmy surprenait le regard de Vivien fixé sur lui, et il lui semblait que son expression n'était plus si furieuse que cela : pensive, plutôt, et même intriguée. Ce fut alors qu'il commit un impair. Un jour, à la mi-avril, alors que les petits étaient partis déjeuner, comme une volée de moineaux, laissant les deux adultes se charger du navire, Jimmy demanda à Vivien si elle avait des enfants.

La question n'était à ses yeux qu'une façon d'amorcer la plus banale des conversations, mais Vivien se pétrifia instantanément. Le jeune homme comprit qu'il avait fait une gaffe, mais il était trop tard pour ravaler ses paroles.

— Non.

Le mot fusa, coupant comme une lame de rasoir. Elle se racla la gorge.

— Je ne peux pas avoir d'enfants.

Ah, le tunnel dont elle parlait souvent, il aurait aimé en cet instant le voir s'ouvrir sous ses pieds, pour tomber jusqu'au centre de la terre.

— Désolé, bredouilla-t-il, ce à quoi elle répondit par un léger signe de tête.

Puis elle finit de ranger la voile du navire et quitta la nursery, laissant la porte se refermer derrière elle avec un claquement de reproche.

Quel mufle il faisait ! Non qu'il ait oublié la raison de sa présence dans l'hôpital, la vraie nature de Vivien, la façon dont elle avait traité Doll. Mais Jimmy n'aimait pas faire du mal aux gens. Lorsqu'elle s'était figée sous ses yeux, le cœur de Jimmy s'était serré. Aussi y repensa-t-il un certain nombre de fois, pour se punir de son horrible manque de tact.

Ce soir-là, lorsqu'il partit photographier les dégâts causés par les derniers raids, l'objectif braqué sur les malheureux qui allaient rejoindre les rangs des sans-abri et des endeuillés, il se demandait encore, dans un recoin de son esprit, comment présenter ses excuses à Vivien.

Le lendemain, il se montra devant l'hôpital plus tôt qu'à l'ordinaire et l'attendit dans la rue, nerveux, la cigarette aux lèvres. Il se serait volontiers assis sur le perron s'il n'avait craint qu'elle ne rebrousse chemin à sa vue.

Lorsqu'elle apparut, il jeta sa cigarette et vint à sa rencontre, une photographie à la main.

— Qu'est-ce que c'est ? lui demanda-t-elle.

— Rien d'extraordinaire, répondit-il, sans la quitter des yeux. Je l'ai prise pour vous cette nuit. Il y avait quelque chose qui me rappelait votre histoire de ruisseau avec ses petites lumières et de famille qui vit de l'autre côté du voile.

Elle regarda la photo.

Il l'avait prise à l'aube ; le soleil faisait scintiller les éclats de verre qui hérissaient les ruines ; au-delà de l'écran de fumée apparaissaient les silhouettes fantomatiques des membres d'une même famille, sortant de l'abri qui leur avait sauvé la vie. Jimmy n'était pas retourné se coucher. Il avait filé au journal, avait développé et tiré le cliché pour Vivien.

Elle resta muette. L'expression de son visage lui fit craindre qu'elle ne se mette à pleurer.

— J'ai honte, dit-il.

Elle lui jeta un regard.

— La question que je vous ai posée hier... Je vous ai blessée. Je suis navré.

— Vous ne pouviez pas savoir.

Elle rangea la photographie dans son sac à main avec soin.

— Mais...

— Non, vous ne pouviez pas savoir.

Il lui vint un mouvement qui n'était pas loin du sourire – ce fut du moins l'impression qu'il en eut. Une impression fugitive, car elle tourna les talons et se dirigea vers les marches de l'hôpital.

La répétition passa en un éclair. Les enfants couraient en tous sens dans la nursery, l'emplissant de lumière et de bruit. Puis la cloche du déjeuner sonna et ils disparurent aussi vite qu'ils étaient arrivés. Jimmy était bien tenté de les suivre, appréhendant de se retrouver en tête à tête avec Vivien – lâcheté qu'il ne se serait pas pardonnée, cependant. Il resta donc pour l'aider à démonter le navire.

Tandis qu'il rangeait les chaises, il sentit le poids de son regard, ne se retourna pas pour autant. Qu'aurait-il vu dans les yeux de Vivien qui aurait rendu son embarras plus profond encore ?

Elle parla d'une voix qu'il reconnut à peine.

— Ce soir-là, Jimmy Metcalfe, que faisiez-vous dans notre cantine ?

Il lui jeta un coup d'œil furtif. Elle avait les yeux fixés sur le décor qu'elle était en train de peindre pour *Peter Pan*, palmiers et plage de sable jaune. Il y avait dans la manière dont elle l'avait appelé par son nom complet une curieuse formalité. Dieu sait pourquoi, un frisson – et non des plus déplaisants – glissa le long de l'échine du jeune homme. Impossible de lui parler de Dolly, se dit-il. Pour autant, il se refusait à mentir.

— Je passais voir quelqu'un, répondit-il.

Elle leva les yeux sur lui, un sourire des plus ténus sur les lèvres.

Jimmy en disait toujours trop.

— On devait se retrouver ailleurs, ajouta-t-il, mais finalement, je suis allé à la cantine.

— Pourquoi ?

— Pourquoi quoi ?

— Pourquoi ne vous êtes-vous pas tenu à votre plan initial ?

— Je ne sais pas. J'avais l'impression que c'était mieux à la cantine.

Vivien continuait de le scruter, le visage impénétrable. Elle reporta enfin les yeux vers la feuille de palmier qu'elle était en train de fignoler.

— C'est bien, dit-elle d'une voix claire où affleurait cependant une pointe d'émotion. Jimmy Metcalfe, je ne suis pas mécontente que vous ayez changé d'avis.

À partir de là, les choses ne furent plus comme avant entre eux. Non pas tant à cause de ces quelques mots de Vivien, même s'ils étaient indubitablement aimables. Non, c'était une sensation inexplicable qui avait envahi Jimmy lorsque Vivien l'avait regardé, comme s'ils étaient désormais liés ; et cette impression lui revint avec la même intensité lorsqu'il repensa à leur discussion. Les mots qu'ils avaient échangés n'avaient pas tant d'importance : c'était le moment dans son entier qui avait du sens. Jimmy l'avait compris sur-le-champ. Il en eut la confirmation intime lorsque Dolly lui demanda son rapport habituel et qu'il ne fit pas état de cette conversation. Laquelle aurait réjoui Dolly, puisque ç'aurait été, à ses yeux, le signe que Vivien lui faisait de plus en plus confiance. Le jeune homme cependant se tut. Ce moment-là lui appartenait. Et il marquait un progrès qui n'allait certainement pas dans le sens désiré par Dolly. Jimmy ne voulait pas le partager ; il ne voulait pas le gâcher.

Le lendemain, Jimmy se rendit à l'hôpital d'un pas joyeux. Mais lorsqu'il ouvrit la porte et offrit à Myra, dont c'était l'anniversaire, une belle orange bien juteuse, elle lui apprit que Vivien était absente.

— Elle est souffrante. Elle a appelé ce matin pour dire qu'elle était clouée au lit. Elle apprécierait que vous vous chargiez de la répétition.

— Bien sûr, dit Jimmy, non sans se demander si la maladie de Vivien avait un rapport avec leur conversation de la veille.

Peut-être regrettait-elle d'être allée trop loin ? Il baissa les yeux, sourcils froncés, puis lança un regard à Myra par-dessous ses mèches brunes.

— Souffrante, dites-vous ?

— Elle avait l'air bien bas, la pauvre petite. Mais ne faites pas cette tête-là, monsieur Metcalfe. Elle va se remettre. C'est toujours comme ça, avec elle.

Myra brandit l'orange.

— Je vais lui en garder la moitié. Qu'en dites-vous ? À la prochaine répétition, je la lui donne.

Toutefois, Vivien manqua également la répétition suivante, quelques jours plus tard.

— Elle est toujours au lit, annonça Myra à Jimmy. Il n'y a que ça qui lui fait du bien, apparemment.

— C'est grave ?

— Non, je ne pense pas. Elle n'a pas de chance, la pauvre chérie, mais elle sera bientôt sur pied. Elle ne supporte pas d'être trop longtemps sans voir les enfants.

— Ça lui est déjà arrivé ?

Myra eut un sourire que vinrent tempérer une arrière-pensée et quelque chose qui tenait de la compassion inquiète.

— Tout le monde a des passages à vide de temps à autre, monsieur Metcalfe. Mme Jenkins a sa part d'ennuis, mais c'est notre lot à tous, je crois.

Après une brève hésitation, elle poursuivit d'une voix tendre et ferme à la fois :

— Jimmy, mon garçon, je vois bien que vous vous en faites pour elle. C'est très gentil de votre part. C'est un ange, cette femme : tout ce qu'elle fait pour ces enfants, c'est incroyable. Mais ne vous inquiétez pas. Son mari prendra soin d'elle.

Elle sourit, maternelle.

— Essayez de vous mettre autre chose en tête, pour l'instant. D'accord ?

Jimmy promit qu'il s'y efforcerait. Mais, tandis qu'il s'engageait dans l'escalier, il se prit à réfléchir. N'était-il pas naturel qu'il accorde une pensée à Vivien souffrante ? Pourquoi Myra lui demandait-elle avec tant d'insistance de ne plus se préoccuper de cela ? Quant à l'allusion au mari, elle n'était pas fortuite. Elle avait prononcé ce mot du ton qu'elle aurait employé avec le Dr Tomalin, cet homme qui convoitait la femme d'autrui.

La répétition se passa très bien. Les enfants récitèrent leur rôle avec application et ne se chamaillèrent pas. Lorsqu'ils eurent fini de ranger la nursery et qu'ils se rassemblèrent autour de la caisse qui lui servait de chaise, Jimmy commençait même à se sentir assez content de lui. Ce fut alors qu'ils lui réclamèrent une histoire. Il dut avouer qu'il n'en connaissait pas, ce qu'ils refusèrent obstinément de croire. Il s'essaya à leur resservir un des contes de Vivien, y échoua lamentablement et risquait l'émeute lorsqu'il se rappela l'*Étoile rossignol*. Ils l'écoutèrent religieusement. C'était la première fois qu'il se rendait compte à quel point les petits orphelins du Dr Tomalin lui ressemblaient.

Ce remue-ménage lui avait fait oublier les remarques de Myra. Elles ne lui revinrent que lorsque, ayant pris congé des enfants, il redescendit l'escalier. En arrivant devant le bureau de la bonne dame, il voulut la rassurer sur la pureté de ses intentions. Mais avant même qu'il ait pu ouvrir la bouche, elle le devança.

— Ah, Jimmy, vous voilà. Le Dr Tomalin souhaiterait vous saluer.

Au ton révérencieux qu'avait adopté sa voix, on aurait pu croire que le roi en personne, de passage à l'hôpital, venait d'exprimer le désir de rencontrer Jimmy. Myra tendit la main pour épousseter le veston du jeune homme.

Jimmy hocha la tête, conscient cependant de la vague d'amertume qui le prenait à la gorge. Enfant, il avait la même sensation chaque fois qu'il s'imaginait face à l'homme qui leur avait volé sa mère. Les quelques minutes d'attente lui parurent interminables. Puis la porte du docteur s'ouvrit sur un monsieur à l'allure des plus dignes. L'aigreur de Jimmy s'évanouit immédiatement, le laissant pour le moins abasourdi. Le Dr Tomalin avait les cheveux blancs et ras et des lunettes aux verres si épais que ses yeux bleu clair paraissaient démesurés. Il devait avoir quatre-vingts ans bien sonnés.

— Ah. Voici donc le fameux Jimmy Metcalfe, dit-il en serrant la main du jeune homme. J'espère que tout se passe bien là-haut ?

— Oui, monsieur, merci, à merveille, bredouilla Jimmy, qui n'y comprenait plus rien.

Certes, l'âge du bon docteur n'était pas un obstacle à une liaison avec Vivien Jenkins, pas complètement du moins, mais tout de même…

— Et pas vraiment de liberté d'action, hein, entre Myra et Mme Jenkins. La jeune Vivien, ah ! La petite-fille d'un vieil ami à moi. Vous saviez ?

— Ah non, je ne savais pas.

— Vraiment ? Eh bien, vous le savez, désormais.

Jimmy sourit et esquissa un sourire timide.

— Quoi qu'il en soit, vous faites du bon travail avec les enfants. Excellent. C'est très gentil de votre part. Merci.

Et sur ces mots, il eut un hochement de tête fort raide et repartit dans son bureau. Il boitait légèrement de la jambe gauche.

— Il vous aime bien, dit Myra en considérant la porte du médecin, les yeux écarquillés.

Jimmy tentait encore de faire le tri entre ses certitudes et ses doutes.

— Ah bon ?

— C'est certain, Jimmy.

— Qu'est-ce qui vous fait dire ça ?

— Il vient de reconnaître votre existence. Il n'accorde guère de temps aux adultes, en général. Il préfère les enfants. Et ça ne date pas d'hier.

— Vous le connaissez depuis longtemps ?

— Cela fait trente ans que je travaille pour lui.

Elle se redressa fièrement, rajusta sa croix qui vint se placer à l'angle du décolleté en V de son chemisier.

— Je vais vous dire, mon cher garçon, dit-elle en toisant Jimmy par-dessus ses lunettes en demi-lune. Il y a peu d'adultes qu'il tolère dans cette maison. Vous êtes le premier avec lequel il fait un effort de communication.

— Hormis Vivien, bien sûr.

Jimmy avançait à tâtons. Myra allait remettre les pendules à l'heure, sans aucun doute.

— Mme Jenkins, je veux dire.

— Oui. Bien sûr, fit Myra en décrivant un moulinet de la main. Mais il la connaît depuis sa plus tendre enfance. Ce n'est pas la même chose. Il est comme un grand-père pour elle. D'ailleurs, il y a fort à parier que c'est à Mme Jenkins que vous devez cette faveur. Elle a dû lui toucher un mot à votre sujet.

Elle se reprit immédiatement.

— Quoi qu'il en soit, il vous aime bien. C'est une excellente chose. Mais dites-moi, vous n'avez pas des photos à prendre pour mon journal du matin, vous ?

Jimmy porta deux doigts à son front en guise de salut, ce qui la fit sourire. Puis il s'en fut.

La tête lui tournait.

Dolly s'était trompée. Elle avait beau le lui avoir répété sur tous les tons, elle s'était lourdement trompée. Il n'y avait pas de relation amoureuse entre le Dr Tomalin et Vivien : le vieux monsieur était « comme un grand-père pour elle ». Quant à Vivien – Jimmy secoua la tête, épouvanté par les pensées qu'il avait eues, par le jugement qu'il avait osé porter sur elle –, elle n'avait rien de l'épouse adultère. Loin de là ; elle était une femme, tout simplement, et débordante de bonté, qui plus est, qui sacrifiait son temps au bonheur de ces enfants qui avaient tout perdu, y compris leurs parents.

Par un curieux effet de l'effondrement de ses certitudes les plus ancrées, Jimmy se sentait plutôt joyeux. Il se hâta le soir même de faire part de ses conclusions à Doll. Inutile à présent de mettre leur plan à exécution. Vivien était totalement innocente.

— Tu oublies le comportement qu'elle a eu à mon égard, répliqua Dolly. Mais j'imagine que tu t'en fiches, maintenant que vous êtes si bons amis.

— Arrête, Doll, dit Jimmy en lui prenant les mains. Ça n'a rien à voir. Regarde…

Sa voix se fit tendre et légère, comme pour signifier à la jeune femme que ses projets n'étaient guère plus qu'une plaisanterie et qu'il était temps d'y mettre fin.

— Je sais qu'elle n'a pas été gentille avec toi, ce qui ne la rend pas très sympathique. Mais ton histoire, là… Ça ne va pas marcher. Elle n'est coupable de rien. Si jamais tu lui envoies cette lettre, elle se contentera d'en rire et de la montrer à son mari, qui aura la même réaction.

— Non, ça ne l'amusera pas du tout.

Dolly ôta ses mains et croisa les bras. Était-elle têtue ou ne voyait-elle vraiment pas d'autre issue ?

— Aucune femme n'a envie que son mari ait le moindre soupçon sur sa fidélité. Elle nous donnera l'argent.

Jimmy sortit une cigarette de son paquet et l'alluma, tout en épiant Dolly par-delà la flamme. Naguère, il se serait assis près d'elle et l'aurait cajolée. L'adoration qu'il lui portait l'empêchait de voir ses imperfections. Mais ce n'était plus le cas. Le cœur de Jimmy était traversé par une faille imperceptible, apparue le soir où elle lui avait annoncé qu'elle ne l'épouserait pas, pour l'abandonner ensuite à genoux sur le carrelage du restaurant. La blessure s'était plus ou moins cicatrisée, la fissure était presque invisible. Mais, tout comme ce vase que sa mère avait cassé le jour où elle l'avait emmené chez Liberty – vase que son père avait réparé –, le cœur de Jimmy n'en était pas moins fêlé, ce qui se remarquait sous certains angles. Le jeune homme aimerait toujours Dolly – il était d'une inébranlable loyauté. Toutefois, ce jour-là, la regardant à travers la fumée de sa cigarette, il la trouva bien peu attirante.

Vivien revint. Elle avait été absente six jours. Lorsque Jimmy ouvrit la porte du grenier et qu'il la vit au milieu d'une nuée de gamins qui parlaient à toute vitesse, il se produisit quelque chose d'assez inattendu. Son cœur se réjouit. Et même, le monde lui sembla plus lumineux.

Il s'immobilisa.

— Vivien Jenkins, dit-il.

Elle leva les yeux et croisa son regard.

Puis lui sourit.

Jimmy lui sourit en retour, prenant conscience au même instant de l'étendue de son problème.

26

Bibliothèque de New College, Oxford, 2011

Laurel passa les cinquante-sept minutes de la pause méridienne, toutes aussi pénibles les unes que les autres, à déambuler dans les jardins de la faculté. Lorsque la bibliothèque rouvrit ses portes à deux heures, elle manqua bien établir un nouveau record – on aurait dit une cliente surexcitée au premier jour des soldes d'hiver, bousculant tout sur son passage dans sa hâte. Ben eut l'air impressionné.

— Génial, fit-il. Dites, je ne vous avais pas oubliée dans la salle de lecture par erreur, hein ?

Laurel le rassura sur ce point et s'absorba dans le premier volume de l'année 1941, à la recherche de la moindre indication sur les machinations de sa mère. Durant les trois premiers mois de l'année, Katy Ellis n'avait guère fait allusion à Vivien, si ce n'est pour signaler qu'elles s'étaient écrit ou bien noter qu'il n'y avait « aucun changement du côté de Mme Jenkins » ou autre discret commentaire du même ordre. À la date du 5 avril 1941, cependant :

J'ai reçu aujourd'hui des nouvelles de ma jeune amie Vivien. La lettre était plus longue que d'ordinaire et j'ai eu l'espoir d'un changement. Il me semblait reconnaître dans son ton quelque chose de sa vitalité de naguère ; je me suis demandé si c'était là le signe d'un apaisement dans ses affaires. Hélas, non : sa lettre ne me disait rien d'un engagement renouvelé vis-à-vis de son foyer. Bien au contraire, elle me décrit avec force détails le travail bénévole qu'elle accomplit auprès du Dr Tomalin dans l'hôpital londonien où celui-ci reçoit et soigne de jeunes orphelins. Comme d'habitude, elle me prie instamment de détruire sa missive et de ne faire aucune allusion à cette activité dans ma réponse.

Je me plierai bien sûr à ce désir, mais il est dans mes intentions de la supplier dans les termes les plus insistants de cesser de s'impliquer en ce lieu – tant que je n'ai pas trouvé de solution durable à ses soucis. Sa contribution aux dépenses de l'établissement est bien assez suffisante. Ne se soucie-t-elle pas de sa propre santé ? Elle ne m'obéira pas, je le sais bien. Elle a beau avoir passé les vingt ans, elle a encore tout de la fillette têtue que j'ai accompagnée lors de la traversée, qui refusait d'exécuter mes ordres lorsqu'ils ne lui convenaient pas. Je l'écrirai cependant, cette lettre. Si le pire se produisait, je ne pourrais jamais me pardonner de n'avoir rien tenté pour la remettre dans le droit chemin.

Laurel fronça les sourcils. Le pire ? Un élément lui échappait – qu'est-ce donc qui incitait Katy Ellis, pédagogue et soutien de tous les enfants traumatisés du monde, à écrire en des termes si convaincus que Vivien risquait « le pire » chez le

Dr Tomalin ? Le danger venait-il du docteur lui-même ? Ou l'hôpital était-il situé dans une zone que les Allemands avaient coutume de bombarder ? Laurel médita un moment, puis se rendit compte qu'il lui serait impossible d'éclaircir les propos de Katy sans se lancer dans une enquête parallèle – au risque d'y engloutir le peu de temps dont elle disposait. Le problème était intrigant, certes, mais sans rapport direct avec sa propre mission. Ce qu'elle voulait, c'était savoir pourquoi la machination de Dorothy avait échoué, point. Elle reporta les yeux sur le journal de Katy.

C'est à la lecture de la deuxième page de sa lettre que j'ai compris la raison de son retour à la joie. Il semble qu'elle ait rencontré quelqu'un, un jeune homme, et bien qu'elle prenne le plus grand soin de ne le mentionner qu'en des termes les plus neutres – « Mon projet avec les enfants comporte une nouvelle recrue, un homme dont l'imagination est aussi peu limitée que la mienne lorsqu'il s'agit de transformer des projecteurs en fées volantes » –, je connais trop bien ma jeune amie pour ne pas me douter que ce vernis amusé recouvre un sentiment plus profond. Ce qu'il est exactement, ce sentiment, je l'ignore, si ce n'est qu'il n'est guère dans les habitudes de Vivien de mentionner avec autant de détails un individu dont elle vient tout juste de faire la connaissance. Je me méfie. Mon intuition ne m'a jamais fait défaut jusqu'ici, et je vais lui écrire au plus vite pour lui conseiller de se comporter avec toute la prudence requise.

Katy Ellis de toute évidence avait mis son projet à exécution, car, à la date suivante, elle reproduisait une longue citation d'une lettre de Vivien Jenkins qui répondait à ses inquiétudes.

Comme tu me manques, chère Katy – depuis combien de temps ne nous sommes-nous vues ? Un an, qui me pèse comme dix. Ta lettre m'a donné envie d'une conversation avec toi sous cet arbre, à Nordstrom, au bord du lac, à l'endroit où nous allions pique-niquer quand tu venais me rendre visite. Tu te souviens de la nuit où nous sommes sorties de la maison sur la pointe des pieds pour aller accrocher des lanternes en papier dans les arbres du vallon ? Le lendemain, nous avons dit à mon oncle que c'étaient certainement des romanichels qui avaient fait le coup. Il a passé toute la journée à patrouiller sur ses terres avec son fameux fusil à l'épaule et son pauvre chien perclus d'arthrite sur les talons. Cher vieux Dewey – un fidèle.

Tu m'as fait la leçon, plus tard, à cause de cette plaisanterie, mais je crois me souvenir, chère Katy, que c'était toi, et non moi, qui t'étais complu à décrire au petit déjeuner les bruits « terribles » que tu avais entendus la nuit même : sans doute, disais-tu, étaient-ce ces « romanichels » qui « envahissaient » l'enceinte sacrée de Nordstrom ! Ah, quel bonheur de nager sous cette immense lune d'argent ! Comme j'aime nager, chère Katy. J'ai toujours l'impression de tomber par-dessus le bord du monde. Je crois que je n'ai jamais vraiment cessé de croire que je pourrais un jour découvrir ce trou au fond de l'eau qui me reconduira à la maison.

Katy, Katy, quel âge dois-je atteindre pour que tu puisses enfin te libérer du souci que je te cause. Quel fardeau je suis pour toi ! Lorsque je serai une vieille dame tricotant benoîtement dans sa chaise à bascule, te faudra-t-il encore t'occuper des taches que je fais sur ma robe et de la goutte que j'ai au nez ? Tu as veillé sur moi toutes ces années avec un tel dévouement, même lorsque je te menais la vie dure ! J'ai bien de la chance de t'avoir rencontrée en ce jour horrible où ma tante m'a laissée à la gare.

Comme toujours, tes conseils sont d'une grande sagesse ; sois assurée, très chère, que je suis tout aussi raisonnable dans mes faits et gestes. Je ne suis plus une enfant, et ne suis que trop consciente de mes responsabilités – ah, cela ne te rassure guère, je le sais ! Je t'imagine lisant ces lignes et secouant la tête, et te disant : Imprudente Vivien ! Pour apaiser tes craintes, je puis te dire ceci : jusqu'ici, je me suis pratiquement abstenue de converser avec l'individu en question (il s'appelle Jimmy, et c'est sous ce nom que je t'en parlerai ; l'expression « cet individu » a quelque chose de trop sinistre). J'ai fait de mon mieux pour le tenir à distance, jusqu'à me montrer grossière lorsqu'il le fallait. Tu m'en excuseras, chère Katy. Je sais que tu n'aimerais guère voir ta jeune élève acquérir ses lettres d'impolitesse ; quant à moi, je ne voudrais rien faire qui puisse jeter le discrédit sur ta réputation !

Laurel sourit. Elle avait de l'affection pour Vivien : tout ironique que fût sa réponse, elle se gardait bien d'aucune méchanceté envers la mère poule qu'était Katy – ah, ces intuitions, ces inquiétudes, qu'elles étaient pesantes par moments ! Katy elle-même avait inscrit ces mots sous l'extrait de la lettre : *Je retrouve là mon insolente jeune Vivien ! Quel plaisir ! Elle me manque tant.* Laurel avait moins apprécié l'allusion au jeune homme qui l'aidait à l'hôpital. Jimmy...

était-ce le Jimmy dont sa mère avait été amoureuse ? Certainement. Sa présence dans l'établissement du Dr Tomalin était-elle une coïncidence ? Certainement pas. Le tonnerre lointain du mauvais pressentiment se fit entendre aux oreilles de Laurel. Le plan des amoureux commençait à prendre forme dans son esprit.

Naturellement, songea Laurel, Vivien était à mille lieues de se douter de ce qui liait le charmant jeune homme de l'hôpital et son ex-amie Dorothy. Kitty Barker l'avait dit, maman avait toujours pris soin d'éviter les visites de Jimmy à Campden Grove. La même Kitty n'avait-elle pas médité à haute voix sur les effets de la guerre ? Émotions exacerbées, certitudes morales émoussées : le mélange idéal pour entraîner dans une *folie à deux*[1] ces amants contrariés par le sort.

La semaine suivante, le journal de Katy Ellis ne mentionnait pas Vivien, ni son « jeune homme ». La préceptrice se consacrait à des problèmes plus urgents : décisions prises par les chefs de département, rumeurs d'invasion propagées par la radio. Le 19 avril, cependant, elle s'étonnait de n'avoir reçu aucune réponse de Vivien. Le 20, elle disait avoir reçu un appel téléphonique du Dr Tomalin, l'informant que Vivien était souffrante. Ainsi, se dit Laurel, le docteur et Mlle Ellis se connaissaient. La défiance de cette dernière vis-à-vis du bénévolat de Vivien n'avait donc rien à voir avec le docteur. Le 24, enfin, cette mention :

Reçu une lettre aujourd'hui qui m'irrite profondément. Je suis incapable de la résumer sans en

1. En français dans le texte original.

trahir le ton et ne sais à quelle ligne commencer ou finir de citer l'extrait qui me perturbe. Pour une fois, je ne respecterai pas les consignes de ma chère (et si crispante) amie et ne livrerai pas sa lettre au feu.

Laurel passa à la page suivante à une vitesse surprenante. La lettre de Vivien à Katy Ellis était bien là, rédigée à la hâte, semblait-il, d'une écriture presque illisible, sur un joli papier blanc. Elle était datée du 23 avril 1941 : un mois exactement avant sa mort, remarqua Laurel.

Je t'écris d'un wagon-restaurant, chère Katy, craignant fort en effet que si je ne couchais pas la chose immédiatement sur papier, elle disparaîtrait ; et je me réveillerais demain matin en pensant l'avoir rêvée. Ce que j'ai à te dire ne te plaira guère, mais tu es la seule à qui je peux en parler. Et je dois en parler à quelqu'un. Pardonne-moi, chère Katy, et veuille accepter mes plus profondes excuses pour l'inquiétude que cet aveu ne manquera de susciter en toi. Et s'il s'y mêle de la désapprobation, qu'elle soit douce *et ne te fasse pas oublier que je suis toujours ta Petite Mousse.*

Il s'est passé quelque chose aujourd'hui. Je quittais l'hôpital et m'étais arrêtée sur le perron pour rajuster mon foulard – je te jure, Katy, et tu sais à quel point je suis incapable de mentir, que je ne me suis pas attardée à dessein. Lorsque j'ai entendu la porte s'ouvrir dans mon dos, j'ai su, sans me retourner, que c'était le jeune homme (je t'en ai parlé une ou deux fois dans mes lettres – Jimmy).

Katy Ellis avait souligné cette phrase et avait noté ses réflexions dans la marge d'une écriture si nette et si petite que Laurel n'eut aucun mal à imaginer la moue désapprobatrice qui l'avait accompagnée. *Une ou deux fois ! Les illusions dont se bercent ceux que l'amour a frappés sont sans limites !* L'estomac de Laurel se noua tandis qu'elle revenait aux griffonnages de Vivien. Cette dernière était-elle tombée amoureuse de Jimmy ? Était-ce pour cette raison que les « plans inoffensifs » de Dorothy avaient échoué ?

Et c'était lui, bien sûr ! Nous avons échangé quelques mots sur un incident assez drôle qui s'était produit pendant la répétition avec les enfants. Il m'a fait rire. Il est si drôle, Katy. J'aime bien les gens drôles. Pas toi ? Mon père était très drôle. Il passait son temps à nous faire rire. Jimmy m'a alors demandé tout naturellement si nous pouvions rentrer ensemble, étant donné que nous allions dans la même direction, et j'ai eu l'imprudence d'accepter, même si je sais que cela va contre toutes les règles de la sagesse.

Ah, tu secoues la tête, Katy (je te vois assise devant le petit secrétaire dont tu m'as parlé, sous la fenêtre – y a-t-il des primevères fraîchement cueillies dans un petit vase, au coin du bureau ? Oui, je le sais !). Mais je vais te dire pourquoi je lui ai répondu par l'affirmative, à ce jeune homme. Depuis des semaines, je suis ton conseil et m'efforce bien malgré moi de l'ignorer. L'autre jour, il m'a offert quelque chose – pour se faire pardonner une légère maladresse dans le détail de laquelle je ne vais pas rentrer. Ce cadeau, c'est une photographie. Je ne vais pas te la décrire ici : sache simplement qu'à la voir j'ai eu l'impression qu'il avait vu au fond de mon âme ce monde que j'y dissimule depuis l'enfance.

J'ai rapporté cette photo à la maison et l'ai conservée comme un enfant jaloux garde un jouet, saisissant la moindre occasion pour la contempler. Je l'ai cachée dans ma chambre : il y a un petit placard secret derrière le portrait de ma grand-mère, qui ferme à clef. En la dissimulant ainsi, en la gardant pour moi seule, cette photographie, j'en accroissais la valeur. C'était l'unique raison d'agir ainsi, certes. Jimmy m'a entendue raconter des histoires aux enfants de l'hôpital, bien sûr, et je ne suis pas en train de dire qu'il y avait quoi que ce soit de magique dans son choix : reste que ce cadeau m'a émue.

Katy Ellis avait souligné le mot « magique » et mis un commentaire en marge :

C'est pourtant exactement ce qu'elle a à l'esprit. Je connais très bien Vivien, je sais en quoi elle croit et avec quelle force. S'il est une chose dont je suis certaine aujourd'hui dans mon travail de pédagogue, c'est que le système de croyance qu'un être humain acquiert dans son enfance ne s'efface jamais complètement. Il peut s'atténuer, mais il réapparaît avec force dans les temps difficiles pour soutenir cette âme à laquelle il a donné forme.

Laurel songea à sa propre enfance. L'affirmation de Katy pouvait-elle s'y appliquer ? Ses parents avaient placé les valeurs de la famille au-dessus de toute religion théiste. Sa mère, en particulier : car elle avait, avouait-elle avec accablement, compris trop tard l'importance de la famille. Il fallait bien le reconnaître : dans les « temps difficiles » dont parlait Katy, les Nicolson, en dépit de leurs différends, se regroupaient toujours, comme Dorothy le leur avait enseigné.

Il est possible que mes petits maux de la semaine dernière m'aient rendue imprudente. Après six jours dans le noir, clouée dans ma chambre, avec les avions allemands qui vrombissaient dans le ciel et Henry tous les soirs assis à mon chevet, me tenant la main pour accélérer mon rétablissement, j'avais tellement hâte de boire à pleins poumons le bon air de Londres au printemps ! (En aparté, Katy, n'est-ce pas remarquable : pendant que le monde entier ne se préoccupe plus que de cette folie que nous nommons guerre, les fleurs, les abeilles, les saisons continuent à s'épanouir comme elles le doivent, en toute sagesse, et cependant ne se lassant jamais d'attendre que l'humanité recouvre la raison et jouisse à nouveau de la beauté des choses. C'est curieux : mon amour, mon désir du monde croissent toujours lorsque j'en suis absente. N'est-il pas merveilleux que l'on puisse passer si vite du désespoir à la joyeuse appétence, et qu'en ces heures sombres l'on puisse trouver du bonheur dans les petites choses ?)

Quoi qu'il en soit, il m'a demandé si nous pouvions faire un bout de chemin ensemble et j'ai dit oui, et nous l'avons fait, et j'ai ri. J'ai ri, Katy, parce qu'il me racontait des histoires amusantes, et que tout soudain était si facile, si léger. Cela faisait longtemps que je n'avais pas joui de ce plaisir pourtant simple : une conversation au soleil en bonne compagnie. Ces plaisirs-là, j'en rêve, Katy.

Je ne suis plus une enfant, je suis une femme, et je veux des choses – des choses que je ne puis avoir. Mais il est dans la nature humaine de désirer ce qui lui est interdit.

Quelles choses ? De quelle interdiction parlait-elle ? De nouveau Laurel avait l'impression qu'il lui manquait une pièce importante du puzzle. Elle parcourut fébrilement les pages consacrées aux quinze jours suivants.

Vivien continue de le voir, à l'hôpital bien sûr, ce qui est déjà assez risqué, mais aussi en d'autres endroits, alors qu'elle est censée travailler à la cantine du Service féminin ou faire ses courses. Elle me prie de ne pas m'inquiéter, répète qu'il est « un ami, sans plus ». La preuve, ajoute-t-elle, ce garçon a une fiancée. « Katy, ils vont se marier. Ils s'aiment plus que tout ; lorsque la guerre sera finie, ils veulent s'installer à la campagne, y trouver une grande et vieille maison et la remplir d'enfants. Tu vois, le risque est minime que je sois infidèle à mon époux, comme tu sembles le craindre. »

Un vertige saisit Laurel. Cette fiancée, c'était Dorothy. Elle en était convaincue. Ce croisement du jadis et du maintenant, de l'histoire écrite et des souvenirs vécus la submergea un bref moment. Elle ôta ses lunettes, se massa le front, les yeux rivés sur le beau mur de pierre, au-dehors.

Puis elle redonna la parole à Katy :

Elle sait bien que ce n'est pas seulement de cela que j'ai peur. Vivien à dessein se méprend sur mes inquiétudes. De même, je ne suis pas naïve : qu'un garçon soit fiancé ne l'empêchera pas de suivre les élans de son cœur. Et si je ne sais rien de ses sentiments, je devine assez ceux de Vivien.

Encore et toujours ces inquiétudes mystérieuses ! De ce côté-ci, Laurel n'avait pas progressé d'un pouce. Vivien, elle, insinuait que les craintes de Katy découlaient de l'idée trop rigide qu'elle se faisait du mariage. Vivien ne croyait-elle pas en la fidélité ? Difficile de conclure sur la base des rares éléments qu'elle possédait sur la jeune femme, mais Laurel avait presque l'impression de pouvoir déceler dans les pensées de Vivien, extravagantes et romantiques, quelque chose de l'esprit de l'amour libre. Enfin, presque.

Deux jours plus tard dans le journal de Katy, Laurel tomba sur un passage qui lui laissa penser que la pédagogue avait probablement vu juste quand elle pensait que Jimmy représentait une menace pour sa jeune amie.

Horribles nouvelles de la guerre à Londres. Westminster Hall a été atteint la nuit dernière, de même que l'abbaye et le Parlement. On a même craint un moment que Big Ben n'ait été détruite. Plutôt que de me plonger dans le journal ou d'écouter la radio, j'ai décidé ce soir de faire du rangement dans l'armoire du salon. J'ai besoin de place pour mes cours. Je dois avouer que j'ai quelque chose de l'oiseau jardinier, ce qui n'est pas à mon avantage. Je voudrais être aussi ordonnée dans ma maison que je le suis en esprit. J'ai retrouvé dans cette armoire la plus invraisemblable collection de babioles. Y compris une lettre que l'oncle de

Vivien m'avait envoyée voici trois ans. Il y décrivait « son agréable docilité » (lorsque j'ai relu ces mots, ils ne m'ont pas moins irritée qu'à l'époque – s'est-il jamais rendu compte de qui Vivien était réellement ?). Il avait glissé dans l'enveloppe une photographie : Vivien avait dix-sept ans – quelle beauté ! Je me suis souvenue d'avoir pensé alors qu'elle ressemblait à une héroïne de conte de fées – le Petit Chaperon rouge, peut-être, avec ses lèvres en bouton de rose et ses grands yeux qui avaient conservé le regard franc et innocent de l'enfance. Je me rappelle avoir espéré qu'aucun grand méchant loup ne l'attende dans les bois.

Il est singulier que j'aie retrouvé aujourd'hui cette lettre et cette photo. La dernière fois que j'ai eu une de mes « intuitions », elle s'est avérée. Je n'avais rien fait à l'époque, ce que je regrette amèrement. Je ne resterai donc pas dans l'ombre et ne laisserai pas ma jeune amie commettre sous mes yeux une erreur aux conséquences peut-être effroyables. Comme je ne puis donner libre cours à mes sentiments dans les lettres que je lui envoie, je vais lui rendre visite en personne à Londres.

Ce que Mlle Ellis avait fait, de toute évidence, et sans perdre une seconde. La note suivante était datée de quatre jours plus tard.

Je suis allée à Londres ; la situation est pire que ce que je craignais. La chose crève les yeux : ma chère Vivien est tombée amoureuse de ce jeune homme, Jimmy. Elle ne m'en a rien dit, naturellement, elle est bien trop prudente pour cela, mais je la connais depuis l'enfance et l'ai lu dans la moindre de ses expressions, l'ai entendu dans chacun des mots qu'elle n'a pas prononcés. En outre, elle semble avoir renoncé à toute précaution. Elle s'est rendue plusieurs fois chez le jeune homme, qui vit avec son père nécessiteux. « En tout bien tout honneur », m'a-t-elle dit, mais je lui ai répondu que ces distinctions n'avaient pas de sens et qu'elles ne lui seraient d'aucune utilité lorsqu'elle devrait expliquer ces visites. Elle a alors déclaré qu'elle ne « l'abandonnerait pas » – elle est si têtue. Avec toute la sévérité dont je suis capable, je lui ai rappelé qu'elle était une femme mariée. Je lui ai rappelé la promesse qu'elle avait faite à son époux dans l'église de Nordstrom : « Tu l'aimeras, l'honoreras et lui obéiras jusqu'à ce que la mort vous sépare, etc. » Ah, je n'oublierai pas de sitôt le regard qu'elle m'a lancé – quelle déception dans ses yeux ! « Tu ne comprends pas », a-t-elle répondu.

Je comprends assez bien ce que c'est que d'aimer quelqu'un qu'on ne devrait pas, et je le lui ai dit. Mais elle est jeune, et comme tous les jeunes gens, elle est persuadée d'être la seule à éprouver des sentiments si profonds. Nous nous sommes, et j'en suis navrée, quittées en mauvais termes. J'ai tenté une dernière fois de la convaincre de ne plus retourner à l'hôpital ; elle a refusé. Je lui ai dit qu'elle devait au moins se soucier de sa santé, remarque qu'elle a balayée d'un revers de main. Quand l'on déçoit une telle créature – oh, ce visage qui révèle ses passions comme sous le pinceau d'un maître ! –, on a le sentiment coupable d'avoir détruit toute la bonté du monde. Et cependant, je ne renoncerai pas. J'ai encore une carte à jouer. Elle peut me valoir son courroux éternel, mais, tandis que mon train quittait Londres, j'ai résolu d'écrire à ce Jimmy Metcalfe, de lui expliquer le mal qu'il fait à Vivien. Peut-être se montrera-t-il plus raisonnable qu'elle.

Le soleil déclinait ; la salle de lecture sombrait dans le froid et l'obscurité. L'écriture de Katy Ellis était nette mais si petite qu'elle donnait mal aux yeux, à force. Cela faisait deux heures que Laurel était absorbée dans cette lecture ! Elle se recula dans sa chaise et ferma les yeux, la voix de Katy tourbillonnant dans son crâne. La pédagogue avait-elle écrit à Jimmy ? Ses arguments devaient être assez puissants, si elle pensait pouvoir le convaincre de briser une amitié à laquelle Vivien ne voulait pas renoncer. Était-ce cette lettre qui avait fait échouer les plans de Dorothy ? Et causé la rupture entre maman et Jimmy ? Dans un roman, se dit Laurel, les choses se passeraient ainsi. Ce n'était que justice narrative : les deux jeunes amants étaient séparés par la machination qu'ils avaient mise sur pied pour acheter leur bonheur commun. Était-ce à cet épisode que sa mère pensait le jour où, de son lit d'hôpital, elle avait confié à Laurel qu'il fallait se marier par amour et ne jamais attendre, que rien d'autre n'avait d'importance ? Dorothy avait-elle attendu trop longtemps, avait-elle péché par avidité, avait-elle vu son fiancé la quitter pour l'autre femme ?

Laurel le devinait, Vivien Jenkins était la dernière personne à laquelle Jimmy et Dorothy auraient dû assigner le rôle de victime dans leur machination. N'était-ce que parce qu'elle était exactement le genre de femme dont Jimmy était susceptible de tomber amoureux ? Toutefois, la réalité était peut-être plus complexe. Katy avait beau s'inquiéter pour un oui ou pour un non, Laurel trouvait étranges ses nombreuses références à la santé de Vivien, comme si celle-ci était atteinte d'une maladie chronique. N'était-elle pas une jeune femme de vingt ans, en pleine forme ? Vivien elle-même avait fait allusion à ses « absences » du monde, ces moments où Henry Jenkins, à son chevet, lui caressait la main tandis qu'elle remontait la pente. Souffrait-elle d'une affection qui la rendait particulièrement sensible aux attaques du monde ? Était-elle sujette à des sortes de crise, des dépressions du corps ou de l'âme ?

Ou bien – Laurel se redressa comme un diable dans sa boîte –, n'avait-elle pas, après son mariage, subi une ou plusieurs fausses couches ? Ce qui aurait expliqué les tendres soins dont l'entourait son époux et peut-être le désir qu'elle avait de sortir de chez elle sitôt remise, tournant le dos à cette infortune domestique et se contraignant à des tâches qu'elle ne pouvait assumer. Cela pouvait aussi expliquer le désarroi de Katy Ellis voyant son amie s'obstiner à travailler avec les enfants de l'hôpital. Elle craignait probablement que le rappel constant de sa stérilité n'accroisse sa tristesse ? Vivien l'avait elle-même rappelé dans une lettre : il est dans la nature de l'être humain de désirer ce qu'il ne peut obtenir. Oui, c'était une bonne piste. Jusqu'aux constants euphémismes de Katy, fort courants à cette époque à ce propos.

Mais où trouver les réponses définitives aux questions qu'elle se posait ? Laurel, qui aurait bien aimé mettre la main sur la machine à remonter le temps du petit Gerry, dut se contenter du journal de l'anxieuse Katy. Elle parcourut rapidement les pages suivantes et, soudain, le 20 mai, cette note : Nouvelle lettre de Vivien. Elle renonçait à fréquenter Jimmy. Le garçon s'embarquait pour une nouvelle vie. Elle lui avait dit adieu, lui souhaitait tout le bonheur possible.

Laurel ouvrit des yeux ronds. Katy avait-elle communiqué ses inquiétudes à Jimmy, en fin de compte ? Cette intervention avait-elle provoqué d'une manière ou d'une autre son départ ? Curieusement, le cœur de Laurel se serra pour Vivien. Elle ne pouvait s'empêcher de ressentir de la pitié pour cette jeune femme à qui cette relation avait procuré tant de joie. Et puis, cette sympathie était peut-être due également au triste sort de Vivien, à sa mort à présent imminente. Plus étonnant toutefois était le fait que Katy elle-même ne semblait pas si heureuse que cela d'être parvenue à ses fins.

Le comportement de Vivien me causait du souci et j'ai souhaité que sa relation avec le jeune homme cesse, il est vrai. À présent, je porte le fardeau du vœu exaucé. J'ai reçu d'elle une lettre qui ne donne guère de détails, mais dont le ton n'est pas difficile à déchiffrer. Vivien s'est résignée. Elle se contente de me dire que j'ai eu raison, que leur amitié n'est plus et que je n'ai plus à m'inquiéter de rien, car tout s'est déroulé pour le mieux. J'aurais préféré du chagrin, de la colère. Cette apathie m'inquiète. Je crains qu'elle ne soit de mauvais augure. J'attends sa prochaine lettre, espérant y lire une amélioration ; je reste convaincue d'avoir œuvré pour les meilleures raisons qui soient.

Lettre qu'elle attendit en vain. Vivien Jenkins mourut trois jours plus tard. Katy Ellis rapportait cette nouvelle avec un chagrin et un désespoir immenses.

Une demi-heure plus tard, alors que Laurel traversait en hâte les pelouses crépusculaires de New College pour aller prendre le bus, la tête pleine de ce qu'elle venait de lire, son téléphone sonna. Le numéro ne lui disait rien ; elle répondit quand même.

— Lol ?

— Gerry ?

Le bruit de friture de l'autre côté de la ligne était infernal. Laurel avait du mal à entendre son frère.

— Où es-tu, Gerry ?

— À Londres, dans une cabine, Fleet Street.

— Il y a encore des cabines en état de marche ?

— Apparemment. À moins que ça ne soit la machine à remonter le temps du Dr Who, auquel cas mon compte est bon.

— Qu'est-ce que tu fiches à Londres ?

— Je traque le Dr Rufus.

— Ah !

Laurel se plaqua une main sur l'oreille pour mieux entendre.

— Et alors ? Tu l'as rattrapé ?

— Oui. Du moins j'ai trouvé son journal. Rufus, lui, a succombé à une infection à la fin de la guerre.

Le cœur de Laurel battait à toute allure. Elle ne s'attarda pas sur ce décès prématuré ; dans sa quête pour la vérité, elle devenait avare de sa compassion.

— Bon, mais qu'as-tu trouvé dans son journal ?

— Je ne sais pas par où commencer.

— Par l'essentiel, Gerry. Vite, s'il te plaît.

— Attends.

Elle l'entendit glisser une pièce dans le téléphone.

— Tu es encore en ligne ?

— Oui, oui.

Laurel s'immobilisa sous un lampadaire.

— Lol, elles n'ont jamais été amies. Maman et cette Vivien Jenkins. D'après le Dr Rufus, cette amitié n'a pas existé.

— Hein ?

Peut-être avait-elle mal entendu ?

— Elles se connaissaient à peine, en fait.

— Maman et Vivien ? Qu'est-ce que tu racontes ? J'ai vu de mes yeux le livre, la photo…

— Non. Maman aurait *voulu* être son amie – d'après ce que j'ai lu, elle aurait même voulu *être* Vivien Jenkins. Ou tout comme. Elle est devenue complètement obsédée par l'idée de cette amitié entre deux êtres inséparables – « les deux font la paire », disait-elle. Mais c'était complètement imaginaire !

— Mais… je ne…

— Puis il s'est passé quelque chose – quoi, le Dr Rufus ne le dit pas exactement. Apparemment, Vivien Jenkins a eu une réaction qui a ouvert les yeux à maman, qui lui a fait comprendre qu'elles n'étaient pas du tout amies.

Laurel se souvint de la conversation avec Kitty Barker, de la dispute entre les deux femmes. Dorothy était ressortie si furieuse, et cette colère avait nourri son désir de vengeance.

— Qu'est-ce que Vivien a fait, Gerry ? Tu le sais ?

Ou qu'avait-elle pris ?

— Elle a… Zut, je suis à court de pièces.

Laurel entendit son frère fouiller dans ses poches avec ardeur et malmener le récepteur en tous sens.

— Ça va couper, Lol…

— Rappelle-moi. Trouve de la monnaie et rappelle-moi.

— Non, trop tard, je n'ai rien. De toute façon, on en reparle très vite. Je descends à Greenac…

Une tonalité monotone engloutit la voix de Gerry.

27

Londres, mai 1941

La première fois que Jimmy avait emmené Vivien dans la chambre qu'il partageait avec son père, il était fort embarrassé. Leur minuscule foyer lui paraissait déjà misérable, mais le découvrir par les yeux de Vivien lui avait fait prendre conscience du caractère désespéré des pauvres améliorations qu'il y avait apportées. Avait-il réellement voulu transformer un coffre de bois en table en y étalant un torchon de cuisine ? Apparemment, oui. Toutefois, Vivien s'était comportée le plus normalement du monde, comme si elle avait l'habitude de prendre le thé dans des tasses dépareillées, assise à côté d'un oiseau, sur le bord du lit d'un vieux monsieur. En dépit des circonstances, la rencontre s'était plutôt bien passée.

Au nombre desdites circonstances, l'obstination que son père avait mise à appeler Vivien « ta jeune dame » et à poser la question suivante de sa voix la plus claironnante : « Mais, dis-moi, Jim, à quand le mariage ? »

Jimmy avait repris le vieux monsieur trois fois au moins, avant d'adresser un haussement d'épaules contrit à Vivien. Mieux valait considérer la chose comme une blague. Du reste, avait-il le choix ? C'était une bévue imputable au grand âge de papa, voilà tout. Il n'avait rencontré Dolly qu'une fois, à Coventry, avant la guerre. Et puis, où était le mal ? Vivien n'avait pas eu l'air de s'en offusquer. Quant au père de Jimmy, il était content. Très content. Il s'entendait merveilleusement avec Vivien, semblant avoir trouvé en elle la spectatrice idéale qu'il avait attendue toute sa vie.

Jimmy les avait regardés, tous les deux, riant d'une des anecdotes de M. Metcalfe, essayant d'apprendre un nouveau tour à Finchie ou discutant avec sérieux de la meilleure façon d'appâter le poisson. Le cœur du jeune homme était si plein de gratitude qu'il lui semblait devoir exploser d'une minute à l'autre. Cela faisait si longtemps – des années, sans doute – qu'il n'avait vu le visage de son père sans cette ride soucieuse qui lui creusait le haut du nez.

Parfois, Jimmy essayait d'imaginer ce à quoi aurait ressemblé la même scène avec Dolly dans le rôle de Vivien. Dolly servant le thé à son père, y versant le lait condensé comme il l'aimait, lui racontant des histoires si cocasses que le vieux monsieur se mettait à hocher la tête, surpris, joyeux… Impossible. Jimmy se reprocha d'avoir tenté l'exercice. Ces comparaisons n'avaient aucun sens et ne rendaient justice ni à Vivien ni à Dolly. Quant à cette dernière, elle serait certainement venue voir le père de Jimmy si elle l'avait pu. Elle n'était pas rentière, elle. Elle travaillait toute la journée à l'usine ; et lorsqu'elle en sortait, elle était si fatiguée ! Rien d'étonnant à ce qu'elle préfère passer ses quelques soirées de liberté avec ses amies.

Vivien, donc, semblait apprécier les visites à l'horrible petite chambre. Un jour, Jimmy avait commis la bévue de la remercier, comme si elle lui accordait une immense faveur. Elle l'avait regardé avec stupeur. « Merci ? Allons bon, pour quoi ? »

La perplexité de la jeune femme avait rempli Jimmy de confusion, si bien qu'il avait détourné la conversation d'une plaisanterie. Plus tard, il s'était demandé s'il ne s'était pas trompé du tout au tout sur le compte de Vivien. Peut-être ne le fréquentait-elle que pour continuer à rendre visite à son père ? L'explication en valait bien d'autres.

Pourquoi lui avait-elle dit oui, le jour où il lui avait proposé de faire un bout de chemin avec elle, en sortant de l'hôpital ? En ce qui le concernait, il savait très bien ce qui l'avait motivé, lui : c'était pour le plaisir d'être avec elle après ses quelques jours d'absence. Il avait eu une telle sensation en ouvrant la porte du grenier, en la voyant au milieu des enfants alors qu'il ne s'y attendait pas : le monde s'était illuminé. Lorsqu'elle avait quitté la nursery, il s'était précipité sur ses talons, avait ouvert la porte d'entrée si vite qu'il l'avait surprise sur le perron à rajuster son foulard. Jamais il n'aurait cru qu'elle puisse accepter sa proposition. Il y avait pensé pendant toute la répétition. Il voulait passer un peu de temps avec elle. Non parce que Dolly le lui avait demandé, mais parce qu'il l'aimait bien. Parce qu'il aimait ces moments en sa compagnie.

« Vous avez des enfants, Jimmy ? » lui avait-elle demandé tandis qu'ils marchaient côte à côte.

Son pas avait perdu de sa vivacité ; elle était encore fragilisée par la maladie qui lui avait fait garder la chambre. Il y avait autre chose aussi : une réserve qu'il n'avait cessé de percevoir durant toute la journée. Elle avait ri avec les enfants, certes, mais il y avait dans son regard une prudence inhabituelle. Jimmy se sentait triste pour elle, sans trop savoir pourquoi.

« Non », avait-il répondu en secouant la tête.

Puis il s'était senti rougir, se souvenant de la douleur qu'il lui avait causée à ce propos.

Cette fois-ci, cependant, c'était elle qui menait la conversation. Elle n'avait pas changé de sujet.

« Mais vous en voulez, j'imagine.

— Oui.

— Un ou deux ?

— Oui, pour commencer. Ensuite, la demi-douzaine. »

Elle avait souri.

« Je suis enfant unique, avait-il dit en guise d'explication. J'étais bien seul.

— Nous étions quatre. Je ne m'entendais jamais parler. »

Il avait ri.

« Alors, les histoires que vous racontez aux enfants, la maison en bois sur les pilotis, la forêt enchantée, la famille de l'autre côté du voile... c'est vous, tout cela ? »

Vivien avait hoché la tête.

Jimmy ne savait toujours pas pourquoi il lui avait parlé de son père, ce jour-là. Peut-être était-ce l'expression de son visage lorsqu'elle évoquait les siens, les histoires dont elle régalait les enfants, saturées de magie et de nostalgie au point que le temps s'évanouissait. Peut-être était-ce le besoin de mêler quelqu'un à sa vie. Quoi qu'il en soit, il lui avait parlé de son père ; Vivien lui avait posé des questions et Jimmy s'était souvenu du premier jour dans le grenier, de l'attention avec laquelle elle écoutait les enfants. Plus tard, lorsqu'elle lui avait dit qu'elle souhaitait rencontrer son père, Jimmy avait cru que ce n'était qu'une façon de parler. Le genre de choses que les gens disent alors qu'ils sont en train de penser à leur train (mon Dieu, la gare n'est pas si proche, aurai-je le temps de l'attraper ?). À la répétition suivante, elle était revenue à la charge, et Jimmy avait fini par accepter de l'emmener chez eux. « J'ai quelque chose pour lui, avait-elle dit. Je crois qu'il appréciera. »

Elle ne mentait pas. La semaine d'après, elle offrit un splendide os de seiche au vieux monsieur.

— C'est pour Finchie.

Elle l'avait trouvé sur la plage, lors d'une visite qu'elle et son mari avaient rendue à l'éditeur de Henry.

— Oh, que c'est gentil, mademoiselle ! s'exclama M. Metcalfe. Jim, ton amie est si jolie. Comme un tableau. Et si gentille. Dis-moi, tu attendras qu'on s'installe au bord de la mer pour te marier, hein ?

— Je ne sais pas, papa, marmonna Jimmy en lançant un regard à Vivien, qui feignait d'être absorbée dans la contemplation d'une photographie du jeune homme. Qui vivra verra, hein ?

— Ne nous fais pas trop languir, mon Jimmy. Ta mère et moi, on ne rajeunit guère.

— Oui, oui, papa. Tu seras le premier à connaître la date, promis.

Lorsqu'il raccompagna Vivien à la station de métro, il lui expliqua la confusion de son père.

— J'ose espérer que ça ne vous a pas embarrassée.

— Inutile de vous excuser pour votre père, Jimmy.

— Non, je sais. Simplement... je ne voudrais pas que ça vous mette mal à l'aise.

— Bien au contraire. Cela fait longtemps que je ne me suis pas sentie aussi bien.

Ils firent un bout de chemin en silence.

— Vous allez vraiment vous installer au bord de la mer ? demanda soudain Vivien.

— Oui, c'est notre plan.

Jimmy frémit. *Notre plan.* Il avait parlé sans réfléchir – quel idiot. Et quelle incroyable maladresse : livrer à Vivien le scénario qui, dans son esprit, était inextricablement lié aux machinations de Dolly !

— Et vous allez vous marier ?

Il fit oui de la tête.

— C'est merveilleux, Jimmy. Je suis si contente pour vous. C'est une charmante jeune fille, bien sûr ? Oui, forcément. Quelle question stupide.

Jimmy eut un vague sourire, tenant le sujet pour épuisé. Du moins l'espérait-il. Mais ce n'était pas l'avis de Vivien.

— Eh bien ?

— Eh bien quoi ?

— Parlez-moi d'elle, fit Vivien en riant.

— Que voulez-vous savoir ?

— Oh, je ne sais pas... Ce qui se dit d'ordinaire. Par exemple, comment vous êtes-vous rencontrés ?

Jimmy revint en esprit à Coventry, dans le petit café du coin de la rue.

— J'avais un sac de farine sur le dos.

— Ce à quoi elle n'a pu résister, se moqua gentiment Vivien. Donc, elle a un faible pour la farine. Et pour quoi d'autre ? Et à quoi ressemble-t-elle ?

— Elle est vive, dit Jimmy, la gorge serrée. Oui, débordante de vitalité, de rêves.

Le tour que prenait la conversation ne lui plaisait absolument pas ; mais comment aurait-il pu décrire Dolly en ne dévoilant rien d'elle ? Il ne pouvait s'empêcher de penser à la jeune fille qu'elle avait été, à la femme qu'elle était désormais.

— Sa famille a péri dans le blitz.

— Oh, Jimmy !

Le sourire s'effaça du visage de Vivien.

— La pauvre ! Elle doit être accablée de chagrin.

Sa compassion était si profonde et si sincère que Jimmy ne put le supporter. La machination le remplissait de honte, de même que le rôle qu'il y jouait. Ce mensonge lui donnait la nausée. Comment ne pas aspirer à la franchise ? Oui, se dit-il, la vérité allait peut-être, d'une manière ou d'une autre, déjouer les plans de Dolly.

— Je crois que vous la connaissez, d'ailleurs.

— Pardon ?

Vivien lui jeta un curieux regard, comme si cette révélation l'inquiétait.

— Comment est-ce possible ?

— Elle s'appelle Dolly.

Il retint son souffle, songeant à la brouille entre les deux jeunes femmes.

— Dolly Smitham.

— Non, fit Vivien avec un soulagement visible. Non, je ne connais personne de ce nom.

Au tour de Jimmy d'être en pleine confusion. Elles étaient amies, pourtant, ou l'avaient été : Dolly lui avait tout raconté.

— Vous avez travaillé ensemble à la cantine du Service féminin. Dans le temps, elle habitait en face de chez vous, à Campden Grove. C'était la dame de compagnie de lady Gwendolyn.

— Ah !

Vivien avait enfin compris, ce dont l'expression de son visage se fit le reflet.

— Jimmy ! souffla-t-elle en agrippant le bras du jeune homme, les yeux agrandis par la panique. Sait-elle que nous travaillons ensemble à l'hôpital ?

— Non, mentit Jimmy, bien à contrecœur.

Le soulagement de Vivien était perceptible. Un sourire se forma sur ses lèvres, aussitôt assombri par une nouvelle inquiétude. Elle eut un soupir de regret, porta sa main à sa bouche.

— Mon Dieu, Jimmy, elle doit me détester. Ce qui s'est passé… je ne sais pas si elle vous en a parlé. C'est affreux. Un jour, elle a eu l'extrême gentillesse de me rapporter mon médaillon, que j'avais perdu. Et moi… je crains d'avoir été très impolie à son égard. Je n'étais pas dans l'un de mes bons jours, j'avais eu une mauvaise surprise. Je suis allée la voir quelques jours plus tard, pour lui présenter mes excuses, lui expliquer les raisons de ma conduite. J'ai frappé à la porte du 7, mais personne n'a répondu. Puis la vieille dame est morte et tout le monde est parti ; cela s'est passé si vite !

Les doigts de Vivien s'étaient posés sur son médaillon, le tournaient en tous sens contre le creux de sa gorge.

— Jimmy, vous voulez bien lui en parler ? Vous voulez bien lui dire que je n'avais nullement l'intention de la traiter si grossièrement ?

Jimmy s'y engagea. Le discours de Vivien l'avait empli d'un indicible bonheur. Certes, il confirmait les dires de Dorothy, mais il démontait toute l'affaire. La prétendue méchanceté de Vivien n'était qu'un gigantesque malentendu.

Ils marchèrent un moment en silence, tous deux plongés dans leurs pensées.

— Qu'attendez-vous pour vous marier ? fit enfin Vivien. Vous vous aimez, je crois – Dolly et vous ?

La joie abandonna Jimmy. Oh, si elle avait pu changer de sujet !

— Oui.

— Alors pourquoi ne pas franchir le pas tout de suite ?

Les mots dont il se servit pour masquer son mensonge étaient si communs !

— C'est que nous voulons que tout soit parfait.

Elle hocha la tête, pensive.

— Mais, Jimmy, la perfection... n'est-ce pas d'épouser la personne que vous aimez ?

Peut-être était-ce le nuage de honte qui assaillait Jimmy, ou les souvenirs lancinants de son père attendant en vain le retour de sa mère – toujours est-il que Jimmy, poussé par la nécessité de se justifier, éclata d'un rire amer.

— Non, la perfection, c'est la certitude d'avoir de quoi rendre heureux ceux qu'on aime. Un toit sur leur tête, de la nourriture sur leur table, du feu pour leur cheminée. Pour nous qui n'avons pas le sou, ce n'est pas une mince affaire. Certes, c'est moins romanesque que votre belle idée. Mais c'est ça la vie, non ?

Vivien avait blêmi. Il l'avait blessée et il était furieux contre lui-même. Mais il ne lui présenta pas ses excuses pour autant.

— Vous avez raison, finit-elle par dire. Jimmy, je vous demande pardon, j'ai parlé sans savoir. C'était cruel de ma part. Cela ne me regarde en rien, de surcroît. Simplement, quand vous parlez de cette ferme au bord de la mer, la scène est si vivante, si merveilleuse ! Je prenais plaisir à vos projets de façon indirecte.

Jimmy resta muet. Il l'avait contemplée tandis qu'elle lui répondait ; mais à présent, il détournait les yeux. Le visage de Vivien lui avait inspiré cette vision, limpide, nette : elle et lui, s'enfuyant vers le bord de la mer, ensemble. Et cela lui donnait envie de la prendre par le bras, là, dans la rue, de saisir son visage à deux mains et de l'embrasser – très fort et très longuement. Bon Dieu. Avait-il perdu la tête ?

Il alluma une cigarette, exhala un nuage de fumée sans s'arrêter de marcher.

— Et vous ? marmonna-t-il, le rouge au front, cherchant maintenant à se racheter. De quoi sont faits les lendemains pour vous ? Quels sont vos rêves ?

— Oh, répondit-elle avec un geste de la main. Je consacre peu de temps à ce genre de considérations.

Parvenus devant la station de métro, ils échangèrent un salut embarrassé. Jimmy se sentait mal à l'aise – pour ne pas dire coupable : il allait lui falloir courir pour retrouver Dolly chez Lyons, comme prévu. Et cependant...

— Vivien, je peux vous raccompagner jusqu'à Kensington ? Je veux être sûr que vous rentrez bien.

Elle se retourna.

— Vous allez retenir la bombe qui m'est destinée, c'est cela ?

— Je ferai de mon mieux.

— Non, merci, dit-elle. Je préfère rentrer seule.

Et revint à Jimmy le souvenir de la Vivien des débuts, celle qui marchait devant lui dans la rue et ne lui faisait pas même l'aumône d'un sourire.

Dolly épiait la rue de l'intérieur du restaurant, une cigarette à la main. Elle attendait Jimmy. De temps à autre, elle se détournait de la vitre et caressait la manche de son manteau de fourrure. Il faisait trop chaud pour le porter, mais Dolly ne voulait pas s'en défaire. Le manteau lui donnait l'impression d'avoir de l'importance – mieux que cela, du pouvoir : toutes choses dont elle avait besoin plus que jamais. Ces derniers temps, elle avait eu l'horrible sentiment que la situation lui échappait. Les marionnettes n'étaient plus si dociles – et cela l'emplissait d'une épouvante qui lui nouait l'estomac. Pire encore, la sensation d'incertitude qui s'emparait d'elle à la nuit...

Au début, pourtant, le plan semblait sans faille : une manière toute simple de donner une bonne leçon à Vivien Jenkins tout en leur permettant, à Jimmy et à elle, de recevoir leur dû. Mais le temps passait, et Jimmy ne semblait toujours pas être en mesure de fixer une date pour que Dolly puisse prendre une photo du couple. Et puis il y avait cette distance croissante entre eux, la difficulté qu'il avait maintenant à soutenir son regard. Elle commençait à craindre d'avoir fait une énorme bêtise : jamais elle n'aurait dû demander à Jimmy de s'en charger. Dans ses moments de dépression, elle se prenait même à douter des sentiments du jeune homme. L'aimait-il toujours autant ? Était-elle à ses yeux toujours aussi admirable ? Ces pensées la glaçaient d'effroi.

Quelques jours plus tôt, ils s'étaient amèrement disputés. C'était parti d'un rien – une simple remarque de Dolly au sujet de son amie Caitlin et du comportement qu'elle avait eu un soir, au dancing, avec Kitty et les autres filles. Dolly était coutumière de ce genre de piques ; mais cette fois-ci, la chose avait donné lieu à une querelle en bonne et due forme. Oh, le ton sur lequel Jimmy lui avait répliqué ! Pourquoi ne choisissait-elle pas de meilleures fréquentations si ses vieilles amies la décevaient à ce point ? Pourquoi, par exemple, ne venait-elle jamais voir Jimmy et son père à la maison ? Ces critiques étaient si peu méritées, si cruelles qu'elle avait éclaté en larmes, là, dans la rue. D'ordinaire, quand elle pleurait, Jimmy faisait de son mieux pour la consoler, toujours sensible à sa détresse. Cette fois-ci, il s'était contenté d'un « Seigneur ! » retentissant et s'était éloigné, les poings serrés.

Elle avait ravalé ses sanglots, attendu dans l'obscurité du black-out, les sens en alerte. Une longue minute de silence avait suivi. Elle était seule, vraiment seule, s'était-elle dit. Elle l'avait poussé trop loin et il l'avait abandonnée dans le noir.

Ce qui n'était pas le cas. Il était revenu. Mais au lieu de lui demander pardon, comme elle s'y attendait, il avait prononcé ces quelques mots d'une voix presque méconnaissable :

« Doll, tu aurais dû m'épouser. Oui, nom de Dieu, tu aurais vraiment dû me dire oui le jour où je t'ai demandé ta main. »

Dolly avait senti un gémissement douloureux se frayer un chemin dans sa gorge.

« Non, Jimmy, c'est toi qui aurais dû te déclarer plus tôt. »

Sur le perron de la pension White, un peu plus tard, ils s'étaient réconciliés. Avant de se quitter, ils s'étaient embrassés, précautionneusement et non sans formalités. Ils avaient laissé leurs émotions les dominer, voilà tout, s'étaient-ils accordés à penser. Dolly pourtant savait que le problème était plus profond que cela. Elle n'avait pu dormir, passant en revue les événements des dernières semaines, analysant chacune de leurs rencontres, ce qu'il lui avait dit, son comportement. Et elle avait compris. C'était le plan, la mission qu'elle lui avait assignée. Au lieu de consolider leur relation, comme elle l'avait espéré, ce complot était en train de la miner…

Dolly écrasa son mégot et sortit l'enveloppe de son sac à main. Elle relut la lettre avec soin. Une offre d'emploi – bonne à tout faire aux Flots bleus, une pension de famille. C'était Jimmy qui avait trouvé l'annonce, qu'il avait soigneusement découpée pour elle.

« Ça a l'air extra, Doll, s'était-il enthousiasmé. L'endroit est magnifique, au bord de la mer… les mouettes, l'air salin, les glaces… Et je peux travailler là-bas aussi bien… Oui, je trouverai quelque chose. »

Dolly ne se voyait pas vraiment balayer la salle à manger d'un établissement fréquenté par des vacanciers pâlots. Jimmy l'avait harcelée jusqu'à ce qu'elle y réponde, malgré tout ; et à vrai dire, il y avait quelque chose en elle qui appréciait ces manifestations d'autorité. Pourquoi pas, finalement ? Cela mettait Jimmy de bonne humeur ; et si la patronne des Flots bleus acceptait sa candidature, elle pourrait toujours décliner l'offre à l'insu du jeune homme. Sur le moment, elle s'était dit qu'elle n'aurait sans doute pas besoin d'un emploi de ce type, avec ce qu'allait leur rapporter la photo de Vivien…

La porte du restaurant s'ouvrit sur Jimmy. Il avait couru, de toute évidence. L'impatience de la retrouver, espéra-t-elle. Elle lui fit signe, le suivit du regard tandis qu'il approchait. Ses cheveux noirs lui retombaient sur les yeux, lui conférant une beauté sauvage et périlleuse.

— Hello, Doll, haleta-t-il en lui déposant un baiser sur la joue. Il fait un peu chaud pour porter de la fourrure, non ?

— Non, ça va, répondit-elle, le sourire aux lèvres.

Elle lui fit une place sur la banquette, mais il prit la chaise face à elle et d'un geste attira l'attention de la serveuse.

Dolly rongea son frein tandis qu'il passait commande. Puis elle n'y tint plus.

— J'ai eu une idée, annonça-t-elle, non sans avoir inspiré profondément.

Les traits de Jimmy se crispèrent ; le remords poignarda Dolly : comme il se méfiait, à présent ! Elle lui caressa tendrement la main.

— Jimmy, ne t'en fais pas... ce n'est pas ce que tu crois.

Elle s'interrompit, se mordit les lèvres.

— En fait, poursuivit-elle à voix basse, j'ai repensé à l'autre chose, tu sais... notre plan.

Il redressa le menton, sur ses gardes.

— Je me suis dit que peut-être... il valait mieux que tu oublies tout ça. La fausse rencontre, la photo.

— Tu es sûre ?

Elle hocha la tête et comprit à son expression qu'elle avait visé juste.

— Je n'aurais pas dû te demander ça, souffla-t-elle, les mots se bousculant sur sa langue. Je... je ne voyais plus clair. Ce que j'ai vécu chez lady Gwendolyn, la mort de mes parents... Ça m'a retourné les esprits, Jimmy, je crois.

Il la rejoignit sur la banquette, prit son petit visage dans ses mains, son regard sombre fouillant celui de la jeune femme.

— Bien sûr, mon pauvre cœur, je comprends.

— Je n'aurais jamais dû te demander ça, répéta-t-elle tandis qu'il l'embrassait. Ce n'était pas juste. Je suis dé...

— Chut, dit-il, d'une voix que le soulagement rendait chaleureuse. N'y pense plus. Oublions le passé. Ce qu'il faut maintenant, toi et moi, c'est aller de l'avant.

— Oh, j'aimerais tant !

Il se recula, l'enveloppa du regard puis éclata de rire avec une joie mêlée d'étonnement. Ah, ce rire ! Il donnait des frissons de plaisir à Dolly.

— Commençons avec l'idée dont tu voulais me parler. Qu'est-ce que c'est ?

— Oui, oui, fit Dolly avec excitation. Cette pièce de théâtre avec les enfants – je suis censée travailler, bien sûr, mais je me disais, et si je faisais l'école buissonnière pour aller voir votre spectacle ?

— Vraiment ?

— Mais oui. J'adorerais faire connaissance avec Nella et tous les autres – et je ne voudrais pas manquer l'opportunité de voir mon amoureux jouer les fées Clochette !

La première de *Peter Pan* par la jeune troupe de l'hôpital pour orphelins de guerre dirigé par le Dr Tomalin – première et dernière, du reste – remporta un succès sans mélange. Les enfants volèrent, croisèrent le fer et surent tirer toute la magie requise de la poussière du grenier et de quelques vieux draps. Les plus malades, condamnés au rôle de spectateur, applaudirent, poussèrent des cris de joie et d'encouragement. La fée Clochette, manipulée de main de maître par Jimmy, s'acquitta remarquablement de sa tâche. Les enfants avaient réservé une surprise à Jimmy : après la pièce, ils rebaptisèrent leur navire l'*Étoile rossignol* et jouèrent une version scénique de l'histoire que Jimmy leur avait racontée – ils l'avaient répétée en secret pendant des semaines. À la fin, le Dr Tomalin fit un discours et invita Vivien et Jimmy à venir saluer le public. Jimmy repéra Dolly, qui lui faisait de grands signes ; il lui répondit d'un joyeux clin d'œil.

La venue de Dolly avait tout d'abord suscité en lui une certaine inquiétude, même s'il ne se l'expliquait plus à présent. Dans le restaurant, lorsqu'elle lui en avait parlé, il avait été envahi par la culpabilité. Sans doute était-elle liée à la forte amitié qu'il avait nouée avec Vivien. Hors de question cependant d'avouer l'affection qu'il lui portait. Il avait préféré lui rapporter la conversation qu'il avait eue avec elle au sujet du médaillon et lui expliquer pourquoi elle l'avait traitée avec une telle froideur.

« Tu lui as parlé de moi ?

— Bien sûr. »

Ils étaient sortis du restaurant. Avant qu'ils ne s'enfoncent dans les ténèbres du black-out, il lui avait pris le bras.

« Tu es ma fiancée. Pourquoi voudrais-tu que je ne parle pas de toi ?

— Qu'a-t-elle répondu ? Elle a reconnu les faits ? Elle t'a dit à quel point elle avait été odieuse ?

— Oui. »

Jimmy s'était immobilisé tandis que Dolly allumait une cigarette.

« Elle était morte de honte. Elle m'a dit qu'elle avait eu une très mauvaise surprise ce jour-là, mais que cela n'excusait pas sa conduite. »

Dans le clair de lune, il avait vu la lèvre inférieure de Dolly trembler.

« C'était affreux, Jimmy. Tout ce qu'elle m'a dit… l'état dans lequel ça m'a mise… »

D'un geste doux, il lui avait lissé les cheveux derrière l'oreille.

« Elle voulait faire amende honorable, Doll. Elle voulait passer te voir, mais le jour où elle a sonné chez lady Gwendolyn, il n'y avait personne.

— Elle voulait me voir, moi ? »

Jimmy avait hoché la tête, les yeux fixés sur Dolly. Comme son visage s'était adouci ! Il avait suffi d'une seconde pour en effacer toute amertume. La métamorphose était stupéfiante ; et cependant, il n'aurait pas dû être surpris. Les émotions de Dolly étaient comme des cerfs-volants planant haut dans le ciel : lorsque l'un d'eux plongeait, un autre aussitôt, chatoyant, s'élevait au gré des vents.

Ils étaient allés danser après cette conversation ; pour la première fois depuis des semaines, sans l'épée de Damoclès de leur fichu plan au-dessus de leurs têtes, ils avaient pris du bon temps, comme autrefois. Ils avaient ri, ils avaient plaisanté. Plus tard, lorsque Jimmy avait quitté Dolly, se faufilant par la fenêtre de la pension White, il s'était dit que la nouvelle idée de Dolly n'était pas si mauvaise que cela, après tout.

Et il n'avait pas eu tort. La journée avait curieusement commencé, mais elle se finissait en apothéose. Lorsque Dolly et lui étaient arrivés dans le grenier, Vivien était en train d'accrocher la voile au mât du navire. Lorsqu'elle avait vu Jimmy en compagnie de son ancienne voisine, son visage s'était figé en une expression de surprise ; son sourire avait même manqué lui faire défaut, avant qu'elle ne se reprenne. Si bien que Jimmy avait été parcouru d'un frisson d'inquiétude. Vivien était lentement descendue du navire tandis que Jimmy suspendait le manteau de Dolly à une patère. Lorsque les deux jeunes femmes s'étaient saluées, il avait retenu son souffle. Mais tout s'était bien passé, finalement. Il était fier de la façon dont Dolly s'était tenue. Elle avait fait l'effort d'oublier le passé et s'était montrée amicale avec Vivien. Quant à cette dernière, elle était visiblement soulagée, même si Jimmy l'avait trouvée plus silencieuse et peut-être moins chaleureuse que d'ordinaire. Lorsqu'il lui avait demandé si Henry assisterait à la représentation, elle lui avait lancé un regard offusqué, avant de lui rappeler que son mari était bien trop occupé par ses importantes fonctions au ministère.

Et c'était Dolly finalement qui avait réussi à réchauffer l'atmosphère, comme elle savait si bien le faire. Chère Dolly !

« Allons, Jimmy, avait-elle dit en passant son bras sous celui de Vivien. Prends-nous en photo, tu veux bien ? Cela fera un souvenir de la journée. »

Vivien avait voulu se dérober à l'invitation. Elle n'aimait pas être prise en photo, disait-elle. Mais Dolly y mettait tellement du sien… Jimmy ne voulait pas qu'elle se noie en de trop vains efforts.

« Ça ne vous fera aucun mal, je vous le promets », avait-il dit, tout sourire.

Vivien avait fini par céder.

Jimmy repensait à tout cela tandis qu'il saluait le public. Les applaudissements bientôt s'éteignirent. Le Dr Tomalin annonça aux enfants que Jimmy leur avait réservé un cadeau à chacun. Le jeune homme s'exécuta et commença à distribuer des tirages d'une photo qu'il avait faite lorsque Vivien était malade. Le cliché représentait la troupe au complet, en costumes, fièrement campée sur le pont du navire.

Il en avait un exemplaire pour Vivien, bien sûr. Il la chercha du regard et la découvrit au fond du grenier, en train de collecter des costumes inutilisés dans un panier en osier. Le Dr Tomalin et Myra étaient en grande conversation avec Dolly, si bien qu'il alla rejoindre Vivien.

— Eh bien, dit-il une fois au côté de la jeune femme.

— Eh bien.

— Superbe article dans le journal de demain, j'espère.

— Sans aucun doute, répondit-elle en riant.

Il lui tendit le cliché.

— Pour vous.

Elle le prit, le regarda, sourit à la vue des petits visages. Puis elle se baissa pour reposer le panier. Par l'échancrure de son corsage, Jimmy aperçut un hématome qui s'étendait de l'épaule jusqu'au sternum.

— Ce n'est rien, fit-elle en remarquant le regard du jeune homme.

Elle se hâta de rajuster le pan de tissu.

— Je suis tombée en descendant à l'abri. Avec le black-out... J'ai heurté un poteau. Ça n'est pas très efficace, cette histoire de peinture qui se voit dans le noir.

— Cela a l'air méchant, tout de même.

— Non, c'est que j'ai la peau très fragile.

Leurs yeux se croisèrent ; l'espace d'une seconde, Jimmy eut l'impression qu'elle lui cachait quelque chose. Elle sourit.

— Sans parler du fait que je marche à toute allure. Je me cogne tout le temps dans les choses. Et les gens, parfois.

Jimmy lui retourna son sourire, se souvenant de leur deuxième rencontre. Puis l'un des enfants s'empara de la main de Vivien et l'attira à lui. Jimmy repensa aux accès de maladie de la jeune femme, à sa stérilité, aux gens qui avaient tout le temps des bleus – et son estomac soudain se contracta d'inquiétude.

28

Vivien s'assit au bord du lit et contempla la photographie que Jimmy lui avait offerte, celle prise pendant le blitz, avec le nuage de fumée, le verre scintillant et la famille qui sortait de l'abri. Un sourire lui vint ; elle se renversa sur le lit, les paupières closes, incitant son esprit à sauter par-dessus bord, à plonger dans son monde d'ombre. Le voile, les lueurs qui scintillaient au fond du tunnel rempli d'eau et au-delà – sa famille qui l'attendait dans leur maison.

Elle essaya de les apercevoir – une fois, deux fois, en vain.

Rien à faire. Elle rouvrit les yeux. Ces derniers temps, chaque fois qu'elle entrait en elle, c'était Jimmy Metcalfe qu'elle voyait. La mèche sombre qui lui barrait le front, le frémissement de ses lèvres lorsqu'il était sur le point de dire quelque plaisanterie, le froncement de ses sourcils lorsqu'il parlait de son père…

Elle se redressa vivement, s'en fut à la fenêtre, abandonnant la photo sur la courtepointe. Cela faisait une semaine que la représentation avait eu lieu ; Vivien était nerveuse. Les répétitions avec les enfants lui manquaient, et Jimmy. Elle ne supportait plus ces interminables journées, passées soit à la cantine du Service féminin, soit cloîtrée dans l'énorme et silencieuse maison de Campden Grove. Tranquilles, horriblement tranquilles. Elle eût souhaité que des enfants courent dans les escaliers, glissent le long des rampes, s'égaillent dans le grenier. Et Sarah qui les avait quittés, elle aussi ! Après ce qui s'était passé, Henry avait tenu à la renvoyer, mais Vivien n'aurait pas eu d'objection à ce qu'elle reste. Elle s'était si bien habituée au vacarme de l'aspirateur le long des plinthes, au craquement des planchers, à l'immatérielle certitude de ne pas être seule dans ce vaste espace – de le partager avec un être qui y respirait et s'y mouvait, lui aussi.

Un homme sur un vieux vélo passa dans la rue, son panier rempli d'outils de jardinage pleins de terre ; Vivien laissa retomber le fin rideau sur les vitres zébrées de papier collant. Elle se percha sur le bord d'un des fauteuils de la chambre, s'efforça de mettre de l'ordre dans ses pensées. Depuis quelques jours, elle ne cessait de composer en esprit une lettre à Katy. Après la récente visite de cette dernière à Londres, leurs relations s'étaient refroidies. Vivien ne souhaitait pas concéder quoi que ce soit à Katy : il n'était pas dans ses habitudes de présenter des excuses lorsqu'elle se savait dans son bon droit. En revanche, s'expliquer, oui.

Il fallait que Katy comprenne que l'affection qu'elle portait à Jimmy était tendre, sincère et par-dessus tout honorable. Qu'elle n'avait aucune intention de quitter son mari, de mettre sa santé en péril ou de risquer quelque autre extrémité que ce soit, née dans le cerveau inquiet de Katy. Elle voulait lui parler du vieux M. Metcalfe, qu'elle avait tant de plaisir à faire rire, de la liberté complice avec laquelle elle et Jimmy discutaient de ses photos, de l'aptitude du jeune homme à voir le bien chez les gens, de l'impression qu'elle avait qu'il était incapable de méchanceté. Oui, elle voulait convaincre Katy que ses sentiments pour Jimmy étaient purement amicaux.

Même si ce n'était pas l'exacte vérité.

Vivien savait très bien à quel moment elle s'était rendu compte qu'elle était amoureuse de Jimmy Metcalfe. Elle prenait le petit déjeuner avec Henry, dans la salle à manger ; Henry lui parlait d'un des dossiers qu'il suivait au ministère. Elle ne cessait de hocher la tête, tout en pensant à une plaisanterie qu'avait faite Jimmy pour dérider un petit patient, le dernier arrivé en date. Elle avait éclaté de rire, bien malgré elle : Dieu merci, cela avait coïncidé avec une anecdote de bureau que Henry devait trouver amusante : souriant, il s'était levé et l'avait embrassée.

« Je savais que tu serais de cet avis, ma chérie. »

Vivien était aussi consciente du fait que ses sentiments étaient à sens unique et qu'elle n'en ferait jamais part à Jimmy. Et si, par le plus grand des bonheurs, il les avait partagés, leur relation aurait été vouée à l'échec. Vivien n'avait rien à lui offrir. Son destin était scellé. Il ne lui causait plus ni tourment ni colère. Elle avait fini par accepter la situation et n'avait besoin, pour retrouver son intégrité, ni de confessions murmurées, ni d'expressions plus physiques de l'amour.

Bien au contraire. Vivien avait appris très tôt, fillette égarée dans une gare bondée, en route vers un pays lointain dont plus d'une mer la séparait, qu'elle ne pouvait contrôler que l'existence qu'elle menait en son for intérieur. Lorsqu'elle entendait Henry siffler dans sa salle de bains, se tailler la moustache en admirant son profil, il suffisait à Vivien de savoir que ce qu'elle gardait au fond de son âme n'appartenait qu'à elle.

Et pourtant, n'avait-elle pas été bouleversée par la venue de Dolly Smitham, au bras de Jimmy ? Jimmy et elle avaient parlé une ou deux fois de la jeune femme : mais il s'était fermé comme une huître, si bien que Vivien avait cessé de s'en enquérir. Elle avait fini par penser que Jimmy n'avait pas d'existence en dehors de l'hôpital, pas de famille à l'exception de son père. Aussi, quand elle l'avait vu avec Dolly, la tenant tendrement par la main, elle avait dû se plier à la dure réalité. Il se pouvait qu'elle aime Jimmy ; mais Jimmy, lui, aimait Dolly. Et la raison n'était pas difficile à comprendre : Dolly était jolie, rieuse, irradiant d'une énergie et d'une audace incontestablement séduisantes. « Elle est pétillante », lui avait dit Jimmy un jour ; Vivien à présent comprenait exactement ce qu'il voulait dire.

Comment eût-il pu ne pas l'aimer, la pétillante Dolly ? Il n'y avait rien d'étonnant à ce qu'il veuille être le mât de cette voile glorieusement gonflée : Dolly était exactement le genre de femmes que les garçons comme Jimmy adorent.

Du reste, c'était ce que Vivien voulait écrire à Katy : que Jimmy était fiancé, que l'élue de son cœur était une charmante jeune femme et qu'il n'y avait aucune raison désormais qu'elle et Jimmy…

Le téléphone sonna sur la table de chevet ; Vivien le regarda avec surprise. Personne n'appelait au 25 Campden Grove pendant la journée. Les collègues de Henry le joignaient au bureau et Vivien avait très peu d'amis – en tout cas, pas de ceux qui téléphonent. Elle décrocha d'une main hésitante.

La voix qui résonna à ses oreilles était celle d'un inconnu, un homme. Elle ne comprit pas immédiatement son nom, qu'il avait prononcé trop vite.

— Je suis le docteur Lionel Rufus, répéta-t-il. Un collègue du Dr Tomalin, peut-être ?

— Que puis-je pour vous, docteur Rufus ?

Parfois Vivien, en s'entendant parler, était frappée de la ressemblance de sa voix avec celle de sa mère – sa mère en cette autre vie, lorsqu'elle leur lisait des histoires d'un ton lointain, les mots articulés avec soin. Une voix qui n'avait rien à voir avec sa vraie voix.

— Vous êtes madame Vivien Jenkins ?

— Oui ?

— Madame Jenkins, je voudrais m'entretenir avec vous d'un sujet délicat. Il s'agit d'une jeune femme que vous avez dû rencontrer une ou deux fois. À une certaine époque, elle habitait dans la même rue que vous ; c'était la dame de compagnie de lady Gwendolyn Caldicott.

— Dorothy Smitham, c'est cela ?

— Oui. Ce que j'ai à vous dire est d'une nature que je n'aime pas à divulguer. Je suis astreint à la confidentialité, comme vous le savez. Mais, en l'espèce, je crois que mes propos vous seront très utiles. Madame Jenkins, peut-être devriez-vous vous asseoir.

Vivien l'était déjà. Elle se contenta d'émettre un vague son d'assentiment, puis écouta avec la plus grande attention l'histoire incroyable que lui racontait ce médecin qu'elle n'avait jamais rencontré.

Lorsque le Dr Rufus eut enfin raccroché, elle resta un long moment immobile, le récepteur dans la main. Elle répétait en esprit ce qu'elle avait entendu, essayait de nouer les phrases les unes avec les autres de manière à leur donner du sens. L'homme avait parlé de Dolly (« Une brave fille, souvent victime d'une imagination délirante ») et de son « jeune homme » (« Jimmy, je crois, mais je ne le connais pas personnellement ») ; il avait également mentionné leur désir de vivre ensemble, la nécessité qu'ils avaient pour démarrer une nouvelle vie d'avoir un peu d'argent. Puis il avait décrit le plan des jeunes gens et le rôle que Vivien était censée y jouer.

« Mais pourquoi moi ? » s'était interrogée cette dernière à haute voix.

Rufus avait alors parlé du désespoir de Dolly, lorsque celle-ci s'était sentie « reniée » par Vivien qu'elle admirait tant.

Les confidences du Dr Rufus plongèrent Vivien dans une sorte d'engourdissement, ce qui était préférable, du reste. Cet état atténuait le choc causé par ces révélations, qui transformaient en vil mensonge une relation qu'elle avait crue belle et sincère. Ce docteur raconte n'importe quoi, se dit-elle, c'est une méchante plaisanterie, ou bien une erreur, tout simplement. Puis elle se souvint de l'amertume qu'elle avait lue dans le regard de Jimmy lorsqu'elle lui avait demandé pourquoi Dolly et lui ne réalisaient pas leur rêve tout de suite – le mariage, l'installation à la campagne. Elle se souvint aussi de la réplique irritée du jeune homme : les idéaux romantiques, lui avait-il dit, c'est bon pour ceux qui peuvent se les payer. Alors elle comprit.

Elle demeura un long moment sans bouger tandis que ses espoirs se réduisaient à néant. Vivien maîtrisait à la perfection l'art de se dissoudre dans les tempêtes de l'esprit : elle avait eu maintes fois l'occasion de s'entraîner. Cette fois-ci, pourtant, ce n'était pas la même chose. Cette partie d'elle qui souffrait, elle l'avait crue imperméable aux émotions extérieures. Elle se rendit compte que ce n'était pas le seul Jimmy qui déclenchait son désir, mais aussi ce qu'il représentait à ses yeux. Une autre vie, la liberté, un avenir auquel elle s'était interdit de penser, un avenir sans obstacles, ouvert... et d'une curieuse façon, un autre passé aussi : non pas celui de ses cauchemars, mais un passé avec les tragédies duquel on pouvait se réconcilier...

L'horloge du vestibule sonna, la rappelant à la réalité. Ses joues étaient trempées de larmes qu'elle ne se souvenait pas d'avoir versées. Un courant d'air surgi de nulle part fit glisser la photo de Jimmy sur le plancher. Vivien la regarda tomber, se demandant, l'esprit obscurci, si ce cadeau si spécial faisait partie du plan – une ruse destinée à gagner sa confiance, de manière à assurer la réussite de la machination –, la photographie du couple, la lettre. Elle se redressa. Son estomac était noué. Une idée venait de lui traverser l'esprit : sa déception et son chagrin étaient une chose ; l'abus dont elle allait être victime en était une autre. Le complot était en route : il fallait qu'elle y mette fin. Elle reposa le combiné sur le téléphone et regarda sa montre. Deux heures. Il lui suffisait d'être de retour à la maison vers cinq heures ; ils avaient un dîner ce soir.

Vivien s'installa à son secrétaire et fit ce qu'elle avait à faire. Puis elle se dirigea vers la porte d'un pas vacillant, seul signe de son tourment intérieur. Ah ! Le livre. Elle revint sur ses pas, le ramassa, griffonna en hâte quelques phrases sur la page de garde avant de reposer son stylo. Après quoi elle sortit de la maison.

Mme Hamblin, la femme qui venait tenir compagnie à M. Metcalfe lorsque Jimmy travaillait, vint lui ouvrir.

— Ah, c'est vous, dit-elle avec un grand sourire. Si vous voulez bien, je vais profiter de ce que vous êtes là pour descendre à l'épicerie.

Elle prit son filet à provisions et se tapota le nez en se précipitant vers la porte.

— On m'a dit qu'il y avait des bananes sous le comptoir, pour ceux qui savent y faire.

Vivien avait conçu une affection croissante pour le père de Jimmy. Elle voyait parfois en lui ce que son propre père serait peut-être devenu s'il lui avait été donné de vieillir. Les parents de M. Metcalfe étaient des fermiers ; il avait grandi à la campagne, avec toute une tribu de frères et sœurs. Nombre de ses anecdotes rappelaient des choses agréables à Vivien. Elles n'avaient pas été sans influence sur Jimmy, avaient modelé ses projets d'avenir. Cette fois-ci, toutefois, le vieux monsieur n'était pas dans un bon jour.

— Le mariage, dit-il en s'emparant de la main de Vivien, affolé. Nous n'avons pas manqué le mariage, j'espère ?

— Pas du tout, lui répondit-elle avec douceur. Un mariage sans vous ? Allons, qu'allez-vous imaginer ? C'est tout bonnement impossible.

Le cœur de Vivien se serrait à l'entendre. L'âge, la confusion, la peur… Ah, si elle avait pu d'une façon ou d'une autre soulager ses angoisses…

— Vous voulez du thé ? lui demanda-t-elle.

— Ah, oui ! Ah, volontiers, oui. C'est gentil d'y penser.

Il était aussi reconnaissant que si elle avait réalisé le rêve de sa vie.

Tandis que Vivien mélangeait la goutte de lait concentré au thé du vieux monsieur, juste comme il l'aimait, elle entendit une clef tourner dans la serrure. C'était Jimmy. S'il fut surpris de la voir, il ne le montra pas. Il lui adressa un sourire plein de chaleur auquel elle répondit de la même manière, un cercle de fer lui étreignant la poitrine.

Elle resta un moment, devisant avec les deux hommes et prolongeant sa visite aussi longtemps qu'il était prudent. Il fallut bien prendre congé, cependant : Henry allait l'attendre.

Jimmy la reconduisit à la station de métro, comme toujours. Elle ne s'y engouffra pas immédiatement.

— J'ai quelque chose pour vous, dit-elle en glissant la main dans son sac.

Elle lui tendit son exemplaire de *Peter Pan*.

— Vous me le donnez, Vivien ?

Elle hocha la tête. Il eut une expression où l'émotion le disputait à l'embarras, ce qui n'échappa pas à Vivien.

— Je vous ai écrit quelques mots, ajouta-t-elle.

Il ouvrit le mince volume.

— « Une amitié véritable est une lumière dans les ténèbres », lut-il à haute voix.

Il sourit : au livre, d'abord, puis, à travers ses mèches brunes, à la jeune femme.

— Vivien, c'est le plus beau cadeau qu'on m'ait jamais fait.

— Nous sommes quittes, maintenant, dit-elle, le cœur toujours aussi serré.

Elle eut un moment d'hésitation. Ce qu'elle s'apprêtait à faire changerait les choses à jamais. Mais n'était-ce pas l'appel du Dr Rufus qui avait tout fait basculer ? Elle entendait encore la voix neutre du praticien résonner dans sa tête. Les choses qu'il lui avait dites, si simplement…

— J'ai également ceci pour vous.

— Mais ce n'est pas mon anniversaire, protesta Jimmy.

Elle lui tendit le bout de papier.

Jimmy l'examina avant de lever vers elle un regard abasourdi.

— Qu'est-ce que c'est ?

— Cela crève les yeux, il me semble.

Jimmy lança un coup d'œil derrière lui et baissa la voix.

— Oui, je vois… mais pourquoi ?

— C'est une rémunération. Vous avez fait un tel travail à l'hôpital.

Il lui rendit le chèque comme si le contact le brûlait.

— Je n'ai pas demandé à être payé. Je voulais seulement aider. Cet argent, je n'en veux pas.

L'espace d'un instant, le doute s'épanouit dans la gorge de Vivien, comme un espoir. Cependant, ce regard sombre qui échappait soudain au sien…

Le jeune homme avait honte. Vivien, loin de se sentir vengée, fut encore plus triste.

— Je sais bien, Jimmy. Je sais que vous n'avez jamais demandé un sou. Mais je tiens à ce que vous preniez ce chèque. Je suis certaine que vous en trouverez l'utilité. Pour aider votre père ? Ou pour votre adorable Dolly ? Si cela peut vous soulager, dites-vous que je ne fais que la récompenser pour ce médaillon qu'elle m'a rendu. Oui, prenez-le pour vous marier, pour faire les choses au mieux, pour partir et commencer une nouvelle vie – au bord de la mer, avec les enfants, ce bel avenir dont vous m'avez parlé.

— Je croyais que vous ne pensiez jamais à l'avenir, répondit-il d'une voix sans expression.

— Je parlais du mien.

— Pourquoi ce geste, Vivien ?

— Parce que je vous aime bien.

Elle lui prit les mains, les serra dans les siennes, ces mains tièdes, habiles, solides et bonnes.

— Parce que vous êtes un homme bien, je crois, Jimmy, l'un des meilleurs que je connaisse, et que je veux que vous soyez heureux.

— On dirait un adieu.

— Vraiment ?

Il hocha la tête.

— Eh bien, c'en est un.

Elle s'approcha de lui, eut une imperceptible hésitation et l'embrassa, en pleine rue – un baiser tendre, tout juste esquissé, définitif –, puis posa les mains et le front sur son torse, gravant ce moment inouï dans sa mémoire.

— Adieu, Jimmy Metcalfe, souffla-t-elle.

Jimmy resta assis dans la station de métro un long moment, les yeux rivés sur le chèque. Il se sentait trahi, furieux contre elle, sentiment parfaitement injuste, il le savait. Mais… pourquoi lui avait-elle fait don d'une telle somme ? Et pourquoi maintenant, alors que le plan de Dolly était mort et enterré, qu'ils étaient devenus si bons amis ? Y avait-il un rapport avec la mystérieuse maladie de Vivien ? Elle avait parlé d'un ton si résolu, si définitif qu'il ne pouvait s'empêcher de s'inquiéter.

Les jours passèrent ; le père de Jimmy lui demandait régulièrement quand sa charmante amie reviendrait les voir, question à laquelle il répondait comme il le pouvait. Il ne savait que faire du chèque. À certains moments, il avait envie de le déchirer en mille morceaux. Ce qu'il ne fit pas. Il n'était pas idiot. Cet argent venait exaucer ses vœux, même s'il s'accompagnait d'une honte brûlante mêlée de frustration et d'un curieux et indéfinissable chagrin.

Un après-midi, alors qu'il avait rendez-vous avec Dolly au Lyons, il se demanda s'il allait ou non emporter le chèque. Il hésita, le sortit du *Peter Pan* où il l'avait glissé, le mit dans sa poche pour l'en retirer aussitôt et l'enfouir dans le livre – hors de sa vue, maudit chèque ! Il regarda sa montre puis répéta cette stupide comédie. Il était en retard. Dolly devait déjà l'attendre, les yeux fixés sur la porte, écarquillés, brillants. Elle l'avait appelé au journal pour lui dire qu'elle avait quelque chose d'importance à lui montrer. Quant à lui, jamais il ne pourrait lui parler de ce qu'il avait perdu – une amie rare et précieuse.

Les ombres du monde se refermèrent sur lui. Il fourra le *Peter Pan* dans la poche de son manteau et s'en fut retrouver sa fiancée.

Dolly l'attendait à l'endroit même où, quelques mois auparavant, elle lui avait fait part de son plan. Il la repéra immédiatement : elle portait cet horrible manteau blanc auquel elle tenait tant. Il faisait trop chaud pour un tel vêtement, mais elle se refusait à l'abandonner. Dans l'esprit de Jimmy, le manteau était si étroitement mêlé à leur effroyable machination qu'il ne pouvait en supporter la vue, ne serait-ce qu'une seconde, sans qu'une nausée le submerge.

— Désolé de ce retard, Doll, je...

— Jimmy.

Les yeux de Dolly irradiaient.

— J'y suis arrivée.

— Arrivée à quoi ?

— Regarde.

Elle avait une enveloppe dans les mains. Elle en tira un petit cliché carré.

— Il a fallu que j'aille moi-même le faire développer, souffla-t-elle en le posant sur la table.

Jimmy contempla la photo, ne put se retenir d'être envahi un bref instant par la tendresse. Elle avait été prise à l'hôpital le jour de la représentation. Vivien y était parfaitement reconnaissable, de même que Jimmy, à deux pas de la jeune femme, tendant la main vers son bras. Leurs regards se croisaient. Il se souvint du moment, de la remarque qu'il avait faite alors sur l'hématome qu'elle avait à l'épaule. Puis il comprit ce qu'il avait sous les yeux.

— Doll...

— Elle est parfaite, cette photo, hein ?

Elle souriait d'une oreille à l'autre, fièrement, comme si elle venait de lui faire le plus beau des cadeaux – oui, comme si elle s'attendait à des remerciements.

— Mais nous avions décidé de ne pas le faire, Doll, dit-il d'une voix plus forte qu'il ne l'aurait voulu. Tu disais que c'était une bêtise, que tu n'aurais jamais dû me le demander.

— Oui, te le demander à toi, Jimmy. Mais là, je me suis occupée de tout.

Le regard de Jimmy alla de la photographie à Doll. Quelle était cette lumière impitoyable sous laquelle toutes les fissures, soudain, se montraient ? Elle n'avait pas menti : c'était lui qui n'avait pas compris. Les enfants n'avaient jamais intéressé Dolly, non plus qu'une quelconque réconciliation avec Vivien. L'hôpital n'avait été qu'une opportunité comme une autre.

— J'aurais dû me contenter de...

Son sourire s'effaça.

— Mais pourquoi fais-tu cette tête-là, Jimmy ? Je croyais que tu allais être content. Tu n'as pas changé d'avis, j'espère ? Tu vas voir, la lettre est très bien. J'explique les choses sans méchanceté. De toute façon, elle sera la seule à voir cette pho...

— Non, la coupa Jimmy. C'est hors de question.

— Jimmy ?

Il remit la photographie dans l'enveloppe et la poussa vers la jeune femme.

— Reprends-la et débarrasse-t'en, Doll. Nous n'en avons plus besoin.

— Que veux-tu dire ? fit-elle, les yeux plissés, méfiante.

Jimmy sortit le *Peter Pan* de sa poche, y récupéra le chèque qu'il posa sur la table. Dolly s'en empara et le retourna d'un geste prudent. Ses joues s'empourprèrent.

— Qu'est-ce que c'est que ça ?

— Vivien me l'a donné. Nous l'a donné, en fait. Pour mon coup de main avec la représentation, et pour te remercier d'avoir rapporté son médaillon.

— Oh, vraiment ?

Des larmes perlèrent aux cils de Dolly – larmes de soulagement et non de chagrin.

— Mais, Jimmy… dix mille livres ?

— Oui.

Il alluma une cigarette. Dolly, ébahie, ne quittait plus le chèque des yeux.

— C'est bien plus que ce que j'aurais osé lui demander.

— Oui.

Dolly se précipita sur lui pour l'embrasser. Jimmy n'eut aucune sensation.

Cet après-midi-là, il marcha dans Londres pendant des heures. Doll avait récupéré le *Peter Pan*. Elle l'avait supplié de le lui laisser ; et que pouvait-il dire qui justifie sa répugnance à le lui donner ? En revanche, il avait gardé le chèque, et le morceau de papier pesait des tonnes dans sa poche tandis qu'il arpentait les rues dévastées. Au cours des derniers mois, les destructions causées par la guerre lui étaient souvent apparues au travers du filtre de son appareil photo, ce qui en atténuait l'horreur, mais, là, le spectacle qu'il avait sous les yeux avait tout d'un chaos infernal. Il n'était plus sûr que d'une chose : ces dix mille livres, il n'en toucherait pas un penny. Et si Dolly s'y risquait, jamais plus il ne porterait les yeux sur elle.

Lorsqu'il rentra chez lui, il pleurait – des larmes de rage qu'il essuyait de sa paume. Rien n'allait plus. Et que faire ? Il ne savait même pas par quoi commencer. Son désarroi ne passa pas inaperçu. Son père lui demanda si un gamin l'avait embêté à l'école et s'il voulait qu'il s'en occupe. Le cœur de Jimmy sombra dans sa poitrine, sous l'effet d'un désir impossible de remonter le temps, d'être à nouveau un petit garçon. Il embrassa son père sur le front, le rassura. Ce faisant, il remarqua sur la table une enveloppe où figuraient son nom et son adresse, rédigés d'une petite écriture très nette.

L'expéditrice était une certaine Mlle Katy Ellis. La lettre concernait Mme Vivien Jenkins. Ce que Jimmy lut lui fit battre le cœur de colère, d'amour – de résolution, enfin. Katy Ellis lui demandait de ne plus fréquenter Vivien, et ses raisons étaient pour le moins impérieuses. Mais Jimmy ne comprit qu'une chose : il lui fallait absolument revoir Vivien. Il venait enfin de comprendre tout ce qui lui avait semblé si obscur.

Quant à la lettre que Dolly Smitham avait écrite à Vivien Jenkins, et à la photographie qui l'accompagnait, elles furent toutes deux oubliées. Plus exactement, elles furent égarées. De l'ample manche de son manteau de fourrure blanche, Dolly les avait fait tomber sans s'en rendre compte lorsque, le chèque à la main, extatique, elle s'était penchée sur Jimmy pour l'embrasser. L'enveloppe avait glissé sur la table, hésité un moment avant de basculer dans le vide et de disparaître dans l'étroite fente qui séparait la banquette du mur.

Désormais invisible, l'enveloppe aurait pu rester des années dans sa cachette, attirant la poussière et les cafards, se désintégrant lentement au gré du flux et du reflux des saisons, jusqu'à ce que les noms et les images qu'elle contenait ne soient plus que les échos lointains d'existences révolues. Mais le destin aime parfois à plaisanter. Tel ne fut donc pas son sort.

Le soir même, alors que Dolly dormait en chien de fusil dans son petit lit de Rillington Place, rêvant à la tête que ferait Mme White lorsqu'elle lui annoncerait son départ, un Heinkel 111 de la Luftwaffe, qui se repliait vers Berlin, largua une bombe à retardement dans l'air nocturne et tiède. Le pilote avait visé Marble Arch, mais la fatigue et l'imprécision de son viseur firent dévier le projectile, qui atterrit juste en face du Lyons Corner House, à l'endroit même où s'élevait la rampe de fer. Il explosa à quatre heures du matin, alors que Dolly, que l'excitation avait réveillée, était assise dans son lit, le *Peter Pan* sur les genoux. Elle venait d'y inscrire son nom au-dessus de la dédicace. C'était tellement gentil de la part de Vivien de lui avoir offert ce livre ! Dolly regrettait de l'avoir si mal jugée, d'autant que la photo de Jimmy, qui les montrait toutes les deux à la représentation, avait été glissée entre deux pages. Dolly était heureuse : elles étaient enfin amies, Vivien et elle. La bombe pulvérisa le restaurant et une bonne moitié de l'immeuble voisin. Il y eut des morts et des blessés – moins cependant que ce à quoi on aurait pu s'attendre. Les secouristes de la Station 39 se rendirent immédiatement sur les lieux et fouillèrent les décombres à la recherche d'éventuels survivants. Une sympathique ambulancière nommée Sue, dont le mari avait souffert d'un grave traumatisme psychologique pendant la bataille de Dunkerque, et dont le fils unique avait été évacué au pays de Galles, dans un village au nom imprononçable, était sur le point de finir sa permanence lorsqu'elle aperçut quelque chose dans les gravats.

Sue se frotta les yeux en étouffant un bâillement et se fit un devoir de le ramasser malgré son épuisement. C'était une lettre dûment timbrée, qui ne portait pas encore le cachet de la poste. Bien sûr, Sue ne la lut pas. De l'enveloppe s'échappa une photographie. Le soleil à peine levé répandait ses rayons sur Londres, fière et blessée, et Sue contempla le cliché : un homme et une femme qui s'aimaient, cela sautait aux yeux. Elle souriait, tandis que lui l'enveloppait d'un regard fasciné mais grave. Il semblait transi d'amour pour cette femme.

Sue eut un petit sourire non dénué de tristesse, au souvenir des longs regards que son mari et elle échangeaient, naguère… Puis elle cacheta l'enveloppe et la fourra dans sa poche. Malgré la guerre, Sue était une optimiste qui aimait aider son prochain. Sa première bonne action de la journée serait de permettre à cette lettre de poursuivre sa route. Elle la posta en rentrant chez elle. Jusqu'à la fin de ses jours, qui furent nombreux et fort bien remplis, il lui arriva de temps à autre d'avoir une pensée pour les deux amoureux de cette photo. Elle espérait que leur destin avait été heureux.

29

Greenacres, 2011

L'été indien s'attardait ; une brume de chaleur dorée planait au-dessus des champs. Laurel, qui était restée au chevet de sa mère toute la matinée, passa le relais à Rose ; sur la coiffeuse, le ventilateur tournait lentement. Laurel avait projeté de descendre jusqu'à la rivière, histoire de se dégourdir les jambes. En chemin, elle passa sous la cabane dans l'arbre et décida d'y remonter pour la première fois depuis cinquante ans.

Seigneur, la porte était bien plus petite que dans son souvenir. Laurel franchit le seuil à quatre pattes, les fesses peu gracieusement dressées, puis s'installa dans un coin, les jambes en tailleur, le regard vagabond. Le miroir de Daphne reposait toujours sur la poutre transversale, ce qui la fit sourire. Avec les années, le mercure s'était rétracté. Le reflet de Laurel était brouillé, comme aquatique. Curieuse sensation que de se retrouver dans ce refuge si riche en souvenirs d'enfance, d'y croiser le regard de son visage adulte et creusé de rides. Comme Alice tombant dans le terrier du lapin – ou plutôt, y retombant, cinquante ans plus tard, et se rendant compte qu'elle était la seule à avoir changé.

Laurel se risqua à lancer un œil par la fenêtre – comme elle l'avait fait, ce jour-là. Elle avait presque l'impression d'entendre Barnaby aboyer, de voir la poule à une aile virevolter dans la poussière, de distinguer les longs rayons du soleil raser les pavés de l'allée. En tournant les yeux vers la maison, n'allait-elle pas découvrir les cerceaux d'Iris, que la brise brûlante faisait tanguer contre la tonnelle ? Elle préféra ne pas tenter sa chance. Parfois, la distance des années passées, le poids des souvenirs contenus dans leurs plis, lui procuraient une douleur physique. Laurel baissa les yeux.

Elle s'absorba dans la contemplation de la photographie représentant Vivien et Dorothy, celle que Rose avait trouvée entre deux pages du *Peter Pan*. Laurel ne s'en séparait plus depuis son retour d'Oxford, de même que du petit volume. Le cliché était devenu une sorte de talisman, le point de départ du mystère qu'elle cherchait à percer – et, qui sait, avec un peu de chance, la clef de la solution. Vivien et leur mère n'avaient jamais été amies, avait dit Gerry. Mais quelle autre explication donner à la photo ?

Laurel, bien décidée à trouver un indice, fixa longuement les deux jeunes femmes, bras dessus, bras dessous, souriant au photographe. Où le cliché avait-il été pris ? Entre quatre murs, sans aucun doute. Le plafond était mansardé : un grenier, peut-être ? Elles étaient seules sur la photo, bien qu'on puisse distinguer derrière elles une petite tache noire : quelqu'un qui passait à toute vitesse, une personne de petite taille, à moins que la perspective ne soit faussée. Laurel plissa les yeux. Un enfant ? Peut-être. Mais cela ne faisait guère avancer les choses : des enfants, il y en a partout. (Quoique, à Londres, pendant la guerre… nombre d'entre eux avaient été évacués, surtout pendant les années de blitz.)

Laurel poussa un soupir de frustration. Elle eût tant voulu connaître les circonstances dans lesquelles la photo avait été prise. Certes, il y avait le livre où elle était restée cachée pendant de longues années. C'était peut-être un indice. Ces deux objets avaient-ils toujours été inséparables ? Leur lien avait-il un sens ? Vivien et Dorothy avaient-elles joué ensemble dans la pièce ? Ou n'était-ce qu'une irritante coïncidence, une de plus ?

Elle chaussa ses lunettes, se concentra sur Dorothy, tournant le cliché vers la lumière qui émanait de la fenêtre. Il y avait dans le visage de sa mère une étrange tension, comme si l'excessive jovialité qu'elle offrait au photographe comportait quelque chose d'artificiel. Ce n'était pas de l'antipathie, non – Laurel ne détecta aucune animosité dans le regard de sa mère. Mais la joie dont elle faisait montre semblait surjouée ; et s'y mêlait une autre émotion.

— Hello !

Laurel sursauta, laissant échapper un cri étranglé. Puis elle se tourna vers la porte de la cabane.

— Oh, Lol, fit Gerry en riant, perché en haut de l'échelle, dommage que tu ne puisses pas te voir. Tu fais une de ces têtes !

— Très drôle, je n'en doute pas.

— Ah oui, je t'assure.

— Pour un enfant de cinq ans, sûrement, rétorqua-t-elle, le cœur battant encore la chamade.

Elle regarda l'allée déserte qui conduisait à la maison.

— Comment es-tu venu ? Je n'ai pas entendu de voiture.

— On est en train de travailler sur un système de téléportation. Tu sais, on désintègre un objet et on transfère les atomes. Ça ne marche pas mal, même si j'ai l'impression d'avoir laissé la moitié de ma cervelle à Cambridge.

Laurel sourit à moitié. Elle était ravie de revoir Gerry, certes, mais se serait volontiers passée de ses plaisanteries.

— Convaincue ? Non ? Bon, d'accord. J'ai pris le bus et je suis venu à pied du village.

Il se hissa dans la cabane et s'assit près de sa sœur. Il avait des allures de géant maigre et échevelé, tendant le cou en tous sens tandis qu'il passait les lieux en revue.

— Ça fait des siècles que je ne suis pas venu. C'est très joli, ce que tu en as fait.

— Gerry.

— J'aime assez ton appartement à Londres, mais c'est moins prétentieux, ici, quand même, non ? Plus naturel.

— Tu as bientôt fini ? fit Laurel en le foudroyant du regard.

Il se tapota le menton, feignant la réflexion, et chassa ses mèches rebelles de son front.

— Eh bien, oui, je crois.

— Parfait. Tu vas peut-être pouvoir me dire ce que tu as découvert à Londres, en ce cas ? Loin de moi l'idée de manquer de courtoisie, mais je te signale que je suis en train d'essayer de résoudre une énigme familiale assez perturbante.

— Oui, oui, bien sûr. Si c'est comme ça que tu vois les choses...

Gerry portait une sacoche de toile verte en bandoulière, dont il se débarrassa tout en la fouillant de ses longs doigts minces, à la recherche de son carnet de notes. Lequel offrait un spectacle désolant, songea Laurel : morceaux de papier saillant entre les pages, bouts de post-it rebiquant en tous sens, et une auréole de café ornant la couverture déchirée. Seigneur ! Mais après tout, l'individu avait un doctorat, et plus encore : sans doute savait-il prendre des notes – et remettre la main dessus, ce qui était à espérer.

— Dis-moi, pendant que tu feuillettes ton carnet, dit-elle avec une bonhomie résolue, j'ai repensé à ce que tu m'as dit au téléphone, l'autre jour.

— Oui, quoi ?

— Le fait que Dorothy et Vivien n'étaient pas amies. Qu'elles se connaissaient à peine.

— Oui.

— C'est que... je suis désolée, mais je ne comprends pas. Tu es sûr que tu ne t'es pas trompé ? Je veux dire...

Elle lui tendit la photo, les deux jeunes femmes qui se tenaient par le bras, souriantes.

— Que dis-tu de cela ?

— Ce que j'en dis ? Que ce sont deux ravissantes dames. Que la qualité de la pellicule photo s'est dégradée avec le temps. Que le noir et blanc donne un aspect bien plus mélancolique que la coul...

— Gerry, le tança sa sœur.

— ... hmm, et que, l'espace d'un instant, il y a soixante-dix ans, notre mère a pris une autre jeune femme par le bras et a fait un sourire au photographe.

Fichue logique scientifique, songea Laurel avec une grimace. Si sèche !

— Et cela, alors ?

Elle ouvrit le *Peter Pan* à la page de garde.

— Là, regarde. C'est écrit en toutes lettres. Lis, fit-elle en montrant la dédicace du doigt.

— « Pour Dorothy. Une amitié véritable est une lumière dans les ténèbres. Vivien. »

Non sans mesquinerie, Laurel eut un léger sourire de triomphe.

— C'est difficilement contestable, je crois ?

Il posa le pouce sur la fossette de son menton et étudia la page, sourcils froncés.

— Je t'accorde que cela devient compliqué.

Il approcha le livre de son visage, yeux plissés, pour faire le point, avant d'incliner la page vers la lumière. Ses lèvres se fendirent alors d'un sourire.

— Quoi ? fit-elle d'une voix pressante. Qu'est-ce qu'il y a ?

— Oh, ce n'est pas le genre de chose que tu aurais pu remarquer, c'est sûr. Vous autres, les étudiants en lettres, vous n'êtes pas très à cheval sur les détails.

— Mais encore, Gerry ?

— Regarde mieux, répondit-il en lui tendant le *Peter Pan*. Le message n'a pas été écrit avec le même stylo plume que la première ligne.

Laurel s'approcha de la fenêtre. La lumière du soleil baignait la page de garde. Elle rajusta ses lunettes de presbyte et fixa la dédicace avec insistance.

Ah, quelle piètre enquêtrice elle faisait ! Comment avait-elle fait pour ne pas le remarquer ?

« Pour Dorothy » était écrit d'une plume légèrement plus fine. Bien sûr, Vivien avait pu changer de stylo entre la première ligne et le reste de sa dédicace. Peut-être était-elle à court d'encre ? Mais l'explication n'était guère convaincante.

Plus elle analysait ces quelques lignes, plus elle remarquait les différences – infimes, certes – entre les deux écritures.

— Tu es en train de me dire, murmura-t-elle d'une voix sèche, que maman a rajouté son nom sur la page de garde, c'est cela ? Pour donner l'impression que Vivien lui avait offert le livre ?

— Pas du tout. Je me contente de t'expliquer que l'on a utilisé deux stylos différents. Cela dit, ta supposition n'est pas idiote, surtout au regard des observations du Dr Rufus.

— Oui, souffla Laurel en fermant le livre. Le Dr Rufus… Dis-moi ce que tu as trouvé dans ses papiers. Tout ce qu'il a pu écrire sur cette…

Elle fit un geste de la main.

— … névrose obsessionnelle de maman.

— On ne peut pas parler de névrose. C'était une obsession tout court.

— Il y a une différence entre les deux ?

— Ma foi oui. Dans le premier cas, c'est une pathologie, qui a une définition clinique précise ; dans le second, un simple trait de caractère. Le Dr Rufus assurément avait remarqué quelques curieux comportements chez maman, mais il ne l'a jamais eue en consultation. Il la connaissait depuis qu'elle était toute petite ; c'était une amie de sa fille. Lui aussi était de Coventry. Il aimait bien maman, il s'intéressait à elle.

Laurel jeta un coup d'œil à la belle jeune femme sur la photo.

— Ça, j'en aurais mis ma main au feu.

— Ils déjeunaient souvent ensemble…

— … et il notait tranquillement tout ce qu'elle lui disait, ou presque ? Tu parles d'un ami !

— Ce n'est pas plus mal, en ce qui nous concerne.

Ce que Laurel lui concéda.

Gerry avait refermé son carnet. Il déchiffra le post-it collé sur la couverture.

— D'après Lionel Rufus, Dorothy était une fille qui se liait facilement, joyeuse, drôle et douée d'une très vive imagination. Notre mère, en bref. Issue d'une famille ordinaire, elle rêvait d'un destin hors du commun. Or Rufus faisait des recherches sur le narcissisme.

— Le narcissisme ?

— Oui, et le rôle de l'imagination dans les mécanismes de défense de l'individu. Maman l'intéressait à cet égard. Rien de bien excessif : elle était très égocentrique, avait besoin d'être admirée, se voyait comme une créature exceptionnelle et rêvait de succès et de célébrité.

— Comme tous les ados que je connais.

— Oui, bien sûr, tout est une question de mesure. Certains traits narcissiques sont répandus et normaux ; d'autres se transmutent en compétences rares, auquel cas la société couvre d'or leurs propriétaires.

— À quoi penses-tu ?

— Oh, je ne sais pas… aux acteurs, non ?

Son visage se fendit d'un léger sourire, puis il reprit :

— Je t'accorde toutefois que ce n'est pas qu'une question de temps passé devant le miroir, contrairement à ce que voudrait nous faire croire le Caravage.

— J'espère que non. Tu imagines le drame avec Daphne, si c'était le cas ?

— Cela dit, les gens qui se rapprochent de ce spectre narcissique sont en effet susceptibles de développer des obsessions dont l'objet est plus ou moins imaginaire.

— Par exemple, des amitiés inventées de toutes pièces avec des gens qu'ils admirent ?

— Précisément. Parfois, ce n'est qu'une construction inoffensive qui finit par disparaître, et dont l'objet n'a pas le moindre soupçon. Parfois, cependant, lorsque la personne narcissique est brutalement confrontée au caractère imaginaire de ladite construction – autrement dit, si un incident survient qui fend le miroir –, elle peut être profondément affectée par cette révélation.

— Jusqu'à aspirer à la vengeance ?

— C'est probable. Quoiqu'il s'agisse pour elle de justice, et non de vengeance.

Laurel alluma une cigarette.

— Les notes du Dr Rufus ne sont pas très détaillées, mais il semble qu'au début des années 1940, quand maman avait dix-neuf ou vingt ans, elle avait érigé deux constructions imaginaires assez massives. L'une concernait sa patronne, une vieille aristocrate qui, pensait-elle, la considérait comme sa fille et s'apprêtait à lui léguer sa propriété de famille…

— Ce qui n'a pas été le cas ?

Gerry pencha la tête, attendant patiemment que Laurel réfléchisse deux secondes.

— Non, évidemment. Bon, continue, Gerry.

— Deuxième problème, son amitié imaginaire avec Vivien. Effectivement, elles se connaissaient, mais elles étaient loin d'être aussi proches que maman le pensait.

— Et soudain quelque chose s'est produit qui a fait s'effondrer ce château en Espagne.

— Rufus écrit simplement que maman a été « humiliée » par Vivien Jenkins. Dans quelles circonstances, je ne le sais pas exactement. Apparemment, Vivien avait affirmé devant témoin qu'elle ne connaissait pas maman. Laquelle s'en était trouvée blessée, honteuse – furieuse, aussi. Ce qui n'a pas inquiété le Dr Rufus, jusqu'à ce que, un ou deux mois plus tard, il apprenne que maman avait un plan pour « remettre les pendules à l'heure ».

— Maman lui a dit cela en ces termes ?

— Non, je ne crois pas…

Gerry se pencha sur le post-it.

— Il ne dit pas exactement comment il l'a appris, mais j'ai eu l'impression, vu la manière dont il l'expliquait, que l'information provenait d'une tierce personne.

Laurel se mordit les lèvres, pensive. « Remettre les pendules à l'heure » : cela lui rappelait sa conversation avec Kitty Barker et le récit que celle-ci lui avait fait de la soirée au dancing. Dolly avait parlé de son plan… et elle n'était pas venue seule. L'accompagnait une amie d'enfance, qu'elle connaissait depuis Coventry. Laurel exhala un nuage de fumée. Ce devait être la fille du Dr Rufus. Laquelle avait, plus tard, répété les propos de Dolly à son père.

Le cœur de Laurel se serra à la pensée de la jeune fille qu'avait été sa mère, rejetée par une amie, dénoncée par une autre. Elle ne se souvenait que trop bien de l'intensité brûlante de ses propres rêves d'adolescence. Quel soulagement, lorsqu'elle s'était lancée dans la carrière d'actrice, de pouvoir la détourner vers un travail de création ! Dorothy n'avait pas eu cette chance.

— Mais ensuite, Gerry, que s'est-il passé ? Maman s'est contentée de se débarrasser de ses constructions imaginaires ? Elle s'en est sortie toute seule, comme ça ?

Les mots claquèrent et Laurel se rappela l'histoire du crocodile. Cette métamorphose dont parlait sa mère évoquait-elle le passage de la jeune Dolly de Londres à la Dorothy Nicolson de Greenacres ?

— Oui.

— Ça peut arriver, ça ?

— Ça peut arriver, oui, puisque c'est arrivé. Regarde maman.

Laurel secoua la tête, incrédule.

— Vous autres scientifiques, vous croyez tout ce que racontent les preuves !

— Bien sûr. C'est pour ça qu'on les appelle des preuves.

— Mais, Gerry, insista Laurel. Comment a-t-elle pu se débarrasser de ses tendances ?

— Eh bien, si nous en croyons les théories de notre ami Lionel Rufus, alors que certaines personnes dépassent le stade de la tendance et se mettent à souffrir d'une réelle névrose, d'autres, en passant de l'adolescence à l'âge adulte, parviennent à abandonner leurs traits narcissiques. Là où la chose peut s'appliquer à la situation de maman, c'est lorsque Rufus explique qu'un traumatisme majeur – un choc, un deuil, un grand chagrin : en tout cas, quelque chose d'extérieur à ladite sphère narcissique – peut guérir ces sujets.

— Les remettre en contact avec le monde réel, tu veux dire ? Les forcer à regarder au-dehors, et non plus seulement en eux-mêmes ?

— Exactement.

C'était l'hypothèse qu'ils avaient avancée lorsqu'ils s'étaient retrouvés à Cambridge : Dorothy avait été impliquée dans une histoire qui avait tourné au drame et dont pourtant elle était sortie grandie.

— Il en va de même pour nous tous, dit Gerry. Nous croissons et nous nous développons en fonction de ce que la vie nous jette en pâture.

Laurel hocha la tête, songeuse, et finit sa cigarette. Gerry rangea son carnet dans sa sacoche. Mais sa sœur n'en avait pas terminé.

— Tu disais tout à l'heure que le Dr Rufus s'intéressait à l'imagination comme mécanisme de défense. En l'occurrence, de quoi voulait-elle se protéger, Gerry ?

— Oh, de bien des choses. Mais je crois qu'avant tout le Dr Rufus pensait que les enfants les plus susceptibles de développer des caractéristiques narcissiques sont ceux qui ne se sentent pas chez eux dans leur propre famille – ceux que les parents tiennent à distance, ceux auxquels on donne l'impression qu'ils sont différents ou déplacés.

Dorothy, se souvint Laurel, n'avait jamais aimé discuter de son enfance à Coventry, de sa famille, réticence que sa fille avait toujours attribuée à l'ampleur de son deuil. Et si ce silence avait une autre raison ? « Je faisais pas mal de bêtises quand j'étais petite, disait souvent Dorothy (aveu qui venait en général commenter quelque méfait de Laurel). Je me sentais différente de mes parents. Je ne suis pas certaine qu'ils aient su vraiment que faire de moi. » Et si la jeune Dorothy Smitham n'avait pas été heureuse en famille ? Si elle s'était toujours sentie autre, si la solitude l'avait poussée à s'inventer des mondes extraordinaires, dans le but désespéré de combler le besoin d'amour qui la rongeait ? Et si ses illusions l'avaient poussée à commettre quelque chose de terrible, si ses rêves avaient été réduits à néant ? S'il lui avait fallu vivre avec ce fardeau, jusqu'à ce que survienne une seconde chance, l'occasion de faire une croix sur le passé, de tout recommencer, de devenir, enfin, celle qu'elle avait toujours voulu être, au sein d'une famille qui l'adorait ?

Rien d'étonnant en ce cas à ce que l'apparition de Henry Jenkins devant sa propre maison l'ait à ce point choquée, après tout ce temps. Sans doute avait-elle vu en lui celui qui allait détruire ses rêves, sa venue provoquant un télescopage cauchemardesque entre le passé et le présent. Était-ce cette commotion qui lui avait fait porter le coup, mêlée à la crainte de perdre la famille qu'elle avait fondée et qu'elle adorait ? Ces hypothèses ne soulageaient en rien le malaise que ressentait Laurel, mais contribuaient, certainement, à expliquer le geste de sa mère.

Et le « traumatisme majeur » qui avait métamorphosé Dorothy, qu'était-ce donc ? Il était lié à Vivien, à la machination ratée, Laurel en aurait mis sa main à couper – voire sa tête. Mais plus précisément ? Pourraient-ils jamais en savoir plus ? Où chercher, vers quelle source se tourner ?

Laurel repensa à la malle dans le grenier, où maman avait caché le *Peter Pan* et la photo. Et quoi d'autre ? Pas grand-chose : le vieux manteau de fourrure blanche, le Polichinelle en bois sculpté, la carte de remerciement. Le manteau appartenait à l'histoire : le billet de train était sans doute celui que maman avait utilisé pour quitter Londres. Quant à la figurine, impossible d'en savoir plus. Restait la carte et son timbre à l'effigie de la jeune reine Elisabeth. Il y avait dans ces éléments quelque chose qui avait donné à Laurel une troublante impression de *déjà-vu*[1]. Il n'était peut-être pas inutile de les soumettre à un nouvel examen.

Dans la soirée, tandis que la tiédeur du jour commençait à se dissiper et que la nuit tombait, Laurel laissa les autres regarder de vieux albums de photos et monta au grenier. Elle avait pris la clef de la malle dans le tiroir de la table de chevet de sa mère sans le moindre remords. Il faut dire qu'elle savait déjà ce qu'elle allait trouver. À moins bien sûr qu'elle ne fût en train de perdre tout sens moral. Quoi qu'il en soit, elle ne s'attarda pas, se contentant de prendre dans la malle ce dont elle avait besoin, avant de redescendre au plus vite auprès de sa mère.

Dorothy dormait lorsque Laurel rangea la clef. Le drap tiré jusqu'au menton, le visage émacié tout contre l'oreiller. L'infirmière était passée une heure plus tôt. Laurel l'avait aidée à faire la toilette de sa mère. En lui passant le gant sur le bras, elle avait pensé : voici celle qui m'a bercée.

---

1. En français dans le texte original.

En tenant sa main si vieille, elle s'était efforcée de retrouver la sensation inverse : celle de ses petits doigts d'enfant au creux de la paume protectrice de Dorothy. Et ce temps, cette chaleur si peu automnale, ces bouffées d'air chauffé par le soleil qui descendaient par la cheminée : tout cela contribuait à rendre Laurel inexplicablement nostalgique. Inexplicablement ? grinça une petite voix dans sa tête. Allons bon. Ta mère est en train de mourir. Nostalgique, on le serait à moins.

Rose passa la tête dans l'embrasure de la porte.

— Daphne vient d'appeler, dit-elle à voix basse. Son avion atterrit demain midi à Heathrow.

Laurel fit oui de la tête. Tant mieux. Au moment de partir, l'infirmière leur avait dit, avec un tact que Laurel avait apprécié, qu'il était temps de battre le rappel de la famille. « Elle n'a plus beaucoup à marcher, avait-elle dit. Sa longue route est bientôt finie. »

Longue en effet, sa route. Riche d'une autre vie avant même que naisse Laurel, premier voyage dont sa fille commençait à peine à distinguer les contours.

— Tu as besoin de quoi que ce soit ? demanda Rose en penchant la tête, de sorte que ses mèches argentées lui caressèrent l'épaule. Un thé, peut-être ?

— Non, merci, répondit Laurel.

Rose disparut. Peu après, Laurel l'entendit s'affairer dans la cuisine. Bourdonnement de la bouilloire, cliquètement des tasses sur la table, des couverts dans le tiroir : c'était le brouhaha réconfortant de la vie de famille ; Laurel était heureuse que sa mère soit rentrée, qu'elle puisse l'entendre. Elle s'installa près du lit et caressa la joue de Dorothy, tout doucement, de ses phalanges.

À contempler la maigre poitrine de sa mère, animée d'un souffle léger, Laurel se rasséréna. Dorothy écoutait-elle du fond de son sommeil les bruits de la maison ? Pensait-elle : Mes enfants sont en bas, adultes, heureux, en bonne santé, contents de se voir ? Difficile à dire. Maman désormais était plus calme. Depuis l'autre soir, elle n'avait plus eu de cauchemar et, même si ses moments d'éveil lucide étaient rares, ils étaient lumineux. Elle semblait s'être départie de cette nervosité – de cette culpabilité, pensait Laurel – qui l'avait tenaillée ces dernières semaines, elle avait laissé derrière elle ces terres sur lesquelles règne la contrition.

Laurel en était heureuse pour elle : quels que soient ses crimes antérieurs, il lui était insupportable de voir sa mère, dont la vie avait été pour l'essentiel guidée par la bonté et l'amour (le repentir, peut-être ?), se faire, au tout dernier moment, rattraper par la honte.

Et cependant, il y avait en elle une part d'égoïsme qui voulait des explications. L'idée que sa mère puisse disparaître sans lui avoir parlé de cette journée de juin 1961 – et avant cela, de 1941, du « traumatisme majeur » qui l'avait métamorphosée – était intolérable à Laurel. Or ce ne pouvait plus être maintenant que par un questionnement direct qu'elle obtiendrait des réponses. « Repose-moi la question quand tu seras plus grande », avait dit Dorothy lorsque Laurel lui avait demandé comment, d'un crocodile, elle était devenue une vraie personne. Eh bien, le jour était venu. Tant pour elle-même que pour offrir à sa mère le réconfort et le vrai pardon auxquels elle aspirait sans doute.

— Parle-moi de ton amie, maman, murmura Laurel dans la chambre plongée dans l'ombre et le silence.

Dorothy esquissa un mouvement et Laurel répéta sa demande d'une voix plus forte.

— Parle-moi de Vivien.

Elle n'attendait pas vraiment de réponse – l'infirmière avait administré de la morphine à Dorothy – et n'en reçut aucune. Laurel se carra dans son fauteuil et tira la carte de remerciement de l'enveloppe.

Le message n'avait pas changé. Un seul mot – *Merci*. Et la carte était toujours aussi pauvre en indices.

Elle l'examina pourtant sous tous les angles. Ne lui accordait-elle une importance exagérée que parce que les autres pistes semblaient toutes se clore les unes après les autres ? Elle remit la carte dans l'enveloppe et s'arrêta sur le timbre.

De nouveau, elle eut l'impression que sa mémoire était agitée d'un inexplicable frisson.

Quelque chose lui glissait entre les doigts, quelque chose qui avait un lien avec ce timbre.

Laurel le regarda de près, examinant d'un œil critique le visage de la jeune reine, son costume de cérémonie… Soixante ans déjà qu'elle était montée sur le trône. C'était difficile à croire. Laurel tapota l'enveloppe, pensive. La fascination qu'exerçait la carte était peut-être due non pas à son lien éventuel avec le mystère de maman, mais à la présence de ce timbre, rappel d'un événement qui avait eu une importance considérable pour la petite Laurel, alors âgée de huit ans. Elle se souvenait encore d'avoir regardé le couronnement à la télévision, ses parents ayant emprunté un poste pour l'occasion. Ils s'étaient rassemblés autour du petit écran et...

— Laurel ?

La voix, si vieille, était aussi ténue qu'une bouffée de fumée.

Laurel reposa l'enveloppe avant de se pencher sur le lit.

— Je suis là, maman, dit-elle en lui prenant la main.

Dorothy eut une ombre de sourire et tourna un regard vitreux vers sa fille aînée.

— Tu es là, souffla-t-elle en écho. J'ai cru entendre... J'ai cru que tu disais...

« Repose-moi la question quand tu seras plus grande. » Laurel se vit au bord du gouffre. Elle avait toujours pensé que l'existence était faite de moments où il faut choisir. Elle en vivait un à l'instant même.

— Je te parlais de ton amie, maman. L'amie que tu avais à Londres pendant la guerre.

— Jimmy.

Le nom avait jailli sur ses lèvres, accompagné par une expression d'effroi, d'abandon.

— Il a... Je n'ai pas...

Le visage de Dorothy n'était plus qu'un masque de douleur ; Laurel se hâta de la réconforter.

— Non, maman, pas Jimmy. Je voulais parler de Vivien.

Dorothy resta muette, la mâchoire cependant frémissant de paroles non dites.

— Maman, s'il te plaît.

Et Dorothy peut-être entendit dans la voix de sa fille la frustration qui l'habitait, car un chagrin sans âge lui arracha un soupir. Ses paupières tremblèrent.

— Vivien… était une faible femme. Une victime.

La nuque de Laurel la picota. Vivien était une victime ? La victime de Dorothy – sa mère était au bord de l'aveu.

— Que lui est-il arrivé, maman ?

— Henry était violent, une brute…

— Henry Jenkins ?

— Un monstre… il battait…

Les doigts noueux de Dorothy se refermèrent sur la main de Laurel.

La révélation, foudroyante, fit s'empourprer cette dernière. Elle songea aux questions sans réponse qu'avait suscitées la lecture des journaux de Katy Ellis. Vivien n'était ni malade ni stérile ; elle était mariée à un homme violent. Un séducteur brutal qui la battait dans l'intimité de leur maison de Campden Grove pour faire ensuite bonne figure dans le monde. Un individu capable d'infliger à son épouse des coups qui la clouaient au lit des jours durant, tandis qu'il veillait à son chevet.

— C'était un secret. Personne ne le savait…

Ce qui n'était pas tout à fait exact, pourtant. Katy Ellis était au courant, ce que montraient assez ses euphémismes sur la santé de Vivien, ses inquiétudes exagérées quant à son amitié avec Jimmy et la lettre qu'elle avait prévu d'écrire à ce dernier. Elle craignait que Vivien ne s'attire le courroux de son mari. D'où, sans doute, le conseil qu'elle lui avait donné de cesser tout bénévolat auprès des jeunes patients du Dr Tomalin. Henry avait-il fini par se montrer jaloux de la place que prenait l'autre dans les pensées de sa femme ?

— Henry… j'avais si peur…

Laurel scruta le visage émacié de sa mère. Katy était l'amie de Vivien, sa confidente : rien d'étonnant à ce qu'elle fût au courant des misères du couple Jenkins. Mais maman ? Comment l'avait-elle compris ? Henry avait-il fait montre de ses penchants hideux hors de sa demeure de Campden Grove ? Était-ce cela qui avait fait échouer le plan des jeunes amants ?

Il vint alors à Laurel une intuition terrifiante. Henry avait supprimé Jimmy. Il avait appris la relation qu'il avait nouée avec Vivien et s'était débarrassé de lui. Raison pour laquelle maman n'avait pu épouser l'homme qu'elle aimait. Chaque réponse en déclenchait une autre, en domino : ainsi maman avait-elle appris que Henry battait sa femme, ainsi avait-elle commencé à le craindre.

— Ah, c'est donc cela. Tu as tué Henry à cause de ce qu'il avait fait à Jimmy, lâcha Laurel.

La réponse vint, si ténue qu'elle ne fit guère plus de bruit que les ailes pâles du papillon de nuit qui s'enfuit par la fenêtre ouverte.

— Oui, fit Dorothy.

Ce mot résonna à l'oreille de Laurel avec une infinie douceur. Ces trois lettres contenaient la solution d'un si long mystère.

— Quand il est venu à Greenacres, tu as pensé qu'il venait se venger de ce plan qui n'avait pas marché, de la mort de Vivien.

— Oui.

— Et tu as cru qu'il allait faire du mal à Gerry.

— Ce qu'il a dit…

Maman ouvrit grands les yeux ; sa main se serra sur le poignet de Laurel.

— Il a dit : « Je vais détruire tout ce que tu aimes. »

— Oh, maman !

— Puisque… puisque j'en avais fait autant avec lui.

La main de Dorothy, trop lasse, lâcha prise ; Laurel manqua éclater en sanglots, submergée par un soulagement si intense qu'il en devenait presque écrasant. Après des semaines d'enquête, après de longues années de méditations incertaines, tout soudain prenait du sens. Ce qu'elle avait vu en ce jour de juin 1961, la sensation de danger qui l'avait saisie tandis qu'elle regardait l'homme en noir remonter l'allée, la chape de plomb du secret qui s'était abattue sans qu'elle comprenne pourquoi…

Si Dorothy Nicolson avait tué Henry Jenkins, c'était parce qu'il était un monstre, un sauvage qui battait sa femme, qui avait tué l'amant de Dorothy et avait pourchassé la jeune femme pendant vingt ans. Et, lorsque, enfin, il l'avait retrouvée, il l'avait menacée de détruire les siens.

— Laurel ?

— Oui, maman ?

Dorothy cependant n'en dit pas plus. Tandis qu'elle fouillait les recoins poussiéreux de sa mémoire, ses lèvres se mouvaient sans bruit – pauvre maman, remettrait-elle jamais la main sur ses souvenirs ?

— Allons, maman, murmura Laurel en lui caressant le front. Tout va bien maintenant, tu sais. Tout va bien.

Laurel garda les yeux braqués sur le visage de sa mère, rasséréné, assoupi. Finalement, se dit-elle, la quête qu'elle avait entreprise avait été suscitée par le désir brûlant de savoir si sa douce famille, sa joyeuse enfance, les regards que ses parents échangeaient avec un amour sans partage, n'étaient pas un vaste et perfide mensonge. La réponse, elle la connaissait à présent.

Un poing lui étreignit le sternum – amour brûlant, crainte et respect, résignation.

— Je t'aime, maman, chuchota-t-elle à l'oreille de Dorothy.

Elle n'avait plus rien à apprendre – c'était du moins sa conviction.

— Et je te pardonne.

De la cuisine s'élevait la voix d'Iris, légèrement courroucée, comme souvent. Laurel soudain eut envie de se joindre à ses sœurs et à son frère. Elle remonta les couvertures sur le frêle corps, déposa un baiser sur le front de sa mère.

Puis elle récupéra la carte de remerciement qui était restée sur le fauteuil, derrière elle, avec l'intention d'aller la ranger dans sa chambre. À vrai dire, elle avait l'esprit ailleurs : dans la cuisine, plus précisément, de laquelle montaient les voix de ses sœurs et frère. Si bien qu'elle n'aurait pu dire la raison pour laquelle la carte retint de nouveau son attention.

L'effet n'en fut pas moins remarquable. Elle s'immobilisa au beau milieu de la chambre, puis s'approcha de la table de chevet, ou plutôt de la lampe qui y trônait. Elle chaussa ses lunettes, exposa l'enveloppe à la lumière de l'ampoule. Un lent sourire apparut sur ses lèvres, pensif.

Elle avait été si fascinée par le sujet du timbre qu'elle en avait oublié l'indice qu'il recelait – Dieu sait pourtant qu'il crevait les yeux. Le timbre avait été oblitéré. Le cachet, qui datait de plusieurs dizaines d'années, n'était plus très lisible. Avec quelque effort, cependant, Laurel distingua la date et le lieu d'affranchissement : 3 juin 1953, à Kensington, Londres.

Puis elle se retourna sur sa mère endormie. C'était là qu'elle avait vécu pendant la guerre, à Campden Grove. Mais qui avait bien pu lui envoyer un mot de remerciement plus de dix ans après, et pourquoi ?

30

Londres, 23 mai 1941

Vivien jeta un regard à sa montre, puis vers la porte du café et, enfin, dans la rue. Deux heures, avait dit Jimmy. Or il était la demie passée. Un incident au journal, un problème avec son père ? C'était possible, mais peu probable. Le message, catégorique (il fallait absolument qu'il la voie), avait été transmis par des voies si singulières ! Vivien doutait fort qu'il puisse s'être laissé retarder. Elle se mordit la lèvre et son regard erra jusqu'à la tasse de thé qu'elle s'était servie un quart d'heure auparavant, la soucoupe légèrement ébréchée, les feuilles de thé séchées au creux de la cuiller. Elle tourna les yeux vers la rue, n'y vit que des inconnus, puis abaissa le bord de son chapeau pour dissimuler son visage.

Le message de Jimmy l'avait surprise. Ou plutôt bouleversée. Lorsqu'elle lui avait donné le chèque, elle pensait vraiment ne plus jamais le revoir. Ce n'était pas une ruse ou un moyen détourné de l'inciter à reprendre contact. Elle tenait trop à la vie du jeune homme (plus qu'à la sienne sans doute) pour cela. Au contraire, elle escomptait par ce geste se défaire de lui. Après l'appel téléphonique du Dr Rufus, c'était la seule chose à faire. Que se passerait-il en effet si Henry entendait parler du travail qu'elle accomplissait auprès du Dr Tomalin, ou de l'amitié qui la liait désormais à Jimmy ? Le chèque réglait la question à merveille. Dolly aurait son argent et Jimmy – l'honnête, l'honorable Jimmy – en serait si humilié qu'il se tiendrait à distance, ce qui le protégerait. Elle avait eu tort de le laisser l'approcher : ce n'était pas prudent. Dans l'affaire, finalement, elle était la seule coupable.

Et puis, ce cadeau lui avait assuré ce à quoi elle tenait le plus au monde. Une ombre de sourire se dessina sur son visage. Son amour pour Jimmy était d'un altruisme total : non qu'elle le soit elle-même, mais parce qu'il ne pouvait en être autrement. Jamais Henry ne supporterait qu'il puisse y avoir la moindre relation entre eux. Si bien que l'amour de Vivien pour Jimmy avait pris une autre forme. Que le garçon soit heureux, avec ou sans elle : tel était désormais son but. À présent, Dolly et Jimmy allaient pouvoir réaliser leur rêve : le départ à la campagne, le mariage, un bonheur durable. De plus, en leur faisant cadeau d'argent, elle faisait d'une pierre deux coups, frappant Henry au défaut de sa cuirasse : il était si avide ! Bien sûr, il finirait par découvrir le pot aux roses. Il n'était pas facile de détourner les règles qui régissaient sa fortune, mais elle s'était toujours désintéressée de ses biens. Elle signait tous les chèques que Henry lui présentait et n'avait que peu de besoins. Ce qui n'empêchait pas Jenkins de tenir un compte précis des dépenses de sa femme. Les dix mille livres de Jimmy coûteraient cher à Vivien, aussi cher que le don qu'elle avait fait à l'hôpital du Dr Tomalin. Mais cela en valait largement la peine. Oui, oui : quel plaisir de savoir que l'argent, dont Henry était si friand, lui échapperait en partie.

Malgré tout, la décision qu'elle avait prise de ne plus revoir Jimmy avait été l'une des plus terribles de sa vie. Où en avait-elle trouvé la force ? Elle n'aurait pu le dire, maintenant qu'elle l'attendait, qu'elle sentait son corps frémir de joie à l'idée de le voir franchir le seuil, les cheveux dans les yeux, et sur les lèvres ce sourire porteur de quelque doux secret – sourire de compréhension, de reconnaissance.

La serveuse s'approcha de sa table et lui demanda si elle voulait commander un plat. Non, elle n'y tenait pas. Le thé lui suffisait pour le moment. Se pouvait-il que Jimmy soit déjà passé et qu'il ne soit pas resté, qu'ils se soient manqués en somme ? Henry était si tendu ces derniers temps qu'elle avait eu du mal à partir. La serveuse, qu'elle se résolut à questionner, secoua la tête.

— Je vois de qui vous voulez parler, dit-elle. Le beau garçon avec son appareil photo, c'est ça, hein ? Je ne l'ai pas vu ces deux ou trois derniers jours, désolée.

Vivien tourna la tête vers la fenêtre, cherchant Jimmy du regard. Pas seulement Jimmy, d'ailleurs : peut-être les surveillait-on. Les confidences du Dr Rufus l'avaient bouleversée. Puis, lorsqu'elle s'était rendue chez Jimmy, elle avait pensé comprendre : l'humiliation subie par Dolly lorsque cette dernière s'était vue rejetée, son instinct vengeur, son désir ardent de se réinventer et de tout reprendre à zéro. Il y avait sûrement des gens pour lesquels une telle machination était concevable. Oui, l'on pouvait sûrement aller jusqu'au chantage si le jeu en valait la chandelle : la liberté, la vie nouvelle. Surtout si, comme Dolly, l'on avait, avec la mort de sa famille, perdu tout repère.

Ce qui l'avait le plus blessée dans les révélations du Dr Rufus, c'était le rôle qu'avait joué Jimmy. Vivien ne pouvait se résoudre à croire que leur amitié n'était que mensonge. C'était impossible, elle le savait. Même si leur deuxième rencontre ne devait rien au hasard, les sentiments qui les liaient étaient bien réels. Son cœur le lui affirmait : or ce cœur ne se trompait jamais. Elle le savait du reste depuis leur première rencontre, à la cantine du Service féminin. Lorsqu'elle avait reconnu Nella sur la photo, qu'elle avait laissé échapper une exclamation de surprise, et que Jimmy avait levé les yeux et croisé son regard. Un autre signe le lui confirmait : Jimmy n'était pas parti. Elle lui avait donné l'argent – une somme bien supérieure sans doute à ce que Dolly réclamait ; il n'avait pas fui. Il ne se résignait pas à la séparation.

Jimmy avait confié son message à une inconnue, une drôle de petite créature, qui avait sonné au 25 Campden Grove, une sébile en fer-blanc à la main. Elle faisait une collecte pour les blessés de guerre. Vivien allait chercher son porte-monnaie lorsque la femme avait secoué la tête. « Jimmy veut vous voir », avait-elle murmuré. Il l'attendrait au café, près de la gare, vendredi à deux heures. Avant même de pouvoir l'étouffer, Vivien avait senti la flamme de l'espoir vaciller dans sa poitrine.

Mais il était presque trois heures à présent ; il ne viendrait plus. Elle le savait, l'avait compris depuis trente bonnes minutes.

Henry serait à la maison d'ici une heure ; il fallait le précéder à Campden Grove, préparer les choses auxquelles il était habitué. Elle se leva, poussa la chaise sous la table. Si leur dernière rencontre l'avait laissée en plein désarroi, sa présente désillusion était cent fois plus cruelle. Mais elle ne pouvait plus attendre ; elle était restée déjà plus de temps qu'il n'était prudent. Elle régla l'addition, parcourut la salle du regard, tira le bord de son chapeau sur ses yeux et se hâta de rentrer à Campden Grove.

— Tu étais sortie faire un tour ?

Vivien se figea dans le vestibule. Puis elle tourna la tête vers la porte du salon, ouverte. Henry, assis dans le fauteuil, les jambes croisées, les chaussures noires et luisantes, l'épiait par-dessus un de ses épais rapports du ministère.

— Je…

Les pensées de Vivien se troublèrent. Il était en avance. D'habitude, elle l'accueillait à la porte quand il rentrait, lui préparait son whisky et lui demandait comment sa journée s'était déroulée.

— Il fait tellement beau, je n'ai pas pu résister.

— Tu es passée par le parc ?

— Oui.

Elle lui sourit, tout en s'efforçant d'apaiser le lapin affolé qui tremblait dans sa poitrine.

— Les tulipes sont en fleur.

— Vraiment ?

— Mais oui.

Il s'absorba dans sa lecture, dissimulant son visage au regard de Vivien, qui reprit sa respiration. Elle resta dans le vestibule une seconde de plus, pour se rassurer. Prenant soin d'éviter toute précipitation, elle accrocha son chapeau au portemanteau, ôta son foulard et se dirigea vers l'escalier du pas le plus nonchalant possible.

— Et tu as vu des amis, dehors ?

La voix de Henry la força à s'immobiliser au bas des marches.

Elle se retourna. Tranquillement adossé au chambranle, il se lissait la moustache. Il avait bu : il y avait dans son attitude un relâchement qu'elle identifia sur-le-champ. Son estomac tressauta d'angoisse. Certaines femmes, elle le savait, trouvaient Henry Jenkins séduisant : cette expression ténébreuse, presque ricanante, ce regard impérieux qui les captivait. Ce n'était pas le cas de Vivien, ne l'avait jamais été. Depuis le soir de leur toute première rencontre, lorsque, se croyant seule au bord du lac, à Nordstrom, elle avait levé les yeux et l'avait vu, la main sur le mur de la cabane de bain, l'épiant en fumant une cigarette. Elle avait lu dans ses yeux le désir, bien sûr, mêlé cependant à quelque chose qui l'avait fait frissonner. C'était l'expression qu'il avait à présent.

— Henry, voyons, répondit-elle du ton le plus léger possible. Bien sûr que non. Tu sais très bien qu'avec le travail à la cantine je n'ai plus de temps pour les amis.

La maison était tranquille et silencieuse, ni cuisinière étalant la pâte pour la tourte du dîner, ni bonne se débattant avec le fil de l'aspirateur. Sarah manquait à Vivien. La pauvre fille avait pleuré, humiliée, honteuse, lorsque Vivien les avait trouvés tous les deux ensemble, cet après-midi-là. Henry était blême, son plaisir gâché, sa dignité écornée. Il avait châtié la docilité de Sarah en la licenciant.

Si bien qu'ils n'étaient plus que tous les deux, Henry et Vivien, mari et femme. « Henry était l'un de mes meilleurs étudiants, lui avait dit son oncle après lui avoir rapporté ce dont Jenkins lui avait parlé dans son bureau saturé de fumée. C'est un homme distingué. Quelle chance qu'il s'intéresse à toi ! »

— Je crois que je vais monter m'étendre un peu, dit-elle après un silence qui lui parut interminable.

— Tu es fatiguée, chérie ?

— Oui, fit-elle en essayant de sourire. Les attaques... Tout Londres est mort de fatigue, je crois.

— Oui.

Il approcha d'elle, un sourire aux lèvres auquel ses yeux ne faisaient pas écho.

Le poing de Henry s'écrasa sur son oreille gauche avec un fracas assourdissant. La force du coup la projeta contre le mur du vestibule, tête la première ; elle s'affaissa à terre. Il se rua sur elle, l'empoigna par sa robe, la secouant, la frappant, tandis que ses traits se convulsaient de rage. Et ce faisant, il hurlait avec force postillons, lesquels pleuvaient sur le visage de Vivien, sur son cou ; il hurlait qu'elle lui appartenait, jusqu'à la fin de ses jours ; qu'elle était sa récompense. Aucun autre homme jamais ne la toucherait. Il préférait la savoir morte que loin de lui.

Elle ferma les yeux. Elle en avait déjà fait l'expérience : lorsqu'elle se refusait à son regard, il enrageait. Ce qui ne manqua pas d'arriver : il la secoua plus violemment encore, lui serra la gorge, vociféra tout contre son oreille.

Dans les ténèbres de son esprit, Vivien chercha le ruisseau, les lueurs en son fond...

Elle ne se défendait pas, même lorsque ses poings se crispaient. Mais cette partie de son être qu'elle avait depuis si longtemps remisée dans les tréfonds de son esprit, l'essence de la Vivien Longmeyer qu'elle avait été, lutta pour retrouver la lumière. L'oncle avait certes réglé les choses dans son bureau enfumé ; toutefois, si Vivien s'y était soumise, c'est qu'elle avait ses propres raisons. Katy avait tout fait pour la faire changer d'avis : en vain, la jeune femme était têtue. C'était le châtiment qu'elle méritait, elle en était persuadée. Elle avait été punie enfant pour avoir fait usage de ses poings, confinée à la maison ; raison pour laquelle les siens s'étaient hâtés de rentrer, raison pour laquelle les siens avaient péri.

Son esprit n'était plus qu'eau sombre ; elle nageait dans le tunnel, vers le centre de la terre, bras et jambes de plus en plus forts tandis qu'elle approchait du but...

Peu importait à Vivien d'être punie ; elle se demandait simplement quand les coups prendraient fin. Quand elle-même prendrait fin, sous les coups de Henry. Cela ne pouvait manquer d'arriver, elle en était certaine. Elle retint son souffle, pleine d'espoir, attendit. Cette fois-ci, peut-être, serait la bonne. Car chaque fois que, reprenant conscience, elle se retrouvait entre les quatre murs de leur maison de Campden Grove, le gouffre de détresse qui lui creusait l'âme lui semblait plus profond encore.

L'eau était plus tiède ; elle approchait. Au loin, les scintillements des premières lueurs. Vivien nagea vers elles…

Que se passerait-il lorsqu'il serait parvenu à la tuer ? Le connaissant, elle se doutait qu'il aurait les moyens de faire endosser le crime à quelqu'un d'autre. Ou maquillerait le meurtre en accident : une chute, la faute aux attaques aériennes. Elle s'est trouvée au mauvais endroit au mauvais moment, diraient les gens en secouant la tête ; Henry jouerait comme toujours le rôle du mari dévoué, accablé par le chagrin. Il écrirait certainement un roman sur la tragédie – version imaginaire de son épouse défunte, tout comme il l'avait fait avec *La Muse farouche*. Oh, cette Viola à l'horrible docilité, cette idiote méconnaissable qui vénérait son écrivain de mari et ne rêvait que de robes et de fêtes.

Les lumières s'étaient encore rapprochées, éclatantes. Vivien distinguait leurs motifs chatoyants. Et au-delà… car c'était pour ce qui venait au-delà qu'elle avait plongé…

Les murs tanguèrent. Henry cessa de frapper. Il la prit dans ses bras ; elle sentit son corps s'affaisser comme celui d'une poupée de chiffon. *Et pourquoi ne pas le faire elle-même ?* Se remplir les poches de pierres ou de briques, marcher dans la Serpentine, pas à pas, jusqu'à ce que les lumières apparaissent.

Il couvrit son visage de baisers – l'étouffa de ses lèvres humides. Oh, ses halètements, son odeur de brillantine et d'alcool virant à la sueur !

— Allons, tout doux, dit-il. Je t'aime, tu le sais, mais tu as le don de me mettre en colère. Tu ne devrais pas, tu sais.

Des points lumineux, en myriades – et Pippin là-bas, de l'autre côté. Il tourna la tête vers elle ; pour la première fois, elle eut l'impression qu'il la voyait…

Il la porta jusqu'au premier étage et la déposa doucement sur le lit. *Le faire elle-même ; oui, elle le pouvait.* L'idée avait la force de l'évidence. C'était la seule chose qu'elle puisse encore lui voler. Il lui retira ses chaussures, lui arrangea les cheveux pour qu'ils retombent symétriquement sur ses épaules.

— Ton visage, fit-il d'une voix navrée, ton beau visage.

Il embrassa le dos de sa main, la posa sur sa poitrine.

— Repose-toi, maintenant. Ça ira mieux après une petite sieste.

Il se pencha vers elle, ses lèvres lui effleurant l'oreille.

— Et ne t'inquiète pas pour Jimmy Metcalfe. J'ai pris mes dispositions. Il est mort ; son corps croupit au fond de la Tamise. Il ne s'interposera plus entre nous.

Les pas s'éloignèrent, lourds ; la porte se ferma ; la clef tourna dans la serrure.

Pippin leva la main, en signe de bienvenue. Approche, semblait-il dire. Elle avança vers lui…

Vivien se réveilla une heure plus tard. Le soleil de l'après-midi filtrait par la fenêtre, dardant ses rayons jusqu'à son visage. Elle referma immédiatement les yeux. Un mal de tête lancinant l'élançait derrière les tempes et les orbites, à la nuque. Son crâne lui donnait l'impression d'être un fruit mûr tombé d'une certaine hauteur sur un toit en pente. Elle resta immobile, les bras contre le corps, s'efforçant de rassembler ses souvenirs. Que s'était-il passé ? Pourquoi cette douleur ?

La scène lui revint par vagues, mêlée, comme d'habitude, aux impressions plus troubles de son plongeon salvateur. Ces souvenirs-là étaient les plus difficiles à supporter : sensations indistinctes d'un bien-être absolu, d'une nostalgie sans fin, images bien plus tremblantes que celles du monde réel et cependant extraordinairement plus puissantes.

Vivien fit lentement bouger toutes les parties de son corps, les unes après les autres, afin d'évaluer l'étendue de ses blessures. Cela faisait partie du processus. Henry s'attendrait sans doute à la voir « rapetassée » à son retour. Il n'aimait pas qu'elle prenne trop de temps pour se rétablir. Les jambes semblaient intactes : tant mieux. Un boitement pouvait entraîner des questions embarrassantes. Les bras étaient couverts de bleus, mais pas un os de cassé. C'était sa mâchoire qui la faisait le plus souffrir ; son tympan gauche vibrait encore et sa joue lui cuisait. Curieux, cela. D'habitude, Henry évitait de la frapper au visage. Il était prudent. N'était-elle pas son trophée ? Et puis, ces traces, il ne les aimait guère. Elles lui rappelaient la colère qu'elle suscitait en lui, ses désespérantes imperfections. Il préférait que les hématomes restent cachés sous ses vêtements, qu'elle soit la seule à voir ces marques d'un si grand amour. Jamais il n'aurait frappé une femme dont il n'était pas follement épris.

Vivien chassa Henry de son esprit. Il y avait quelque chose d'autre dans ses pensées qui cherchait à reprendre forme, quelque chose d'important. Elle l'entendait bourdonner comme un moustique solitaire dans la nuit silencieuse. On voudrait l'attraper, mais on n'y parvient pas. Elle se figea – le bruit se rapprocha… Elle laissa échapper un gémissement. Elle se souvenait. La tête lui tourna. « Et ne t'inquiète pas pour Jimmy Metcalfe. J'ai pris mes dispositions. Il est mort ; son corps croupit au fond de la Tamise. Il ne s'interposera plus entre nous. »

Le souffle lui fit défaut. Jimmy. Qui ne s'était pas montré au rendez-vous. Il serait venu s'il l'avait pu. Jimmy ne l'aurait jamais abandonnée.

Henry connaissait son nom. Il avait tout découvert. Il avait « pris ses dispositions ». Jimmy n'était pas le premier à s'être interposé entre Henry et les biens qu'il convoitait. Henry ne faisait jamais le travail lui-même, ç'aurait été inconvenant. Vivien était la seule à avoir tâté de la violence de ses coups. Mais Henry avait ses hommes de main et Jimmy n'était pas venu au rendez-vous.

Un gémissement funèbre s'éleva dans la chambre, effroyable plainte d'un animal blessé. Vivien comprit qu'il émanait de sa propre gorge. Elle se recroquevilla sur elle-même, les paumes sur les tempes, tâchant d'apaiser sa douleur, doutant de pouvoir se relever.

Lorsqu'elle reprit conscience, le soleil avait perdu de son mordant ; la chambre était baignée dans la lumière bleue du début de soirée. Ses paupières brûlaient. Elle avait pleuré dans son sommeil. Mais ses larmes étaient taries. Elle était vidée, dévastée. La bonté avait disparu du monde, Henry avait pris soin d'en détruire la moindre trace.

Comment l'avait-il su ? Il avait ses espions, Vivien le savait. Mais elle avait pris ses précautions. Pendant cinq mois, elle avait pu se rendre chez le Dr Tomalin sans le moindre problème. Elle avait rompu les ponts avec Jimmy pour éviter tout risque. Dès qu'elle avait eu connaissance par le Dr Rufus du plan de Dolly, elle avait su que…

Dolly.

Oui, bien sûr, c'était Dolly. Vivien s'efforça de reconstituer la conversation avec le docteur. Que lui avait-il dit, exactement ? Que Dolly voulait lui envoyer une photographie la représentant en compagnie de Jimmy, accompagnée d'une lettre la menaçant de tout révéler à Henry Jenkins, à moins que Vivien ne récompense son silence.

Le chèque n'avait-il donc pas suffi ? Apparemment non. Dolly avait dû envoyer la photo et la demande d'argent, et mentionner le nom de Jimmy en toutes lettres. Quelle sotte, quelle pauvre sotte. Elle avait cru son plan imparable. Voire inoffensif, disait le Dr Rufus. Ça ne pouvait faire de mal à personne, avait-elle pensé. Mais elle ne savait pas à qui elle avait affaire. Henry, en qui la jalousie bouillonnait lorsque Vivien saluait le vieux marchand de journaux, au coin de la rue. Henry, qui avait interdit à sa femme de voir des amis ou même des enfants, de peur qu'ils ne s'interposent entre elle et lui. Henry, qui travaillait au ministère de l'Information et pouvait tout savoir sur n'importe qui.

Henry, qui, naguère, avait utilisé l'argent de sa femme pour écarter les gêneurs…

Vivien se redressa précautionneusement sur son séant, des étoiles douloureuses lui explosant dans les orbites, sous le crâne et dans l'oreille gauche. Elle inspira profondément avant de se mettre debout. Dieu merci, elle était capable de placer un pied devant l'autre. Elle entrevit son visage dans le miroir, plissa les yeux : elle avait du sang séché sur la joue et sa paupière avait commencé à enfler. Elle tourna doucement la tête, non sans douleur. Les hématomes n'étaient pas encore violets : demain, ils seraient bien plus visibles.

Debout, elle n'avait plus si mal. La porte de la chambre était fermée, mais Vivien avait une clef à elle, cachée dans le coffre, derrière le portrait de sa grand-mère. Il lui fallut un petit moment pour retrouver la combinaison. Elle tourna la mollette. Lui revint ce souvenir brumeux : quelques semaines avant son mariage, son oncle l'avait emmenée à Londres. Ils avaient rendu visite au notaire puis elle avait fait connaissance avec la maison de Campden Grove.

Alors qu'elle se trouvait seule dans la chambre avec la vieille femme qui s'occupait de la maison, cette dernière lui avait montré le coffre-fort derrière le portrait de famille. « Une dame a toujours besoin d'un endroit où cacher ses secrets », avait-elle chuchoté. Et même si Vivien n'avait guère aimé le sourire rusé de la domestique, elle s'était souvenue de son conseil, ayant toujours rêvé d'un recoin bien à elle.

Le coffre s'ouvrit ; elle y récupéra le double de la clef, de même que la photographie que Jimmy lui avait donnée. Chose curieuse, elle se sentait mieux avec ce bout de carton dans la poche. Elle referma la petite porte avec soin et redressa le portrait de sa grand-mère.

Elle trouva l'enveloppe sur le bureau de Henry. Il ne s'était même pas donné la peine de la cacher. Elle avait été postée deux jours plus tôt. Henry l'avait ouverte au coupe-papier. Toutes les lettres adressées à Vivien connaissaient le même sort : c'était la terrible faille dans le plan mirifique de la pauvre Dolly.

Vivien savait ce que la lettre disait ; malgré tout, son cœur se mit à battre plus fort lorsqu'elle en parcourut le contenu. C'était exactement ce à quoi elle s'attendait : le ton presque aimable, la signature au bas de la page. « Une amie » : Dieu merci, la pauvre sotte n'avait pas mentionné son nom.

Lorsque le regard de Vivien se posa sur la photo, les larmes lui montèrent aux yeux. Elle sut les retenir. Lorsque sa mémoire se mit à jouer, tentatrice, avec les moments si précieux passés chez le Dr Tomalin avec Jimmy, Jimmy qui lui avait, un temps, redonné l'espoir en un futur possible, elle ravala ses sanglots, mâchoire crispée. Elle savait mieux que quiconque que l'on ne pouvait revenir vers le passé. Mais lorsqu'elle retourna l'enveloppe, les larmes cette fois s'échappèrent – rage et désespoir mêlés. Car Dolly y avait inscrit son adresse, *24 Rillington Place, Notting Hill*.

Vivien aurait voulu courir : mais le sang battait à ses tempes et la tête lui tournait. Elle s'arrêtait sous chaque lampadaire et s'efforçait de retrouver son équilibre, puis reprenait sa route dans la nuit bleu marine, vers Notting Hill. Elle n'était restée à Campden Grove que le temps de se passer le visage à l'eau, de cacher la photographie envoyée par Dolly et de griffonner quelques mots – lettre qu'elle jeta dans la première boîte venue. Il ne lui restait plus qu'une chose à faire – un dernier acte de contrition. Après quoi, tout irait mieux.

Quand l'idée s'était formée dans son esprit, tout lui était apparu avec une sublime netteté. Elle s'était défaite de son chagrin comme d'un inutile manteau, elle avait marché vers les lumières. C'était si simple ! Elle était responsable de la mort de ses parents, de ses frères et de sa sœur. Elle était responsable de la mort de Jimmy. Mais elle allait sauver Dorothy Smitham. Après quoi, elle pourrait, le cœur léger, remplir ses poches de briques et se donner à la Serpentine. La scène lui était apparue dans toute sa beauté.

« Vive comme le vent, vive comme l'éclair », disait son père et, bien que sa tête la fasse souffrir, bien qu'elle doive parfois se retenir aux rampes, elle poursuivit sa route. Vivien avait toujours aimé courir : elle se vit kangourou, bondissant dans le bush ; dingo, se faufilant entre les ombres ; lézard, rampant dans l'obscurité…

Des avions vrombissaient au loin ; Vivien de temps en temps levait les yeux vers le ciel noir, trébuchait. Ah, disait une petite voix en elle, s'ils pouvaient voler vers elle, larguer leurs bombes, s'ils osaient… Non, non. Pas tout de suite. Elle avait encore une tâche à accomplir.

La nuit était tombée lorsqu'elle arriva à Rillington Place. Elle avait oublié sa lampe torche.

Elle cherchait le 24 dans le noir lorsqu'une porte claqua derrière elle. Une silhouette descendit le perron de la maison la plus proche.

— Excusez-moi, appela Vivien.

— Oui ?

C'était une voix de femme.

— S'il vous plaît, pourriez-vous m'aider ? Je cherche le numéro 24.

— Vous avez de la chance : c'est juste ici. Tout est pris en ce moment, mais ça ne devrait pas durer.

La femme fit craquer une allumette et l'approcha de sa cigarette, si bien que Vivien entrevit son visage.

Elle en croyait à peine ses yeux.

— Dolly ? fit-elle en se précipitant vers la jolie jeune femme en manteau blanc. Mon Dieu, Dolly, c'est toi ! s'écria-t-elle, à présent toute proche. C'est…

— Vivien ? fit Dolly, stupéfaite.

— J'ai eu peur de te rater, d'arriver trop tard.

Dolly se figea, soupçonneuse.

— Trop tard pour quoi ? Que se passe-t-il ?

— Rien…

Vivien éclata de rire. La tête lui tourna ; elle se sentit vaciller.

— Ou plutôt tout.

Dolly tira sur sa cigarette.

— Tu as bu ?

Il y eut un mouvement dans l'obscurité – un bruit de pas.

— Il faut qu'on se parle, chuchota Vivien. Tout de suite.

— Je ne peux pas, répondit Dolly. J'allais…

— Dolly, je t'en prie.

Vivien jeta un coup d'œil par-dessus son épaule. Et si les hommes de Henry étaient déjà à sa poursuite ?

— C'est important, Dolly.

— Bon, d'accord, dit-elle en écrasant sa cigarette, avant de glisser son bras sous celui si mince de Vivien. Allons chez moi.

Vivien exhala un timide soupir de soulagement tandis que la porte se fermait derrière elles ; elle ne prêta pas attention au regard inquisiteur de la vieille femme à lunettes qui se tenait dans le vestibule et suivit Dolly dans l'escalier. Au premier étage, le couloir sentait le graillon. La chambre qu'occupait Dolly était petite, sombre, mal aérée.

Lorsqu'elles y furent toutes les deux rentrées, Dolly pressa l'interrupteur. Une ampoule nue s'alluma au-dessus de leurs têtes.

— Désolée, il fait trop chaud ici, dit-elle en ôtant son épais manteau de fourrure. Pas de fenêtre, tu m'excuseras. C'est plus facile pour le black-out, mais ce n'est pas l'idéal pour l'aération. Et je n'ai pas de chaise non plus.

Elle se retourna vers Vivien, dont le visage lui apparut sous la lumière crue.

— Mon Dieu ! Que t'est-il arrivé ?

— Rien.

Vivien avait oublié les traces des coups.

— Un simple accident. En venant ici, j'ai heurté un lampadaire. Comme d'habitude, je courais.

Dolly n'avait pas l'air très convaincue, mais elle n'insista pas, désigna le lit d'un geste, l'invitant à s'asseoir. Le lit était étroit et bas, la courtepointe tavelée par les marques du temps et de ses nombreux utilisateurs. Vivien toutefois n'avait nulle intention de faire la délicate : quel soulagement de pouvoir s'asseoir. Au moment même où elle se laissait tomber sur le mince matelas, les sirènes se mirent à hurler.

— Peu importe, dit-elle tandis que Dolly se dirigeait vers la porte. Restons ici. Ce que j'ai à te dire est plus important.

Dolly tira d'un geste nerveux sur sa cigarette, avant de croiser les bras sur sa poitrine, comme pour se défendre.

— C'est l'argent ? fit-elle d'une voix tendue. Tu en as besoin ? Tu veux que je te le rende ?

— Non, ce n'est pas l'argent. Faisons une croix dessus.

Les pensées de Vivien s'étaient éparpillées ; elle s'efforça patiemment de les rassembler, de retrouver leur clarté. Tout semblait si clair, si simple lorsqu'elle avait quitté Campden Grove ! À présent, sa tête était lourde, ses tempes la torturaient, et cette sirène qui n'arrêtait pas de hurler…

— Jimmy et moi… commença Dolly.

— Oui, dit Vivien, dont l'esprit retrouva sa lucidité. Oui, Jimmy.

Elle s'interrompit. Comment trouver les mots pour exprimer à haute voix la terrible vérité ? Dolly, qui ne la quittait plus des yeux, se mit à hocher la tête, comme si elle avait deviné ce qu'elle allait dire. Ce petit signe lui redonna courage.

— Jimmy… reprit-elle. Dolly, il est parti…

La sirène se tut à ce moment précis et le mot résonna dans la pièce à présent silencieuse.

Parti.

Un coup retentit à la porte, accompagné d'un :

— Doll, tu es là ? On descend à l'abri, Doll.

Dolly ne répondit pas. Ses yeux fouillèrent ceux de Vivien. Elle porta la cigarette à ses lèvres d'une main fébrile. On frappa de nouveau. Puis les pas s'éloignèrent en courant.

Un sourire flotta, plein d'espoir, sur les lèvres de Dolly tandis qu'elle se laissait tomber près de Vivien.

— Tu confonds tout, dit-elle. Je l'ai vu hier et je le revois ce soir. Nous partons ensemble…

Vivien resta muette un long moment, la langue paralysée par le gouffre de compassion qui s'était ouvert en elle. Bien sûr, comment pouvait-elle comprendre, la pauvre ? Les mots, comme des glaçons, fondaient sur la surface brûlante de son incrédulité. Vivien ne savait que trop bien comment l'on peut recevoir de telles nouvelles, ces nouvelles qui viennent de nulle part et portent la mort de ceux que l'on aime le plus au monde.

Un avion survola bruyamment le quartier, un bombardier, et Vivien secoua la tête. Elle n'avait plus le temps de se complaire dans la pitié. Il fallait continuer les explications, faire comprendre à Dolly qu'elle ne mentait pas – lui faire comprendre surtout qu'elle devait fuir immédiatement si elle voulait sauver sa peau.

— Henry, fit-elle, mon mari… Je sais que cela ne transpire guère, mais c'est un individu jaloux et violent. C'est pour cela qu'il fallait que je te fasse sortir au plus vite de chez nous, le jour où tu as rapporté mon médaillon. Il m'interdit d'avoir des amies.

Une énorme explosion retentit dans le voisinage, suivie du fracas du souffle de la bombe. Vivien s'interrompit une minute. Tous les muscles de son corps se tendirent, douloureux. Puis elle reprit d'une voix plus brève encore, plus déterminée, allant à l'essentiel :

— Il a reçu la lettre et la photographie ; il s'est senti humilié. Tu lui as donné à penser qu'il était cocu, Dolly. Il a envoyé ses hommes de main régler l'affaire. C'est ainsi qu'il voit les choses. Ces hommes avaient pour mission de te punir, toi et Jimmy.

Dolly blêmit. Elle était épouvantée ; cependant, elle avait entendu ce que lui disait Vivien ; en témoignaient les larmes qui coulaient sur ses joues.

— Aujourd'hui, poursuivit Vivien, Jimmy m'avait donné rendez-vous dans un café. Il n'est pas venu. Tu le connais, Dolly, tu sais qu'il ne se serait jamais dérobé. Surtout s'il avait promis de venir. Je suis rentrée. Henry était à la maison. Il était furieux, Dolly. Malade de rage.

Elle leva machinalement la main vers sa mâchoire.

— Ses hommes ont tué Jimmy, parce qu'il avait osé m'approcher. Je me suis demandé qui avait pu mettre Henry au courant ? Et puis j'ai trouvé ta lettre, Dolly. Henry ouvre toujours ma correspondance. Il a vu la photographie. Et le pire est arrivé. Tu comprends ? Le plan que tu avais élaboré a horriblement mal tourné.

À ces mots, Dolly lui agrippa le bras, les yeux écarquillés par l'affolement, la voix réduite à un souffle ténu.

— Mais… je ne sais pas comment… la photo… nous avions décidé de ne pas le faire, nous n'en avions pas besoin. Plus maintenant.

Elle croisa le regard de Vivien, secoua violemment la tête.

— Rien de cela ne devait arriver… Et maintenant, Jimmy…

Vivien balaya ces explications d'un geste. Elle se fichait de savoir si Dolly avait ou non envoyé la photo, n'avait aucun désir de lui faire sentir le poids de sa culpabilité. Elle n'en avait pas le temps. Plus tard, oui, si Dieu le voulait, Dolly pourrait se faire tous les reproches du monde.

— Écoute-moi bien, Dolly. C'est extrêmement important. Ils savent où tu habites. Et ils viendront te chercher, sans hésitation.

Les joues de Dolly ruisselaient de larmes.

— C'est de ma faute, c'est entièrement de ma faute.

Vivien saisit les mains frêles de la jeune femme. Ce chagrin était sincère, compréhensible et parfaitement inutile.

— Dolly, je t'en prie. C'est tout autant de la mienne.

Il lui fallait crier pour se faire entendre dans le brouhaha des avions survolant la ville.

— Mais cela ne compte plus, dorénavant. Ils vont venir. Ils sont déjà en route, probablement. Voilà pourquoi je suis là.

— Mais je…

— Il faut que tu quittes Londres, tout de suite, il le faut. Pour de bon. Ils te traqueront, sans relâche…

Une nouvelle explosion retentit qui fit trembler tout l'immeuble. Elle était plus proche que la précédente ; en dépit de son absence de fenêtre, la chambre était nimbée d'une curieuse lumière qui semblait sourdre des pores de l'édifice. L'épouvante écarquillait les yeux de Dolly. Le vacarme était incessant : sifflements des projectiles, explosions, crépitement des batteries antiaériennes. Pour se faire entendre de Dolly, Vivien dut hurler. Avait-elle des parents, des amis qui puissent l'accueillir en toute sécurité ? Dolly ne répondit pas. Elle plaqua les paumes sur ses joues, les larmes coulant sans qu'elle puisse les retenir. Vivien se souvint alors de ce que Jimmy lui avait dit de la famille de sa fiancée ; à l'époque, son cœur s'était serré à la pensée de la perte qu'elle avait subie, elle aussi – plus qu'une perte, une mutilation.

L'immeuble trembla sur ses fondations, le bouchon manqua même sauter de l'horrible petit lavabo de la chambre ; Vivien sentit la panique l'envahir.

— Réfléchis, Dolly. Il faut que tu trouves quelque chose.

Les avions étaient de plus en plus nombreux ; des chasseurs étaient venus renforcer l'attaque ; les batteries crachaient leurs obus à tout va. Le bruit, infernal, faisait palpiter le cœur de Vivien. Elle avait l'impression de voir les aéroplanes survoler le toit, leurs ventres énormes et blancs, de vraies baleines.

— Dolly ? hurla-t-elle.

La jeune femme avait fermé les yeux. Malgré la clameur des bombes et des canons, le rugissement des avions, son visage s'illumina un bref instant. Puis elle releva la tête en sursaut.

— J'ai répondu à une annonce il y a quelques semaines. C'est Jimmy qui l'avait trouvée.

Elle tendit à Vivien une lettre qui traînait sur sa petite table de chevet.

Vivien parcourut les lignes : une place de bonne attendait Mlle Dorothy Smitham à la pension les Flots bleus.

— Oui, dit-elle. C'est là que tu dois aller.

— Je ne veux pas partir seule. Nous…

— Dolly…

— Nous devions partir *ensemble*, Vivien. Ça n'aurait jamais dû se passer comme ça. Il m'attendait.

Elle se remit à pleurer. Vivien s'autorisa un bref plongeon dans cet abîme de chagrin. Qu'elle était grande, la tentation de s'effondrer, d'abandonner la partie, de se laisser submerger… Mais cela ne servait à rien. Il lui fallait garder courage. Jimmy était mort et Dolly le suivrait dans la tombe si elle ne se reprenait pas. Henry ne perdrait pas de temps. Ses séides étaient en route, elle n'en doutait pas. Pénétrée par l'urgence de la situation, elle gifla Dolly, sèchement, mais sans brutalité. La manœuvre eut l'effet escompté, car Dolly ravala ses sanglots et releva la tête, hoquetante.

— Dorothy Smitham, fit Vivien d'une voix sévère. Il faut que tu quittes Londres dans les plus brefs délais.

— Je… je ne pourrai pas, gémit l'autre en secouant la tête.

— Mais si, tu en es capable. Tu es une battante.

— Mais, et Jimmy ?

— Ça suffit.

Vivien prit Dolly par le menton, plongea ses yeux dans les siens.

— Dolly, tu aimais Jimmy, je le sais…

Je l'aimais, moi aussi.

— … et lui aussi t'aimait ; mon Dieu, ça ne m'a pas davantage échappé. Mais il faut que tu m'écoutes.

Dolly déglutit puis hocha la tête, les yeux pleins de larmes.

— Va à la gare, achète-toi un billet. Il faut…

L'ampoule vacilla ; une bombe venait de s'écraser tout près de l'immeuble, dans un fracas de tonnerre. Dolly ouvrit la bouche tandis que Vivien, impassible, la retenait.

— Monte dans le train et fais tout le voyage jusqu'au terminus. Ne te retourne pas. Accepte-la, cette offre, va de l'avant, et sois heureuse.

Le regard de Dolly se fit moins vague. Vivien comprit qu'elle l'écoutait enfin, attentive au moindre mot – qu'elle commençait à comprendre.

— Il faut que tu partes. Il faut que tu saisisses cette deuxième chance, Dolly. Vois cela comme une opportunité, c'est ce qu'il faut que tu te dises. Après tout ce que tu as subi, tout ce qui t'a été arraché…

— Oui, je vais y aller, dit Dolly d'une voix brève.

Elle se leva, sortit une petite valise rangée sous le lit, qu'elle commença à remplir de vêtements divers.

Vivien était si lasse à présent qu'elle pleurait, elle aussi, des larmes de pure fatigue. Elle n'attendait plus que la fin. Elle s'y était préparée depuis si longtemps, à vrai dire. Dehors, les avions allemands étaient partout ; les batteries continuaient à tirer et les grands projecteurs dansaient, lumineux, dans la nuit. Les bombes ne cessaient de pleuvoir et la terre tremblait, un séisme qu'elles sentaient sous leurs pieds, montant des fondations.

— Et toi ? demanda Dolly.

Elle se leva, puis tendit la main vers la lettre des Flots bleus.

Vivien eut un sourire. Son visage lui faisait mal, elle se sentait à demi morte de fatigue, sombrant lentement sous les eaux, vers les lumières.

— Ne t'inquiète pas pour moi. Ça ira. Je vais rentrer à la maison.

Une explosion colossale se fit entendre. Soudain il y eut de la lumière partout ; le temps sembla ralentir sa course. Le visage de Dolly s'illumina, traits pétrifiés par l'effroi. Vivien leva les yeux. Et tandis que la bombe traversait le toit du 24 Rillington Place, que le toit crevait le plafond, que l'ampoule de la chambre éclatait en un million d'éclats minuscules, Vivien ferma les yeux et se réjouit. Ses prières étaient exaucées. Elle n'aurait pas besoin de s'offrir à la Serpentine. Elle vit les lumières clignoter dans l'obscurité, le fond de la rivière, le tunnel qui menait au centre du monde. Elle plongea dans les eaux, nagea vers les lueurs ; le voile se tendit sous ses yeux ; Pippin était là, qui lui faisait signe – et les autres étaient là aussi. Ils l'avaient vue. Vivien Longmeyer sourit. Il lui avait fallu des années et des années, mais elle était arrivée au bout du chemin. Elle avait fait ce qu'elle avait à faire. Elle était enfin rentrée chez elle.

QUATRIÈME PARTIE

Dorothy

31

Londres, 2011

En arrivant à Londres, Laurel s'était rendue immédiatement à Campden Grove, il le fallait. Pour quelle raison, elle ne le savait pas exactement ; mais son instinct le lui dictait. Au fond de son cœur, sans doute avait-elle espéré qu'il lui suffirait de frapper pour que lui ouvre la personne qui avait envoyé à maman la carte de remerciement. La chose avait semblé logique, vue de Greenacres. À présent, Laurel se tenait dans le vestibule exigu du numéro 7, lequel hébergeait désormais des appartements destinés à la location de vacances. Au parfum du désodorisant au citron se mêlaient les odeurs des voyageurs fatigués. La réceptionniste, coincée entre ses dossiers et ses registres, leva le nez de son téléphone. Tout allait bien ? Laurel la rassura, puis considéra la moquette crasseuse, l'esprit passablement confus.

De fait, non, cela n'allait pas bien. Laurel était en plein désarroi. La veille au soir, lorsque Dorothy lui avait parlé de Henry Jenkins et de sa terrible nature, elle s'était sentie si soulagée ! Tout était clair, soudain ; elle avait le sentiment d'être arrivée au bout de sa quête – elle savait ce qui était réellement arrivé en ce jour de juin 1961.

Puis elle avait remarqué le cachet de la poste sur l'enveloppe de la petite carte et son cœur avait fait un bond. Ce détail était essentiel, elle en était certaine : plus encore, la découverte avait quelque chose de purement personnel, comme si elle, Laurel, était la seule à pouvoir résoudre cette ultime énigme. Et tout cela pour se retrouver dans une résidence de vacances trois étoiles. Elle ne savait plus où aller ni que chercher. Les témoins de la guerre avaient tous disparu. Que signifiait la carte ? Qui l'avait envoyée ? Avait-elle la moindre importance ? Laurel commençait à en douter.

Elle fit un geste d'adieu à la réceptionniste, qui lui répondit d'un « Au revoir » silencieux, mimé par-dessus le combiné du téléphone. Une fois dans la rue, Laurel alluma une cigarette, irritée. Elle devait récupérer Daphne à l'aéroport, plus tard dans la journée. Mais elle avait encore deux bonnes heures à tuer. Il faisait beau et tiède, le ciel était bleu et sans nuages, couturé par endroits des traînées rectilignes que laissaient les avions en partance pour l'autre bout du monde. Pourquoi ne pas acheter un sandwich et traverser le parc, en longeant la Serpentine ? Puis elle se souvint de sa précédente visite à Campden Grove, le jour où elle avait vu le petit garçon sortir du numéro 25.

Elle regarda l'immeuble en face d'elle. C'était là qu'avaient vécu Vivien et Henry, là qu'il avait secrètement martyrisé son épouse – là qu'elle avait tant souffert. Curieusement, parce qu'elle avait lu le journal de Katy Ellis, Laurel en savait plus sur les Jenkins que sur la vie qu'avait menée sa mère au numéro 7. Elle finit sa cigarette, pensive, et se pencha pour l'écraser dans le cendrier de rue. Le temps qu'elle redresse la tête, elle avait pris sa décision.

Elle frappa à la porte du 25 Campden Grove. Les décorations de Halloween qu'elle avait vues la dernière fois à la fenêtre avaient été remplacées par des mains d'enfants en papier, peintes et découpées – Laurel compta quatre tailles différentes. Doux spectacle, belle pensée : une famille vivait à présent dans ces murs. Les affreux souvenirs du passé étaient balayés par une nouvelle histoire. Elle entendit des bruits à l'intérieur : il y avait quelqu'un dans la maison. Mais personne ne venait lui ouvrir, si bien qu'elle frappa de nouveau, avant de se retourner vers le numéro 7, de l'autre côté de la rue, là où sa mère avait été femme de chambre ; Laurel l'imagina gravissant les marches.

La porte s'ouvrit dans son dos. C'était la jolie jeune femme de sa première visite, un bébé lové contre son épaule.

— Mon Dieu ! fit-elle en écarquillant ses grands yeux bleus. Mais… c'est *vous* !

C'était loin d'être la première fois qu'on la reconnaissait, mais il y avait dans la voix de la jeune femme une nuance inhabituelle. Laurel sourit ; son interlocutrice s'empourpra et s'essuya la main sur son jean, avant de la tendre à Laurel.

— Désolée, dit-elle. J'en oublie mes bonnes manières. Je m'appelle Karen et voici Humphrey.

Elle tapota les petites fesses rembourrées de l'enfant. La masse de boucles blondes esquissa un mouvement contre son épaule, un œil bleu clair croisa timidement le regard de Laurel.

— Et je sais qui vous êtes, bien sûr. C'est un tel honneur de vous rencontrer, madame Nicolson !

— Appelez-moi Laurel, je vous en prie.

— Laurel.

Karen se mordilla la lèvre inférieure avec une nervosité mêlée de gratitude, avant de secouer la tête, incrédule.

— Julian nous a dit qu'il vous avait vue, mais je croyais que… Parfois, il… Ah, mais peu importe, vous voilà, ajouta-t-elle avec un sourire immense. Mon mari va être *fou de joie*.

« Vous êtes la dame de papa. » Laurel songea qu'elle n'avait peut-être pas encore saisi tous les enjeux de la scène.

— Figurez-vous qu'il ne m'a même pas dit que vous veniez.

Laurel s'abstint de préciser qu'elle ne s'était pas annoncée, ne sachant toujours pas comment expliquer sa visite. Elle se contenta de sourire.

— Entrez, je vous en prie. Marty est au grenier, je vais lui demander de descendre.

Laurel suivit Karen dans le vestibule, qu'encombrait, outre le landau lunaire, une armada de ballons, de cerfs-volants et des chaussures dépareillées, puis elle pénétra dans une salle de séjour claire et chaleureuse. Les murs étaient couverts d'étagères blanches, remplies de livres, lesquels colonisaient de nombreux autres endroits dans la pièce ; il y avait aussi des dessins d'enfants et des photos de famille, éclatantes de joie et de sourires. Laurel manqua trébucher sur un petit corps fluet, étendu sur le parquet. C'était l'enfant qu'elle avait vu la première fois. Dos à terre, genoux relevés, il tenait un avion en Lego à bout de bras et le faisait évoluer dans les airs avec maints bruits de bouche, ne faisant plus qu'un avec la trajectoire de son aéroplane.

— Julian, fit sa mère, Juju... tu veux bien filer au grenier, mon amour, et dire à ton père que nous avons de la visite ?

Le garçonnet leva les yeux, clignant des paupières pour revenir à la réalité. Lorsqu'il vit Laurel, une lueur passa dans son regard. Il l'avait reconnue. Sans dire un mot, sans interrompre une seconde le bourdonnement du moteur, il fit virer l'avion, bondit sur ses pieds et se précipita dans l'escalier.

Karen proposa du thé et partit allumer la bouilloire. Laurel se retrouva seule, installée dans un confortable canapé tendu de vichy rouge et blanc et agrémenté de traces de feutre, souriant au bébé qui, assis sur une couverture, tapait de son pied dodu sur une crécelle.

L'escalier craqua sous le poids d'un pas rapide ; un homme de haute taille, assez beau, à la tignasse brune mi-longue, aux lunettes cerclées de noir, apparut sur le seuil. Le petit aviateur, son fils, le suivait. Lorsque l'homme vit Laurel, il secoua la tête avec un sourire éberlué, comme s'il venait de voir une apparition. Puis il lui tendit une main immense.

— Bon Dieu ! s'exclama-t-il tandis que leurs paumes entraient en contact, infirmant l'hypothèse de l'hallucination. Je pensais que Julian me menait en bateau, mais c'est bien vous.

— C'est bien moi.

— Je m'appelle Martin, ou plutôt Marty, pour les amis. Je vous prie d'excuser mon incrédulité, mais... il se trouve que je suis professeur de théâtre au Queen Mary College et que j'ai écrit ma thèse de doctorat sur vous.

— Sur moi ?

« Vous êtes la dame de papa. » Ainsi ce mystère-là était-il résolu.

— Mais oui. *Les Interprétations contemporaines des tragédies de Shakespeare*. C'est beaucoup moins aride que ça en a l'air.

— Je n'en doute pas.

— Et... vous voilà sous notre toit.

Il sourit, fronça légèrement les sourcils, puis sourit de nouveau, avant d'éclater de rire. Il avait un rire délicieux.

— Désolé. Simplement, la coïncidence est si extraordinaire.

— As-tu parlé de grand-père à Mme Nicolson – à Laurel ?

Karen rougit, de retour dans la salle de séjour. Elle posa un plateau sur la table basse, au milieu de toute une collection de crayons de couleur et autres blocs de pâte à modeler, avant de s'installer sur le canapé, près de son mari. Sans même détourner la tête, elle tendit un gâteau sec à une petite fille aux boucles brunes qui, percevant sans doute l'odeur des friandises, avait surgi de nulle part.

— Mon grand-père, précisa Marty. C'est lui qui m'a initié à votre travail. Si je suis un de vos fans dévoués, lui avait une adoration quasi religieuse pour vous. Il n'a pas manqué une seule de vos apparitions sur scène.

Laurel sourit, flattée, s'efforçant pourtant de ne pas le montrer. Ces gens, leur maison joyeusement désordonnée : tout la séduisait.

— Il en a sûrement raté une ou deux.

— Jamais.

— Marty, raconte-lui l'histoire du pied, fit Karen en frottant doucement la manche de son mari.

— Une année, reprit Marty en riant, il s'est cassé le pied. Il a demandé à sortir plus vite de l'hôpital pour aller vous voir dans *Comme il vous plaira*. Il m'emmenait avec lui : au début, j'étais si petit que j'avais besoin de trois coussins pour voir ne serait-ce qu'au-dessus du rang de devant.

— Il a un goût très sûr, votre grand-père.

Laurel flirtait joyeusement, tant avec Marty qu'avec le reste de la famille. Leur affection la touchait. Dieu merci, Iris n'était pas là pour voir ce triste spectacle.

— Oui, c'était le cas, répondit Marty, un sourire aux lèvres. Je l'adorais. Hélas, il nous a quittés voici dix ans. Je peux vous dire qu'il me manque tous les jours.

Il rajusta ses lunettes.

— Mais assez parlé de nous. Je vous demande pardon – sans doute est-ce l'effet de la surprise –, je ne vous ai même pas demandé la raison de votre venue. J'imagine que ce n'était pas pour que je vous parle de mon grand-père.

— À vrai dire, c'est une longue histoire, répondit Laurel en prenant la tasse que Karen lui tendait. J'ai fait quelques recherches sur ma famille, en particulier du côté de ma mère. Et il s'avère qu'elle a autrefois...

Laurel hésita une seconde.

— ... bien connu les gens qui habitaient votre maison.

— À quelle époque ?

— Fin des années 1930, début des années 1940, pendant la guerre.

Le sourcil de Marty fut soudain animé d'un tremblement nerveux.

— C'est incroyable.

— Et comment s'appelaient les amis de votre mère ?

— L'amie, reprit Laurel. Vivien, Vivien Jenkins.

Marty et sa femme échangèrent un regard. Laurel se pencha.

— J'ai dit quelque chose qui vous paraît bizarre ?

— Pas bizarre, non, mais...

Marty sourit, les yeux baissés, cherchant visiblement à mettre de l'ordre dans ses pensées.

— ... il se trouve que c'est un nom que nous connaissons bien ici.

— Vraiment ?

Le cœur de Laurel se mit à battre à ses oreilles. Mais oui : c'étaient les descendants de Vivien, bien sûr. Il devait y avoir un enfant dont elle n'avait jamais entendu parler, un neveu, peut-être.

— Le fait est que c'est une histoire assez singulière, qui fait maintenant partie de la légende familiale.

Laurel hocha énergiquement la tête pour lui signifier de bien vouloir poursuivre.

— Il se trouve que mon arrière-grand-père Bertie a hérité de cette maison pendant la Seconde Guerre mondiale. Il était en mauvaise santé, d'après ce que nous savons, et très pauvre. Il avait travaillé toute sa vie, mais les temps étaient si difficiles – c'était la guerre, n'est-ce pas ? Il vivait dans un minuscule appartement de Stepney ; une vieille voisine s'occupait de lui.

Et un jour, un notaire très chic lui a rendu visite, sans crier gare, pour lui apprendre qu'il avait hérité de cette belle maison.

— Je ne comprends pas, dit Laurel.

— Ma foi, lui non plus, à l'époque, répliqua Marty. Mais le notaire était catégorique. Une femme du nom de Vivien Jenkins, dont mon arrière-grand-père n'avait jamais entendu parler, lui avait légué toute sa fortune.

— Il ne la connaissait pas ?

— Ni d'Ève ni d'Adam.

— C'est vraiment curieux.

— Je n'en disconviens pas. D'ailleurs, il refusa de s'installer ici. Il souffrait de démence sénile et n'aimait guère les changements. Le choc avait été plutôt rude, comme vous pouvez l'imaginer. De sorte qu'il demeura à Stepney et que la maison resta vide, jusqu'à ce que mon grand-père – son fils, donc – revienne de la guerre et le convainque de ce que ce n'était pas un mauvais tour.

— Donc votre grand-père, lui, connaissait Vivien ?

— Oui, mais il ne nous en a jamais parlé. C'était un homme très causant, mon grand-père, mais il y a deux sujets qu'il évitait comme la peste. Vivien Jenkins et la guerre.

— Ce n'est pas très rare, je crois, reprit Laurel. Toutes les horreurs que ces malheureux ont dû voir.

— Oui…

Une expression de tristesse assombrit le visage de Marty.

— Mais dans son cas, ce n'était pas la seule raison. Il est passé directement de la prison à la caserne.

— Oh, je vois.

— Il ne s'est jamais étendu sur les détails, mais j'ai fait ma petite enquête.

Marty prit l'air vaguement embarrassé, avant de poursuivre son histoire d'une voix plus basse :

— J'ai retrouvé son dossier à Scotland Yard. Apparemment, il a été retrouvé un soir dans la Tamise, souffrant de nombreuses contusions.

— Il avait été attaqué ? Mais par qui ?

— Je n'en sais trop rien. La police l'a arrêté alors qu'il se trouvait encore à l'hôpital. Ils étaient persuadés qu'il était mêlé à je ne sais quelle tentative de chantage et l'ont interrogé. C'était une méprise, selon lui – et si vous aviez connu mon grand-père, vous sauriez qu'il était incapable de mentir. Les flics ne l'ont pas cru. Selon le rapport de police, il avait sur lui un chèque représentant une énorme somme d'argent, sur l'origine duquel il n'a pas voulu donner d'explications. Comme il ne pouvait pas se payer les services d'un avocat, il s'est retrouvé en prison. Mais en fin de compte, la police n'avait pas assez de preuves. Donc, ils l'ont fait mobiliser. C'est drôle : il disait qu'ils lui avaient sauvé la vie.

— Sauvé la vie ? Comment cela ?

— Je ne sais pas, je n'ai jamais compris ce qu'il voulait dire. C'était peut-être une plaisanterie. Il était assez blagueur, mon grand-père. Il a été envoyé en France en 1942.

— C'était la première fois qu'il se battait ?

— Oui, mais il avait vu la guerre de près. Il avait fait Dunkerque. Avec un appareil photo. Il était photographe de guerre. Venez, je vais vous montrer quelques-uns de ses clichés.

— Mon Dieu ! s'écria Laurel devant les photos en noir et blanc qui recouvraient le mur. Vous êtes le petit-fils de James Metcalfe !

Marty sourit avec fierté.

— Eh oui.

Il redressa un des cadres.

— Je reconnais celles-ci, poursuivit Laurel. Je les ai vues au Victoria & Albert Museum, il y a une dizaine d'années, dans une exposition qui lui était consacrée.

— Oui, juste après sa mort.

— Il avait un regard incroyable, votre grand-père. Ma mère possédait une de ses photos, un tout petit tirage. D'ailleurs, elle l'a gardé. Quand nous étions petits, elle nous la montrait souvent et nous disait que cela l'aidait à se souvenir de ses parents, de son frère, et de ce qui leur était arrivé. Ils avaient été tués tous les trois dans le bombardement de Coventry.

— Quelle douleur, dit Marty. C'est affreux – je ne peux pas imaginer une chose pareille.

— Le travail de votre grand-père est là pour qu'on n'oublie jamais ce qui s'est passé, dit doucement Laurel.

Elle examina les photographies les unes après les autres. Elles étaient toutes extraordinaires : des malheureux que les raids avaient privés de leur logement, des soldats sur le champ de bataille. Et parmi tant de malheurs, une petite fille à l'étrange accoutrement, des culottes bouffantes trop grandes et des chaussures à claquettes.

— J'aime bien celle-là, dit-elle.

— C'est tante Nella, dit Marty. Nous l'appelions ainsi en dépit du fait que ce n'était pas du tout quelqu'un de la famille… Elle était orpheline de guerre. Grand-père avait pris la photo le soir où sa famille a péri sous les bombes. Ensuite, il est resté en relation avec elle ; quand il est rentré du front, il a retrouvé sa trace. Elle était dans une famille d'accueil. Ils sont restés amis jusqu'à la mort de grand-père.

— Quelle belle histoire.

— Il était comme ça, grand-père. D'une immense loyauté. Vous savez, juste avant d'épouser ma grand-mère, il a voulu aller voir une femme dont il avait été amoureux, juste pour s'assurer qu'elle allait bien. Rien n'aurait pu l'empêcher d'épouser ma grand-mère, bien sûr – ils s'adoraient –, mais il fallait qu'il fasse cette espèce de pèlerinage. Ils avaient été séparés par la guerre. Il ne l'a cependant vue que de loin. Elle se promenait sur la plage avec son mari et il n'a pas voulu les déranger.

Laurel écoutait Marty en opinant du chef. Soudain, les pièces du puzzle s'assemblèrent, après un dernier tour du kaléidoscope. Vivien Jenkins avait légué sa maison à James Metcalfe et à son père, un vieil homme en mauvaise santé. Ce James, c'était Jimmy, sûrement. Mais oui. Ça devait être ça. Le Jimmy de maman, l'homme que Vivien avait aimé, celui dont Katy Ellis avait essayé de la détourner, craignant la réaction de Henry Jenkins si la vérité parvenait à ses oreilles. Ce qui signifiait que maman était cette femme que Jimmy avait cherché à revoir avant de se marier.

De voir ainsi sa mère jaillir des anecdotes de Marty, Laurel se sentit défaillir. Mais il y avait autre chose – un souvenir qui cherchait à se frayer un chemin dans sa mémoire.

— Quelque chose ne va pas ? fit Karen, inquiète. On dirait que vous venez de voir un fantôme.

— C'est que... bredouilla Laurel, j'ai une vague idée de ce qui est arrivé à votre grand-père, Marty. Je crois que je sais pourquoi il a été battu et jeté dans la Tamise. Et qui se cachait derrière tout cela.

— Vraiment ?

Elle fit oui de la tête, ne sachant par quel bout commencer. Elle avait tant à dire.

— Retournons au salon, proposa Karen. Je vais faire chauffer de l'eau.

Elle frissonna, visiblement excitée.

— Je sais que c'est bête de ma part. Mais quand on approche de la résolution d'un mystère, ça a un aspect si merveilleux !

Ils s'apprêtaient tous les trois à sortir de la pièce lorsque Laurel aperçut une photographie qui lui coupa le souffle. Sa mère ! Là, sur le mur.

— Magnifique, hein ? fit Marty, qui avait suivi la direction de son regard.

Puis, avant que Laurel ait pu expliquer, il ajouta :

— C'est elle, Vivien Jenkins. La femme qui a légué cette maison à mon arrière-grand-père.

32

Au terminus, mai 1941

Vivien fit la dernière partie du trajet à pied. Le train qu'elle venait de quitter était bondé, soldats et Londoniens aux mines fatiguées. Il n'y avait plus de place assise, mais quelqu'un lui avait cédé son siège. Au moins y avait-il un avantage, s'était-elle dit, à avoir la tête de quelqu'un qui vient tout juste d'être extrait des décombres d'un immeuble. Face à elle, sur la banquette, un jeune garçon, une valise sur les genoux, serrait dans ses mains un bocal qui contenait, ô merveille, un poisson rouge ; chaque fois que le train changeait de vitesse ou bifurquait vers une voie de garage, le temps d'une alerte, l'eau clapotait contre la paroi de verre et le garçonnet scrutait sa bestiole, attentif, craignant sans doute qu'elle ne prenne peur. Les poissons connaissent-ils l'inquiétude ? Non, se disait Vivien, même si la perspective de se retrouver enfermée, comme celui-ci, dans un bocal de verre lui contractait si fort la poitrine qu'elle avait du mal à respirer.

Lorsque le garçon n'était pas absorbé dans la contemplation de son poisson, il regardait Vivien de ses grands yeux bleu foncé, remarquant sans doute son visage contusionné et l'épais manteau blanc qu'elle avait sur les épaules en dépit de la chaleur printanière. Une heure après le départ du train, leurs regards se croisèrent ; elle sourit, il en fit autant – mais le sourire de Vivien s'effaça aussitôt : le flot des pensées qui inondaient son esprit et se disputaient son attention ne l'empêcha pas de s'inquiéter pour l'enfant : qui était-il, pourquoi voyageait-il seul en ces temps de guerre ? Elle ne lui posa pas la question. Elle n'osait parler à quiconque, de peur d'être découverte.

De la gare, un autocar menait à la ville toutes les demi-heures : Vivien avait entendu deux vieilles dames louer la surprenante exactitude de ce moyen de transport. Elle décida cependant de finir son voyage à pied. Elle n'arrivait pas à se défaire de l'impression que sa sécurité requérait un mouvement ininterrompu.

Derrière elle, une automobile ralentit ; tous les nerfs de son corps se tendirent. La peur l'abandonnerait-elle un jour ? Non, pas tant que Henry vivrait : elle ne serait libérée que par sa mort à lui. La voiture s'immobilisa à sa hauteur : au volant, un inconnu en uniforme. Quel lamentable spectacle elle devait offrir : le visage contusionné, paniqué, un manteau d'hiver sur les épaules, une petite valise à la main, en route, seule, vers la ville.

— Bonjour, dit l'homme.

Elle hocha la tête en guise de réponse, sans même le regarder en face. Elle n'avait pas ouvert la bouche depuis vingt-quatre heures : sans doute était-ce, de sa part, une pensée absurde et superstitieuse, mais elle craignait qu'en rompant ce silence elle se démasquerait, que Henry ou l'un de ses sbires l'apprendrait et qu'il ne leur resterait plus qu'à remonter la piste.

— Vous allez en ville ?

De nouveau, elle hocha la tête, bien consciente malgré tout qu'il lui faudrait parler tôt ou tard, ne serait-ce que pour éviter d'être prise pour une espionne allemande. Tout, plutôt que d'être traînée jusqu'au commissariat local par un responsable de la défense civile désireux de lutter contre les dangers de la Cinquième colonne.

— Je peux vous emmener, si vous voulez, poursuivit l'homme. Je m'appelle Richard Hardgreaves.

— Non, répondit-elle d'une voix que le silence avait rendue rauque. Je vous remercie, mais j'aime bien marcher.

L'homme à son tour opina du chef. Il jeta un coup d'œil au pare-brise avant de se retourner vers Vivien.

— Vous avez de la famille en ville, des amis ?

— Je viens d'être embauchée, dit-elle. Aux Flots bleus.

— Ah oui, la pension de Mme Nicolson. Bon, on se recroisera certainement un jour ou l'autre en ville, mademoiselle...

— Smitham, dit-elle, Dorothy Smitham.

— Mademoiselle Smitham, répéta-t-il avec un grand sourire. Adorable.

Puis, avec un petit signe de la main, il poursuivit son chemin.

Vivien suivit la voiture des yeux jusqu'à ce qu'elle disparaisse de l'autre côté de la colline. Puis elle éclata en sanglots. C'étaient des larmes de soulagement. Elle avait parlé ; et le sort ne s'était pas abattu sur elle. Oui, elle avait mené toute une conversation avec un inconnu, lui avait donné son nouveau nom. Le ciel ne lui était pas tombé sur la tête, la terre ne l'avait pas engloutie. Elle inspira profondément et se laissa un instant bercer par cet infime espoir : les choses allaient peut-être s'arranger. Une nouvelle vie, une seconde chance s'offrait peut-être à elle. L'air avait un parfum de sel et de mer ; haut dans le ciel, des mouettes piaillaient. Dorothy Smitham ramassa sa valise et reprit sa route.

C'était en fait la vieille femme très myope de la pension de famille qui lui avait donné cette idée. Lorsque Vivien avait repris conscience au beau milieu des gravats et qu'elle s'était rendu compte qu'elle était encore vivante, chose incompréhensible, elle avait fondu en larmes. Puis les sirènes avaient retenti, et les voix des sauveteurs venus éteindre les incendies, panser les plaies et évacuer les morts s'étaient fait entendre. Pourquoi la mort n'avait-elle pas voulu d'elle ?

Elle n'était même pas gravement blessée. Elle le savait fort bien, ayant acquis une certaine expérience en la matière. Elle avait reçu un gros objet en travers du corps – une porte, sans doute, mais elle avait pu se dégager. Elle resta un moment assise dans le noir, prise de vertiges. Il faisait froid – un froid glacial ; elle frissonnait. Elle ne connaissait pas très bien la chambre ; en tendant la main, elle sentit quelque chose de doux et de velu – la fourrure de Dolly ! Elle parvint à la tirer de dessous la porte. Dans la poche du vêtement se trouvait une lampe torche. Le mince rai de lumière lui révéla le corps de Dolly, morte – écrasée sous un amas de briques et de morceaux de plâtre qui s'étaient détachés du plafond, ainsi qu'une énorme malle de fer tombée sans doute du grenier.

Vivien fut prise de nausées : le choc, la douleur, le remords lancinant d'avoir failli à sa mission. Elle se releva non sans mal. Il n'y avait plus de plafond. Les étoiles scintillaient au-dessus de sa tête. Elle les contempla, vacillante, se demandant combien de temps il faudrait à Henry pour la rattraper, lorsqu'elle entendit une voix crier :

« Mlle Smitham ! Elle est vivante, Dieu merci. »

Vivien se retourna, stupéfaite : vivante, Dolly ? Assurément non. Encore hébétée, elle voulut rétablir la vérité, le bras tendu vers le cadavre. Mais lorsqu'elle ouvrit la bouche, il n'en sortit qu'un son rauque, sifflant. Et la vieille femme – c'était la propriétaire de la pension, la dame aux lunettes – continuait à crier avec force gestes en direction de Vivien.

« Mlle Smitham ! Elle a survécu ! »

C'était une opportunité unique. Vivien avait la tête comme une chaudière prête à exploser, ses idées étaient loin d'être claires, mais elle comprit immédiatement la chance qui lui était accordée. La chose lui parut d'une remarquable simplicité. Cette nouvelle identité, elle pouvait l'endosser aussi facilement que le manteau de fourrure blanche. Nul n'en pâtirait. Qui pouvait-elle léser, du reste ? Jimmy n'était plus là, Vivien avait fait ce qu'elle avait pu pour le vieux M. Metcalfe, et Dolly Smitham n'avait pas de famille. Elle décida de sauter le pas. Elle ôta son alliance et rampa dans le noir pour la passer à l'annulaire de Dolly. À présent, il y avait du bruit partout : des gens qui criaient, des ambulances qui allaient et venaient, des gravats qui continuaient à s'effondrer dans la nuit saturée de fumée. Et cependant Vivien n'entendait que les battements de son propre cœur, affolé non par la peur mais par la détermination. Dolly tenait encore dans sa main gauche la lettre des Flots bleus. Vivien, non sans répugnance, s'empara de l'enveloppe et la glissa dans la poche de son manteau. S'y trouvaient également un petit objet et un livre qu'elle s'abstint d'identifier plus précisément.

« Mademoiselle Smitham ? »

Un homme coiffé d'un casque avait posé une échelle sur le bord du plancher et venait de se hisser à sa hauteur.

« Ne vous inquiétez pas, mademoiselle. On va vous aider à descendre. Tout va bien se passer. »

Vivien le dévisagea. Pour une fois, elle pouvait peut-être y croire, en effet.

« Mon amie, souffla-t-elle d'une voix rauque, pointant le rayon de sa lampe torche vers le cadavre. Est-elle... »

Le secouriste lança un regard à ce qui restait de Dolly : tête pulvérisée sous la malle de fer, bras et jambes absurdement désarticulés.

« Bon Dieu de bois, fit-il. J'en ai bien peur. Quel est son nom ? Vous savez qui je dois prévenir ? »

Vivien hocha la tête.

« Elle s'appelait Vivien. Vivien Jenkins. Elle était mariée. Il faut dire à son époux qu'elle ne reviendra pas à la maison. »

Dorothy Smitham passa le reste de la guerre à faire les lits et le ménage à la pension des Flots bleus, chez Mme Nicolson. Elle se fit petite, s'efforça de ne rien faire qui puisse attirer une attention dont elle ne voulait pas, refusa toutes les invitations au bal. Elle époussetait, lessivait, balayait ; la nuit, allongée dans son lit, elle essayait de ne pas voir les yeux de Henry, les yeux sombres qui la fixaient dans le noir.

Le jour, elle était constamment en alerte. Les premiers temps, elle le voyait partout : dans la démarche chaloupée d'un homme sur la jetée, dans les traits épais et brutaux d'un étranger de passage, dans un éclat de voix qui soudain dominait la foule. Ces impressions, qui lui donnaient la chair de poule, se firent plus rares avec le passage des années. Elle en fut soulagée, mais ne cessa jamais de faire le guet. Un jour, elle le savait, il la retrouverait. Quand et où, elle l'ignorait, mais elle ne voulait pas être prise au dépourvu.

Elle envoya une carte postale, une seule. Six mois après son arrivée à la pension des Flots bleus, elle acheta la plus jolie carte qu'elle puisse trouver – un grand paquebot, de ceux qui vous emmènent d'un bout du monde à l'autre –, et inscrivit ces quelques mots au verso : *Il fait un temps splendide ici. Tout le monde va bien. Merci de ne pas conserver après lecture*. Puis elle l'envoya à sa chère amie – sa seule amie, Mlle Katy Ellis, Yorkshire.

La vie reprenait son rythme. Mme Nicolson n'était pas une patronne commode, ce qui convenait très bien à Dorothy. Il y avait quelque chose de profondément thérapeutique à devoir respecter le niveau d'excellence militaire requis par l'établissement. À faire reluire du mieux qu'elle pouvait les rampes d'escalier (« Sans gâcher, Dorothy : je ne sais pas si vous êtes au courant, mais il y a une guerre dans ce pays »), elle en oubliait ses sombres souvenirs.

Puis, par un jour de juillet 1944, un mois environ après le débarquement en Normandie, en rentrant de l'épicerie, elle trouva un soldat en uniforme attablé dans la cuisine. Elle le reconnut immédiatement : c'était une version un peu plus âgée et un peu plus écornée, à dire vrai, du tout jeune homme dont sa mère gardait la photographie comme une relique sacrée sur la cheminée de sa salle à manger. Dorothy avait maintes fois passé le chiffon à poussière sur le verre : elle connaissait si bien ce regard sérieux, ces pommettes anguleuses, ce menton fendu d'une fossette, qu'elle rougit à le voir installé dans la cuisine, comme si, toutes ces années, elle l'avait espionné par le trou de la serrure.

— Vous êtes Stephen, dit-elle.

— Exactement.

Il se leva d'un bond, lui prit son sac de provisions des mains.

— Je m'appelle Dorothy Smitham et je travaille à la pension. Votre mère sait-elle que vous êtes rentré ?

— Non, dit-il. La porte du jardin était ouverte, je suis passé par là.

— Elle est à l'étage. Si vous voulez, je...

— Non !

La réponse avait fusé, suivie d'un sourire embarrassé.

— C'est-à-dire que... merci beaucoup, mademoiselle Smitham. Et n'allez pas croire des choses. J'adore ma mère – elle m'a donné la vie...

Mais si ça ne vous dérange pas, je vais rester ici un petit moment bien tranquille, avant de commencer mon vrai service militaire.

Dorothy se surprit alors à éclater de rire. C'était la première fois que cela lui arrivait depuis son arrivée chez Mme Nicolson. Des années plus tard, quand leur progéniture réclamerait, pour la énième fois, le récit de leurs amours, Stephen et Dorothy leur raconteraient toujours la nuit où ils s'étaient faufilés jusqu'au bout de la vieille jetée pour aller danser. Stephen avait apporté son vieux gramophone, qu'ils avaient remonté ; et ils avaient valsé, évitant les trous dans les planches, au son de « By the Light of the Silvery Moon ». Puis Dorothy avait trébuché et, en essayant de se rattraper à la rampe, elle était passée pardessus bord (« Mes chéris, il ne faut jamais se rattraper à la rampe, c'est dangereux ! »). Stephen n'avait même pas pris le temps d'ôter ses chaussures. Il avait plongé la tête la première et l'avait récupérée.

« Et c'est ainsi que j'ai attrapé votre mère. »

Cela ferait toujours rire les enfants, qui s'imaginaient maman au bout d'une canne à pêche. Stephen et Dorothy s'étaient installés sur la plage ensuite : c'était l'été, la nuit était douce ; ils avaient mangé des coques dans des assiettes en carton et parlé pendant des heures, jusqu'à ce que le soleil se lève, rose, sur l'horizon. Ils étaient rentrés aux Flots bleus : sans avoir échangé un seul mot sur la question, ils savaient qu'ils s'aimaient. Ce serait l'une des histoires que les enfants préféreraient : leurs parents marchant sur la jetée, trempés, leur mère si libre, leur père si héroïque. Au fond d'elle-même, Dorothy savait l'anecdote en partie fausse. Elle aimait Stephen depuis bien plus longtemps que cela. Elle avait succombé dès le premier jour, lorsqu'il l'avait fait rire dans la cuisine.

S'il avait fallu à Dorothy dresser la liste des qualités de son mari, elle n'aurait su par quoi commencer : il était courageux et attentif ; il était drôle ; il ne perdait jamais patience avec sa mère, bien qu'elle fût le genre de femme qui ne pouvait s'abstenir, même dans ses commentaires les plus aimables, d'utiliser assez de venin pour occire un village entier. Il était fort et habile de ses mains : il savait tout réparer et dessinait très bien (moins bien cependant qu'il ne l'aurait souhaité). Il était beau et avait une façon de la regarder qui la faisait rougir de désir. Il était rêveur, aussi, mais pas au point de se perdre dans ses mondes imaginaires. Il aimait la musique, jouait de la clarinette – des airs de jazz que Dorothy adorait, mais qui rendaient Mme Nicolson folle de rage. Parfois, lorsqu'il jouait pour Dorothy, qui l'écoutait les jambes en tailleur, perchée sur l'appui de la fenêtre, Mme Nicolson prenait son balai et donnait des coups au plafond avec le manche ; Stephen se mettait alors à jouer encore plus fort et plus sauvagement, et Dorothy riait tant qu'il lui fallait plaquer les deux mains sur ses lèvres. Avec lui, elle se sentait en sécurité.

Mais la qualité qu'elle appréciait à sa plus juste valeur était la force morale du jeune homme. Stephen Nicolson avait le courage de ses convictions. Jamais il ne se serait laissé influencer – pas même par celle qu'il aimait. Cela plaisait à Dorothy. Elle est dangereuse, se disait-elle, la passion qui pousse les êtres à agir contre leur gré.

Et puis, Stephen respectait la part d'ombre des autres.

— Tu ne parles pas souvent de ton passé, lui dit-il un jour, sur la plage.

— Non.

Le silence qui suivit avait la forme d'une question, mais elle resta muette.

— Mais pourquoi ?

Elle soupira : le souffle ténu se perdit dans la brise nocturne venue de la mer. Elle n'ignorait pas que Mme Nicolson avait chuchoté à l'oreille de son fils de terribles mensonges sur son passé, manœuvre destinée à le convaincre de fréquenter d'autres femmes, une fille du coin, peut-être, quelqu'un qui n'avait pas ces « manières de citadine ». Elle savait aussi que Stephen avait rétorqué à sa mère qu'il aimait les mystères, que la vie serait bien morne s'il fallait tout savoir sur quelqu'un avant même de faire connaissance avec lui.

— Parce que j'ai aussi peu de plaisir à en parler que toi de la guerre, finit-elle par répondre.

Il lui prit la main, y déposa un baiser.

— Je comprends ça.

Un jour, se disait-elle, elle lui raconterait. Mais il fallait faire attention. Stephen était du genre à filer tout droit à Londres pour régler son compte à Henry, sans intermédiaires. Et Dorothy n'avait aucune envie de prendre des risques, surtout pas celui de perdre son amour.

— Stephen Nicolson, tu es un type bien.

Il secoua la tête ; elle sentait son front frotter contre le sien.

— Non, la reprit-il, un type, sans plus.

Dorothy n'essaya pas de le contredire. Elle prit sa main et posa la joue, doucement, contre son épaule, dans le noir. Elle avait connu des hommes autrefois, bons et mauvais, et Stephen, sans aucun doute, était du côté des bons. Des meilleurs. Il lui rappelait quelqu'un.

Dorothy n'avait pas oublié Jimmy, bien sûr. Elle y pensait souvent, comme à ses frères et à sa sœur, à sa mère et à son père. Il s'était installé à demeure chez eux, dans cette maison de bois, sous les tropiques, accueilli par les Longmeyer de son imagination. Il n'était pas difficile de se le représenter, vivant au-delà du voile. Il lui avait toujours rappelé les hommes de sa famille australienne. Leur relation avait été comme un fanal dans les ténèbres, elle lui avait redonné espoir. S'ils avaient pu apprendre à mieux se connaître, s'ils avaient eu plus de temps, leur amitié peut-être se serait faite amour. L'amour dont il est question dans les romans, l'amour qu'elle avait trouvé dans les bras de Stephen. Mais c'était Vivien qu'avait connu Jimmy, et Vivien était morte.

Un jour, cependant, elle crut bien l'avoir vu. C'était peu de temps après son mariage avec Stephen. Ils marchaient main dans la main, au bord de la mer ; il s'était penché pour l'embrasser dans le cou. Elle avait ri et s'était débattue, lui avait échappé avant de se retourner, pour le narguer. Elle avait alors remarqué, sur la grève, dans le lointain, quelqu'un qui les observait. Elle l'avait reconnu, le souffle coupé. Puis Stephen l'avait rattrapée et soulevée dans ses bras. Ah, sans doute avait-elle rêvé : car lorsqu'elle regarda de nouveau dans sa direction, l'homme avait disparu.

33

Greenacres, 2011

La chanson, c'était Dorothy qui l'avait demandée, et elle voulait l'écouter dans le salon. Laurel proposa de lui apporter de quoi passer le CD dans sa chambre, mais la suggestion fut promptement balayée. Laurel savait qu'il était inutile de discuter avec maman. Et surtout ce matin-là, alors qu'elle avait dans les yeux un éclat surnaturel. Cela faisait deux jours qu'elle était dans cet état : depuis que sa fille aînée était rentrée de Campden Grove et lui avait fait part de ses découvertes.

Le lent voyage de Londres à la maison n'avait pas atténué la joyeuse excitation de Laurel, même si Daphne n'avait cessé de lui rebattre les oreilles de son sujet préféré : Daphne. Dès qu'elle l'avait sue seule, Laurel était allée retrouver sa mère dans sa chambre. Elles s'étaient parlé enfin – de Jimmy, de Dolly, de Vivien et des Longmeyer d'Australie. Dorothy avait expliqué à sa fille qu'elle s'était toujours sentie coupable de la mort de Dolly, qu'elle était allée voir le soir du bombardement.

« Si je n'étais pas arrivée à ce moment-là, elle ne serait pas morte. Elle était en train de sortir. »

Laurel avait dit à sa mère qu'elle avait fait ce qu'elle pouvait pour sauver la vie de Dolly, qu'elle voulait la prévenir de la menace que représentait Jenkins.

« Maman, tu n'étais quand même pas responsable des bombardements sur Londres, et des endroits où atterrissaient les bombes… »

Maman avait demandé à Laurel de lui retrouver la photo de Jimmy : non pas une reproduction, mais l'original développé par le jeune homme, l'un des rares vestiges du passé qu'elle n'ait pas mis sous clef. Assise sur le lit, Laurel avait examiné le cliché d'un regard neuf : la lumière de l'aube après l'attaque, les éclats de verre au premier plan qui scintillaient comme une myriade de petites lueurs, la famille qui émergeait lentement de son abri au milieu d'un nuage de fumée.

« C'était un cadeau, avait dit maman d'une voix douce. Cela signifiait tant pour moi, quand il me l'a donné. Jamais je n'ai pu m'en séparer. »

Elles avaient versé plus d'une larme pendant leur conversation. Sa mère ayant retrouvé au fond d'elle-même la force de parler, d'une voix essoufflée et cependant ferme, de ce qu'elle avait vu et vécu, Laurel s'était dit que le poids des souvenirs anciens, pour certains si cruels, allait l'épuiser. Mais Dorothy se portait incontestablement mieux. Peut-être étaient-ce les nouvelles de Jimmy et de ses petits-enfants, ou bien le soulagement d'avoir révélé ses secrets ? L'infirmière les prévint : l'amélioration ne durerait pas, il ne fallait pas s'y tromper. Et la rechute serait plus sévère. Ce qui ne l'empêcha pas de sourire, rassurante, et de leur conseiller de profiter de leur mère tant qu'elle était de ce monde. Ils ne s'en privèrent pas. Ils l'entourèrent d'amour et de bruit, reconstruisirent autour d'elle cette vie de famille joyeuse et chaotique qu'elle avait tant aimée.

Gerry, donc, porta maman sur le canapé et Laurel passa en revue les trente-trois tours, à la recherche de l'album qu'elle souhaitait. Elle s'arrêta longuement sur Chris Barber et son Orchestre de Jazz, un sourire lui fendant le visage. Elle revoyait son père, quand il l'avait rapporté à la maison. Il avait sorti sa clarinette et joué le solo en même temps que Monty Sunshine. Pendant des heures, là, dans ce même salon, campé sur ce même tapis, s'arrêtant de jouer de temps à autre pour s'extasier sur la folle virtuosité de Monty. Le soir, pendant le dîner, présidant la table, il n'avait pas dit grand-chose, sourd au brouhaha de la conversation de ses filles. Son visage rayonnait d'un parfait contentement.

Doucement submergée par la joie tranquille de ce souvenir, Laurel laissa Monty Sunshine de côté et continua à chercher. Elle le trouva enfin, le « By the Light of the Silvery Moon » de Ray Noble et Snooky Lanson. Elle lança un regard à Gerry, qui enveloppait tendrement leur mère d'une mince couverture. Quelle chance que Gerry ait pu trouver le temps de venir à Greenacres, lui aussi. À lui seul, Laurel avait révélé le véritable passé de leur mère. La veille au soir, ils étaient montés tous les deux dans la cabane, avec du vin rouge. Ils avaient écouté du rockabilly sur une station que Gerry avait dénichée sur Internet et avaient échangé des propos sans queue ni tête sur les amours de jeunesse, le troisième âge et tout ce qu'on pouvait vivre entre les deux.

Quant au secret de leur mère, Gerry estimait qu'il n'était pas nécessaire d'en faire part à leurs sœurs.

« Toi et moi, Laurel, nous étions présents, ce jour-là. Cela fait partie de notre histoire. Rose, Daphne, Iris... »

Il avait haussé les épaules, bu une gorgée de vin.

« Ça les déstabiliserait peut-être. Et à quoi bon ? »

Laurel n'était pas complètement d'accord avec lui. L'histoire de leur mère serait difficile à avaler, certes – surtout pour Rose. Ces derniers temps, pourtant, elle avait beaucoup réfléchi aux secrets de famille. Tôt ou tard, ils se mettaient à ramper sous la surface des existences, avant de surgir par une brèche dans les remparts qu'avaient dressés leurs gardiens.

Du canapé, Gerry lui lança un regard. Le sourire aux lèvres, il lui signifia d'un geste de la tête de bien vouloir mettre le disque. Laurel le sortit de sa pochette, le posa sur la platine, inséra délicatement l'aiguille dans le sillon. Les arpèges du piano remplirent les bulles de silence du salon. Laurel s'installa à l'autre bout du canapé, la main sur les pieds de sa mère, et ferma les yeux.

Elle avait de nouveau neuf ans. C'était un soir d'été 1954. Elle portait une chemise de nuit à manches courtes. La fenêtre qui surplombait son lit était ouverte, à l'affût du vent frais de la nuit. Laurel avait la tête sur l'oreiller, ses cheveux disposés en éventail sur la taie, et les pieds sur le rebord de la fenêtre. Papa et maman avaient des amis à dîner ; Laurel avait passé des heures dans cette position à écouter la douce houle de leurs conversations, qu'interrompaient parfois des rires ou les soupirs étouffés de ses sœurs endormies. Il y avait aussi, par bouffées, l'odeur du tabac, les verres qui tintaient dans la salle à manger. Laurel baignait dans l'heureuse conviction que le monde adulte était léger et tiède et qu'il ne cessait de vibrer de l'autre côté des murs de sa chambre.

Vint le bruit des chaises qu'on remet sous la table, les pas dans l'entrée ; Laurel se représentait les poignées de main des hommes, les femmes qui s'embrassaient :

« Bonsoir !

— Quelle délicieuse soirée !

— On recommencera bien vite ! »

Et les portières des voitures qui claquaient, le ronronnement des moteurs dans l'allée, au clair de lune. Puis de nouveau le silence envahissant la ferme.

Laurel resta vigilante ; ses parents auraient dû monter se coucher. Ils n'en firent rien. La fillette vacillait à la frontière du sommeil, sans pouvoir tout à fait s'y abandonner, sombrer pour de bon. Résonna alors un rire de femme, frais, désaltérant, comme un verre d'eau quand on a très soif – Laurel revint complètement à elle. Elle se releva, dressa l'oreille. Un autre rire : celui de papa, puis un bruit sourd, comme lorsque l'on transporte quelque chose de lourd. Laurel n'était pas censée sortir du lit à une heure si tardive, à moins d'être malade, d'avoir eu un cauchemar ou d'avoir besoin d'aller aux toilettes. Mais il se passait quelque chose dans la salle à manger : il fallait qu'elle en sache plus. La curiosité est fatale aux chats, dit-on ; les petites filles, en général, s'en tirent beaucoup mieux.

Elle sauta du lit et parcourut sur la pointe des pieds le couloir recouvert de moquette, sa chemise de nuit dansant sur ses genoux. Avec la discrétion d'une souris, elle descendit l'escalier. Sur le palier, elle s'immobilisa : il y avait de la musique dans le salon, qui flottait jusqu'à elle en douces vagues. Elle descendit en hâte jusqu'au rez-de-chaussée et s'agenouilla contre la porte, le plus silencieusement possible, posant la main contre le battant, puis levant le regard vers le trou de la serrure. Elle cligna des paupières et retint son souffle. Le fauteuil de papa avait été relégué dans un coin du salon ; le centre de la pièce était vide. Enfin, pas vraiment, puisque papa et maman se tenaient debout sur le tapis, enlacés. La main de papa, massive, solide, sur le dos de maman ; la joue de papa contre celle de maman – et tous deux évoluaient au rythme de la musique. Les yeux de papa, fermés, l'expression de son visage… Laurel avala sa salive ; ses joues s'enflammèrent. Papa : il avait l'air d'avoir mal – et de connaître le plus grand bonheur. C'était bien lui, et cependant – un autre. Et de le voir ainsi transfiguré remplit Laurel d'inquiétude, et d'une vague envie, ce qu'elle ne put comprendre alors.

La musique s'emballa ; sous les yeux de Laurel, ils s'écartèrent l'un de l'autre. Ils dansaient, maintenant : oui, ils dansaient vraiment, comme les gens dans les films, mains jointes, chevilles agiles, maman tournoyant sous le bras de papa, joues roses, boucles plus folles qu'à l'ordinaire. La bretelle de sa robe gris nacré avait légèrement glissé de son épaule. Laurel, avec toute la sagesse de ses neuf ans, comprit qu'elle ne verrait jamais plus belle personne au monde, dût-elle vivre jusqu'à cent ans.

— Laurel ?

Elle rouvrit les yeux. La chanson était finie, le disque tournait sans bruit sur la platine. Gerry était penché sur leur mère endormie et lui caressait les cheveux d'une main légère.

— Laurel ? répéta-t-il.

Il y avait une tension dans sa voix.

— Que se passe-t-il ?

Le regard de Gerry était fixé sur le visage de maman. Laurel comprit aussitôt. Dorothy ne dormait pas. Elle n'était plus.

Laurel s'était installée dans la balancelle, sous l'arbre. Du bout du pied, elle la faisait tanguer. Les Nicolson avaient passé une bonne partie de la matinée à discuter des obsèques avec le pasteur du village. Laurel était en train de nettoyer le médaillon de maman, dont elle ne s'était jamais séparée. Ils avaient décidé, d'un commun accord, de l'enterrer avec elle.

« Il contient mes trésors les plus précieux », disait-elle. Puis elle l'ouvrait et leur montrait les photographies. Petite fille, Laurel était fascinée par les gonds minuscules du bijou et le bruit délectable que le couvercle produisait en se refermant.

Elle l'ouvrit et contempla un bref instant les visages souriants de ses sœurs, de son frère et d'elle-même, portraits d'autrefois que sa mère lui avait si souvent montrés. Ce faisant, elle remarqua qu'un des deux verres ovales qui protégeaient les photos était ébréché. Elle fronça les sourcils en caressant la petite fente du pouce. Son ongle s'y coinça et le verre, descellé, tomba sur ses genoux. La miniature s'écarta de la monture de métal et Laurel, délicatement, délogea le petit bout de papier photographique.

Dessous, se trouvait une photo qu'elle n'avait jamais vue : d'autres enfants, d'un temps plus lointain encore. Fébrile, Laurel examina l'autre côté du médaillon, retira le verre et la photo qui représentait Iris et Rose. De même : un second cliché inconnu, deux autres présences enfantines. Laurel les contempla, tous les quatre, stupéfaite : leurs vêtements, la manière dont ils plissaient les yeux dans une lumière blanche, signe sans doute d'une chaleur accablante, l'expression impatiente et têtue de la plus petite des fillettes – elle les reconnut. C'étaient les Longmeyer de Tamborine Mountain, les deux frères de maman, sa sœur, et maman elle-même, immortalisés avant le terrible accident qui avait laissé Dorothy orpheline, puis l'avait menée sur un paquebot en partance pour l'Angleterre, confiée aux bons soins de Katy Ellis.

Laurel était troublée par cette découverte, se demandant comment retrouver la piste de cette famille qu'elle venait à peine de découvrir, lorsqu'un véhicule se gara le long de la clôture. Les visiteurs s'étaient succédé toute la journée pour rendre hommage à la défunte, chacun repêchant dans ses souvenirs une anecdote qui faisait sourire ses enfants – sauf Rose, qui ne pouvait retenir ses larmes : il avait fallu acheter tout un stock de mouchoirs en papier. Le nouveau venu, au volant d'une voiture rouge, n'était autre que le facteur.

Laurel descendit de la balancelle pour le saluer. Il avait appris la nouvelle, bien sûr, et lui présenta ses condoléances. Laurel le remercia. Il se souvenait quant à lui des miracles dont Dorothy Nicolson était capable, un marteau à la main.

— À la voir, vous ne l'auriez pas imaginé une seconde. Une si jolie femme, elle vous montait des clôtures en un rien de temps.

Laurel secoua la tête, comme pour partager son étonnement, ne pouvant s'empêcher de penser cependant aux forestiers de Tamborine Mountain. Puis elle retourna s'installer dans la balancelle, le courrier sur les genoux.

Il y avait une facture d'électricité, un prospectus pour les élections locales et une enveloppe plus grande qui lui était adressée, ce qui lui fit hausser les sourcils. Qui donc la savait à Greenacres, hormis Claire, son agent, qui ne communiquait pratiquement que par téléphone ? En retournant la lettre, elle découvrit que l'expéditeur n'était autre que Martin Metcalfe du 25 Campden Grove.

Sa curiosité piquée au vif, elle déchira l'enveloppe, qui contenait une brochure – le guide de l'exposition James Metcalfe au Victoria & Albert Museum, en 2001. Le petit-fils de Jimmy y avait joint un mot : *J'ai pensé que cela pouvait vous faire plaisir. Cordialement, Marty. P-S : Quand vous reviendrez à Londres, passez nous voir ! Nous serions très heureux.* Oui, sans doute, se dit Laurel. Elle les aimait bien, les Metcalfe : Karen, Marty et leurs enfants – le petit garçon avec son avion en Lego et son regard lointain. Elle se sentait proche d'eux, comme s'ils faisaient partie de la famille, lien chaotique, confus, que les événements terribles de l'année 1941 avaient noué.

Elle feuilleta la brochure. Quel somptueux talent que celui de James Metcalfe ! Son objectif captait non pas seulement des images, mais de véritables fragments d'existence. À partir des éléments dispersés d'un moment unique, James faisait la chronique d'une expérience historique qu'on aurait eu du mal à imaginer sans le support de ses photographies. L'avait-il su sur le moment, se demanda Laurel, lorsqu'il enregistrait sur sa pellicule les traces minuscules des chagrins et des deuils ? Avait-il compris qu'il bâtissait pour l'humanité à venir un incroyable mémorial ?

Laurel reconnut la petite Nella et ses claquettes, sourit, puis remarqua une autre photo, maintenue par un trombone au dos de la brochure. C'était une reproduction de celle qu'elle avait vue chez Marty et Karen, le portrait de maman. Elle la détacha soigneusement, s'absorba dans la contemplation du beau visage de sa mère. Puis s'arrêta sur la dernière photo de la brochure : un autoportrait de James Metcalfe, daté de 1954.

Il lui fit une curieuse impression, ce visage – ce qu'elle imputa tout d'abord au rôle essentiel que Jimmy avait joué dans la vie de sa mère. Il avait été si bon, lui avait dit Dorothy, lui avait donné un peu de bonheur à une époque où sa vie en était totalement dépourvue. Mais l'émotion de Laurel avait une autre source, plus puissante, plus personnelle.

Le souvenir lui revint.

Elle renversa la tête, plongea le regard dans le bleu du ciel, un sourire incrédule lui fendant le visage. Soudain le monde s'était illuminé d'un éclat extraordinaire. Elle comprit pourquoi le nom de Vivien, lorsque Rose l'avait prononcé à l'hôpital, l'avait fait vibrer. Elle comprit comment Jimmy avait pu remercier Vivien, envoyant sa carte à l'attention de Dorothy Nicolson, à Greenacres. Elle comprit pourquoi la vue du timbre représentant la jeune Elisabeth II lui faisait courir sous la peau des frissons, curieuse impression de déjà-vu.

Bonté divine ! Elle ne put s'empêcher de rire. Elle venait de résoudre un autre mystère, celui de l'homme qui autrefois l'avait complimentée à l'entrée des artistes. La citation, si familière, et cependant impossible à situer. Bien sûr : elle n'était pas tirée d'une pièce. C'est pour cela qu'elle n'avait jamais pu la retrouver. Elle n'avait pas fouillé dans le bon recoin de son cerveau. La conversation datait de bien longtemps et, jusqu'à ce jour, elle l'avait complètement oubliée.

34

Greenacres, 1953

Avoir huit ans, c'était vraiment chic, pour une raison essentielle : on pouvait enfin faire des roues, des vraies. Laurel s'y était exercée tout l'été. Son record était pour l'heure de trois cent vingt-six à la suite, du bout de l'allée jusqu'à l'endroit où papa garait son vieux tracteur. Ce matin-là, elle avait un nouveau défi en tête : vérifier le nombre de roues qu'il fallait pour faire le tour de la maison, et les exécuter le plus vite possible.

Le problème, c'était la clôture du jardin. Chaque fois qu'elle y parvenait (en quarante-sept ou quarante-huit roues, ça dépendait), elle faisait une marque dans la poussière, là où les poules avaient picoré toute l'herbe, courait ouvrir la barrière, retournait en hâte vers son point de départ, mais, dans l'intervalle, immanquablement, le battant se refermait. Pourquoi ne pas le coincer avec une pierre, par exemple ? Oui, mais les poules étaient si malignes qu'elles profiteraient de l'occasion pour se précipiter au-dehors.

Cependant, c'était le seul moyen... Elle se racla la gorge, comme Mlle Plimpton, la maîtresse d'école, le faisait avant une déclaration importante.

— Bon, écoutez, vous autres, décréta-t-elle en pointant le doigt vers le ciel. Je vais laisser cette barrière ouverte pour une seule petite minute. S'il vient à une seule d'entre vous la fine idée de prendre la poudre d'escampette pendant que j'ai le dos tourné, surtout si c'est pour aller dans le potager de papa, je vous rappelle que maman fait une salade de poulet Elisabeth II pour ce soir, et qu'elle va certainement chercher des volontaires.

Maman n'aurait jamais songé une minute à plonger une seule de ses poulettes dans la cocotte – tous les volatiles qui avaient eu la chance de naître à Greenacres mouraient de leur mort naturelle –, mais ces insolentes volailles n'étaient pas censées le savoir.

Laurel alla chercher les bottes de son père, posées devant la porte d'entrée, et se servit de l'une d'elles pour maintenir la barrière ouverte. Le chat Constable, qui l'épiait du perron, exprima d'un miaulement son désaccord avec ce plan, ce que Laurel feignit de ne pas entendre. La botte bien en place, la fillette renouvela son avertissement à la gent volatile. Puis elle regarda sa montre, attendit que la grande aiguille atteigne le chiffre 12 et cria :

— Partez !

Le plan fonctionna à merveille. La fillette alignait roue sur roue, ses longues tresses mordant la poussière puis claquant sur ses épaules comme la queue d'un cheval : elle traversa le poulailler, franchit la barrière (hourra !) et revint à son point de départ. Quatre-vingt-neuf roues, trois minutes et quatre secondes pile.

Elle exulta – avant de remarquer que ces odieuses poules n'avaient pas suivi ses ordres et qu'à présent elles s'égaillaient dans le potager de papa, picorant en tous sens son blé comme si elles n'étaient pas abondamment nourries trois fois par jour.

— Hé ! Vous, là, vous allez rentrer tout de suite au poulailler.

Les volatiles l'ignorèrent superbement ; elle dut les poursuivre en battant des bras et en piétinant le sol, ce qui ne fut pas davantage suivi d'effet.

Laurel ne remarqua pas le nouveau venu avant qu'il prenne la parole.

— Hello, fit-il.

Elle leva les yeux. Il se tenait à l'endroit où papa garait sa Morris.

— Hello.

— Tu as l'air assez mécontente.

— Je *suis* mécontente, figurez-vous. Les poules se sont sauvées, et elles vont manger le blé de papa, et c'est moi qui vais me faire gronder.

— Diable, dit-il. L'heure est grave.

— En effet.

La lèvre inférieure de Laurel menaça même de trembler, mais elle sut se contenir.

— Voyons. C'est vrai que je n'en parle pas souvent, mais il se trouve que je me débrouille pas mal en langue poule. Si tu veux, on va essayer de les reconduire chez elles.

Laurel accepta l'offre ; ils poursuivirent les poules dans le potager, l'inconnu ne cessant de caqueter. Laurel le suivait des yeux, stupéfaite. Lorsque tous les volatiles se retrouvèrent du bon côté de la barrière, il aida même Laurel à arracher les tiges de blé endommagées.

— Vous venez voir mes parents ? demanda Laurel, prenant soudain conscience que l'homme n'était probablement pas venu dans le seul but de l'aider à chasser les poules.

— Oui, exactement, dit-il. J'ai connu ta maman, dans le temps. Nous étions amis.

Il sourit ; et à le regarder, Laurel se dit qu'elle l'aimait bien, même sans compter l'histoire des poules.

Cette constatation la rendit un peu timide.

— Vous pouvez les attendre à l'intérieur, si vous voulez. Il faut que je range un peu.

— D'accord.

Il la suivit dans la maison, ôtant son chapeau une fois le seuil franchi. Son regard fit le tour du vestibule, remarquant sans nul doute, se dit Laurel, que la peinture venait d'être refaite par papa.

— Tes parents ne sont pas là ?

— Papa est aux champs et maman est partie chercher un poste de télévision qu'on nous prête pour le couronnement.

— Ah, oui. Eh bien, je vais attendre ici, tu peux aller faire ton rangement, si tu veux.

Laurel hocha la tête, sans faire mine de repartir.

— Plus tard, je serai actrice.

Elle avait envie soudain de raconter sa vie à l'inconnu.

— Vraiment ? Eh bien, je surveillerai les programmes des théâtres. Tu iras jouer à Londres ?

— Oh oui, répondit Laurel en pinçant les lèvres d'un air songeur, comme le faisaient les adultes. Oui, je pense que c'est à peu près certain.

Le sourire de l'homme s'effaça. Laurel pensa qu'elle avait dit une bêtise. Puis elle se rendit compte que son regard n'était plus fixé sur elle, mais sur la photographie de mariage de papa et de maman, sur la table de l'entrée.

— Elle vous plaît ?

Il ne répondit pas. Il s'était approché de la table, avait saisi le cadre et le dévorait d'un regard presque incrédule.

— Vivien, murmura-t-il en caressant le visage de maman du bout des doigts.

Laurel fronça les sourcils.

— C'est maman, le reprit-elle. Elle s'appelle Dorothy.

L'homme tourna la tête vers l'enfant et ouvrit la bouche avant de se raviser. Il lui vint un drôle de sourire, comme s'il venait de résoudre une énigme et qu'il en était à la fois heureux et triste. Il remit son chapeau. Laurel comprit qu'il allait repartir.

— Maman va bientôt rentrer, dit-elle, déconcertée. Le village n'est pas loin.

L'homme cependant se dirigea vers la porte, sortit dans le soleil que tamisait la tonnelle couverte de glycine.

— Eh bien, camarade dompteuse de poules, dit-il en tendant la main à Laurel, j'ai été ravi de faire ta connaissance. J'espère que le couronnement sera à la hauteur de tes espérances.

— Moi aussi.

— Au fait, je m'appelle Jimmy. J'attendrai ton arrivée sur les planches des théâtres de Londres.

— Moi, c'est Laurel, dit-elle en lui serrant la main. Oui, j'y serai...

— Je n'en doute pas, répliqua-t-il en riant. Il me semble que tu es de celles qui ouvrent tout en même temps : l'œil, l'oreille et le cœur.

Laurel hocha la tête avec un brin de vanité.

L'homme s'éloigna, puis se retourna une dernière fois.

— Avant que je parte, Laurel, dis-moi – tes parents… sont-ils heureux ?

Elle fronça le nez. Que voulait-il dire ?

— Est-ce qu'ils se font des blagues, est-ce qu'ils rient, est-ce qu'ils dansent ?

Elle leva les yeux au ciel.

— Ah ça, oui, tout le temps.

— Et ton père, il est gentil ?

Elle se gratta le crâne, opinant vigoureusement du chef.

— Oh, oui, et il est très drôle, papa. Il fait beaucoup rire maman, et il lui prépare toujours son thé, et un jour il lui a même sauvé la vie. C'est depuis qu'ils sont amoureux. Maman est tombée en bas d'une énorme falaise ; elle avait peur, elle était toute seule, en danger mortel : papa a plongé, alors qu'il y avait des requins, des crocodiles et sans doute des pirates, et il l'a sortie de l'eau.

— Vraiment ?

— Oui, vraiment. Et ensuite, ils ont mangé des coques.

— Ma foi, Laurel, dit Jimmy, ton père m'a tout l'air d'être exactement l'homme qu'il faut à ta maman.

Après quoi, il baissa les yeux, à sa curieuse manière mi-triste, mi-joyeuse, et lui fit un geste de la main. Laurel le regarda s'éloigner, avant d'être bientôt distraite par une autre question :

combien de roues lui faudrait-il faire pour arriver au ruisseau ? Lorsque sa mère rentra du village en compagnie de ses sœurs, le poste de télévision dans le coffre de la voiture, elle avait presque complètement oublié le gentil monsieur qui l'avait aidée à chasser les poules du potager.

Remerciements

Que soit remercié tout d'abord l'inestimable trio des trois premiers lecteurs du manuscrit, Julia Kretschmer, Davin Patterson et Catherine Milne. Puis les belles équipes éditoriales qui y ont travaillé : mon éditrice, Maria Rejt, Sophie Orme, Liz Cowen et Ali Blackburn (Pan Macmillan, Grande-Bretagne) ; Christa Munns et Clara Finlay (Allen & Unwin, Australie) ; Judith Curr, Lisa Keim, Kim Goldstein et Isolde Sauer (Atria, États-Unis) ; la grande lectrice test devant l'éternel qu'est Lisa Patterson et mon éditrice et grande amie Annette Barlow, qui n'a pas hésité à me suivre dans la joie jusqu'aux frontières de la raison.

À tous mes éditeurs à l'indéfectible soutien, je voue une immense reconnaissance, ainsi qu'à ceux et celles dont les talents transforment mes histoires en livres et les diffusent aux quatre coins du monde. Merci aux libraires, bibliothécaires, lecteurs qui gardent foi en moi. Merci à Wenona Byrne pour tout ce qu'elle fait toujours en plus. À Ruth Hayden, dont l'art m'inspire. À ma famille et à mes amis, qui consentent à me voir disparaître régulièrement dans mon monde imaginaire pour en ressortir un peu plus tard comme si de rien n'était. Remerciements très particuliers, comme toujours, à mon agent, Selwa Anthony, à mes deux précieux garçons, Oliver et Louis – et par-dessus tout à Davin, mon mari, pour tout (et le reste !).

J'ai eu recours à de nombreuses sources d'information en écrivant ce roman. Parmi les plus utiles, les archives en ligne de la BBC, WW2 People's War ; le War Imperial

Museum à Londres, le British Postal Museum and Archive. Et les ouvrages suivants : *Black Diamonds : The Rise and Fall of an English Dynasty* de Catherine Bailey ; *Nella Last's War : The Second World War Diaries of Housewife, 49*, publié par Richard Broad et Suzie Fleming ; *Debs at War 1939-1945 : How Wartime Changed Their Lives* d'Anne de Courcy ; *Wartime Britain 1939-1945* de Juliet Gardiner ; *The Thirties An Intimate History* de Juliet Gardiner ; *Walking the London Blitz* de Clive Harris ; *Having it so Good : Britain in the Fifties* de Peter Hennessy ; *Few Eggs and No Oranges The Diaries of Vere Hodgson 1940-45 ; How We Lived Then : A History of Everyday Life during the Second World War* de Norman Longmate ; *Never Had It So Good : A History of Britain from Suez to the Beatles* de Dominic Sandbrook ; *The Fortnight in September*[1] de R. C. Sheriff ; *Our Longest Days : A People's History of the Second World War*, publié par Sandra Koa Wing ; *London at War 1939-1945* de Philip Ziegler.

Merci également à Penny McMahon, du British Postal Museum and Archive, pour ses précieuses informations sur les cachets de la poste ; aux charmants employés de Transport for London qui ont bien voulu me donner un aperçu de ce que pouvait être une station de métro dans les années 1940 ; à John Welham qui n'a pas hésité à partager ses trésors de science sur des sujets divers ; à Isobel Long qui m'a initiée au monde fascinant des archives et de la bibliothéconomie, à Clive Harris qui ne se lasse jamais de donner des réponses détaillées à mes incessantes questions sur la guerre, et dont la visite guidée de Londres à l'époque du blitz a su poser le décor de ce roman ; enfin, à Herbert et à Rita, qui m'ont transmis leur amour du théâtre.

1. *Vacances de septembre*, paru en France en 1946. C'est le seul ouvrage de la liste disponible en français.

13807

Composition
NORD COMPO

Achevé d'imprimer à Barcelone
par CPI Black Print
le 3 avril 2023

Dépôt légal : avril 2023
EAN 9782290391037
OTP L21EPLN003517-594113

ÉDITIONS J'AI LU
82, rue Saint-Lazare, 75009 Paris

Diffusion France et étranger : Flammarion